핵심요약 심방설교

예루살렘

핵심요약 심방설교 자료집을 출간할 수 있도록 함께 하신 하나님께 감사드리며, 이 책을 하나님 나라의 확장을 위해 노심초사 애쓰시는 이땅의 주의 귀하신 종들에게 삼가 바칩니다.

그리고 뼈를 깎는 듯 아프고도 어려웠던 올 한해를 신앙으로 인내하며 하나님의 섭리에 모든 것을 맡긴 사랑하는 아내 조현숙과 나의 자랑스러운 딸 예솔에게 고마운 마음을 표합니다.

머리말

엊그제 한해를 여는 첫 달을 맞이한 것 같았는데 벌써 올해를 마감하는 12월을 보내고 있으니 참으로 세월이 살같이 빠름을 실감케 한다. 올 1994년은 예년에 비해서 정말 다사다난했던 한해가 아닌가 생각된다.

국제적으로는 유럽 연합(EU)이 결성되어 무역의 장벽을 높이더니 우루과이 라운드(UR)가 타결되어 GATT 체제를 마감하고 WTO, 곧 세계무역기구가 내년에 발족하여 세계는 무한경쟁의 무역전쟁 시대를 맞게 되었으며, 제네바에서 북미 합의서가 조인됨에 따라 북한의 핵문제가 해결되는 실마리를 풀게 되었다.

국내적으로는 새해 벽두부터 열차사고가 일어남을 시작으로 해서 온갖 사건 사고가 꼬리를 물고 일어나더니만 성수대교의 붕괴로 인하여 그 참극을 적나라하게 보여주었다. 수십 년만에 도래한 무더위가 전 국민을 괴롭히는 가운데 북한을 50여 년 동안 철권통치를 했던 김일성의 사망은 남북정상회담을 기대하며 남북한 사이에 대화의 장을 여는 줄 알고 기뻐했던 국민을 실망시켰고 이른바 지존파 사건은 온 국민을 경악과 분노와 두려움으로 몰아 넣었다. 여기에다 공무원들의 세금 도둑질 사건과 아현동의 도시가스 폭발사고는 끝끝내 올 한해를 저주의 해로 만들기에 충분하였다. 정말 뒤돌아보는 것조차 끔찍스러운 한해요, 온 국민에게 분노와 울분과 좌절과 고통을 안겨준 한해였다.

신앙의 뿌리는 믿음이요, 그 열매는 감사이다. 감사하는 생활은 은혜를 체험한 생활이요, 성령과 동거하는 생활이요, 주 안에 거하는 생활로서 진정으로 하나님께 영광을 돌리는 삶을 의미한다. 그래서 사도 바울은 "범사에 감사하라 이는 그리스도 예수 안에서 너희를 향하신 하나님의 뜻이니라"(살전 5:18)고 하였다.

무수한 사건 사고 속에 감추인 하나님의 뜻이 무엇인지 깨닫는 성도, 그 가운데서도 감사할 줄 아는 성도가 진정 성숙한 신앙을 가진 성도일 것이다. 이 책은 성숙한 신앙을 지향하기 위하여 복잡다단한 현대사회를 살아가면서 성도들에게 일어나는 각양각색의 환경과 형편에 알맞게 심방을 할 수 있도록 엮은 핵심요약 심방설교 자료집이다.

따라서 이 책의 설교들은 완결된 한 편의 설교가 아니라 좋은 식탁을 제공하기 위하여 주방에 여기저기 놓인 쌀, 야채, 고기, 기름 등의 기본 재료에 불과할 따름이다. 그렇지만 이것들이 훌륭한 조리사이신 목회자들의 손에 의해서 좋은 양념으로 요리될 때는 영양가 높고 자양분 많은 훌륭한 음식들이 되어 식탁을 풍성하게 하며 이것을 섭취한 성도들의 영육을 강건케 할 기름진 꿀이 될 것이다.

성도의 생활은 감사로 연속되는 삶을 영위해야 한다. 감사만이 하나님의 뜻을 이루며 하나님의 섭리를 깨닫게 하는 것이다. 감사하는 생활, 이것이 그리스도인의 삶의 철학이요 자세이다. 여기 감사로 점철된 어느 병실에 걸린 기도문을 소개한다.

"주님 뜻대로 병들게 하심을 감사합니다. 이는 인간의 연약함을 깨닫게 해주시기 때문입니다. 가끔 고독의 수렁에 내던져 주심을 감사합니다. 그것은 주님과 가까워지는 기회이기 때문입니다. 가끔 일이 계획대로 안 되게 틀어주심을 감사합니다. 그래서 나의 교만이 겸손케 됨입니다. 아들과 딸이 걱정꺼리가 되게 하시고 부모와 동기간이 짐으로 느껴질 때도 있게 하심을 감사합니다. 그래서 인간된 보람을 느끼기 때문입니다. 먹고 사는 데 힘겨웁게 하심을 감사합니다. 눈물로써 빵을 먹는 심정을 이해할 수 있기 때문입니다. 불의와 허위가 득세하는 세상에 태어나게 하심을 감사합니다. 그래서 하나님의 의가 분명히 드러나기 때문입니다. 무엇보다도 주님, 감사할 수 있는 마음과 믿음 주심을 감사드립니다."

한해를 마감하려니 갖가지 상념이 주마등처럼 스쳐 지나간다. 특히 이홍길 이은애 형님 부부께 감사드릴 것은 부족한 아내를 격려해 주시고 어려운 앞날을 타개하도록 그리스도의 사랑으로 위로해 주심에 정말 고마움을 느낀다. 내년에는 원하시는 것을 성취하시고 선물로 주신 재익, 현익, 민정이와 가정에 복된 일만 생기기를 간구한다.

또한 차영구 조혜숙 손윗 동서 형님 부부께 죄송한 마음 금할 길이 없다. 주말 부부로 사시게 한 이 죄스러움을 어떻게 갚으며 바쁜 와중에 예술이를 키워주신 은혜를 어찌 갚겠는가. 다만 내년에는 함께 생활하시며 새로운 일터가 주어졌으면 하는 바람의 기도를 간절히 드릴 뿐이다.

그리고 박회자 집사님께는 믿음을 잃지 않도록 격려할 뿐이다. 하나님은 교만한 자를 대적하시되 겸손한 자들에게는 은혜를 주신다는 말씀처럼 교만으로 얼룩진 작년을 올해는 한없이 낮아지게 하셨으나 고난받은 욥과 같이 그의 아내가 하나님을 욕하고 죽으라는 말에도 주신 자도 여호와시요 취하신 자도 여호와시오니 여호와의 이름이 찬송을 받으실지니이다 하고 하나님을 향하여 어리석게 원망하지 않고 입술로 범죄하지 않아 모년에 더 큰 축복을 받았음을 상기하시고 어려움을 신앙으로 극복하시는 주의 여종이 되시길 빈다.

우여곡절 많았던 한해를 신앙으로 인내하며 참고 견딘 사랑하는 아내 조현숙에게 내년에는 소망 있는 한해가 될 것임을 알려 주고 싶다.

곧 다가오는 1995년은 광복 50년을 맞는 해요 또한 한국 교회가 통일 희년으로 선포한 해이다. 내년에는 이 나라와 민족과 개인에게 하나님의 축복으로 큰 광영을 입는 해가 되었으면 하고 빌어보며 모든 주의 형제들께 기쁨이 가득찬 한해가 되시길 간절히 기도드린다.

1994. 12
편집실에서 정용한 드림

참고로 드리는 말씀

- 이 책은 복잡다단한 현대사회를 살아가는 가운데 각양각색의 환경과 형편에 놓인 성도들에게 하나님의 말씀으로 영적 교훈과 능력과 축복을 전파하실 주의 종들을 위하여 꾸며진 축약된 한 편의 핵심 요약 심방설교 자료집으로서 풍성한 꿀을 준비하시는 곁에서 말없이 말씀의 힌트를 제공할 것입니다.
- 이 책의 목차에는 성도들의 인생 및 신앙 여정에서 유발되는 갖가지 환경과 형편에 대처하여 적합한 심방을 할 수 있도록 약 100편의 주제로 대별하였고 여러 가지 자료들을 참조하여 세심히 배려하였습니다.
- 이 책은 책을 펼친 한 면에 설교하실 제목과 찬송가 그리고 본문, 서론, 말씀, 참고 성구와 결론에 해당되는 기도로 짜여져 있어 설교자들에게 번거롭지 않고 간결하면서도 일목요연하게 참조하실 수 있도록 편집되어 있습니다.
- 이 책의 제목은 심방하실 여건에 맞추어 목차에 나타난 다양한 환경과 형편에 적합한 요지를 간추린 것입니다.
- 이 책의 제목 아래 있는 숫자는 전하실 말씀에 합당한 병행 찬송가의 장수를 명기한 것으로 각각 세 편씩 삽입되어 있으므로 어느 것을 사용해도 좋습니다.
- 이 책의 본문은 제목과 전하실 내용에 적합한 말씀을 성경에서 발췌한 것으로 이는 대한성서공회 발행의 '한글판 개역 관주 성경전서(1985년 12월 5일 104판)'를 대본으로 하여 1992년 개정 맞춤법에 의거해 일부 낱말을 수정 보완했습니다(예, 일군→ 일꾼, 잠간→ 잠깐).
- 이 책의 서론은 설교 주제에 일치한 동서양 위인들의 금언과 세계 각국의 속담을 서두에 인용함으로써 수많은 이들의 신앙적 지혜와 체험을 함께 공유하여 인생의 철리와 진리를 실감토록 꾸몄습니다.
- 이 책의 말씀은 설교를 간략하고도 핵심적으로 취급하기 위하여 모든 설교를 3개로 대지화하였으며 소지에 해당하는 해설은 시대의 추세에 맞게 성경은 성경으로 곧 성경 스스로가 말하도록 가급적 많은 성구를 인용하였습니다. 그리고 간간이 히브리어, 헬라어 원어를 삽입하여 내용의 깊이를 더하도록 편집하였습니다.
- 이 책의 참고 성구는 대지에 나타난 주제를 심도 있게 하기 위하여 신구약 성경에서 그의 적합한 병행 관주 및 인물과 사건의 성구를 다루었으므로 가장 보편적인 진리를 가장 성경적으로 전하실 수 있도록 하였습니다.
- 이 책의 기도는 말씀을 전하신 결론에 해당하는 부분을 도출한 것으로 우리 주 예수 그리스도의 은혜가 말씀을 전하신 분이나 말씀을 받는 분과 함께 하도록 이끌었습니다.
- 이 책의 끝부분에는 심방하신 기록을 남기도록 심방하신 날짜와 심방하신 가정 및 사유, 결과를 기록하도록 심방록의 난을 만들어 놓았습니다.
- 이 책은 심방설교는 물론 회의 시간에 드리는 경건회에서 사용하셔도 좋으리라 사료됩니다.

심 방 록

심방 날짜	심방 가정	심방 사유	심방 결과

심 방 록

심방 날짜	심방 가정	심방 사유	심방 결과

목차

머리말/4
참고로 드리는 말씀/6
심방록/7

① 심방과 가정 경축행사 및 축하

① 결혼 및 약혼
- 바람직한 결혼 모습/ 창 2:23 ·· 32
- 결혼의 세 가지 원리/ 창 2:24 ·· 33
- 이상적인 결혼/ 창 24:67 ·· 34
- 이상적인 부부/ 엡 5:22-23 ·· 35

② 자녀 출산
- 복된 자녀/ 딤후 1:5 ·· 36
- 만복을 누리기를/ 창 12:2 ·· 37
- 한나의 기도/ 삼상 1:15 ·· 38

③ 자녀 교육
- 주의 도를 가르침/ 엡 6:4 ·· 39
- 성경으로 자란 사람/ 딤후 3:16 ·· 40
- 눈물로 기른 사람/ 시 126:5-6 ·· 41
- 강하고 지혜롭게/ 눅 2:40 ·· 42
- 지혜를 가르치라/ 잠 4:6-7 ·· 43

④ 생일 축하
- 시냇가의 나무처럼/ 시 1:3 ·· 44
- 평강의 하나님/ 살후 3:16 ·· 45
- 주의 축복/ 시 23:1-2 ·· 46

- 하나님 자녀의 축복/ 창 32:10 ···································· 47
- 영원한 복/ 삼하 7:18 ·· 48
- 나의 반석/ 시 18:2 ·· 49
- 주는 내 편이시라/ 시 56:4 ·· 50
- 여호와의 보호/ 시 3:3 ·· 51

⑤ 회갑 및 진갑
- 네 나이가 몇이냐/ 창 47:9 ·· 52
- 안개 같은 인생/ 시 90:5-6 ·· 53
- 주의 지키심이/ 시 121:5-6 ·· 54
- 부르심을 위해/ 딤후 4:7-8 ·· 55
- 여호와를 따라/ 수 14:10 ·· 56
- 여호와의 동행/ 창 5:24 ·· 57
- 목자이신 하나님/ 시 23:1-2 ·· 58
- 수고로운 인생길/ 전 1:14 ·· 59
- 주 뜻대로/ 벧전 4:2 ·· 60
- 대접하는 노인/ 창 18:2 ·· 61
- 기약이 가까움/ 벧후 1:14 ·· 62
- 천국의 집/ 요 14:2 ·· 63
- 장수와 평강/ 잠 3:1-2 ·· 64

⑥ 입학
- 지혜의 근본/ 잠 9:10 ·· 65
- 주를 본받아/ 고전 11:1 ·· 66
- 열매 있는 삶/ 갈 5:22-23 ·· 67
- 이 마음을 품고/ 빌 2:5 ·· 68
- 주님의 자녀처럼/ 빌 2:15 ·· 69

⑦ 진학
- 성숙을 지향하려면/ 엡 4:13 ·· 70
- 더하고 더하라/ 빌 3:13 ·· 71
- 다니엘과 세 친구/ 단 1:17 ·· 72
- 두 가지 지혜/ 고전 3:19-20 ·· 73

⑧ 졸업
- 주님의 파송/ 마 10:5-6 ·· 74
- 가르치고 지킬 일/ 신 6:24 ··· 75
- 배운 자의 도리/ 딤전 4:16 ··· 76
- 주의 지혜를 구함/ 잠 8:35-36 ·· 77
- 꿈을 가지라/ 창 28:12 ··· 78
- 큰 꿈을 꾸라/ 창 37:9 ·· 79
- 산 제사/ 롬 12:1 ·· 80
- 빛 되신 말씀/ 시 119:105 ·· 81
- 새 생활/ 엡 5:11-12 ··· 82
- 어디로 가든지/ 수 1:7 ··· 83
- 신앙의 파선자/ 딤전 1:19-20 ··· 84

⑨ 이사 및 입주
- 기초석이신 그리스도/ 고전 3:10 ··································· 85
- 영원한 집을 사모하며/ 히 11:16 ··································· 86
- 재앙이 없는 집/ 시 91:1-2 ··· 87
- 지혜로 세운 집/ 잠 24:3-4 ··· 88
- 이사는 하나님의 섭리/ 창 46:3-4 ·································· 89
- 본향을 떠남/ 히 11:8 ··· 90
- 인생은 셋방살이/ 행 28:30-31 ······································· 91
- 빈 손 들고 사는 인생/ 전 5:15 ······································ 92

⑩ 취업 및 승진
- 부지런한 손/ 잠 10:4-5 ·· 93
- 처음보다 나중이/ 욥 42:12 ·· 94
- 일꾼이 된 기쁨/ 마 20:7 ·· 95
- 신실한 일꾼/ 마 25:21 ··· 96
- 맡은 자의 충성/ 고전 4:2 ·· 97
- 본이 되라/ 벧전 5:3 ··· 98
- 우리를 본받게/ 살후 3:9 ··· 99
- 종에서 총리대신으로/ 창 41:38 ································· 100

⑪ 개업 축하 및 사업 확장
- 하나님 제일주의/ 단 3:14 ···101
- 하나님의 축복/ 창 26:12-13 ··102
- 십일조를 드릴 것은/ 말 3:10 ··103
- 처음은 미약하나/ 욥 8:7 ···104
- 경영주는 하나님/ 잠 16:3 ··105
- 여호와를 인하여/ 삼상 2:7 ··106
- 적은 소득이라도/ 잠 15:16 ··107
- 중심을 보심/ 삼상 16:7 ···108
- 주의 전을 위하여/ 대상 29:3 ··109
- 부자의 근심/ 전 5:13 ···110
- 여러 가지 축복/ 잠 3:9-10 ··111
- 속이지 말라/ 잠 11:1 ···112
- 공정한 거래/ 신 25:15 ···113
- 복받은 장사꾼/ 행 16:14 ··114
- 하늘 창고를 열으사/ 신 28:12 ··115

⑫ 출국
- 약속의 하나님/ 수 1:3 ···116
- 어디로 가든지/ 창 28:15 ··117
- 조국을 그리며/ 시 137:1 ··118
- 택하신 백성/ 시 37:23-24 ··119
- 하나님이 준비하신 땅/ 창 12:1 ··120

⑬ 귀국
- 새 이름, 새 생활/ 창 32:24-25 ···121
- 유쾌하게 되는 날/ 행 3:19 ··122

⑭ 군 입대 축하
- 정병이 되라/ 삿 7:7 ···123
- 타인에 대한 모범/ 마 5:16 ··124

2 심방과 임종 및 추도

① 임종(신자)
- 저 하늘에는/ 계 7:15 ···125
- 성도들과 천국에서/ 계 22:5 ······································126
- 면류관을 바라보며/ 딤후 4:8 ·····································127
- 하나님의 집을 바라며/ 고후 5:1 ································128
- 풀이 마름같이/ 약 1:11 ···129
- 안개 같은 인생/ 시 90:3-4 ···130
- 우리의 시민권/ 빌 3:20 ···131
- 영원한 생명을 주신 하나님/ 요 3:16 ························132
- 생명의 길/ 요 14:6 ··133
- 사망을 이기는 주/ 사 25:8 ···134
- 나를 위해 정한 날/ 전 3:1-2 ······································135
- 편히 쉬리/ 사 57:1-2 ···136

② 임종(불신자)
- 오늘 함께 낙원에/ 눅 23:43 ·······································137
- 죽음은 정하신 이치/ 창 3:19 ·····································138
- 주의 자녀/ 요 1:12 ··139
- 위대한 사랑/ 요일 5:11 ···140
- 너와 나의 천국/ 계 21:27 ···141
- 풀과 같은 인생/ 사 40:6-7 ···142
- 부활의 길/ 요 11:25-26 ···143
- 너를 위한 희생/ 사 53:5 ···144
- 손 넓이 만한 날/ 시 39:5 ···145
- 앞 일을 모르는 인생/ 잠 27:1 ···································146
- 다 내게로 오라/ 사 55:1 ···147

③ 입관 및 영결
- 악인의 장막보다/ 시 84:10-11 ····································148
- 우리의 년수/ 시 90:10 ···149

- 생명수의 샘/ 계 7:17 ··· 150
- 영원한 집/ 시 65:4 ·· 151
- 확실한 위로/ 고전 15:51-52 ··· 152
- 죽지 않은 아이/ 막 5:41 ·· 153

④ 하관
- 깨어질 무덤/ 요 5:28-29 ··· 154
- 돌아가는 길/ 전 3:20-21 ··· 155
- 영원한 해방자/ 롬 8:1-2 ·· 156
- 열조에게 가는 길/ 창 25:7-8 ·· 157

⑤ 유족 위로 및 추도
- 나그네 인생/ 벧전 2:11-12 ·· 158
- 재림을 위한 준비/ 살전 4:13-14 ······································· 159
- 사망의 양면/ 눅 16:26 ·· 160
- 주의 소유/ 롬 14:8 ··· 161
- 성도의 죽음/ 창 50:12-13 ··· 162
- 의인의 자손/ 시 144:12 ··· 163
- 내 길을 즐거워하라/ 시 37:4-6 ··· 164
- 위로의 하나님/ 사 40:1-2 ·· 165
- 그날을 생각하며/ 고전 15:50 ·· 166

③ 심방과 위로 방문

① 재난을 당함
- 시련의 의미/ 욥 1:22 ·· 167
- 능히 감당하게/ 고전 10:13 ··· 168
- 십자가를 지고 좇음/ 마 16:24 ·· 169
- 주의 구원을 보라/ 출 14:13 ··· 170
- 은혜로 인한 고난/ 벧전 5:10 ·· 171

② 시험 및 사업에 실패함
- 주의 장중에/ 시 31:22 ·· 172

- 나를 부르라/ 시 50:15 ·· 173
- 주님을 깨우라/ 마 8:25-26 ····································· 174
- 주님도 세 번이나 당하신 시험/ 마 4:1-11 ···················· 175
- 섭리를 깨달을 때/ 창 45:5 ······································ 176
- 환난 중의 기쁨/ 롬 5:3-4 ······································· 177

③ 범죄하고 낙심함
- 회개를 원하심/ 눅 15:7 ··· 178
- 죄인을 위하여/ 롬 5:8 ··· 179
- 돌아온 죄인/ 눅 19:9-10 ·· 180
- 세리의 고백/ 눅 18:13 ··· 181

④ 가난함
- 죄인을 전도자로/ 마 9:9 ·· 182
- 영혼의 부자/ 마 6:33-34 ·· 183
- 비천에도 풍부에도/ 고전 4:11-12 ······························ 184
- 믿음의 부자/ 약 2:5 ·· 185
- 합당한 기도/ 잠 30:9 ·· 186

⑤ 핍박받음
- 핍박받는 주/ 마 27:27-29 ······································ 187
- 주 때문에/ 출 17:7 ··· 188
- 핍박에 따르는 축복/ 마 5:11-12 ······························· 189
- 핍박에서 소망으로/ 벧전 4:12-13 ······························ 190
- 시련으로 면류관을/ 계 2:10 ···································· 191
- 인내로 약속을/ 히 10:34-35 ···································· 192

⑥ 근심 및 염려에 빠짐
- 심령을 상하게 함/ 고후 7:10 ··································· 193
- 주의 약속을 기억/ 히 13:5-6 ··································· 194
- 주를 찾음/ 시 42:1-2 ·· 195
- 낙심하지 않고/ 고후 4:16-17 ·································· 196

4 심방과 환자 방문

① 병 문안(신자)
- 병을 지신 주/ 마 8:16-17 ·· 197
- 주는 나의 목자/ 사 40:11 ·· 198
- 주의 영광을 위한 병/ 요 9:3 ·· 199
- 야이로의 딸의 병/ 막 5:23-24 ··· 200
- 베드로 장모의 열병/ 막 1:30-31 ······································ 201

② 병 문안(불신자)
- 가나안 여자 딸의 병/ 마 15:28 ·· 202
- 주님이 필요한 병자/ 막 5:28-29 ······································ 203
- 병들면 예수를 찾을 것/ 마 9:2 ·· 204
- 병을 꾸짖는 예수/ 눅 4:39 ·· 205
- 내게 무엇을 원하느냐/ 막 10:51-52 ································ 206
- 누구든지 믿으면/ 마 9:22 ·· 207

③ 장기 환자
- 38년 된 병자/ 요 5:5-6 ··· 208
- 병자의 자세/ 마 9:27-28 ··· 209
- 병상에서 배울 일/ 시 119:67-71 ····································· 210

④ 환자의 발생시
- 연단의 가치/ 욥 23:10 ·· 211
- 징계의 하나님/ 욥 5:18-19 ··· 212
- 연단받은 소망/ 약 1:2-4 ··· 213
- 위엣 것을 찾을 때/ 골 3:1 ·· 214
- 징계받는 아들/ 히 12:7 ··· 215

⑤ 수술의 직전
- 너는 내 것이라/ 사 43:1 ··· 216
- 깨끗함을 받으라/ 마 8:3 ··· 217

⑥ 정신질환자
  · 사탄아 물러가라/ 막 1:25-26 ·· 218
  · 새롭게 하실 기회/ 시 103:4-5 ·· 219
  · 다윗의 눈물/ 시 6:1-2 ··· 220

5 심방과 수감자 방문

① 수감자 위로
  · 모범적 수감자/ 창 39:23 ·· 221
  · 옥중의 찬송/ 행 16:25-26 ·· 222
  · 죄인의 대언자/ 요일 2:1 ·· 223

② 수감자 전도
  · 죄인의 길/ 시 1:4-6 ··· 224
  · 세리의 회개/ 눅 18:13 ·· 225
  · 돌아온 탕자/ 눅 15:21-22 ·· 226
  · 회개를 원하시는 주/ 시 51:17 ·· 227
  · 믿지 않는 죄/ 요 3:18 ·· 228
  · 죄에서 떠나라/ 시 1:1 ·· 229

6 심방과 신앙생활

① 초신자
  · 말씀을 따라/ 출 15:26 ·· 230
  · 의심이 많은 자/ 요 20:27 ·· 231
  · 새 사람으로/ 엡 4:22-24 ··· 232
  · 영생의 길/ 마 7:13-14 ·· 233
  · 성도의 교제/ 고후 6:14-15 ··· 234
  · 심는 대로 거둠/ 갈 6:8 ··· 235

② 믿음을 버린 자
  · 뒤를 돌아보는 자/ 눅 9:62 ··· 236
  · 엠마오로 가는 길/ 눅 24:13-14 ······································ 237

· 끝까지 견디는 자/ 막 13:13 ···238
· 롯의 아내/ 창 19:25-26 ···239
· 성령을 거스리는 죄/ 살전 5:19-22 ·····································240
· 두 번 못 박는 죄/ 히 6:6 ··241

③ 믿음이 흔들리는 자
· 거룩한 생활/ 벧전 1:15-16 ···242
· 참 포도나무/ 요 15:4 ··243
· 종의 생활/ 빌 3:7-8 ··244

④ 기도 생활에 게으른 자
· 항상 기도하라/ 눅 18:7 ··245
· 진실한 기도/ 시 145:18-19 ···246
· 믿음이 없는 기도/ 마 6:7 ··247

⑤ 거짓 종교에 빠진 자
· 진리를 떠난 자/ 딤전 6:3-4 ··248
· 거짓 선지자들/ 벧후 2:1 ···249
· 거짓 선지자를 떠나라/ 마 7:15-16 ·····································250
· 주의 품에 거할 자/ 시 15:1 ··251
· 자유를 지키려면/ 벧후 2:15-16 ··252
· 말세의 징조/ 딤전 4:1 ···253

⑥ 술과 방탕에 빠진 자
· 주의 말씀에 따라/ 시 119:1-2 ··254
· 술 취함을 경계하라/ 창 19:31-32 ······································255
· 술의 해악/ 잠 23:31-32 ···256
· 음주를 멀리하라/ 잠 20:1 ··257

⑦ 세상만을 따르는 자
· 재물을 사랑하는 자/ 마 19:21-22 ······································258
· 육신 대로 사는생활/ 엡 2:3 ··259
· 삼손의 불행/ 삿 16:21-22 ··260

- 가룟 유다의 배반/ 요 13:29-30 ········· 261
- 죽는 길/ 잠 14:11-12 ············· 262

⑧ 죄에 물든 자
- 말세에 조심하라/ 유 1:18-19 ········· 263
- 소금의 교훈/ 마 5:13 ············· 264
- 불의와 함께 말라/ 잠 1:10-11 ········ 265
- 허망을 버리라/ 엡 4:17 ············ 266
- 허다한 간증자들/ 히 12:1 ··········· 267
- 중심의 진실/ 시 51:6-7 ············ 268

⑨ 회개하기를 원하는 자
- 회개하라/ 사 57:15 ·············· 269
- 회개와 성령/ 행 2:38 ············· 270
- 하나님께 가까이/ 사 1:18 ··········· 271

⑩ 교회를 부인하는 자
- 반석 위의 교회/ 마 16:18 ··········· 272
- 교회는 그리스도의 몸/ 엡 1:22-23 ······ 273
- 살아 계신 주의 교회/ 딤전 3:15 ······· 274

⑪ 출석을 게을리하는 자
- 때에 따른 은혜/ 히 4:16 ············ 275
- 처음 은혜를 지킴/ 요일 2:24 ········· 276
- 누가 너희를 막더냐/ 갈 5:7-8 ········ 277
- 안식일을 지키는 자/ 사 58:13 ········ 278
- 주를 섬기라/ 계 3:19 ············· 279

⑫ 교우간에 불화한 자
- 성도는 한 가족/ 엡 2:19 ··········· 280
- 화평케 하는 자/ 약 3:17-18 ········· 281
- 화목하라/ 롬 12:18-19 ············ 282

⑬ 자랑과 외식하는 자
  · 먼저 자기 들보를/ 마 7:5 ···283
  · 자랑하는 자의 미련/ 에 5:12 ···284
  · 하나님만 자랑하자/ 고전 1:31 ···285
  · 양심에 화인 맞은 자/ 마 23:5-7 ······································286
  · 지혜자의 인생 경영/ 고전 16:21-22 ································287
  · 겸손한 자의 삶/ 고후 11:30-32 ·······································288

⑭ 헌금에 시험든 자
  · 과부의 두 렙돈/ 막 12:44 ···289
  · 많이 심는 자/ 고후 9:6-7 ··290
  · 바람직한 신앙 생활/ 신 16:17 ··291
  · 생산적 헌신/ 창 22:18 ···292
  · 은혜 받는 자의 생활/ 눅 8:3 ···293

⑮ 지도자를 거역하는 자
  · 문둥이 미리암을 위한 기도/ 민 12:12-13 ·····················294
  · 고라당의 말로/ 민 16:31-32 ··295
  · 배신자를 향한 긍휼하심/ 렘 3:12 ··································296
  · 가룟 유다의 말로/ 마 27:5-6 ··297
  · 신앙 배반자의 운명/ 행 5:10-11 ····································298
  · 으뜸이 되길 좋아한 자/ 요삼 1:9 ···································299
  · 참된 성도의 태도/ 롬 12:10-11 ······································300
  · 젊은이의 순종/ 딤전 5:17 ···301

7 심방과 직업

① 정치인
  · 요셉의 집권/ 창 41:40-41 ··302
  · 의로운 지도자/ 단 6:4 ··303
  · 범죄한 집권자의 죽음/ 행 12:21-23 ·······························304

② 법조인
　· 주의 법을 성취하려면/ 약 2:12-13 ·····································305

③ 공무원
　· 잘 믿는 관원/ 왕상 18:3-4 ··306
　· 백성을 섬기는 자세/ 마 20:26-27 ··································307

④ 군인
　· 예수의 군사/ 딤후 2:3-4 ··308
　· 누가 우리를 대적할까/ 시 27:3 ······································309
　· 선한 싸움을 싸우라/ 딤전 6:12 ·····································310

⑤ 경제인
　· 재물과 부요의 근원/ 전 5:19 ··311
　· 재물을 선용할 것/ 딤전 6:17 ··312
　· 하나님과 재물 중에서/ 마 6:24 ·····································313
　· 부한 자들아/ 딤전 6:18-19 ···314

⑥ 언론인
　· 혀를 잘 사용함/ 약 3:9-10 ··315
　· 진실한 행실/ 요일 3:18 ···316

⑦ 의사
　· 병자에게는 의사가/ 마 9:12 ··317
　· 의사 누가/ 골 4:14 ··318
　· 의사이신 예수/ 마 4:23 ···319

⑧ 교육자
　· 선생이신 그리스도를 따르려면/ 요 13:13-14 ·····················320
　· 가르치시는 예수/ 마 7:28-29 ······································321
　· 사욕을 좇을 스승/ 딤후 4:3-4 ······································322
　· 고난 속에서 가르침/ 딤후 1:11-12 ·································323

⑨ 은행원
 · 가난한 자에게 베풀 자비/ 출 22:25 ································324

⑩ 농업
 · 시절을 좇아 과실을/ 시 1:3 ·······································325

⑪ 목축업
 · 선한 목자 예수/ 요 10:11-12 ····································326
 · 복받는 조건/ 신 28:1 ···327
 · 양치기 모세/ 출 3:4 ··328
 · 복받은 목자들/ 눅 2:8-9 ··329

⑫ 광업
 · 밭에 감추인 보화/ 마 13:44 ·····································330
 · 땅을 얻을 자는/ 시 37:22 ··331

⑬ 운수, 해운업
 · 여기까지 도우신 하나님/ 삼상 7:12 ··························332
 · 파선을 두려워 말라/ 행 27:44 ··································333
 · 풍랑을 이기고/ 마 14:31-32 ·····································334

⑭ 어업
 · 가득찬 물고기/ 요 21:5-6 ··335

⑮ 상업
 · 공평한 저울/ 레 19:35-36 ··336
 · 영혼의 상인인 성도/ 마 25:29-30 ·····························337
 · 장터가 된 성전/ 요 2:16 ··338

⑯ 체육인
 · 피곤치 않음/ 사 40:31 ···339
 · 푯대를 향하여/ 고전 9:26-27 ····································340
 · 경주자의 법칙/ 고전 9:25 ··341

8 심방과 연령

① 유아기(유년기)
 · 젖먹이들의 찬양/ 시 8:1-2 ···342
 · 믿음의 양육/ 출 2:9 ···343
 · 아이에게 안수하신 예수/ 마 19:14-15 ·······················344
 · 말씀으로 가르침/ 잠 22:6 ··345

② 소년기
 · 지혜와 몸이 자람/ 눅 2:52 ··346
 · 오병이어를 드림/ 요 6:9 ··347

③ 청소년기
 · 고난 중에 믿음을 배움/ 삼상 17:37 ··························348
 · 소년아 네 이름은/ 삼상 17:58 ··································349
 · 물 길러 나오는 소녀/ 창 24:15 ·································350
 · 주의 부름을 받음/ 삼상 3:10 ····································351
 · 연단받는 요셉/ 창 37:28 ···352
 · 다니엘과 세 친구/ 단 1:19 ··353
 · 신앙 교육을 잘못 받음/ 삼상 2:12-17 ······················354

④ 청년기
 · 죄짓기를 무서워함/ 창 39:9 ······································355
 · 고난받는 요셉/창 39:19-20 ······································356
 · 모본이 될 청년/딤후 2:22 ···357
 · 동정녀 리브가/ 창 24:16 ···358

⑤ 장년기(남자)
 · 신령한 눈을 뜨라/ 요 9:25 ··359
 · 성숙된 신자/ 히 5:14 ···360
 · 주를 앙망하자/ 사 40:28-29 ·····································361
 · 자녀를 훈계함/ 잠 23:12-14 ······································362

- 기도에 힘씀/ 딤전 2:1-2 ································363
- 세상을 사랑한 자/ 창 38:1-2 ··························364
- 음녀를 피함/ 잠 6:25-26 ·····························365

⑥ 가정 주부
- 부녀의 행실/ 딤전 2:9-10 ····························366
- 경건한 부녀/잠 27:15-16 ·····························367
- 주를 바라는 부녀/ 벧전 3:5-6 ························368
- 교회에서 잠잠하라/ 고전 14:34 ······················369
- 리브가의 처신/ 창 24:64-65 ··························370
- 현숙한 여인/ 잠 31:10-12 ····························371
- 지혜로운 여인/ 삼상 25:28 ···························372
- 신앙의 이방 여인/ 룻 1:16 ···························373
- 기도하던 여자/ 삼상 1:26-27 ·························374
- 어린 아이의 양육/ 딤후 1:5 ··························375

⑦ 노년기
- 젊은이의 스승/ 딛 2:7-8 ·····························376
- 경건한 노인/ 딛 2:2-3 ································377
- 갈렙의 용기/ 수 14:11 ································378

9 심방과 가정 환경

① 화목한 가정
- 경건한 가정의 부모/ 시 127:3-5 ······················379
- 하나님의 축복/ 왕상 17:14 ···························380
- 생명과 건강/ 잠 4:22-23 ·····························381
- 아름다운 가정/ 요 12:1-3 ····························382
- 주의 사자가 방문함/ 행 10:4 ·························383

② 불화한 가정
- 화목케 하는 직책/ 고후 5:18 ·························384
- 사랑의 미덕/ 벧전 4:7-8 ·····························385

- 서로 용서하라/ 엡 4:32 ··386
- 참는 지혜/ 잠 29:11 ···387
- 화목한 형제/ 창 50:20-21 ··388
- 믿는 자의 가정/ 시 128:3-4 ·····································389
- 원망하고 불평하는 자들/ 출 16:3 ·····························390
- 말하기를 더디함/잠 13:3···391

③ 가족 일부만 믿는 가정(신자)
- 겨자씨의 자라남/ 마 13:31-32 ································392
- 누룩의 역할/ 마 13:33 ··393
- 한 쪽의 믿음으로/ 고전 7:16 ···································394
- 바른 행실로 감화/ 마 5:16 ······································395

④ 가족 일부만 믿는 가정(불신자)
- 도를 조롱하는 자/ 고전 1:18-19 ·····························396
- 잃어버린 자/ 눅 15:24 ··397
- 쉬운 멍에/ 마 11:28-30 ···398
- 죄 중에 망할 자/ 요 8:24 ··399
- 생각 못할 때에/ 마 24:36-37 ··································400

⑤ 가정 예배를 드리지 않는 가정
- 집안에 모여 기도함/ 행 1:14 ··································401
- 세 가지 권면/ 살전 5:16-18 ····································402

⑥ 불효하는 가정
- 불순종하는 아들들/ 삼상 2:25 ································403
- 거역하는 압살롬/ 삼하 15:14 ··································404
- 요셉의 효도/ 창 46:30 ··405
- 효부 룻/ 룻 2:2 ···406
- 효도자/ 잠 23:22, 25 ··407

⑦ 신혼 가정
- 맡기는 생활/ 잠 3:5-6 ···408

- 현숙한 아내/ 잠 31:29-30 ···409
- 부하고 평안함/ 잠 10:22 ··410
- 길을 형통케 하심/ 수 1:7 ··411
- 사랑이 없다면/ 고전 13:3 ··412

10 심방과 전도

① 뒤로 미루는 자
- 결단하라/ 수 24:15 ··413
- 목이 곧은 자/ 행 7:51 ···414
- 슬기로운 기다림/ 마 25:10-11 ··415
- 기회는 지나감/ 눅 13:24 ···416
- 기회를 잃음/ 요 8:21 ···417
- 어둡기 전에 행하라/ 요 12:35 ···418
- 세상에 있는 인생은/ 욥 7:6-7 ···419
- 그림자 같은 인생/ 욥 14:1-2 ··420
- 죽음과 심판이 있음/ 히 9:27 ··421
- 어리석은 부자/ 눅 12:20 ···422
- 심은 대로 거둠/ 잠 1:24-25 ··423

② 죄가 많다는 자
- 다윗도 죄인이었음/ 시 51:1-2 ··424
- 죄가 많더라도/ 사 1:15-16 ··425
- 찾으시는 예수/ 눅 19:5 ··426
- 죄인을 위해 죽으심/ 롬 4:25 ···427
- 죄를 담당한 예수/ 벧전 3:18 ···428

③ 너무 늦었다는 자
- 하나님의 약속/ 벧후 3:9 ··429
- 늦더라도 뉘우치라/ 겔 18:23 ··430
- 강도도 구원을 받음/ 눅 23:42-43 ···································431
- 택함받은 남은 자/ 롬 11:5-6 ··432
- 눈물의 권면/ 고후 2:4 ··433

④ 믿는 법을 모른다는 자
　· 구주를 영접하라/ 눅 7:37-38 ···434
　· 영접하는 자는 자녀로/ 요 1:12 ··435
　· 예수를 믿으면 영생함/ 요일 5:11-12 ······································436
　· 믿어서 의와 구원에 이름/ 롬 10:10 ··437

⑤ 돈 벌어서 믿겠다는 자
　· 가난한 자도 환영함/ 사 55:1 ··438
　· 말씀으로 산다/ 마 4:4 ··439
　· 재물은 악의 원인/ 막 14:10-11 ··440
　· 삶의 기초는 신앙으로/ 눅 12:15 ··441
　· 돈을 탐하지 말라/ 딤전 6:10 ···442

⑥ 죄가 없다고 교만한 자
　· 의롭다 하는 자/ 삼하 12:15-16 ··443
　· 죄인임을 고백하라/ 눅 5:8 ··444
　· 낮추는 자는 높아짐/ 마 23:11-12 ···445
　· 죄를 부인하는 죄/ 요일 1:8-9 ··446
　· 의인은 한 명도 없음/ 롬 3:10-12 ··447
　· 교만한 자를 거절하심/ 약 4:6 ···448

⑦ 무신론자
　· 하나님만 유일하신 신/ 신 4:35 ···449
　· 하나님을 안 믿는 자/ 시 10:4 ··450
　· 하나님을 모르는 자/ 시 14:1 ···451
　· 주를 찾는 자가 없음/ 시 53:2-3 ··452

⑧ 신앙을 무시하는 자
　· 악인에게 평안이 없음/ 사 57:20-21 ·······································453
　· 진노 아래 있는 자/ 요 3:36 ···454
　· 구원자 예수/ 행 4:12 ··455
　· 십자가를 거절하는 자/ 히 10:29 ··456

⑨ 완고한 자
- 주의 영광을 구하라/ 요 5:44 ···················· 457
- 완악한 마음으로/ 살후 2:11 ···················· 458
- 강퍅케 하는 죄/ 히 3:13 ······················ 459

⑩ 원망하는 자
- 원망은 진노를 부름/ 민 11:1 ··················· 460
- 원망할 수 없음/ 롬 9:20 ······················ 461
- 하나님을 찬양/ 롬 11:33 ······················ 462
- 원망은 심판의 대상/ 유 1:16 ··················· 463

⑪ 성경을 부인하는 자
- 여호와의 율법/ 시 19:7-8 ····················· 464
- 성경에 무지한 자/ 마 22:29 ···················· 465
- 주의 말씀은 영원함/ 마 24:35 ··················· 466
- 성경이 성취됨/ 눅 24:44 ······················ 467

⑫ 지옥을 부인하는 자
- 약속에서 제외됨/ 마 25:41 ···················· 468
- 사망을 두려워할 것/ 계 20:6 ··················· 469
- 악인은 지옥에/ 계 20:12 ······················ 470
- 악인은 보응을 받음/ 계 22:11-12 ················ 471
- 지옥은 고통/ 벧후 2:4 ························ 472
- 마지막 둘째 사망/ 계 21:8 ···················· 473

⑬ 의심이 많은 자
- 큰 믿음/ 마 21:21 ··························· 474
- 믿음대로 행하면/ 막 11:23 ···················· 475
- 의심하지 말라/ 눅 24:37-38 ··················· 476
- 주의 명령을 신뢰함/ 행 10:19-21 ················ 477
- 아브라함의 믿음/ 롬 4:18 ····················· 478
- 의심자를 용납하라/ 롬 14:1-2 ·················· 479

⑭ 그리스도를 부인하는 자
  · 태초부터 계신 주님/ 요 1:1-3 ················480
  · 주 예수/ 요 12:44-45 ·······················481
  · 도마의 신앙고백/ 요 20:28-29 ················482
  · 존귀하신 그리스도/ 히 1:3 ···················483

⑮ 우상 숭배자
  · 우상을 경배치 말라/ 출 20:4-5 ················484
  · 주님을 떠난 자/ 겔 44:10 ····················485
  · 미워할 대상/ 신 7:5 ·························486
  · 사귀지 말아야 할 자/ 고전 5:11 ················487
  · 우상 숭배는 탐심/ 골 3:5 ····················488
  · 우상에서 떠나라/ 고전 10:19-20 ···············489

⑯ 미신에 빠진 자
  · 계시를 모르는 자/ 단 5:5 ····················490
  · 택한 자라도 유혹함/ 마 24:24 ·················491
  · 마술을 행하는 시몬/ 행 8:9-10 ················492
  · 점하는 귀신들린 여종/ 행 16:16 ···············493
  · 그 길에서 돌아서라/ 약 5:19-20 ···············494
  · 미신을 삼가하라/ 벧후 3:17 ···················495
  · 점쾌는 허탄한 것/ 겔 13:9 ····················496

⑰ 악습을 버리지 못하는 자
  · 악인의 고집은 죽음/ 겔 33:11 ·················497
  · 어둠을 좋아함/ 요일 1:6 ·····················498
  · 악에서 떠나라/ 엡 5:5 ·······················499
  · 마귀의 자식/ 행 13:9-10 ·····················500
  · 심은 대로 거둠/ 잠 1:29-31 ···················501
  · 죄에서 벗어나라/ 요 8:34-36 ··················502

⑱ 헛된 소망을 품은 자
  · 헛된 것을 버릴 것/ 삼상 12:21 ················503

- 중심을 보시는 주/ 행 10:34-35 ··504
- 가장 큰 죄/ 요 16:8-9 ··505
- 의롭게 못하는 율법/ 롬 3:20 ··506
- 헛된 영광을 버리라/빌 2:3 ···507

⑲ 핍박과 갈등으로 고민하는 자
- 순교자의 구원/ 막 8:35 ··508
- 전도자의 위로/ 요 15:18-19 ···509
- 핍박을 받는 것/ 행 5:41 ··510
- 환난은 구원받을 자의 복/ 행 14:22 ···511
- 주를 믿으면/ 딤후 2:11-12 ··512
- 열매 맺는 인내/ 히 12:3 ··513
- 오늘 충성하라/ 마 6:34 ··514
- 올바른 제자도/ 마 16:25 ···515
- 떡을 위하는 자/ 히 12:16 ··516
- 근심은 주께 맡김/ 벧전 5:6-7 ··517
- 귀한 것을 모르는 자/ 잠 26:1 ··518
- 주 안에서 가능한 것/ 빌 3:14 ··519

⑳ 신앙 생활이 어렵다는 자
- 우리를 위한 주의 명령/ 신 30:11 ···520
- 성숙한 신앙/ 갈 5:16 ··521
- 성령의 문제 해결/단 4:9 ···522
- 찾는 자가 적은 길/ 마 7:13-14 ···523
- 환난 당하는 자를 위로하심/ 고후 1:4 ··524
- 계명은 짐이 아님/ 요일 5:3 ···525
- 주님의 짐은 가벼움/ 마 11:28-30 ···526

핵심요약
심방설교

"…오직 여호와가 네게
영영한 빛이되며
네 하나님이 네 영광이
되리니 다시는 네 해가
지지 아니하며 네 달이
물러가지 아니할 것은
여호와가 네 영영한 빛이되고…"

사 60 : 19-20

♥ 결혼 및 약혼 ♥

바람직한 결혼 모습
♪ 287, 288, 286

■ 본 문 ■ 아담이 가로되 이는 내 뼈 중의 뼈요 살 중의 살이라 이것을 남자에게서 취하였은즉 여자라 칭하리라 하니라【창 2:23】

■ 서 론 ■ 영국 시인 셀리는 "이 세상의 아무것도 홀로가 아니다. 모든 것은 신의 법칙에 의하여 하나의 영혼으로 만나고 섞인다."고 했다. 사람이 이 세상에 태어나서 누리는 최고의 분복 가운데 하나가 바로 결혼인즉 이상적인 배필과 함께 하는 성도의 바람직한 결혼 모습은?

I. 하나님의 축복이 넘치는 결혼
결혼식장에는 많은 하객이 모여서 새로운 인생을 출발하는 신랑신부에게 무한한 축복과 아울러 덕담을 아끼지 않는다. 참으로 보기 좋고 아름다운 모습이나 우리들 성도의 결혼식에서는 무한하신 사랑의 하나님의 축복이 함께 하여야만 비로소 온전한 결혼이 됨을 알아야 한다.
* 참고 성구 * 고전 7:36, 히 13:4, 신 7:3, 창 1:28

II. 하나님의 인도함을 받는 결혼
결혼은 성년의 남녀가 서로 사랑하여 맺어지는 아름다우며 고결한 것이다. 그러나 이 결혼을 바르게 인도함 받기 위해서 얼마나 하나님께 기도하였는가? 우리는 아브라함의 종 엘리에셀이 이삭의 결혼을 위해 하나님께 바르게 인도함을 주시라고 간절히 기도한 자세를 경히 여기지 말자.
* 참고 성구 * 고전 7:9-10, 딤전 4:3, 사 48:17, 창 24:48

III. 하나님의 뜻대로 한몸을 이루는 결혼
올바른 결혼을 위해서는 하나님의 뜻대로 한몸을 이루는 결혼이 되어야 할 것이다. 하나님의 뜻에 순종하며 하나님의 영광을 위해서 한몸을 이루는 결혼이 될 때 하나님은 이 결혼을 더욱 축복하시며 많은 것으로 채워주실 것이다. 성도의 삶은 오직 하나님을 경외함에 있다.
* 참고 성구 * 고전 6:13, 엡 5:28, 사 62:5, 창 2:24, 마 19:5

■ 기 도 ■ 하나님 아버지! 우리로 하여금 당신의 축복이 넘치며, 당신의 인도함을 받으며, 당신의 뜻대로 한몸을 이루는 결혼이 되도록 인도하여 주시옵소서. 예수 그리스도의 이름으로 기도드립니다. 아멘

♥ 결혼 및 약혼 ♥

결혼의 세 가지 원리
♪ 286, 287, 305

■ 본 문 ■ 이러므로 남자가 부모를 떠나 그 아내와 연합하여 둘이 한몸을 이룰지로다
【창 2:24】

■ 서 론 ■ 어느 철인은 "결혼은 혼자 달리던 운동선수가 두 사람이 한 조가 되어 다리 하나씩을 묶고 달리는 것과 같다."고 했다. 기나긴 인생 여정을 사랑으로 함께 하며 목적지까지 달려가야 하는 결혼의 레이스! 하나님께서 생육하고 번성하여 땅에 충만하라고 인생을 향해 축복하신 결혼의 세 가지 원리는?

I. 결혼은 부모로부터의 독립이다

성년이 되기 전까지 부모에게 양육받고 부모의 슬하에서 사랑과 귀여움을 받던 시절은 마감되고 이제 결혼을 함으로써 자주적이며 진취적인 생을 홀로 살아야 하는 단계가 이때이다. 부모에게서 독립하여 배우자와 함께 밝은 미래를 꿈꾸며 당당히 자기의 인생을 살아가야 한다.

 * 참고 성구 * 마 19:5, 엡 5:31, 막 10:7-9, 창 24:58

II. 결혼은 두 인격체의 결합이다

결혼은 각기 남남으로 존재하는 개별적인 인격을 가진 남녀가 하나의 인격체로 결합하는 과정이라고 해도 과언이 아닐 것이다. 따라서 서로의 모자라는 부분은 채워주고 돋보이는 인품은 배우고 흠모하며 온전히 하나님 안에서 둘이 하나가 되는 큰 역사를 이룰 때 훌륭한 생을 영위할 수 있다.

 * 참고 성구 * 고전 7:5, 엡 5:33, 고전 11:11, 전 4:9-12

III. 결혼은 온전한 사랑의 합일이다

사람은 사랑의 열매를 먹고 자라는 존재이다. 남다른 환경에서 서로 자라서 온전한 하나가 되기 위해서는 서로의 장단점을 서로가 보완해 주며 지극한 정성으로 보살피는 사랑으로 종노릇하는 마음이 되어야 한다. 고린도전서 13장에 기록된 사랑으로 합일되는 삶! 이것이 하나님이 원하시는 부부애이다.

 * 참고 성구 * 엡 5:28, 잠 5:19, 마 19:5-6, 창 24:67

■ 기 도 ■ 하나님 아버지! 이제 부모의 곁을 떠나 둘이 한몸이 되어 살아가는 이들 남녀에게 온전한 사랑으로 당신께 영광을 돌리는 삶을 살게 하옵소서. 예수 그리스도의 이름으로 기도드립니다. 아멘.

♥ 결혼 및 약혼 ♥

이상적인 결혼
♪ 287, 61, 459

■ 본 문 ■ 이삭이 리브가를 인도하여 모친 사라의 장막으로 들이고 그를 취하여 아내를 삼고 사랑하였으니 이삭이 모친 상사 후에 위로를 얻었더라【창 24:67】

■ 서 론 ■ 독일의 시인 릴케는 "훌륭한 결혼이란 서로가 각각 상대방을 자기의 고독에 대한 보호자로 임명하는 그런 결혼이다."라고 하였다. 세상 사람들이 주문하는 표피적인 가치관이 아닌 성경이 말하는 이상적인 결혼은?

Ⅰ. 순수한 사랑이 있어야 한다

아담은 하와를 향하여 내 뼈 중의 뼈요 살 중의 살이라고 했다. 곧 자기 자신의 일부분이 아닌 전부라는 표현이다. 이렇게 자신을 사랑하듯 배우자에게도 사랑을 베풀 때 온전한 관계를 이룩할 수 있다. 순수한 사랑으로 맺어진 결혼에는 그 무엇도 침범할 수가 없다.

　＊ 참고 성구 ＊ 아 8:7, 잠 5:19, 창 2:18, 엡 5:28

Ⅱ. 무조건적인 헌신이 있어야 한다

결혼은 이기적인 것이 아닌 이타적인 것이어야 한다. 나의 가진 좋은 것으로 상대방에게 서로 채워주려고 하는 마음을 가져야만 결혼을 성공적으로 이끌 수 있다. 결혼 후 얼마 되지 않아 뜻이 맞지 않아서 헤어진다는 경우가 많은 이 세상 풍조를 볼 때 너무나 안타까운 노릇이 아닐 수 없다.

　＊ 참고 성구 ＊ 엡 5:25, 골 3:18, 창 2:23, 벧전 3:7

Ⅲ. 그리스도와의 연합이 있어야 한다

기독교인의 결혼에 있어서 가장 중요한 것이 바로 그리스도와의 연합에 있다는 것이다. 예수 그리스도를 가정의 가장으로 모시고 그를 의뢰하며 사는 삶이 바로 천국의 생활이 아닌가! 그리스도 안에서 서로 양보하고 서로 사랑하고 자기를 내세우지 않는 결혼이어야만 행복한 결혼이 될 수 있다.

　＊ 참고 성구 ＊ 엡 5:23, 계 18:23, 사 54:5, 요 2:2

■ 기 도 ■ 하나님 아버지! 오늘 이 결혼이 순수한 사랑과 무조건적인 헌신과 그리스도와의 연합이 있는 복된 결혼이 될 수 있도록 인도해 주시옵소서. 예수 그리스도의 이름으로 기도드립니다. 아멘.

♥ 결혼 및 약혼 ♥

이상적인 부부
♪ 288, 268, 269

■ 본 문 ■ 아내들이여 자기 남편에게 복종하기를 주께 하듯 하라 이는 남편이 아내의 머리 됨이 그리스도께서 교회의 머리됨과 같음이니 그가 친히 몸의 구주시니라
【엡 5:22-23】

■ 서 론 ■ 러시아의 작가 톨스토이는 "결혼을 신성하게 할 수 있는 것은 오직 사랑이며 진정한 결혼이란 사랑으로 신성해진 결혼뿐이다."라고 했다. 이렇듯 사랑으로 하나된 부부는 어떤 부부인가. 이상적인 부부상은?

Ⅰ. 서로의 의무에 충실하는 부부

이상적인 부부란 먼저 서로의 의무에 충실하는 부부이다. 남편은 남편의 도리와 의무를 충실히 이행하고 아내는 아내된 도리와 의무를 다할 때 가정의 불화가 사라지고 서로가 서로를 존경하며 웃음만이 가득찬 복된 가정을 이룩할 수가 있다. 하나님은 이런 가정을 사랑하신다.
* 참고 성구 * 롬 12:3-8, 고전 12:4-11, 엡 4:7-16, 마 25:14-15

Ⅱ. 하나님의 뜻에 순종하는 부부

이상적인 부부란 하나님의 뜻에 순종하는 부부이다. 사무엘은 범죄한 사울에게 순종이 제사보다 낫다고 말하며 꾸짖었다. 하나님의 온전하신 뜻, 하나님이 이 가정을 통해 영광받으시길 원하시는 것이 무엇인지 살펴서 행하는 바른 도리에 선 부부에게 하나님은 자녀와 재물과 장수의 복을 풍성히 주실 것이다.
* 참고 성구 * 창 2:24, 신 5:29, 삼상 15:22-23, 룻 4:11

Ⅲ. 세상을 본받지 않는 부부

이상적인 부부란 타락한 이 세상을 본받지 않는 부부이다. 이 세상은 악하고 죄악만이 가득한 곳이다. 이 세상에서 우리는 무엇 하나도 본받고 배울 것이 없다. 비록 세상 속에서 살지만 죄악과 불의에 물들지 않고 세상 풍속을 좇지 않고 시류에 합세 않고 하나님의 영광만을 구하며 살아가자.
* 참고 성구 * 약 4:4, 고전 3:16-17, 요일 5:19, 고전 6:18-20

■ 기 도 ■ 하나님 아버지! 오늘 이 가정의 이 부부가 서로의 의무에 충실하며 주의 뜻에 순종하여 세상을 본받지 않고 오직 하늘의 상급을 구하는 부부가 되게 하옵소서. 예수 그리스도의 이름으로 기도드립니다. 아멘.

♥ 자녀 출산 ♥

복된 자녀
♪ 478, 212, 483

■ 본 문 ■ 이는 네 속에 거짓이 없는 믿음을 생각함이라 이 믿음은 먼저 네 외조모 로이스와 네 어머니 유니게 속에 있더니 네 속에도 있는 줄을 확신하노라【딤후 1:5】

■ 서 론 ■ 미국의 저술가 보비는 "자녀들이 많으면 근심도 많으나 자녀들이 없으면 기쁨도 없다."고 했다. 또한 시편 기자는 자식은 여호와의 주신 기업이요 태의 열매는 그의 상급이라고 했다. 이제 이 가정에 축복으로 주신 이 자녀는 어떤 자녀가 되어야 할까?

Ⅰ. 하나님을 경외하는 자녀

전도서 기자는 그의 책 말미에 결론을 도출해 내고 있는데 그 말씀은 하나님을 경외하고 그 명령을 지킬지어다 이것이 사람의 본분이니라 였다. 참으로 합당한 말씀이 아닐 수 없다. 이 가정에 하나님의 선물로 주신 사랑하는 자녀가 오로지 하나님만을 경외하는 자녀가 되길 바란다.

* 참고 성구 * 잠 9:10, 전 12:13-14, 신 10:12, 행 16:1-2

Ⅱ. 기도 생활을 힘쓰는 자녀

이스라엘의 마지막 사사요 선지자인 사무엘은 그의 어머니 한나의 서원 기도로 이 세상에 태어났다. 어머니 한나는 서원대로 사무엘을 주의 제단에 바쳤고 바쳐진 사무엘은 성전을 떠나지 않고 주야로 기도 생활에 힘써 이스라엘 역사에 독보적인 큰 인물이 되었다.

* 참고 성구 * 눅 6:12, 막 1:35, 왕상 22:25, 단 6:10-23

Ⅲ. 부모의 좋은 영향을 받는 자녀

훌륭한 자녀 뒤에는 훌륭한 부모가 있다. 그러나 성경에 보면 엘리의 아들들이나 사무엘의 아들들은 불량한 자로 오점을 남기고 있음은 주지의 사실이다. 인생은 자기의 선택이요, 결단으로 결판이 난다. 모름지기 이 자녀는 부모의 좋은 영향을 받아 빛된 생애를 살기를 바란다.

* 참고 성구 * 잠 13:24, 신 6:7, 왕상 9:4, 대하 17:3

■ 기 도 ■ 하나님 아버지! 오늘 이 가정에 당신께서 선물로 주신 사랑하는 이 자녀가 오로지 하나님만을 경외하고 기도 생활을 힘쓰며, 부모님의 좋은 영향을 받아 당신께 크게 쓰임받는 인물이 되기를 예수 그리스도의 이름으로 기도드립니다. 아멘.

♥ 자녀 출산 ♥

만복을 누리기를
♪ 1, 221, 399

■ 본 문 ■ 내가 너로 큰 민족을 이루고 네게 복을 주어 네 이름을 창대케 하리니 너는 복의 근원이 될지라【창 12:2】

■ 서 론 ■ 로마의 웅변가요 철학자인 키케로는 "하나님이 우리에게 주신 자녀보다 더 귀한 선물이 없다는 것은 귀중한 하나님의 섭리이다."라고 했다. 하나님의 크신 섭리로 이 세상에 태어난 사랑하는 자녀를 통해 하나님은 어떠한 영광을 받기를 원하실까? 믿음의 조상 아브라함에게 임했던 축복을 살피면?

Ⅰ. 큰 민족을 이루시게 하심
하나님은 아브라함에게 큰 민족을 이루게 하시겠다고 언약하셨다. 자녀는 여호와의 주신 기업이라고 시편 기자는 설파했다. 오늘 이 가정에 기업으로 주신 사랑하는 자녀를 통해 믿음의 후손이 하늘의 별처럼 높이 되고 수없이 퍼져서 하나님께 큰 영광을 돌리는 역사가 있기를 바란다.
* 참고 성구 * 갈 3:14, 창 17:6, 사 32:15, 룻 4:17

Ⅱ. 이름을 창대케 하심
하나님은 아브라함에게 이름을 창대케 하시겠다고 굳게 언약하셨다. 네 시작은 미약하였으나 네 나중은 심히 창대하리라는 욥기의 말씀처럼 이 자녀를 통해 이 가문의 의로운 명성이 사해에 떨치며 이로써 하나님께는 큰 영광을 돌리며 자신에게는 큰 영예가 있기를 빈다.
* 참고 성구 * 눅 6:14, 창 32:28, 삼상 1:20, 욥 1:2

Ⅲ. 복의 근원이 되게 하심
하나님은 아브라함에게 복의 근원이 되게 하시겠다고 언약하셨다. 이 얼마나 놀라운 축복인가? 이는 아브라함이 훌륭해서도 아니요 남다른 재주가 있어서도 아니다. 오로지 하나님의 일방적인 선택이요 사랑에 기인하는 것이다. 부디 하나님의 놀라운 긍휼을 입어 복된 자가 되기를 빈다.
* 참고 성구 * 롬 4:4, 마 1:1, 사 49:6, 창 22:18

■ 기 도 ■ 하나님 아버지! 오늘 이 믿음의 자녀에게 큰 민족을 이루게 하시고 그 이름을 창대케 하시며 복의 근원이 되는 형통한 역사가 일어나게 축복해 주옵소서. 예수 그리스도의 이름으로 기도드립니다. 아멘.

♥ 자녀 출산 ♥

한나의 기도
♪ 178, 484, 480

■ 본 문 ■ 한나가 대답하여 가로되 나의 주여 그렇지 아니하니이다 나는 마음이 슬픈 여자라 포도주나 독주를 마신 것이 아니요 여호와 앞에 나의 심정을 통한 것뿐이오니【삼상 1:15】

■ 서 론 ■ 미국의 박물학자 버로우즈는 "여러 명의 자녀를 축복으로 받지 않은 사람은 삶이 좁게 한정되어 있다."고 했다. 자식이 없어 괴로워한 한나는 성태함이 오직 하나님께 있음을 알고 여호와의 전에서 눈물을 뿌리며 기도하였다. 한나는 어떻게 기도하였는가?

Ⅰ. 끈기있게 기도한 한나
한나는 끈기있게 기도하였다. 한두 번 하다가 마는 그런 기도가 아니라 하나님의 응답을 얻어낼 때까지는 멈추지 않겠다는 의지로 가득찬 기도였다. 끈기있는 기도는 하늘의 보화를 이 땅으로 끌어내는 힘이 있다. 이 끈기의 기도로 마침내 하나님은 사무엘을 주심으로 응답하셨다.
* 참고 성구 * 창 32:26, 마 15:27, 창 18:32, 눅 2:37

Ⅱ. 간절하게 기도한 한나
한나는 간절하게 기도하였다. 되면 되고 말면 말고 하는 건성의 기도가 아니라 우리 주님께서 십자가를 지시기 전 땀이 땅에 떨어지는 핏방울 같은 간절한 그런 기도를 하나님께 드렸다. 이런 기도야말로 하늘 보좌에 상달되는 금대접에 가득한 향과 같은 기도인 것이다.
* 참고 성구 * 약 5:16-17, 눅 22:44, 행 12:5, 계 5:8, 8:3

Ⅲ. 심령으로 기도한 한나
한나는 심령으로 기도하였다. 이런 기도를 사도 바울은 성령도 우리 연약함을 도우셔서 말할 수 없는 탄식으로 우리를 위해 친히 간구하신다고 하였다. 입술로 중언부언하는 기도가 아닌 심령의 기도는 하나님의 크신 섭리를 이땅에 이루시도록 하는 능력의 기도가 된다.
* 참고 성구 * 시 42:4, 욥 30:16, 애 2:19, 롬 8:26-27

■ 기 도 ■ 하나님 아버지! 자식으로 인한 고통으로 괴로워한 한나의 기도를 열납하신 것처럼 이 가정에도 당신의 축복이 임하기를 예수 그리스도의 이름으로 기도드립니다. 아멘.

♥ 자녀 교육 ♥

주의 도를 가르침
♪ 236, 267, 268

■ 본 문 ■ 아비들아 너희 자녀를 노엽게 하지 말고 오직 주의 교양과 훈계로 양육하라
【엡 6:4】

■ 서 론 ■ 탈무드에는 "자녀에게 가르치는 가장 좋은 방법은 스스로 본을 보이는 일이다."라고 적혀 있다. 지금은 무한경쟁 시대요 경제제일주의 시대인 만큼 세상살이가 살벌하기 그지없고 인간성은 말살되어 참 교육이 어려운 지경이다. 성도는 하나님의 말씀으로 자녀를 지도하여 하나님의 형상이 훼손되지 않도록 노력해야 하겠다. 그러기 위해서는?

Ⅰ. 자녀들/부모의 마음을 기쁘시게 해야 함
자녀들이 행해야 할 가장 중요한 것은 부모의 마음을 기쁘게 하는 것이다. 이것이 참된 효도요 정성이다. 에서처럼 말씀을 떠나 이삭과 리브가에게 큰 근심을 안겨준 자녀가 되면 안 된다. 우리를 위해 수고하고 희생한 부모님의 사랑에 보답하는 길은 그 마음을 즐겁게 해드리는 것뿐이다.
* 참고 성구 * 잠 15:13, 히 12:9, 잠 17:22, 엡 6:1-3

Ⅱ. 부모들/자녀의 길을 올바르게 인도해야 함
부모들은 자녀들을 바르게 인도해야 할 것이다. 사랑으로 감싸고 안아주면서 또한 징계의 회초리를 아끼지 않을 때 그들은 인간의 도리를 깨닫는다. 무엇보다도 전인교육에 필요한 것은 성경이다. 성경으로 교육받은 자녀는 인생의 낙오자가 없다.
* 참고 성구 * 딤전 3:4, 잠 13:24, 신 6:7, 잠 22:6, 엡 6:4

Ⅲ. 하나님/순종하는 사람들에게 복을 주심
하나님은 당신의 말씀에 순종하고 복종하는 자에게 예비하신 축복의 단비를 내리신다. 인간이 하나님께 드리는 최고의 예배는 바로 순종이다. 사무엘은 사울에게 순종이 제사보다 낫다고 가르치며 크게 꾸짖었다. 항상 말씀에 순종하는 삶을 살 때 하나님은 흡족해 하심을 잊지 말자.
* 참고 성구 * 마 7:21, 신 5:29, 출 19:5, 삼상 2:30

■ 기 도 ■ 하나님 아버지! 자녀들은 부모를 기쁘게 하고 부모는 자녀를 바르게 지도하며 또한 당신을 경외하며 순종하는 이 가정을 축복하소서. 예수 그리스도의 이름으로 기도드립니다. 아멘.

♥ 자녀 교육 ♥

성경으로 자란 사람
♪ 234, 235, 238

■ 본 문 ■ 모든 성경은 하나님의 감동으로 된 것으로 교훈과 책망과 바르게 함과 의로 교육하기에 유익하니【딤후 3:16】

■ 서 론 ■ 그리스의 철학자 플라톤은 "교육이 어느 방향으로 인간을 출발시키느냐에 따라 그 사람의 장래가 결정된다."고 했다. 성도는 일반적인 학교에서의 교육도 중요시해야 하지만 영혼을 살지우고 구원의 길을 제시하는 하나님의 말씀인 성경으로 어릴 적부터 교육을 받아야 한다. 이 성경은?

Ⅰ. 배우고 지켜야 하는 성경

바울은 믿음의 아들 디모데에게 이르기를 네가 어려서부터 성경을 알았고 예수 안에 있는 믿음으로 구원에 이르는 지혜가 있게 하며 교훈과 책망과 바르게 함과 의로 교육하기 유익한 것이 성경이라고 설파했다. 우리는 자녀들을 성경으로 교육할 때 바른 배움과 지킴을 제시하는 것이다.

　* 참고 성구 * 시 19:7-11, 행 17:11, 계 1:3, 신 4:2

Ⅱ. 하나님의 영감된 성경

성경은 누가 잘 꾸며서 펴낸 책도 아니요, 더욱이 신화나 전설을 모은 모음집도 아니다. 오직 성경은 성령의 감동하심을 입은 사람들이 하나님께 받아 말한 것이다. 그렇기 때문에 사람의 혼과 영과 관절과 골수를 찔러 쪼개는 놀라운 말씀의 역사가 일어나는 것이다.

　* 참고 성구 * 벧후 1:20-21, 요 17:17, 사 34:16, 히 4:12

Ⅲ. 성도를 온전케 하는 성경

성경을 잘 배우고 말씀대로 바르게 준행할 때 과실 많고 허물 많은 사람들이 비로소 온전하게 된다. 성경을 통해서 하나님을 만나고 예수 그리스도를 영접하고 성령 충만한 삶을 영위하는 삶이 바로 천국에서의 삶이다. 하나님께서 사람에게 성경을 주심은 정말 큰 축복을 주신 것이다.

　* 참고 성구 * 행 5:29, 마 7:21, 시 119:101, 요일 2:5

■ 기 도 ■ 하나님 아버지! 우리에게 성경을 주심을 감사드립니다. 이로 인해 구원과 영생을 얻게 하신 당신께 무한한 감사의 기도를 우리 주 예수 그리스도의 이름으로 기도드립니다. 아멘.

♥ 자녀 교육 ♥

눈물로 기른 사람
♪ 299, 182, 184

■ 본 문 ■ 눈물을 흘리며 씨를 뿌리는 자는 기쁨으로 거두리로다 울며 씨를 뿌리러 나가는 자는 정녕 기쁨으로 그 단을 가지고 돌아오리로다【시 126:5-6】

■ 서 론 ■ 영국의 신학자요 주석가로 유명한 매튜 헨리는 "의인이 뿌린 슬픔의 눈물은 모두 진주가 되어 나온다."라고 했다. 인간이 동물과 다른 점은 바로 이 눈물에 있다고 해도 과언은 아닐 것이다. 기쁠 때나 슬플 때나 감정의 정화를 위해서 흘리는 눈물! 그러나 부모는 자녀를 위해서 어떤 눈물을 흘리는가?

Ⅰ. 긍휼의 눈물
사도 바울은 에베소 교회의 장로들을 초청한 자리에서 삼 년이나 밤낮 쉬지 않고 눈물로 각 사람을 훈계한 것을 기억하라고 했다. 부모가 자식을 위해서 흘리는 간절한 눈물도 바로 이 바울과 같은 사랑과 긍휼의 눈물이 되어야만 할 것이다. 자녀를 위해 긍휼의 눈물을 흘려보았는가?
 * 참고 성구 * 눅 19:41, 행 20:19, 31, 사 22:4, 빌 3:18

Ⅱ. 기도의 눈물
방탕한 아들 어거스틴을 위해 그의 어머니 모니카는 수없는 세월을 눈물의 기도를 드렸다. 이런 모습을 본 암브로스 감독은 눈물의 자식은 버림받지 않는다고 했다. 이 눈물의 기도 때문에 어거스틴은 로마서 13:11-14의 말씀으로 회심했다고 한다. 자녀를 위해 기도의 눈물을 흘려보았는가?
 * 참고 성구 * 히 5:7, 삼상 1:10-11, 왕하 20:3-4, 시 6:6

Ⅲ. 기쁨의 눈물
바로에게 내 나그네 길의 세월이 일백 삼십 년인데 참으로 험악한 세월을 보냈다고 말한 야곱의 인생 여정은 바로 성도의 신앙의 여정이다. 좁은 문의 협착한 길! 사람들이 즐겨 찾지 않는 고난 가운데서 감사와 소망을 찬양하는 성도의 길! 당신은 자녀와 함께 기쁨의 눈물을 흘려보았는가?
 * 참고 성구 * 딤후 4:7-8, 계 2:10, 느 12:43, 창 46:29-30

■ 기 도 ■ 하나님 아버지! 우리로 하여금 자녀를 위해 긍휼과 기도의 눈물을 흘리게 하소서. 그리고 함께 주께서 주시는 기쁨의 눈물을 흘릴 수 있는 제자의 길을 가게 하소서. 예수 그리스도의 이름으로 기도드립니다. 아멘.

♥ 자녀 교육 ♥

강하고 지혜롭게
♪ 240, 128, 360

■ 본 문 ■ 아기가 자라며 강하여지고 지혜가 충족하며 하나님의 은혜가 그 위에 있더라
【눅 2:40】

■ 서 론 ■ 영국의 시인 포프는 "어린 가지를 구부리면 나무는 계속 구부러져서 자란다."고 했다. 연소한 때에 일반적인 바른 양육으로 기초를 다져놓으면 나중에 성년이 되어서도 좌나 우로 휩쓸림 없이 굳굳이 이 세상을 힘차게 살아나갈 것은 자명한 일이다. 그러나 신앙의 생활에서는 어떻게 강하고 지혜롭게 할 것인가?

Ⅰ. 말씀을 먹어야 한다

먼저 말씀을 먹어야 강하고 지혜롭게 성장할 것이다. 순전하고 신령한 젖인 하나님의 말씀을 계속 공급할 때 그것을 먹음으로 영육간에 양식이 되어서 육신도 성장하고 영혼도 풍성히 살지우는 것이 된다. 하나님의 말씀인 성경을 어려서부터 사모한 디모데가 좋은 모본이다.

* 참고 성구 * 시 19:7-11, 벧전 2:2, 신 8:3, 겔 3:1-2

Ⅱ. 능력이 있어야 한다

다음에는 능력이 있어야 강하고 지혜롭게 성장할 것이다. 여기서의 능력이란 성령충만함을 덧입은 상태를 말하는 것인데 어릴 때부터 그 마음에 성령께서 임재하시도록 신앙의 토양을 가꾸어 주어야 한다. 어렸을 때 세마포 에봇을 입고 여호와를 섬긴 사무엘은 세 번씩이나 주의 음성을 들었다.

* 참고 성구 * 행 1:8, 눅 24:49, 엡 5:18, 빌 4:13

Ⅲ. 주를 의뢰해야 한다

마지막으로 주를 의뢰하여야 강하고 지혜롭게 성장할 것이다. 잠언 기자는 네가 마음을 다하여 여호와를 의뢰하고 범사에 그를 인정하면 네 길을 지도하신다고 했다. 주를 의뢰하는 삶을 산 자만이 큰 믿음으로 놀라운 일을 행하니 목동 다윗이 거인 골리앗을 죽이는 역사가 그것이다.

* 참고 성구 * 잠 3:5-6, 사 41:10, 시 37:3-7, 삼상 3:10

■ 기 도 ■ 하나님 아버지! 당신께 영광을 돌리는 삶을 살고자 어릴 적부터 애쓰고 노력하는 이 어린이에게 당신의 풍성한 축복을 내려주시옵소서. 예수 그리스도의 이름으로 기도드립니다. 아멘.

♥ 자녀 교육 ♥

지혜를 가르치라
♪ 238, 349, 357

■ 본 문 ■ 지혜를 버리지 말라 그가 너를 보호하리라 그를 사랑하라 그가 너를 지키리라 지혜가 제일이니 지혜를 얻으라【잠 4:6-7】

■ 서 론 ■ 프랑스의 도덕가 주베르는 "어린이를 양육할 때 그의 노년이 어떨지를 늘 유념하라."고 했다. 오늘 이땅의 정규 교육은 비이성적이요 탈인간적이요 경쟁 우선주의로 더럽혀져 있다. 이에 반해서 성경이 가르치는 교육은 세상적인 것과는 엄연히 다르다. 성경의 지혜는?

Ⅰ. 지혜를 얻으면 성숙한 신앙 인격자가 됨
사도 바울의 스승이요 바리새인 교법사인 가말리엘은 사도들이 전하는 교에 대해 공회에서 이 사상이 사람에게서 났으면 무너질 것이요, 만약 하나님께로 났으면 도리어 하나님을 대적한다며 바른 충고를 하였다. 이는 참으로 지혜로운 권면이 아닌가! 지혜자의 진면목은 이런 것이다.
 * 참고 성구 * 시 147:5, 고전 2:8, 출 28:3, 잠 1:3

Ⅱ. 지혜는 연약한 자를 강건케 함
잠언 기자 솔로몬은 지혜는 어리석은 자를 슬기롭게 하며 젊은 자에게 지식과 근신함을 주기 위한 것이라고 했다. 그러나 세상 지혜는 위로부터 내려온 것이 아닌 세상적이요, 정욕적이요, 마귀적인 것이다. 성도들은 하늘의 지혜를 사모하여 강건한 삶을 영위해야 할 것이다.
 * 참고 성구 * 엡 3:10, 전 8:1, 삼상 25:33, 잠 1:4-5

Ⅲ. 지혜는 성공의 원동력이 됨
유대인은 어린이가 물고기를 한 마리 잡아달라고 보채면 아예 물고기 잡는 법을 가르쳐서 스스로 많이 잡게 한다고 한다. 참으로 지혜로운 백성이요 말씀을 맡은 백성답다고 여겨진다. 그러므로 지금까지 이 세계를 유대계가 주름잡고 활개치며 다니지 않는가! 지혜를 사모하고 지혜를 가르치자.
 * 참고 성구 * 약 3:13, 욥 28:12, 단 11:35, 창 41:39-43

■ 기 도 ■ 하나님 아버지! 당신께로부터 나오는 지혜를 덧입어 성숙한 인간, 강건한 삶, 성공하는 인생이 되도록 인도해주시며 우리의 자녀에게 바르게 가르치는 힘도 아울러 주시옵소서. 예수 그리스도의 이름으로 기도드립니다. 아멘.

♥ 생일 축하 ♥

시냇가의 나무처럼
♪ 425, 61, 301

■ 본 문 ■ 저는 시냇가에 심은 나무가 시절을 좇아 과실을 맺으며 그 잎사귀가 마르지 아니함 같으니 그 행사가 다 형통하리로다【시 1:3】

■ 서 론 ■ 프랑스의 철학자요 수학자인 파스칼은 "행복은 우리의 내부나 외부 어느 한 곳에 있는 것이 아니다. 그것은 우리 자신과 하나님과의 결합에 있다."고 했다. 하나님과 동행하는 삶은 아름답다. 그리고 그 삶은 거룩하다. 그런 성도의 인생 여정은?

I. 성도는 주의 율법을 즐거워하여 주야로 묵상함
하나님의 말씀은 꿀과 같이, 송이꿀과 같이 달다고 시편 기자는 말했다. 비록 악한 세상 속에서 살지만 하나님의 자녀로 불림을 입은 성도는 말씀 속에서 주어지는 진리를 인생의 지침으로 삼고 밤낮으로 말씀을 상고하며 준행하기를 힘써야 한다. 그럴 때 임마누엘의 축복이 더한다.
  * 참고 성구 * 딤후 3:16-17, 시 119:1, 97, 105, 수 1:8, 신 11:18-20

II. 성도는 그의 행사가 모두 다 형통하게 됨
사도 바울은 하나님의 뜻대로 부르심을 입은 자들에게는 모든 것이 합력하여 선을 이룬다고 했다. 고단한 삶의 여정 속에서도 낙심하지 않고 오직 주님만을 의뢰할 때 주께서는 그의 삶을 책임져 주시고 매사를 형통케 해주실 것이다. 애굽으로 팔려간 요셉의 삶을 상기하자.
  * 참고 성구 * 시 128:2, 창 39:3, 23, 사 3:10, 욥 42:10

III. 성도는 그의 길을 여호와께서 인정하심
시편 기자는 너의 길을 여호와께 맡기면, 저를 의지하면 저가 이루시고 네 의를 빛같이 나타내시며 네 공의를 정오의 빛같이 하신다고 했다. 흑인을 노예해방으로 구원시킨 미국의 16대 대통령 아브라함 링컨은 이 말씀을 붙들고 남북전쟁에서 승리했다고 한다. 우리가 바를 때 주께서 인정하신다.
  * 참고 성구 * 요 10:14, 시 31:7, 나 1:7, 시 37:18

■ 기 도 ■ 하나님 아버지! 오늘 생일을 맞은 당신의 사랑하는 이 성도에게 범사에 형통하는 삶의 축복을 주시옵소서. 예수 그리스도의 이름으로 기도드립니다. 아멘.

♥ 생일 축하 ♥

평강의 하나님
♪ 459, 351, 377

■ 본 문 ■ 평강의 주께서 친히 때마다 일마다 너희에게 평강을 주시기를 원하노라 주는 너희 모든 사람과 함께 하실지어다【살후 3:16】

■ 서 론 ■ 미국의 목사인 비쳐는 "하나님이란 단어는 돌보심, 친절, 선하심을 나타낸다. 무한하신 하나님은 무한한 돌보심, 무한한 친절, 무한한 선함을 뜻한다."고 했다. 하나님의 돌보심을 입은 자는 평안하다. 그리고 그의 삶은 영육간에 풍족하다. 하나님께서는?

I. 하나님은 때마다 함께 하심을 알 것
전도서 기자는 천하에 범사에 기한이 있고 모든 목적이 이룰 때가 있나니 하면서 인생에게 닥쳐오는 온갖 때를 진술하고 있다. 베틀의 북같은 짧은 인생에 이렇게 많은 운명을 맞이할 수 있을까? 우리가 우리의 앞길을 알 수 없지만 하나님의 주권과 통치와 섭리에 맡기자.
  * 참고 성구 * 호 1:11, 시 98:8, 호 15:27, 고후 6:2, 전 3:1-8

II. 하나님은 일마다 함께 하심을 알 것
애굽의 바로의 시위대장 보디발의 눈에도 요셉과 함께 하는 하나님의 임재하심이 보였다. 하나님은 우리의 일거수 일투족을 지키시며 매사에 닥치는 일에도 함께 하셔 당신의 자녀를 보호하시며 인도하신다. 성도는 먼저 기도하며 무슨 일이든 아뢸 때 주께서 함께 하심을 확신하자.
  * 참고 성구 * 딤후 4:5, 사 26:12, 대상 28:13, 창 39:3

III. 하나님은 평강을 누리게 하심을 알 것
사도 바울은 너희는 내게 배우고 받고 듣고 본 바를 행하면 평강의 하나님이 너희와 함께 계신다고 빌립보 교회를 향한 그의 서신에서 말하였다. 성도가 바른 성도의 길을 갈 때 하나님의 평강 곧 샬롬의 은혜가 임한다. 세상이 주는 평강은 일시적이나 하나님의 평강은 영원함을 믿자.
  * 참고 성구 * 고후 13:11, 단 4:1, 스 9:12, 빌 4:9, 히 13:20

■ 기 도 ■ 하나님 아버지! 사랑하는 당신의 자녀에게 때마다 일마다 함께 하며 그로 하여금 평강을 누리게 하옵소서. 예수 그리스도의 이름으로 기도드립니다. 아멘.

♥ 생일 축하 ♥

주의 축복
♪ 61, 107, 298

■ 본 문 ■ 여호와는 나의 목자시니 내가 부족함이 없으리로다 그가 나를 푸른 초장에 누이시며 쉴 만한 물가으로 인도하시는도다【시 23:1-2】

■ 서 론 ■ 미국의 최고 재판소 수석판사인 게이는 "하나님은 세상을 다스리시고 우리는 우리의 임무만을 수행하여 그 결과를 그에게 의지하기만 하면 된다."고 했다. 성도의 길은 험난하지만 시시때때로 하나님의 손길을 의식하면서 담대히 그 길을 간다. 이로 인한 주의 축복은?

I. 목자이신 하나님은 우리 영혼을 소생시킨다
여호와 하나님과 그의 백성된 성도는 목자와 양의 관계로 성경에 많이 묘사된다. 하나님의 돌보시는 양들인 우리는 세상살이의 험악함에 시달리고 뜻하지 않는 불행을 당하고 죄악으로 인해 낙담할 때도 있다. 우리의 영혼이 피곤하고 쉼을 얻기를 원할 때 하나님께서는 우리의 영혼을 돌아보신다.
* 참고 성구 * 고후 5:17, 호 14:4, 시 51:11-12, 사 57:18

II. 목자이신 하나님은 우리를 의의 길로 인도하신다
선한 목자이신 하나님은 자랑스러운 양들인 성도들을 의로운 길로 인도하신다. 잠언 기자는 하나님께서 지혜로운 길로 네게 가르쳤고 정직한 첩경으로 너를 인도하였다고 했다. 사탄 마귀는 사람을 죽음의 길, 죄악의 길, 멸망의 길로 끌고가지만 하나님은 우리를 영생의 길로 인도하신다.
* 참고 성구 * 사 30:21, 잠 4:11, 시 73:24, 마 7:13-14, 눅 1:79

III. 목자이신 하나님은 우리를 안전하게 보호하신다
예수님께서는 삯군 목자는 이리가 오는 것을 보면 양을 버리고 달아난다고 하시며 그 이리가 양을 늑탈하고 해친다고 하셨다. 참된 목자는 양을 해치려는 이리를 물리치며 자기의 양떼를 지키고 보호해야 한다. 양떼인 성도들은 오직 하나님만을 의뢰하여 그의 안전지대에 들어가자.
* 참고 성구 * 눅 21:18, 시 34:7, 125, 단 6:22, 요 10:13, 삼상 17:35

■ 기 도 ■ 하나님 아버지! 우리의 영혼을 소생시키시며 의의 길로 인도하시며 안전하게 보호하시는 당신의 축복을 감사하는 이들이 되게 하옵소서. 예수 그리스도의 이름으로 기도드립니다. 아멘.

♥ 생일 축하 ♥

하나님 자녀의 축복
♪ 481, 173, 214

■ 본 문 ■ 나는 주께서 주의 종에게 베푸신 모든 은총과 모든 진리를 조금이라도 감당할 수 없사오나 내가 내 지팡이만 가지고 이 요단을 건넜더니 지금은 두 떼나 이루었나이다【창 32:10】

■ 서 론 ■ 영국의 철학자인 베이컨은 "우리는 우리의 마음을 읽고 계시고 우리의 생각을 감찰하시며 결코 잠들지 않는 눈이 있다는 것을 너무나 자주 잊곤 한다."고 했다. 성도의 삶을 지키시는 하나님의 역사를 야곱을 통해 보면?

I. 여호와 하나님의 언약을 기억한 야곱

성공하여 금의환향하던 야곱은 지난 날 루스 광야의 황량한 벌판에서 자기의 꿈에 나타나서 함께 하며 떠나지 않겠다는 하나님의 언약을 기억했다. 하나님께서 언약하신 말씀은 그분께서 꼭 이루심을 믿은 야곱의 신앙은 참으로 본받을 만하고 귀한 것이다.

* 참고 성구 * 창 28:15, 신 33:9, 단 9:4, 출 19:5, 창 32:9

II. 하나님의 보호하심과 은총을 감사한 야곱

또한 야곱은 하란에서 하나님의 보호하심과 은혜를 감사드렸으니 지팡이만 가지고 요단을 건넌 가난뱅이가 이제는 가축을 두 떼나 이룬 거부가 되었음을 감사드렸다. 돈을 좀 벌면 잘난 체하며 거드름을 피우는 세상 사람들의 자기 자랑은 눈살을 지푸리게 만들지만 성도의 겸손은 참으로 아름답다.

* 참고 성구 * 골 3:15, 시 107:22, 신 8:10, 창 32:10

III. 자기의 처지를 도우시길 하나님께 간구한 야곱

이제 고향을 지척에 두고 형 에서의 보복을 염려하며 그 마음을 누그러뜨리도록 오직 하나님께 간구한 야곱의 자세는 훌륭하다. 성도도 사람인지라 간혹 잘못과 실수도 할 수 있다. 그러나 회개하고 하나님의 도우심을 바라는 간절한 자세는 하나님께서 움직이시도록 만드는 것이다.

* 참고 성구 * 행 8:24, 삼상 7:8, 왕상 13:6, 삿 16:28, 창 32:11

■ 기 도 ■ 하나님 아버지! 당신의 언약을 믿고 당신의 은총을 감사하며 당신의 손길을 기다리는 사랑하는 성도의 기도를 들어 응답하시고 축복하여 주시옵소서. 예수 그리스도의 이름으로 기도드립니다. 아멘

♥ 생일 축하 ♥

영원한 복
♪ 28, 311, 369

■ 본 문 ■ 다윗왕이 여호와 앞에 들어가 앉아서 가로되 주 여호와여 나는 누구오며 내 집은 무엇이관대 나로 이에 이르게 하셨나이까【삼하 7:18】

■ 서 론 ■ 영국의 목사로서 감리교를 창시한 존 웨슬리는 "모든 것 중에 제일은 하나님이 나와 함께 하심이라."고 했다. 성도의 인생에 있어서 하나님이 함께하시는 축복보다 더 귀한 것이 어디 있겠는가. 오늘 다윗이 하나님의 축복에 감사한 것을 보며 우리들 성도의 감사는?

Ⅰ. 모든 것이 하나님께로 말미암았음을 감사하자

하나님의 백성으로 선택해 주시고 축복해 주심도 감사한데 거기에다 부귀와 영화까지 더해주시는 하나님의 은혜는 필설로 말할 수 없다. 그런데 우리가 조심할 것은 교만의 함정에 빠질까 하는 것이다. 성도는 매사에 하나님의 주권을 인정하고 은혜입음을 감사해야 할 것이다.

* 참고 성구 * 빌 1:3, 대하 30:22, 사 12:1, 신 14:2

Ⅱ. 더 큰 은혜의 언약을 베푸심으로 감사하자

성도가 모든 영광을 하나님께 돌리며 겸손함과 순종함의 자세를 견지할 때 하나님은 더더욱 크신 은총을 내리시려고 하신다. 하나님이 적극적으로 나서서 하늘 창고를 여시고 축복의 소낙비를 내리신다. 우리는 범사에 감사하는 마음으로 주의 율례와 법도대로 삶을 영위하자.

* 참고 성구 * 롬 15:15, 행 11:23, 신 32:23, 왕상 3:12-14

Ⅲ. 인간의 규례를 벗어나지 않은 복 주심을 감사하자

솔로몬은 동서고금을 막론하고 엄청난 하나님의 축복을 받은 자였으나 그의 말년은 하나님을 배반하는 행위로 일관했다. 이는 참으로 큰 깨달음을 얻게 하는 사실이다. 성도는 큰 축복을 받고 하나님을 외면하기보다 그릇에 합당한 복을 감사히 여기며 미혹받지 않기를 기도할 것이다.

* 참고 성구 * 계 22:7, 민 29:6, 사 61:9, 잠 30:8-9

■ 기 도 ■ 하나님 아버지! 온 우주 천지가 모두 당신의 것입니다. 당신께서는 사랑하는 당신의 백성을 축복하시되 많이 주시려고 하십니다. 우리로 하여금 온전한 감사를 드리도록 인도해 주시옵소서. 예수 그리스도의 이름으로 기도드립니다. 아멘.

♥ 생일 축하 ♥

나의 반석
♪ 188, 204, 444

■ 본 문 ■ 여호와는 나의 반석이시요 나의 요새시요 나를 건지시는 자시요 나의 하나님이시요 나의 피할 바위시요 나의 방패시요 나의 구원의 뿔이시요 나의 산성이시로다【시 18:2】

■ 서 론 ■ 미국의 신학자인 헨쇼는 "하나님 없이 안전할 수 있다고 생각하는 자나 하나님과 같이 있으면서 안전하지 않다고 하는 자는 그리스도인이라고 할 수 없다."고 했다. 지금 이 시간까지 우리를 보호하시고 인도하신 주님께 감사하자. 그러면 우리가 의뢰할 주님은?

Ⅰ. 견고한 반석이신 주를 의뢰하자
집을 지을 때 모래 위에다가 기초를 닦는 사람도 있을까? 아마도 한 사람도 없을 것이다. 집은 견고한 반석 위에다 터를 잡고 기초를 세워야 튼튼해짐은 상식이다. 우리의 신앙 생활도 이와 마찬가지이다. 우리의 기초를 견고한 반석이신 주님께 둘 때 훌륭한 집을 지을 것이다.
  * 참고 성구 * 마 7:24-25, 고전 3:10-11, 시 19:14, 삼상 2:2

Ⅱ. 안전한 요새이신 주를 의뢰하자
전쟁을 치를 때 안전한 요새를 선점하여 싸우는 자가 목숨을 건지며 승리도 갈구할 수 있을 것이다. 우리들 성도는 믿음의 선한 싸움을 싸우는 자들로서 항상 승리만을 할 수 없다. 지치고 피곤하고 낙심될 때 안전한 요새에서 힘을 재충전하여 다시 싸움터로 나가야 한다.
  * 참고 성구 * 잠 3:5-6, 시 91:2, 대상 5:20, 시 144:2

Ⅲ. 완전한 방패이신 주를 의뢰하자
적과의 싸움에서 적의 칼이나 화살을 막는 것이 방패이다. 이 방패가 없으면 싸움에서 이리저리 피해다니다가 죽을 것은 뻔한 이치이다. 우리의 싸움은 혈과 육이 아닌 악의 영들이다. 믿음의 방패로 무장하여 마귀를 대적하면 그들은 도망하리라. 완전한 방패이신 주를 의뢰하자.
  * 참고 성구 * 엡 6:16, 눅 1:69, 시 112:9, 창 15:1

■ 기 도 ■ 하나님 아버지! 견고한 반석이시요 안전한 요새이시며 완전한 방패되시는 당신을 의뢰합니다. 험악한 세상을 살아가는 당신의 백성을 지켜주시옵소서. 예수 그리스도의 이름으로 기도드립니다. 아멘.

♥ 생일 축하 ♥

주는 내 편이시라
♪ 498, 424, 86

■ 본 문 ■ 내가 하나님을 의지하고 그 말씀을 찬송하올지라 내가 하나님을 의지하였은즉 두려워 아니하리니 혈육 있는 사람이 내게 어찌하리이까【시 56:4】

■ 서 론 ■ 영국의 성직자요 시인인 허버트는 "하나님의 제분기는 천천히 돌지만 빠짐없이 빻는다."고 했다. 이 말은 하늘은 무심한 듯하나 빠짐없이 우리들을 살핀다는 뜻이다. 하나님은 우리의 머리털 하나라도 상하지 않게 우리를 지키신다. 성도의 신앙 여정에서 반드시 해야 할 요소는?

Ⅰ. 주를 의뢰하라
사도 바울은 말하기를 내게 능력 주시는 자 안에서 내가 모든 것을 할 수 있다고 했다. 철저히 주님을 의뢰한 자의 경험에서 나온 믿음의 고백이라고 생각된다. 우리들도 바울의 이 고백과 같이 매사에 주님을 의뢰하며 사는 삶을 영위할 때 영육간에 강건함을 얻을 수 있다.
* 참고 성구 * 막 9:23, 빌 4:13, 수 1:7-9, 잠 3:5-6

Ⅱ. 강하고 담대하라
하나님은 모세의 후계자로 세운 여호수아에게 세 번씩이나 마음을 강하게 하고 담대히 하라고 명하셨다. 이는 그렇지 못할 때 출애굽 한 백성을 가나안 복지까지 무사히 인도하지 못하기 때문이다. 성도의 천로역정에도 강하고 담대하지 못하면 예비하신 성에 들어가지 못할 것이다.
* 참고 성구 * 요 16:33, 약 4:7, 시 118:6, 사 41:10

Ⅲ. 악을 멀리하라
우리아의 처 밧세바를 차지하기 위한 다윗의 음모는 가히 상상을 뛰어넘는 악한 일이었다. 성경은 이를 다윗의 소위가 여호와 보시기에 악하였더라고 기록하고 있다. 후에 다윗은 철저히 응징을 받게 된다. 죄악은 참으로 멀리해야만 한다. 하나님께서 가장 미워하시는 것이 죄악이다.
* 참고 성구 * 롬 2:6-11, 살전 5:22, 잠 22:8, 창 39:9

■ 기 도 ■ 하나님 아버지! 앞으로 남은 세월도 당신을 의뢰하고 강하고 담대한 신앙으로 악을 멀리하는 삶을 살도록 인도하여 주시옵소서. 예수 그리스도의 이름으로 기도드립니다. 아멘.

♥ 생일 축하 ♥

여호와의 보호
♪ 478, 440, 451

■ 본 문 ■ 여호와여 주는 나의 방패시요 나의 영광이시요 나의 머리를 드시는 자니이다
【시 3:3】

■ 서 론 ■ 러시아의 작가 톨스토이는 "하나님을 구하지 아니하는 사람들의 눈에는 하나님이 존재하지 않는다. 하나님을 구하라. 그리하면 하나님이 그대들 앞에 나타나리라."고 했다. 매사를 하나님께 의뢰하는 삶을 살았던 다윗! 그가 아들 압살롬을 피할 때 지은 본 시편은 다윗의 하나님에 대한 신뢰로 가득차 있다. 다윗의 여호와는?

Ⅰ. 여호와는 나의 방패이심
싸움터에 나아가는 병사는 완전무장을 하고 싸움터로 나아간다. 다른 무기는 모두 공격용이지만 방패만은 상대의 공격을 막는 수비용 무기이다. 다윗은 여호와는 나의 방패라고 고백했다. 이는 다윗의 환난을 여호와 하나님께서 이리저리 막아주시고 피할 수 있게 하셨기 때문이다.
* 참고 성구 * 엡 6:16, 신 33:29, 왕상 14:26, 시 28:7

Ⅱ. 여호와는 나의 영광이심
의사 누가가 기록한 사도행전에 보면 헤롯이 영광을 하나님께 돌리지 않고 자기가 차지하여 주의 사자가 쳐서 충이 먹어 죽는 장면이 나온다. 하나님의 영광을 가로챈 자의 최후는 본래 그렇다. 다윗은 여호와는 나의 영광이시라고 찬양하고 있다. 이는 성도의 마땅히 본받을 바이다.
* 참고 성구 * 계 7:12, 수 7:19, 슥 2:5, 시 57:8-9, 행 12:23

Ⅲ. 여호와는 나의 머리를 드시는 자이심
기도의 응답으로 사무엘을 얻은 한나는 감사의 노래를 불렀는데 하나님은 낮추기도 하시고 높이기도 하신다는 대목이 나온다. 이는 전능하신 하나님의 주권을 최고로 찬송한 것이다. 다윗도 이 처지에서 벗어나 다시금 나의 머리를 드는 높임을 하나님께서 주시리라는 믿음을 아뢰었다.
* 참고 성구 * 고전 11:3, 신 28:13, 겔 27:30, 욥 10:15

■ 기 도 ■ 하나님 아버지! 복된 생일을 맞이한 성도에게 다윗처럼 여호와 하나님 당신을 높이는 찬양을 할 수 있도록 범사에 축복하소서. 예수 그리스도의 이름으로 기도드립니다. 아멘.

♥ 회갑 및 진갑 ♥

네 나이가 몇이냐
♪ 460, 289, 292

■ 본 문 ■ 야곱이 바로에게 고하되 내 나그네 길의 세월이 일백 삼십 년이니이다 나의 연세가 얼마 못되니 우리 조상의 나그네 길의 세월에 미치지 못하나 험악한 세월을 보내었나이다 하고【창 47:9】

■ 서 론 ■ 프랑스의 격언에 "당신은 태어난 그날부터 사는 일뿐만 아니라 죽는 일도 시작한 것이다."는 말이 있다. 생로병사는 인간이 어찌할 수 없는 숙명이다. 에덴동산에서 쫓겨난 인간이 걸어갈 수밖에 없는 길이다. 야곱이 피력한 나그네 인생길은?

Ⅰ. 나그네 인생길은 한정된 길임
범죄한 인류의 시조에게 내려진 형벌은 너는 흙에서 취함을 입었으니 흙으로 돌아갈 것이라는 준엄한 하나님의 말씀이다. 그래서 히브리서 기자는 한 번 죽는 것은 사람에게 정하신 것이라고 했다. 많은 시인이 인간의 한정된 길에 대해 아쉬움을 표했으나 이는 운명이다.
* 참고 성구 * 눅 14:26, 사 35:1, 렘 50:5, 시 78:39, 히 9:27

Ⅱ. 나그네 인생길은 누구나 가는 길임
야곱은 인생을 나그네 길로 표현했다. 사도 베드로는 나그네와 행인 같은 너희를 권하노니 육체의 정욕을 제어하라고 했다. 이 세상에 태어난 사람이라면 한번은 걸어야 할 길, 누구나 가는 이 길을 좀더 당당히 선행을 쌓으면서 가야겠다. 성도의 길은 주님이 인도하신다.
* 참고 성구 * 계 1:17-18, 창 26:24, 사 43:1-3, 왕상 2:2

Ⅲ. 나그네 인생길은 평탄치 않은 길임
야곱은 험악한 세월을 보내었다고 바로에게 말하였다. 야곱의 생애는 참으로 한편의 드라마와도 같은 삶이었다. 사건의 연속이요 때로는 울기도, 때로는 웃기도, 참으로 평탄치 않은 길을 걸어왔으나 할아버지 아브라함, 아버지 이삭의 하나님 여호와께서 자기와 함께 하심을 믿고 힘차게 살아왔다.
* 참고 성구 * 눅 14:33, 시 39:12, 출 6:4, 욥 3:1

■ 기 도 ■ 하나님 아버지! 나그네 인생길은 한정된 길이요, 누구나 가는 길이요, 평탄치 않은 길입니다. 그 와중에서 오늘까지 당신께서 지키시고 보호하심을 예수 그리스도의 이름으로 감사기도를 드립니다. 아멘.

♥ 회갑 및 진갑 ♥

안개 같은 인생
♪ 544, 221, 492

■ 본 문 ■ 주께서 저희를 홍수처럼 쓸어 가시나이다 저희는 잠깐 자는 것 같으며 아침에 돋는 풀 같으니이다 풀은 아침에 꽃이 피어 자라다가 저녁에는 벤 바 되어 마르나이다【시 90:5-6】

■ 서 론 ■ 로마의 격언에 "우리가 연기하는 동안에 인생은 빨리 지나간다."는 말이 있다. 인생의 덧없음을 많은 시인들은 노래했고 한탄했다. 살같이 흐르는 세월을 그 누가 막으며 희어져만 가는 머리칼을 어찌하랴! 인생길은?

Ⅰ. 인생은 티끌로 돌아가는 존재임

에덴동산에서의 하나님의 준엄한 징벌은 네가 흙으로 돌아가리니 네가 그 속에서 취함을 입었음이라 너는 흙이니 흙으로 돌아갈 것이라며 인간의 죽음을 예고하시며 비천한 인간의 근본을 이르셨다. 불순종한 죄의 결과는 죽음을 초래했다. 따라서 죽음을 피할 사람은 아무도 없다.

　* 참고 성구 * 렘 10:23, 신 32:21, 시 119:118, 창 3:19

Ⅱ. 인생은 잠깐 자는 것과 같은 존재임

'인생은 일장춘몽'이라는 말을 많이들 한다. 참으로 인생을 잘 표현한 말이라고 사료된다. 잠시잠깐 자다가 깨어 보면 어느새 머리에는 흰 이슬이 내려 백발이요, 몸은 수척하여 죽음의 사자가 어른거린다. 천 년 먹을 재물이 있는데 인생은 고작 백 년이라며 한탄한 중국의 고사가 생각난다.

　* 참고 성구 * 잠 11:18, 겔 31:14, 왕하 17:15, 시 78:39

Ⅲ. 인생은 풀의 꽃과 같은 존재임

사도 베드로는 모든 육체는 풀과 같고 그 모든 영광이 풀의 꽃과 같으니 풀은 마르고 꽃은 떨어진다고 하면서 말씀 곧 복음은 영원하다고 갈파했다. 인생은 풀의 꽃과 같은 허무한 존재이다. 오직 하나님을 의뢰하고 그와 동행하는 삶을 살아가는 자는 영원할 것이다.

　* 참고 성구 * 미 5:7, 시 94:11, 렘 18:15, 사 40:6-7, 벧전 1:24

■ 기 도 ■ 하나님 아버지! 인생은 참으로 무가치한 것처럼 보이나 당신에게 영생이 있음을 깨닫게 하여 주시어 인생을 알차고 보람되게 당신의 영광을 구하는 빛난 삶으로 인도해 주시옵소서. 예수 그리스도의 이름으로 기도드립니다. 아멘.

♥ 회갑 및 진갑 ♥

주의 지키심이
♪ 421, 13, 396

■ 본 문 ■ 여호와는 너를 지키시는 자라 여호와께서 네 우편에서 네 그늘이 되시나니 낮의 해가 너를 상치 아니하며 밤의 달도 너를 해치 아니하리로다【시 121:5-6】

■ 서 론 ■ 미국의 성직자 덱스터는 "인과관계에 대한 인간의 이해의 요구에는 오직 오래되고 유일한 대답, 즉 하나님만이 필요하다."고 했다. 하나님은 성경을 통해서 수없이 내가 너와 함께 할 것이니라고 언약하셨다. 하나님이 함께 하시는 삶은 행복하다. 우리의 하나님은?

I. 하나님은 힘의 근원이 되신다

이사야는 오직 여호와를 앙망하는 자는 새 힘을 얻으리니 독수리의 날개 치며 올라감 같을 것이요, 달음질 하여도 곤비치 않을 것이라고 하였다. 우리와 함께 하시는 하나님은 영육간에 힘의 근원을 공급하시는 분이시다. 하나님을 의뢰하는 자는 힘을 얻으리라.

* 참고 성구 * 딤후 4:17, 빌 4:13, 출 15:2, 눅 1:37, 사 40:31

II. 하나님은 안전의 근원이 되신다

목동 다윗은 골리앗과의 일전을 앞두고 사울 왕에게 여호와께서 나를 사자의 발톱과 곰의 발톱에서 건져 내셨은즉 나를 이 블레셋 사람의 손에서도 건져 내시리이다라고 말했다. 참으로 담대한 믿음의 고백이 아닐 수 없다. 목동 다윗은 그의 체험을 통해서 이 사실을 인지했다.

* 참고 성구 * 요 10:28-29, 행 18:9-10, 시 28:7, 마 23:37

III. 하나님은 불변의 근원이 되신다

민수기 기자는 하나님은 인생이 아니시니 식언치 않으시고 인자가 아니시니 후회가 없으시며 하신 말씀을 실행치 않으시랴고 했다. 또한 히브리서 기자는 예수 그리스도는 어제나 오늘이나 영원토록 동일하시다고 했다. 시시때때로 변하는 인간을 믿지 말고 오직 주를 의뢰하자.

* 참고 성구 * 히 13:5, 약 1:17, 신 7:9, 사 54:10, 민 23:19

■ 기 도 ■ 힘의 근원이 되시며 안전의 근원이 되시며 불변의 근원이 되시는 하나님 아버지! 이 세상 풍파에서 우리를 보호해 영원한 천국에 이를 때까지 지켜 주시옵소서. 예수 그리스도의 이름으로 기도드립니다. 아멘.

♥ 회갑 및 진갑 ♥

부르심을 위해
♪ 355, 390, 391

■ 본 문 ■ 내가 선한 싸움을 싸우고 나의 달려갈 길을 마치고 믿음을 지켰으니 이제 후로는 나를 위하여 의의 면류관이 예비되었으므로 주 곧 의로우신 재판장이 그 날 내게 주실 것이니【딤후 4:7-8】

■ 서 론 ■ 미국의 성직자 베델은 "내가 현재의 의무에 충실하다면 하나님께서 미래를 예비하실 것이다."라고 했다. 복음을 위해 자신의 전생애를 투신하여 이방인의 사도라 불림을 받은 대사도 바울! 그가 죽음을 앞두고 고백한 것은?

I. 내가 선한 싸움을 싸웠다는 바울

사람에게는 불가피하게 싸워야 할 때가 반드시 있는데 이는 인생의 최후 목적지를 가로막고 있는 장애물 때문이다. 따라서 싸움을 포기함은 목적지를 포기함과 같다. 주를 위해 모든 것을 배설물같이 여기고 믿음의 선한 싸움을 싸운 바울의 일생은 성도들에게 큰 귀감이 된다.
* 참고 성구 * 딤전 1:18, 고전 9:26, 엡 6:13-17, 딤전 6:12

II. 나의 달려갈 길을 마쳤다는 바울

바울은 자신의 성역을 경기에 비유해서 종종 말했다. 바울은 정신없이 향방도 잊어버리고 달음질한 것이 아니라 정확한 푯대를 향해서 자신이 귀하게 여기던 것을 경주를 위해 포기하고 오직 주께서 맡기신 일을 충실히 하고자 뒤를 돌아보지 않고 앞만 향해 달렸다.
* 참고 성구 * 행 20:24, 딤전 6:12, 히 11:16, 계 2:13, 고전 9:26

III. 후에 의의 면류관을 받으리라는 바울

목적지에 다다른 바울은 이제 상급을 바라고 있다. 구원은 예수를 믿으면 다 받지만 상급은 행위대로 일한 대로 주시는 것이다. 의의 면류관, 생명의 면류관, 영광의 면류관, 썩지 않는 면류관이 우리를 기다리고 있다. 바울은 주의 은혜 안에서 행한 의로운 일의 상급인 의의 면류관을 받았다.
* 참고 성구 * 고전 9:25, 벧전 5:4, 살전 2:19, 계 2:10, 딤후 4:8

■ 기 도 ■ 하나님 아버지! 사도 바울의 고백이 우리의 고백이 될 수 있도록 은혜를 내려 주시옵소서. 예수 그리스도의 이름으로 기도드립니다. 아멘.

♥ 회갑 및 진갑 ♥

여호와를 따라
♪ 377, 223, 225

■ 본 문 ■ 이제 보소서 여호와께서 이 말씀을 모세에게 이르신 때로부터 이스라엘이 광야에서 행한 이 사십오 년 동안을 여호와께서 말씀하신 대로 나를 생존케 하셨나이다 오늘날 내가 팔십 오세로되【수 14:10】

■ 서 론 ■ "어리석은 자에게 있어서의 노년은 겨울이나 지혜로운 자에게 있어서의 노년은 황금기이다." 탈무드에 있는 말이다. 사십 년 광야 생활에서 오직 여호수아와 더불어 가나안 복지에 들어간 믿음의 용사 갈렙! 그는?

I. 나이에 대한 두려움이 없은 갈렙
팔십오 세의 나이에도 불구하고 여호수아에게 사십 오 년 전 모세가 가데스 바네아에서 이 땅을 정탐하라고 보내던 날과 마찬가지로 아니 오히려 더욱 강건하다면서 그때나 이제나 싸움에나 출입에 감당할 수 있다고 했다. 신앙의 용사 갈렙은 하나님을 의뢰하였기에 담대한 고백을 할 수 있었다.
* 참고 성구 * 딤후 1:12, 고전 16:13, 벧전 5:9, 수 14:11

II. 언약에 대한 확신에 가득찬 갈렙
사십오 년 전 모세가 한 말, 곧 네가 여호와를 온전히 좇았은즉 네 발로 밟는 땅은 영영히 너와 네 자손의 기업이 되리라는 믿음을 지금까지 기억하고 그 말을 하나님의 언약으로 생각하고 그것이 이루어지기를 기다린 끈기 있는 믿음은 가히 신앙인의 모범이 된다.
* 참고 성구 * 민 14:9, 살후 1:11, 약 2:22, 히 12:2

III. 대적과의 싸움에 담대한 갈렙
팔십오 세의 나이임에도 불구하고 강적 아낙 사람들과 전쟁을 하여 그들을 몰아내는 일을 도왔다. 갈렙은 자신의 힘과 능력을 의지하지 않고 대적과의 싸움에서 여호와께서 나와 함께 하신다면 승리는 내 것이라는 믿음으로 싸웠고 그 믿은 대로 되었다. 이는 참으로 본받을 만한 신앙이다.
* 참고 성구 * 요 11:25-26, 요일 2:13, 신 31:6, 잠 21:31

■ 기 도 ■ 하나님 아버지! 우리에게 갈렙과 같은 용기와 신앙을 주셔서 이 나이에도 당신의 뜻을 이루는 도구로 사용해 주시옵소서. 그리하여 당신께 영광을 돌리는 생애가 되길 원하나이다. 감사하옵고 예수 그리스도의 이름으로 기도드립니다. 아멘.

♥ 회갑 및 진갑 ♥

여호와의 동행
♪ 456, 427, 500

■ 본 문 ■ 에녹이 하나님과 동행하더니 하나님이 그를 데려가시므로 세상에 있지 아니하였더라【창 5:24】

■ 서 론 ■ 미국의 수필가 에머슨은 "선을 사랑하는 자는 천사의 보호를 받고 덕망을 존경받으며 하나님과 동거한다."고 했다. 오늘 본문은 죽음을 보지 않고 살아서 승천한 단 두 사람 중에서 에녹의 생애를 조명한 것이다. 하나님과 동행하는 삶을 산 에녹의 삶은 어떤 삶이었는가?

I. 평범 속에 위대한 삶을 산 에녹
에녹의 생애는 성경에 아주 짧게 묘사되어 있어서 확인하기는 여의치 않으나 믿음의 눈으로 추정해 볼 때 에녹은 여타 족장들처럼 세상에 태어나고 자식을 낳는 평범한 생애를 살았다. 그러나 삼백 년을 하나님과 동행하는 삶을 살았다는 것은 가히 위대한 삶이 아닌가.
* 참고 성구 * 시 40:8, 왕상 19:20-21, 창 6:22, 히 11:5-6

II. 하나님과 동행하는 삶을 산 에녹
하나님과 동행하는 삶이란 하나님 앞에 지속적인 순종으로 사는 경건한 삶을 말한다. 곧 그의 생각이나 말, 행동이 하나님을 기쁘시게 하는 것을 뜻한다. 에녹의 삶은 비록 이 땅에는 사탄의 권세가 가득하지만 그래도 하나님과 동행할 수 있다는 희망을 우리에게 준다.
* 참고 성구 * 요이 1:4, 시 26:3, 창 17:1, 유 1:14

III. 자녀를 잘 교육시키는 삶을 산 에녹
죽음을 보지 않고 하늘에 옮기운 에녹은 믿음으로 하나님을 기쁘시게 하면서 자녀를 잘 교육시켰다고 본다. 주의 교양과 훈계로 양육받은 자, 부모를 잘 공경하는 자는 땅에서 장수함의 축복을 받는다. 에녹이 낳은 므두셀라는 구백 육십 구세를 향수해 인류 최고의 기록을 남겼다.
* 참고 성구 * 잠 10:1, 시 34:11, 창 33:5, 엡 6:4

■ 기 도 ■ 하나님 아버지! 당신과 동행하는 삶을 산 에녹의 생애처럼 우리의 삶에도 당신과 동행하는 축복이 있기를 예수 그리스도의 이름으로 기도드립니다. 아멘.

♥ 회갑 및 진갑 ♥

목자이신 하나님
♪ 456, 350, 355

■ 본 문 ■ 여호와는 나의 목자시니 내가 부족함이 없으리로다 그가 나를 푸른 초장에 누이시며 쉴 만한 물가으로 인도하시는도다【시 23:1-2】

■ 서 론 ■ 미국의 신학자 페이슨은 "만약 우리의 모든 길에서 하나님을 인정하면 하나님께서는 우리의 발걸음을 안전하게 인도하시겠다고 약속하셨고 우리의 경험으로 보아 그 약속이 성취된 것을 알게 될 것이다."라고 했다. 목자이신 하나님은 그의 양떼인 우리를 어떻게 기르시는가?

Ⅰ. 양떼를 먹이시는 하나님
목자이신 하나님은 그의 양떼인 우리들 성도들을 먹이시는 하나님이시다. 양떼들은 좋은 꼴을 먹어야 그의 생명도 연장하고 좋은 양털을 내어놓는다. 그러므로 하나님은 양들을 위해 좋은 것으로 예비해 놓으신 목초지에 그의 양떼들을 데리고 가서 최상의 꼴을 먹게 하신다.
* 참고 성구 * 벧전 2:2, 마 4:4, 요 6:35, 마 6:25-34

Ⅱ. 양떼를 인도하시는 하나님
목자이신 하나님은 그의 양떼인 우리들 성도들을 인도하시는 하나님이시다. 인도자가 없는 양떼는 뿔뿔이 흩어져서 각기 제 길로 간다. 그럴 때 길을 잘못 들어서 목숨을 잃는 경우가 많다. 그러므로 하나님의 인도를 받아서 여기저기 좋은 초장을 다니는 양떼는 행복하다.
* 참고 성구 * 요 16:13, 막 16:20, 마 28:19-20, 시 25:9

Ⅲ. 양떼를 보호하시는 하나님
목자이신 하나님은 그의 양떼인 우리들 성도들을 보호하시는 하나님이시다. 혹시 곰이나 사자, 이리들이 달려들어 해치지나 않을까 염려되어 한 순간이라도 양떼에게서 눈을 떼지 않고 지키시는 하나님의 보호 아래서만이 양떼들에게는 안전과 평강이 있다. 우리를 보호하시는 하나님께 감사하자.
* 참고 성구 * 요 10:28-29, 행 18:9-10, 살전 5:23, 행 26:22

■ 기 도 ■ 하나님 아버지! 우리들을 먹이시고 인도하시고 보호하시는 당신의 사랑을 감사드립니다. 지금까지 지켜주신 하나님, 이후의 시간도 변함없이 지켜주심을 믿고 우리 주 예수 그리스도의 이름으로 감사의 기도를 드립니다. 아멘.

♥ 회갑 및 진갑 ♥

수고로운 인생길
♪ 290, 370, 534

■ 본 문 ■ 내가 해 아래서 행하는 모든 일을 본즉 다 헛되어 바람을 잡으려는 것이로다
【전 1:14】

■ 서 론 ■ 독일의 염세주의 철학자 쇼펜하우어는 "인생은 의의가 없다. 그러므로 나지 아니한 것이 행복인데 이미 낳았으니 빨리 죽는 것이 가하다."라고 했다. 우리는 이 말에 전적으로 찬동할 수 없다. 물론 인생에는 갖가지 장애와 허무감이 따르지만 우리는 우리를 이 땅에 보내신 이의 사랑과 사명을 잊으면 안 된다. 인생은?

Ⅰ. 인생에는 괴로움이 많음
사람이 한평생을 살아갈 때 원인을 알 수도 없는 숱한 괴로움이 밀물처럼 다가왔다가 사라져 간다. 의인 욥의 인생에서도 그가 알지도 못하는 자녀의 죽음, 재물의 상실, 건강의 이상을 뼈저리게 체험하게 되었다. 이처럼 수고로운 인생길에서는 많은 감당하기 힘든 괴로움이 야기된다.
　* 참고 성구 * 시 11:4, 창 11:5, 애 3:33, 욥 1:15-19

Ⅱ. 인생에는 허무가 따름
사람이 한평생을 살아가다 보면 끝없는 고독감과 허무감에 사로잡히게 된다. 그래서 염세주의나 허무주의에 빠져 생을 포기하고 생을 저주하는 일들이 종종 있다. 니힐리스트(허무주의자)의 사고를 대변하는 듯한 말이 전도서 기자의 모든 것이 헛되다는 진술에 요약이 된다.
　* 참고 성구 * 잠 15:11, 삼하 7:14, 겔 31:14, 창 47:9

Ⅲ. 인생은 주를 소망해야 함
한많고 괴로운 인생길, 허무한 인생길에서도 우리가 삶을 이기고 지탱하는 것은 소망이 있기 때문이다. 하나님께서 인생 앞에 베푸신 크신 소망을 기쁘게 여기며 감사하게 여기는 인생은 참으로 복되다. 선을 행하고 낙심하지 말고 오직 주께 소망을 두는 자들이 되자.
　* 참고 성구 * 미 5:7, 욥 7:1, 사 52:14, 욥 2:10

■ 기 도 ■ 하나님 아버지! 우리네 인생은 괴로움과 허무한 삶의 전쟁에서 지쳐 있습니다. 그러나 영생의 소망을 당신께 두고서 살아가는 우리를 격려해 주시고 지켜 주시옵소서. 예수 그리스도의 이름으로 기도드립니다. 아멘.

♥ 회갑 및 진갑 ♥

주 뜻대로
♪ 431, 210, 211

■ 본 문 ■ 그 후로는 다시 사람의 정욕을 좇지 않고 오직 하나님의 뜻을 좇아 육체의 남은 때를 살게 하려 함이라【벧전 4:2】

■ 서 론 ■ 어느 철인은 "우리 인생은 세월이란 물 위로 믿음이란 배를 타고 소망의 항구를 향하여 쉬지 않고 달려간다."고 했다. 참으로 성도의 삶을 잘 표현한 말이라고 생각된다. 변화무쌍한 이 세상을 살아갈 때 성도는 어떤 자세로 임해야 할까? 험악한 이 세상을 주의 뜻대로 사는 비결은?

I. 육체의 소욕을 좇지 말 것

하와가 선악과를 보았을 때 먹음직도 하고 보암직도 하고 탐스럽기도 한 나무였다고 했다. 정욕의 독소에 오염된 육체의 소욕을 좇은 눈으로서는 당연한 것이다. 성경은 유혹의 욕심을 따라 썩어져 가는 구습을 좇는 옛 사람을 벗어 버리라고 권면하고 있다.

* 참고 성구 * 엡 4:22-24, 갈 5:16-24, 롬 8:5-13, 창 13:10

II. 하나님의 뜻에 순종할 것

우리를 향한 하나님의 뜻은 우리의 거룩함이다. 내가 거룩하니 너희도 거룩하라고 하셨다. 거룩한 삶이란 세속에 물들지 않고 하나님께 순종하는 삶을 뜻한다. 하나님은 우리가 당신께 순종하고 복종할 때 제일 기뻐하신다. 순종이 제사보다 낫다라는 사무엘의 말이 이를 암시한다.

* 참고 성구 * 행 5:29, 마 7:21, 삼상 15:22-23, 마 12:50

III. 세속을 좇지 않게 주의할 것

성도는 이 세상에 속한 자이지만 특별히 세상으로부터 부르심을 입어 주께 속한 특별한 사람들이므로 세상과 구별된 삶을 살아야 한다. 성도로 부름 받은, 그리스도의 피로 깨끗해진 우리는 세상 풍속이나 시류를 좇지 말고 부르심을 입은 자답게 거룩함과 경건으로 살아가자.

* 참고 성구 * 엡 2:1-3, 갈 6:14, 요일 5:19, 마 13:22

■ 기 도 ■ 하나님 아버지! 우리로 하여금 육체의 소욕을 좇지 않고 세속에 물들지 않게 하시고 오직 순종으로 남은 때를 살게 하옵소서. 예수 그리스도의 이름으로 기도드립니다. 아멘.

♥ 회갑 및 진갑 ♥

대접하는 노인
♪ 369, 278, 481

■ 본 문 ■ 눈을 들어 본즉 사람 셋이 맞은 편에 섰는지라 그가 그들을 보자 곧 장막문에서 달려나가 영접하여 몸을 땅에 굽혀 가로되【창 18:2】

■ 서 론 ■ 미국의 목사 보드맨은 "행위를 심어라 습관을 거둘 것이요, 습관을 심어라 개성을 거둘 것이요, 개성을 심어라 운명을 거둘 것이다."라고 했다. 오늘 본문은 아브라함의 아름다운 품성이 어떻게 나타났는지를 그의 대접하는 행위로 보아 알 수 있다. 아브라함의 대접은?

Ⅰ. 기뻐함으로 대접함
당시 여행자를 대접하는 것이 아름다운 풍습이긴 하였지만 아브라함의 대접은 유난히도 특별났으니 이는 그가 그들을 보자 장막문에서 달려나가 영접했다고 한다. 이는 그의 심령에 기쁨이 충만하여 그 기쁨의 발로로 먼 길을 여행하는 여행자를 기쁘게 해주고자 하는 마음이리라.
  * 참고 성구 * 롬 12:13, 행 28:10, 겔 36:11, 요 11:2

Ⅱ. 겸손함으로 대접함
아브라함의 접대의 또 한 가지 특징은 그들 앞에서 몸을 땅에 굽혀 그들을 내 주여라고 호칭하며 자기를 종으로 표현한 겸손함에 있다. 히브리서 기자는 손님 대접하기를 잊지 말라. 이로써 부지 중에 천사들을 대접한 이들이 있었느니라고 언급하면서 아브라함의 대접을 암시했다.
  * 참고 성구 * 딤전 3:12, 히 13:2, 딤전 5:10, 약 4:6

Ⅲ. 관대함으로 대접함
아브라함은 그의 대접을 인색하게 하지 않고 발을 씻고 나무 아래서 쉬면서 떡을 잡숫게 하고 그들의 마음이 쾌활하게 될 때까지 계시다가 가시라고 했다. 성심성의껏 베푼 대접이 생각지도 않는 사라의 수태고지의 축복을 가져오게 되었다. 물론 아브라함은 그들이 천사인 줄 몰랐다.
  * 참고 성구 * 눅 6:31, 마 7:12, 벧전 4:9, 요삼 1:9-10

■ 기 도 ■ 하나님 아버지! 사랑하는 당신의 백성에게 남을 대접하는 은혜를 베푸사 그가 남은 여생도 이웃을 위해 희생과 구제를 아끼지 않는 축복을 받게 하소서. 예수 그리스도의 이름으로 기도드립니다. 아멘.

♥ 회갑 및 진갑 ♥

기약이 가까움
♪ 540, 98, 379

■ 본 문 ■ 이는 우리 주 예수 그리스도께서 내게 지시하신 것같이 나도 이 장막을 벗어날 것이 임박한 줄을 앎이라【벧후 1:14】

■ 서 론 ■ 히포의 감독이었던 성 어거스틴은 그의 친구에게 "인생이라는 어릿광대극에서 내가 나의 역할을 꽤 잘 연출했다고 자네는 생각하고 있는가?"라고 했다 한다. 사람은 살아 생전 자신의 평가를 받고 싶어 한다. 우리가 그 날이 가까워 올수록 부단히 노력할 것들은?

Ⅰ. 자기 성찰의 중요성
기약이 가까워 올 때 꼭 필요한 것은 자기 성찰이다. 바울은 내가 달음질하기를 향방 없는 것같이 아니하고 싸우기를 허공을 치는 것같이 아니함은 남에게 전파한 후 도리어 자기가 버림이 될까 두려워서였다. 성도들은 자기의 깊은 속을 자기가 들여다보며 자신의 삶을 온전케 하자.
  * 참고 성구 * 고후 13:5, 고전 10:12, 애 3:40, 고전 9:26-27

Ⅱ. 임무에 대한 책임성
바울은 관제와 같이 벌써 내가 부음이 되고 나의 떠날 기약이 가까웠다며 그의 순교를 암시하면서 나의 달려갈 길을 마쳤다고 했다. 하나님께서 이방인의 사도로 세우신 직임을 완수한 듯한 사명감의 이룩을 말했다. 성도들도 하나님께서 내게 맡기신 임무를 책임있게 감당했나 살펴보자.
  * 참고 성구 * 행 20:20, 눅 12:42-48, 고전 4:2, 딤후 4:7

Ⅲ. 하나님 앞에 설 준비성
바울은 이후에 나를 위하여 의의 면류관이 예비되었으므로 의로우신 재판장이 그날에 내게 주신다는 확신으로 가득찬 진술을 하고 있다. 하나님께서 맡기신 일을 완수하고 당당히 하나님께 상급을 받을 기대를 갖는 자는 복된 자가 아닌가. 우리는 하나님 앞에 설 준비가 되어 있는가?
  * 참고 성구 * 갈 6:7-8, 히 9:27, 벧후 3:11-12, 고후 5:1-2

■ 기 도 ■ 하나님 아버지! 오늘 기쁜 회갑을 맞은 사랑하는 성도에게 다시금 자신을 살피며 당신이 맡기신 사명을 완수하고 당신 앞에 설 때 착하고 충성된 종으로 칭찬받게 하옵소서. 예수 그리스도의 이름으로 기도드립니다. 아멘.

♥ 회갑 및 진갑 ♥

천국의 집
♪ 545, 221, 100

■ 본 문 ■ 내 아버지 집에 거할 곳이 많도다 그렇지 않으면 너희에게 일렀으리라 내가 너희를 위하여 처소를 예비하러 가노니【요 14:2】

■ 서 론 ■ 영국의 시인 워즈워드는 "내 마음속에 있는 우리의 옛 생각이 영원한 축복을 느끼게 한다."라고 했다. 이제 하나님의 은혜 가운데 살다가 영원한 집 곧 천국의 집을 사모하는 모든 이들이 최후까지 힘써야 할 것은 무엇인지 말씀을 통하여 살펴보면?

I. 천국을 위해 준비하는 삶을 살자

육신의 장막을 벗어나면 이제 하나님께서 우리를 위해 예비해 놓으신 천국의 아버지 집으로 우리의 영혼이 입주를 하게 된다. 그곳은 눈물과 애통과 근심과 걱정이 없는 희락과 화평만이 가득한 세상이다. 그러기 위해서는 이 땅에 있는 동안 마지막까지 천국을 준비하는 삶을 살자.

* 참고 성구 * 마 6:19-21, 벧전 1:15-16, 벧후 3:11-12, 눅 16:25

II. 주의 약속을 의뢰하는 삶을 살자

예수께서는 내 아버지의 집에 거할 곳이 많다고 하시며 내가 미리 너희 처소를 예비하러 가신다고 하셨다. 이 말씀을 철저히 믿어야 한다. 주께서 하신 약속을 의뢰하지 못할 때는 우리의 삶은 고통에서 헤매게 된다. 어제나 오늘이나 동일하신 예수의 약속을 굳게 믿는 자가 되자.

* 참고 성구 * 마 24:35, 히 6:17-18, 딤후 2:13, 민 23:19

III. 세속을 좇지 않는 삶을 살자

우리들 성도는 이 세상에 속한 자가 아니요 비록 세상에서 살지만 특별히 부르심을 입은 거룩한 자들이다. 그러므로 이 세상의 풍속을 본받거나 시류에 물들면 세상의 악한 죄악에 빠지게 된다. 그럴 때 하나님 나라의 유업이 상실됨을 유념하여 세속을 좇지 않는 자들이 되자.

* 참고 성구 * 벧후 3:10-12, 요일 5:19, 약 4:4, 마 24:38

■ 기 도 ■ 하나님 아버지! 당신께서 예비하신 처소에 들어가기 위해 마지막으로 이 땅에서 해야 할 일을 일러주시니 감사합니다. 당신의 은혜를 영원히 찬양하오며 예수 그리스도의 이름으로 감사하며 기도드립니다. 아멘.

♥ 회갑 및 진갑 ♥

장수와 평강
♪ 468, 183, 196

■ 본 문 ■ 내 아들아 나의 법을 잊어버리지 말고 네 마음으로 나의 명령을 지키라 그리하면 그것이 너로 장수하여 많은 해를 누리게 하며 평강을 더하게 하리라
【잠 3:1-2】

■ 서 론 ■ 영국의 군인이자 시인이었던 시드니 경은 "건강과 장수에 필요한 요소들은 많은 절제와 신선한 공기, 쉬운 일, 염려하지 않는 것 등이다."라고 했다. 그러나 성도들에게 있어서는 이 상식적인 것보다 더욱 중요한 것이 있으니 이는 주의 명령을 지키는 것이다. 주의 명령을 지킴은?

I. 주의 명령을 지킴은 주를 사랑하는 증거임
성경은 하나님을 사랑하는 것은 이것이니 우리가 그의 계명들을 지키는 것인즉 그의 계명들은 무거운 것이 아니라고 했다. 하나님을 사랑하는 자들은 하나님의 명령에 절대 복종하며 그가 이룬 것을 지키려고 애써야 한다. 그럴 때 하나님의 자비와 보호가 우리에게 임한다.
 * 참고 성구 * 요 14:21-23, 요일 5:3, 약 2:26, 요 21:17

II. 주의 명령을 지킴은 주를 기쁘시게 함임
성경은 믿음이 없이는 하나님을 기쁘시게 못한다고 하며, 육신에 있는 자들도 하나님을 기쁘시게 할 수 없다고 못박고 있다. 사람도 자기의 명령을 충실히 지키면 기뻐하는데 하물며 하나님께서는 오죽하시겠는가. 우리는 하나님께 바르게 순종하며 그분을 기쁘게 해드리는 자가 되자.
 * 참고 성구 * 갈 1:10, 롬 12:1-2, 엡 5:10, 히 11:6, 롬 8:8

III. 주의 명령을 지킴은 주의 평강을 누리게 됨임
성경은 평안을 너희에게 끼치노니 곧 나의 평안을 너희에게 주노라 내가 너희에게 주는 것은 세상이 주는 것 같지 않다고 하였다. 이는 갈등과 시련에서 벗어나는 따위의 평안이 아닌 주께 대한 확신 속에서 얻는 고요함의 평안이다. 이런 평안은 오직 주의 명령을 지킬 때 누리게 된다.
 * 참고 성구 * 갈 5:22, 마 7:21, 요 14:27, 출 19:5

■ 기 도 ■ 하나님 아버지! 사랑하는 당신의 백성에게 주신 장수와 평강을 감사드리옵나이다. 이후에도 더욱 큰 은혜를 베풀어 주실 줄 믿고 예수 그리스도의 이름으로 기도드립니다. 아멘.

♥ 입학 ♥

지혜의 근본
♪ 235, 160, 31

■ 본 문 ■ 여호와를 경외하는 것이 지혜의 근본이요 거룩하신 자를 아는 것이 명철이니라
【잠 9:10】

■ 서 론 ■ 독일의 종교작가 조클러는 "슬기로운 자는 진리의 길을 걷는 자로서 의인이요 경건한 자며 정직한 자이다. 주 여호와를 경외하는 것이 지혜의 근본으로서 하나님께 완전한 헌신을 하게 한다."라고 했다. 오늘 새로운 인생을 맞이하여 새로운 출발을 다짐하는 이들이 지표로 삼을 것은?

Ⅰ. 여호와를 경외하자
잠언 기자는 여호와를 경외하는 것이 지혜의 근본이라고 했고, 전도서 기자는 하나님을 경외하고 그 명령을 지키는 것이 사람의 본분이라고 결론짓고 있다. 왜 공부를 하는가? 잘 먹고 잘 살기 위해서? 결코 아니다. 여호와 하나님을 경외함이 모든 배움 중에서 첫째임을 알자.
  * 참고 성구 * 골 1:18, 시 111:10, 미 1:13, 신 10:12, 전 12:13

Ⅱ. 거룩하신 자를 알자
시편 기자는 인생 앞에서 주께 피하는 자를 위하여 베푸신 은혜가 어찌 그리 큰지요라며 주께서 성도들을 위하여 저축해 두신 은혜가 큰 것을 믿고 바라라고 찬양하고 있다. 거룩하신 자, 곧 주를 바로 아는 것이 인생의 승리자요 많은 것을 소유한 자가 됨을 깨닫자.
  * 참고 성구 * 계 3:14, 잠 3:18, 사 29:14, 시 31:19

Ⅲ. 거룩하신 자를 체험하자
'백문이 불여일견'이라는 말이 있다. 백번 듣는 것보다 한번 보는 것이 차라리 낫다는 말이다. 거룩하신 자, 곧 주님을 몸소 체험할 때 인생을 대하는 자세가 달라진다. 사울이 바울이 되고 겁쟁이 베드로가 능력의 사도가 됨도 모두 체험적 신앙을 맛보았기 때문이다.
  * 참고 성구 * 엡 3:10, 단 12:3, 겔 16:3, 행 10:35

■ 기 도 ■ 하나님 아버지! 무한한 미래를 향해 질주하는 이들에게 먼저 당신을 경외하고 당신을 알고 당신을 체험하는 역사가 일어나 어떤 것이 탄탄대로의 지름길인지 깨닫게 하옵소서. 예수 그리스도의 이름으로 기도드립니다. 아멘.

♥ 입학 ♥

주를 본받아
♪ 382, 256, 521

■ 본 문 ■ 내가 그리스도를 본받는 자 된 것같이 너희는 나를 본받는 자 되라【고전 11:1】

■ 서 론 ■ 지혜서 탈무드에 보면 이런 말이 있다. "곧 자녀에게 가르치는 가장 좋은 방법은 스스로 본을 보이는 일이다." 예수께서는 공생애 동안에 천국복음을 전파하시고 병든 자를 고치시며 가르치시는 사역을 하시는 가운데 스스로 많은 본을 보이시는 자세로 일관하셨음을 복음서를 통해서 알 수 있다. 제자된 우리는 무엇을 본받을까?

Ⅰ. 남을 섬기는 봉사주의를 본받자
예수께서는 그의 공생애 중 많은 진리를 말씀하셨는데 특히 인자는 섬김을 받으려 이 땅에 온 것이 아니라 섬기려고 왔다는 놀라운 말씀을 하셨다. 예수의 생애는 이타적인 자세로 남을 섬기시려는 본을 많이 보이셨는데 제자들의 발을 씻기시기까지 하신 봉사주의를 본받자.
  * 참고 성구 * 마 20:28, 막 10:45, 행 20:34-35, 요 13:15

Ⅱ. 자기를 버리는 희생주의를 본받자
예수의 생애 가운데 십자가 사건은 자기를 희생하여 인류의 구원을 이루시려는 희생주의적인 사랑의 완성점이다. 삭막하고 살벌하며 이기적인 욕심이 팽배한 오늘의 이 시점에서 주님처럼 자기를 버리는 희생주의의 정신만이 죄악된 세상을 구원할 수 있는 단 하나의 방법이다.
  * 참고 성구 * 요 1:29, 히 10:19-22, 롬 5:6-8, 빌 2:6-7

Ⅲ. 아버지의 뜻을 좇는 순종주의를 본받자
히브리서 기자는 그가 아들이시라도 받으신 고난으로 순종함을 배웠다고 했다. 이 잔을 비켜가고 싶은 심정이셨으나 나의 원대로 마옵시고 아버지의 원대로 되기를 원하나이다라고 간절히 기도한 이면에는 아버지의 섭리를 이루시려는 철저한 순종의 자세가 진하게 배어 있다.
  * 참고 성구 * 마 26:39, 빌 2:8, 행 5:29, 마 7:21

■ 기 도 ■ 하나님 아버지! 주님처럼 봉사와 희생과 순종의 삶을 살아서 죄악이 만연된 이 세상을 정화시킬 수 있는 우리가 되게 하옵소서. 예수 그리스도의 이름으로 기도드립니다. 아멘.

♥ 입학 ♥

열매 있는 삶
♪ 309, 174, 517

■ 본 문 ■ 오직 성령의 열매는 사랑과 희락과 화평과 오래참음과 자비와 양선과 충성과 온유와 절제니 이같은 것을 금지할 법이 없느니라【갈 5:22-23】

■ 서 론 ■ 영국의 시인 헤릭은 "덕행을 하며 사는 자가 진정 사는 것이며 쾌락을 위해 목적을 던져버리는 자들은 사는 것이 아니라 지속하는 것이다."라고 했다. 우리의 인생이 진정 열매를 맺는 훌륭한 삶이 되기 위해서 최우선적인 과제로 삼아야 할 것은?

Ⅰ. 사랑을 실천하는 삶
사도 요한은 그의 서신에서 자녀들아 우리가 혀로만 사랑하지 말고 오직 행함과 진실함으로 하자고 했다. 우리의 삶은 생활 속에서 사랑을 실천하는 삶이 되어야 하겠다. 말처럼 쉬운 것이 어디 있는가. 선한 사마리아 사람처럼 긍휼을 베푸는 자세가 성도의 자세이다.
* 참고 성구 * 요 13:34-35, 롬 13:10, 약 2:8, 요일 4:20

Ⅱ. 주를 기뻐하는 삶
하박국 선지자는 포도나무에 열매가 없으며 감람나무에 소출이 없으며 밭에 식물이 없고 외양간에 소가 없을지라도 나는 여호와를 인하여 즐거워하며 기뻐한다고 했다. 참으로 주를 의뢰하는 건강한 삶이다. 현실이 딱하고 억울해도 위로를 주시는 하나님을 기뻐하는 삶이 성도의 삶이다.
* 참고 성구 * 빌 4:4, 느 8:10, 합 3:17-19, 살전 5:16

Ⅲ. 평화의 일을 힘쓰는 삶
주님은 산상수훈에서 화평케 하는 자는 복이 있나니 저희가 하나님의 아들이라 일컬음을 받을 것이라고 하셨다. 우리는 하나님의 나라가 이 땅에 이루어질 수 있도록 평화의 일을 힘쓰는 자들이 되어야 하겠다. 평화를 사랑하고 평화를 이룩하려고 애쓰는 삶이 성도의 삶이다.
* 참고 성구 * 마 5:9, 엡 2:14-18, 눅 19:41-42, 사 9:6

■ 기 도 ■ 하나님 아버지! 우리에게 무엇보다도 사랑을 실천하며 주를 기뻐하며 평화의 일을 힘쓰는 삶이 될 수 있도록 우리의 앞길을 인도해 주시옵소서. 예수 그리스도의 이름으로 기도드립니다. 아멘.

♥ 입학 ♥

이 마음을 품고
♪ 507, 265, 521

■ 본 문 ■ 너희 안에 이 마음을 품으라 곧 그리스도 예수의 마음이니【빌 2:5】

■ 서 론 ■ "우리의 정신, 마음, 영혼, 우리의 온 영적인 생활이 그리스도 안에서 살아서 그리스도의 말씀을 먹음으로써 계속해서 신선해져야만 한다."고 어느 성직자가 말했다. 그러기 위해서는 먼저 주님의 마음을 품어야 할 것이다. 주의 겸손, 주의 순종, 주의 희생을 우리의 것으로 하여 살아나갈 때 하나님은?

I. 하나님은 겸손한 사람을 높이신다
야고보서에는 하나님이 교만한 자는 물리치시고 겸손한 자에게 은혜를 주신다는 성구가 있다. 예수께서 공생애를 시작하시려 요한에게 세례를 원할 때 요한이 내가 당신께 세례를 받아야 할 자라고 하였으나 요한에게 허락하여 의를 이루고자 하셨다. 그때 하늘이 열리고 하나님의 증거가 계셨다.
* 참고 성구 * 마 23:11-12, 사 14:12-17, 잠 22:4, 벧전 5:5

II. 하나님은 순종한 사람을 축복하신다
믿음의 조상 아브라함을 향해 모리아 산에서 독자 이삭을 번제로 드리라는 명을 내리신 하나님은 아브라함이 칼로 그 아들 이삭을 잡으려 하자 성육신 이전의 성자 그리스도이신 '여호와의 사자'를 통해 엄청난 축복의 언약을 말씀하셨다. 순종의 사람에게는 큰 축복이 임한다.
* 참고 성구 * 마 7:21, 신 5:29, 출 19:5, 삼상 15:23

III. 하나님은 희생한 사람을 영화롭게 하신다
근본 하나님의 본체시나 자기를 비어 종의 형체, 곧 사람의 모양으로 나타나셔 자기를 십자가 위에서 희생하신 예수를 하나님은 모든 무릎을 예수의 이름에 꿇게 하시고 모든 입으로 예수를 주라 시인하게 하심으로써 영광을 받게 하셨다. 성도는 의를 위해 희생당함을 두려워 말자.
* 참고 성구 * 빌 2:9-11, 마 28:18, 계 22:5, 요 5:22

■ 기 도 ■ 하나님 아버지! 우리로 하여금 겸손한 사람, 순종한 사람, 희생한 사람이 되게 하시어 당신의 의와 당신의 나라를 위한 도구로 삼아주시는 영광을 베푸소서. 예수 그리스도의 이름으로 기도드립니다. 아멘.

♥ 입학 ♥

주님의 자녀처럼
♪ 300, 212, 213

■ 본 문 ■ 이는 너희가 흠이 없고 순전하여 어그러지고 거스리는 세대 가운데서 하나님의 흠 없는 자녀로 세상에서 그들 가운데 빛들로 나타내며【빌 2:15】

■ 서 론 ■ 스코틀랜드의 의사 죠지 포디스는 "하나님의 위엄을 경외하며 그를 두려워하라 그리하면 당신에게는 두려울 것이 없다."고 했다. 하나님의 자녀는 하나님을 의뢰하여 거침없이 이 세상을 살아가는 자이다. 죄악이 만연한 타락한 이 세상에서 성도의 자세를 견지하면서 바르게 사는 것은?

I. 하나님의 뜻을 좇자

너희는 택하신 족속이요, 왕 같은 제사장들이요, 거룩한 나라요, 그의 소유된 백성이라고 사도 베드로는 기록하고 있다. 성도를 향한 하나님의 뜻은 성도의 거룩한 삶일 것이다. 세상으로부터 부름을 입은 택함받은 자로서의 최우선적인 과제는 하나님의 뜻을 온전히 좇는 것이다.

* 참고 성구 * 마 7:21, 행 5:29, 롬 12:1-2, 살전 3:4

II. 세속을 멀리하자

하나님은 사람의 죄악이 세상에 관영함과 그 마음의 생각의 모든 계획이 항상 악함을 보시고 사람 지으셨음을 한탄하시고 마음에 근심하셨다고 창세기 기자는 전했다. 그래서 홍수의 심판이 인간에게 임한 것이다. 성도는 세속을 멀리해야지 그렇지 않으면 롯과 같이 된다.

* 참고 성구 * 엡 2:1-3, 요일 5:19, 약 4:4, 눅 21:34, 벧후 2:8

III. 자신의 직무를 다하자

하나님께서 우리에게 맡기신 직무는 우리의 달란트대로 주신 것이다. 그 직무를 감당할 수 있도록 영적 은사도 함께 주셨고 또한 직무를 통해 하나님은 영광을 받으시길 원하신다. 맡은 자에게 구할 것은 충성이다. 우리는 최선을 다하여 착하고 충성된 종이라는 칭찬을 받는 자들이 되자.

* 참고 성구 * 고전 4:2, 마 25:14-30, 계 2:10, 행 20:24

■ 기 도 ■ 하나님 아버지! 당신의 뜻을 좇고 세속을 멀리하는 삶과 직무를 다하는 충성된 자들이 되어 당신의 나라를 건설하는 역군으로 삼으시옵소서. 예수 그리스도의 이름으로 기도드립니다. 아멘.

♥ 진학 ♥

성숙을 지향하려면
♪ 299, 189, 363

■ 본 문 ■ 우리가 다 하나님의 아들을 믿는 것과 아는 일에 하나가 되어 온전한 사랑을 이루어 그리스도의 장성한 분량이 충만한 데까지 이르리니【엡 4:13】

■ 서 론 ■ 독일의 시인 실러는 "고상한 정신을 지녀라! 우리에 대한 남의 의견이 아니라 우리 자신의 마음이 우리의 참된 명예를 형성한다."고 했다. 사람은 그 마음에 생각하는 대로 된다는 말이 있다. 성도로서 참된 믿음을 지향하여 성숙한 삶을 살기 위해서는?

I. 세상의 궤휼을 조심할 것

바울은 너희도 이 세상 풍속을 좇고 공중의 권세 잡은 자를 따르는 본질상 진노의 자녀였으나 하나님의 풍성하신 큰 사랑으로 인하여 구원을 받았다고 하였다. 세상의 궤휼은 이처럼 인간을 파멸시키고 구원의 길에 장애물이 된다. 이제 걸려 넘어지지 않도록 세상의 궤휼을 조심하자.
  * 참고 성구 * 요 8:44, 요일 5:19, 골 2:8, 엡 2:2

II. 그리스도를 본받도록 할 것

성도들이 성숙한 삶을 영위하고 하나님께 영광을 돌리는 삶을 살려면 그리스도 예수의 행태를 본받아야 한다. 예수의 봉사 정신, 예수의 희생 정신, 예수의 순종의 정신을 본받을 때 한껏 성숙한 신앙 생활을 영위할 수 있으며 비로소 참다운 하나님의 백성이 될 수가 있다.
  * 참고 성구 * 마 26:39, 고전 4:16, 갈 2:20, 고전 11:1

III. 자신의 직무에 최선을 다할 것

성숙한 삶을 위해서는 자신에게 맡기신 하나님의 일, 곧 직무에 최선을 다하는 삶을 살아야 한다. 달란트에서 유래된 '탈렌트'라는 말은 유명 연예인을 이른 호칭이 아니라 '재능, 능력'을 의미하는 것으로 이는 하나님께서 은사로 우리에게 주신 것이다. 직무에 충성하자.
  * 참고 성구 * 고전 4:2, 계 2:10, 고전 12:27-30, 행 20:24

■ 기 도 ■ 하나님 아버지! 더 많은 것을 배우려고 진학하였습니다. 배움의 목적이 당신의 나라를 이 땅 위에 건설하는 데 보탬이 되는 것에 두게 하소서. 예수 그리스도의 이름으로 기도드립니다. 아멘.

♥ 진학 ♥

더하고 더하라
♪ 399, 341, 513

■ 본 문 ■ 형제들아 나는 아직 내가 잡은 줄로 여기지 아니하고 오직 한 일 즉 뒤에 있는 것은 잊어버리고 앞에 있는 것을 잡으려고【빌 3:13】

■ 서 론 ■ 미국의 목사 채핀은 "인생이라는 위대한 극장에 입장하는 젊은이들에게 당부할 가장 중요한 의무는 그들의 신념에 충성하라는 것밖에 없다."라고 했다. 예수를 아는 것 외에는 모든 것을 배설물처럼 여긴 바울의 주장을 생각하면서 오늘 우리가 해야 할 것은?

Ⅰ. 주의 고난에 참예하라
바울은 자녀이면 또한 후사 곧 하나님의 후사요 그리스도와 함께 한 후사니 우리가 그와 함께 영광을 받기 위해 고난도 함께 받아야 된다고 했다. 복음을 위한 주의 고난을 알진대 회피하지 말고 우리도 주를 위한 고난을 참고 견디어야 하겠다. 이것이 동참하는 신앙이다.
   * 참고 성구 * 요 15:18-20, 롬 8:17, 딤후 3:12, 벧전 4:13

Ⅱ. 결코 자만하지 말라
수제자 베드로는 주께 내가 주와 함께 옥에도 죽는 데도 가기를 준비했다고 말했다. 그러나 그 결국은 주님을 세 번씩이나 부인하는 수치를 자신에게 보였다. 바울은 선 줄로 생각하는 자는 넘어질까 조심하라고 권면하고 있다. 자만심을 버리자. 자만은 이득이 될 게 하나도 없다.
   * 참고 성구 * 고전 10:12, 롬 12:16, 잠 3:7, 마 26:33, 눅 22:33

Ⅲ. 자기 직무에 최선을 다하라
바울은 주 예수께 받은 사명 곧 복음 증거하는 일을 마치려함에는 생명도 귀한 것으로 여기지 않는다고 에베소 교회의 장로들에게 말했다. 참으로 직무를 맡은 자로서 모범을 보이는 자세이다. 내가 맡은 일, 곧 주께서 맡기신 직무에 최선을 다하는 성도들이 되자.
   * 참고 성구 * 고전 4:2, 마 25:21, 행 20:24, 계 2:10

■ 기 도 ■ 하나님 아버지! 결코 자만하지 않고 주의 고난에 참예하고 직무를 다하는 당신의 백성이 되도록 인도하여 주시옵소서. 예수 그리스도의 이름으로 기도드립니다. 아멘.

♥ 진학 ♥

다니엘과 세 친구
♪ 456, 183, 263

■ 본 문 ■ 하나님이 이 네 소년에게 지식을 얻게 하시며 모든 학문과 재주에 명철하게 하신 외에 다니엘은 또 모든 이상과 몽조를 깨달아 알더라【단 1:17】

■ 서 론 ■ 프랑스의 저명한 사상가요 철학자인 루소는 "청년기는 지혜를 연마하는 시기요 노년기는 지혜를 실천하는 시기이다."라고 했다. 세상 지식은 밥벌이에는 도움이 될지 몰라도 영을 살지게 하지는 못한다. 우리는 지혜를 얻도록 노력하고 지혜를 사모하자. 지혜는?

Ⅰ. 주를 경외함이 지혜의 근본임
잠언 기자는 여호와를 경외하는 것이 지혜의 근본이요 거룩하신 자를 아는 것이 명철이라고 했다. 다니엘은 바벨론의 우상에 바쳐진 음식으로 자기를 더럽히지 않으려는 신앙의 순결을 유지하고자 노력했으니 이는 곧 주를 경외하는 자세이다. 하나님은 이런 다니엘에게 큰 은사를 주셨다.
　* 참고 성구 * 고전 1:30, 요 16:13, 잠 9:10, 시 111:10

Ⅱ. 지혜가 있어야 주의 뜻을 이해함
바울은 이 세대를 본받지 말고 마음을 새롭게 하여 변화를 받아 하나님의 선하시고 기뻐하시고 온전하신 뜻이 무엇인지 분별하라고 했다. 하나님의 뜻을 이해하려면 지혜가 있어야 하는데 이 지혜는 성령충만한 가운데 위로부터 내리는 것이다. 성령으로 마음을 새롭게 하라.
　* 참고 성구 * 롬 12:1-2, 엡 5:17, 마 7:21, 약 1:5

Ⅲ. 지혜가 있어야 주를 기쁘시게 함
지혜가 있어야 주의 뜻을 이해하고 주의 뜻을 이해해야지 주를 기쁘시게 할 것이 아닌가! 육신에 있는 자는 주를 기쁘시게 하지 못한다. 에녹과 같이 믿음이 충만할 때 하나님을 기쁘시게 하는 것이다. 결국 이 믿음으로 구하는 것이 지혜인데 후히 주시는 하나님께 구하자.
　* 참고 성구 * 빌 1:20, 롬 14:7-8, 엡 5:10, 롬 8:8, 히 11:5

■ 기 도 ■ 하나님 아버지! 당신을 경외함이 지혜의 근본인 줄 깨달았사오니 우리에게 지혜를 주셔서 믿음으로 당신을 기쁘게 하는 자가 되게 하옵소서. 예수 그리스도의 이름으로 기도드립니다. 아멘.

♥ 진학 ♥

두 가지 지혜
♪ 342, 344, 462

■ 본 문 ■ 이 세상 지혜는 하나님께 미련한 것이니 기록된 바 지혜 있는 자들로 하여금 자기 궤계에 빠지게 하시는 이라 하였고 또 주께서 지혜 있는 자들의 생각을 헛것으로 아신다 하셨느니라【고전 3:19-20】

■ 서 론 ■ 2세기 경의 기독교 변증학자 락탄티우스는 "지혜의 첫째 요점은 거짓된 것을 분별하는 것이요 둘째 요점은 참된 것이 무엇인지를 아는 것이다." 라고 했다. 지혜의 근원이신 주만 의뢰하는 성도의 자세는?

I. 자만을 버리도록 해야 함
자만은 육신의 사고에서 나오는 것으로 지혜로운 자가 취하는 행동이 아니다. 바울은 아무것도 되지 못하고 된 줄로 생각하면 스스로 속임이니라고 했고 선 줄로 생각하는 자는 넘어질까 조심하라고 했다. 죽을 준비가 되었다던 베드로의 예수 부인은 우리에게 경종을 울려준다.
* 참고 성구 * 고전 10:12, 약 4:16, 잠 16:12, 눅 22:33, 갈 6:3

II. 하나님은 심장을 감찰하심
예레미야서에 나 여호와는 심장을 살피며 폐부를 시험하고 각각 그 행위와 그 행실대로 보응한다는 말씀이 있다. 인간은 그들의 지혜로 사물의 겉 모양을 보고 판단하지만 하나님은 심장을 감찰하신다. 베드로가 얻은 큰 깨달음도 하나님은 사람의 외모를 취하시지 않음이었다.
* 참고 성구 * 살전 2:4, 행 10:34-35, 렘 17:10, 삼상 16:7, 롬 8:27

III. 세상 지혜를 멀리해야 함
세상은 헬라 원어로 '코스모스'라 하는데 이는 장식, 치장, 단장의 의미가 있고 지혜, 곧 '소피아'는 세상적인 철학을 의미한다. 각종 주의와 철학이 난무하는 이 세상의 지혜는 인생의 폭을 넓게는 할지언정 인간을 구원할 수는 없다. 따라서 성도는 세상 지혜를 멀리해야 한다.
* 참고 성구 * 약 3:15, 요일 5:19, 사 29:14, 고전 1:21

■ 기 도 ■ 하나님 아버지! 세상 지혜로 가득찬 우리의 삶에 당신의 지혜로 채우시옵소서. 그리하여 영혼이 배부르고 기름지게 하는 축복을 내려 주시옵소서. 예수 그리스도의 이름으로 기도드립니다. 아멘.

♥ 졸업 ♥

주님의 파송
♪ 271, 379, 508

■ 본 문 ■ 예수께서 이 열 둘을 내어보내시며 명하여 가라사대 이방인의 길로도 가지 말고 사마리아인의 고을에도 들어가지 말고 차라리 이스라엘 집의 잃어버린 양에게로 가라【마 10:5-6】

■ 서 론 ■ 인도의 성자 선다 씽은 "나는 죽을 때까지 나의 생명을 예수님께 바치겠습니다."라고 고백했다. 이런 고백은 많이 할수록 은혜가 된다. 이런 은혜를 입은 자를 주님은 그의 제자로 삼아 복음을 전파하려 하시는데 제자는?

I. 제자는 철저한 소명의식을 가져야 한다
주의 제자는 철저한 소명을 가져야지 호렙산의 모세처럼 변명하며 보낼 만한 자를 보내소서 하거나 요나처럼 니느웨로 가지 않고 다시스로 가는 우를 범하면 안 된다. 우리들은 오직 이사야처럼 내가 여기 있나이다 나를 보내소서라고 순종하며 소명의식에 불타는 자가 되어야 한다.
　　* 참고 성구 * 요 15:16, 렘 20:9, 사 6:8, 롬 1:1, 딤전 1:12

II. 제자는 천국 복음을 전파해야 한다
주의 제자가 전하는 것은 오직 천국 복음이다. 자기 자랑이나 기타 세상사의 일은 바람직하지 못한 자세이다. 유명한 최권능 목사처럼 '예수 천당'을 전하며 인간의 구원을 위해 예수께서 성육신하여 십자가에 달리셔서 우리의 구원을 이루고 부활하여 재림하신다는 복음만을 전하자.
　　* 참고 성구 * 막 16:15-16, 요 20:21-23, 행 1:8, 롬 10:14

III. 제자는 받은 은사를 활용해야 한다
제자는 받은 바 은사, 곧 달란트를 잘 활용해야 하겠다. 달란트에서 유래된 '탈렌트'는 '재능, 능력' 등을 이르는 말인데 우리가 받은 재능은 하나님의 은혜로 주신 은사이다. 이 은사를 잘 활용하여 주의 복음이 확장되고 하나님의 나라와 그 의를 이루는 데 일조를 하는 자 되자.
　　* 참고 성구 * 행 3:1-10, 막 16:17-18, 고전 12:4-11, 행 19:11-12

■ 기 도 ■ 하나님 아버지! 이제 당신의 나라를 위해 이 세상으로 나아갑니다. 부족한 종에게 소명의식과 복음과 은사를 주셨은즉 생명을 바쳐 충성토록 축복하소서. 예수 그리스도의 이름으로 기도드립니다. 아멘.

♥ 졸업 ♥

가르치고 지킬 일
♪ 265, 212, 347

■ 본 문 ■ 여호와께서 우리에게 이 모든 규례를 지키라 명하셨으니 이는 우리로 우리 하나님 여호와를 경외하여 항상 복을 누리게 하기 위하심이며【신 6:24】

■ 서 론 ■ 영국의 소설가 리튼은 "가장 좋은 교사는 독단론자가 아니라 방향제시를 해주는 자이며 동시에 자신도 배우고자 하는 열망을 가지고 제자들을 가르치는 자이다."라고 했다. 좋은 교사로 이 세상을 첫 출발하는 제자들은 하나님의 무엇을 가르칠 것인가?

I. 하나님의 구원에 대하여 가르침

바울은 디모데에게 보낸 첫번째 편지에서 하나님은 모든 사람이 구원을 받으며 진리를 아는 데 이르기를 원한다고 썼다. 독생자 예수를 이땅에 보내어 그를 믿기만 하면 구원을 얻음을 만천하에 나아가서 가르치자. 구원은 모든 이를 위한 것이나 받아들이는 자만 구원을 받는다.
* 참고 성구 * 히 1:11, 애 3:26, 습 3:17, 롬 10:9, 딤전 2:4

II. 하나님의 약속과 축복에 대하여 가르침

범죄한 아담과 하와를 위해 가죽옷을 지어 입히신 하나님의 사랑! 가죽옷은 그리스도의 예표이다. 그리스도를 통한 하나님의 약속과 무한한 축복을 제자는 가르쳐야 한다. 내세의 기업과 현세의 각종 축복, 특히 하나님의 자녀로서 누리는 권세는 오직 은혜로 된 것이다.
* 참고 성구 * 갈 3:18, 고전 14:16, 롬 4:14, 신 27:16-19

III. 하나님의 말씀에 대하여 가르침

제자는 하나님의 말씀을 가르쳐야 한다. 하나님의 말씀이란 곧 성경을 이르는 것으로 성경은 교훈과 책망과 바르게 함과 의로 교육하기 유익한 것인데 이로써 주의 백성에게 온전함과 선한 일을 행하기에 온전하게 하려는 것이다. 베뢰아 사람들처럼 성경을 상고하게 가르치자.
* 참고 성구 * 롬 3:4, 신 30:14, 시 105:28, 딤후 3:15-16

■ 기 도 ■ 하나님 아버지! 당신의 베푸신 구원과 약속과 축복과 말씀을 잘 가르칠 수 있도록 성령의 감동하심을 입어 능력을 십분 발휘할 수 있도록 도와주시옵소서. 예수 그리스도의 이름으로 기도드립니다. 아멘.

♥ 졸업 ♥

배운 자의 도리
♪ 381, 350, 372

■ 본 문 ■ 네가 네 자신과 가르침을 삼가 이 일을 계속하라 이것을 행함으로 네 자신과 네 게 듣는 자를 구원하리라【딤전 4:16】

■ 서 론 ■ 마게도니아의 알렉산더 대왕은 "가르치는 자의 가장 큰 임무는 지식을 나 누어주는 데 있는 것이 아니라 지식을 사랑하여 배우고자 하는 제자들을 고무시켜 주는 데 있다."라고 했다. 먼저 배운 자의 도리로서 주의 제자 가 해야 할 일은 무엇인가?

Ⅰ. 주의 말씀을 잘 가르쳐야 함
제자는 주의 말씀을 잘 가르쳐야 하는데 이는 예수의 지상명령이기도 하 다. 항상 말씀, 곧 성경을 가르치고 성경의 복음을 전파하기를 때를 얻든 지 못 얻든지 항상 힘써야 한다. 바울은 세 차례의 선교여행으로 각처를 다니며 말씀을 전했는데 그래서 그를 이방인의 사도라 부른다.
* 참고 성구 * 딤후 4:1-5, 마 28:19-20, 계 22:18-19, 행 18:26

Ⅱ. 선한 생활에 모본을 보여야 함
제자는 선한 생활의 본을 보여야 하는데 바울은 재물과 의복을 탐하지 않 고 자비량 선교로서 범사에 모본을 보였는데 곧 수고하여 약한 사람을 도 왔다고 고백했다. 먼저 배운 자는 배운 자로서의 도리를 다하여 선한 일을 행하고 스스로 솔선수범하여 주께 영광을 돌리자.
* 참고 성구 * 고전 4:16, 빌 4:9, 엡 2:10, 고전 11:1, 행 20:35

Ⅲ. 받은 은사를 잘 활용해야 함
제자는 태어날 때부터 받은 재능, 곧 달란트의 은사 외에 신령한 영적 은 사를 사모하여 성령의 여러 가지 은사를 받아 교회를 위해 복음 전파를 위 해 유용하게 사용하여야 한다. 받은 바 은사를 귀히 여겨 은사를 주신 삼 위일체 하나님의 뜻에 합당한 도리를 행할 것이다.
* 참고 성구 * 눅 12:42-48, 마 10:8, 고후 4:7, 고전 12:11

■ 기 도 ■ 하나님 아버지! 우리로 하여금 당신의 말씀을 잘 가르치고 매사에 모본을 보이고 주신 은사를 잘 활용하여 천국 복음을 확장하는 일에 매진하게 도 와주소서. 예수 그리스도의 이름으로 기도드립니다. 아멘.

♥ 졸업 ♥

주의 지혜를 구함
♪ 369, 412, 509

■ 본 문 ■ 대저 나를 얻는 자는 생명을 얻고 여호와께 은총을 얻을 것임이니라 그러나 나를 잃는 자는 자기의 영혼을 해하는 자라【잠 8:35-36】

■ 서 론 ■ 영국의 성직자 로렌스 스턴은 "학문은 외움으로써 깨칠 수 있으되 지혜는 그럴 수 없다."고 했다. 지혜는 보고 배울 수가 없는 것이다. 특히 하늘로부터 내려오는 거룩한 지혜는 하나님께 간구함으로써 얻을 수가 있는데 이 지혜를 얻을 때 성도에게는?

I. 지혜를 얻을 때 주의 계명을 지키게 됨
사도 요한은 그의 서신에서 하나님을 사랑하는 것은 이것이니 우리가 그의 계명을 지키는 것이라 그의 계명은 무거운 것이 아니라고 했다. 이는 지혜를 얻을 때 하나님 사랑하는 마음이 되고 지혜를 얻을 때 하나님이 제시하신 계명을 행동으로 구체화하여 지킨다는 말이다.
 * 참고 성구 * 마 7:21, 출 19:5, 신 5:29, 요일 5:3

II. 지혜를 얻을 때 영원한 생명을 얻게 됨
지혜는 간혹 의인화 되어 그리스도를 묘사하기도 한다. 곧 여호와께서 태초에 일하시기 전에 나를 가지셨으며 만세 전부터, 상고부터 땅이 생기기 전 내가 세움을 입었다는 말씀에 근거한다. 따라서 지혜, 곧 그리스도를 내 안에 모실 때 영원한 생명을 얻는다는 것은 만고의 진리이다.
 * 참고 성구 * 요 10:10, 요일 5:12, 신 8:3, 전 7:12, 잠 8:22-31

III. 지혜를 얻을 때 주의 은총을 얻게 됨
야고보서에는 지혜가 부족할 때 후히 주시고 꾸짖지 않으시는 하나님께 구하면 주신다고 기록되어 있다. 꿈쟁이 요셉은 그의 꿈으로 인해 애굽에 노예로 팔려갔으나 하나님의 은총으로 총리대신이 되었다. 바로의 꿈을 해석한 놀라운 지혜는 하나님이 주신 것이었다.
 * 참고 성구 * 요 8:29, 살전 4;1, 잠 16:7, 행 13:22, 삼상 2:26

■ 기 도 ■ 하나님 아버지! 오직 당신께로부터 내려오는 지혜를 구하오니 이 기도를 응답하소서. 그리하여 당신의 계명을 지키며 영생을 얻으며 당신의 은총을 얻어 풍성한 삶으로 내일을 살게 하소서. 예수 그리스도의 이름으로 기도드립니다. 아멘.

♥ 졸업 ♥

꿈을 가지라
♪ 261, 121, 84

■ 본 문 ■ 꿈에 본즉 사닥다리가 땅 위에 섰는데 그 꼭대기가 하늘에 닿았고 또 본즉 하나님의 사자가 그 위에서 오르락 내리락 하고【창 28:12】

■ 서 론 ■ 미국의 교육자 클락은 "소년들이여 대망을 가져라."고 했다. 꿈을 가진 자와 꿈이 없는 자의 차이는 말할 것도 없고 꿈을 가진 백성과 꿈이 없는 백성의 차이는 실로 엄청나다. 인류의 역사는 꿈을 가진 개인과 민족에 의해 개척되었다. 오늘 성도를 예표하는 야곱이 꾼 꿈은?

Ⅰ. 야곱의 꿈은 하늘에 닿는 꿈이었음

비록 도망자의 처지였으나 야곱이 꾼 꿈은 시시콜콜한 소위 개꿈이 아니라 사닥다리로 연결된 하늘에의 꿈이었다. 형 에서의 장자권과 축복권을 훔친 야심가 야곱! 야심가답게 꿈의 스케일도 컸다. 그래서 하나님은 에서를 미워하고 야곱을 사랑하셨나보다. 성도의 꿈은 영적인 꿈이어야 한다.
* 참고 성구 * 행 11:5, 단 4:11, 느 9:13, 마 1:1-2, 롬 9:13

Ⅱ. 야곱의 꿈은 하나님의 사자를 본 꿈이었음

야곱은 꿈에 여호와의 사자, 곧 성육신 이전의 2위격이신 성자 그리스도를 만난 꿈을 꾸었다. 사모하는 자에게 하나님은 자신을 계시하신다. 땅과 하늘을 잇는 사닥다리는 예수의 십자가를 연상하게 한다. 하늘과 땅이 십자가로 연결되었고 결국 야곱의 가계를 통해서 이 일은 실현되었다.
* 참고 성구 * 눅 15:10, 창 48:16, 대하 36:16, 창 49:10, 히 7:14

Ⅲ. 야곱의 꿈은 성도의 꿈은 하늘에 있음을 의미한 꿈이었음

야곱의 꿈은 또한 성도의 꿈은 하늘에 있음을 예표한 꿈이다. 죄인이었으나 택함을 받고 구원을 얻어서 영원한 하늘 나라에서 왕노릇 하는 꿈만큼 훌륭한 꿈이 어디에 있겠는가. 그러나 이것은 꿈이 아니라 미래에 반드시 도래할 사건이요 현실이다. 성도의 꿈은 하늘 나라에 두어야 한다.
* 참고 성구 * 빌 3:20, 고전 14:1, 출 3:5, 롬 8:24, 히 11:16

■ 기 도 ■ 하나님 아버지! 야곱에게 허락하신 꿈을 우리에게도 허락하셔서 우리로 하여금 하늘을 사모하는 꿈을 꾸는 자 되게 축복하시옵소서. 예수 그리스도의 이름으로 기도드립니다. 아멘.

♥ 졸업 ♥

큰 꿈을 꾸라
♪ 119, 231, 536

■ 본 문 ■ 요셉이 다시 꿈을 꾸고 그 형들에게 고하여 가로되 내가 또 꿈을 꾼즉 해와 달과 열 한 별이 내게 절하더이다 하니라【창 37:9】

■ 서 론 ■ 철인 패서스는 "우리는 목전의 것만 보고 살아가는 것이 아니다. 좀더 먼 곳을 바라보며 미래 속에 묻힌 꿈을 바라보고 살아간다."고 했다. 요셉은 성경 속에서 예수 그리스도를 가장 많이 닮은 인물이다. 인품도 그렇고 인생의 사건도 그렇다. 꿈쟁이 요셉의 꿈은?

I. 요셉의 꿈은 장차 일어날 일의 예표였음

요셉의 꿈은 그의 교만한 마음에서 나온 것이 아니라 하나님의 섭리에 의해서 주어진 것이다. 거듭 꾸어진 꿈이 이를 증명한다. 요셉의 장래는 이 꿈의 실현을 향해서 진행되고 있었고 하나님은 당신의 크나크신 섭리를 이루시기 위해 미리 요셉에게 꿈으로 계시를 보이셨다.
* 참고 성구 * 고후 12:1, 엡 3:3, 민 12:16, 창 50:18

II. 요셉의 꿈은 이스라엘의 보존을 위한 계획이었음

꿈의 사람 요셉의 역사관과 인생관, 신앙관이 잘 표출되는 것은 하나님이 큰 구원으로 당신들의 생명을 보존하고 당신들의 후손을 세상에 두시려고 나를 당신들 앞서 보내셨나니라는 말에 요약된다. 하나님은 큰 꿈을 꾼 요셉을 통해서 이스라엘 민족을 기아에서 구출하셨다.
* 참고 성구 * 요 17:11, 출 33:22, 시 57:1, 창 45:5-8

III. 요셉의 꿈은 시기 속에서도 이루어졌음

꿈을 가진 사람은 그 꿈 때문에 많은 고난을 받는다. 요셉도 예외는 아니었다. 형제들의 질투와 시기 속에서 끝내는 종으로 팔려가는 신세가 된 요셉이었지만 그와 함께 하시는 하나님을 믿는 신앙으로 모든 역경을 이겨내고 끝내는 하나님의 계획하신 바대로 일을 성취하는 사람이 되었다.
* 참고 성구 * 롬 8:28, 창 37:20, 전 8:12, 스 8:22

■ 기 도 ■ 하나님 아버지! 요셉처럼 당신의 선하신 계획에 합당한 꿈을 갖도록 우리에게 꿈을 주시옵소서. 우리로 꿈을 갖게 하옵소서. 그리하여 당신의 도구가 되어 많은 사람을 구원하는 일에 작은 감당을 하게 하시옵소서. 예수 그리스도의 이름으로 기도드립니다. 아멘.

♥ 졸업 ♥

산 제사
♪ 69, 201, 514

■ 본 문 ■ 그러므로 형제들아 내가 하나님의 모든 자비하심으로 너희를 권하노니 너희 몸을 하나님이 기뻐하시는 거룩한 산 제사로 드리라 이는 너희의 드릴 영적 예배니라【롬 12:1】

■ 서 론 ■ "성도의 행위는 하나님의 역사의 연장이다."라는 말이 있다. 성도를 통해서 하나님은 당신의 계획을 펼치시고 이루신다. 하나님의 뜻이 이 땅에 전파되고 죄악에 빠진 자를 구원하시려는 역사를 감당할 진실된 성도는?

Ⅰ. 성도는 형식주의를 극복해야 함
예수께서는 공생애를 사시면서 바리새인들을 무척이나 비난하시고 꾸짖으셨는데 그 이유는 그들의 표리부동한 신앙 생활 때문이었다. 외식하는 자들아! 화 있을 진저 바리새인들아! 하시며 꾸짖는 목소리를 듣지 않으려면 형식주의에 얽매인 신앙 생활을 청산하고 진리대로 뜨겁게 살아야 한다.
 * 참고 성구 * 갈 4:10-11, 딤후 3:5, 사 1:10-17, 눅 18:11-12, 계 3:15

Ⅱ. 성도는 마음이 새롭게 변화되어야 함
매일 청소를 하지 않으면 가구에 먼지가 일듯이 성도의 심령도 매일 말씀으로 가꾸고 다듬고 행해야지 성령을 소멸치 않는다. 그렇지 않을 때 물에 물탄 듯이 하여 어디에 쓰겠는가. 항상 변화를 받는 새 사람을 입고 성령 충만한 삶을 살 때 비로소 자신을 산 제사로 드릴 수 있다.
 * 참고 성구 * 엡 4:22-24, 고후 5:17, 빌 2:5, 롬 12:2

Ⅲ. 성도는 주의 뜻을 순종해야 함
하나님께서 제일 기뻐하시는 것은 성도의 겸손하고 또한 순종하는 자세이다. 하나님은 사무엘을 통해 제사보다 나은 것이 순종이라고 우리에게 가르치셨다. 아들이신 주님도 하늘 아버지의 뜻을 순종하여 십자가를 지셨다. 우리도 주님을 본받아 매사에 순종하는 자세를 견지하자.
 * 참고 성구 * 엡 5:17, 마 7:21, 행 5:29, 히 11:8

■ 기 도 ■ 하나님 아버지! 우리로 거룩한 산 제사로 드릴 수 있도록 우리의 삶을 개선하게 도와 주소서. 예수 그리스도의 이름으로 기도드립니다. 아멘.

♥ 졸업 ♥

빛 되신 말씀
♪ 240, 234, 235

■ 본 문 ■ 주의 말씀은 내 발에 등이요 내 길에 빛이니이다【시 119:105】

■ 서 론 ■ 미국의 역사가 로오드는 "자연의 빛, 과학의 빛, 이성의 빛들은 하나님의 말씀이 비추는 거룩한 빛에 비한다면 어두울 뿐이다."라고 했다. 태초에 말씀으로 선재하시다가 이 땅에 오셔 빛을 밝히시고 생명을 주신 예수 그리스도의 은혜를 감사드리며 말씀에 의지하여 삶을 살아가는 성도들에게 그 말씀은?

Ⅰ. 어둠을 밝히는 말씀이다

예수께서는 빛이 세상에 왔으나 사람들이 자기 행위가 악하여 빛보다 어두움을 더 사랑한다고 하였다. 어두움 속에 거하면 빛이 무엇인지 모른다. 빛이 있음으로써 어두움이 어두움임을 우리는 알 수 있다. 하나님의 말씀은 빛이다. 그래서 이 말씀이 나타날 때 어둠의 영들이 사라지는 것이다.
* 참고 성구 * 벧후 1:19, 시 19:8, 잠 6:23, 요 3:19

Ⅱ. 주의 영감된 말씀이다

하나님의 말씀이 기록된 성경은 사람의 뜻으로 낸 것이 아닌 오직 성령의 감동하심을 입은 사람들이 하나님께 받아 말한 것이다. 따라서 이 말씀은 능력이 있고 살아 움직이는 운동력이 있어 사람의 골수와 관절과 혼과 영을 찔러 쪼개는 힘이 있다. 말씀을 사모할 때 변화를 받는다.
* 참고 성구 * 딤후 3:16, 벧후 1:20-21, 렘 36:2, 히 4:12

Ⅲ. 생명을 주신 말씀이다

하나님의 감동으로 된 말씀, 곧 성경은 우리에게 예수 안에 있는 믿음으로 구원에 이르게 한다. 주께서는 자신을 생명의 떡, 생명의 음료라고 하셨다. 베드로는 영생의 말씀이 계시며 우리가 뉘게로 가오리까 했다. 하나님의 말씀은 우리로 하여금 생명을 얻게 하는 꼴과 같다.
* 참고 성구 * 딤후 3:15, 벧전 1:23, 겔 37:7, 벧전 2:2

■ 기 도 ■ 하나님 아버지! 당신의 말씀은 어둠을 밝히며 생명을 주시는 영감된 말씀입니다. 이 말씀을 받아 먹어 이 세상을 향해 나아가는 우리를 강건하게 하시고 말씀 되신 주님만 의지토록 인도해 주시옵소서. 예수 그리스도의 이름으로 기도드립니다. 아멘.

♥ 졸업 ♥

새 생활
♪ 332, 259, 358

■ 본 문 ■ 너희는 열매 없는 어두움의 일에 참예하지 말고 도리어 책망하라 저희의 은밀히 행하는 것들은 말하기도 부끄러움이라【엡 5:11-12】

■ 서 론 ■ 영국의 시인 버나드 바튼은 "빛 속을 걸으라 비록 가시밭 길이라 해도 그대의 길을 밝게 볼 것이다. 하나님은 은혜로 그대 안에 거하시고 하나님 스스로가 빛이 되시기 때문이다."라고 했다. 달이 지구의 영향으로 빛을 발하듯 그리스도의 영향으로 빛을 발하는 우리는?

Ⅰ. 우리들도 한때는 어두움이었음을 알 것

우리도 전에는 어리석은 자요, 순종치 않은 자요, 속은 자요, 정욕과 행락에 종노릇한 자요, 악독과 투기로 지낸 자요, 가증스러운 자요, 피차 미워한 자들이었다. 이 어두움에 속한 자식들인 우리를 불러주시고 택하여 성도로 인쳐 주신 하나님께 오직 감사의 찬양만을 드리자.
 * 참고 성구 * 요 9:4, 마 25:30, 골 1:13, 딛 3:3

Ⅱ. 우리들은 이제는 빛임을 알 것

빛 되신 예수를 구주로 고백하고 우리도 빛 가운데 행하면 이제는 어두움이 아니라 빛이다. 성경은 너희가 전에는 어두움이더니 이제는 주 안에서 빛이라 빛의 자녀들처럼 행하라고 했다. 빛의 자녀로서 행한 행위의 열매는 무엇인가? 그것은 착함과 의로움과 진실함이다.
 * 참고 성구 * 마 5:14, 엡 5:8, 마 24:11, 요일 1:7

Ⅲ. 빛은 빛의 역할을 해야 함을 알 것

빛은 빛 자체로서 빛의 역할을 다한다. 본질상 진노의 자녀였던 우리가 빛의 역할을 하기 위해선 빛 되신 예수 그리스도의 후광을 입어야 한다. 그래야만 세상에서 빛의 직분을 수행할 수 있는 것이다. 빛 되신 그리스도를 따라 사는 삶을 영위할 때 온 세상에 가득 덮인 어둠을 몰아낼 것이다.
 * 참고 성구 * 마 5:15, 사 51:17, 벧전 2:12, 사 60:1

■ 기 도 ■ 하나님 아버지! 빛처럼 살고 싶습니다. 이 세상 구석구석 어두운 곳을 빛의 자녀로서 밝음이 무엇인지 보여주고 싶습니다. 빛의 자녀로 살 수 있도록 용기와 고난을 감당할 믿음을 주옵소서. 예수 그리스도의 이름으로 기도드립니다. 아멘.

♥ 졸업 ♥

어디로 가든지
♪ 422, 434, 443

■ 본 문 ■ 오직 너는 마음을 강하게 하고 극히 담대히 하여 나의 종 모세가 네게 명한 율법을 다 지켜 행하고 좌로나 우로나 치우치지 말라 그리하면 어디로 가든지 형통하리니【수 1:7】

■ 서 론 ■ 철인 우드브리지는 "믿음은 주를 보는 눈이요 주께 매달리는 손이며 주를 소유하는 능력이다."라고 했다. 믿음을 가진 자의 앞날은 형통하다. 주께서 지켜주시고 인도해주시기 때문이다. 주를 의뢰하는 삶을 사는 이는?

Ⅰ. 약속된 기업을 받음

성도가 주께로부터 받을 내세의 약속된 기업은 썩지 않고 더럽지 않고 쇠하지 아니하는 것으로 우리를 위하여 하늘에 간직하신 것이다. 믿음의 조상들도 더 나은 본향을 사모했으니 곧 하늘에 있는 것이었다. 예수께서는 부활 승천하셔 우리를 위해서 처소를 예비하러 가셨다.

* 참고 성구 * 출 32:13, 신 33:9. 빌 3:20, 히 11:9, 벧전 1:4

Ⅱ. 그 길이 형통하게 됨

성도가 주께로부터 받을 축복은 모든 길이 형통하게 된다는 것이다. 다윗은 솔로몬에게 주는 유언에서 이스라엘 왕위의 끊어지지 않음을 말하면서 형통케 되는 이유는 하나님의 말씀을 지키고 행함에 있음을 강조했다. 우리의 길이 형통케 되기 위해서 주의 말씀대로 살자.

* 참고 성구 * 행 4:4, 시 119:103, 삼하 7:25, 왕상 2:3

Ⅲ. 담대함을 얻게 됨

믿음의 사람의 특징은 담대함에 있다. 블레셋의 골리앗으로 인해 이스라엘 군사들이 모두들 숨을 죽이고 있을 때 목동 다윗은 의로운 분노를 발하였다. 덩치가 커서 당할 자가 없는 골리앗은 거꾸로 말하면 물맷돌에 맞을 곳이 많다는 뜻도 된다. 신앙인은 용기있는 적극적인 자이다.

* 참고 성구 * 고후 6:7, 민 24:4, 삼하 2:7, 사 41:10

■ 기 도 ■ 하나님 아버지! 아무 공로 없는 우리를 사랑하셔 담대한 용기를 주시고 길을 형통케 하시고 여기에다 쇠하지 않는 하늘의 기업까지 주심을 감사드립니다. 모름지기 당신을 배반하지 않는 삶을 살 수 있도록 지켜 주시옵소서. 예수 그리스도의 이름으로 기도드립니다. 아멘.

♥ 졸업 ♥

신앙의 파선자
♪ 183, 384, 387

■ 본 문 ■ 믿음과 착한 양심을 가지라 어떤 이들이 이 양심을 버렸고 그 믿음에 관하여는 파선하였느니라 그 가운데 후메내오와 알렉산더가 있으니【딤전 1:19-20】

■ 서 론 ■ 러시아의 작가 톨스토이는 "어떤 개인이나 사회가 불행하다면 그 원인은 신앙의 결핍에 있는 것이다."라고 했다. 신앙 생활에서 낙오자로 성경에 그 오명을 남긴 후메내오와 알렉산더! 그들의 잘못된 행위에서 교훈을 얻어 자신을 지키는 자들이 되자. 그들은?

Ⅰ. 선한 싸움을 싸우지 아니한 자들이다
성도들에게는 반드시 싸워야 할 불가피한 때가 있는데 그것은 성도의 신앙 여정의 목적지를 가로막는 장애물이 나타날 때이다. 싸움을 포기함은 목적지를 포기함과 같다. 그러므로 반드시 싸워야만 하는데 후메내오와 알렉산더는 이 믿음의 선한 싸움을 싸우지 않아 낙오자가 되었다.
 * 참고 성구 * 딤후 4:7, 딤전 6:11, 엡 6:11, 창 19:30-38

Ⅱ. 믿음을 갖지 않은 자들이다
예수의 제자였으나 끝내는 스승 예수를 은 삼십에 팔아넘긴 가룟 유다는 인류 역사상 그 부끄러운 이름을 길이길이 남기고 있다. 가룟 유다의 실패의 원인은 그가 믿음을 갖지 않았음에 있다. 알렉산더는 바울을 크게 대적한 자로 바울에게 해를 많이 보였다.
 * 참고 성구 * 딤후 4:14, 마 26:49, 히 6:4-6, 딤후 2:17-18

Ⅲ. 착한 양심을 갖지 않은 자들이다
후메내오는 자기 양심이 화인을 맞아서 외식함으로 거짓말하는 자였다. 그는 부활이 지나갔다 하여 사람들의 믿음을 무너뜨리고 그 말은 독한 창질의 썩어져감과 같다고 바울은 증언하고 있다. 착한 양심을 갖지 않는 자들은 마귀의 자식이요 마귀는 거짓의 아비가 된다.
 * 참고 성구 * 딤후 2:17, 행 24:16. 요 12:4-6, 행 5:3-4

■ 기 도 ■ 하나님 아버지! 세상을 향해 나아가는 당신의 사랑하는 성도들을 지켜주소서. 행여라도 신앙의 파선자가 되어 그 영혼이 낙오되는 일이 없도록 인도하여 주시옵소서. 예수 그리스도의 이름으로 기도드립니다. 아멘.

♥ 이사 및 입주 ♥

기초석이신 그리스도
♪ 379, 229, 244

■ 본 문 ■ 내게 주신 하나님의 은혜를 따라 내가 지혜로운 건축자와 같이 터를 닦아 두매 다른 이가 그 위에 세우나 그러나 각각 어떻게 그 위에 세우기를 조심할지니라 【고전 3:10】

■ 서 론 ■ 히포의 주교 성 어거스틴은 "너희가 동서남북 어디를 방황하든지 예수 그리스도의 품에 안기우기 전에는 참다운 평안이 없다."고 했다. 반석되신 그리스도 위에 집을 짓는 자는 행복한 자이다. 우리 구주 예수 그리스도는?

I. 거룩한 성전의 터 예수 그리스도
바울은 고린도 교회에게 보낸 편지에서 출애굽 한 유대 민족이 신령한 음료를 반석에서 마셨는데 그 반석은 그리스도임을 밝히고 있다. 교회는 이 생명의 생수를 공급하는 곳으로 그 기초인 모퉁이 돌과 터는 예수 그리스도이다. 우리들의 집의 기초도 예수 그리스도로 모시자.
* 참고 성구 * 고전 3:11, 딤후 2:19, 딤전 6:19, 히 11:10, 고전 10:4

II. 거룩한 성전의 완전성
예수 그리스도를 모퉁이 돌 혹은 터로 기초를 닦은 성전은 완전하다. 유대 민족이 광야에서 제사를 드린 성막은 예수 그리스도를 예표하는 것으로 참 성전이신 예수께서 이 세상에 오심으로 비로소 완성이 된 것이다. 구약의 성소는 한계성이 있었으나 신약의 성전은 완전하다.
* 참고 성구 * 마 5:17, 히 9:11-12, 시 18:23, 엡 2:20-22

III. 거룩한 성전의 독자성
베드로는 다른 이로서는 구원을 얻을 수 없나니 천하 인간에 구원 얻을 만한 다른 이름을 주신 일이 없다고 못박았다. 구원은 오직 예수 그리스도로 말미암는다. 교회는 이 구원의 소식을 전하는 곳이다. 예수께서는 나를 말미암지 않고는 아무도 아버지께로 올 자가 없다고 하셨다.
* 참고 성구 * 왕하 5:17, 수 24:16. 렘 7:18, 마 16:18, 히 4:11-12

■ 기 도 ■ 하나님 아버지! 거룩한 성전의 터가 되시고 이를 완전하게 하시고 오직 대속자요 구세주 되시는 예수 그리스도를 우리 가정에 모셔서 흔들림 없는 위로와 축복과 형통하게 되는 역사를 이루어 주시옵소서. 예수 그리스도의 이름으로 기도드립니다. 아멘.

♥ 이사 및 입주 ♥

영원한 집을 사모하며
♪ 541, 212, 30

■ 본 문 ■ 저희가 이제는 더 나은 본향을 사모하니 곧 하늘에 있는 것이라 그러므로 하나님이 저희 하나님이라 일컬음 받으심을 부끄러워 아니하시고 저희를 위하여 한 성을 예비하셨느니라【히 11:16】

■ 서 론 ■ 영국의 신학자 찰스 스탠포드는 "내가 천국에 이를 수 있기 전에 내 마음 속에 천국이 이뤄져야 한다."고 했다. 영원한 집을 사모하며 영혼의 안식처인 하나님의 예비하신 곳에 이르기 위해서는?

I. 주의 나라를 위해 준비함
불의한 자는 하나님의 나라를 유업으로 받지 못한다. 곧 음란한 자, 우상 숭배하는 자, 간음하는 자, 탐색하는 자, 남색하는 자, 도적이나 탐람하는 자 등에게는 오직 둘째 사망의 유황 불못이 기다릴 뿐이다. 하나님의 나라를 위해서 성도는 자신을 거룩히 단장해야 할 필요가 있다.
* 참고 성구 * 마 6:19-21, 고전 6:9-10, 벧후 3:11-12, 골 3:2

II. 세속을 좇지 않도록 주의함
이 세상 풍속은 사람으로 죄악에 물들게 하는 향락과 퇴폐적인 것들 뿐이다. 바울은 그의 서신 로마서에서 말하기를 밤이 깊고 낮이 가까웠으니 우리가 어두움의 일을 벗고 빛의 갑옷을 입자고 했다. 악한 세상에서 유행하는 것들을 우리들 성도가 본받을 것은 아무것도 없다.
* 참고 성구 * 약 4:4, 엡 2:1-3, 요일 5:19, 눅 21:34

III. 육체의 정욕을 억제토록 해야 함
바울은 갈라디아 교회에게 보낸 편지에서 너희는 성령을 좇아 행하라 그리하면 육체의 욕심을 이루지 아니한다고 했다. 육체의 소욕은 세상적인 것을 탐하는 마음으로 이는 육신의 정욕, 안목의 정욕, 이생의 자랑이다. 모든 이의 어미가 된 하와가 선악과를 바라본 눈이 그것이다.
* 참고 성구 * 갈 5:16-24, 롬 8:13, 벧전 2:11, 살전 3:13

■ 기 도 ■ 하나님 아버지! 새로운 장막을 마련하여 주신 은혜를 감사드립니다. 그러나 우리의 영원한 장막은 하늘에 있음을 기억하게 하시고 그 유업을 받기 위해 노력하는 자들이 되게 하옵소서. 예수 그리스도의 이름으로 기도드립니다. 아멘.

♥ 이사 및 입주 ♥

재앙이 없는 집
♪ 224, 188, 445

■ 본 문 ■ 지존자의 은밀한 곳에 거하는 자는 전능하신 자의 그늘 아래 거하리로다 내가 여호와를 가리켜 말하기를 저는 나의 피난처요 나의 요새요 나의 의뢰하는 하나님이라 하리니【시 91:1-2】

■ 서 론 ■ 독일계 영국인으로 동양학자인 막스 뮐러는 "인간의 모든 직업과 계획과 일이 진정으로 성공적이라고 한다면 그리스도의 인도하에 그의 뜻을 따라 그에 대한 사랑에서 그의 능력에 의존하여 이루어졌음이 분명하다."고 했다. 하나님이 함께 하시는 성도의 집은?

Ⅰ. 전능하신 자의 보호를 받음
전지전능 하시고 무소부재 하신 하나님의 능력을 사람의 필설로 올바르게 표현한다는 것은 불가능하다. 하나님은 자신의 뜻을 펼치시는 것에 그 어느 누구의 제한도 받지 않으신다. 이러한 분이 우리의 아버지이실진대 그분의 보호를 받는다는 것은 가장 안전한 지대에 있음을 뜻한다.
* 참고 성구 * 유 1:24, 출 23:20, 시 34:20, 눅 21;18

Ⅱ. 새 사냥꾼의 올무에서 건지심을 받음
시편 기자는 나를 지키사 저희가 나를 잡으려고 놓은 올무와 행악자의 함정에서 벗어나게 하시라고 기원하였다. 성도들이 악한 세상을 살아갈 때 뜻하지 않은 불행과 봉변을 당해 낭패당하는 경우가 많다. 이는 하나님의 백성을 괴롭히고 시험에 빠뜨리려는 마귀의 책략이다.
* 참고 성구 * 딤전 6:9, 신 12:30, 시 140:5, 단 6:22, 시 141:9

Ⅲ. 재앙이 가까이 하지 못하게 됨
애굽 곧 악한 세상의 표본인 이곳에서 하나님의 재앙이 임했을 때 양의 피로 집 좌우의 문설주에 바른 이스라엘 백성의 집에는 장자의 심판이 일어나지 않았다. 예수 그리스도의 보혈을 믿고 그분을 가정의 가장으로 모신 성도의 집은 재앙이 가까이 하지 못함을 믿자.
* 참고 성구 * 계 15:1, 출 12:13, 렘 42:10, 시 91:4

■ 기 도 ■ 하나님 아버지! 우리의 가정이 재앙이 없게 되기를 원하나이다. 당신의 보호 아래서 당신의 영광만을 구하는 복된 가정이 되게 하시옵소서. 예수 그리스도의 이름으로 기도드립니다. 아멘.

♥ 이사 및 입주 ♥

지혜로 세운 집
♪ 53, 350, 372

■ 본 문 ■ 집은 지혜로 말미암아 건축되고 명철로 말미암아 견고히 되며 또 방들은 지식으로 말미암아 각종 귀하고 아름다운 보배로 채우게 되느니라【잠 24:3-4】

■ 서 론 ■ 시인 호프 켐벨은 "언제나 밖을 내다보아 주께서 그대에게 보내시는 햇빛을 맞아라."고 했다. 주를 의뢰하고 주께 갈 길을 맡기는 신앙인의 자세는 아름답다. 성도들이 세워야 하는 영적 건물이요, 성전인 자신을 바람직하게 세우는 비결은 무엇인가?

Ⅰ. 주의 터 위에 세워야 한다
건물을 잘 짓자면 좋은 터 위에 훌륭한 기초공사를 필요로 한다. 바울은 이 닦아 둔 것 외에 능히 다른 터를 닦아 둘 자가 없으니 이 터는 곧 예수 그리스도라고 했다. 온전한 터가 되신 예수께 영적 기초를 두고 자신의 삶을 건설한 사람은 참으로 복된 사람이다.
* 참고 성구 * 고전 3:10-11, 요 1:12-13, 행 4:11, 마 7:24

Ⅱ. 영적 지혜가 있어야 한다
하나님의 뜻대로 살기를 원하는 사람들에게 필히 요구되는 것은 영혼의 지식과 주께로부터 내려오는 지혜이다. 아무리 학문이 많고 세상적인 지혜가 뛰어난 사람도 영혼의 지식과 지혜가 없으면 실패할 수밖에 없다. 하나님의 지식과 지혜는 성경의 연구와 성령의 도우심으로 가능하다.
* 참고 성구 * 고전 2:10-16, 요 16:13, 잠 9:10, 딤전 2:19

Ⅲ. 주의 교훈을 들어야 한다
예수께서는 나의 이 말을 듣고 행하는 자는 그 집을 반석 위에 지은 지혜로운 사람이라고 하셨다. 예수 그리스도께서 인생들을 향해 베푸신 교훈은 참으로 은혜로운 생명의 떡이요, 생명의 음료로서 영혼을 살지우게 하는 복된 말씀이다. 양무리 된 성도는 양의 문이신 예수께 꼴을 얻자.
* 참고 성구 * 딤후 3:16-17, 계 1:13, 시 25:5, 마 7:26-27

■ 기 도 ■ 하나님 아버지! 우리의 영혼의 집을 튼튼히 짓고 싶습니다. 오늘 주의 종을 통한 말씀으로 지혜로운 건축자가 되려 하오니 바르게 인도해 주시옵소서. 예수 그리스도의 이름으로 기도드립니다. 아멘.

♥ 이사 및 입주 ♥

이사는 하나님의 섭리
♪ 479, 491, 514

■ 본 문 ■ 하나님이 가라사대 나는 하나님이라 네 아비의 하나님이니 애굽으로 내려가기를 두려워 말라 내가 거기서 너로 큰 민족을 이루게 하리라 내가 너와 함께 애굽으로 내려가겠고【창 46:3-4】

■ 서 론 ■ 프랑스의 수학자이자 철학자인 파스칼은 "진리를 그의 인도자로 삼고 본분을 그의 목적으로 삼는 자는 하나님의 섭리가 안전하게 그를 인도하시도록 신뢰한다."고 했다. 오늘 야곱을 향하신 하나님의 섭리는?

I. 하나님은 약속을 확인시켜 주심

도망자 야곱의 꿈 속에 나타나신 하나님은 자손의 축복과 고향으로의 회귀와 언제 어디서나 함께 하신다는 임재의 축복을 당신께서 일방적으로 주셨다. 야곱은 이를 감사하여 돌베개를 기둥삼아 기름을 붓고 그곳을 벧엘이라고 하였다. 이제 노년이 된 야곱은 그 축복의 실현을 목도하게 되었다.
* 참고 성구 * 히 8:10, 레 24:98, 삿 2:1, 창 32:9-10

II. 하나님은 갈 길을 인도하여 주심

하나님은 야곱에게 내가 정녕 너와 함께 애굽으로 내려가겠고 너를 인도하여 다시 올라올 것이라고 하셨다. 잠언 기자는 사람이 마음으로 자기의 길을 계획할지라도 그 걸음을 인도하는 자는 여호와시니라고 했다. 하나님께서 갈 길과 발걸음을 인도하는 성도는 행복한 자이다.
* 참고 성구 * 눅 1:79, 시 23:2, 사 30:21, 히 11:8, 잠 16:9

III. 하나님은 소원을 이루어 주심

하나님은 야곱이 일생 동안 마음 아파했던 일을 요셉의 출현으로 소원을 풀게 했고 요셉의 손으로 눈을 감게 하셨다. 속이고 속는 인생의 여정 속에서 야곱을 이스라엘이 되게 하신 하나님은 끝내 그의 원을 풀어주셨고 또한 당신의 섭리를 이루셨다. 믿음이 있는 자의 소원은 결국 이루어진다.
* 참고 성구 * 마 6:33, 창 24:35, 출 23:25, 룻 1:17, 4:17

■ 기 도 ■ 하나님 아버지! 오늘 야곱의 이사를 통해서 성도들이 생활 속에서 당신의 섭리를 체험하는 시간 주심을 감사드립니다. 모든 것을 당신께 의지하는 믿음을 더욱 굳건히 하여 축복된 삶을 살게 하소서. 예수 그리스도의 이름으로 기도드립니다. 아멘.

♥ 이사 및 입주 ♥

본향을 떠남
♪ 541, 340, 539

■ 본 문 ■ 믿음으로 아브라함은 부르심을 받았을 때에 순종하여 장래 기업으로 받을 땅에 나갈새 갈 바를 알지 못하고 나갔으며【히 11:8】

■ 서 론 ■ 스코틀랜드의 소설가 월터 스콧 경은 "명예로운 행동으로 전체가 꽉 차고 고상한 모험으로 충만된 인생의 한 시간은 하찮은 전생애보다 가치있다."고 했다. 믿음의 조상 아브라함의 생애는 성도의 생애를 예표한다. 칠십오 세 때 부름을 입은 아브라함의 생애는?

I. 아브라함은 갈 바를 알지 못하고 떠났다

아브라함은 오직 하나님의 약속 하나만 믿고서 하란에서의 안락한 생활과 비옥한 토지를 버리고 전혀 낯선 곳으로 떠났다. 신앙은 때로 모험적인 삶을 의미한다. 그래서 혹자는 신앙은 도박이라고까지 말한다. 하나님은 이런 순종의 아브라함을 택하여 이스라엘의 조상으로 삼으실 계획을 하셨다.
 * 참고 성구 * 창 12:4, 마 7:21, 삼상 15:22-23, 신 26:5, 히 11:8

II. 아브라함은 이 세상에서 나그네처럼 살았다

히브리서 기자는 아브라함이 약속하신 땅에 우거하여 장막에 거하였다고 했다. 장막에서의 삶은 이리저리 옮겨다니는 삶이다. 일정한 곳에 머물지 못하는 나그네 같은 삶은 우리 인생 모두에게 임하는 삶이다. 이 나그네와 행인 같은 삶이 빛나는 것은 오직 주께서 함께 하실 때이다.
 * 참고 성구 * 벧전 2:11, 고전 1:26-31, 요 15:16, 히 11:13

III. 아브라함은 본향을 사모함으로 살았다

아브라함은 그의 나온 바 본향인 메소포타미아를 그리워하여 아들 이삭의 아내를 구할 때 본향에서 구하기를 원했으나 결코 몸소 되돌아가지는 않았다. 하나님이 허락하신 새 땅 가나안을 '내 본토'로 간주하며 살았다. 그리고 영원한 본향인 하늘의 집을 사모하며 현세를 살았다.
 * 참고 성구 * 롬 8:17, 갈 4:6-7, 막 10:30, 히 11:16, 창 30:25

■ 기 도 ■ 하나님 아버지! 갈 바를 모르고 떠난 순종과 복종의 아브라함을 선택하여 믿음의 조상을 삼은 것처럼 오늘 이 장막을 새롭게 주신 가나안으로 생각하며 믿음의 후예된 자의 도리를 다하는 이 가정에 큰 축복을 내려주시옵소서. 예수 그리스도의 이름으로 기도드립니다. 아멘.

♥ 이사 및 입주 ♥

인생은 셋방살이
♪ 531, 255, 259

■ 본 문 ■ 바울이 온 이태를 자기 셋집에 유하며 자기에게 오는 사람을 다 영접하고 담대히 하나님 나라를 전파하며 주 예수 그리스도께 관한 것을 가르치되 금하는 사람이 없었더라【행 28:30-31】

■ 서 론 ■ 독일의 철학자 임마누엘 칸트는 "인생은 선을 실현하기 위하여 만들어졌다."고 했다. 나그네요 행인 같은 우리를 긍휼히 여기셔서 당신의 백성으로 삼아주신 하나님의 은혜를 보답하기 위한 노력을 바울을 통해서 보면?

Ⅰ. 주께서 주신 기회를 충분히 활용한 바울

모든 길은 로마로 통한다는 말이 있듯이 복음의 확산을 위해 로마로 들어간 바울을 볼 때 위대한 로마제국도 복음의 확장을 위한 하나님의 한 방편에 불과한 일시적인 나라였을 뿐이다. 바울은 자신이 가진 로마 시민권을 활용해 가이사에게 정식 재판을 받는 가운데 복음을 전파했다.
* 참고 성구 * 고후 6:2, 엡 5:16, 마 25:14-30, 행 22:28

Ⅱ. 담대히 하나님 나라의 복음을 전한 바울

부활 승천하신 예수께서 지상명령으로 내리신 복음 전파는 바울뿐 아니라 예수를 '주님'으로 고백하며 모인 공동체인 교회가, 그 가지인 성도가 한 영혼을 천하보다 귀하게 여겨 영혼의 구원을 위해 주께로부터 받은 사명이다. 이방인의 사도 바울은 담대히 복음을 전했다고 누가는 기록하고 있다.
* 참고 성구 * 딤후 4:1-5, 행 1:8, 마 28:19-20, 롬 10:14

Ⅲ. 주께서 함께 하심으로 형통케 된 바울

이때에 바울은 에베소서, 빌립보서, 골로새서 및 빌레몬서를 기록한 듯하다. 핍박 이전의 때여서 예수께 관한 것을 가르치되 금하는 사람이 없다고 한 것을 보면 셋집에 유하며 마음대로 영접도 하고 복음도 전하고 한 시간이 바울의 생애에서는 가장 행복하고 형통한 때였다.
* 참고 성구 * 갈 2:20, 막 16:20, 마 28:20, 행 23:11

■ 기 도 ■ 하나님 아버지! 셋방살이 같은 인생여정 가운데서도 사도 바울을 통해 오늘 우리에게 주시는 교훈을 생각해 봅니다. 추수할 것은 많은데 일꾼이 적은 오늘 이 시대에 바울과 같이 담대히 복음을 전할 수 있도록 능력을 주시옵소서. 예수 그리스도의 이름으로 기도드립니다. 아멘.

♥ 이사 및 입주 ♥

빈 손 들고 사는 인생
♪ 188, 271, 448

■ 본 문 ■ 저가 모태에서 벌거벗고 나왔은즉 그 나온 대로 돌아가고 수고하여 얻은 것을 아무것도 손에 가지고 가지 못하리니【전 5:15】

■ 서 론 ■ 미국의 시인이자 수필가인 에머슨은 "인생 그 자체는 허구와 의혹이며 또 꿈속에서 꿈을 꾸는 것과 같다."고 했다. '일장춘몽' 같은 인생길, '공수래 공수거'의 인생길에서 하나님께서는 우리를 통하여 무엇을 이루시고 어떤 영광을 받으시길 원하시나. 성도의 삶은?

Ⅰ. 성도는 탐하는 마음을 버릴 것
예수께서는 삼가 모든 탐심을 물리치라 사람의 생명이 그 소유의 넉넉한 데 있지 않다고 하였고, 바울은 그의 서신에서 탐심은 곧 우상 숭배라고 못박고 있다. 탐하는 마음을 버릴 때 영육간에 자유함이 있다. 탐하는 자에게는 하늘 나라의 유업이 없으며 심판 때에 견디지 못하리라.
　* 참고 성구 *　엡 5:3-5, 골 3:5, 딤전 6:9-10, 마 13:22, 눅 12:15

Ⅱ. 성도는 주께서 맡기셨음을 기억할 것
성도는 자신의 사업, 건강 등 모든 것이 주께로부터 왔으며 주의 일을 하기 위해서 일시적으로 맡은 청지기의 자세로 임하는 것이 합당한 자세이다. 청지기 된 자는 한순간도 쉴 새가 없다. 다섯 달란트와 두 달란트를 받은 종들은 바로 가서 장사했다고 성경은 전한다.
　* 참고 성구 *　마 25:14-15, 고전 4:7, 욥 1:21, 눅 19:13

Ⅲ. 성도는 흩어 구제하기를 힘쓸 것
바울은 선한 일을 행하고 선한 사업에 부하고 나눠주기를 좋아하며 동정하는 자가 되게 하라 이것이 장래 자기를 위하여 좋은 터를 쌓아 참된 생명을 취하는 것이라고 간곡히 권면했다. 구제 곧 '디아코니아'는 봉사, 섬기는 일, 집사직, 준비하는 일로 어려운 이를 돌보며 물질로 섬김을 뜻한다.
　* 참고 성구 *　딤전 6:17-19, 눅 11:41, 레 25:35, 신 15:7

■ 기 도 ■ 하나님 아버지! 인생은 '공수래 공수거' 곧 빈 손으로 왔다가 빈 손으로 가는 존재입니다. 당신이 맡기신 청지기직을 잘 감당하여 널리 선한 일을 많이 할 수 있도록 인도해 주시옵소서. 예수 그리스도의 이름으로 기도드립니다. 아멘.

♥ 취업 및 승진 ♥

부지런한 손
♪ 370, 543, 544

■ 본 문 ■ 손을 게으르게 놀리는 자는 가난하게 되고 손이 부지런한 자는 부하게 되느니라 여름에 거두는 자는 지혜로운 아들이나 추수 때에 자는 자는 부끄러움을 끼치는 아들이니라【잠 10:4-5】

■ 서 론 ■ 미국의 목사인 찰스 시몬스는 "근면은 육신을 건강하게 하고 마음을 깨끗하게 하며 생각을 온전하게 하고 지갑이 언제나 가득하게 한다."고 했다. 부지런한 손은 쉴 사이가 없다. 근면한 자에게 임하는 주의 축복은?

Ⅰ. 지혜로운 자는 부지런히 일함
지혜로운 자는 받은 바 그 달란트대로 불평치 않고 일했으니 다섯 달란트 받은 자는 다섯 달란트를 남기고 두 달란트 받은 자도 두 달란트를 남기는 곧 이득이 있는 장사를 했다. 성경에는 맡기신 달란트를 받자 바로 가서 그것으로 장사했다고 기록되었으니 부지런히 일했을 것이다.
 * 참고 성구 * 롬 12:11, 행 20:34-35, 고전 4:2, 살후 3:10, 요 5:17

Ⅱ. 지혜로운 자는 기회를 잃지 아니함
다섯 달란트를 받은 자나 두 달란트를 받은 자는 언젠가는 주인과 회계할 날이 있을 것을 알았기 때문에 열심히 일하여 이문을 남겼고 회계를 볼 자리에서 부끄러움을 당하지 않으려고 받은 바 달란트대로 최선을 다했다. 기회는 항상 오는 것이 아니다. 매순간 최선을 다해야 한다.
 * 참고 성구 * 눅 21:34-36, 엡 5:16, 롬 13:11-14, 히 12:17

Ⅲ. 지혜로운 자는 칭찬과 상급을 취함
마침내 돌아온 주인은 그들의 노고를 치하하고 착하고 충성된 종이라는 칭찬과 아울러 주인의 즐거움에 참여하는 영광을 누리고 더 많은 것으로 맡길 것이라는 격려를 듣게 된다. 여기서 주인은 주님이시요, 종은 성도들로 대입해 보면 성공한 종이 아닌 신실한 종이었기에 칭찬이 있었다.
 * 참고 성구 * 마 25:21, 딤후 4:7-8, 계 2:10, 눅 7:28

■ 기 도 ■ 하나님 아버지! 예수께서는 아버지께서 일하시니 나도 일한다고 하셨습니다. 우리에게도 많은 일거리를 주셔서 착하고 충성된 종이 되는 영광을 누리게 하옵소서. 예수 그리스도의 이름으로 기도드립니다. 아멘.

♥ 취업 및 승진 ♥

처음보다 나중이
♪ 206, 93, 489

■ 본 문 ■ 여호와께서 욥의 모년에 복을 주사 처음 복보다 더하게 하시니 그가 양 일만 사천과 약대 육천과 소 일천 겨리와 암나귀 일천을 두었고【욥 42:12】

■ 서 론 ■ 영국의 신학자 바로우는 "근면에는 가장 아름다운 열매와 가장 풍성한 보상이 뒤따른다."고 했다. 의인이었던 욥이 모든 것을 상실했을 때 그의 아내까지 비난하였다. 그러나 하나님께서 욥을 회복시켜 주셨을 때는 예전의 삶보다 양과 질적으로 월등한 삶이 되었다. 욥에게 주신 축복은?

I. 욥을 주변 사람들로부터 인정을 받게 하심
욥이 고난을 받을 때 모두 그의 곁을 떠났던 자들이 그가 회복되자 모두 찾아와 그를 위로하고 슬퍼하며 재난을 당한 자를 방문할 때 주는 선물을 욥에게 주었다. 하나님은 다시금 욥을 모든 사람에게 인정받게 하시고 동방의 의인이라는 칭호에 합당한 삶으로 회복시켜 주셨다.
* 참고 성구 * 잠 3:6, 합 2:14, 신 33:9, 욥 42:11

II. 욥에게 처음보다 재물을 더하게 하심
하나님은 욥의 모년에 복을 내리시길 처음 복보다 더하게 하셨으니 꼭 갑절이나 되는 은혜를 베푸셨다. 야고보서에는 이를 너희가 욥의 인내를 들었고 주께서 주신 결말을 보았거니와 주는 가장 자비하시고 긍휼히 여기시는 자시니라고 찬양하고 있다. 참으로 주는 은혜의 하나님이시다.
* 참고 성구 * 마 6:24, 잠 3:9, 신 8:17, 욥 42:12, 약 5:11

III. 욥에게 장수하는 복을 더하여 주심
완전히 건강을 회복한 욥은 장수의 축복도 받아 일백 사십 년을 살며 아들과 손자 사대를 보았다. 그리고 행복뿐 아니라 고난도 은혜인 줄로 깨닫는 자가 되었다. 순종한 그의 우편 손에는 장수가 좌편 손에는 부귀가 있나니 그 길은 즐거운 길이요 그 첩경은 다 평강이었다.
* 참고 성구 * 엡 6:3, 창 15:15, 시 61:6, 욥 42:16, 잠 3:16-17

■ 기 도 ■ 하나님 아버지! 고난당하던 욥을 일으켜 세우시고 처음보다 나중을 더 축복하신 당신의 지극하신 은혜를 감사드리며 환난 가운데서도 절망하지 않고 인내하여 당신의 영광을 선포하는 자가 되게 하옵소서. 예수 그리스도의 이름으로 기도드립니다. 아멘.

♥ 취업 및 승진 ♥

일꾼이 된 기쁨
♪ 404, 355, 372

■ 본 문 ■ 가로되 너희는 어찌하여 종일토록 놀고 여기 섰느뇨 가로되 우리를 품꾼으로 쓰는 이가 없음이니이다 가로되 너희도 포도원에 들어가라 하니라【마 20:7】

■ 서 론 ■ 미국의 목사 로버트 코라이어는 "인간의 가장 좋은 친구는 그의 열 손가락이다."라고 했다. 근면한 삶, 근면한 인생은 참으로 축복되다. 부족한 우리를 들어서 복음의 일꾼으로 삼아 주신 주의 크신 은혜를 감사드리며 오늘 일꾼으로 부름받은 자의 자세는?

I. 일꾼은 지혜로워야 한다
잠언 기자는 충성된 사자는 그를 보낸 이에게 마치 추수하는 날에 얼음냉수 같아서 능히 그 주인의 마음을 시원케 한다고 했다. 지혜로운 자만이 주인의 마음을 헤아리고 맡은 바 일도 바르게 수행할 수가 있다. 지혜로운 일꾼은 어떤 장사를 하든 재능을 크게 발휘한다.
* 참고 성구 * 행 6:10, 단 12:3, 출 18:21, 잠 25:13, 마 25:16

II. 일꾼은 성실해야 한다
착하고 충성된 종이 있는 반면에 악하고 게으른 종도 있다. 그런데 요즘에는 착하고 게으른 종도 나타나고 악하고 충성된 종도 더러 있다. 이것은 우스갯소리가 아니다. 회사나 교회, 나라에서 봉사하는 일꾼의 면면을 살펴보라. 일꾼은 성실함이 그 최고의 덕목이 됨을 잊지 말자.
* 참고 성구 * 딤후 4:7-8, 고전 4:2, 민 25:21-23, 마 25:16-17

III. 일꾼은 진실해야 한다
요즘처럼 거짓이 난무하고 불의가 판을 치는 세상에 참으로 진실된 사람을 찾아보기가 힘이 든다. 착하고 충성된 종이라는 칭찬은 그가 사업적으로 큰 성공을 거두었기 때문에 붙여진 것이 아니라 주인에게 신실했기에 칭찬을 받은 것이다. 진리의 사람은 마땅히 진실해야 한다.
* 참고 성구 * 엡 6:21, 롬 15:8. 벧후 3:1, 마 25:20

■ 기 도 ■ 하나님 아버지! 오늘 당신의 일꾼으로 소명을 맡기신 일을 지혜롭게, 성실하게, 진실하게 처리할 수 있도록 은혜를 내려주시옵소서. 예수 그리스도의 이름으로 기도드립니다. 아멘.

♥ 취업 및 승진 ♥

신실한 일꾼
♪ 381, 379, 508

■ 본 문 ■ 그 주인이 이르되 잘하였도다 착하고 충성된 종아 네가 작은 일에 충성하였으매 내가 많은 것으로 네게 맡기리니 네 주인의 즐거움에 참예할지어다 하고
【마 25:21】

■ 서 론 ■ 미국의 성직자 스펜스는 "주인은 가난하게 보이고 청지기가 부하게 보이는 것은 매우 어두운 징조이다."라고 했다. 주인의 영광을 위해 최선을 다하는 일꾼, 주인이 맡기신 일에 충성을 아끼지 않는 훌륭한 일꾼의 특징은?

I. 주의 뜻을 좇아 최선을 다하는 자임
히브리서 기자는 모세를 일러 장래에 말할 것을 증거하기 위하여 하나님의 온 집에서 사환으로 충성하였다고 했다. 그 위대한 모세도 하나님의 집에서는 사환밖에 안 되었다. 우리의 자리는 오죽하랴만 그러나 하나님의 자녀로서 택함을 입은 성도답게 맡기신 일에 최선을 다하자.
  * 참고 성구 * 엡 5:17, 고전 4:2, 딤후 4:7-8, 마 25:20, 히 3:5

II. 모든 영광을 주께 돌리는 겸손한 자임
사도 바울은 그 위대한 과업을 이룩했으면서도 자신을 만삭되지 못한 자, 사도 중에 지극히 작은 자, 사도라 칭함을 받지 못할 자로 평가했다. 나의 나 된 것은 하나님의 은혜로 되었다는 겸손한 고백이 오히려 바울을 위대하게 보이게 한다. 하나님은 겸손한 자를 사랑하신다.
  * 참고 성구 * 고후 4:7, 빌 1:20, 고전 15:10, 대상 29:14, 약 4:6

III. 주의 기쁨과 약속에 참예하게 될 자임
이렇듯 충성과 겸손을 갖추어 맡기신 일에 충성을 다할 때 주께서는 무척 기뻐하시며 주님의 기쁨에, 약속에 참예하게 하신다. 주가 주시는 상급은 일꾼의 행위에 따라 공정하게 받게 되므로 공의롭다. 착하고 충성된 종에게는 넘치는 상이, 악하고 게으른 종에게는 심판이 임할 것이다.
  * 참고 성구 * 롬 8:17, 막 10:30, 빌 4:4, 마 25:23

■ 기 도 ■ 하나님 아버지! 못난 저희를 당신의 신실한 일꾼으로 삼아주셔서 복음 전파의 소명에 일익을 담당하게 하심을 감사드립니다. 최후의 마지막 길까지 달려서 착하고 충성된 종으로 당신의 약속에 참예할 수 있도록 도와주시옵소서. 예수 그리스도의 이름으로 기도드립니다. 아멘.

♥ 취업 및 승진 ♥

맡은 자의 충성
♪ 381, 256, 350

■ 본 문 ■ 그리고 맡은 자들에게 구할 것은 충성이니라【고전 4:2】

■ 서 론 ■ "하나님의 자녀들이 어느 분야에서 종사하건간에 그들의 믿음이 올바른 길로 최선을 다해 빛을 발하면 그것이 곧 하나님께로 충성하는 길이다." 영국의 저명한 설교가 스펄전의 말이다. 맡은 자에게 구할 것은 오직 충성뿐이다. 목숨을 걸고서 충실히 직무를 수행할 때 주가 주시는 상급이 있다. 맡은 자는?

I. 맡은 자는 철저한 소명의식을 가져야 한다

맡은 자는 먼저 철저한 소명의식을 가질 필요가 있다. 소명의식이 결여된 자들은 끝내는 데마처럼 세상을 사랑하여 떠나가고 만다. 호렙산에서 부름을 입은 모세는 처음에 보낼 만한 사람을 보내소서라고 했고, 요나는 니느웨가 아닌 다시스로 도망을 쳤다. 그러나 이사야를 보라!
* 참고 성구 * 벧전 2:9, 요 15:16, 사 6:8, 마 4:22

II. 맡은 자는 주의 주신 직임에 충성해야 한다

바울은 믿음의 아들 디모데에게 보낸 첫번째 편지에서 예수 우리 주께 감사함은 나를 충성되이 여겨 내게 직분을 맡기셨다고 했다. 주께서 직임을 맡기실 때는 감당할 힘과 능력까지 아울러 함께 주신다. 큰 은사를 받은 자에게 큰 환난이 더함은 이상한 일이 아님을 깨닫자.
* 참고 성구 * 마 25:14-30, 딤후 4:7-8, 계 2:10, 행 20:24

III. 맡은 자를 하나님은 일한 대로 갚아 주신다

바울은 빌립보 교회에게 보낸 편지에서 푯대를 향해 그리스도 예수 안에서 하나님이 위에서 부르신 부름의 상을 위하여 좇아간다고 하면서 의의 면류관을 받을 희망을 피력하였다. 상급은 행위에 의해 정당하고 공정하게 받을 것이므로 오직 선한 행위의 충성을 다하는 자 되자.
* 참고 성구 * 갈 6:7-8, 계 22:12, 사 3:10-11, 딤후 4:8, 빌 3:14

■ 기 도 ■ 하나님 아버지! 맡은 자에게 구할 것은 충성뿐입니다. 우리로 하여금 핑계를 대거나 외면하지 말도록 성령의 충만하신 능력으로 채워주시옵소서. 그리하여 남에게 훌륭한 본을 보이는 당신의 거룩한 일꾼이 되도록 인도해 주시옵소서. 예수 그리스도의 이름으로 기도드립니다. 아멘.

♥ 취업 및 승진 ♥

본이 되라
♪ 369, 231, 372

■ 본 문 ■ 맡기운 자들에게 주장하는 자세를 하지 말고 오직 양 무리의 본이 되라
【벧전 5:3】

■ 서 론 ■ 독일 격언에 "어린 사람들은 어른들이 노래하는 것같이 노래 부른다."는 말이 있다. 이는 곧 윗물이 맑아야 아랫물도 맑다는 의미이다. 지도자나 윗사람이 되려는 자들은 우선 솔선수범하는 자세가 필요하다. 그래야 사람의 투기를 잠재우고 과업을 이룩할 수가 있기 때문이다. 지도자는?

I. 지도자는 철저한 소명의식을 가질 것
바울은 다메섹 도상에서 부활하신 주님을 뵙고서 그는 먼저 사도된 자들을 만나려고 예루살렘으로 간 것이 아니라 아라비아로 갔고 거기서 삼 년 동안 철저한 자기 성찰과 소명의식을 받고서 그제서야 복음을 전하게 되었다. 무릇 지도자들은 철저히 자기를 갈고 닦는 소명감에 불타야 한다.
　* 참고 성구 *　요 15:16, 사 6:8, 렘 20:9, 마 25:19, 갈 1:17-18

II. 지도자는 자기 직무에 최선을 다할 것
모세는 하나님의 집의 일을 위해서 사환처럼 충성했다고 히브리서는 전한다. 모세처럼 위대한 인간도 없었다. 그는 하나님과 맞대면한 최초의 인물이요 하나님의 영광과 크신 역사를 몸소 체험한 인물이다. 그는 하나님의 크신 종으로 출애굽의 자기 직무에 최선을 다했다.
　* 참고 성구 *　눅 12:42-48, 딤후 4:7-8, 고전 4;2, 고후 5:20

III. 지도자는 겸손히 모본을 보일 것
이스라엘 초대 왕 사울은 사무엘이 그에게 기름을 부어 왕으로 삼으려 하자 나는 이스라엘 지파의 가장 작은 베냐민 지파요, 나의 가족은 베냐민 지파 중에서도 가장 미약하다며 겸손해 했고 왕으로 뽑히자 행구 뒤에 숨기도 한 겸손한 자였으나 겸손이 교만으로 바뀌자 하나님은 그를 버리셨다.
　* 참고 성구 *　고전 11:1, 빌 2:5, 갈 2:20, 빌 4:9, 삼상 9:21

■ 기 도 ■ 하나님 아버지! 우리로 하여금 소명을 갖고 직무에 최선을 다하는 겸손한 자로 주조해 주시옵소서. 그리하여 아랫사람을 다스리는 자가 아니라 본을 보이는 자가 되게 하옵소서. 예수 그리스도의 이름으로 기도드립니다. 아멘.

♥ 취업 및 승진 ♥

우리를 본받게
♪ 213, 212, 518

■ 본 문 ■ 우리에게 권리가 없는 것이 아니요 오직 스스로 너희에게 본을 주어 우리를 본받게 하려 함이니라【살후 3:9】

■ 서 론 ■ 성 어거스틴은 "해야 할 일을 하는 데는 칭찬받을 자격이 없다. 그것은 우리의 의무이기 때문이다."라고 했다. 이 얼마나 수준 높은 도덕성인가! 할 수 있음에도 불구하고 스스로를 자제하여 본을 보이는 성도의 삶은 훌륭하다. 성도의 삶은?

I. 성도는 불의한 자들로부터 떠나야 함
롯은 삼촌 아브라함이 먼저 땅을 선택하라고 하여 육의 눈으로 바라본 소돔땅을 취하여 결국엔 아내는 소금기둥이 되고 두 딸과 근친상간을 하여 후에 성민 이스라엘을 대적하는 모압과 암몬 족속의 조상이 되는 치욕을 성경에 남겼다. 이는 불의한 자들과 교제한 성도의 결국을 잘 보여준다.
* 참고 성구 * 딤후 2:19, 고전 6:9-10, 호 10:12, 고전 15:34, 벧후 2:8

II. 성도는 선한 모본을 좇도록 힘써야 함
성도는 선한 모본을 좇는 자가 되어야 하니, 바울은 주 예수 그리스도의 모본을 평생 좇았고 후에 너희는 내게 배우고 받고 듣고 본 바를 행하고 자신을 모본으로 삼으라고 했으며, 믿음의 아들 디모데를 배출하여 선한 모본을 교회들에게 끼치게 했다.
* 참고 성구 * 고전 4:16, 빌 2:5, 고전 11;1, 갈 2:20, 빌 4:9

III. 성도는 근면하고 성실하게 살아야 함
바울은 세 차례의 선교여행을 자비량으로 했다. 그는 장막 제조를 업으로 삼아 브리스길라와 아굴라와 함께 다니기도 했다. 이는 양식을 값없이 먹지 않고 오직 수고하고 애써 주야로 일함으로 아무에게도 누를 끼치지 않으려는 뜻에서였다. 참으로 근면하고 성실한 자세이다.
* 참고 성구 * 눅 12:42-48, 마 25:14-30, 계 22:12, 살후 3:10

■ 기 도 ■ 하나님 아버지! 우리로 불의한 자에게서 떠나게 하시며 선한 모본을 좇게 하시고 근면 성실하게 살게 하시어 뭇 무리들에게 큰 본이 되도록 우리를 주장하여 주시옵소서. 그리하여 오직 당신께서 영광이 되는 역사가 일어나게 인도해 주시옵소서. 예수 그리스도의 이름으로 기도드립니다. 아멘.

♥ 취업 및 승진 ♥

종에서 총리대신으로
♪ 493, 171, 444

■ 본 문 ■ 바로가 그 신하들에게 이르되 이와 같이 하나님의 신에 감동한 사람을 우리가 어찌 얻을 수 있으리요 하고【창 41:38】

■ 서 론 ■ 미국의 신학자 죠나단 에드워즈는 "마치 해뜰 무렵부터 해질 무렵까지 하루종일 태양에서 빛이 오듯, 은혜는 처음에 하나님으로부터 온 것처럼 계속적으로 그로부터 오는 것이다."라고 했다. 성도의 길은 하나님이 지키시고 인도하시고 주장하시는 길이다. 총리대신이 된 요셉은?

Ⅰ. 하나님이 함께 하시는 은혜였음
요셉을 통하여 하나님의 큰 섭리를 이루시려 계획하신 일인지라 하나님은 매사에 요셉과 함께 하셨다. 오죽하면 믿지 않는 보디발까지 이를 체감하였으리요. 감옥 속에서도 고독감과 외로움을 이기도록 은혜로 함께 하신 하나님! 바울은 나의 나됨을 하나님의 은혜라고 고백했다.
　* 참고 성구 * 눅 1:28, 마 1:23, 행 7:9, 단 2:30, 고전 15:10

Ⅱ. 바로와 신하들에게 인정을 받음
하나님이 주신 지혜로 바로의 꿈을 해석했는데 이때 요셉은 이는 내게 있는 것이 아니라 하나님이 바로에게 평안한 대답을 한다고 했다. 참으로 겸손한 자세이다. 하나님 앞에서 낮추면 하나님께서는 그를 높이신다. 바로의 두 가지 꿈을 해석하자 바로는 이 일을 좋게 여겼다.
　* 참고 성구 * 잠 3:6, 왕상 8:33, 단 2:49, 약 4:10, 창 41:37

Ⅲ. 하나님의 이름이 높아지게 됨
바로는 요셉에게 하나님이 모든 것을 네게 보이셨으니 너와 같이 명철하고 지혜 있는 자가 없다고 했다. 이는 바꾸어 말하면 네 하나님이 애굽의 모든 신보다 더욱 위대한 신이시라는 말이다. 요셉을 통해서 하나님은 당신의 성호가 높아지고 큰 영광을 받으셨다.
　* 참고 성구 * 롬 15:11, 대상 16:36, 렘 20:13, 단 2:47, 창 41:39

■ 기 도 ■ 하나님 아버지! 종의 신분에서 일약 애굽의 총리대신이 된 요셉의 파란만장한 생애는 우리에게 큰 감동을 줍니다. 오늘 우리에게도 당신이 함께하시는 축복을 내리셔서 많은 사람에게 인정받고 당신의 이름이 영광을 받는 은혜를 베푸시옵소서. 예수 그리스도의 이름으로 기도드립니다. 아멘.

♥ 개업 축하 및 사업 확장 ♥

하나님 제일주의
♪ 31, 180, 432

■ 본 문 ■ 느부갓네살이 그들에게 물어 가로되 사드락 메삭 아벳느고야 너희가 내 신을 섬기지 아니하며 내가 세운 금 신상에게 절하지 아니하니 짐짓 그리하였느냐
【단 3:14】

■ 서 론 ■ 미국의 정치가 존 랜돌프는 "내가 알고 있는 사람들 가운데 유일하게 행복한 사람들은 그리스도인들이었다."고 했다. 주를 기뻐하고 순종하며 살 때 세상에서 많은 고난을 받을 것이나 이를 이김은?

I. 분명한 기준을 가짐으로써 할 수 있음

하나님은 모세에게 준 십계명에서 제일 첫번째로 나 외에 다른 신을 네게 있게 말지니라고 분명히 언급하셨다. 성도는 매사에 하나님 제일주의로 살아야 한다. 이런 자세를 견지할 때 모든 환난이나 유혹을 이길 수가 있는 것이다. 하나님을 최고로 모시는 삶을 기준으로 두자.

* 참고 성구 * 히 7:14, 사 32:4, 단 2:8, 고후 1:20, 출 20:3

II. 도우시는 손길을 확신함으로써 할 수 있음

주님은 두세 사람이 내 이름으로 모인 곳에는 나도 그들 중에 있다고 하셨다. 전지전능 무소부재하신 주님은 일마다 때마다 우리와 함께 하신다. 성도는 성령의 도우시는 손길을 확신함으로써 담대한 용기를 표출하고 세상을 이기는 데 우리의 이김은 오직 믿음에 있다.

* 참고 성구 * 히 2:18, 욥 9:13, 신 33:7, 단 3:17, 마 18:20

III. 장래에 대한 소망을 가짐으로써 할 수 있음

하나님 나라에 대한 소망을 가질 때 더욱 마음을 굳게 하며 믿음에 거할 수가 있다. 사도들은 하나님 나라에 들어가려면 많은 환난을 겪어야 할 것이라고 담대히 말했다. 바울은 현재의 고난은 장차 우리에게 나타날 영광과 족히 비교할 수 없다고 로마서에서 말했다.

* 참고 성구 * 엡 2:12, 호 2:15, 스 10:2, 히 11:16, 행 14:22

■ 기 도 ■ 하나님 아버지! 당신을 믿고 의지하고 따르는 성도들에게 당신의 한없는 축복을 내려주시옵소서. 당신을 제일로 삼는 생활이 우리에게 꼭 필요함을 생활 속에서 체득하게 도와주시옵소서. 예수 그리스도의 이름으로 기도드립니다. 아멘.

♥ 개업 축하 및 사업 확장 ♥

하나님의 축복
♪ 30, 144, 265

■ 본 문 ■ 이삭이 그 땅에서 농사하여 그 해에 백배나 얻었고 여호와께서 복을 주시므로 그 사람이 창대하고 왕성하여 마침내 거부가 되어【창 26:12-13】

■ 서 론 ■ 더블린의 대주교 리차드 위틀리는 "하나님으로부터 축복받는 것에 관하여 큰 욕구를 갖지 않는 자들이 일반적으로 자주 축복을 받게 되고 규칙적으로 받게 된다는 것은 사실이다."라고 했다. 성도는 축복을 구함보다 주께서 먼저 축복하시도록 믿음을 보여야 한다. 이삭은?

I. 의로운 사람이라는 인정을 받은 이삭

모리아 산에서 자신을 번제로 드리려는 아버지 아브라함의 결정을 이삭은 묵묵히 따르고 순종했다. 성서학자들은 이 때 이삭은 성년이 되었다고 한다. 죽임을 당하는 현실 속에서도 반항치 않고 하나님에 대한 믿음과 아버지에 대한 신뢰와 순종은 그리스도의 모형이다.

  * 참고 성구 * 고후 1:22, 계 7:3, 겔 9:4, 히 11:20, 창 22:10

II. 의로운 사람의 형통함을 보여준 이삭

아브라함이 무자한 가운데서도 하나님의 언약을 믿음으로 하나님은 이를 그의 의로 여기셨다. 과연 하나님은 이삭을 주셨고 이삭 또한 믿음과 순종의 사람이었으므로 하나님은 그를 축복하시되 백배나 축복하셨다. 의로운 욥도 갑절의 축복밖에는 받지 못했음을 유념하자.

  * 참고 성구 * 마 13:43, 잠 15:29, 시 92:12, 창 26:29

III. 의로운 신자가 받게 될 축복의 예표인 이삭

이삭은 믿음의 조상의 반열에 들어 그의 가계를 통해서 그리스도이신 예수께서 세상에 오셨다. 성도는 하나님의 자녀들이다. 하나님의 자녀들에게는 하나님의 무한하신 사랑과 축복이 넘치게 부어질 것인즉 이삭의 형통함과 축복은 의로운 성도들이 받게 될 축복을 하나님께서 예표하신 것이다.

  * 참고 성구 * 시 34:15, 단 7:27, 욥 36:7, 마 1:23

■ 기 도 ■ 하나님 아버지! 이삭을 축복하신 것과 같이 오늘 이 가정에 당신의 축복이 임하기를 기도드립니다. 이삭이 축복받은 것은 당신을 향한 믿음과 순종에 있었음을 보면서 택하신 이 가정이 이삭의 모본을 따르게 하시옵소서. 예수 그리스도의 이름으로 기도드립니다. 아멘.

♥ 개업 축하 및 사업 확장 ♥

십일조를 드릴 것은
♪ 72, 189, 444

■ 본 문 ■ 만군의 여호와가 이르노라 너희의 온전한 십일조를 창고에 들여 나의 집에 양식이 있게 하고 그것으로 나를 시험하여 내가 하늘 문을 열고 너희에게 복을 쌓을 곳이 없도록 붓지 아니하나 보라【말 3:10】

■ 서 론 ■ "하나님께 바치기에 인색한 자는 결코 그의 주머니도 넉넉하지 못할 것이다." 어느 목회자의 말이다. 하나님의 것을 따로 구분하여 바치는 손길은 복되다. 하나님께 드리는 각종 헌물을 하나님의 뜻에 부합되게 바칠 때 임하는 것은?

I. 하나님과의 관계가 회복됨이다
도망자 야곱은 꿈에 하나님의 임재하심을 뵙고서 돌베개를 세워 기름을 부은 뒤 이곳을 벧엘이라고 칭하였다. 벧엘이란 뜻은 '하나님의 집'이란 의미로 이때 야곱은 서원하여 내게 주신 모든 것에서 십분의 일을 드리겠다고 하였다. 축복하여 주신 것에서 하나님의 것을 드림은 바른 일이다.
 * 참고 성구 * 잠 16:7, 수 1:7-9, 시 23:1-6, 마 23:23-24, 창 28:22

II. 영육간에 풍성한 복을 받음이다
성경에서 하나님을 시험하여 보라는 말씀은 본문의 말라기서밖에 없다. 하나님이 가난하여 인간에게 바치라고 명령하는 것이 아니라 하나님의 일을 바르게 하기 위해서 분깃이 없는 레위 지파 같은 제사장에게 주시려는 것이다. 하나님께 인색하게 하지 말고 넉넉히 바쳐 보자.
 * 참고 성구 * 신 30:9-10, 암 9:13, 레 26:5, 고후 9:6, 민 18:21-32

III. 범사에 주께서 은혜를 주심이다
많은 신앙의 선배들이 이구동성으로 십일조를 바침으로써 육과 영이 복을 받고 은혜를 입은 체험을 감격적으로 간증하는 것을 자주 듣게 되는데 이는 해보지 못한 사람은 알길이 없는 독특한 체험이다. 하나님의 것을 바치는 손길 위에 하나님은 은혜를 더하신다.
 * 참고 성구 * 엡 1:11, 창 18:14, 신 9:5, 출 19:5, 대상 29:14

■ 기 도 ■ 하나님 아버지! 당신의 것을 온전히 바치는 삶을 살게 하시옵소서. 당신께 많은 것으로 채우는 자를 축복하시는 하나님 오늘 이 가정에 당신의 축복이 임하기를 예수 그리스도의 이름으로 간절히 기도드립니다. 아멘.

♥ 개업 축하 및 사업 확장 ♥

처음은 미약하나
♪ 206, 480, 482

■ 본 문 ■ 네 시작은 미약하였으나 네 나중은 심히 창대하리라【욥 8:7】

■ 서 론 ■ 프랑스의 주교 마실롱은 "하나님은 우리의 모든 희망의 대상, 모든 행동의 목적, 모든 애정의 원칙 그리고 모든 영혼을 다스리는 권능이어야 한다."고 했다. 모든 현실이 어렵고 고단할수록 더욱 하나님을 의뢰해야 한다. 지금은 미약하나 창대한 나중을 위해서는 성도들의 노력이 필요한데 이는?

I. 하나님을 부지런히 구하고 배울 때 창대해짐

동방에서 큰 자라고 불리운 욥은 재산과 자녀의 축복을 많이 받았는데 이는 그의 신앙 생활과 무관하지가 않음을 볼 수 있다. 욥은 잔칫날이 지나면 혹 자식들이 범죄하여 마음으로 하나님을 배반했을까 염려하여 그들의 명수대로 번제를 드렸다. 하나님을 구하는 삶을 영위하자.
 * 참고 성구 * 요 6:45, 잠 30:3, 신 17:19, 창 26:12-13

II. 전능하신 이에게 늘 간구할 때 창대해짐

전지전능하신 하나님께 간구하는 삶을 살 때 창대해짐은 상식이다. 무엇을 주시옵소서 하며 구걸하는 신앙이 아니라 하나님의 나라와 그 의를 구하는 삶을 삶으로써 축복이 와지는 차원 높은 신앙이 필요하다. 하나님의 정의를 실현하고자 노력하는 자에게 하나님은 크게 축복하신다.
 * 참고 성구 * 막 7:26, 신 9:26, 스 8:21, 창 26:24

III. 청결하고 정직한 삶을 영위할 때 창대해짐

욥은 하나님께서도 인정하는 삶을 살았으니 곧 순전하고 정직하여 하나님을 경외하고 악에서 떠난 자라는 말씀이 그것이다. 세상은 돈 때문에 속고 속이는 악한 세태에 물들어 있다. 그러나 우리 성도는 청결하고 정직한 삶을 살아서 하나님이 주시는 축복을 누려야 하겠다.
 * 참고 성구 * 딤후 1:3, 잠 20:11, 욥 8:6, 대상 29:17, 욥 1:8

■ 기 도 ■ 하나님 아버지! 당신을 의뢰하는 삶을 살아갈 때 영육간에 풍성한 복을 내리심을 우리는 믿나이다. 우리의 믿음의 분량에 따라 감당할 수 있는 축복을 내려 주시옵소서. 예수 그리스도의 이름으로 기도드립니다. 아멘.

♥ 개업 축하 및 사업 확장 ♥

경영주는 하나님
♪ 53, 421, 434

■ 본 문 ■ 너의 행사를 여호와께 맡기라 그리하면 너의 경영하는 것이 이루리라【잠 16:3】

■ 서 론 ■ "우리 그리스도인들은 하늘과 교역하는 상인과 같다. 세상의 물질과 돈을 하늘 나라에 보내고 하늘의 은혜와 축복의 상품을 받아 온다."고 어느 신앙인은 말했다. 참으로 옳은 고백이라 아니할 수 없다. 세상에서는 돈이 돈을 번다고 하지만 우리 성도들은 이와는 다른 견해를 가진 자이다. 성도의 형통함은?

I. 주를 의뢰할 때 형통함

사도 바울은 나의 하나님이 그리스도 예수 안에서 영광 가운데서 그 풍성한 대로 너희 모든 쓸 것을 채우시리라고 빌립보 교회에게 말했다. 모든 것을 풍성히 가지신 하나님을 의뢰할 때 우리의 영육간의 삶은 풍성한 축복을 받을 것이다. 주를 의뢰하는 삶을 살아가자.

* 참고 성구 * 빌 4:19, 히 11:6, 잠 3:5-6, 창 26:12

II. 주를 경외할 때 형통함

우스 땅의 욥은 순전하고 정직하여 하나님을 경외하며 악에서 떠난 자였다. 그러한 욥에게 하나님께서는 재산과 자녀의 축복을 더하여 주셨다. 오늘 우리들도 욥과 같이 하나님을 경외함을 인생의 본분으로 알고 열심을 다하여 섬기자. 그럴 때 하나님은 우리 인생을 축복하실 것이다.

* 참고 성구 * 창 39:2-6, 신 10:12, 수 1:7-9, 잠 22:29, 욥 1:1

III. 주를 기쁘시게 할 때 형통함

빌립보 교회는 바울의 사역을 위해 쓸 것을 보내었는데 이를 두고 바울은 받으실 만한 향기로운 제물이요, 하나님을 기쁘시게 한 것이라고 했다. 육신에 있는 자들은 하나님을 기쁘시게 할 수 없다. 오직 성령의 인도하심을 받을 때 하나님의 일을 생각하는 것이다.

* 참고 성구 * 엡 5:10, 마 25:21, 롬 8:8, 히 11:6, 빌 4:18

■ 기 도 ■ 하나님 아버지! 오늘 당신의 자녀가 사업을 확장하여 새롭게 일을 시작하려 합니다. 이 사업에 축복하시고 복을 내려주시옵소서. 그리고 이 가정은 당신을 의뢰하고 경외하고 기쁘시게 하는 가정이 되게 하옵소서. 예수 그리스도의 이름으로 기도드립니다. 아멘.

♥ 개업 축하 및 사업 확장 ♥

여호와를 인하여
♪ 344, 342, 399

■ 본 문 ■ 여호와는 가난하게도 하시고 부하게도 하시며 낮추기도 하시고 높이기도 하시는 도다【삼상 2:7】

■ 서 론 ■ 미국의 교육자 바커는 "하나님에 대한 고대 상형 문자는 그가 모든 것을 보시고 다스리신다는 것을 나타내기 위해 왕홀의 눈으로 묘사되었다."고 했다. 이는 하나님의 주권이 만천하에 미침을 묘사한 것이다. 전지전능하신 하나님을 아바 아버지로 부르는 성도는 복되다. 기도의 여인 한나는?

Ⅰ. 여호와를 인하여 즐거워한 한나
한나는 내 마음이 여호와를 인하여 즐거워한다고 했다. 이는 무자했던 자신이 마음이 괴로워서 기도하고 통곡한 뒤에 하나님의 응답으로 사무엘을 얻었으므로 이제는 기쁜 마음이 된 것이다. 오늘 사랑하는 성도의 삶이 한나처럼 응답받아 기쁨으로 여생을 살기를 바란다.
  * 참고 성구 * 롬 5:11, 시 1:2, 욘 1:16, 고후 9:8

Ⅱ. 여호와를 인하여 높아진 한나
한나는 내 뿔이 여호와를 인하여 높아졌다고 했다. 뿔은 강력한 능력의 상징이다. 한나는 무자하여 사람들에게 멸시받는 삶을 살았다. 그러나 한나는 사무엘을 낳으므로 하나님께서 자기를 높여주심을 기뻐하고 있다. 오늘 성도의 삶도 멸시받는 삶이 아닌 하나님께 높임받는 삶이 되기를 빈다.
  * 참고 성구 * 삿 5:2, 합 3:18, 슥 10:7, 시 91:14

Ⅲ. 여호와의 구원을 인하여 기뻐한 한나
한나는 내가 주의 구원을 인하여 기뻐한다고 했다. 이는 응답받은 한나가 하나님의 은혜로우심에 대하여 속깊은 곳에서 솟아오르는 자발적인 찬양인 것이다. 오늘 성도의 삶도 한나처럼 항상 하나님의 구원을 기뻐하고 찬양하며 감사하는 삶이 되어야 하겠다.
  * 참고 성구 * 살전 3:9, 느 1:11, 합 3:18, 히 7:25

■ 기 도 ■ 하나님 아버지! 기도의 여인 한나가 복받고 감사하는 마음으로 당신께 드린 노래를 살폈습니다. 우리의 생애도 한나처럼 즐거워하며 높아지며 기뻐하는 삶이 되게 축복하시옵소서. 예수 그리스도의 이름으로 기도드립니다. 아멘.

♥ 개업 축하 및 사업 확장 ♥

적은 소득이라도
♪ 490, 306, 369

■ 본 문 ■ 가산이 적어도 여호와를 경외하는 것이 크게 부하고 번뇌하는 것보다 나으니라
【잠 15:16】

■ 서 론 ■ 영국의 소설가 헨리 필링은 "사랑이 결여된 부는 아무 가치가 없다. 다른 사람들에게 축복이 되는 부를 가진 자만이 진정으로 축복된 부를 가지고 있는 것이다."라고 했다. 의로운 적은 소득은 불의한 많은 소득보다 값진 것이므로 성도는 마음의 여유와 기쁨을 가져야 한다. 참된 부요는?

Ⅰ. 마음의 기쁨을 갖는 것이 참된 부요임
바울은 근심하는 자 같으나 항상 기뻐하고 가난한 자 같으나 많은 사람을 부요하게 한다고 했다. 비록 소득이 적을지라도 범사에 감사하고 기뻐하는 생활이 성도의 삶이다. 잠언 기자는 마음의 즐거움은 양약이라도 심령의 근심은 뼈를 마르게 한다고 했다.
 * 참고 성구 * 빌 4:4, 요 15:11, 잠 17:22, 눅 19:6-9, 고후 6:10

Ⅱ. 주를 경외하는 것이 참된 부요임
잠언 기자는 가산이 적어도 여호와를 경외하는 것이 크게 부하고 번뇌하는 것보다 낫다고 했다. 성도의 삶은 여호와를 바라고 의지하고 경외하는 삶이다. 이것이 인생의 본분이며 사람으로 태어난 근본이다. 하나님을 경외할 때 하나님은 우리의 부족한 것을 채워주신다.
 * 참고 성구 * 신 10:12, 전 12:13-14, 잠 9:10, 빌 4:19

Ⅲ. 서로 사랑하는 것이 참된 부요임
적은 소득이 의를 겸하고 적은 물질이라도 함께 나누며 서로 사랑할 때 모든 것을 가진 자보다 나은 삶을 영위하는 것이다. 물질에의 욕심은 끝이 없고 사람을 침륜과 멸망으로 이끈다. 주님은 내가 너희를 사랑한 것처럼 너희도 서로 사랑하라고 하셨다. 사랑하는 자는 모든 것을 소유한 자이다.
 * 참고 성구 * 벧전 4:8, 약 2:8, 롬 13:10, 요일 4:12

■ 기 도 ■ 하나님 아버지! 비록 우리의 사업이 번성하지 않을지라도 불평과 염려를 거두게 하시고 마음의 기쁨을 갖고 당신을 경외하고 서로 사랑할 때 진정한 성도의 삶이 이루어지며 그럴 때 당신의 축복이 크게 임함을 체험케 하시옵소서. 예수 그리스도의 이름으로 기도드립니다. 아멘.

♥ 개업 축하 및 사업 확장 ♥

중심을 보심
♪ 362, 204, 415

■ 본 문 ■ 여호와께서 사무엘에게 이르시되 그 용모와 신장을 보지 말라 내가 이미 그를 버렸노라 나의 보는 것은 사람과 같지 아니하니 사람은 외모를 보거니와 나 여호와는 중심을 보느니라【삼상 16:7】

■ 서 론 ■ "하나님은 먼저 사람의 마음을 보시고 그리고 나서 두뇌를 보신다." 탈무드에 있는 말이다. 인간은 외모로, 그가 가진 재산으로 인간을 평가하지만 하나님은 속마음을 감찰하시는 분이시다. 하나님은?

I. 인간을 두루 감찰하시는 하나님

사도 베드로는 이방인인 고넬료에게서 하나님의 뜻을 발견하고서는 하나님은 참으로 사람의 외모를 취하지 아니하시고 각 나라 중 하나님을 경외하며 의를 행하는 사람을 받으신다고 놀라워했다. 하나님은 자기가 지으신 이를 잊지 않으시고 항상 지켜보시며 영광받으시길 원하신다.

* 참고 성구 * 히 4:13, 잠 16:2, 욥 28:24, 행 10:35

II. 용모와 신장을 보지 않으시는 하나님

이새의 일곱 아들 중 엘리압을 보고 사무엘은 여호와의 기름 부으실 자라고 느끼자 하나님은 그 용모와 신장을 보지 말라 나의 보는 것은 사람과 같지 않다고 하셨다. 이는 신적 관심과 인간적 관점을 극명히 나타내 주는 대목이다. 하나님은 인간의 겉 모습으로 그를 평가하지 않으신다.

* 참고 성구 * 롬 2:11, 약 2:1, 9, 행 10:34, 사 55:8

III. 중심을 보시는 하나님

하나님은 중심을 보시는 분이시다. 사람들은 흔히 인간의 겉모양에서 인간의 가치를 판단하나 하나님은 사람의 중심, 다시 말해서 그 사람의 신앙과 하나님에 대한 신뢰를 최우선적으로 인정하시고 선택하신다. 우리는 하나님 제일주의로 사는 자들이 되어 그분의 사랑을 듬뿍 받자.

* 참고 성구 * 시 7:9, 렘 11:20, 왕상 8:39, 요 1:47

■ 기 도 ■ 하나님 아버지! 당신은 우리의 재산, 학식, 외모, 재능을 보시는 분이 아니라 우리의 신앙을 보시는 분이심을 믿습니다. 우리로 하여금 당신을 사랑하는 마음이 불일듯 하게 하옵소서. 우리의 가진 것을 의지하지 않도록 도와주시옵소서. 예수 그리스도의 이름으로 기도드립니다. 아멘.

♥ 개업 축하 및 사업 확장 ♥

주의 전을 위하여
246, 349, 362

■ 본 문 ■ 성전을 위하여 예비한 이 모든 것 외에도 내 마음에 내 하나님의 전을 사모하므로 나의 사유의 금 은으로 내 하나님의 전을 위하여 드렸노니【대상 29:3】

■ 서 론 ■ 어느 목회자는 "과부의 두 렙돈의 교훈을 배우라. 가장 적은 금액이로되 가장 많은 것을 바쳤다고 한 것은 그것이 소유의 전부였기 때문이다."라고 말했다. 성도는 하나님의 것을 귀히 여겨서 그분께 드리는 것에 인색하지 말고 기쁜 마음으로 드려야 할 것이다. 주께 드릴 때는?

I. 즐거운 마음으로 드려야 함
바울은 주의 전을 위하여나 구제하는 헌금을 드릴 때 인색함으로나 억지로 하지 말지니 하나님은 즐겨내는 자를 사랑하신다고 했다. 즐거운 마음으로 드리는 손길에는 기쁨이 배가한다. 인간도 즐거운 마음으로 드리면 기쁜데 받으시는 하나님은 얼마나 기뻐하실지를 생각해 보라.
* 참고 성구 * 고후 8:12, 행 20:24, 벧전 5:2, 대하 31:10

II. 아낌없이 드려야 함
과부의 두 렙돈 헌금을 칭찬하신 주님은 그 이유로 구차한 중에 자기의 모든 소유, 곧 생활비를 전부 넣었음을 말씀하셨다. 존 웨슬리는 평생에 십의 팔을 드렸다고 한다. 아낌없이 드리는 헌금을 하나님은 기뻐받으시고 또한 축복하신다. 솔로몬의 일천 번제 이후 하나님은 그에게 나타나셨다.
* 참고 성구 * 막 12:41-44, 고전 4:7, 고후 9:6-7, 왕상 3:4

III. 믿음으로 드려야 함
불행한 부부 아나니아와 삽비라는 믿음으로 주의 전에 바치지 않아 베드로로부터 책망을 받고 하나님을 속인 벌을 받았다. 하나님은 믿음으로 제사한 아벨의 제사를 열납하셨다. 믿음이 없이는 하나님을 기쁘시게 못한다고 히브리서 기자는 말했다. 믿음! 이는 우리가 가진 전부이다.
* 참고 성구 * 히 11:6, 롬 14:23, 창 4:4, 행 5:1-11

■ 기 도 ■ 하나님 아버지! 당신을 위하여 즐거운 마음으로 아낌없이 믿음으로 드리는 우리가 되게 하옵소서. 당신께 드리는 모든 것이 거래가 되지 않게 우리의 마음을 주장해 주시옵소서. 예수 그리스도의 이름으로 기도드립니다. 아멘.

♥ 개업 축하 및 사업 확장 ♥

부자의 근심
♪ 487, 89, 533

■ 본 문 ■ 내가 해 아래서 큰 폐단되는 것을 보았나니 곧 소유주가 재물을 자기에게 해 되도록 지키는 것이라【전 5:13】

■ 서 론 ■ 프랑스의 수필가 몽테뉴는 "부의 많고 적음에 대한 의견은 구구각각이다. 부란 영광이나 건강과 같아서 소유자가 그 부를 나누어 주던가 꾸어줄 때 빛이 나며 기쁨을 얻는 것이다."라고 했다. 재물을 움켜쥔 손은 투박하나 나눠주는 손은 부드럽다. 재물은?

Ⅰ. 금과 은은 만족을 주지 못함
미국의 억만장자 폴 게티는 그 많은 재산이 있었음에도 평생 고독감과 외로움을 견디지 못하고 술에 의지해 인생을 살다가 죽었다. 부자 청년은 주님께서 소유를 팔아 가난한 자에게 나눠주고 나를 좇으라는 말씀에 근심하며 돌아갔다. 재물은 현세의 삶에 도움이 안 되며 내세에는 더욱 그렇다.
* 참고 성구 * 고후 3:5, 시 17:15, 전 5:10, 마 19:24

Ⅱ. 땅의 것으로 만족을 구함은 어리석음임
한 부자는 많은 소출이 있자 여러 해 쓸 물건을 많이 쌓아 두었으니 평안히 쉬고 먹고 마시고 즐거워하자고 했으나 하나님은 어리석은 자여 오늘밤 네 영혼을 도로 찾으리니 그러면 네 예비한 것이 뉘 것이 되겠느냐고 하셨다. 땅의 것은 인생에게 영원한 것을 주지 못한다.
* 참고 성구 * 눅 12:20, 욥 2:10, 호 7:11, 마 19:22

Ⅲ. 성도는 신령한 소유로 만족해야 함
바울은 모든 것을 배설물과 같이 생각하고 오직 예수 그리스도를 아는 지식을 가장 고상하게 생각했다. 베드로는 주님께 우리가 모든 것을 버리고 주를 좇았으니 무엇을 얻으리이까 하며 반문했다. 그 때 주님은 주를 위해 전토를 버린 자는 여러 배를 상속받고 또 영생을 상속한다고 하셨다.
* 참고 성구 * 빌 4:11, 히 13:5, 욥 31:39, 전 5:11, 마 19:29

■ 기 도 ■ 하나님 아버지! 당신께서 축복하신 이 사업을 복되게 하시옵소서. 그러나 당신을 잊고 사업만을 번창케 유혹을 받지 않도록 하시며 육신을 위해 땅의 것을 추구하되 당신을 모시는 일이 더욱 귀함을 항상 깨닫게 하여 주시기를 예수 그리스도의 이름으로 기도드리옵나이다. 아멘.

♥ 개업 축하 및 사업 확장 ♥

여러 가지 축복
♪ 46, 28, 53

■ 본 문 ■ 네 재물과 네 소산물의 처음 익은 열매로 여호와를 공경하라 그리하면 네 창고가 가득히 차고 네 즙틀에 새 포도즙이 넘치리라【잠 3:9-10】

■ 서 론 ■ 영국의 극작가 윌리엄 콩그레브는 "축복은 언제나 선행에 뒤따르는 것이다. 비록 늦을지라도 분명한 상급이 선행의 뒤를 잇는다."라고 했다. 하나님께 의를 겸하여 드리는 헌물은 참으로 하나님께서 기쁘게 받으시는 예물이다. 진정으로 드리는 자에게 임하는 축복은?

Ⅰ. 인도하는 축복이 임함/장래의
다윗은 그의 시편에서 내가 사망의 음침한 골짜기로 다닐지라도 해를 두려워 않음은 주께서 나와 함께 하심이라. 주의 지팡이와 막대기가 나를 안위하신다고 했다. 하나님은 지팡이로 우리를 바르게 인도하시고 막대기를 가지고 우리를 향해 달려드는 사탄의 공격을 저지하신다.
 * 참고 성구 * 눅 24:50, 창 27:19, 왕상 8:66, 벧후 1:11, 시 23:4

Ⅱ. 강건함의 축복이 임함/건강의
여분네의 아들 갈렙은 내가 팔십오 세로되 사십오 년 전 모세가 정탐꾼으로 보내던 때보다 오히려 강건하니 그때나 이제나 일반이라고 했다. 하나님의 언약을 의뢰하고 그의 명대로 삶을 산 자에게는 건강의 복을 주신다. 장수의 조건은 하나님 경외와 부모에의 효도뿐이다.
 * 참고 성구 * 롬 12:14, 시 118:26, 레 9:22, 수 14:11, 엡 6:3

Ⅲ. 풍성함의 축복이 임함/재물의
바울은 빌립보 교회의 정성어린 헌금을 기뻐하면서 나의 하나님이 그리스도 예수 안에서 영광 가운데 그 풍성한 대로 너희 모든 쓸 것을 채우시리라고 했다. 하나님은 풍성하게 인간에게 축복하신다. 이삭이 받은 축복은 한두 배가 아니라 백 배의 엄청난 축복이었다.
 * 참고 성구 * 히 11:20, 신 27:12, 슥 8:13, 레 26:5, 빌 4:19

■ 기 도 ■ 하나님 아버지! 당신의 축복으로 여기까지 오게 하심을 감사드립니다. 앞으로 더욱 힘껏 당신을 위해서 재물뿐 아니라 내 몸까지 봉헌할 힘을 주시옵소서. 예수 그리스도의 이름으로 기도드립니다. 아멘.

♥ 개업 축하 및 사업 확장 ♥

속이지 말라
♪ 369, 379, 518

■ 본 문 ■ 속이는 저울은 여호와께서 미워하셔도 공평한 추는 그가 기뻐하시느니라
【잠 11:1】

■ 서 론 ■ 그리스의 철학자 데모크리투스는 "부당한 이득을 바라는 순간 이미 손실은 시작된 것이다."라고 했다. 성도는 신앙 생활에서 체득한 진리를 사회 생활에서도 실현해야 한다. 정직한 삶, 성실한 삶, 공평한 삶은 하나님이 기뻐하시는 삶이다. 성도는?

I. 성도는 공평을 따라 행해야 함
하나님은 예배하는 장소에만 계신다고 믿는 것도 큰 착각이다. 무소부재하신 하나님은 장사하는 사업장에도 계신다. 따라서 성도는 하나님이 기뻐하시는 절대적인 공평을 따라서 행해야 한다. 사업장이나 교회 안에서나 하나님이 기뻐하시는 성도의 공평한 삶은 축복의 근원이다.
* 참고 성구 * 레 19:35-36, 신 25:13, 겔 45:10, 미 6:11, 잠 21:3

II. 성도는 정직한 마음을 가져야 함
정직한 마음은 인간의 소양인 겸손에서 나타난다. 교만한 자는 무례하며 속이며 자기밖에 없다. 이를 '안하무인'이라고 하지 않는가. 사무엘은 자신의 양심선언에서 겸손히 이스라엘 백성에게 말했다. 내가 뉘 소를 취했느냐 누구를 속였느냐 뇌물을 뉘 손에서 취하였느냐고.
* 참고 성구 * 마 11:29, 약 4:6, 잠 15:25, 레 25:13, 잠 22:4, 삼상 12:3

III. 성도는 범사에 성실히 행해야 함
야곱은 외삼촌 라반에게 나의 공력을 따라 여호와께서 외삼촌에게 복을 주셨다고 했다. 성실히 행하는 자에게 하나님의 축복이 임한다. 하늘은 스스로 돕는 자를 돕는다는 격언도 있다. 성실한 삶! 이는 인정받는 삶으로 종으로 팔려간 요셉은 매사에 성실하여 보디발의 가정 총무가 되었다.
* 참고 성구 * 마 25:21, 창 30:25-36, 왕하 12:15, 잠 13:11

■ 기 도 ■ 하나님 아버지! .오늘 이 가정은 공평을 행하고 정직을 행하고 성실을 행하는 복된 당신의 백성이 되기를 원하오니 당신께 인정받는 삶이 되게 하옵소서. 예수 그리스도의 이름으로 기도드립니다. 아멘.

♥ 개업 축하 및 사업 확장 ♥

공정한 거래
♪ 368, 133, 194

■ 본 문 ■ 오직 십분 공정한 저울추를 두며 십분 공정한 되를 둘 것이라 그리하면 네 하나님 여호와께서 네게 주시는 땅에서 네 날이 장구하리라【신 25:15】

■ 서 론 ■ 일본의 격언에 "정직한 자의 머리에 신이 머문다."라는 말이 있다. 이는 곧 정직한 자는 반드시 신이 돕는다는 뜻이다. 세상은 악하여 그저 남을 속여서 자신의 이득을 챙기려는 자들로 가득차 있다. 주님은 우리에게 뱀처럼 지혜롭고 비둘기처럼 순결하라고 하셨다. 세상살이는?

Ⅰ. 속고 속이는 세상 사람들
야곱은 부모를 속이고 하란으로 도망간 뒤에 그의 외삼촌 라반에게 속는다. 속이는 자는 언젠가 자신도 속게 되는 것이 세상의 이치요 성경의 진리다. 속고 울고 속이고 울고 세상은 온통 뒤죽박죽이다. 성경은 속이고 거짓말 하는 자들은 불과 유황으로 타는 못에 참여한다고 했다.
* 참고 성구 * 창 34:13, 레 25:14, 삼하 19:26, 미 6:11, 창 27:36

Ⅱ. 거짓을 미워하는 하나님
잠언 기자는 여호와의 미워하시는 것 곧 그 마음에 싫어하시는 것이 육, 칠 가지 있는데 그 하나가 거짓된 혀라고 했다. 주님은 유대인들에게 너희는 너희 아비 마귀에게서 났다고 질타하시면서 마귀는 거짓말장이요 거짓의 아비가 되었다고 했다. 마귀는 우리의 대적 원수이다.
* 참고 성구 * 갈 1:20, 잠 11:1, 출 5:9, 요 8:44, 잠 6:16-19

Ⅲ. 공정한 자가 받을 상급
신명기 기자는 공정한 자를 향한 하나님의 축복을 말하면서 네게 주시는 땅에서 네 날이 장구하리라고 했다. 상을 의미하는 헬라어 '미스도스'는 품삯, 보수, 보상의 의미가 있는데 이는 하나님이 확실히 갚아주시는 상을 가리킨다. 공정한 자가 받을 하나님의 상은 장수이다.
* 참고 성구 * 룻 2:12, 사 40:10, 단 5:17, 신 25:15

■ 기 도 ■ 하나님 아버지! 이 세상은 마귀에게 속하여 속고 속이는 추악한 곳입니다. 이 가운데서 우리를 지켜 주시고 불림을 받은 성도답게 공정한 사업을 하도록 영직한 영을 심어주시옵소서. 예수 그리스도의 이름으로 기도 드립니다. 아멘.

♥ 개업 축하 및 사업 확장 ♥

복받은 장사꾼
♪ 516, 196, 354

■ 본 문 ■ 두아디라 성의 자주 장사로서 하나님을 공경하는 루디아라 하는 한 여자가 들었는데 주께서 그 마음을 열어 바울의 말을 청종하게 하신지라【행 16:14】

■ 서 론 ■ 영국의 성직자 로버트 사우스는 "진정한 회심은 양면성을 가지고 있다. 하나는 과거를 눈물어린 눈으로 보는 것이고 다른 하나는 미래를 조심스런 눈으로 바라보는 것이다."라고 했다. 오늘 본문의 자주장사 루디아는 복받은 장사꾼이다. 그 이유는 복음을 사고 팔았기 때문이다. 루디아는?

I. 말씀을 듣는 가운데 회심한 루디아

바울은 믿음은 들음에서 나며 들음은 그리스도의 말씀으로 말미암는다고 했다. 소아시아의 두아디라는 자주빛 염료로 유명한 곳이었는데 루디아는 이곳 빌립보에 와서 아마도 장사를 하던 중 바울의 설교를 듣고서는 전격적인 회심을 하게 되었다. 루디아는 영혼의 장사를 했다.
* 참고 성구 * 롬 1:16, 히 4:12, 딤후 3:15-17, 롬 10:14-17

II. 성령이 역사함으로써 회심한 루디아

원래 루디아는 하나님을 공경하였다. 그의 고향 두아디라에서 경건한 유대인의 교육을 받은 것 같다. 그러나 진정한 성령 체험이 없었다. 바울의 설교를 듣는 가운데 비로소 성령이 임하여 회심을 하게 되었다. 하나님의 말씀은 힘이 있어 인간의 영혼을 흔들어 깨우시는 능력이 있다.
* 참고 성구 * 요 16:13, 고전 2:10-16, 요 14:26, 딛 3:5

III. 가정이 구원을 받아 새롭게 된 루디아

성경에는 주께서 그 마음을 열어 바울의 말을 청종하게 하셨다고 하나님의 의지를 기록하고 있다. 따라서 루디아는 원래 창세 전에 그리스도 안에서 택하신 자였다. 루디아는 자신뿐 아닌 모든 가족이 세례를 받게 하여 구원의 반열에 서게 했고 나아가 자기 집을 개척교회로 내어놓았다.
* 참고 성구 * 행 16:31, 4:12, 요 3:16, 고후 5:17, 롬 10:10, 엡 1:4

■ 기 도 ■ 하나님 아버지! 자주장사 루디아는 사업의 확장차 빌립보에 갔다가 돈보다 더한 구원을 얻게 되었습니다. 이는 말씀을 듣고자 하는 루디아의 사모하는 마음이 있었기에 가능했음을 믿습니다. 하나님 우리에게 은총을 베풀어 주시옵소서. 예수 그리스도의 이름으로 기도드립니다. 아멘.

♥ 개업 축하 및 사업 확장 ♥

하늘 창고를 열으사
♪ 489, 488, 498

■ 본 문 ■ 여호와께서 너를 위하여 하늘의 아름다운 보고를 열으사 네 땅에 때를 따라 비를 내리시고 네 손으로 하는 모든 일에 복을 주시리니 네가 많은 민족에게 꾸어 줄지라도 너는 꾸지 아니할 것이요【신 28:12】

■ 서 론 ■ "주님, 세상의 창문을 모두 닫으시고 오직 하늘의 창문만 여시사 하늘의 축복과 은총의 햇살을 가득히 부으시는 이 시간이 되게 하옵소서." 어느 시인의 글이다. 개인과 나라에게 외형적으로 축복하시는 하나님은?

Ⅰ. 사업을 형통하게 하시는 하나님

하나님의 지시대로 애굽이 아닌 그랄땅에 거한 이삭은 하나님의 약속하신 축복을 받아 백배의 수확을 거두고 창대하고 왕성하여 마침내 거부가 되었다. 이는 노력의 대가가 아니라 넘치는 분량으로 축복하심이다. 하나님의 이러한 이삭에의 축복은 성도를 위한 본보기이다.

* 참고 성구 * 창 26:12, 삿 18:5, 사 52:13, 욥 8:7

Ⅱ. 머리가 되게 하시는 하나님

한나는 그의 감사기도에서 하나님을 가난하게도 하시고 부하게도 하시며 낮추기도 하시고 높이기도 하신다고 찬양하고 있다. 하나님은 요셉, 다니엘, 모르드개처럼 '일인지하 만인지상'으로 높이시기도 하시고 사울처럼 버리시기도 하신다. 축복을 향수한 사람의 특징은 신앙의 사람들이다.

* 참고 성구 * 창 29:6, 잠 10:6, 애 5:16, 삼상 2:7

Ⅲ. 꾸어 주게 하시는 하나님

시편 기자는 내가 어려서부터 늙기까지 의인이 버림을 당하거나 그 자손이 걸식함을 보지 못하였고 저는 종일토록 은혜를 베풀고 꾸어주니 그 자손이 복을 받는다고 했다. 하나님은 그의 자녀들에게 꾸어줄지언정 꾸러다니게 하지 않으신다. 성도는 특히 교회 내의 어려운 이를 돕자.

* 참고 성구 * 히 11:20, 신 24:13, 왕상 3:55, 잠 11:24, 시 37:26

■ 기 도 ■ 하나님 아버지! 당신께서 영육간에 내리시는 축복을 잘 감당하는 청지기가 되게 하시어 오직 당신의 영광만을 드러내는 의로운 자들이 되게 인도하여 주소서. 예수 그리스도의 이름으로 기도드립니다. 아멘.

♥ 출국 ♥

약속의 하나님
♪ 201, 410, 505

■ 본 문 ■ 내가 모세에게 말한 바와 같이 무릇 너희 발바닥으로 밟는 곳을 내가 다 너희에게 주었노니【수 1:3】

■ 서 론 ■ 탈무드에는 이런 글귀가 있다. 곧 "약속을 하는 사람은 약속한 사람에게 빚을 지고 있는 것이다." 참으로 이는 진리이다. 하나님은 성경을 통해서 그의 자녀된 성도들에게 많은 약속을 하셨고 이를 실행하리라고 굳게 언약하셨다. 이 하나님은?

I. 시대가 바뀌어도 변하지 않으시는 하나님
이스라엘 백성들이 애굽에서 큰 고초를 당하여 그 울부짖는 소리가 하늘에 상달하자 하나님은 그 고통소리를 들으시고 아브라함과 이삭과 야곱에게 세운 언약을 기억하셔서 이스라엘 자손을 권념하셨다. 하나님은 변함이 없으신 분이시요, 예수 그리스도도 어제나 오늘이나 동일하시다.
* 참고 성구 * 갈 3:15, 민 18:19, 말 2:4, 출 2:24, 히 13:8

II. 믿음대로 이루어 주시는 하나님
하나님은 공의로우시며 공정하신 분이시다. 따라서 그분의 섭리는 믿음의 분량대로 이루어 주신다. 예수께서는 백부장의 믿음을 보시고 이스라엘 중 아무에게도 이만한 믿음을 만나보지 못하였다며 놀라워하시며 네 믿음대로 될지어다라고 하셨다. 주님은 우리의 믿음만큼 이루어 주신다.
* 참고 성구 * 히 9:15, 시 44:17, 사 56:4, 마 8:10

III. 사람의 생각을 초월해 이루시는 하나님
아브라함이 무자하여 그의 상속자로 다메섹 엘리에셀을 하나님께 이르자 하나님은 아브라함을 이끌고 밤하늘의 뭇 별을 보이시며 너의 자손을 이처럼 셀 수 없도록 하신다고 약속하셨다. 백세의 나이에 아내는 경수가 끊어진 현실에서도 하나님은 인간의 생각을 초월해 약속을 이루어 주셨다.
* 참고 성구 * 히 8:9, 출 6:4, 사 28:15, 창 45:7-8

■ 기 도 ■ 하나님 아버지! 당신의 언약을 굳게 믿는 믿음을 주시옵소서. 내가 너와 함께 한다는 말씀을 붙들고서 오늘 이땅을 떠나는 사랑하는 주의 백성에게 당신의 크신 은총을 베푸소서. 예수 그리스도의 이름으로 기도드립니다. 아멘.

♥ 출국 ♥

어디로 가든지
♪ 497, 492, 448

■ 본 문 ■ 내가 너와 함께 있어 네가 어디로 가든지 너를 지키며 너를 이끌어 이 땅으로 돌아오게 할지라 내가 네게 허락한 것을 다 이루기까지 너를 떠나지 아니하리라
【창 28:15】

■ 서 론 ■ "하나님께서는 인간과의 약속을 한번도 어기신 때가 없는데도 하나님의 신실하심을 믿지 않는 것은 내가 신실하지 못하기 때문이다." 어느 성직자의 말이다. 약속을 분명히 이루시는 오늘 본문의 야곱의 하나님은?

I. 함께 하시는 하나님

하나님은 야곱에게 함께 하시겠다고 약속하셨다. 성도의 가장 큰 축복은 하나님이 우리와 함께 하신다는 '임마누엘'의 축복이다. 하나님은 과연 야곱과 함께 하셔 야곱은 하란땅의 외삼촌 라반의 집에서 큰 우환과 병 없이 장차 이스라엘의 열두 지파가 될 아들과 많은 재산을 모았다.

* 참고 성구 * 창 31:13, 왕상 8:57, 삼상 13:14, 마 28:20

II. 지키시는 하나님

야곱의 식솔들이 몰래 떠나자 라반이 칠일 길을 추적해 길르앗 산에서 야곱의 일행을 잡았으나 하나님께서 꿈에 라반에게 현몽하여 너는 삼가 야곱에게 선악간 말하지 말라고 하셨다. 해할 능력이 있음에도 야곱에 대해서 참음은 하나님께서 야곱을 지키셨기 때문이다.

* 참고 성구 * 창 31:29, 시 23:4, 요 10:28-29, 약 4:7

III. 돌아오게 하시는 하나님

야곱은 하나님의 은혜로 고향 땅을 밟게 되었고 내가 지팡이만 가지고 요단을 건넜더니 지금은 두 떼나 이루었다고 감사의 기도를 드렸다. 하나님은 얍복 강가에서 야곱을 이스라엘로 변화시키시는 은혜를 베푸시고 형 에서와 하나가 되는 역사를 이루셨다. 벧엘에서의 약속이 성취되는 순간이다.

* 참고 성구 * 창 33:1-11, 잠 18:10, 시 39:6-7, 고후 1:8-9

■ 기 도 ■ 하나님 아버지! 당신께서 계시하신 일을 당신께서 이루어 주시옵소서. 오늘 이땅을 떠나는 당신의 사랑하시는 자녀에게 함께 하시고 지키시고 돌아오게 하시는 역사를 베풀어 주시옵소서. 예수 그리스도의 이름으로 기도드립니다. 아멘.

♥ 출국 ♥

조국을 그리며
♪ 261, 173, 428

■ 본 문 ■ 우리가 바벨론의 여러 강변 거기 앉아서 시온을 기억하며 울었도다【시 137:1】

■ 서 론 ■ 영국의 목사 제임스 마티뉴는 "하늘과 하나님은 눈물을 통해서만 가장 잘 볼 수 있다. 필경 그 눈물 없이는 전혀 식별이 되지 않을 것이다. 사별의 시간과 죽음의 장면에, 끊임없는 기도의 교제 때 이것이 나타나기에 충분할 것이다."라고 했다. 포로가 된 이스라엘 백성이 쏟은 눈물은?

Ⅰ. 신앙의 자유를 위해 흘린 눈물
바벨론에서 제대로 신앙 생활도 못하고 포로의 비참한 생활을 한 이스라엘 백성이 제일 그리운 것은 아마도 하나님 여호와를 마음대로 예배하고 제사를 드리는 영적인 것, 곧 신앙의 자유를 갈구한 것이리라. 신앙의 자유가 없는 곳은 지옥과 같다. 영국의 청교도가 그래서 미국으로 건너갔다.
* 참고 성구 * 행 20:19, 왕하 13:14, 사 25:8, 느 1:3

Ⅱ. 비애와 슬픔 때문에 흘린 눈물
바벨론 사람들이 너희 하나님이 우리의 신들보다 힘이 더 셌으면 너희가 우리에게 잡혀왔겠느냐며 하나님을 모욕하고 시온의 노래를 무슨 자기네들을 위해 대중가요처럼 한곡 뽑으라고 했으니 그 얼마나 약자의 비애와 슬픔을 느꼈겠는가. 그러나 이는 범죄한 인과응보의 당연한 귀결이다.
* 참고 성구 * 딤후 1:4, 욥 16:20, 렘 31:16, 느 1:3-4

Ⅲ. 나라와 민족을 생각하며 흘린 눈물
이제 이스라엘은 어떻게 될 것이며, 이 민족은 어찌될 것인가를 염려하며 이 민족의 포로된 신세를 한탄하며 흘린 눈물과 눈물들, 범죄한 민족의 말로가 이처럼 비참한 것인즉 정신을 차리고 바른 신앙심을 가져야 한다. 하나님은 그럼에도 불구하고 고레스를 세워 이스라엘을 해방시키셨다.
* 참고 성구 * 히 12:17, 시 39:12, 애 3:49, 느 1:4, 스 1:1-11

■ 기 도 ■ 하나님 아버지! 옛날 이스라엘이 바벨론의 포로가 되어 슬프게 흘린 눈물의 의미를 살펴보았습니다. 오늘 우리의 조국은 영적으로 어떠한지 깨닫게 하시고 분단된 조국을 위하여 눈물로 기도하며 당신의 뜻 안에서 하나가 되는 역사를 이루어 주소서. 예수 그리스도의 이름으로 기도드립니다. 아멘.

♥ 출국 ♥

택하신 백성
♪ 350, 457, 458

■ 본 문 ■ 여호와께서 사람의 걸음을 정하시고 그 길을 기뻐하시나니 저는 넘어지나 아주 엎드러지지 아니함은 여호와께서 손으로 붙드심이로다【시 37:23-24】

■ 서 론 ■ 영국의 성직자요 찬송작가인 아이작 왓츠는 "우리는 진흙이요 주님은 토기장이시니 주께서 원하시는 그릇을 만드시옵소서."라고 했다. 주님은 우리를 지은 분이시므로 항상 관심을 가지고 계신다. 우리의 모든 행사를 주장하시는 주님의 보살피심은 어떻게 나타나는가?

I. 주께서 인도하신다
택하신 백성을 하나님께서는 다닐 때에 네 걸음이 곤란하지 아니하겠고 달려갈 때에 실족하지 아니하리라고 그분의 인도하심을 잠언 기자는 말했다. 우리의 걸음을 주장하시고 인도하시는 하나님을 의뢰할 때 그는 지팡이로 바르게 길을 인도하고 막대기로 대적의 손에서 구하신다.
* 참고 성구 * 요 16:13, 시 23:1-6, 사 42:16, 시 48:14, 잠 4:12

II. 주의 손이 붙드신다
이사야 선지자는 두려워 말고 놀라워 말라고 하면서 주의 도우심을 일러 나의 오른손으로 너를 붙들리라고 강하게 언급하였다. 하나님은 의로우신 분이시다. 하나님께서 의로운 오른손으로 붙드심이란 억압받거나 어려움을 당하고 있는 그의 백성을 도우시는 일이 하나님의 의라는 말이다.
* 참고 성구 * 요 10:28-29, 신 5:15, 사 41:10, 시 104:28

III. 주의 약속에 참예한다
에녹은 살아서 하늘에 옮기운 축복을 받은 자이다. 에녹은 우리들 성도의 장래에 나타날 예표이다. 하나님의 약속에 참여하는 자는 기쁠 것이니 썩지 않고 더럽지 않고 쇠하지 아니하는 기업이 있음이요, 이는 우리를 위하여 하늘에 간직한 하나님의 약속의 선물이다.
* 참고 성구 * 마 13:43, 시 34:15, 욥 36:7, 사 3:10, 히 11:5

■ 기 도 ■ 하나님 아버지! 당신의 택하신 백성을 인도하시고 붙들어 주시고 당신의 약속에 참예케 하심을 감사드립니다. 이 약속은 영원함을 믿사옵고 우리의 삶을 어디에서든지 주장하여 주시옵소서. 예수 그리스도의 이름으로 기도드립니다. 아멘.

♥ 출국 ♥

하나님이 준비하신 땅
♪ 422, 428, 433

■ 본 문 ■ 여호와께서 아브람에게 이르시되 너는 본토 친척 아비 집을 떠나 내가 네게 지시할 땅으로 가라【창 12:1】

■ 서 론 ■ 그리스 철학자 엠페토클레스는 "하나님은 모든 것에 중심을 두고 어디에도 경계선이 없는 원과 같다."고 했다. 하나님은 천지를 지으신 창조주시요, 우주만물을 질서와 조화를 갖추게 운행하시는 분이시다. 그분께 택함을 입은 아브라함은 갈 바를 알지 못하나 순종함으로 떠났다. 그 땅은?

I. 젖과 꿀이 흐르는 땅임
하나님께서 아브라함에게 예비하신 땅은 젖과 꿀이 흐르는 가나안 복지였다. 출애굽하여 가나안을 탐색하게 된 정탐꾼들의 이야기를 들어보면, 포도 한 송이 달린 가지를 베어서 둘이 막대기에 꿰어 메고 가야 할 만큼 기름진 땅으로 가히 젖과 꿀이 흐르는 곳임을 알 수 있다.
* 참고 성구 * 출 3:8, 민 13:27, 신 8:8, 행 7:3

II. 하나님이 약속하신 땅임
가나안 땅은 하나님께서 주신다고 약속하신 땅으로 아브라함과 이삭과 야곱을 향하여 네게 주리라고 맹세하신 땅이다. 하나님의 약속은 시공을 초월하여 변함없이 이루어지는 언약이다. 하나님은 인생이 아니시니 식언치 아니하시고 인자가 아니시니 후회가 없으시고 하신 말씀을 실행하신다.
* 참고 성구 * 신 6:10, 수 5:6, 삿 2:1, 행 7:4, 민 23:19

III. 여기가 아니라 저기 있는 땅임
하나님이 예비하신 땅은 여기 곧, 죄악과 우상에 찌든 하란이 아니라 저기 있는 가나안 복지이다. 그 기름진 곳을 하나님은 그의 택하신 백성을 위해 마련하시고 섭리를 이루시려고 하셨다. 오늘 이 땅에 사는 성도들은 영원한 복지 곧 하늘나라가 예비되어 있음을 감사하자.
* 참고 성구 * 히 11:8, 계 21:10, 시 39:12, 행 7:2-4

■ 기 도 ■ 하나님 아버지! 당신께서 준비하시고 예비하신 곳을 향하여 떠나는 사랑하는 당신의 백성을 축복하시고 그곳은 젖과 꿀이 흐르는 땅임을 굳게 믿사옵니다. 그리고 영원한 천국까지 우리의 기업으로 주심을 감사드리오며 예수 그리스도의 이름으로 기도드립니다. 아멘.

♥ 귀국 ♥

새 이름, 새 생활
♪ 225, 210, 405

■ 본 문 ■ 야곱은 홀로 남았더니 어떤 사람이 날이 새도록 야곱과 씨름하다가 그 사람이 자기가 야곱을 이기지 못함을 보고 야곱의 환도뼈를 치매 야곱의 환도뼈가 그 사람과 씨름할 때에 위골되었더라【창 32:24-25】

■ 서 론 ■ 영국의 신학자 토마스 풀러는 "이름은 하나의 알려진 얼굴이다."라고 했다. 야곱이란 이름에는 '발꿈치를 잡은 자, 사기꾼'이란 뜻이 있다. 이 야곱이 이스라엘이 되는 놀라운 변화와 새 이름을 얻음은?

I. 인간적 방법에 대해 포기할 때

야곱은 형 에서가 사백인을 거느리고 온다는 말에 놀라 자기의 재산을 양분하여 하나를 잃으면 하나는 남는다는 현명한 임기응변을 하였다. 이에 앞서 많은 예물로 형의 환심을 사려했으나 실패하자 하나님께 매어달린 처절한 얍복 강가의 기도를 시작하였던 것이다.

＊ 참고 성구 ＊ 잠 21:1, 왕하 29:28, 사 44:25, 호 12:4

II. 하나님 약속에 대해 신뢰할 때

야곱은 벧엘에서 자신에게 계시하시고 언약하신 그 하나님의 약속을 굳게 신뢰하였다. 그래서 하나님께 전에 내게 명하시기를 네 고향, 네 족속으로 돌아가라 내가 네게 은혜를 베풀리라고 하셨지 않았냐고 그 약속을 기억해 달라고 간절히 간구하였다. 하나님은 그 약속을 지키셨다.

＊ 참고 성구 ＊ 잠 3:5, 시 37:3, 사 50:10, 고후 1:20, 민 23:19

III. 하나님의 뜻에 대해 순종할 때

하나님은 사람의 외모를 보지 않으시고 그 중심을 보시는 분이시다. 그래서 다윗을 기름 부으셨다. 중심이란 하나님에 대한 신뢰와 순종이 아니겠는가. 순종치 않은 사울을 향해 순종이 제사보다 낫다고 말한 사무엘의 말을 음미하자. 야곱은 하나님의 뜻에 순종한 사람이었다.

＊ 참고 성구 ＊ 행 5:29, 신 26:16, 삼상 15:22, 신 28:1-6

■ 기 도 ■ 하나님 아버지! 야곱에게 베푸신 축복의 이면에는 야곱이 사람의 방편을 포기하고 당신을 의뢰하고 당신께 순종한 모범이 있음을 보았나이다. 오늘부터 야곱과 같은 삶을 살고자 하오니 부족한 이 죄인을 바르게 이끌어 주시옵소서. 예수 그리스도의 이름으로 기도드립니다. 아멘.

♥ 귀국 ♥

유쾌하게 되는 날
♪ 209, 144, 403

■ 본 문 ■ 그러므로 너희가 회개하고 돌이켜 너희 죄 없이 함을 받으라 이같이 하면 유쾌하게 되는 날이 주 앞으로부터 이를 것이요【행 3:19】

■ 서 론 ■ "예수를 믿는다고 하면서 밤낮 울상만 짓고 있는 사람은 그리스도인이 아니다." 어느 부흥사의 말이다. 그리스도인의 입가에는 웃음이 떠나지 않으니 이는 구원을 감사하기 때문이다. 감사가 없는 생활은 고통의 생활이요 저주의 생활이다. 우리가 영적으로 유쾌하게 되는 그 때는?

I. 회개할 때 이름
사도 베드로는 이스라엘 사람들에게 예수께서 그리스도이심을 설교하면서 회개하라고 설파했다. 회개, 곧 '메타노이아'는 마음을 바꿈, 변경, 사고 방식을 변화시킴, 돌아섬의 뜻으로 이는 자아를 꺾고 그리스도에게 완전히 의존하는 상태를 가리킨다. 회개는 구원의 문을 향한 첫 관문이다.
 * 참고 성구 * 마 10:20, 창 19:19, 사 56:1, 행 8:22

II. 돌이킬 때 이름
호세아는 범죄한 이스라엘에게 여호와께로 돌아가자 여호와께서 우리를 찢으셨으나 도로 낫게 하실 것이요, 우리를 치셨으나 싸매어 주실 것이라고 간곡히 말했다. 하나님은 아무리 죄를 많이 범하였을지라도 돌이켜 자복할 때 자비로써 그를 맞이하신다. 하나님의 긍휼은 측량하기 어렵다.
 * 참고 성구 * 행 16:31, 삿 3:9, 겔 36:29, 호 6:1

III. 죄 없이 함을 받을 때 이름
성경 역대하에 보면 내 이름으로 일컫는 내 백성이 그 악한 길에서 떠나 스스로 겸비하고 기도하여 내 얼굴을 구하면 내가 하늘에서 듣고 그 죄를 사하고 그 땅을 고칠지라는 말씀이 있다. 하나님께 죄사함을 받은 그 영혼만이 실로 기쁨이 무엇인지 알게 된다.
 * 참고 성구 * 히 9:28, 시 14:7, 슥 10:6, 대하 7:14

■ 기 도 ■ 하나님 아버지! 우리로 당신의 기쁨에 참여하게 하시옵소서. 당신이 주시는 유쾌한 마음이 내 영혼을 소성케 됨을 믿습니다. 이제 새로운 심령으로 삶을 살고자 하오니 영육간에 강건함의 축복을 내려주시옵소서. 예수 그리스도의 이름으로 기도드립니다. 아멘.

♥ 군입대 축하 ♥

정병이 되라
♪ 391, 393, 463

■ 본 문 ■ 여호와께서 기드온에게 이르시되 내가 이 물을 핥아 먹은 삼백 명으로 너희를 구원하며 미디안 사람을 네 손에 붙이리니 남은 백성은 각각 그 처소로 돌아갈 것이니라 하시니【삿 7:7】

■ 서 론 ■ 미국의 언론인 가마리엘 베일리는 "모든 사람으로 하여금 자신이 하나님의 역사의 손임을 생각케 하라."고 했다. 국가를 위해 부름을 입거나 복음을 위해 선택되어 군사된 성도들은 과연 어떤 사람들인가. 그리스도의 군사된 이들은?

I. 하나님께서 뽑고 뽑은 사람

하나님은 기드온에게 미디안을 칠 군사가 너무 많다고 하시면서 몇 차례나 뽑고 뽑아 수만을 돌려보내고 정병으로 삼백 명만 남게 하셨다. 무릇 전투를 위한 소수 정예부대는 강하다. 이방인의 사도 바울은 복음을 위해 하나님께서 일찍이 뽑고 뽑은 하나님의 군사였다.

 * 참고 성구 * 딤후 2:3-4, 딤전 1:4, 민 20:8, 행 9:15

II. 하나님의 시험에 통과된 사람

전쟁은 숫자로 하는 것이 아니다. 오직 하나님이 함께 하실 때 이기는 것이다. 하나님은 정예부대로 적에게 한시도 눈을 떼지 않고 전투태세를 갖추고 사욕에 끌리지 않는 자, 곧 손으로 움켜 입에 대고 핥는 자 삼백을 뽑으셨다. 이는 오직 사명에만 집중하는 정병이다.

 * 참고 성구 * 마 14:28-29, 벧전 5:8-9, 욥 1:6-22, 삿 7:5, 빌 2:22

III. 스스로 싸우려는 의지가 있는 사람

하나님은 두려워서 떠는 자를 돌아가게 하셨으니 이는 군사로서 자격이 없을 뿐 아니라 다른 이에게 사기를 떨어뜨리게 하기 때문이다. 정병은 두 눈을 부릅뜨고 적을 향한 강한 싸움에의 의지가 있어야 비로소 전쟁에서 이길 수 있다. 전쟁은 심리전이 큰 비중을 차지한다.

 * 참고 성구 * 요 11:25-26, 엡 3:12, 히 11:32, 수 14:11

■ 기 도 ■ 하나님 아버지! 나라의 부름을 입고 떠나는 당신의 사랑하는 아들에게 기드온의 삼백 정병과 같은 강한 군인이 되게 하옵소서. 예수 그리스도의 이름으로 기도드립니다. 아멘.

♥ 군입대 축하 ♥

타인에 대한 모범
♪ 358, 259, 544

■ 본 문 ■ 이같이 너희 빛을 사람 앞에 비취게 하여 저희로 너희 착한 행실을 보고 하늘에 계신 너희 아버지께 영광을 돌리게 하라【마 5:16】

■ 서 론 ■ 미국의 농학자인 데이빗 토마스는 "이타적이고 고귀한 행동은 영혼의 자서전에서 가장 빛나는 페이지이다."라고 했다. 인간이 추하고 그 인품이 작게 보이는 것은 그의 이기심의 발로 때문이다. 성도들은 이기적이 아닌 이타적인 삶을 사는 자들이다. 가장 근본적인 성도의 형태는?

I. 성도는 주 안에서 빛임
사도 요한은 저가 빛 가운데 계신 것같이 우리도 빛 가운데 행하면 우리가 서로 사귐이 있다고 했다. 달이 지구의 빛을 받아 스스로 발광체가 되었듯이 성도도 그리스도의 빛을 받아 스스로의 빛을 발하는 자들이다. 성도는 어둠의 자식이 아닌 빛의 자녀들로서 빛을 발해야 한다.
* 참고 성구 * 요 8:12, 엡 5:8, 빌 2:15, 골 1:10, 요일 1:7

II. 빛의 광선을 발해야 함
이사야는 일어나라 빛을 발하라 이는 네 빛이 이르렀고 여호와의 영광이 네 위에 임하였다고 했다. 이는 그리스도를 통한 교회가 진리를 인류에게 밝힘을 의미하는데 교회를 통해 하나님의 구원의 빛을 발하는 자들은 성도들이다. 성도들은 정오의 햇살처럼 따가운 광선을 발하자.
* 참고 성구 * 마 7:15-20, 갈 5:22-23, 엡 5:9, 딤전 6:18, 사 60:1

III. 하나님께 영광을 돌려야 함
아침이나 저녁의 광선이 아닌 한낮 정오의 따가운 광선을 이웃에게 비추어 우리의 선하고 착한 행실을 보고 하나님께 영광을 돌리게 해야 한다. 영광을 의미하는 헬라어 '독사', 히브리어 '카보드'는 하나님의 영광, 또는 힘을 의미하는데 성도는 하나님의 영광을 목적으로 끊임없이 살아가는 자이다.
* 참고 성구 * 요 15:8, 고전 10:31, 빌 1:11, 롬 15:6

■ 기 도 ■ 하나님 아버지! 나라의 부름을 입은 당신의 사랑하는 아들에게 성도의 빛된 삶을 살게 인도해 주셔서 당신께 영광을 돌리게 하옵소서. 예수 그리스도의 이름으로 기도드립니다. 아멘.

♣ 임종(신자) ♣

저 하늘에는
♪ 221, 210, 215

■ 본 문 ■ 그러므로 그들이 하나님의 보좌 앞에 있고 또 그의 성전에서 밤낮 하나님을 섬기매 보좌에 앉으신 이가 그들 위에 장막을 치시리니【계 7:15】

■ 서 론 ■ 아일랜드의 시인 토마스 무어는 "하늘이 치유할 수 없는 슬픔이 이 땅에는 아무것도 없다."고 했다. 성도는 이 땅에서 하늘의 위로를 충만히 받을 뿐만 아니라 육의 장막을 벗어나면 부활 승천하신 예수께서 그들을 생명수 샘으로 인도하시어 하나님의 영원한 위로를 받게 하신다. 이 땅에서 성도의 삶은?

I. 신앙의 시련
예수께서는 나를 인하여 너희를 욕하고 핍박하고 거짓으로 너희를 거스려 악한 말을 할 때 너희에게 복이 있나니 이를 기뻐하고 즐거워하라고 하셨다. 이는 하늘에서 예비하신 상이 크기 때문이다. 이 땅에서 핍박받고 고난을 당하는 것은 의인에게 임하는 당연한 것이다.
* 참고 성구 * 요 15:18-20, 마 5:10-12, 딤후 3:12, 약 1:12

II. 성도의 순결
베드로는 너희를 부르신 거룩한 자처럼 너희도 모든 행실에 거룩한 자가 되라고 했다. 성도는 세상 사람들의 부도덕하고 진흙 속에서 뒹구는 돼지와 같은 삶을 살지 않는 자들이다. 성도는 세속의 추악한 정욕 속에서 자신을 구별하는 삶을 사는 하나님의 택하신 거룩한 자들이다.
* 참고 성구 * 히 9:14, 고전 1:30, 벧전 1:15-16, 고전 3:16-17

III. 성도의 안전
부활 승천하신 어린양 예수는 내가 세상 끝날까지 너희와 함께 있으리라고 보증하셨다. 이제 이 세상에서 주님의 인도하심과 보호하심을 입은 거룩한 성도는 저 하늘 곧 천국에서도 예수의 인도함을 받는 축복받은 자이다. 창세 전에 이미 성도로 택하신 자의 영원한 안전에 거할 것이다.
* 참고 성구 * 마 28:20, 시 23:4, 사 43:1-3, 계 21:4

■ 기 도 ■ 하나님 아버지! 당신께서 이 성도를 위하여 예비하신 당신의 거룩한 성에서 이 성도의 영혼을 받으시고 영생으로 함께 하시옵소서. 예수 그리스도의 이름으로 기도드립니다. 아멘.

♣ 임종(신자) ♣

성도들과 천국에서
♪ 222, 31, 40

■ 본 문 ■ 다시 밤이 없겠고 등불과 햇빛이 쓸데 없으니 이는 주 하나님이 저희에게 비취심이라 저희가 세세토록 왕노릇 하리로다【계 22:5】

■ 서 론 ■ 영국의 시인인 존 메이스필드는 "천국이 내게는 맑고 푸르게 펼쳐진 하늘이요, 이 땅은 그저 먼지나는 길이라고 생각되는 것뿐이다."라고 했다. 이제 하나님이 통치하시고 하나님의 영광만이 빛나는 천국에서 먼저 가신 성도들과 함께 왕노릇하는 영광의 그곳 천국은?

I. 하나님의 왕권
바울은 디모데에게 만세의 왕 곧 썩지 아니하고 보이지 아니하고 홀로 하나이신 하나님께 존귀와 영광이 세세토록 계시라고 했다. 하나님은 온 천하만물과 우주를 통치하시는 왕이시며 생명나무가 있는 영원한 천국을 통치하시는 왕이시다. 성도는 하나님과 함께 왕노릇하는 귀한 존재이다.
 * 참고 성구 * 딤전 1:17, 시 24:10, 출 15:18, 히 12:22-23

II. 성도들의 영광
바울은 골로새 교회에게 보낸 편지에서 우리 생명이신 그리스도께서 나타나실 그때에 너희는 그와 함께 영광 중에 나타나리라고 했다. 이 땅을 심판하실 예수께서 권능으로 재림하실 때 성도도 함께 와서 모든 사람에게 그 놀라운 영광을 보일 것이다. 그때 많은 사람의 애곡을 목도할 것이다.
 * 참고 성구 * 마 19:28, 골 3:4, 히 2:9-10, 고전 15:52, 계 1:7

III. 하나님의 은혜
바울은 에베소 교회에 보낸 편지에서 너희가 그 은혜를 인하여 구원을 얻었나니 이것은 하나님의 선물이라고 했다. 성도가 구원을 얻고 영생의 삶을 사는 것은 모두 하나님의 은혜이다. 우리가 구원을 이룩하기 위하여 아무것도 한 일이 없다. 오직 하나님께서 우리에게 주신 것이다.
 * 참고 성구 * 고전 15:10, 골 3:15-17, 엡 2:8-9, 고전 15:57

■ 기 도 ■ 하나님 아버지! 당신께서 창세 전에 택하신 사랑하는 성도가 이제 당신의 곁으로 가옵나이다. 택해주신 사랑과 은혜로 당신과 영원한 천국의 생활을 맛보게 하시옵소서. 예수 그리스도의 이름으로 기도드립니다. 아멘.

♣ 임종(신자) ♣

면류관을 바라보며
♪ 402, 390, 391

■ 본 문 ■ 이제 후로는 나를 위하여 의의 면류관이 예비되었으므로 주 곧 의로우신 재판장이 그 날에 내게 주실 것이니 내게만 아니라 주의 나타나심을 사모하는 모든 자에게니라【딤후 4:8】

■ 서 론 ■ 영국의 성직자요 설교가인 스펄전은 "주 예수를 믿은 그대는 하나님의 백성이 되었고 이제 장소는 마련됐고 면류관은 준비되었고 수금도 특별히 준비되었다."고 했다. 상급을 바라보는 바울의 삶을 재조명 해보면?

Ⅰ. 선한 싸움을 싸우고/과거

바울은 선한 싸움을 싸웠다고 했다. 인생의 목적지를 향해 달리다 보면 꼭 장애물이 등장한다. 이 장애물을 극복하지 못하면 목적지에 이를 수가 없게 된다. 그래서 바울은 믿음의 선한 싸움을 싸운 것이다. 성도들도 이 인생의 선한 싸움을 싸우고 이제 목적지까지 오게 되었다.

 * 참고 성구 * 딤전 1:18, 고전 9:26, 엡 6:13-17, 행 20:24

Ⅱ. 달려갈 길을 마치고/현재

바울은 달려갈 길을 마쳤다고 했다. 바울은 예수 그리스도의 종으로서 그의 삶을 훌륭히 마감할 단계에 왔다. 인생의 레이스에서 좌나 우로 치우치지 않고 한 길로, 뒤돌아보지 않고서 열심히 달려왔다. 성도들도 하나님이 맡기신 청지기의 사명을 이제 무사히 완수했다.

 * 참고 성구 * 딤전 6:12, 계 14:13, 히 11:16, 빌 1:9, 딤후 4:6

Ⅲ. 의의 면류관을 받고/미래

바울은 의의 면류관을 받을 것이라 했다. 의의 면류관 곧 '호 테스 디카이오쉬네스 스테파노스'라는 헬라어는 의인에게 주는 면류관이 아니라 사명을 다한 사람에게 주어지는 공로의 면류관이다. 성도들은 맡은 바 사명을 완수하고 이 영광스러운 하나님의 상급을 받는 자가 되자.

 * 참고 성구 * 벧전 5:4, 고전 9:25, 살전 2:19, 빌 3:14

■ 기 도 ■ 하나님 아버지! 당신의 사랑하는 이 성도를 통해 무한한 영광을 받으셨을 줄 믿습니다. 이제 영원한 부르심을 입고서 당신께 가오니 예비하신 상급으로 주시며 착하고 충성된 종이라 칭찬해 주소서. 예수 그리스도의 이름으로 기도드립니다. 아멘.

♣ 임종(신자) ♣

하나님의 집을 바라며
♪ 305, 340. 344

■ 본 문 ■ 만일 땅에 있는 우리의 장막 집이 무너지면 하나님께서 지으신 집 곧 손으로 지은 것이 아니요 하늘에 있는 영원한 집이 우리에게 있는 줄 아나니【고후 5:1】

■ 서 론 ■ "임종의 장면은 인생의 마지막 청산이요 그가 가는 미래를 설명해주는 장면이다." 어느 시인의 말이다. 성도들은 이 땅에서 하나님께 영광돌리는 삶을 살았고 이제 영원한 하나님의 집을 향하여 출발하고자 한다. 그러기 전에 한번 더 다짐할 것은?

I. 죽음을 준비하자
인류의 시조가 범죄한 이후 죽음은 인간이면 누구에게나 찾아오게 된 하나님의 형벌이다. 믿지 않는 사람은 죽음의 공포에서 헤어나지 못하지만 성도들에게 있어서는 새로운 세계로 도약하는 위대한 삶의 전기가 된다. 따라서 성도는 항상 죽음을 준비하고 아울러 천국을 소망하며 살아야 한다.
* 참고 성구 * 벧후 3:11-12, 히 9:27, 고전 6:9-10, 창 3:19

II. 하나님의 구원을 확신하자
내세에 대한 소망이 불투명해질 때 사단, 마귀의 유혹은 더욱 거세진다. 그러므로 성도들은 하나님의 구원을 확신해야 하겠다. 아울러 하나님을 향한 승리와 기쁨과 구속을 찬양하는 믿음을 가져야 한다. 구원은 우리가 잘나서 주신 것이 아니라 하나님의 은혜의 선물임을 감사하자.
* 참고 성구 * 딤전 4:1, 시 27:1, 습 3:17, 벧전 1:9

III. 하나님만 의뢰하자
히브리서 기자는 주는 나를 돕는 자시니 내가 무서워 아니하겠노라 사람이 내게 어찌하리요라고 했다. 하나님만을 의뢰하는 자의 삶의 고백이다. 하나님만을 의뢰하는 자에겐 사탄뿐 아니라 그 어느 누구도 그의 삶을 간섭할 수 없다. 하나님은 그를 의뢰하는 자를 붙들어 주신다.
* 참고 성구 * 히 13:6, 잠 3:5-6, 시 37:3-7, 엡 2:8

■ 기 도 ■ 하나님 아버지! 당신께서 예비하신 천국을 향해서 사랑하는 당신의 자녀가 이제 가옵니다. 영원한 그곳에서 당신과 함께 영원히 살 줄 믿고 이제 이 땅에 남아 있는 사랑하는 당신의 백성들에게도 당신의 구원을 확신하게 하옵소서. 예수 그리스도의 이름으로 기도드립니다. 아멘.

♣ 임종(신자) ♣

풀이 마름 같이
♪ 63, 48, 118

■ 본 문 ■ 해가 돋고 뜨거운 바람이 불어 풀을 말리우면 꽃이 떨어져 그 모양의 아름다움이 없어지나니 부한 자도 그 행하는 일에 이와 같이 쇠잔하리라【약 1:11】

■ 서 론 ■ 중국의 홍자성은 "나무는 가을이 되어 잎이 떨어진 뒤에야 꽃 피던 가지와 무성하던 잎이 다 헛된 영화였음을 알게 되고 사람은 죽어서 관 뚜껑을 닫을 때야 모든 게 쓸데없음을 안다."고 했다. 아직도 세상에 대해 미련이 남아 있는가. 주님이 우리에게 부탁하신 것은?

I. 세상 영광은 헛되다

헤롯 아그립바 1세가 위에 앉아 백성을 효유하자 백성들이 이를 신의 소리요 사람의 소리가 아니라고 아첨하였다. 헤롯은 세상에서 무수한 영광과 부귀영화를 누렸으나 하나님의 영광을 가로챈 그를 주의 사자가 치니 벌레(!)에게 물려서 죽는 허무한 삶을 마감하였다.
 * 참고 성구 * 고전 7:31, 요일 2:15-17, 사 40:6-8, 행 12:23

II. 겸손한 마음을 갖자

일천번제를 드린 솔로몬에게 하나님은 내가 네게 무엇을 줄꼬 너는 구하라고 하셨다. 이때 솔로몬은 종은 작은 아이라 출입할 줄을 알지 못한다고 겸손해 했다. 하나님은 교만한 자를 물리치시고 겸손한 자에게 은혜를 주시는 분이시다. 성도는 겸손으로 띠를 매는 삶을 살자.
 * 참고 성구 * 고전 4:7, 고후 4:7, 약 4:6, 10, 왕상 3:7

III. 영광을 주님께 돌리자

베드로에게 세 번이나 나를 사랑하느냐고 물으신 주님은 세 번이나 내 양을 먹이라고 하셨다. 세 번이라는 숫자는 아마도 세 번 부인한 베드로를 독려하기 위함이 아닐까. 베드로는 거꾸로 십자가에 매달려 죽음으로써 하나님께 영광을 돌렸다. 우리는 순교로 영광을 돌리는 신앙을 본받자.
 * 참고 성구 * 고전 15:10, 엡 5:10, 빌 1:20, 행 17:25, 요 21:19

■ 기 도 ■ 하나님 아버지! 인생은 공수래 공수거의 삶이요, 수의에는 호주머니가 없음을 잘 압니다. 헛된 세상에 미련을 버리고 당신께 영광돌리는 삶만이 최선의 삶임을 깨닫게 하소서. 예수 그리스도의 이름으로 기도드립니다. 아멘.

♣ 임종(신자) ♣

안개 같은 생명
♪ 534, 492, 532

■ 본 문 ■ 주께서 사람을 티끌로 돌아가게 하시고 말씀하시기를 너희 인생들은 돌아가라 하셨사오니 주의 목전에는 천년이 지나간 어제 같으며 밤의 한 경점 같을 뿐임이니이다【시 90:3-4】

■ 서 론 ■ 그리스의 서사시인 호메로스는 "인간의 생명은 나뭇잎과도 같다."고 슬퍼했다. 시편 기자는 우리 년수가 칠십이요 강건하면 팔십이라도 그 년수의 자랑은 수고와 슬픔뿐이라며 짧은 생을 노래했다(시 90:10). 인생길은?

I. 티끌로 돌아가는 인생길
하나님은 범죄한 아담에게 네가 필경은 흙으로 돌아가리니 그 속에서 네가 취함을 입었음이라 너는 흙이니 흙으로 돌아갈 것이니라고 하셨다. 죄의 결과는 죽음이 있을 뿐 이것이 비천한 인간의 근본이다. 우리의 육체는 가고 다시 오지 못하는 바람과 같은 존재임을 알자.
　* 참고 성구 *　신 32:21, 렘 10:23, 시 119:118, 창 3:19, 시 78:39

II. 잠깐 자는 것 같은 인생길
중국의 격언에 인생은 일장춘몽이라는 말이 있다. 참으로 인생길은 따뜻한 봄날 한번 길게 꾸는 꿈과 같은 것인가. 예수께서는 야이로의 딸이나 베다니의 나사로를 향하여 그들의 주검을 잔다고 하셨다. 조금 길게 자든 영원히 자든 인생은 한결같이 유아몽중의 삶인 것이다.
　* 참고 성구 *　왕하 17:15, 겔 31:14, 잠 11:18, 요 11:11-12

III. 풀의 꽃과 같은 인생길
베드로는 모든 육체는 풀과 같고 그 모든 영광이 풀의 꽃과 같으니 풀은 마르고 꽃은 떨어지되 주의 말씀은 세세토록 있다고 했다. 풀의 꽃과 같은 인생길에서 영원히 존재하시며 영광 중에 계신 샤론의 꽃 예수를 의뢰할 때 비로소 그 인생은 보람과 가치를 지니게 된다.
　* 참고 성구 *　시 94:11, 미 5:7, 렘 18:15, 벧전 1:24

■ 기 도 ■ 하나님 아버지! 안개 같은 생명을 가진 우리오나 당신께서 함께 계시면 영원한 생명을 누릴 수 있음을 믿습니다. 우리를 통해서 영광받기를 원하시는 당신께 우리의 모든 것을 드릴 수 있는 신앙으로 살게 인도해 주시옵소서. 예수 그리스도의 이름으로 기도드립니다. 아멘.

♣ 임종(신자) ♣

우리의 시민권
♪ 245, 347, 377

■ 본 문 ■ 오직 우리의 시민권은 하늘에 있는지라 거기로서 구원하는 자 곧 주 예수 그리스도를 기다리노니【빌 3:20】

■ 서 론 ■ 독일의 고고학자 호프너는 "믿음은 그리스도인을 만들고 삶은 그리스도인임을 입증하며, 시련은 그리스도인임을 확증시키고 죽음은 그에게 면류관을 씌운다."고 했다. 성도들은 이중 국적자이다. 이땅 위에 육의 시민권과 천국에 영의 시민권이 있으니 말이다. 하늘 시민권을 가진 바울의 삶은?

I. 모본을 보이는 삶을 산 바울
바울은 빌립보 교회의 교인들에게 너희는 내게 배우고 받고 듣고 본 바를 행하라고 했다. 물론 바울이 그의 삶의 모본으로 삼은 분은 예수 그리스도이시다. 성도들은 예수의 공생애과 바울의 인생에서 귀하고도 훌륭한 모본을 귀감으로 삼아 하나님의 뜻이 이땅에 이룩되기를 헌신하자.
* 참고 성구 * 마 20:28, 고전 4:16, 빌 4:9, 요 13:12-17

II. 영혼을 위해 열심인 삶을 산 바울
하나님은 모든 사람이 구원을 받으며 진리를 아는 데 이르기를 원하신다. 이 일을 위해 사명을 받은 이가 사도 바울이다. 바울은 동족 유대인의 영혼을 위해 자신이 저주를 받아 그리스도에게 끊어질지라도 원하는 바로라고 말했다. 바울이 있었기에 오늘 우리가 복음을 믿는 것이다.
* 참고 성구 * 눅 19:20, 요 4:35, 딤전 2:4, 행 20:24, 롬 9:3

III. 천국을 위해 준비하는 삶을 산 바울
바울은 내가 선한 싸움을 싸우고 나의 달려갈 길을 마치고 믿음을 지켰으니 나를 위하여 의의 면류관이 예비되어 있다고 확신하였다. 이는 가히 천국을 위해 준비하는 삶이 아닌가. 오늘 우리들은 이 바울처럼 천국을 위해서 하나님께 받은 달란트로 이익을 남긴 종들인가.
* 참고 성구 * 마 6:19-21, 딤전 6:17-19, 벧후 3:11-12, 딤후 4:7-8

■ 기 도 ■ 하나님 아버지! 우리의 영원한 시민권은 하늘에 있음을 믿습니다. 바울의 열심을 본받아 뭇 영혼을 위해 노력하고 헌신하며 의의 면류관, 생명의 면류관, 썩지 않는 면류관을 씌움받는 축복받는 자들이 되도록 인도하여 주시옵소서. 예수 그리스도의 이름으로 기도드립니다. 아멘.

♣ 임종(신자) ♣

영원한 생명을 주신 하나님
♪ 424, 414, 418

■ 본 문 ■ 하나님이 세상을 이처럼 사랑하사 독생자를 주셨으니 이는 저를 믿는 자마다 멸망치 않고 영생을 얻게 하려 하심이니라【요 3:16】

■ 서 론 ■ 스코틀랜드의 신학자 토마스 찰머스는 "다가올 영생에 대한 총체적이고 본질적인 준비는 성경이 우리에게 말씀한 것을 믿고 성경이 우리에게 명령한 것을 행하는 것이다."라고 했다. 성경에는 영생에의 비결이 담겨 있다. 우리의 영생을 위해서 하나님께서 하신 일은?

I. 독생자를 주신 하나님
범죄한 아담과 하와에게 하나님은 여자의 후손을 약속하셔 이미 원시복음을 준비하셨고 세상으로 쫓겨나는 그들에게 가죽옷을 지어 입혀서 십자가에서 피흘리시는 그리스도의 구원을 예표하셨다. 구약에서 여호와의 사자로 자신을 계시하다가 때가 되어 세상에 오신 분이 예수 그리스도시이다.
* 참고 성구 * 창 3:15-21, 히 9:12, 22, 창 22:11, 빌 2:6-8, 갈 4:4

II. 멸망치 않게 하신 하나님
하나님의 독생자 예수 그리스도를 믿는 자마다 멸망치 않고 구원을 입는다. 광야에서 불뱀에게 물린 자를 구원하기 위하여 모세가 장대 위에 높이 매달아 놓은 놋뱀을 본 자들은 산 것처럼 이는 후에 십자가에 달리실 그리스도의 예표이다. 주를 믿는 자는 멸망치 않는다.
* 참고 성구 * 막 10:21, 롬 8:35, 민 21:5-9, 빌 2:8, 행 3:22-23

III. 영생을 얻게 하신 하나님
주님은 나를 보내신 이를 믿는 자는 영생을 얻었고 심판에 이르지 아니하고 사망에서 생명으로 옮겼다고 하셨다. 그리고 너희가 영생을 얻기 위하여 내게 오기를 원하지 아니한다면서 탄식하셨다. 하나님께서 이 세상에 보내신 아들 예수 그리스도를 믿는 자에게는 영생이 있다.
* 참고 성구 * 요 5:24, 40, 사 56:6, 빌 2:10-11, 요 6:68

■ 기 도 ■ 하나님 아버지! 불쌍한 인간을 위해 긍휼을 베푸사 사랑하는 독자 예수 그리스도를 인간의 몸을 입혀 이 세상에 보내시어 구원과 영생을 주셨습니다. 우리의 생이 다하는 그날까지 할렐루야를 외치는 자들이 되게 하옵소서. 예수 그리스도의 이름으로 기도드립니다. 아멘

♣ 임종(신자) ♣

생명의 길
♪ 517, 210, 211

■ 본 문 ■ 예수께서 가라사대 내가 곧 길이요 진리요 생명이니 나로 말미암지 않고는 아버지께로 올 자가 없느니라【요 14:6】

■ 서 론 ■ 프랑스의 작가로서 '잔발장'으로 잘 알려진 빅토르 위고는 "내가 영원을 갈망함은 내가 영원할 생명을 가진 증거이다."라고 했다. 사람은 영원한 생명을 희구하고 그 길을 찾고자 노력하지만 뜻을 이루지 못하나 기독교는 그 생명에 대한 해답을 우리에게 전해주고 있다. 생명에 이르는 길은?

I. 그리스도를 믿어야 생명을 얻는다

예수 그리스도는 내가 곧 길이요 진리요 생명이라고 하시면서 나로 말미암지 않고는 하나님 아버지께로 올 자가 없다고 단언하셨다. 예수는 생명의 떡이요 생명의 음료이다. 예수를 믿을 때 그 배에서 생수의 강이 흘러 넘친다. 부활하신 예수는 성도의 부활할 예표이다.

＊ 참고 성구 ＊ 요 3:16, 행 4:12, 고전 1:30, 행 16:31

II. 말씀을 의뢰해야 생명을 얻는다

예수께서는 성경 곧 말씀에서 영생을 얻는 줄 생각하고 성경을 상고하거니와 이 성경이 곧 내게 대해서 증거하는 것이라고 하셨다. 그러나 이어 너희가 영생을 얻기 위해 내게 오기를 원치 않는다고 하셨다. 그리스도 예수를 증거하며 하나님을 알게 하는 말씀을 의뢰할 때 생명을 얻는다.

＊ 참고 성구 ＊ 딤후 3:16-17, 마 4:4, 시 119:105, 요 5:39

III. 성령충만을 받아야 생명을 얻는다

바울은 자기 육체를 위해 심는 자는 육체로부터 썩어진 것을 거두고 성령을 위해 심는 자는 성령으로부터 영생을 거두리라고 갈라디아 교회에게 말했다. 성령충만한 자가 영원한 생명을 얻는 자이다. 하나님의 영이 충만했던 엘리야는 죽음을 보지 않고 산 채로 하늘에 올리워갔다.

＊ 참고 성구 ＊ 요 16:13, 엡 5:18, 눅 24:49, 행 1:8, 갈 6:8

■ 기 도 ■ 하나님 아버지! 우리에게 영원한 생명을 주시기를 기뻐하신 당신의 뜻을 좇아 여기까지 왔습니다. 이제 사랑하는 당신의 백성에게 영생을 허락하시옵소서. 예수 그리스도의 이름으로 기도드립니다. 아멘.

♣ 임종(신자) ♣

사망을 이기는 주
♪ 154, 169, 183

■ 본 문 ■ 사망을 영원히 멸하실 것이라 주 여호와께서 모든 얼굴에서 눈물을 씻기시며 그 백성의 수치를 온 천하에서 제하시리라 여호와께서 이같이 말씀하셨느니라
【사 25:8】

■ 서 론 ■ 미국의 신문 기자로서 노예제도 폐지론자였던 가마리엘 베일리는 "그리스도의 성호는 이 땅이나 하늘의 모든 말 중 가장 위대한 말이다."라고 했다. 그리스도는 구속주요 그에게만이 영생이 있다. 사망을 이기신 주 그는?

Ⅰ. 성도들에게 기쁨을 주신다
예수께서는 베다니의 삼남매 중 나사로가 병으로 죽자 이 병은 죽을 병이 아니요 하나님의 영광을 위함이요 나사로는 죽은 것이 아니요 잔다고 하셨다. 예수는 부활이요 생명이시다. 나사로가 살아나자 많은 사람들이 놀라워하며 기뻐했다. 주님은 성도들에게 기쁨을 주시는 분이시다.
* 참고 성구 * 행 15:3, 시 69:31, 호 7:3, 막 5:42-43, 요 11:25-26

Ⅱ. 사망을 영원히 멸하신다
바울은 그의 서신 고린도전서에서 사망아 너의 이기는 것이 어디 있느냐 사망아 너의 쏘는 것이 어디 있느냐며 사망을 영원히 폐하시고 부활하신 주님을 찬양했다. 그리고 성도들에게 견고하며 흔들리지 말고 주의 일에 더욱 힘쓰는 자가 되라고 했다. 주님은 사망을 정복하셨다.
* 참고 성구 * 고전 3:22, 신 30:15, 합 2:5, 고전 15:55

Ⅲ. 모든 얼굴에서 눈물을 씻기신다
주님은 저 하늘보좌에서 목자가 되시어 생명수 샘으로 우리를 인도하시고 하나님은 우리의 눈에서 모든 눈물을 씻어주실 것이다. 하나님은 친히 우리와 함께 계셔서 이제는 사망이나 애통하는 것이나 곡하는 것이나 아픈 것이 다시 있지 않으니 이는 처음 것들이 다 지나갔음이라.
* 참고 성구 * 마 6:16, 창 3:19, 욥 13:24, 요 11:33-44, 계 7:17, 21:3

■ 기 도 ■ 하나님 아버지! 당신은 사망을 영원히 멸하시고 성도들에게 영생을 주시려고 예수 그리스도를 이 땅에 보내셨습니다. 예수를 구주로 믿고 의로운 삶을 산 당신의 사랑하는 성도에게 이제는 영원한 생명으로 갚아주시옵소서. 예수 그리스도의 이름으로 기도드립니다. 아멘.

♣ 임종(신자) ♣

나를 위해 정한 날
♪ 167, 492, 534

■ 본 문 ■ 천하에 범사가 기한이 있고 모든 목적이 이룰 때가 있나니 날 때가 있고 죽을 때가 있으며 심을 때가 있고 심은 것을 뽑을 때가 있으며【전 3:1-2】

■ 서 론 ■ 프랑스의 수학자요 물리학자인 파스칼은 "인생은 우주의 영광이면서 우주의 오욕이 되기도 한다."고 했다. 하나님의 뜻에 의해 이 땅에 보냄을 받은 성도는 하나님의 백성답게 의롭고 거룩한 삶을 영위해야 한다. 나를 위해 정한 그날이 옴을 기억하며 잘해야 할 것은?

I. 세월/잘 아껴야 함
바울은 에베소 교회를 향해 세월을 아끼라 때가 악하니라고 했고, 골로새 교회를 향해 외인을 향하여서는 지혜로 행하여 세월을 아끼라고 했다. 성도는 세속 사회 속에서 지혜로 처신하여 사람들에게 감명을 주고 설득력을 미치게 해야 한다. 후회없는 삶! 이것이 성도의 삶이다.
* 참고 성구 * 엡 5:16, 욥 7:6, 시 90:10, 욥 9:25, 골 4:5

II. 시기/잘 분별해야 함
바울은 로마의 디아스포라 유대인이 세운 로마 교회에 너희는 이 세대를 본받지 말고 마음을 새롭게 함으로 변화를 받아 하나님의 선하시고 기뻐하시고 온전하신 뜻이 무엇인지 분별하라고 했다. 이 세상은 악하고 때도 악하다. 이런 세상에서 사는 성도는 시류를 잘 분별해야 한다.
* 참고 성구 * 마 25:13, 눅 21:34-36, 롬 13:11-14, 시 90:12

III. 준비/잘 마무리 해야 함
바울은 디모데에게 나의 떠날 기약이 가까왔다면서 내가 선한 싸움을 싸우고 나의 달려갈 길을 마치고 믿음을 지켰다고 했다. 이는 참으로 성도들이 본받아야 할 삶이다. 목적지까지 최선을 다하여 경주한 삶, 그리고 잘 준비한 삶에는 하늘의 상이 클 것은 자명한 사실이다.
* 참고 성구 * 마 25:1-13, 살전 5:4-8, 벧후 3:11-12, 눅 12:36, 딤후 4:6-7

■ 기 도 ■ 하나님 아버지! 이 땅 위에 나를 위해 정한 날이 있음을 압니다. 그래서 세월을 아끼고 시기를 잘 분별하고 준비성 있는 삶으로 일관되게 살아왔습니다. 이제 당신의 곁으로 가고자 하오니 내 영혼을 받으시옵소서. 예수 그리스도의 이름으로 기도드립니다. 아멘.

♣ 임종(신자) ♣

편히 쉬리
♪ 476, 497, 502

■ 본 문 ■ 의인이 죽을지라도 마음에 두는 자가 없고 자비한 자들이 취하여 감을 입을지라도 그 의인은 화액 전에 취하여 감을 입은 것인 줄로 깨닫는 자가 없도다 그는 평안에 들어갔나니 무릇 정로로 향하는 자는 자기들의 침상에서 편히 쉬느니라
【사 57:1-2】

■ 서 론 ■ 영국의 시인이자 극작가인 세익스피어는 "천국은 영원한 기쁨의 보고이다."라고 했다. 영혼의 영원한 안식처인 천국을 소유하고 있는 성도의 삶은 행복하다. 이 땅을 떠나 하늘의 시민권을 취함은?

I. 이 세상은 참으로 악하다

세월을 아끼라 때가 악하다고 바울은 말했다. 참으로 우리는 악한 마지막 때에 와 있다. 이 세상은 온통 살인, 강도, 폭력, 싸움, 도둑질, 매춘, 술취함 등등 온통 추악한 모습으로 우리에게 다가온다. 성도는 하나님의 백성으로 구별된 자들로서 험악한 세상에 살지만 세상 풍조를 좇지 않는다.
* 참고 성구 * 요 15:18-20, 약 4:4, 요일 5:19, 엡 5:16

II. 주의 거룩함을 좇아야 한다

하나님은 내가 거룩하니 너희도 거룩할지어다라고 하셨다. 특히 마지막 날에는 더욱 거룩한 행실과 경건함으로 하나님의 날이 임하기를 바라보아야 한다고 성경은 말하고 있다. 성도라는 말의 헬라어 '하기오스'는 거룩하다, 성별되다라는 뜻이 있다. 우리를 향한 하나님의 뜻은 우리의 거룩함이다.
* 참고 성구 * 벧후 3:11-12, 벧전 1:15-16, 고전 3:16-17, 레 11:45

III. 성도의 죽음은 안식으로 가는 것이다

한 번 죽는 것은 정하신 것이요 그 후에는 심판이 있다. 사람은 생물학적 존재로서 누구나 죽을 운명을 가지고 태어난다. 그러나 성도의 죽음은 죽음으로 끝나는 것이 아니라 오히려 새로운 삶이 기다리고 있으니 곧 하나님께서 마련하신 영원한 안식이요 영생이 그것이다.
* 참고 성구 * 눅 16:19-31, 요 11:25-26, 살전 4:13-17, 히 3:18, 9:27

■ 기 도 ■ 하나님 아버지! 사랑하는 당신의 백성을 영원한 안식과 영생으로 맞이하여 주시옵소서. 성도의 죽음은 죽음으로 끝나는 것이 아닌 새 생활의 시작임을 믿는 믿음을 더하여 주시옵소서. 예수 그리스도의 이름으로 기도드립니다. 아멘.

♣ 임종(불신자) ♣

오늘 함께 낙원에
♪ 228, 351, 465

■ 본 문 ■ 예수께서 이르시되 내가 진실로 네게 이르노니 오늘 네가 나와 함께 낙원에 있으리라 하시니라【눅 23:43】

■ 서 론 ■ 영국의 극작가 셰익스피어는 "천국의 사랑이 사람을 거룩하게 만든다."라고 했다. 죄는 미워하되 사람은 미워하지 말라는 말을 곧잘 한다. 이는 사람 속에 거하는 죄성 때문에 죄를 짓는 것이기 때문이다. 오늘 예수와 함께 십자가 처형을 받은 강도가 낙원을 허락받은 이유는?

I. 죄를 회개하여 낙원을 허락받음

죄를 회개함은 구원을 향한 첫 관문이다. 강도는 우리의 향한 일에 당연한 보응을 받았다고 하고 주께서는 무죄하시다고 했다. 회개 곧 '메타노이아'는 마음을 바꿈, 사고방식을 변화시킴, 돌아섬의 뜻으로 이는 자신의 행위의 의로움을 포기하고 그리스도께 완전히 의존함을 가리킨다.

＊ 참고 성구 ＊ 막 1:15, 행 2:28, 요일 1:8-10, 시 25:7

II. 주를 의뢰하여 낙원을 허락받음

강도는 예수께 당신의 나라에 임하실 때 나를 생각하소서라고 간절히 말했다. 낙원에 해당하는 헬라어 '파라데이소스'는 신약에 세 번 사용되었다. 이 말은 즐거운 동산이란 의미로 성도들이 죽은 뒤 그 영혼이 부활을 기다리는 곳을 묘사할 때 사용되었다. 강도는 주께 자신의 영혼을 맡겼다.

＊ 참고 성구 ＊ 요 14:6, 행 16:31, 엡 2:8-9, 계 22:14

III. 기회를 잘 포착하여 낙원을 허락받음

회개한 강도를 향해 예수께서는 오늘 네가 나와 함께 낙원에 있으리라는 확신을 주셨다. 다른 한 편의 강도는 지옥에, 회개한 강도는 주님과 낙원에 있게 되는 이 사건은 많은 죄를 지었지만 마지막에 회개하여 구원을 얻는 기회를 잘 포착한 강도의 명암이 바뀌는 순간이다.

＊ 참고 성구 ＊ 고후 6:2, 엡 5:16, 사 55:6-7, 시 106:4

■ 기 도 ■ 하나님 아버지! 비록 당신을 알지 못하고 인생을 죄악 가운데서 살았으나 이제 당신을 영접하고 당신의 품에 안기려 하는 이 백성을 기쁘게 맞아주시고 그 영혼을 거두어 주시옵소서. 예수 그리스도의 이름으로 기도드립니다. 아멘.

♣ 임종(불신자) ♣

죽음은 정하신 이치
♪ 295, 434, 534

■ 본 문 ■ 네가 얼굴에 땀이 흘러야 식물을 먹고 필경은 흙으로 돌아가리니 그 속에서 네가 취함을 입었음이라 너는 흙이니 흙으로 돌아갈 것이니라 하시니라【창 3:19】

■ 서 론 ■ 영국의 시인 바이런은 "아, 인간아! 그대는 웃음과 눈물 사이를 쉴새없이 오고가는 시계추로다."라고 했다. '생노병사', '희로애락'은 인간의 삶을 잘 표현해 주는 말이다. 죽음은 모든 인간이 맞는 생물학적 사망이다. 사람의 일생을 성경은 무엇이라 하는가?

I. 사람은 흙으로 지음을 받았음
창세기 기자는 하나님께서 자기 형상 곧 하나님의 형상대로 사람을 창조하시어 흙으로 된 그 코에 생기를 불어넣어 사람이 생령이 되었다고 창조기사를 말했다. 바울도 토기장이와 진흙으로 하나님과 사람의 관계를 비유로 말했다. 사람은 흙으로 지음받은 창조주의 걸작품이다.
 * 참고 성구 * 창 2:7, 마 19:4, 사 45:9, 롬 9:21, 말 2:10

II. 사람은 흙 속에서 살아감
에덴동산에서 추방당한 아담과 하와를 향해 하나님은 땅이 네게 가시덤불과 엉경퀴를 낼 것이라고 하시며, 네가 얼굴에 땀을 흘려야 식물을 먹을 것이라고 하셨다. 죄의 결과로 땅마저 저주를 받게 되었고 사람은 고생을 해야만 생활을 유지할 수 있게 되었다. 흙 속의 삶이다.
 * 참고 성구 * 창 4:3, 학 1:11, 창 9:1, 롬 9:20-21

III. 사람은 흙으로 돌아갈 존재임
하나님은 필경 너는 흙으로 돌아가리니 그 속에서 네가 취함을 입었다고 하시며 너는 흙이니 흙으로 돌아갈 것이라고 인간의 비천한 근본을 말씀하셨다. 죽음은 오직 죄로 인함이요 흙으로 돌아감은 죄의 결과는 죽음이 있을 뿐이라는 하나님의 준엄하신 죄에의 형벌이다.
 * 참고 성구 * 창 28:14, 욥 17:16, 시 146:4, 창 3:19, 히 9:27

■ 기 도 ■ 하나님 아버지! 불순종의 죄로 인해 인간에게 죽음이라는 형벌이 내려졌음을 믿습니다. 흙으로 지음받은 인간이 흙으로 돌아감은 당신의 뜻입니다. 이제 흙 속에서 살다 흙으로 돌아가는 이 백성의 영혼을 주께서 지켜 주시옵소서. 예수 그리스도의 이름으로 기도드립니다. 아멘.

♣ 임종(불신자) ♣

주의 자녀
♪ 208, 355, 381

■ 본 문 ■ 영접하는 자 곧 그 이름을 믿는 자들에게는 하나님의 자녀가 되는 권세를 주셨으니【요 1:12】

■ 서 론 ■ 어느 목회자는 "신자의 사랑의 대상은 세상이 아니라 그리스도요 마땅히 할 일은 그리스도께 드리는 봉사이며 소망할 것은 영원한 하늘나라이다."라고 했다. 하나님의 자녀가 되는 권세는 초자연적인 것으로 혈통이나 사람의 뜻으로 되지 아니한다. 하나님의 자녀는?

Ⅰ. 믿음으로 얻은 특권임
하나님의 자녀가 되는 것은 예수 그리스도를 영접할 때, 곧 그 이름을 믿을 때 비로소 가능해진다. 이 놀라운 일은 하나님의 풍성하신 은혜로 된 일이요 믿음으로 말미암아 가능하게 된 일이다. 이제는 양자의 영을 받았으므로 하나님을 아바 아버지라고 부르게 되었다.
* 참고 성구 * 엡 2:8-9, 히 11:6, 롬 1:7, 창 15:16, 롬 8:15

Ⅱ. 거듭난 새 사람임
바울은 놀라운 비밀을 이야기 했으니 곧 누구든지 그리스도 안에 있으면 새로운 피조물이라 이전 것은 지나갔으니 보라 새 것이 되었다고 했다. 하나님의 자녀는 그리스도 예수로 말미암아 새롭게 거듭난 새 사람이다. 이제는 옛 사람 곧 육신의 정욕으로 살던 삶을 버려야 한다.
* 참고 성구 * 고후 5:17, 엡 4:22-24, 롬 12:1-2, 딛 3:5

Ⅲ. 하나님의 자녀들임
죄를 짓는 자는 사탄에게 속해 그의 자녀들이 되고 하나님께로 난 자마다 죄를 짓지 아니하니 이는 하나님의 씨가 그의 속에 거함이기 때문이다. 성도는 죄를 사함받고 하나님의 자녀로 인침을 받은 존재들이 되었다. 이제는 옛 생활을 청산하고 거룩한 삶을 살아야 한다.
* 참고 성구 * 갈 4:6-7, 롬 8:14-17, 벧전 1:3-4, 요일 3:10

■ 기 도 ■ 하나님 아버지! 우리의 수고없이 오직 당신께서 보내신 그리스도를 믿기만 하면 당신의 자녀로 삼아주신 이 풍성한 은혜를 감사드립니다. 이제 옛 생활의 죄악을 그리스도의 보배로운 피에 씻고 당신께 나아갑니다. 이 죄인을 맞아 주시기를 예수 그리스도의 이름으로 기도드립니다. 아멘.

♣ 임종(불신자) ♣

위대한 사랑
♪ 278, 301, 363

■ 본 문 ■ 또 증거는 이것이니 하나님이 우리에게 영생을 주신 것과 이 생명이 그의 아들 안에 있는 그것이니라【요일 5:11】

■ 서 론 ■ 독일의 종교개혁자 루터는 "사랑은 하나님의 형상이요 생명없는 형상이 아니라 온갖 양선의 빛을 충만히 발하는 신성의 살아 있는 본질이다."라고 했다. 죄인을 위하여 하나님은 독생자 예수를 이 땅에 보내시는 사랑을 보이셨다. 하나님의 사랑을 어찌 필설로 다하리요마는 이 사랑은?

I. 독생자를 내어주신 사랑

태초부터 선재하셔 하나님과 함께 말씀으로 계신 예수 그리스도 하나님의 독생자를 죄 많고 악으로 가득찬 이 땅에 보내셔서 인간을 구원하시고자 하신 하나님의 지극하신 사랑은 이루 형언할 수가 없다. 하나뿐인 아들을 십자가에 달리게 하신 그 놀라운 사랑에 감사드리자.

* 참고 성구 * 요 3:16, 고후 5:21, 롬 5:6-8, 요 16:27

II. 죄인을 구원하시는 사랑

우리가 죄인 되었을 때에 그리스도께서 우리를 위해 죽으심으로 하나님께서 우리에게 대한 자기의 사랑을 확증하셨다고 바울은 말했다. 독생자를 내어주신 사랑은 곧 죄인을 구원하시려는 사랑이다. 십자가 사건은 죄인의 구원을 위한 불가피한 하나님의 섭리가 계신 사건이었다.

* 참고 성구 * 눅 15:1-32, 시 51:16-17, 겔 18:23,32, 롬 5:8

III. 오래 참고 기다리시는 사랑

하나님은 모든 사람이 구원을 받으며 진리를 아는 데 이르기를 원하신다. 하나님께는 하루가 천년 같고 천년이 하루 같다. 주의 약속 곧 심판이 더딘 것은 죄인들이 회개하고 돌아와 멸망치 않게 하시려는 하나님의 크나큰 배려에 있다. 하나님의 인내는 그의 사랑과 결부되어 있다.

* 참고 성구 * 딤전 2:4, 막 16:15-16, 벧후 3:9, 벧전 3:20

■ 기 도 ■ 하나님 아버지! 당신의 긍휼하심이 이 땅에 어떻게 나타났는지를 당신의 사랑을 통해 알았습니다. 죄인의 구원을 위해 펴신 놀라운 사랑에 오로지 감사와 찬양을 드릴 뿐입니다. 당신의 사랑을 일생을 통해 간직하는 자들이 되게 도와 주시옵소서. 예수 그리스도의 이름으로 기도드립니다. 아멘.

♣ 임종(불신자) ♣

너와 나의 천국
♪ 250, 220, 226

■ 본 문 ■ 무엇이든지 속된 것이나 가증한 일 또는 거짓말하는 자는 결코 그리로 들어오지 못하되 오직 어린 양의 생명책에 기록된 자들 뿐이라【계 21:27】

■ 서 론 ■ 미국의 정치가 에밀리 디킨슨은 "위대하신 성령이여, 당신의 것만큼 큰 것이 아니라 나에게 충분할 정도로 큰 천국을 허락하여 주옵소서."라고 했다. 죄 사함을 받고 구원을 얻은 너와 나의 그 천국은?

I. 하나님의 영광만 비취는 곳

하나님의 영광만 비취는 곳이 천국이다. '영광' 곧 헬라어 '독사'와 히브리어 '카보드'는 하나님의 영광 또는 힘을 의미하며 하나님의 임재를 표현한다. 기독교 최초의 순교자 스데반은 죽음을 앞두고 이 하늘의 광경을 직접 목도하고 놀라운 찬양으로 사람들에게 증거했다.

* 참고 성구 * 사 24:23, 슥 2:5, 사 60:19, 계 21:11, 행 7:55-56

II. 어린 양이 등불이 되시는 곳

천국에서 보좌 가운데 계신 어린 양 예수께서 우리의 목자가 되셔서 생명수 샘으로 우리를 인도하실 것이다. 이는 시편에서 다윗이 노래한 것과 같이 여호와는 나의 목자시니 내가 부족함이 없다는 말이다. 예수께서 등불이 되셔 환하게 비추시며 우리를 생명샘으로 이끌 것이다.

* 참고 성구 * 요 10:11, 14, 계 7:17, 시 23:1, 계 22:5

III. 죄악이 존재하지 않는 곳

이 세상은 죄악만이 관영한 곳이었기에 하나님은 사람을 지으셨음을 한탄하셨다. 그러므로 심판이 꼭 필요했으나 천국에는 죄악이 영원히 존재하지 않고 하나님의 영광만 비취는 거룩한 곳이다. 애통과 슬픔과 아픈 것과 사망이 사라진 하나님과 그의 백성만 거하는 곳이다.

* 참고 성구 * 고후 11:12, 계 21:2-4, 사 52:1, 롬 14:17, 창 6:5

■ 기 도 ■ 하나님 아버지! 당신께서 계신 천국은 죄악이 없고 예수께서 등불이 되시고 당신의 영광만이 비취는 곳입니다. 이런 곳을 허락하신 당신께 영원한 찬양을 드립니다. 존귀하신 당신께서 친히 우리와 함께 계시는 천국! 이 천국에서의 삶을 누리게 하소서. 예수 그리스도의 이름으로 기도드립니다. 아멘.

♣ 임종(불신자) ♣

풀과 같은 인생
♪ 544, 235, 238

■ 본 문 ■ 말하는 자의 소리여 가로되 외치라 대답하되 내가 무엇이라 외치리이까 가로되 모든 육체는 풀이요 그 모든 아름다움은 들의 꽃 같으니 풀은 마르고 꽃은 시듦은 여호와의 기운이 그 위에 붊이라 이 백성은 실로 풀이로다【사 40:6-7】

■ 서 론 ■ 영국의 작가 사무엘 존슨은 "어떤 사람도 생명이 짧은 것을 믿지 않는다."라고 했다. 성경은 영원할 것만 같은 생명이 풀의 꽃과 같다고 했다. 이에 담긴 영적 교훈은?

Ⅰ. 육신의 장막은 무너짐을 알 것

바울은 만일 땅에 있는 우리의 장막 집이 무너지면 하나님께서 지으신 집 곧 하늘에 있는 영원한 집이 우리에게 있는 줄 안다고 했다. 육신을 입은 인간은 앞서거니 뒤서거니 하면서 차례로 죽는다. 이것은 하나님께서 인간을 향해서 내린 형벌로서 이는 죄의 결과이기 때문이다.

* 참고 성구 * 고후 5:1, 히 9:27, 창 3:19, 히 10:39, 롬 6:23

Ⅱ. 세상의 영광은 허망함을 알 것

머리의 정금 같은 나라 바벨론을 건설한 느부갓네살 왕도 자신의 교만으로 인해 왕위에서 쫓겨나 들짐승과 함께 거하며 소처럼 풀을 먹고 손톱은 새 발톱과 같이 되었다. 이 세상의 영광은 영원하지 않고 오직 허망할 뿐이다. 세상의 영광을 구하는 자는 뜬구름을 잡는 자이다.

* 참고 성구 * 벧후 3:10-11, 요일 2:15-16, 행 12:23, 단 2:38, 4:33

Ⅲ. 주의 말씀은 영원함을 알 것

사랑의 사도 요한은 이 세상도 그 정욕도 지나가되 오직 하나님의 뜻을 행하는 이는 영원히 거하느니라고 했다. 영원하신 주의 말씀 곧 성경에 나타난 하나님의 뜻대로 사는 자는 영원히 사는 삶을 누릴 것이다. 영원한 생명의 떡이시요 생명의 음료이신 예수를 바라자.

* 참고 성구 * 딤후 3:16-17, 요일 2:17, 시 19:7-11, 마 5:18

■ 기 도 ■ 하나님 아버지! 풀과 같고 안개와 같은 우리네 인생길을 우리는 세상 것만 좇아 다녔습니다. 이제 그 허망함을 일깨워 주시고 영원한 당신의 말씀을 좇아 영생을 취하는 자들이 되게 하옵소서. 예수 그리스도의 이름으로 기도드립니다. 아멘.

♣ 임종(불신자) ♣

부활의 길
♪ 151, 235, 237

■ 본 문 ■ 예수께서 가라사대 나는 부활이요 생명이니 나를 믿는 자는 죽어도 살겠고 무릇 살아서 나를 믿는 자는 영원히 죽지 아니하리니 이것을 네가 믿느냐【요 11:25-26】

■ 서 론 ■ "복음 서신들이 부활을 설명하는 게 아니다. 부활이 복음 서신들을 설명한다."라고 존 웨일은 말했다. 예수의 부활은 하나님이 초자연적으로 만드신 사건이다. 성경 곳곳에 이 사실이 증거되어 있다. 베다니의 나사로가 잠든 곳에서 주님은 자신을 계시하셨다. 주님은?

Ⅰ. 주님은 자신을 부활이라 하심
예수께서는 마르다에게 이르시길 나는 부활이라고 하셨다. 부활 곧 헬라어 '아나스타시스'는 일어남(자리에서), 일으킴(죽은 자 가운데서)의 뜻이 있다. 이는 하나님께서 사망 권세를 깨뜨리고 죽은 자 가운데서 예수를 일으키심을 뜻한다. 예수 그리스도는 부활의 첫 열매이시다.
* 참고 성구 *   요 5:21, 29, 막 12:23, 고전 15:22, 행 24:15

Ⅱ. 주님은 자신을 생명이라 하심
사도 요한은 아들이 있는 자에게는 생명이 있고 하나님의 아들이 없는 자에게는 생명이 없느니라고 했다. 예수 그리스도는 영원한 생명이시다. 생명 곧 헬라어 '조에'는 모든 것의 원인이며 근본이 되는 생명의 본질을 의미하는 말로 주님만이 타락한 인간에게 새 생명을 주신다.
* 참고 성구 *   롬 6:4, 출 30:12, 수 2:14, 요 6:40

Ⅲ. 주님은 자신을 믿는 자는 죽지 않으리라 하심
예수께서는 자신을 믿는 자는 죽지 않는다고 하였는데 이는 육체적으로 죽을지라도 영적으로 영원히 살 것과 육체로 살아서 나를 믿는 자는 영적으로 영원히 죽지 아니할 것이라는 의미이다. 예수의 아버지 하나님에게만 죽지 아니함이 있고 빛에 거하시고 아무도 보지 못했고 볼 수 없는 분이다.
* 참고 성구 *   고전 15:12, 히 6:2, 요 11:26, 살전 4:16, 딤전 6:16

■ 기 도 ■ 하나님 아버지! 우리에게 부활의 길을 보여주심을 감사드립니다. 이 부활의 신앙을 가슴 속 깊이 간직하여 마지막 그날에 몸이 부활하여 재림하시는 주님을 따라 함께 있게 하소서. 예수 그리스도의 이름으로 기도드립니다. 아멘.

♣ 임종(불신자) ♣

너를 위한 희생
♪ 185, 314, 417

■ 본 문 ■ 그가 찔림은 우리의 허물을 인함이요 그가 상함은 우리의 죄악을 인함이라 그가 징계를 받음으로 우리가 평화를 누리고 그가 채찍에 맞음으로 우리가 나음을 입었도다【사 53:5】

■ 서 론 ■ 히포의 감독 성 어거스틴은 "아, 희생의 사랑 없이 어찌 십자가의 섭리가 이루어질 수 있을까."라고 했다. 하나님의 본체시나 하늘 보좌를 버리고 이 땅에 오신 그리스도 예수의 십자가 사역은 구체적으로 무엇인가?

I. 인류의 죄를 담당하신 그리스도

바울은 한 범죄로 많은 사람이 정죄에 이른 것같이 의의 한 행동으로 많은 사람이 의롭다 하심을 받아 생명에 이르렀다고 했다. 아담의 범죄로 죄가 왕노릇 하자 하나님은 여자의 후손으로 죄를 사하게 하시려고 예수를 이 땅에 보내시어 십자가 보혈을 흘리게 하셨다.

* 참고 성구 * 마 20:28, 막 10:45, 고후 5:21, 히 9:14, 롬 5:18

II. 하나님과의 평화를 이루신 그리스도

베드로는 너희가 전에는 양과 같이 길을 잃었더니 이제는 너희 영혼의 목자와 감독 되신 이에게 돌아왔다고 했다. 예수의 십자가는 세로의 하늘과 땅 곧 하나님과 인간을, 가로는 사람과 사람 혹 이방인과 유대인을 하나되게 하셨는데 십자가의 한가운데 정점에 예수가 있다.

* 참고 성구 * 요 14:6, 엡 2:14, 벧전 2:25, 사 9:6

III. 하나님의 사랑을 증거하신 그리스도

요한은 우리가 하나님을 사랑한 것이 아니요 오직 하나님이 우리를 사랑하사 우리 죄를 위하여 화목제로 그 아들을 보내셨다고 했다. 예수께서는 삼십 삼년의 세월을 이 땅에서 사셨는데 마지막 삼년의 공생애 동안에 하나님의 사랑과 구원을 선포하고 부활 승천하셨다.

* 참고 성구 * 요 3:16, 행 4:12, 요일 4:10, 고후 5:18

■ 기 도 ■ 하나님 아버지! 우리와 같은 죄인을 위하여 독생자 예수를 이 땅에 보내셔서 우리를 구원해 주심을 감사드립니다. 바라옵건대 예수의 피흘리심이 헛되지 않도록 죄 많은 우리를 주장해 주시어 영생을 취하게 하소서. 예수 그리스도의 이름으로 기도드립니다. 아멘.

♣ 임종(불신자) ♣

손 넓이 만한 날
♪ 209, 289, 478

■ 본 문 ■ 주께서 나의 날을 손 넓이 만큼 되게 하시매 나의 일생이 주의 앞에는 없는 것 같사오니 사람마다 그 든든히 선 때도 진실로 허사뿐이니이다(셀라)【시 39:5】

■ 서 론 ■ 미국의 수필가 에머슨은 "인생 그 자체는 허구와 의혹이며 또 꿈속에서 꿈을 꾸는 것과 같다."고 했다. 인생은 '일장춘몽'이라고 중국의 속담은 말하고 있다. 영원할 것만 같은 인생도 종착역에 다다르는 때가 곧 온다. 성경은 인생을 무엇이라고 하는가?

I. 인생은 연약한 존재이다

바울은 고린도 교회에 보낸 그의 두번째 편지에서 인생을 질그릇에 비유했다. 질그릇은 깨어지기 쉽고 크게 값어치도 나가는 것이 아니다. 참으로 인생은 질그릇과 같이 연약한 존재이다. 그러나 이 질그릇이 값어치가 나가고 귀한 것은 그 속에 보배 곧 복음을 담았을 때이다.

* 참고 성구 * 고전 15:58, 창 11:5, 시 45:2, 롬 9:21, 고후 4:7

II. 인생은 헛된 것을 사모한다

전도서를 기록한 솔로몬은 내가 해 아래서 행하는 모든 일을 본즉 다 헛되어 바람을 잡으려는 것이다라고 했다. 인생은 부귀영화를 좇아 정신없이 헤매고 다닌다. 인생이 좇는 것은 이 땅의 것이지 하늘에 쌓아두는 것이 아니다. 헛된 것을 사모하는 인생에게는 처절한 삶의 겨울이 닥쳐온다.

* 참고 성구 * 마 15:9, 삼하 7:14, 사 56:2, 전 1:14

III. 인생은 헛된 일에 분주하다

헛된 것을 사모하므로 인생은 분주하다. 아침에 일어나 종일 분주하게 다니며 일을 하다가도 저녁 잠자리에 들어 하루종일 무엇을 했는가 따져보면 아무것도 한 일이 없다. 먹고 사는 것에 바쁘기 때문이다. 인생은 하나님을 경외하는 삶을 먼저 살 때에만 보람이 있다.

* 참고 성구 * 살전 3:5, 욥 10:5, 미 5:7, 전 12:13

■ 기 도 ■ 하나님 아버지! 인생을 연약하고 헛된 일에 허비하고 분주한 삶을 살아온 자연인에서 이제 당신을 영접하고 당신의 복음을 믿고 당신을 경배하는 삶을 살고자 결단하는 당신의 아들에게 영생의 복을 내려주시옵소서. 예수 그리스도의 이름으로 기도드립니다. 아멘.

♣ 임종(불신자) ♣

앞 일을 모르는 인생
♪ 429, 532, 539

■ 본 문 ■ 너는 내일 일을 자랑하지 말라 하루 동안에 무슨 일이 날는지 네가 알 수 없음 이니라【잠 27:1】

■ 서 론 ■ 프랑스의 시인 마르틴은 "인간은 제한된 육신 안에 무한한 욕망을 품은 존재이다."라고 했다. 인생은 내일 무슨 일이 닥칠지 모르는 존재이다. 불안한 인생, 앞 일을 모르는 인생, 제한된 인생을 살아가는 이 인생길에 하나님의 동행하심이 있을 때 그 의미는 달라진다. 인생은?

Ⅰ. 내일 일은 내일에 속해 있음
'내일 일은 난 몰라요 하루하루 살아요 불행이나 요행함도 내 뜻대로 못해요' 라는 찬송이 있다. 참으로 내일 일은 그 누구도 모르는 것이다. 주님은 불쌍한 인생들에게 내일 일은 내일 염려할 것이요 한 날 괴로움은 그 날에 족하다고 하셨다. 내일 일은 내일 속해 있다.
 * 참고 성구 * 고전 15:32, 삿 20:28, 출 9:5, 마 6:34

Ⅱ. 우리는 앞 일을 알 수 없음
제한되고 한계있는 인생의 앞 일은 알 수 없다. 불행이 닥칠지 행복이 다가올는지 그 누구도 모른다. 욥은 동방에서 큰 자요 의인이었지만 재물이 약탈당하고 자식들이 죽고 자신에게 질병이 임할 줄 정말 몰랐다. 불안한 인생길, 앞 일을 알 수 없는 인생길에 주를 의뢰하자.
 * 참고 성구 * 요 10:1, 민 32:16, 사 65:10, 욥 1:14-19

Ⅲ. 성도는 항상 겸손해야 함
에스더서에 보면 하만이라는 인물이 나온다. 교만이 넘칠 대로 넘친 이 사람의 생은 우리들에게 시사하는 바가 정말 크다. 결국 자기가 세운 형틀에 자기와 아들들까지 멸망당하는 비극은 그의 교만에서 왔다. 하나님은 겸손한 자들에게 은혜를 주시고 길을 인도하신다.
 * 참고 성구 * 약 4:6, 시 10:17, 슥 9:9, 벧전 5:5, 에 6:6

■ 기 도 ■ 하나님 아버지! 앞 일을 모르는 불안한 인생길을 우리는 살고 있습니다. 그러나 전지전능 하신 당신과 함께 하는 길이라면 모든 것을 극복하고 살아갈 수 있사오니 현세뿐 아니라 내세에까지 임마누엘로 지켜주소서. 예수 그리스도의 이름으로 기도드립니다. 아멘.

♣ 임종(불신자) ♣

다 내게로 오라
♪ 318, 321, 343

■ 본 문 ■ 너희 목마른 자들아 물로 나아오라 돈 없는 자도 오라 너희는 와서 사먹되 돈 없이, 값 없이 와서 포도주와 젖을 사라【사 55:1】

■ 서 론 ■ 미국의 성직자 카일러는 "그리스도에게 나아가는 발걸음은 의심을 없애는 것이요 그분에 대한 생각이나 구원할 말이나 행동이 절망 속에 있는 당신을 구원할 것이다."라고 했다. 하나님은 모든 사람을 구원의 대열에 동참시키고자 우리를 초청하셨다. 하나님의 초청장에는?

Ⅰ. 목마른 자들을 부르심

예수께서는 장막절이 끝나는 날 서서 외치시기를 누구든지 목마르거든 내게로 와서 마시라 나를 믿는 자는 생수의 강이 흘러나리라고 하셨다. 영육간에 목마른 자들은 예수께 나아가야 한다. 지위의 고하를 막론하고 빈부의 차이를 뛰어넘어 노소에 관계없이 주님께 나아가자.
* 참고 성구 * 마 11:28, 롬 10:12, 딤전 2:4, 창 22:18, 계 22:17

Ⅱ. 영혼의 갈증이 해갈됨

예수께서는 사마리아의 수가 성 여인에게 내가 주는 물을 먹는 자는 영원히 목마르지 아니하리니 나의 주는 물은 그 속에서 영생하도록 솟아나는 샘물이 되리라고 하셨다. 육체의 정욕으로 영혼이 병든 여인은 주님을 만남으로써 영혼의 갈증이 해갈되는 기쁨을 맛보았다.
* 참고 성구 * 요 4:14, 갈 5:22, 요 7:37, 시 36:8, 계 22:17

Ⅲ. 값 없이 은혜로 구원됨

예수께 나아갈 때 영혼의 갈증이 해소되고 나아가 구원의 은혜를 체험한다. 이는 바울의 언급처럼 너희가 그 은혜를 인하여 구원을 얻었나니 이것이 너희에게서 난 것이 아니요 하나님의 선물이라는 말이다. 구원을 위해서 인생이 노력할 것은 전연없다. 오직 빈 손 들고 나아가는 일뿐이다.
* 참고 성구 * 엡 2:8-9, 롬 3:23-24, 딛 3:5, 계 22:17

■ 기 도 ■ 하나님 아버지! 당신은 우리 죄인들을 당신의 장중에 부르시고자 우리를 초청해 주셨습니다. 우리의 죄악된 마음을 우리의 영혼을 거룩하게 하셔서 당신의 나라에 기쁨으로 들어가게 하옵소서. 예수 그리스도의 이름으로 기도드립니다. 아멘.

♣ 입관 및 영결 ♣

악인의 장막보다
♪ 295, 342, 343

■ 본 문 ■ 주의 궁정에서 한 날이 다른 곳에서 천 날보다 나은즉 악인의 장막에 거함보다 내 하나님 문지기로 있는 것이 좋사오니【시 84:10-11】

■ 서 론 ■ "그리스도라는 이름은 한 마디로 천상천하에서 가장 위대한 언어이다."라고 배레이는 말했다. 인간의 죄를 대속하시기 위해 낮고 척박한 이 땅에 오셔서 구원을 이루신 예수 그리스도를 하나님은 모든 입으로 주라 시인하게 하셨다. 주께서는 그를 의지하는 자에게 어떻게 하실까?

I. 주께서는 의지하는 자를 보호하심
주께서는 그를 의지하는 자들을 위험에서부터 구출하여 보호하신다. 빌립보 감옥에 갇힌 바울과 실라가 하나님께 찬미하자 옥터가 움직이고 매인 것이 풀린 것처럼 우리를 묶어두고 있는 모든 족쇄에서 해방시켜 영원히 주님의 품안에서 우리를 보호하실 것이다. 할렐루야!
* 참고 성구 * 요 10:28-29, 시 23:4, 사 41:10, 행 16:25-26

II. 주께서는 의지하는 자를 거룩하게 하심
주께서는 그를 의지하는 자들을 영육간에 거룩하게 하신다. 기독교 최초의 순교자 스데반이 완고한 유대인들을 향하여 책망할 때 그의 죽음을 받으시고자 하나님의 영광과 주께서 하나님 우편에 '서서' 그에게 보이시며 나타나셔서 거룩한 그의 최후를 손수 받으셨다.
* 참고 성구 * 고전 1:30, 고후 6:14-18, 갈 2:20, 벧전 1:15, 행 7:55

III. 주께서는 의지하는 자를 좋은 것으로 만족케 하심
주께서는 그를 의지하는 자들에게 생각지도 않은 더욱 좋은 것으로 만족케 하신다. 솔로몬은 하나님께서 내가 네게 무엇을 줄꼬 물으시자 지혜를 구했다. 이 구함이 하나님 마음에 맞자 하나님은 전무후무한 부와 영광까지 주셨다. 주를 의지하는 자는 참으로 복된 자이다.
* 참고 성구 * 고후 4:17, 딤후 2:10, 시 73:24, 왕상 3:13

■ 기 도 ■ 하나님 아버지! 이 세상의 장막을 뒤로하고 이제 당신의 나라를 향해서 떠날 차비를 하는 당신의 백성을 친히 당신께서 보호하시고 거룩하게 하시고 더 좋은 것으로 만족케 하옵소서. 예수 그리스도의 이름으로 기도드립니다. 아멘.

♣ 입관 및 영결 ♣

우리의 년수
♪ 232, 135, 513

■ 본 문 ■ 우리의 년수가 칠십이요 강건하면 팔십이라도 그 년수의 자랑은 수고와 슬픔뿐이요 신속히 가니 우리가 날아가나이다【시 90:10】

■ 서 론 ■ 로마의 시인 호라티우스는 "창백한 죽음은 공평무사한 걸음을 걸어 가난한 자의 오두막집 문도 두드리고 왕들의 궁전 문도 두드린다."고 했다. 인생은 동서고금, 빈부귀천, 장유노소를 막론하고 죽음의 사자의 예방을 피할 길이 없다. 이 땅에서의 생애는?

I. 우리의 생애는 수고와 슬픔뿐임
이 땅에서의 우리의 생애는 희로애락에 묻혀 정신없는 삶을 영위하나 기쁨보다는 슬픔과 수고로운 일이 더욱 많아 야곱은 바로에게 나그네 길의 세월을 험악하게 보내었다고 했다. 그러나 하늘나라에서는 사망이나 애통이나 아픈 것이나 곡하는 것이 없는 희락 속에서의 삶을 누린다.
 * 참고 성구 * 창 3:17, 전 2:11, 시 80:10, 욥 7:6, 창 47:9

II. 우리의 생애는 칠팔십임
어떤 이는 불혹의 나이에, 어떤 이는 지천명, 어떤 이는 이순, 어떤 이는 고희를 넘기고 이 세상을 하직한다. 천년을 살 것같이 설치다가 겨우 백년도 넘기지 못하는 것이 인생이다. 시편 기자는 인생은 그 날이 풀과 같으며 그 영화가 들의 꽃과 같다고 노래하였다.
 * 참고 성구 * 행 20:10, 레 25: 51, 시 109:8, 시 39:5, 시 103:15

III. 우리는 주의 분노 중에 지나감
인생무상의 원인은 인간의 범죄에 있다. 인류의 시조 아담과 하와의 불순종의 범죄로 인간은 하나님의 진노 아래서 단명하게 되었고 비애를 지니게 되었다. 인과응보요 사필귀정이다. 인간이 단명과 비애의 슬픔을 극복하는 길은 오직 하나님께 있음을 명심해야 한다.
 * 참고 성구 * 계 7:17, 욥 36:26, 단 9:2, 시 78:38-39

■ 기 도 ■ 하나님 아버지! 아침 햇살에 사라지는 안개와 같은 인생을 살고 이제 아버지의 부르심을 입은 당신의 사랑하는 백성이 당신 곁으로 갑니다. 이 영혼을 축복하시고 영원한 안식으로 채워주시옵소서. 예수 그리스도의 이름으로 기도드립니다. 아멘.

♣ 입관 및 영결 ♣

생명수의 샘
♪ 210, 211, 215

■ 본 문 ■ 이는 보좌 가운데 계신 어린 양이 저희의 목자가 되사 생명수 샘으로 인도하시고 하나님께서 저희 눈에서 모든 눈물을 씻어 주실 것임이러라【계 7:17】

■ 서 론 ■ 미국의 신학자 트라이언 에드워즈는 "이 세상은 죽는 자들의 땅이요, 다음 세상은 사는 자들의 나라이다."라고 했다. 이제 주의 품으로 돌아가는 사랑하는 성도를 승천하신 예수께서는 이들을 생명수 샘으로 인도하실 것이다. 생명수 샘에 담긴 의미는?

I. 생명수의 샘은 성도의 신앙의 시련을 교훈한다

예수께서는 세상이 너희를 미워하면 너희보다 먼저 나를 미워한 줄을 알라고 하시며 너희가 세상에 속한 자가 아니요 나의 택함을 입은 자인 고로 세상이 너희를 미워한다고 하셨다. 성도 곧 '하기오스'는 성별된 자로서 주를 위해 많은 환난과 고난을 받을 수밖에 없다.

* 참고 성구 * 마 5:10-12, 딤후 3:12, 요 15:18-20, 욥 1:20-22

II. 생명수의 샘은 성도의 순결을 교훈한다

베드로는 너희를 부르신 거룩한 자처럼 너희도 모든 행실에 거룩한 자가 되라고 했다. 성도는 이 세상 사람들처럼 부도덕하고 불의한 자가 아니라 자신을 지키고 신앙의 순결을 고수하는 자이다. 그래야지 나중에 생명수 샘터에 인도함을 받을 수가 있기 때문이다.

* 참고 성구 * 고전 1:30, 벧전 1:15-16, 히 9:14, 고전 3:16-17

III. 생명수의 샘은 성도의 안전을 교훈한다

주님은 내가 너희를 고아와 같이 버려두지 아니하고 너희에게로 오리라고 하셨다. 이 주님께서 하늘나라로 간 영혼에게 영원한 안식을 주시기 위해 생명수 샘으로 인도하시는 것이다. 하나님은 이제 모든 눈물을 그 눈에서 씻기실 것이요 다시는 사망과 애통이 없는 삶을 주실 것이다.

* 참고 성구 * 시 23:4, 사 43:1-3, 마 28:20, 계 21:3, 요 14:18

■ 기 도 ■ 하나님 아버지! 사랑하는 당신의 백성을 긍휼히 여기시고 축복하시옵소서. 그는 이 세상에서 신앙으로 환난을 당하였으나 당신을 부인하지 않고 자신의 모든 것을 당신께 의뢰하였습니다. 이제 당신 곁으로 가는 사랑하는 성도께 영생의 샘물을 주시옵소서. 예수 그리스도의 이름으로 기도드립니다. 아멘.

♣ 입관 및 영결 ♣

영원한 집
♪ 541, 301, 61

■ 본 문 ■ 주께서 택하시고 가까이 오게 하사 주의 뜰에 거하게 하신 사람은 복이 있나이다 우리가 주의 집 곧 주의 성전의 아름다움으로 만족하리이다【시 65:4】

■ 서 론 ■ 실낙원의 작가 존 밀턴은 "죽음은 영원한 궁정의 문을 여는 황금 열쇠이다."라고 했다. 죽음은 모든 인생에게 불가피하게 찾아오는 불청객이다. 그러나 성도들에게 있어서 죽음은 새로운 삶을 시작하는 첫 관문에 불과한 일이다. 하나님과 동거하는 복 있는 자는?

Ⅰ. 복 있는 자는 주께서 택하신 자임
성도는 창세 전에 그리스도 안에서 택함을 받은 성별된 자요 거룩한 자요 복된 자이다. 택함을 입은 자 곧 '에크렉토이'는 뽑힌 자, 불러냄을 받은 자라는 의미로, 만인이 주께 구원의 초대를 받고 있으나 그렇지만 특별히 선택된 자만 구원을 입는 것이다. 택자인 성도는 그래서 복된 자이다.
* 참고 성구 * 마 4:18-22, 고전 1:26-31, 벧전 2:9, 렘 1:5, 엡 1:4

Ⅱ. 복 있는 자는 주의 집에 거하는 자임
시편 기자는 주의 궁정에서 한 날이 다른 곳에서 천 날보다 나은즉 악인의 장막에 거함보다 내 하나님 문지기로 있는 것이 좋다고 했다. 히브리서 기자는 모세는 장래를 증거하기 위해 하나님의 온 집에서 사환으로 충성했다고 한다. 오직 복 있는 자는 하나님의 집에 거하는 자이다.
* 참고 성구 * 요 14:23, 시 26:8, 27:4, 84:10, 고후 5:1-2, 히 3:5

Ⅲ. 복 있는 자는 영적 만족을 누리는 자임
바울은 근심하는 자 같으나 항상 기뻐하고 가난한 자 같으나 많은 사람을 부요케 하고 아무것도 없는 자 같으나 모든 것을 가졌다고 했다. 이처럼 영적인 만족을 깨달아 이를 누리는 자는 복 있는 자이다. 성도는 영원한 집을 사모하고 그리워하는 복된 삶을 누리는 자이다.
* 참고 성구 * 딤전 6:6-8, 시 90:14, 합 3:17-19, 고후 6:9-10

■ 기 도 ■ 하나님 아버지! 영원한 집을 예비하시어 우리에게 영원한 안식을 누리도록 축복하심을 감사드립니다. 이제 당신 곁으로 떠나가는 사랑하는 백성의 영혼을 거두어 영원히 당신의 집에 거하게 하소서. 예수 그리스도의 이름으로 기도드립니다. 아멘.

♣ 입관 및 영결 ♣

확실한 위로
♪ 464, 370, 381

■ 본 문 ■ 보라 내가 너희에게 비밀을 말하노니 우리가 다 잠잘 것이 아니오 마지막 나팔에 순식간에 홀연히 다 변화하리니 나팔 소리가 나매 죽은 자들이 썩지 아니할 것으로 다시 살고 우리도 변화하리라【고전 15:51-52】

■ 서 론 ■ "모든 것은 변하지만 영혼과 신은 불변이다." 부라우딩의 말이다. 성도를 향한 주의 관심은 불멸하는 성도의 영혼에 있다. 성도를 위한 주의 배려는 믿음의 선한 싸움을 싸운 후 임하는 상급에 있다. 주의 위로는?

I. 인간의 영혼은 불멸성이다
누가가 기록한 복음서에는 부자와 거지 나사로의 비유가 있다. 가난한 이웃을 돌보지 않은 부자는 음부에, 거지 나사로는 아브라함의 품(=낙원)에 들어가는 것으로 예수께서는 인간의 사후 세계의 극명함을 우리에게 보여 주셨고 또한 인간의 영혼이 불멸함을 증거하신 것이다.
* 참고 성구 * 눅 16:19-31, 마 10:28, 고후 5:1, 히 9:27

II. 성도는 궁극적인 승리를 한다
사망아 너의 이기는 것이 어디 있느냐 사망아 너의 쏘는 것이 어디 있느냐며 바울은 승리의 외침을 토하였다. 예수 그리스도의 부활로 사망은 정복 당했고 이 부활의 신앙으로 항상 우리에게 이김을 주시는 하나님께 감사드려야 한다. 세상을 이기신 예수는 성도의 궁극적 승리를 예표한다.
* 참고 성구 * 계 22:5, 요일 5:4, 롬 8:32-39, 고전 15:57-58

III. 수고에 대한 주의 보상은 크다
주께서는 내가 속히 오리니 내가 줄 상이 내게 있어 각 사람에게 그의 일한 대로 갚아 주리라고 하셨다. 주를 믿을 때 모두 구원을 받지만 상급만은 다른 것이 이는 일한 대로 받는 것이기 때문이다. 바울은 사명을 완수한 자가 받는 의의 면류관을 희망했었다.
* 참고 성구 * 딤후 4:7-8, 갈 6:7-8, 계 22:12, 벧전 5:4

■ 기 도 ■ 하나님 아버지! 이제 당신의 곁에서 영원한 안식을 누릴 사랑하는 당신의 성도의 영혼을 기억하시고 그가 세상에서 복음을 위해 고난을 당한 것을 특별히 기억하시고 예수께서 마지막 심판을 하실 때 그에게 큰 상을 내리시옵소서. 예수 그리스도의 이름으로 감사하며 기도드립니다. 아멘.

♣ 입관 및 영결 ♣

죽지 않은 아이
♪ 293, 316, 411

■ 본 문 ■ 그 아이의 손을 잡고 가라사대 달리다굼 하시니 번역하면 곧 소녀야 내가 네게 말하노니 일어나라 하심이라【막 5:41】

■ 서 론 ■ "기독교는 종교가 끝나는 데서 부활과 함께 시작한다. 부활 신앙은 기독교 신앙의 부록이 아니다. 그것이 바로 기독교 신앙이다."라고 존 웨일은 갈파했다. 야이로의 딸을 살리심은?

Ⅰ. 주님은 위로의 근원이 되신다
주님은 나인 성의 과부를 향하여 불쌍히 여겨 '울지 말라'고 하시고 관뚜껑을 여시고 청년을 다시 살려 그 어머니에게 주셨다. 내가 너희를 고아와 같이 버려두지 않겠다고 언급하신 전지전능 하신 주님은 영원한 우리의 위로가 되신다. 세상 사람과 세상 것들은 흡족한 위로가 되지 못한다.
* 참고 성구 * 눅 7:13, 고후 1:3-7, 사 41:10, 막 5:34, 요 14:18

Ⅱ. 믿음은 절망을 극복하게 한다
히브리서 기자는 믿음은 바라는 것들의 실상이요 보지 못하는 것들의 증거라고 했다. 예수께서는 세상에서 너희가 환난을 당하나 담대하라 내가 세상을 이기었다고 하셨다. 이 말씀을 의지하고 믿을 때 우리는 큰 용기를 가질 수 있다. 예수를 믿을 때 우리는 절망을 극복하는 것이다.
* 참고 성구 * 요 16:33, 창 26:24, 사 43:1-3, 히 11:1-2

Ⅲ. 하나님께서는 능치 못함이 없으시다
하나님은 전지전능 하시고 무소부재 하신 분으로 그 누구의 제한도 받지 않으시는 절대적인 분이시다. 따라서 하나님께는 아니 되는 일이 없으시다. 그 하나님이 성도의 아버지가 되시니 그 얼마나 든든하겠는가. 시공을 초월해 변함없이 성도를 지키고 보호하시는 하나님을 의뢰하자.
* 참고 성구 * 눅 1:37, 창 18:14, 욥 42:2, 마 19:26

■ 기 도 ■ 하나님 아버지! 죽은 야이로의 딸을 살리신 주님께서 두려워 말고 믿기만 하라는 말씀에는 주님의 위로와 절망의 극복과 능치 못함이 없음을 한 눈에 보여 주셨습니다. 이제 이 영혼을 붙들어 주시고 주님 오시는 그 날에 야이로의 딸이 살아나 기쁨을 누린 것처럼 부활체로 만나 기쁨을 누리게 하소서. 예수 그리스도의 이름으로 기도드립니다. 아멘.

♣ 하관 ♣

깨어진 무덤
♪ 150, 182, 193

■ 본 문 ■ 이를 기이히 여기지 말라 무덤 속에 있는 자가 다 그의 음성을 들을 때가 오나니 선한 일을 행한 자는 생명의 부활로, 악한 일을 행한 자는 심판의 부활로 나오리라【요 5:28-29】

■ 서 론 ■ 어느 목회자는 "크리스천의 비석에 기록할 묘비명은 사랑과 봉사, 그리고 주님 안에서의 안식이다."라고 했다. 성도의 죽음은 새로운 삶에의 시작일 뿐 끝이 아니다. 천국에서의 생활은 희락의 생활이다. 예수를 믿을 때?

I. 예수를 믿을 때 영원한 생명을 얻게 됨
예수께서는 나 보내신 이를 믿는 자는 영생을 얻었고 심판에 이르지 아니하나니 사망에서 생명으로 옮겼다고 하셨다. 오직 예수께만이 영생이 있다. 예수께서 주시는 물을 먹는 자는 영원히 목마르지 않을 것이다. 어린 양 예수와 함께 생명수 샘에 인도함 받는 성도는 복되다.
* 참고 성구 * 요 5:24, 롬 2:7, 요일 5:11-12, 마 27:52-53

II. 예수를 믿을 때 심판에 이르지 아니함
사도 요한은 저를 믿는 자는 심판을 받지 아니하는 것이요 믿지 않는 자는 벌써 심판을 받았다고 했다. 이는 첫째 부활에 참예하는 자로 복이 있고 거룩하며 둘째 사망이 그들을 다스리는 권세가 없고 천년 동안 그리스도와 더불어 왕노릇 하는 것을 의미한다.
* 참고 성구 * 요 3:18, 마 28:18, 히 8:14, 고후 5:21, 계 20:6

III. 예수를 믿을 때 주의 큰 도우심을 얻게 됨
어제나 오늘이나 영원토록 동일하신 예수 그리스도를 믿고 의뢰할 때 성도는 주의 큰 도우심을 입게 된다. 십자가 위의 한 강도는 기회를 잘 포착하여 회개하고 당신의 나라에 임하실 때 나를 생각하소서라고 말함으로 '오늘' 네가 나와 함께 낙원에 있으리라는 복된 말을 들었다.
* 참고 성구 * 요 16:33, 히 13:6, 시 28:7, 사 41:10, 눅 23:43

■ 기 도 ■ 하나님 아버지! 이제 고인이 된 사랑하는 당신의 백성에게 영혼뿐 아니라 육신까지 당신의 영생에 참예케 하여 질적으로 새로운 생명이 무한히 지속되는 영생의 참된 기쁨을 누리게 하옵소서. 예수 그리스도의 이름으로 기도드립니다. 아멘.

♣ 하관 ♣

돌아가는 길
♪ 292, 228, 434

■ 본 문 ■ 다 흙으로 말미암았으므로 다 흙으로 돌아가나니 다 한 곳으로 가거니와 인생의 혼은 위로 올라 가고 짐승의 혼은 아래 곧 땅으로 내려가는 줄을 누가 알랴【전 3:20-21】

■ 서 론 ■ 로마의 시인 베르질리우스는 "이 모든 영혼의 소란과 투쟁의 횡포는 약간의 흙을 뿌림으로써 평정되고 잠잠해질 것이다."라고 했다. 인간과 흙은 서로 불가분의 관계에 있다. 인간의 근본이 흙이기 때문이다. 인간은?

Ⅰ. 흙으로 지음받은 인간
여호와 하나님이 흙으로 사람을 지으시고 생기를 그 코에 불어넣으시니 사람이 생령이 되었다고 창세기 기자는 인간 창조를 기록하고 있다. 인간의 비천한 근본을 이르는 기사이다. 하나님의 형상대로 창조되었기에 인간은 동물과 다르다. 하나님은 사람을 축복하시고 번성하라고 하셨다.
* 참고 성구 * 창 2:7, 사 45:9, 마 19:4, 창 5:2-3, 롬 9:21

Ⅱ. 흙 속에서 살아가는 인간
인간은 흙과 함께 뒹굴며 흙과 함께 흙 속에서 일생을 살아가게 되었다. 흙에서 농작물을 심고 그 소산을 취하여 생명을 연장하며 가인처럼 땅의 소산물로 제물을 여호와께 드리게 되었다. 인간과 흙은 이처럼 불가분의 관계를 유지하고 있다. 땅의 파괴는 곧 인간의 파괴가 되었다.
* 참고 성구 * 창 4:3, 창 9:1, 시 90:3, 전 2:22-23

Ⅲ. 흙으로 돌아갈 인간
에덴 동산에서 영생할 존재가 범죄함으로써 죽음이 임했으니 하나님은 아담에게 필경은 흙으로 돌아 가리니 그 속에서 네가 취함을 입었음이라 너는 흙이니 흙으로 돌아가라는 형벌을 받았다. 죄의 결과는 죽음으로 귀착되었고 인간은 그의 근본된 흙으로 돌아가는 존재가 되었다.
* 참고 성구 * 창 3:19, 시 146:4, 욥 17:16, 히 9:27, 시 103:14

■ 기 도 ■ 하나님 아버지! 흙으로 지음받은 인간은 흙 속에서 살다가 흙으로 돌아가는 운명적인 존재입니다. 이제 고인이 된 성도는 흙으로 돌아가고 그 영혼은 당신께서 받으시옵소서. 영생의 새로운 몸으로 변하게 하옵소서. 예수 그리스도의 이름으로 기도드립니다. 아멘.

♣ 하관 ♣

영원한 해방자
♪ 330, 179, 184

■ 본 문 ■ 그러므로 이제 그리스도 예수 안에 있는 자에게는 결코 정죄함이 없나니 이는 그리스도 예수 안에 있는 생명의 성령의 법이 죄와 사망의 법에서 너를 해방하였음이라【롬 8:1-2】

■ 서 론 ■ 미국의 3대 대통령 제퍼슨은 "우리에게 생명을 주신 하나님은 동시에 자유도 주셨다."고 했다. 자유를 주심은 해방을 주셨다는 말과 동의어이다. 성도의 자유는 전적인 하나님의 은혜로 이루어진 것이다. 성도의 자유는?

I. 그리스도 안에 있는 성도의 자유
요한은 진리를 알지니 진리가 너희를 자유케 하리라고 했다. 진리는 예수 그리스도이시다. 바울은 그리스도께서 우리로 자유케 하려고 자유를 주셨으니 다시는 종의 멍에를 메지 말라고 했다. 율법으로 인한 죄와 사망의 법에서 우리를 해방시키시고 생명의 성령의 법으로 자유를 주셨다.
 * 참고 성구 * 갈 5:1, 13, 요 8:32, 36, 고후 5:17, 마 11:29-30

II. 하나님의 은혜로 얻은 성도의 자유
하나님의 은혜로 구원을 얻은 것이지 인간의 노력으로 구원을 얻은 것이 아니다. 바울은 이를 두고 이것이 너희에게서 난 것이 아니요 하나님의 선물이라고 했다. 성도가 자유를 얻은 것은 하나님의 풍성하신 은혜로 말미암아 된 것인즉 독생자를 주신 하나님의 사랑에 감사하자.
 * 참고 성구 * 고후 4:7, 딛 3:7, 엡 2:8-9, 요 1:12-13, 벧전 2:16

III. 성령을 좇아서 행하는 성도의 자유
너희가 만일 성령의 인도하시는 바가 되면 율법 아래 있지 아니하리라고 바울은 말했다. 사망의 쏘는 것은 죄요 죄의 권능은 율법이다. 율법은 우리들이 얼마나 죄악되었나를 보여줌으로써 우리를 정죄하나 성령을 좇아 행할 때 율법의 요구를 벗어나 진정한 자유인이 된다.
 * 참고 성구 * 엡 5:18, 갈 5:16-24, 요 16:13, 고후 3:17, 고전 15:56

■ 기 도 ■ 하나님 아버지! 성도는 그리스도 예수를 믿어 자유한 사람이 되었습니다. 이제는 죄와 사망의 법이 우리를 정죄할 수 없습니다. 이제 고인이 되신 당신의 사랑하는 성도를 당신의 은혜 안에서 영생하도록 인도하여 주시옵소서. 예수 그리스도의 이름으로 기도드립니다. 아멘.

♣ 하관 ♣

열조에게 가는 길
♪ 293, 289, 541

■ 본 문 ■ 아브라함이 향년이 일백 칠십 오세라 그가 수가 높고 나이 많아 기운이 진하여 죽어 자기 열조에게로 돌아가매【창 25:7-8】

■ 서 론 ■ 영국의 작가 프란시스 콸스는 "죽음은 어디에서나 그대를 맞을 준비를 하고 있느니라. 그러므로 그대도 슬기롭게 어디에서나 죽음을 맞을 준비를 하라."고 했다. 죽음은 예고없이 찾아오는 불청객이다. 따라서 우리는?

Ⅰ. 예비하자/평안한 죽음을
바울은 나의 떠날 기약이 가까왔다며 내가 선한 싸움을 싸우고 나의 달려갈 길을 마치고 믿음을 지켰으니 이제 후에 의의 면류관이 예비되었다고 했다. 성도들도 바울과 같이 평안한 죽음을 맞길 예비해야 한다. 오늘 고인은 일생 동안 주를 위해 살면서 평안한 죽음을 예비하셨다.
* 참고 성구 * 딤후 4:6-8, 창 49:1-3, 계 22:1-5, 빌 1:23

Ⅱ. 완수하자/죽기 전에 해야 할 일을
모세는 죽기 전에 느보산 비스가 봉우리에서 가나안 복지를 바라보고 눈의 아들 여호수아에게 안수하고 대임을 맡겼다. 성도들도 모세와 같이 죽기 전에 해야 할 일을 마감하여야 하겠다. 오늘 고인은 주를 위한 삶을 마감하는 가운데 죽기 전에 해야 할 일을 정리하셨다.
* 참고 성구 * 롬 14:8, 빌 1:20, 시 118:17, 벧후 1:14-15, 신 34:9

Ⅲ. 맞이하자/후회함이 없는 죽음을
야곱은 요셉을 만나서 울면서 이르기를 내가 네 얼굴을 보았으니 지금 죽어도 가하도다라고 했다. 성도들도 야곱과 같이 지금 죽어도 후회함이 없는 삶이 되기를 빈다. 그래야 편안히 눈을 감을 수가 있는 것이다. 오늘 고인은 후회가 없이 기쁨으로 생을 마감하셨으니 복된 삶이다.
* 참고 성구 * 엡 2:19, 시 32:15, 사 57:1-2, 왕상 2:2-4, 창 46:30

■ 기 도 ■ 하나님 아버지! 오늘 고인이 되신 당신의 사랑하는 백성에게 평안한 죽음을 예비케 하시고 죽기전에 해야 할 일을 완수케 하시고 후회함 없는 죽음을 맞이하게 하심을 감사드립니다. 이제 그 영혼을 반기시고 남은 유족에게 당신의 은혜로 위로하소서. 예수 그리스도의 이름으로 기도드립니다. 아멘.

♣ 유족 위로 및 추도 ♣

나그네 인생
♪ 422, 210, 212

■ 본 문 ■ 사랑하는 자들아 나그네와 행인 같은 너희를 권하노니 영혼을 거스려 싸우는 육체의 정욕을 제어하라 너희가 이방인 중에서 행실을 선하게 가져 너희를 악행한다고 비방하는 자들로 하여금 너희 선한 일을 보고【벧전 2:11-12】

■ 서 론 ■ 그리스의 격언에 "인생은 위험한 항해이다."라는 말이 있다. 이 위험한 항해길에 주님께서 함께 하시면 무사히 목적지에 도착할 것이다. 나그네의 인생길은?

I. 소망있는 나그네는 목적지가 분명해야 한다

히브리서 기자는 저희가 나온 바 본향을 생각했다면 돌아갈 기회가 있었겠지만 저희가 이제는 더 나은 본향을 사모하니 곧 하늘에 있는 것이라고 족장들의 믿음을 말했다. 성도는 소망있는 영적 나그네로서 우리의 목적지는 천국 곧 하늘 나라이다. 그곳에서 어린양 예수께서 기다리고 계신다.
* 참고 성구 * 막 10:29-30, 마 7:21, 벧전 1:3-4, 히 11:13-16

II. 소망있는 나그네는 모든 장애를 극복해야 한다

목적지가 분명한 자들은 모든 장애를 극복하면서 그 목적지까지 간다. 그렇지 않을 때 장애물에 걸려 넘어지고 목적지를 포기할 때는 영원한 떠돌이 나그네로 방황할 것이다. 푯대를 보고서 앞만 보며 줄기차게 달려간 사도 바울의 삶은 모든 이에게 귀감이 되는 삶이다.
* 참고 성구 * 눅 21:34-36, 벧전 5:8-9, 유 1:3, 딤후 4:17, 빌 3:13-14

III. 소망있는 나그네는 선한 생활을 힘써야 한다

성도는 목표를 향해 달려가며 장애물을 극복하는 외에 또 하나 할 일이 있으니 이는 선한 생활을 힘쓰는 것이다. 선한 일을 행하고 선한 사업에 부하고 나눠주기를 좋아하며 동정하는 자가 되는 것은 장래에 자기를 위하여 참된 생명을 취하는 것임을 명심하는 자가 되자.
* 참고 성구 * 엡 2:10, 히 10:24, 딤전 6:17-19, 히 12:14

■ 기 도 ■ 하나님 아버지! 남은 유족들에게 당신의 긍휼로 그 마음들을 위로하소서. 이제 남은 유족도 고인이 가신 길을 따르기 위해 분명한 목적지를 향해 모든 장애를 극복하고 선한 생활로 당신의 뜻을 좇고자 하오니 큰 축복으로 하감하여 주시옵소서. 예수 그리스도의 이름으로 기도드립니다. 아멘.

♣ 유족 위로 및 추도 ♣

재림을 위한 준비
♪ 161, 168, 299

■ 본 문 ■ 형제들아 자는 자들에 관하여는 너희가 알지 못함을 우리가 원치 아니하노니 이는 소망없는 다른 이와 같이 슬퍼하지 않게 하려 함이라 우리가 예수의 죽었다가 다시 사심을 믿을진대 이와 같이 예수 안에서 자는 자들도…【살전 4:13-14】

■ 서 론 ■ 미국의 16대 대통령 링컨은 "오늘 준비가 안 되어 있는 자는 내일은 더욱 준비가 안 되어 있게 마련이다."라고 했다. 사도 요한은 그리스도의 재림을 구름을 타고 오시며 각인의 눈이 그를 보겠다고 했다. 재림을 위해서?

Ⅰ. 근신하고 깨어 기도해야 함

누가는 너희는 마치 그 주인이 혼인집에서 돌아와 문을 두드리면 곧 열어주려고 기다리는 사람과 같이 되라며 재림을 맞이할 자의 자세에 대해 말했다. 성도들은 주의 재림을 위해 항상 근신하는 마음으로 깨어 기도하는 자세를 가져야 한다. 그렇지 않을 때 유혹에 넘어간다.
* 참고 성구 * 눅 21:34-36, 롬 13:11-14, 살전 5:4-8, 눅 12:36

Ⅱ. 세속을 좇음이 없도록 주의해야 함

야고보는 세상과 벗된 것이 하나님의 원수임을 알지 못하느냐고 질타했다. 성도는 세상의 풍속을 좇고 시류에 민감하며 첨단유행을 따르는 행위를 삼가해야 한다. 세상은 성도에게 본받고 따르게 하는 것이 없다. 그들은 악하디 악한 지혜와 꾀로써 우리를 대적한다.
* 참고 성구 * 엡 2:1-3, 요일 5:19, 벧후 3:11-12, 약 4:4

Ⅲ. 하나님의 말씀에 충실해야 함

성도들은 하나님의 말씀에 충실해야만 이 세대를 분별하고 하나님께서 우리에게 향하신 뜻이 무엇인지를 알 수가 있는 것이다. 뿐만 아니라 세상의 유혹과 마귀의 시험을 물리칠 수가 있다. 말씀에 중심을 두고 사는 삶은 흔들림이 없다. 이제 우리의 구원이 가까웠음을 알자.
* 참고 성구 * 딤후 3:16-17, 계 1:3, 시 19:7-11, 벧후 3:17, 롬 12:2

■ 기 도 ■ 하나님 아버지! 말세지말을 당하여 성도들은 깨어 기도하며, 세속을 좇지 말고 하나님의 말씀에 충실한 삶을 살아야 하겠습니다. 그래서 주님의 재림 때 고인과 함께 만날 기쁨을 누리도록 주의 막대기와 지팡이로 인도하여 주소서. 예수 그리스도의 이름으로 기도드리옵나이다. 아멘.

♣ 유족 위로 및 추도 ♣

사망의 양면
♪ 294, 226, 227

■ 본 문 ■ 이뿐 아니라 너희와 우리 사이에 큰 구렁이 끼어 있어 여기서 너희에게 건너가고자 하되 할 수 없고 거기서 우리에게 건너올 수도 없게 하였느니라【눅 16:26】

■ 서 론 ■ 영국의 정치가 더들리 칼레톤 경은 "사람이 하늘의 고마움을 잘 깨닫기 위해서는 15분 정도의 지옥을 체험하는 것이 좋다."고 했다. 성경은 악인은 영벌의 지옥에, 의인은 영생의 천국에 들어감을 곳곳에서 증거하고 있다. 사후 세계를 증거하는 본문을 통해 확실히 깨달을 것은?

Ⅰ. 천국의 확실성이다
부자와 거지 나사로의 비유에서 거지 나사로는 천사들에게 받들려 아브라함의 품(낙원, 천국)에 들어갔다고 했고, 양과 염소의 비유에서도 의인은 영생에 들어갔다고 했다. 이를 미루어 천국은 확실히 존재하는 곳임을 굳게 믿고 먼저 처소를 예비하러 가신 주님을 사모하자.
  * 참고 성구 * 마 3:2, 막 4:30, 고전 6:9, 벧후 3:13, 눅 16:22-23

Ⅱ. 지옥의 확실성이다
부자는 음부에서 고통 중에 눈을 들어 멀리 아브라함과 그의 품에 있는 나사로를 목도했다. 악인은 영벌에 처해진 최후의 심판을 볼 때 지옥은 확실히 존재하는 곳임을 알 수 있다. 요한계시록에서는 불과 유황으로 타는 못에 참여하리니 이것이 둘째 사망이라고 말하고 있다.
  * 참고 성구 * 마 10:28, 막 9:47, 약 3:6, 벧후 2:17, 계 21:8

Ⅲ. 연옥의 부재성이다
연옥은 로마 카톨릭과 희랍 정교회의 가르침으로 연옥이라고 하는 중간, 곧 이 세상과 천국 사이에서 일시적으로 형벌을 당하는 장소를 가리키는 말이다. 이 교리로 인해 종교 개혁의 불씨가 일어났다. 성경에서는 이 연옥을 찾을 수 없다. 따라서 신교는 이 연옥을 거부했다.
  * 참고 성구 * 마 23:15, 막 9:43, 눅 12:5, 마 25:46

■ 기 도 ■ 하나님 아버지! 성경이 증거하는 천국과 지옥이 확실히 있음을 믿게 하옵시고 고인은 이미 아브라함의 품으로 갔음을 믿습니다. 이제 남은 유족들도 신앙 생활을 잘하여 천국에서 먼저 가신 이들을 만나게 하소서. 예수 그리스도의 이름으로 기도드립니다. 아멘.

♣ 유족 위로 및 추도 ♣

주의 소유
♪ 355, 379, 381

■ 본 문 ■ 우리가 살아도 주를 위하여 살고 죽어도 주를 위하여 죽나니 그러므로 사나 죽으나 우리가 주의 것이로다【롬 14:8】

■ 서 론 ■ 어느 목회자는 "우리는 우리 영혼의 임금 그리스도께 우리의 중심을 바쳐서 충성된 그리스도의 군사가 되어야 한다."고 했다. 성도는 그리스도가 속전 곧 값을 치루고 사신 자들이다. 따라서 성도는 주의 소유가 된 백성들인즉 이제는 노예가 아닌 형제의 삶을 영위하는 자들이 된 감사함을 어떻게 할 것인가?

I. 성도는 살아도 주를 위해 살 것
주를 위해 사는 삶을 바르게 보여준 바울은 살든지 죽든지 내 몸에서 그리스도가 존귀히 되게 하려 한다고 빌립보 교회에 말했다. 자신은 아무것도 아니요 그저 그리스도께서 존귀히 된다면 바랄 것이 없다는 자세야말로 제자의 자세요 종의 자세요 사도의 자세가 아닌가.
* 참고 성구 * 갈 2:20, 고후 5:15, 빌 1:20, 행 20:24

II. 성도는 죽어도 주를 위해 죽을 것
히브리서 기자는 주를 위해 환난을 받고 희롱과 채찍질, 결박과 옥에 갇히는 일, 돌에 치는 것과 톱으로 켜서 죽은 전설의 이사야 선지자, 칼에 죽임을 당한 신앙의 선진들의 삶을 알려준다. 믿는 자에게 있어서 최고의 영예로운 죽음은 순교이다. '마르투스'는 증인, 순교의 뜻이다.
* 참고 성구 * 고전 6:19, 살전 5:10, 계 1:18, 딤후 4:6, 히 11:32-38

III. 성도는 항상 주를 위해 힘쓸 것
성도는 오직 예수 그리스도로 옷입고 정욕을 위하여 육신의 일을 도모하지 말아야 한다. 매사에 하나님 제일주의로 일관된 삶을 살 때 하나님은 크게 축복하시고 바른 길로 인도하신다. 주를 위해 힘쓰는 자, 그는 주님을 사랑하는 자요 주께서 맡기신 일에 충성하는 자이다.
* 참고 성구 * 롬 13;14, 고전 8:13, 빌 1:21, 요 21:15-17

■ 기 도 ■ 하나님 아버지! 먼저 가신 고인이 주를 위해 살고 주를 위해 힘쓴 것을 남은 유족들에게 믿음의 재산을 남기신 것으로 믿게 하옵소서. 고인의 거룩한 삶을 좇는 유족이 되게 하옵시고 슬픔 가운데 있는 유족에게 큰 위로를 주시옵소서. 예수 그리스도의 이름으로 기도드립니다. 아멘.

♣ 유족 위로 및 추도 ♣

성도의 죽음
♪ 295, 289, 544

■ 본 문 ■ 야곱의 아들들이 부명을 좇아 행하여 그를 가나안 땅으로 메어다가 마므레 앞 막벨라 밭굴에 장사하였으니 이는 아브라함이 헷족속 에브론에게 밭과 함께 사서 소유 매장지를 삼은 곳이더라【창 50:12-13】

■ 서 론 ■ 영국의 작가 오웬 펠담은 "언제나 하나님을 섬기는 자는 언제 부르셔도 갈 준비를 한 자이다. 이토록 죽음에 여유를 두고 대비하며 사는 자는 행복하다."고 했다. 하나님의 택하신 백성인 성도의 죽음은?

Ⅰ. 성도의 죽음은 고귀한 것임
성도의 죽음은 일반 자연인의 죽음과는 다르다. 살아도 주를 위해, 죽어도 주를 위해서 산 삶은 그 이름이 생명책에 기록되어 있으며, 하늘의 시민권을 가진 자로서 그의 죽음은 천사들에게 받들려 천국에 들어가는 것이다. 따라서 성도의 죽음은 새로운 출발을 향해서 가는 첫 걸음이다.
* 참고 성구 * 엡 2:19, 시 90:1-10, 빌 3:20, 4:3, 요 21:19, 눅 16:22

Ⅱ. 성도의 죽음은 하나님이 지켜보심
기독교 최초의 순교자 스데반은 완악한 유대인들에게 큰 책망을 하고서 돌에 맞아 죽을 즈음에 성령 충만한 눈으로 하나님의 영광과 승천하신 예수께서 하늘 문을 열고서 하나님 우편에 서서 그의 죽음을 받으시려는 것을 환상으로 보았다. 참으로 놀라운 광경이 아닐 수 없다.
* 참고 성구 * 고후 5:8-9, 벧전 1:24, 시 27:8, 행 7:55-56

Ⅲ. 성도의 죽음은 천국으로 향하는 관문임
성도의 삶은 죽음으로 막을 내리는 것이 아니라 이제 새로운 신생의 삶이 기다리고 있는 천국을 향하여 나아가는 첫 단계요 관문에 있는 것이다. 그러므로 남은 유족들은 고인의 죽음을 크게 슬퍼하거나 상심하지 말아야 한다. 오히려 찬송과 찬양으로 기뻐하는 자가 되자.
* 참고 성구 * 요 5:24-29, 고전 15:55, 전 12:5, 벧후 3:13

■ 기 도 ■ 하나님 아버지! 우리를 당신의 친백성으로 인쳐 주시고 귀히 여겨 주심을 감사드립니다. 이제 고인의 영혼을 받으셨으니 영생으로 이끌어 주시고 남은 유족들에게 성도의 죽음의 의미를 새롭게 깨닫게 하소서. 예수 그리스도의 이름으로 기도드립니다. 아멘.

♣ 유족 위로 및 추도 ♣

의인의 자손
♪ 299, 222, 304

■ 본 문 ■ 우리 아들들은 어리다가 장성한 나무 같으며 우리 딸들은 궁전의 식양대로 아름답게 다듬은 모퉁이 돌과 같으며【시 144:12】

■ 서 론 ■ 미국의 수필가 위플은 "농사는 땅보다 좋은 씨의 힘이 더 크듯이 모든 역사를 통해 볼 때 환경보다는 혈통의 힘이 더 큼을 알 수 있다."고 했다. 성도는 하나님의 자녀로서 택함을 받은 거룩한 자들이다. 따라서 하나님은 그의 자녀요 백성인 성도들의 삶을 어떻게 돌보시나?

I. 자녀들이 잘 성장함

조상의 하나님으로부터 축복받은 야곱은 그의 몸에서 이스라엘의 열두 지파가 태어나고 그들이 흉년을 피해 애굽으로 내려갔을 때에 그들의 온 식구가 도합 칠십 명이나 되었다. 이는 무엇을 보여주는가 하면 하나님의 택하신 백성은 하나님께서 지키고 인도해 주셔서 보살피심을 의미한다.
* 참고 성구 * 창 46:27, 삼하 6:20, 겔 6:10, 욥 42:13

II. 풍부한 것이 약속됨

시편 기자는 내가 어려서부터 늙기까지 의인이 버림을 당하거나 그 자손이 걸식함을 보지 못했다며 저는 종일토록 은혜를 베풀고 꾸어 주니 그 자손이 복을 받는도다라고 했다. 하나님은 모세에게 주신 십계명에서 나를 사랑하고 계명을 지키는 자에게 천대까지 은혜를 베푸신다고 하셨다.
* 참고 성구 * 출 12:21, 수 13:15, 시 144:15, 시 37:25-26

III. 하나님의 보호가 있음

주께서는 제자들을 향해 너희 머리털 하나도 상치 아니하리라고 보호의 약속을 해주셨다. 자신을 정결케 한 다니엘은 사자굴 속에 들어가는 형벌을 받았으나 하나님이 천사들을 보내어 사자의 입을 봉하셨다. 성도가 처한 현실이 각박하고 위험할수록 더욱 큰 하나님의 지키심이 있다.
* 참고 성구 * 딤전 5:8, 삿 13:2, 렘 2:4, 잠 3:6, 눅 21:18

■ 기 도 ■ 하나님 아버지! 고인이 되신 성도의 남은 유족들에게 당신의 은혜를 베푸사 자녀가 더욱 잘 되며 풍성한 것으로 채우시고 당신의 보호가 있기를 예수 그리스도의 이름으로 기도드립니다. 아멘.

♣ 유족 위로 및 추도 ♣

내 길을 즐거워하라
♪ 268, 301, 61

■ 본 문 ■ 여호와를 기뻐하라 저가 네 마음의 소원을 이루어 주시리로다 너의 길을 여호와께 맡기라 저를 의지하면 저가 이루시고 네 의를 빛같이 나타내시며 네 공의를 정오의 빛같이 하시리로다【시 37:4-6】

■ 서 론 ■ 미국의 유명한 복음 전도자 무디는 "예수를 믿으면 이 세상에서나 저 세상에서 후회함이 없을 것이다."라고 했다. 예수 그리스도께서는 승천하시며 세상 끝날까지 너희와 함께 하신다고 하셨다. 임마누엘의 신앙을 가진 자들이 취할 바는?

Ⅰ. 여호와를 의지할 것

앞에는 홍해가 뒤에서는 애굽 군사들이 쳐들어오자 이스라엘 백성은 동요하였다. 이 때 모세는 너희는 두려워 말고 가만히 서서 여호와의 구원을 보라고 크게 외쳤다. 홍해가 갈라지는 역사가 서서히 나타나기 시작했다. 성도는 온갖 어려움이 닥쳐도 하나님을 의지하는 믿음을 버리면 안 된다.

* 참고 성구 * 막 9:23, 빌 4:11-13, 잠 3:5-6, 시 118:8, 출 14:13

Ⅱ. 여호와를 기다릴 것

성도의 삶에도 여러 가지 어려움이 따르는데 특히 사람과의 관계에서 더욱 그렇다. 이때 하나님은 내 사랑하는 자들아 너희가 친히 원수를 갚지 말고 진노하심에 맡기라고 하셨다. 곧 원수를 주께서 갚아 주신다는 말이다. 성도들은 하나님의 역사를 기다릴 줄도 알아야 한다.

* 참고 성구 * 히 10:36, 사 25:9, 시 40:1, 약 5:10-11, 사 33:2

Ⅲ. 분노와 불평을 하지 말 것

미리암과 아론이 모세에 대해 비방하고 여호와께 불평하자 하나님은 이를 크게 꾸짖고 미리암은 문둥병이 들게 되었다. 레위 자손은 분수에 지나친 요구를 하고 반발과 불평으로 가속과 고라가 땅에 삼킨 바 되었다. 분노와 불평과 원망은 하나님의 길을 좇는 자가 행할 바가 아니다.

* 참고 성구 * 마 5:22, 잠 16:32, 약 1:19, 잠 19:11, 민 12:10, 16:32

■ 기 도 ■ 하나님 아버지! 고인을 보내고 어쩔줄 몰라하는 당신의 백성에게 큰 믿음으로 도와주시옵소서. 오직 당신의 길을 즐거워하며 남은 삶을 살 수 있도록 축복해 주시옵소서. 예수 그리스도의 이름으로 기도드립니다. 아멘.

♣ 유족 위로 및 추도 ♣

위로의 하나님
♪ 16, 406, 484

■ 본 문 ■ 너희 하나님이 가라사대 너희는 위로하라 내 백성을 위로하라 너희는 정다이 예루살렘에 말하며 그것에게 외쳐 고하라 그 복역의 때가 끝났고 그 죄악의 사함을 입었느니라 그 모든 죄를 인하여 여호와의 손에서 배나… 【사 40:1-2】

■ 서 론 ■ 스코틀랜드의 목사로서 순교한 루터포드는 "세상의 모든 안위자들 가운데 하나님은 그 대표자이시다."라고 했다. 하나님의 위로는 세상이 주는 것과 다르다. 하나님은 무엇으로 어떻게 성도들을 위로하시는가?

I. 하나님은 자연계를 통해서 위로하심

악한 왕 아합에게 디셉 사람 엘리야는 가뭄을 예언한 뒤에 쫓기게 되었다. 그 때 하나님은 요단 앞 그릿 시냇가에 엘리야를 숨게 하시고 까마귀를 통해서 떡과 고기를 보내어 연명하게 하셨다. 하나님은 당신의 백성이 곤란을 당하면 이렇게 자연계의 동물을 통해서라도 위로하신다.

   * 참고 성구 * 고후 8:3, 출 35:21, 신 16:10, 왕상 17:4

II. 하나님은 성경 말씀을 통해서 위로하심

인생이 많은 환난을 당하고 고통을 당할 때 성도들은 성경을 대한다. 성경의 구구절절이 자신을 향해 응답하는 듯한 경험들을 곧잘 하는데 이는 고통스러운 마음을 성령께서 도우셔서 말할 수 없는 탄식으로 친히 간구해 주시는 것이다. 하나님은 성령의 생각을 아셔 말씀으로 위로하신다.

   * 참고 성구 * 마 21:42, 사 52:1, 롬 8:26-27, 눅 2:25-26, 히 4:12

III. 하나님은 인간을 통해서 위로하심

히스기야 왕이 병들어 죽게 되어 하나님께 간절히 기도하기를 주의 목전에서 선하게 행한 것을 추억하소서하며 간구하자 하나님은 이사야를 통해서 십오 년의 수명을 연장시켜 주시고 아하스의 일영표의 해 그림자를 십도 물러나게 하는 징조를 보여주심으로써 응답하셨다.

   * 참고 성구 * 눅 1:25, 신 32:26, 잠 23:28, 딤후 1:16-18, 사 38:1-8

■ 기 도 ■ 하나님 아버지! 당신의 위로를 받고자 사랑하는 유족들이 모였습니다. 성경에는 당신께서 성도들을 사랑하셔서 갖가지 방법으로 위로하심을 봅니다. 오늘 이 자리에도 하감하시고 임재하셔서 당신의 위로를 베푸시어 용기를 얻게 하소서. 예수 그리스도의 이름으로 기도드립니다. 아멘.

♣ 유족 위로 및 추도 ♣

그 날을 생각하며
♪ 295, 212, 213

■ 본 문 ■ 형제들아 내가 이것을 말하노니 혈과 육은 하나님 나라를 유업으로 받을 수 없고 또한 썩은 것은 썩지 아니한 것을 유업으로 받지 못하느니라【고전 15:50】

■ 서 론 ■ 독일의 종교개혁가 루터는 "너는 참고 하나님을 바라며 기다리라 하나님은 너의 정당한 형체를 주조하여 주시리라."고 했다. 하나님을 바라고 기다리는 자들은 몇 가지 해야만 될 일들이 있다. 다시 오실 신랑 그리스도를 맞이할 신부된 성도의 자세는?

I. 육체의 소욕을 좇아서는 안 된다
육체의 일은 음행과 더러운 것과 호색과 우상 숭배와 술수와 원수 맺는 것과 분쟁과 시기와 분냄과 당 짓는 것과 분리함과 이단과 투기와 술 취함과 방탕함과 그와 같은 것이라고 했다. 성도는 육체의 소욕을 경계하고 자신을 지킬 것인즉 왜냐하면 하나님 나라를 유업으로 못받기 때문이다.
* 참고 성구 * 갈 5:16:24, 벧전 2:11, 롬 8:5-13, 벧전 4:2

II. 모든 불의에서 떠나야 한다
불의, 곧 '아디키아'는 잘못을 저지르다, 어기다(하나님의 법을), 옳지 못하다, 부정, 의가 아니다는 뜻으로 불경건이 종교적 죄악이라면 불의는 도덕적 죄악을 의미한다. 불의를 좇는 것은 진리를 막는 것으로 하나님의 진노를 초래할 것이다. 성도는 모든 불의에서 떠나야 한다.
* 참고 성구 * 살전 5:22, 딤후 2:19, 호 10:12, 잠 6:16-19, 롬 1:18

III. 약속의 유업을 귀히 여겨야 한다
약속의 유업이란 하나님 나라를 지칭하는 것인데 하나님 나라 곧 '텐 바실레이안 투 데우'는 그 하나님의 그 왕국이라는 말로 하나님께서 거듭난 자를 위해서 잘 준비해 놓으신 나라 곧 천국을 말한다. 성도는 이 유업을 귀히 여겨서 하나님의 약속에 참여하는 자가 되자.
* 참고 성구 * 갈 4:6-7, 롬 8:17, 벧전 1:3-4, 히 12:16

■ 기 도 ■ 하나님 아버지! 인생의 마지막 날을 위하여 사랑하는 모든 성도가 육체의 소욕을 버리고 불의에서 떠나며 약속의 유업을 귀히 여겨 당신께서 부르시는 그날까지 당신의 맡기신 일에 최선을 다하는 삶을 살게 하소서. 예수 그리스도의 이름으로 기도드립니다. 아멘.

♣ 재난을 당함 ♣

시련의 의미
♪ 367, 138, 356

■ 본 문 ■ 이 모든 일에 욥이 범죄하지 아니하고 하나님을 향하여 어리석게 원망하지 아니하니라【욥 1:22】

■ 서 론 ■ 미국의 목사 비쳐는 "우리는 언제나 대장간에 들어가 있거나 아니면 대장간에 들어갈 준비 중에 있음을 알아야 한다. 하나님은 시련을 통하여 우리를 더 좋은 질의 것으로 만드신다."라고 했다. 인생들에게 시련은 왜 찾아오는가? 시련을 당한 욥은?

Ⅰ. 욥은 겉옷을 찢고 애통해 하였음

시련을 당하자 욥은 겉옷을 찢고 머리털을 밀었다. 이것은 당시 슬픈 자의 표현을 나타내는 보편적인 행동이었다. 그런데 중요한 것은 욥은 땅에 엎드려 경배하는 자세를 취하였다. 이것은 예배를 의미하는데 그 와중에서도 하나님께 예배하려는 자세는 참으로 위대한 자세이다.

* 참고 성구 * 욥 1:20, 신 22:12, 막 10:50, 욥 2:12

Ⅱ. 욥은 여호와의 이름을 찬송하였음

욥에게 자기의 모든 소유가 하나님의 것임을 아는 청지기적 자세가 있었는데 주신 자도 여호와요 취하신 자도 여호와라는 신앙고백은 참으로 위대한 것이다. 욥은 그가 날마다 누린 생활의 풍족함과 식생활의 여유까지도 하나님께서 축복해 주신 결과임을 잊지 않았다.

* 참고 성구 * 욥 1:21, 레 19:24, 대상 6:31, 렘 31:12, 마 6:11

Ⅲ. 욥은 여호와를 원망하지 아니하였음

성경은 욥이 이 모든 일에 범죄하지 아니하고 하나님을 향하여 어리석게 원망하지 않았다고 했다. 이는 욥과 같은 처지에 놓인 자가 보편적으로 하나님을 욕하고 하나님을 원망하는 말을 입에 뱉는 경우가 허다한데 욥의 이런 자세는 신앙의 최고봉을 보여주는 자세이다.

* 참고 성구 * 욥 2:10, 출 20:1, 눅 2:13, 욥 37:14

■ 기 도 ■ 하나님 아버지! 시련과 환난을 당할 때 욥과 같은 성숙한 믿음을 우리도 행할 수 있도록 붙잡아 주시옵소서. 그리하여 위기가 동전의 앞뒷면처럼 위험과 또 다른 기회의 병행임을 깨닫게 하소서. 예수 그리스도의 이름으로 기도드립니다. 아멘.

♣ 재난을 당함 ♣

능히 감당하게
♪ 362, 340, 344

■ 본 문 ■ 사람이 감당할 시험밖에는 너희에게 당한 것이 없나니 오직 하나님은 미쁘사 너희가 감당치 못할 시험당함을 허락지 아니하시고 시험당할 즈음에 또한 피할 길을 내사 너희로 능히 감당하게 하시느니라【고전 10:13】

■ 서 론 ■ "시험을 당하고 있을 때가 그리스도인이 빛을 발할 때이다."라고 어느 성직자는 말했다. 어려운 일이 생겨야 사람의 진심과 진실과 됨됨이를 정확히 알 수 있다. 성도는 시련을 통해서 더욱 성장한다. 시련이 올·때는?

I. 교만한 마음을 경계할 것
잠언 기자는 교만은 패망의 선봉이요 거만한 마음은 넘어짐의 앞잡이라고 했다. 교만한 마음을 버릴 것은 하나님이 교만한 자를 대적하시되 겸손한 자에게는 은혜를 주시기 때문이다. 교만은 영적으로 가장 치명적인 상처를 입는다. 사탄도 교만으로 인해 하늘에서 쫓겨났다.
   * 참고 성구 * 겔 28:13-19, 엡 5:8-11, 롬 13:11-14, 잠 16:18, 벧전 5:5

II. 주의 신실하심을 의뢰할 것
하나님은 인생이 아니시니 식언치 않으시고 인자가 아니시니 후회가 없으시도다 어찌 그 말씀하신 바를 행치 아니하시며 하신 말씀을 실행치 않으시랴는 하나님의 신실하신 약속을 의뢰할 때 능히 시험을 감당할 수 있다. 말씀을 믿고 의지하는 자는 하나님의 응답을 받는다.
   * 참고 성구 * 히 6:17-18, 신 7:9, 왕상 8:56, 시 118:8, 민 23:19

III. 주의 보살피심을 확신할 것
시편 기자는 여호와는 나의 피난처요 나의 요새요 나의 의뢰하는 하나님이라 하리니 이는 저가 너를 새 사냥꾼의 올무에서와 극한 염병에서 건지실 것임이라고 했다. 참으로 주의 보살피심을 확신하는 동시에 환난에서 구출하시는 역사를 믿는 신앙의 참된 자세라 하겠다.
   * 참고 성구 * 히 13:6, 시 23:4, 사 43:1-3, 시 91:4

■ 기 도 ■ 하나님 아버지! 모든 시험과 환난을 능히 감당할 수 있는 믿음을 주시옵소서. 어려움이 올 때 더욱 분발하여 이 일을 통해서 하나님이 무엇을 주실 것인지를 성찰하는 적극적인 신앙으로 살게 하소서. 예수 그리스도의 이름으로 기도드립니다. 아멘.

♣ 재난을 당함 ♣

십자가를 지고 좇음
♪ 367, 518, 520

■ 본 문 ■ 이에 예수께서 제자들에게 이르시되 아무든지 나를 따라 오려거든 자기를 부인하고 자기 십자가를 지고 나를 좇을 것이니라【마 16:24】

■ 서 론 ■ 미국의 목사 보드맨은 "십자가는 천국 문턱에 이르기에 충분할 만큼 높으며 유일한 사다리이다."라고 했다. 기독교는 십자가의 종교이다. 예수의 십자가를 교회의 상징으로 삼은 것도 오욕의 형틀인 십자가를 영광의 십자가로 보기 때문이다. 성도가 십자가를 지고 주를 좇는 뜻은?

Ⅰ. 제자는 자기를 부인할 것
예수께서는 나를 좇으려면 자기를 부인하고 자기 십자가를 지고 좇으라고 하셨다. 자기를 부인한다는 것은 우리가 죄와 파멸과 죽음으로 묶여 있음을 자각하고 오직 예수께만 구원을 찾고 죄에서 돌아옴을 뜻한다. 이처럼 자아를 부인할 때 예수가 우리 삶속에 들어오고 예수를 위해 살게 된다.
* 참고 성구 * 고전 9:27, 갈 2:20, 롬 8:13, 롬 15:1

Ⅱ. 제자는 주의 모본을 좇을 것
제자는 그의 스승되신 예수의 모본을 좇을 때 온전한 제자가 된다. 예수의 순종, 희생, 이타주의, 겸손한 정신을 본받을 때 비로소 바울이 말한 예수의 마음을 품을 수가 있는 것이다. 바울은 내가 그리스도를 본받는 자 된 것같이 너희는 나를 본받으라고 했다.
* 참고 성구 * 요 13:12-17, 고전 4:16, 빌 4:9, 2:5, 고전 11:1

Ⅲ. 제자는 주님만 생각할 것
살아도 주를 위하여 살고 죽어도 주를 위해서 죽나니 그러므로 사나 죽으나 우리가 주의 것이라는 바울의 고백은 예수 제일주의로 산 자만이 할 수 있는 고백이다. 제자 곧 '마데테스'는 주를 그리스도로 고백하고 그의 삶을 좇는 자로서 오직 주님만을 생각하는 자이다.
* 참고 성구 * 갈 6:7-8, 계 22:12, 렘 17:10, 요 21:22, 롬 14:8

■ 기 도 ■ 하나님 아버지! 지금 이 순간까지 우리는 우리 자신만을 위해서 살았습니다. 주님을 위해서 살지 못한 죄를 용서하시고 이번 환난을 통하여 더욱 그리스도를 위한 삶을 살도록 하옵소서. 예수 그리스도의 이름으로 기도 드립니다. 아멘.

♣ 재난을 당함 ♣

주의 구원을 보라
♪ 190, 377, 389

■ 본 문 ■ 모세가 백성에게 이르되 너희는 두려워 말고 가만히 서서 여호와께서 오늘날 너희를 위하여 행하시는 구원을 보라 너희가 오늘 본 애굽 사람을 또 다시는 영원히 보지 못하리라【출 14:13】

■ 서 론 ■ "믿을 뻔한 자는 구원받을 뻔한 자이다."라는 말을 듣고 보니 참으로 그렇다. 믿는 자는 구원을 얻지만 확신없는 믿음에는 구원이 있을 턱이 없다. 이스라엘 백성을 가나안 복지로 인도하기 위한 모세가 위기에 처했을 때에 그는?

Ⅰ. 모세는 조금도 두려워함이 없었음
모세는 사십 년 동안 애굽에서 또 사십 년을 미디안 광야에서 충분히 경륜을 쌓고 담대한 마음을 가진 성숙한 사람이 되었을 때 비로소 하나님의 부르심을 입었다. 그러므로 이스라엘 백성들이 홍해 앞에서 모두 넋을 잃고 죽음의 공포에 쌓였을 때 그만이 분연히 일어났다.
* 참고 성구 * 유 1:23, 말 2:5, 시 91:4, 행 7:19-38, 히 11:23-29

Ⅱ. 모세는 여호와께서 구원하실 것을 믿었음
모세는 자신의 능력보다 여호와 하나님의 권능을 믿고서 담대했다. 그래서 그는 이스라엘 백성들에게 가만히 서서 하나님의 구원하심을 보라고 했다. 이 말에는 하나님에 대한 전적인 신뢰를 내포하고 있다. 모세의 믿음을 오늘날 우리 성도들도 확신있는 자세로 배워야 하겠다.
* 참고 성구 * 민 10:9, 에 4:14, 약 4:12, 잠 21:31

Ⅲ. 모세는 여호와의 약속을 굳게 믿었음
모세는 호렙산 떨기나무에 임재하신 '나는 스스로 있는 자'이신 여호와 하나님을 뵙고 그가 아브라함과 이삭과 야곱의 하나님으로서 이스라엘 백성을 애굽에서 구출하여 젖과 꿀이 흐르는 땅 가나안으로 인도하심을 굳게 믿었기 때문에 홍해와 애굽의 군사들을 겁내지 않았다.
* 참고 성구 * 고후 1:20, 벧후 3:13, 왕상 10:7, 사 49:15, 출 3:1-15

■ 기 도 ■ 하나님 아버지! 앞에는 홍해요 뒤에는 추격하는 애굽의 군사로 인해 진퇴양난에 몰린 가운데서도 주의 구원을 보라고 힘있게 외친 모세의 신앙을 보았습니다. 우리들도 모세처럼 담대한 신앙으로 주의 구원을 체험케 하소서. 예수 그리스도의 이름으로 기도드립니다. 아멘.

♣ 재난을 당함 ♣

은혜로 인한 고난
♪ 408, 404, 410

■ 본 문 ■ 모든 은혜의 하나님 곧 그리스도 안에서 너희를 부르사 자기의 영원한 영광에 들어가게 하신 이가 잠깐 고난을 받은 너희를 친히 온전케 하시며 굳게 하시며 강하게 하시며 터를 견고케 하시리라【벧전 5:10】

■ 서 론 ■ 스위스의 교육개혁자 페스탈로찌는 "고난과 눈물이 나를 높은 예지로 이끌었다. 보옥과 즐거움은 이것을 만들지 못했을 것이다."라고 했다. 고난은 하나님의 은혜요 고난은 성숙한 믿음을 갖게 한다. 고난은?

I. 온전케 한다

고난은 성도로 하여금 온전해지게 한다. 히브리서 기자는 모든 선한 일에 너희를 온전케 하사 자기 뜻을 행하게 하신다고 했다. 고난은 말 많고 실수 많고 허물 많은 사람을 인내와 겸손과 사랑과 이해가 풍부한 사람으로 변신하게 하여 그리스도 안에서 온전하게 한다.
 * 참고 성구 * 약 1:12, 욥 42:6, 시 67:71, 히 13:21

II. 굳게 한다

고난은 성도로 하여금 굳게 한다. 모래 위에 집을 지은 자처럼 지혜가 없더니 고난을 체험한 뒤에는 반석 위에 집을 지은 자와 같이 굳건한 삶과 신앙을 가지게 된다. 또한 반석이신 그리스도 예수를 굳게 잡고서 그를 의지하며 그를 신뢰함을 삶의 기초로 생각하게 된다.
 * 참고 성구 * 약 5:13, 욥 23:10, 수 1:6-9, 시 34:19, 마 7:24-27

III. 견고케 한다

시편 기자는 고난 당하기 전에는 내가 그릇 행하였더니 이제는 주의 말씀을 지키나이다라고 했다. 고난 당하는 것이 유익하며 고난으로 인해 자신에 대한 하나님의 선하신 섭리를 깨닫게 되었다는 뜻으로 고난 당하기 전에는 이를 몰랐다는 말이다. 고난을 체험한 자는 그의 터가 견고해진다.
 * 참고 성구 * 딤후 4:5, 욥 42:12, 고 1;24, 눅 17:25, 시 119:67

■ 기 도 ■ 하나님 아버지! 고난은 무섭고 두려운 것으로만 아는 상식을 벗어나 고난으로 인해 온전케 되며 고난으로 굳게 되며 고난으로 견고케 되는 신앙을 체험하게 하여 주시며 고난이 곧 은혜라는 믿음을 더하게 하여 주시옵소서. 예수 그리스도의 이름으로 기도드립니다. 아멘.

♣ 시험 및 사업에 실패함 ♣

주의 장중에
♪ 421, 215, 330

■ 본 문 ■ 내가 경겁한 중에 말하기를 주의 목전에서 끊어졌다 하였사오나 내가 주께 부르짖을 때에 주께서 나의 간구하는 소리를 들으셨나이다【시 31:22】

■ 서 론 ■ "하나님도 자기의 자존심을 버리고 도움을 청하는 사람들을 사랑하신다." 고 캐더린 밀러는 말했다. 고난 가운데 있는 자는 기도할 것이요 기쁨 가운데 있는 자는 찬양을 해야 한다. 주께 의탁하는 자는 외면 당하지 않을 것이다. 주의 놀라우신 역사는 언제 일어나는가?

Ⅰ. 기도하는 자는 응답을 받을 것임
자식이 없어 고통 당하던 한나는 괴로워하며 통곡하면서 하나님께 간절히 기도하였다. 그리고 서원까지 하였다. 간절하며 끈기있으며 심령으로 하는 기도는 하나님의 응답을 빨리 이끌어 낼 수 있다. 환난 당하는 자가 있는가 저는 기도하라고 야고보서는 말해주고 있다.
* 참고 성구 * 마 7:7-8, 시 50:15, 렘 33:3, 삼상 1:27, 약 5:13

Ⅱ. 주를 사랑하면 보호를 받을 것임
형제들의 손에 의해 애굽으로 종의 처량한 신세가 되어 팔려간 요셉은 그러나 이 고통과 고난에도 하나님께 대들거나 원망치 않고 오직 하나님만 의뢰하며 사랑하는 신앙을 견지했다. 하나님은 요셉과 함께 하셔서 보디발의 집에서나 옥에서나 후에 총리대신이 되어서도 항상 지키셨다.
* 참고 성구 * 마 22:37-38, 요 14:21-23, 시 23:4, 창 39:23

Ⅲ. 교만히 행하면 보응을 받을 것임
모세에게 여호와 하나님의 엄명을 들은 애굽의 바로왕은 도대체 여호와가 누구관대 내가 그의 말을 듣고 이스라엘을 보내겠느냐며 교만을 떨다가 열 가지 재앙을 맞고서 끝내는 이스라엘 백성을 보내었다. 교만은 패망의 선봉이다. 하나님은 겸손한 사람에게 은혜를 주신다.
* 참고 성구 * 벧전 5:5, 잠 15:25, 사 14:12-17, 잠 16:18, 출 5:2

■ 기 도 ■ 하나님 아버지! 당신의 사랑하는 성도가 큰 고통 가운데 있사오니 그의 기도를 응답하시고 그의 걸음을 인도하시옵소서. 당신을 의지하는 그의 믿음을 보시고 속히 길을 열어주시옵소서. 예수 그리스도의 이름으로 기도드립니다. 아멘.

♣ 시험 및 사업에 실패함 ♣

나를 부르라
♪ 377, 330, 405

■ 본 문 ■ 환난 날에 나를 부르라 내가 너를 건지리니 네가 나를 영화롭게 하리로다
【시 50:15】

■ 서 론 ■ "하나님은 영혼의 타작마당에서 환난의 바람으로 알곡과 쭉정이를 나누신다."라는 격언이 있다. 고통과 고난과 환난은 신앙인이든 비신앙인이든 그들을 시험할 수 있는 좋은 잣대가 된다. 특히 신앙인에게 있어서는 그들의 믿음과 결부된다. 성도는 환난의 날에 어떻게 하는가?

Ⅰ. 환난 날에는 기도해야 함

눈물의 선지자 예레미야는 너는 내게 부르짖으라 내가 네게 응답하겠고 네가 알지 못하는 크고 비밀한 일을 네게 보이리라는 여호와의 말씀을 들었다. 시위대 뜰에 갇힌 예레미야를 향한 하나님의 명령은 '내게 부르짖으라' 는 것이었다. 하나님께 부르짖는 자는 그의 응답을 받을 것이다.
* 참고 성구 * 렘 33:3, 사 65:24, 슥 13:9, 시 91:15, 막 9:29

Ⅱ. 감사의 제물을 드려야 함

무자하여 고통을 받던 한나는 매년 실로에 올라가 하나님의 전에 제물을 드리고 기도를 하였다. 이에 그치지 않고 자식을 주면 삭도를 머리에 대지 않겠다는 나실인의 맹세를 서원하였으니 이는 모든 제물보다 큰 하나님께 드리는 예물이었다. 하나님은 사무엘을 그녀에게 보내주셨다.
* 참고 성구 * 행 16:25, 히 13:15, 시 107:22, 렘 17:26

Ⅲ. 서원한 것을 갚아야 함

하란으로 떠날 때 야곱은 벧엘에서 하나님께 서원을 하였으나 이를 지키지 않고 돌아와서 숙곳에서 있다가 세겜으로 갔다. 그래서 그의 딸 디나가 추장 세겜에게 강간을 당하는 변을 만났고 한바탕 피바람이 일게 되었다. 하나님께 서원한 것은 꼭 갚아야 된다. 하나님은 벧엘로 가라고 촉구하셨다.
* 참고 성구 * 신 23:21-22, 창 33:16-20, 시 15:4, 전 5:4-5, 창 35:1,

■ 기 도 ■ 하나님 아버지! 환난 날에 나를 부르라고 하신 명령대로 주께 간구하였으니 당신의 백성이 처한 곤궁함을 돌아보시고 당신의 오른손으로 구출하여 주시옵소서. 그리고 기도와 감사와 서원을 행하지 않았음을 반성하는 계기로 삼아주시옵소서. 예수 그리스도의 이름으로 기도드립니다. 아멘.

♣ 시험 및 사업에 실패함 ♣

주님을 깨우라
♪ 419, 441, 477

■ 본 문 ■ 그 제자들이 나아와 깨우며 가로되 주여 구원하소서 우리가 죽겠나이다 예수께서 이르시되 어찌하여 무서워하느냐 믿음이 적은 자들아 하시고 곧 일어나사 바람과 바다를 꾸짖으신대 아주 잔잔하게 되거늘【마 8:25-26】

■ 서 론 ■ 독일의 해학자 리히터는 "이 세상을 붙들고 계시는 하나님의 손에 얼마나 조용히 우리 자신들을 맡기고 있는가?"라고 반문했다. 성도 여러분은 얼마나 주님께 자신을 의탁하고 있는가? 풍파가 몰아치는 현실의 때에?

Ⅰ. 큰 풍랑이 몰아치는 위기의 때에

바닷가에서 큰 무리들에게 가르치시고 예수와 제자들은 건너편으로 가고자 하여 배를 탔었다. 이때 주님은 주무시고 계셨는데 큰 물결이 배에 덮이게 되어 모두들 죽게 되었다. 오늘 성도의 생활에 임한 환난이 예수를 주무시게 하거나 복음이 없는 생활을 하고 있지나 않은지 살펴야 한다.
* 참고 성구 * 막 4:35-41, 왕하 5:1, 말 5:24-25, 에 3:6

Ⅱ. 주님께 간절히 도움을 청하라

예수께서 주무실 때 큰 풍랑이 임한 것처럼 오늘 현실의 위기는 주님 없는 삶이 그 원인이 된다. 제자들은 주님을 깨우며 주여 구원하소서라고 아우성을 쳤다. 성도들도 이처럼 위기가 몰려오면 오직 주께 매달리는 자세를 취해야 한다. 주 외에는 누구도 우리를 구원할 수가 없다.
* 참고 성구 * 마 14:30, 시 50:5, 렘 33:3, 에 4:16

Ⅲ. 그러면 풍랑이 아주 잔잔케 되리라

예수께서는 믿음이 적은 제자들을 꾸짖고 바람과 바다를 잔잔하게 하셨다. 우리의 믿음을 점검하고 그리스도의 주권을 인정하는 삶이 바로 신앙인의 삶이다. 전지전능하신 주님께 자신을 의탁하는 자에게는 현실이 잔잔해진 바다와 같이 평온한 삶이 될 것은 명확한 일이다.
* 참고 성구 * 마 14:32, 욥 38:11, 시 65:7, 에 9:25-26

■ 기 도 ■ 하나님 아버지! 주님 없는 생활은 풍파와 환난의 연속입니다. 이제 회개하오니 다급한 우리의 현실을 우리의 환경을 돌보아 주소서. 이제부터는 주님과 동행하며 항상 신앙의 무장을 하는 자들이 되겠사오니 이 위기를 벗어나게 하소서. 예수 그리스도의 이름으로 기도드립니다. 아멘.

♣ 시험 및 사업에 실패함 ♣

주님도 세 번이나 당하신 시험
♪ 395, 365, 464

■ 본 문 ■ 그때에 예수께서 성령에게 이끌리어 마귀에게 시험을 받으러 광야로 가사 사십 일을 밤낮으로 금식하신 후에 주리신지라 시험하는 자가 …【마 4:1-11】

■ 서 론 ■ 독일의 학자요 유명한 교회사가인 토마스 아 켐피스는 "불은 철을 시험하고 유혹은 올바른 사람을 시험한다."고 했다. 시험은 누구에게나 찾아오는 청하지 않은 객이다. 그러나 시험을 극복하고 시험을 이긴 자는 성숙한 자가 된다. 시험의 행태는?

Ⅰ. 육신의 정욕
시험은 육신의 정욕에서 기인한다. 육체의 일은 음행과 더러운 것과 호색과 우상숭배와 술수와 원수를 맺는 것 등으로 온갖 추잡한 것들이 육체의 정욕으로부터 시작된다. 육에 속한 자를 의미하는 '프쉬키코이'는 짐승처럼 육적인 본능에 따라 사는 자를 이르는 말로 이들에게는 성령이 없다.
 * 참고 성구 * 엡 2:3, 롬 13:14, 벧전 4:1-2, 요일 2:16

Ⅱ. 안목의 정욕
시험은 안목의 정욕에서 기인한다. 인류의 어미 하와가 선악과를 바라다 본 정욕의 독소에 오염된 눈과, 롯이 멸망의 도시 소돔과 고모라가 있는 소알을 바라다 본 그 눈이다. 사도 요한은 라오디게아 교회에게 이르기를 안약을 사서 눈에 발라 보게 하라고 하면서 회개를 촉구하였다.
 * 참고 성구 * 창 3:6, 살전 5:22, 전 4:8, 요일 2:16, 계 3:18

Ⅲ. 이생의 자랑
시험은 이생의 자랑에서 기인한다. 이생의 자랑이란 허세나 헛된 영화, 자기의 소유를 자랑하는 것을 의미하는데 느부갓네살 왕은 이 큰 바벨론은 내가 능력과 권세로 건설하여 내 위엄의 영광을 나타내었다고 하다가 소처럼 풀을 먹고 살아가는 하늘의 심판을 초래하였다.
 * 참고 성구 * 마 20:20, 약 4:16, 마 21:26-28, 요일 2:16, 단 4:30

■ 기 도 ■ 하나님 아버지! 우리가 환난에 처하고 위기가 몰아치는 것은 우리의 범죄 곧 육신의 정욕과 안목의 정욕과 이생의 자랑에서 기인하였음을 이제 알았사오니 이제는 성령 안에서 주의 뜻대로 사는 삶을 살겠나이다. 영혼의 눈을 뜨게 하신 예수 그리스도의 이름으로 기도드립니다. 아멘.

♣ 시험 및 사업에 실패함 ♣

섭리를 깨달을 때
♪ 96, 102, 164

■ 본 문 ■ 당신들이 나를 이곳에 팔았으므로 근심하지 마소서 한탄하지 마소서 하나님이 생명을 구원하시려고 나를 당신들 앞서 보내셨나이다【창 45:5】

■ 서 론 ■ 영국의 작가 매리 그린은 "체험이 상식과 연결된 것은 인간이 하나님의 섭리와 연결된 것과 같다."고 했다. 꿈의 사람 요셉은 자신이 애굽에 팔려온 것을 하나님의 높으신 섭리로 이해하여 높은 차원의 신앙으로 이를 해소하고 또한 통찰력 있는 해석을 내렸다. 섭리를 깨달을 때 이는 ?

Ⅰ. 고난의 이유를 이해함
요셉은 자신이 애굽으로 팔려온 것은 하나님의 섭리가 계셔서 큰 구원으로 당신들의 생명을 보존하고 당신들의 후손을 세상에 두시려고 당신들 앞서 보내셨다고 그의 형들에게 말했다. 비로소 요셉은 자신이 겪었던 그 고난들이 오로지 하나님의 섭리에 의한 것임을 성찰했다.
* 참고 성구 * 히 12:11, 신 8:5, 창 50:20, 욥 23:10, 에 4:14

Ⅱ. 원수를 용서하고 사랑함
요셉의 놀라운 신앙관과 그의 역사관, 그리고 인생여정을 회고할 때 그의 형들을 용서하지 않을 수 없었고 하나님의 자비하신 마음으로 원수 같은 형들을 오히려 긍휼히 여기고 사랑하였다. 이는 원수 갚는 것이 내게 있으니 친히 원수를 갚지 말라는 말씀과 일치하는 것이다.
* 참고 성구 * 요일 3:15, 레 19:17, 잠 15:17, 행 7:60, 롬 12:19-20

Ⅲ. 하나님의 구원의 도구가 됨
요셉은 나를 이리로 보낸 자는 당신들이 아니요 하나님이시라는 말을 함으로써 자신은 이스라엘 민족을 구원하기 위한 하나님의 도구로서의 역할을 했다는 겸손한 자세로 일관했다. 큰 은사를 받은 자는 거기 못지 않게 환난과 역경도 큰 것임을 요셉은 우리에게 여실히 보여준다.
* 참고 성구 * 살전 1:6, 벧전 1:7, 시 73:10, 행 22:20

■ 기 도 ■ 하나님 아버지! 고난과 시련이 임할 때 모든 것이 합력하여 선을 이루게 하시는 하나님의 크신 섭리를 깨닫는 자가 되게 하시어 인생을 낙오하지 않게 인도하소서. 예수 그리스도의 이름으로 기도드립니다. 아멘.

♣ 시험 및 사업에 실패함 ♣

환난 중의 기쁨
♪ 383, 146, 148

■ 본 문 ■ 다만 이뿐 아니라 우리가 환난 중에도 즐거워하나니 이는 환난은 인내를, 인내는 연단을, 연단은 소망을 이루는 줄 앎이로다【롬 5:3-4】

■ 서 론 ■ 영국의 성직자로서 대설교가인 스펄전은 "슬픔을 통해 우리에게 다가오는 달콤한 기쁨이 있다."고 했다. 성경은 눈물로 씨를 뿌리는 자는 기쁨으로 단을 거두리로다라고 말하고 있다. 인생이 무서운 소용돌이 속으로 빠져 들어가도 주를 의지할 때 이는 가벼운 것이다. 성도는?

I. 환난 가운데서도 기뻐하는 자세를 가짐

바울은 항상 기뻐하라 쉬지 말고 기도하라 범사에 감사하라고 데살로니가 교회의 교인들에게 당부했다. 하박국 선지자는 무화과나무가 무성치 못하며 감람나무에 소출이 없으며 밭에 식물이 없으며 외양간에 소가 없을지라도 여호와를 인하여 즐거워하며 기뻐한다고 하였다.

* 참고 성구 * 마 5:10-12, 느 8:10, 합 3:17-19, 살전 5:16

II. 하나님께서 사랑으로 확증하심

예수 그리스도는 어제나 오늘이나 영원토록 동일하신 분이다. 예수께서는 언제까지나 성도들의 고통과 고난과 시련을 하나님께 아뢰올 것이며, 성령은 말할 수 없는 탄식으로 우리를 위해 친히 간구하신다. 우리를 위해 독생자까지 아끼지 않고 이땅에 보내신 하나님이 우리를 사랑으로 지키신다.

* 참고 성구 * 요 3:16, 롬 8:32-39, 요일 4:8-10, 히 13:8

III. 소망 중에 인내토록 힘써야 함

성도는 소망을 가지고 인내할 것이다. 인내 곧 '휘포모네'는 견고함, 불변, 인내의 뜻으로 이는 위에서 바윗덩이로 짓누름에도 성도는 불굴의 정신으로 이것을 버티어 승리하는 것을 말한다. 야고보서는 욥의 인내를 상기시키며 이를 복되다고 했다.

* 참고 성구 * 눅 21:19, 히 10:36, 약 1:4, 벧후 2:20, 약 5:11

■ 기 도 ■ 하나님 아버지! 우리가 당하고 있는 환난을 차라리 기쁘게 여기도록 믿음을 허락하소서. 위기는 위험과 기회가 동전의 앞뒷면처럼 함께 오는 것을 성찰케 하시고 소망으로 인내하도록 붙드시어 더 큰 은혜로 채우시옵소서. 예수 그리스도의 이름으로 기도드립니다. 아멘.

♣ 범죄하고 낙심함 ♣

회개를 원하심
♪ 330, 314, 473

■ 본 문 ■ 내가 너희에게 이르노니 이와 같이 죄인 하나가 회개하면 하늘에서는 회개할 것 없는 의인 아흔 아홉을 인하여 기뻐하는 것보다 더하리라【눅 15:7】

■ 서 론 ■ 영국의 수필가요 철학자인 토마스 칼라일은 "인간의 모든 행동 중 회개야 말로 가장 성스런 것이다. 오류들 가운데 가장 큰 잘못은 회개를 의식하지 않는 것이다."라고 했다. 회개야말로 용기를 가지고 하나님께 나아가는 것이다. 이 땅에 진정한 의인은 없다. 회개는?

Ⅰ. 하나님은 모든 사람의 구원을 기뻐하심
하나님은 모든 사람이 구원을 받으며 진리를 아는 데 이르기를 원하시는 분이시다. 그 악독한 아합 왕도 옷을 찢고 금식하며 굵은 베에 누우며 행보도 천천히 하자 하나님은 엘리야에게 아합이 내 앞에서 겸비함을 보았느냐며 내가 저의 시대에 재앙을 내리지 않겠다고 하셨다.
* 참고 성구 * 고후 5:21, 딤전 2:4, 히 4:15-16, 눅 19:5, 왕상 21:29

Ⅱ. 회개는 천국문으로 가는 통로임
회개 곧 '메타노이아' 는 마음을 바꿈, 변경, 사고방식을 변화시킴, 돌아섬의 뜻으로 이는 자기 자신의 행위를 돌아서서 그리스도께 완전히 의존하는 상태를 말하는 것이다. 따라서 회개는 하나님의 은혜를 체험하는 첫 단계요 첫 관문에 이른 것이다. 회개는 천국문을 두드리는 첫 행위이다.
* 참고 성구 * 행 2:38, 요일 1:8-10, 사 1:18, 눅 19:8

Ⅲ. 성도는 전도 사역에 역점을 두어야 함
성도는 범죄하고 낙심한 형제를 위해 전도의 사역을 다해야 하며 교회는 선교의 문을 활짝 열고 천하보다 한 영혼을 귀하게 여기는 하나님의 구원 사역을 위해 총력 매진하여야 한다. 부활 승천하신 예수의 지상 명령은 모든 족속에게 구원의 복음을 전하라고 하신 것이다.
* 참고 성구 * 마 28:19-20, 막 16:15-16, 행 1:8, 눅 19:9-10, 계 3:8

■ 기 도 ■ 하나님 아버지! 당신은 진정한 회개를 원하시고 또 회개하여 당신의 곁에 돌아올 때는 집 나간 탕자가 거지가 되어 왔을 때 오히려 더 기뻐한 아버지의 심정 같음을 깨닫게 하옵소서. 예수 그리스도의 이름으로 기도드립니다. 아멘.

♣ 범죄하고 낙심함 ♣

죄인을 위하여
♪ 135, 253, 323

■ 본 문 ■ 우리가 아직 죄인 되었을 때에 그리스도께서 우리를 위하여 죽으심으로 하나님께서 우리에게 대한 자기의 사랑을 확증하셨느니라【롬 5:8】

■ 서 론 ■ 스코틀랜드의 목사 루터포드는 "그리스도께서 달리신 십자가는 세로로는 하늘과 땅을 가리키고 있는데 이는 하나님과 사람이 함께 화목함을 의미하고 있다."고 했다. 하나님은 인류의 구원을 위해서 독생자 예수를 이 땅에 보내어 십자가를 지게 하셨는데 이는?

I. 십자가는 인류를 하나님과 화목하게 하심
바울은 에베소 교회에 보낸 편지에서 또 십자가로 이 둘을 한몸으로 하나님과 화목하게 하려 하심이라 원수된 것을 십자가로 소멸하셨다고 했다. 원죄로 인해 하나님과 인간 사이에 벌어진 틈을 여자의 후손, 곧 그리스도를 통해 십자가 수난을 겪게 하시어 화목케 하셨다.
* 참고 성구 * 고후 5:21, 엡 2:14-18, 히 10:19-22, 벧전 2:24, 창 3:15

II. 십자가는 하나님의 거룩한 사랑을 확증함임
사랑의 사도 요한은 그의 편지에서 사랑이 여기 있으니 우리가 하나님을 사랑한 것이 아니요 오직 하나님이 우리를 사랑하사 우리 죄를 위하여 화목제로 그 아들을 보내셨다고 했다. 십자가는 인간을 위한 하나님의 사랑이 어디까지 미치는지를 극명히 보여주는 상징이다.
* 참고 성구 * 롬 8:32-39, 요일 4:8-10, 갈 2:20, 요 3:16

III. 십자가는 의로운 삶의 길을 열어줌임
히브리서 기자는 오직 자기 피로 영원한 속죄를 이루사 단번에 성소에 들어가셨다고 했다. 예수의 십자가 죽음으로 성소의 휘장이 위에서 아래까지 찢어져 둘이 되는 이적이 일어났는데 이는 성소와 지성소를 거침없이 하늘의 길을 여신 것이다. 바울은 십자가만 자랑했다.
* 참고 성구 * 마 27:51, 벧전 1:15-16, 갈 6:14, 히 9:12, 10:19-20

■ 기 도 ■ 하나님 아버지! 지옥불에서 영원히 죽을 인생을 위하여 독생자 예수를 이 땅에 보내시어 인간을 구원하신 그 사랑을 감사드립니다. 이제 십자가에 흘리신 피의 공로로 담대히 당신께 나아가오니 이 죄인을 긍휼히 여기소서. 예수 그리스도의 이름으로 기도드립니다. 아멘.

♣ 범죄하고 낙심함 ♣

돌아온 죄인
♪ 315, 253, 323

■ 본 문 ■ 예수께서 이르시되 오늘 구원이 이 집에 이르렀으니 이 사람도 아브라함의 자손임이로다 인자의 온 것은 잃어버린 자를 찾아 구원하려 함이니라【눅 19:9-10】

■ 서 론 ■ "가만히 앉아서 울고 있는 것만이 회개는 아니다. 회개는 슬픔을 행동으로 바꾼 것이다. 곧 새롭고 보다 나은 삶을 향하여 움직이는 것이다."라고 빈센트는 말했다. 여리고의 세리장 삭개오의 놀라운 변신은 참으로 구원을 얻은 자의 표상이다. 삭개오의 구원은?

I. 예수를 영접함으로써 구원을 받음
영접하는 자 곧 그 이름을 믿는 자들에게는 하나님의 자녀가 되는 권세를 주셨다고 요한은 말했다. 바울은 예수를 주로 시인하고 하나님께서 그를 죽은 자 가운데서 살리신 것을 믿으면 구원을 얻는다고 했다. 여리고의 세리장 삭개오는 예수를 영접하여 구원을 얻었다.
 * 참고 성구 * 요 3:16, 엡 2:8-9, 행 16:31, 롬 10:9, 요 1:12

II. 심령이 새롭게 되어야 함
삭개오는 이에 멈추지 않고 내 소유의 절반을 가난한 자들에게 주겠사오며 뉘 것을 토색한 일이 있으면 사배나 갚겠다고 하여 당시 율법의 요구를 넘어서는 행위를 보였다. 그리스도에 의해 생의 변화를 받은 자는 마땅히 자신이 행할 바를 선언하여야 새로운 피조물이 된다.
 * 참고 성구 * 롬 12:1-3, 엡 4:22-24, 고후 5:17, 골 3:9-10, 민 5:6

III. 모든 불의에서 떠나야 함
변화받은 자는 이제는 모든 불의에서 자신을 떠나게 하고 택함받은 자답게 처신을 해야 한다. 예수를 알고 세상의 더러움을 피한 후 다시 그 죄에 얽매게 되면 그 나중 형편이 처음보다 더 심할 것이라고 베드로는 준엄하게 말했다. 악은 모든 모양이라도 버려야 한다.
 * 참고 성구 * 고전 15:34, 마 5:29-30, 딤후 2:19, 살전 5:22, 벧후 2:20

■ 기 도 ■ 하나님 아버지! 당시 로마의 앞잡이 노릇을 하여 죄인으로 취급받던 세리 삭개오의 놀라운 변신을 보았습니다. 아무리 죄 많은 사람도 예수와의 만남을 통하여 구원을 받음을 체험하게 하시옵소서. 예수 그리스도의 이름으로 기도드립니다. 아멘.

♣ 범죄하고 낙심함 ♣

세리의 고백
♪ 479, 480, 482

■ 본 문 ■ 세리는 멀리 서서 감히 눈을 들어 하늘을 우러러 보지도 못하고 다만 가슴을 치며 가로되 하나님이여 불쌍히 여기소서 나는 죄인이로소이다 【눅 18:13】

■ 서 론 ■ 스코틀랜드의 찬송 시인 제임스 몬트고머리는 "기도는 영혼의 성실한 욕구요 가슴 속에서 떨고 있는 숨겨진 불꽃의 운동이다."라고 했다. 세리의 간절한 기도를 보고 예수께서는 그의 기도가 응답되었다고 당시로서는 상상을 초월한 말씀을 하셨다. 과연 세리의 기도는 어떤 기도였나?

Ⅰ. 죄를 회개하는 눈물의 기도는 응답됨
세리는 멀리 서서 감히 눈을 들어 하늘을 우러러 보지도 못하고 가슴을 치는 눈물의 기도를 드렸다. 하나님은 이런 자의 기도를 들으신다. 다윗이 범죄한 후 노래한 그의 시편에는 하나님의 구하시는 제사는 상한 심령이라 상하고 통회하는 마음을 주께서 멸시치 않는다고 했다.
* 참고 성구 * 막 1:15, 행 2:38, 사 59:1-2, 계 5:8, 시 51:17

Ⅱ. 긍휼을 구하는 믿음의 기도는 응답됨
세리는 다만 하나님이여 불쌍히 여기옵소서라며 기도했다. 이것은 다른 말로 하나님이여 위로하옵소서 혹은 하나님이여 만족하게 하옵소서라는 의미이다. 다윗은 그의 시편에서 하나님이여 주의 인자를 좇아 나를 긍휼히 여기시며 주의 자비를 좇아 내 죄과를 도말하소서라고 했다.
* 참고 성구 * 엡 2:4, 출 34:6-7, 시 51:17, 느 9:17, 시 51:1

Ⅲ. 자기를 낮추는 겸손의 기도는 응답됨
세리는 나는 죄인이로소이다라며 기도했다. 성경은 주 앞에서 낮추라 그리하면 너희를 높이시리라고 언급했다. 주님도 무릇 자기를 높이는 자는 낮아지고 낮추는 자는 높아지리라고 하셨다. 다윗도 내 죄과를 아오니 내 죄가 항상 내 앞에 있다며 겸손하게 죄인임을 고백했다.
* 참고 성구 * 마 26:39, 약 4:6, 10, 잠 15:25, 삼상 2:7, 눅 18:14

■ 기 도 ■ 하나님 아버지! 범죄한 이 죄인 눈물의 기도로, 믿음의 기도로, 겸손의 기도로 당신 앞에 두 손 들고 나왔사오니 이 죄인의 기도를 열납하시어 불쌍한 이 영혼을 당신의 우슬초로 깨끗이 씻어주소서. 예수 그리스도의 이름으로 기도드립니다. 아멘.

♣ 가난함 ♣

죄인을 전도자로
♪ 491, 377, 507

■ 본 문 ■ 예수께서 거기서 떠나 지나가시다가 마태라 하는 사람이 세관에 앉은 것을 보시고 이르시되 나를 좇으라 하시니 일어나 좇으니라【마 9:9】

■ 서 론 ■ "죄의 인지는 구원의 시작이다." 독일의 종교개혁자 마틴 루터의 말이다. 죄를 깨달은 자의 양심은 하나님의 감찰하심을 받는다. 세관에 앉아 번민하던 레위를 불러 나를 좇으라 하신 주님은?

Ⅰ. 죄인도 주께서 소명하여 쓰심

당시 세리는 로마 정부에 고용되어 동족에게 악랄하게 세금을 징수하여 많은 원망을 받았다. 죄인이란 의식상 부정한 직업에 종사하는 자를 말하는데 바리새인들은 이들을 상종치 못할 자로 여겼다. 그러나 예수께서는 동족에게조차 손가락질 받던 세리 마태(=레위)를 부르셨다.
 * 참고 성구 * 막 2:14-16, 행 9:13-14, 딤전 1:12-13, 마 26:74

Ⅱ. 부르신 자에게 필요한 능력도 주심

주님은 부르신 자에게 소명에 필요한 능력도 주신다. 누가가 기록한 복음서에 보면 야고보와 요한이 불을 명하여 하늘로 쫓아내려 저희를 멸하라 하리이까 하는 대목도 나온다. 능력 곧 '뒤나미스'는 물려받은 힘, 권능, 세력, 힘을 쓰거나 나갈 때 생기는 힘의 뜻이 있다.
 * 참고 성구 * 눅 24:49, 행 1:8, 빌 4:13, 요 21:15-19, 눅 9:54

Ⅲ. 후에 일한 대로 상급을 받게 됨

복음을 위해 일한 자는 구원과 아울러 상을 받게 된다. 이는 행한 대로 공적에 의해 받는 것이므로 공정하다. 바울은 의의 면류관을 받기를 희망했다. 상 곧 '미스도스'는 품삯, 보수, 보상의 뜻이 담겨져 있는데 이는 하나님이 확실히 갚아주시는 상을 의미하는 것이다.
 * 참고 성구 * 갈 6:7-8, 딤후 4:7-8, 계 22:12, 벧전 5:4

■ 기 도 ■ 하나님 아버지! 가난한 자, 죄 지은 자도 소명하여 제자라고 불러주신 은혜를 감사드립니다. 세상에서 냉대받고 손가락질 당하는 우리들을 불러 성도로 삼아주시고 하늘의 상급까지 주시는 은혜를 감사드리며 당신을 위해 백골난망이 되도록 충성하겠나이다. 이 모든 것 예수 그리스도의 이름으로 기도드립니다. 아멘.

♣ 가난함 ♣

영혼의 부자
♪ 308, 432, 484

■ 본 문 ■ 너희는 먼저 그의 나라와 그의 의를 구하라 그리하면 이 모든 것을 너희에게 더하시리라 그러므로 내일 일을 위하여 염려하지 말라 내일 일은 내일 염려할 것이요 한 날 괴로움은 그 날에 족하니라【마 6:33-34】

■ 서 론 ■ 영국의 성직자 콜턴은 "목욕통이 디오게네스에게는 지나치게 컸으나 알렉산더에게는 온 세계도 너무 작았다."라고 했다. 사람이 분수에 맞게 살 때 그의 영혼은 평안하다. 하나님은?

I. 아버지께서는 우리의 필요를 아심
주님은 무엇을 먹을까 무엇을 마실까 무엇을 입을까 염려하지 말라고 하시면서 너희 천부께서는 이 모든 것이 너희에게 있어야 할 줄을 아신다고 하셨다. 하나님은 성도들이 이 땅에서 살 때 필요한 것이 무엇인지 세밀히 아시는 분이시다. 의식주를 위해 염려 말자.
* 참고 성구 * 마 6:8, 31, 고후 12:14, 마 15:32-39, 왕상 17:12

II. 아버지께서는 우리의 필요를 공급하심
바울은 빌립보 교회에게 나의 하나님이 그리스도 예수 안에서 풍성한 대로 너희 모든 쓸 것을 채우시리라고 했다. 하나님은 광야의 이스라엘 백성을 위해 만나와 메추라기로 먹이셨고, 엘리야를 사렙다 과부에게 보내어 연명하게 하셨다. 하나님은 우리의 필요대로 공급해 주신다.
* 참고 성구 * 막 10:29-30, 왕상 3:11-14, 벧전 5:7, 왕상 17:16, 빌 4:19

III. 아버지께서는 우리의 기도를 들으심
기도는 하나님과 우리 사이에 연결된 신성한 능력의 통로이다. 기도 곧 '프로슈케'는 향하여 서원하다, 바란다, 소원한다는 뜻으로 성도들이 하나님께 자신의 간절한 소원을 담아 아뢸 때 하나님은 이를 가납하시고 마음의 소원을 들어주신다. 기도를 쉬는 것은 죄임을 알자.
* 참고 성구 * 마 5:6, 사 40:28-31, 마 11:12, 왕상 17:21, 삼상 12:23

■ 기 도 ■ 하나님 아버지! 당신께서는 우리의 필요한 것이 무엇인지 다 알고 계십니다. 항상 우리의 떡광주리가 풍성하게 차도록 도와주시고 바울의 말처럼 가난한 자 같으나 많은 사람을 부요케 하고 아무것도 없는 자 같으나 모든 것을 가진 자임을 알게 하소서. 예수 그리스도의 이름으로 기도드립니다. 아멘.

♣ 가난함 ♣

비천에도 풍부에도
♪ 497, 303, 372

■ 본 문 ■ 바로 이 시간까지 우리가 주리고 목마르며 헐벗고 매맞으며 정처가 없고 또 수고하여 친히 손으로 일을 하며 후욕을 당한즉 축복하고 핍박을 당한즉 참고 【고전 4:11-12】

■ 서 론 ■ 영국의 계관 시인 알프레드 테니슨 경은 "자기 존중, 자각, 자제, 이 세 가지만이 인생을 주체적으로 이끄는 것이다."라고 했다. 복음을 위해 모든 것을 배설물처럼 여긴 바울의 신앙을 본받자. 바울처럼 우리는?

I. 바울처럼 그리스도의 고난에 동참하자
바울은 자녀이면 후사 곧 하나님의 후사요 그리스도와 함께 한 후사니 우리가 그와 함께 영광을 받기 위하여 고난도 함께 받아야 된다고 했다. 주님은 나를 인하여 너희를 욕하고 핍박할 때 너희에게 복이 있으니 오히려 기뻐하고 즐거워하라고 하시며 하늘의 상이 크다고 하셨다.
* 참고 성구 * 롬 8:17, 요 15:18-20, 빌 1:29, 고후 4:10, 마 5:11

II. 바울처럼 자비량 선교의 모범을 보이자
바울은 세 차례의 선교 여행을 다니며 손수 장막 만드는 것을 업으로 삼아 자기와 동행자들의 쓰는 것을 마련하였다. 이는 양식을 값없이 먹지 않고 수고하고 주야로 일함은 아무에게도 누를 끼치지 않고자 하는 바울의 근면성에 기인한다. 사도 바울의 자비량 선교는 참으로 본이 된다.
* 참고 성구 * 행 20:34-35, 롬 12:11, 살후 3:8-12, 행 18:3

III. 바울처럼 원수 사랑의 계명을 실천하자
주님은 너희 원수를 사랑하며 너희를 핍박하는 자를 위하여 기도하라고 하셨다. 그리스도의 종 바울은 그리스도의 본을 좇아 누가 혐의가 있거든 서로 용납하여 피차 용서하되 주께서 너희를 용서하신 것과 같이 너희도 그리하라고 했다. 바울은 주님의 말씀대로 삶을 살았다.
* 참고 성구 * 눅 6:35, 살전 5:15, 출 23:5, 잠 25:21, 4, 골 3:14, 마 5:44

■ 기 도 ■ 하나님 아버지! 비천과 풍부에서 모든 일체의 비결을 배웠다고 하는 바울의 고백이 오늘 이 가정에 일어나게 하시고 어려운 가운데서도 당신의 복음을 위해 노력하고 헌신하는 당신의 사랑하시는 백성에게 큰 용기와 풍족한 것으로 채워 주시옵소서. 예수 그리스도의 이름으로 기도드립니다. 아멘.

♣ 가난함 ♣

믿음의 부자
♪ 308, 315, 395

■ 본 문 ■ 내 사랑하는 형제들아 들을지어다 하나님이 세상에 대하여는 가난한 자를 택하사 믿음에 부요하게 하시고 또 자기를 사랑하는 자들에게 약속하신 나라를 유업으로 받게 아니하셨느냐【약 2:5】

■ 서 론 ■ 미국의 부흥사 빌리 그래엄은 "물질적인 부귀는 있어도 영적인 부귀는 없을 수 있다. 지상에 아무리 물질이 많다 할지라도 하나님을 향한 빈곤이 있을 수 있다."라고 했다. 사람을 판단할 때는?

I. 사람을 세상적 판단 기준으로 말 것

세상 사람들은 사람을 판단할 때 그가 지닌 재산, 명예, 학식, 재능, 권력, 외모 등으로 사람을 평가한다. 하지만 성도들은 그가 지닌 믿음으로 평가받으니 바울은 가난한 자 같으나 많은 사람을 부요케 하고 아무것도 없는 자 같으나 모든 것을 가진 자라고 강력하게 말했다.
  * 참고 성구 * 요일 5:19, 레 19:15, 시 119:105, 눅 7:36-50, 고후 6:10

II. 사람을 불공정한 기준으로 판단 말 것

사람을 자기의 기준이나 세상적인 기준으로 판단하는 것은 불공정한 것이다. 사람에게 편벽되이 하는 자는 도리어 그 편벽으로 인해 자신이 판단을 받는다. 주님은 부요하신 자로서 우리를 위해 가난하게 되심은 그의 가난함을 인하여 우리로 부요케 하려 하심이다.
  * 참고 성구 * 마 7:2, 욥 13:10, 말 2:9, 고후 8:9, 딤전 5:21

III. 사람을 빈부의 기준으로 판단 말 것

사람을 빈부의 기준으로 평가하는 것은 악한 생각이다. 아름다운 옷을 입은 자에겐 좋은 자리를 내어주고 가난한 자에게는 거기 섰든지 내 발등상에 앉으라 하면 말이 되는가. 그러나 세상은 이데올로기가 무너지고 경제제일주의가 판을 치게 되어 개인이나 국가나 큰 시험에 들게 되었다.
  * 참고 성구 * 행 13:22, 고전 1:27, 삼상 16:7, 약 2:2-4

■ 기 도 ■ 하나님 아버지! 부자는 자기의 재물을 하나님처럼 믿으매 하나님이 필요없다고 하나 성도는 하나님 최고주의로 살기에 영혼의 구원뿐 아니라 믿음의 부자가 되었습니다. 이런 은혜를 주신 당신께 감사드리옵고 예수님 이름으로 기도드립니다. 아멘.

♣ 가난함 ♣

합당한 기도
♪ 516, 480, 505

■ 본 문 ■ 혹 내가 배불러서 하나님을 모른다 여호와가 누구냐 할까 하오며 혹 내가 가난하여 도적질하고 내 하나님의 이름을 욕되게 할까 두려워함이니이다【잠 30:9】

■ 서 론 ■ 로마의 스토아 철학자인 세네카는 "우리가 찬양하는 것은 가난이 아니라 그 가난 때문에 천해지거나 굴복하지 않고 이겨내는 인간이다."라고 했다. 가난하지만 자기를 존중하고 지조를 지키며 비굴하지 않는 삶을 사는 자는 위인이다. 오늘날 성도가 드리는 합당한 기도는?

I. 허탄과 거짓을 멀리 하옵시며
시편 기자는 거룩한 곳에 설 자는 손이 깨끗하며 마음이 청결하며 뜻을 허탄한 데 두지 아니하며 거짓 맹세치 아니하는 사람이라고 했다. 이렇게 구하는 이유는 하나님 앞에 바로 서서 참다운 예배를 드리기 위한 기본적인 자세를 이야기한 것이다. 이런 자는 참으로 복되다.
 * 참고 성구 * 약 2:20, 욥 27:12, 잠 30:8, 시 24:3-4

II. 너무 가난하게도 마옵시고
잠언 기자는 가산이 적어도 여호와를 경외하는 것이 크게 부하고 번뇌하는 것보다 낫다고 했다. 주님이 가르치신 기도에도 우리에게 일용할 양식을 주옵시고라는 말이 있다. 그러나 너무나 가난하면 도리어 하나님의 영광을 가릴까 하여 염려가 되므로 궁핍의 추방을 말한 것이다.
 * 참고 성구 * 갈 6:10, 레 14:21, 잠 10:4, 잠 10:4, 마 6:11, 잠 15:16

III. 너무 부하게 마옵소서
잠언 기자는 너무 부하게도 말 것은 내가 배불러서 하나님을 모른다 할까였다. 부자는 그 재물이 바로 자기의 하나님이라고 생각한다. 재물을 하나님의 위치에 두는 것이 바로 우상 숭배가 아닌가. 재물 때문에 하나님의 나라를 포기하고 근심하면서 떠나간 사람이 있다.
 * 참고 성구 * 고후 8:2, 민 24:7, 딤전 6:10, 빌 4:11-13, 마 19:22

■ 기 도 ■ 하나님 아버지! 우리로 하여금 당신께 합당한 기도를 드릴 수 있는 명철을 허락해 주옵소서. 그리하여 당신께서는 영광이요 우리에게는 영혼이 살지는 일만 구하게 하소서. 예수 그리스도의 이름으로 기도드립니다. 아멘.

♣ 핍박받음 ♣

핍박받는 주
♪ 12, 144, 365

■ 본 문 ■ 이에 총독의 군병들이 예수를 데리고 관정 안으로 들어가서 온 군대를 그에게로 모으고 그의 옷을 벗기고 홍포를 입히며 가시 면류관을 엮어 그 머리에 씌우고 갈대를 그 오른손에 들리고 그 앞에서 무릎을 꿇고…【마 27:27-29】

■ 서 론 ■ 영국의 외교관 나피어 경은 "진리에는 거짓이 결코 흉내낼 수 없는 특색이 있다."라고 했다. 기독교는 많은 핍박 가운데서 순교자들이 뿌린 씨앗으로 유지해 왔다. 하나님의 아들 예수께서 핍박을 받는 뜻은?

I. 이 세상의 악함을 증거함
예수께서 핍박당함은 죄악으로 가득찬 이 세상의 악함을 여실히 드러내어 준다. 예수의 십자가에는 인간의 죄악이 최고 절정에 달한 모습이 그대로 남아 오늘까지 전해주고 있지 않은가. 야고보서는 세상과 벗된 것이 하나님의 원수임을 말해주고 있다. 성도는 세상을 사랑하면 안 된다.
* 참고 성구 * 요 3:19, 엡 2:1-3, 요일 5:19, 약 4:4

II. 성도의 길이 험난함을 증거함
예수께서는 나를 인하여 너희를 욕하고 핍박할 때 오히려 너희에게 복이 있나니 기뻐하고 즐거워하라고 하셨다. 이는 하늘의 상이 크기 때문이다. 핍박을 받는 주님의 모습에서 우리는 성도의 신앙 여정이 얼마나 힘들고 험난한지를 생각케 한다. 집사 스데반은 최초의 순교자가 되었다.
* 참고 성구 * 요 15:18-20, 행 7:57-58, 딤후 3:12, 행 14:22, 마 5:12

III. 인류를 향한 주의 사랑을 증거함
예수의 핍박당하심은 이미 이사야에 의하여 예언이 되었다. 그가 찔림은 우리의 허물을 인함이요 그가 상함은 우리 죄악을 인함이라 그가 징계를 받음으로 우리가 평화를 누리고 그가 채찍에 맞음으로 우리가 나음을 입었도다. 이는 참으로 대속자이신 예수의 사랑을 증거해 준다.
* 참고 성구 * 롬 5:6-8, 요일 4:8-10, 눅 23:34, 벧전 2:24

■ 기 도 ■ 하나님 아버지! 핍박을 당하신 주님을 생각할 때마다 감사의 눈물을 흘리게 됨은 우리의 죄악 때문에 주께서 대신 고통을 당하셨기 때문입니다. 주를 믿기에 오늘 우리가 당하는 핍박은 진리 가운데 있기에 당연히 받는 것임을 알게 하옵소서. 예수 그리스도의 이름으로 기도드립니다. 아멘.

♣ 핍박받음 ♣

주 때문에
♪ 365, 338, 450

■ 본 문 ■ 그가 그곳 이름을 맛사라 또는 므리바라 불렀으니 이는 이스라엘 자손이 다투었음이요 또는 그들이 여호와를 시험하여 이르기를 여호와께서 우리 중에 계신가 아닌가 하였음이더라【출 17:7】

■ 서 론 ■ 영국의 시인 바이런은 "역경은 진리로 들어가는 첫번째 관문이다."라고 했다. 진리대로 사는 삶은 참으로 좁은 길을 가는 것과 같다. 예수를 핍박한 세상이 그를 좇는 자들을 그냥 두지 않기 때문이다. 주 때문에?

Ⅰ. 백성들로부터 원망을 받음
모세는 이스라엘 백성들로부터 물을 먹지도 못할 광야로 이끌고 왔다고 하여 큰 원망을 받았고, 주님은 동족 이스라엘 백성에게서 큰 배신과 원망을 받았으니 권력의 상층부에 있던 산헤드린과 대제사장의 말이 이를 입증한다. 오늘 주를 좇는 성도들도 이러한 핍박을 각오해야 한다.
 * 참고 성구 * 유 1:16, 출 16:7, 욥 23:2, 눅 24:9, 요 11:47-53

Ⅱ. 백성들에게서 돌로 치임을 받기도 함
주 때문에 일곱 집사의 한 사람이었던 스데반은 돌로 치임을 받아 기독교 최초의 순교자가 되었다. 뿐만 아니라 히브리서 기자가 기록한 기사에는 칼에 죽임을 당하고, 전설로 알려지는 이사야의 톱에 켜서 죽는 대목까지 나온다. 진리를 따라 살 때 핍박은 어쩌면 당연하다.
 * 참고 성구 * 요 8:59, 마 23:37, 사 10:26, 행 7:59, 히 11:37

Ⅲ. 주 때문에 핍박받을 때 간절히 호소해야 함
주님은 너희가 나를 인하여 총독들과 임금들 앞에 끌려갈 것을 예언하신 뒤 그때 어떻게 또는 무엇을 말할까 염려하지 말라고 하셨다. 간절히 호소하는 가운데 성령께서 무슨 말을 할 것을 주신다고 하셨다. 성도들이 핍박을 당할 때에는 오직 하나님께 기도할 뿐이다.
 * 참고 성구 * 행 25:11 마 10:17-23, 롬 8:26-27, 왕상 19:1-8, 고후 1:9

■ 기 도 ■ 하나님 아버지! 주로 인한 핍박을 받음은 진리대로 사는 자가 당연히 받을 의무라고 생각하는 신앙을 갖게 하옵소서. 주로 인한 핍박을 오히려 기뻐하고 감사하는 큰 믿음을 가질 때 하늘의 상이 큼을 기억하게 하시고 우리를 바르게 지켜주시옵소서. 예수 그리스도의 이름으로 기도드립니다. 아멘.

♣ 핍박받음 ♣

핍박에 따르는 축복
♪ 489, 277, 360

■ 본 문 ■ 나를 인하여 너희를 욕하고 핍박하고 거짓으로 너희를 거스려 모든 악한 말을 할 때에는 너희에게 복이 있나니 기뻐하고 즐거워하라 하늘에서 너희의 상이 큼이라【마 5:11-12】

■ 서 론 ■ 영국의 시인 죠지 크랩은 "이 거친 세상에서 가장 좋고 가장 훌륭한 사람은 가장 많은 시련과 환난, 그리고 가장 많은 번민을 겪어서 다져진 사람들이다."라고 했다. 성도는 핍박을 통해서 훈련을 받는다. 핍박은?

I. 경건한 자들에게 임하는 핍박
바울은 너희에게 은혜를 주신 것은 다만 그를 믿을 뿐 아니라 또한 그를 위하여 고난도 받게 하심이라고 했다. 제자들은 우리가 하나님 나라에 들어가려면 많은 환난을 겪어야 할 것이라고 하면서 마음을 굳게 하고 믿음에 거했다. 기독교는 축복과 함께 고난을 받는 종교이다.
* 참고 성구 * 요 15:18-20, 딤후 3:12, 행 14:22, 고후 6:4-5, 빌 1:29

II. 그리스도와 함께 고난을 받음
히브리서 기자는 예수도 자기 피로써 백성을 거룩케 하려고 성문 밖에서 고난을 받으셨다며 그런즉 우리는 그 능력을 지고 영문 밖으로 그에게 나아가자고 했다. 자녀이면 또한 후사이니 그리스도와 함께 한 후사로 영광을 받기 위해서는 그리스도와 함께 고난을 받아야 한다.
* 참고 성구 * 롬 8:17, 벧전 4:12-14, 고후 11:23-27, 히 13:13

III. 고난을 기뻐할 것은 하늘의 보상이 큼임
주님은 고난을 기뻐하라고 하시며 하늘에서 상이 크다고 하셨다. 상을 의미하는 본문의 헬라어 '호 미스도스'는 '그 상'이란 말로 하나님께서 확실히 갚아주시는 상을 뜻하며 미스도스에는 품삯, 보수, 보상의 뜻이 담겨있다. 고난을 당하는 자에게는 하나님이 예비하신 보상이 주어진다.
* 참고 성구 * 히 11:26, 벧전 4:14, 약 1:2-4, 빌 3:20

■ 기 도 ■ 하나님 아버지! 예수 안에서 경건하게 살고자 하는 자는 핍박을 받음은 당연한 것입니다. 핍박을 차라리 축복으로 여기는 믿음을 주시옵소서. 세상에서는 핍박을 받으나 하늘의 상이 큼을 기억하게 하시어 핍박을 감당하게 하소서. 예수 그리스도의 이름으로 기도드립니다. 아멘.

♣ 핍박받음 ♣

핍박에서 소망으로
♪ 539, 383, 386

■ 본 문 ■ 사랑하는 자들아 너희를 시련하려고 오는 불시험을 이상한 일 당하는 것같이 이상히 여기지 말고 오직 너희가 그리스도의 고난에 참예하는 것으로 즐거워하라 【벧전 4:12-13】

■ 서 론 ■ 미국 유일 교회 목사 헵벨 채핀은 "천국에서 가장 찬란히 빛나는 면류관은 환난의 용광로에서 혹독한 시련을 겪고 제련되었으며 아픔의 연마를 겪어 영광을 얻은 것들이다."라고 했다. 핍박은?

I. 핍박은 인내를 만들어 낸다
바울은 우리가 환난 중에도 즐거워하나니 이는 환난은 인내를, 인내는 연단을, 연단은 소망을 이루는 줄 앎이로다라고 했다. 인내에 해당하는 헬라어 '휘포모네'는 견고함, 인내, 불변의 뜻이 있는데 이는 위에서 바윗덩이로 짓누름에도 밑에서 이를 견디고 지탱해나감을 의미한다.
* 참고 성구 * 눅 3:17, 롬 8:28, 잠 27:21, 히 11:25, 롬 5:3-4

II. 핍박은 기쁨을 가져다 준다
성경은 너희 믿음의 시련이 불로 연단하여도 없어질 금보다 더 귀하여 예수 그리스도의 나타나실 때에 칭찬과 영광과 존귀를 얻게 하려 한다고 했다. 성도들은 옥에 갇혀 언제 죽을지도 모를 사도 바울이 그 와중에서도 기뻐하고 기뻐하라고 한 믿음을 간직해야 할 것이다.
* 참고 성구 * 롬 8:17-18, 벧전 1:5-7, 유 1:24, 히 11:26, 빌 4:4

III. 핍박은 소망을 안겨다 준다
주님은 보라 내가 속히 오리니 내가 줄 상이 내게 있어 각 사람에게 그의 일한 대로 갚아 주리라고 하셨다. 핍박을 받고 능욕을 당한 자는 하늘에 소망을 두기 때문에 이를 견디는 것이다. 환난 가운데서도 충성한 자에게는 생명의 면류관이 기다리고 있음을 알자.
* 참고 성구 * 마 5:11-12, 욥 42:12-17, 히 12:11, 계 22:12, 2:10

■ 기 도 ■ 하나님 아버지! 주님과 함께 영광을 받기 위해 우리는 고난과 핍박도 함께 받음을 믿습니다. 핍박으로 인해 인내와 기쁨과 소망을 가지고 당신께 나아가오니 당신의 능력있는 오른손으로 나를 지키소서. 예수 그리스도의 이름으로 기도드립니다. 아멘.

♣ 핍박받음 ♣

시련으로 면류관을
♪ 139, 244, 249

■ 본 문 ■ 네가 장차 받을 고난을 두려워 말아 볼지어다 마귀가 장차 너희 가운데서 몇 사람을 옥에 던져 시험을 받게 하리니 너희가 십일 동안 환난을 받으리라 네가 죽도록 충성하라 그리하면 내가 생명의 면류관을 네게 주리라【계 2:10】

■ 서 론 ■ 미국의 목사 채핀은 "성도들이 하늘에서 쓰고 있는 찬란히 빛나는 면류관은 이 땅의 환난의 용광로에서 제련되었다."고 했다. 고난이 없이는 영광도 없다. 십자가의 고난이 있었기에 부활의 영광이 있는 것이다. 성도들은?

I. 주의 고난에 동참하는 성도
성경은 너희가 그리스도의 고난에 참여하는 것으로 즐거워하라 이는 그의 영광을 나타내실 때에 너희로 즐거워하고 기뻐하게 하려 함이라고 했다. 주의 고난에 동참하는 것이 성도의 본분이다. 왜냐하면 그리스도와 함께한 후사이므로 영광을 받기 위해 고난도 당연히 받는 것이다.
* 참고 성구 * 요 15:18-20, 롬 8:17, 빌 1:29, 벧전 4:13

II. 죽도록 충성하는 성도
맡은 자들에게 구할 것은 오직 충성뿐이다. 모세는 장래에 말할 것을 증거하기 위해서 하나님의 온 집에서 사환으로 충성하였고 예수는 그의 집 맡은 아들로 충성하셨다. 이를진대 우리들 성도는 죽도록 충성하는 자들이 되어야 하겠다. 착하고 부지런한 종이라는 말은 충성한 자에게 주는 호칭이다.
* 참고 성구 * 눅 12:42-48, 고전 4:2, 딤후 4:7-8, 마 25:20, 히 3:5-6

III. 약속에 참예하는 성도
충성 곧 '피스토스'는 믿을 만한 가치가 있는 상태로서 하나님이 무엇이든 안심하고 맡길 수 있는 종을 가리킨다. 이런 종에게는 나중에 약속에 참예케 하시는데 하나님은 생명의 면류관을 예비해 놓으셨다. 성도는 착하고 충성된 종이 되어 하늘의 상급을 사모해야 하겠다.
* 참고 성구 * 마 25:14-30, 갈 4:6-7, 히 10:36, 마 25:21

■ 기 도 ■ 하나님 아버지! 우리로 하여금 주의 고난에 동참케 하시고 죽도록 충성케 하시고 당신의 약속에 참예하게 하소서. 지금의 고난이 장차 오는 영광과 어떻게 비교할 수 있겠습니까. 시련을 견디고 핍박을 감당하는 믿음을 더하여 주옵소서. 예수 그리스도의 이름으로 기도드립니다. 아멘.

♣ 핍박받음 ♣

인내로 약속을
♪ 399, 387, 492

■ 본 문 ■ 너희가 갇힌 자를 동정하고 너희 산업을 빼앗기는 것도 기쁘게 당한 것은 더 낫고 영구한 산업이 있는 줄 앎이라 그러므로 너희 담대함을 버리지 말라 이것이 큰 상을 얻느니라【히 10:34-35】

■ 서 론 ■ 프랑스의 황제 나폴레옹은 "승리는 가장 많이 인내하는 사람에게 주어진다."고 했다. 인내는 믿음의 세계에서나 세상적인 일에서나 성공의 척도이다. 약속의 유업을 받은 성도는 신앙의 시련을 인내해야 하는데 이는?

I. 약속을 받는 자는 담대해야 함
출애굽한 사람들 가운데 유일하게 가나안 땅을 밟은 자는 여호수아와 갈렙 뿐이다. 특히 갈렙은 나이 팔십 오세에도 하나님의 약속을 기억하고서 담대히 아낙 사람들을 물리치는 일에 일조를 하겠다고 호언장담했다. 하나님을 의지하고 약속의 기업을 받을 자는 첫째 담대해야 한다.
* 참고 성구 * 마 28:20, 히 13:6, 수 1:5-9, 사 41:10

II. 약속을 받는 자는 인내해야 함
약속을 받는 자는 인내해야 하는데 약속 곧 '에팡겔리안'은 영구한 산업으로 믿는 자에게 주시는 하나님과 함께 누리는 영광과 부, 행복을 누리는 영생의 삶을 의미한다. 이 약속을 받는 자는 인내 곧 '휘포모네스' 해야 하는데 아래에 머문다는 뜻인 이 말은 참고 견디며 버티는 삶을 가리킨다.
* 참고 성구 * 눅 21:19, 롬 12:10, 골 1:11, 약 5:10-11

III. 약속을 받는 자는 순종해야 함
순종은 제사보다 낫고 듣는 것이 수양의 기름보다 낫다고 사무엘은 사울 왕을 꾸짖었다. 하나님은 순종으로써 모든 것을 평가하신다고 해도 과언이 아닐 것이다. 성도의 진정한 면모는 오직 순종에 있다. 수태고지를 받은 마리아의 대답은 주의 계집종이오니 내게 이루어지이다는 순종이었다.
* 참고 성구 * 마 7:21, 행 5:29, 삼상 15:22-23, 눅 1:38

■ 기 도 ■ 하나님 아버지! 약속의 유업을 받는 우리는 담대하고 인내하고 순종하는 삶을 살아야 한다는 말씀을 오늘 받았습니다. 비록 세상은 우리를 핍박하더라도 당신 안에서는 안식을 누리게 하소서. 예수 그리스도의 이름으로 기도드립니다. 아멘.

♣ 근심 및 염려에 빠짐 ♣

심령을 상하게 함

♪ 467, 259, 410

■ 본 문 ■ 하나님의 뜻대로 하는 근심은 후회할 것이 없는 구원에 이르게 하는 회개를 이루는 것이요 세상 근심은 사망을 이루는 것이니라【고후 7:10】

■ 서 론 ■ 어느 심리학자는 "염려와 근심은 생활의 분열, 가정의 분열, 사업의 분열, 그 다음으로는 정신의 분열을 일으킨다."고 했다. 지나친 염려는 몸을 상하게 하고 영혼에 큰 해악을 초래한다. 현대인의 질병 가운데 절반이 넘는 자가 신경증에 시달림이 이를 입증한다. 세상 근심은?

Ⅰ. 세상 근심은 하나님의 뜻대로 한 근심과 본질적으로 다름

잠언 기자는 마음의 즐거움은 양약이라도 심령의 근심은 뼈로 마르게 한다고 했다. 세상 근심은 비통과 증오와 탐욕을 부르고 결국은 사망에 이르게 된다. 주님은 내일 일을 위하여 염려하지 말라 내일 일은 내일 염려할 것이요 한 날 괴로움은 그 날에 족하다고 하셨다.

* 참고 성구 * 벧전 1:6, 창 21:11, 잠 1:27, 눅 10:41, 잠 17:22

Ⅱ. 세상 근심은 불의에 집착함으로써 나온 것임

불의 곧 '아디키아'는 잘못을 저지르다, 하나님의 법을 어기다, 옳지 못하다, 부정의 뜻으로 불경건이 종교적인 죄악이라면 불의는 도덕적인 죄악을 의미한다. 불의한 자는 하나님의 나라를 유업으로 받지 못한다. 곧 음란하는 자, 우상 숭배하는 자, 간음하는 자, 탐색하는 자 등이다.

* 참고 성구 * 계 2:4, 룻 2:15, 사 54:9, 에 6:12-13, 고전 6:9

Ⅲ. 세상 근심은 영혼에 커다란 해악을 초래함

누가는 그의 복음서에서 스스로 조심하라 그렇지 않으면 방탕함과 술취함과 생활의 염려로 마음이 둔하여지고 뜻밖에 그 날이 덫과 같이 임한다고 했다. 세상적인 일로 근심하는 자는 복음이 가시떨기에 뿌리워진 것으로 말씀이 막혀 결실하지 못하는 자를 이른다.

* 참고 성구 * 히 10:39, 삿 5:21, 시 34:2, 마 13:22, 눅 21:34

■ 기 도 ■ 하나님 아버지! 근심과 염려에 빠진 이 영혼을 구출해 주시옵소서. 당신만을 의지하여 영혼에 충만한 기쁨을 얻게 인도하여 주시옵소서. 예수 그리스도의 이름으로 기도드립니다. 아멘.

♣ 근심 및 염려에 빠짐 ♣

주의 약속을 기억
♪ 399, 313, 395

■ 본 문 ■ 돈을 사랑치 말고 있는 바를 족한 줄로 알라 그가 친히 말씀하시기를 내가 과연 너희를 버리지 아니하고 과연 너희를 떠나지 아니하리라 하셨느니라 그러므로 우리가 담대히 가로되 주는 나를 돕는 자시니 내가 무서워 아니하겠노라 사람이 내게 어찌하리요 하노라【히 13:5-6】

■ 서 론 ■ 미국의 작가 조나 게일은 "약속은 빚이다."라고 했다. 하나님은 우리에게 많은 언약을 베푸셨으므로 우리에게 빚을 지고 있는 것이다. 새로운 생활을 위해 성도들이 취할 것은?

I. 탐하는 마음을 버리자

주님은 삼가 모든 탐심을 물리치라 사람의 생명이 그 소유의 넉넉한 데 있지 않다고 하셨다. 바울은 탐하는 자 곧 우상 숭배하는 자는 다 그리스도와 하나님 나라에서 기업을 얻지 못한다고 했다. 우상 숭배는 구약에서는 신상이나 형상에의 예배를 의미했으나 신약에서는 탐하는 마음까지 말한다.

* 참고 성구 * 엡 5:3, 5, 골 3:5, 딤전 6:9-10, 눅 12:15, 딤전 3:3

II. 주의 도우심을 의뢰하자

의지하다는 곧 히브리어 '솨안'의 나팔형으로 기대다, 의지하다, ~위에 머물다는 뜻을 가지고 있다. 이는 하나님께 강하게 기대고 의지하는 것을 말한다. 세상의 염려와 근심이 자신을 해치려 할 때 즉시 주의 도우심에 자신을 맡겨야 한다. 주는 우리를 도우시겠다고 약속하신 분이시다.

* 참고 성구 * 마 28:20, 시 28:7, 사 41:10, 시 146:3-5

III. 선한 본을 좇자

사랑의 사도 요한은 사랑 안에 두려움이 없고 온전한 사랑이 두려움을 내어 쫓나니 두려움에는 형벌이 있음이라 두려워하는 자는 사랑 안에서 온전히 이루지 못하였다고 했다. 근심과 걱정, 염려는 아집에서 나온다. 자아를 깨고 주의 선한 모범을 좇을 때 비로소 거기서 해방이 된다.

* 참고 성구 * 고전 11:1, 빌 4:9, 약 5:10-11, 갈 6:3, 요일 4:18

■ 기 도 ■ 하나님 아버지! 당신의 약속을 기억하오니 근심과 염려 속에서 헤어나지 못하는 불쌍한 영혼을 기억하시고 당신의 사랑 안에서 새로운 용기를 찾게 하여 주시옵소서. 예수 그리스도의 이름으로 기도드립니다. 아멘.

♣ 근심 및 염려에 빠짐 ♣

주를 찾음
♪ 471, 183, 387

■ 본 문 ■ 하나님이여 사슴이 시냇물을 찾기에 갈급함 같이 내 영혼이 주를 찾기에 갈급하니이다 내 영혼이 하나님 곧 생존하시는 하나님을 갈망하나니 내가 어느 때에 나아가서 하나님 앞에 뵈올꼬【시 42:1-2】

■ 서 론 ■ 성 어거스틴은 "오, 하나님이여! 내가 당신 안에서 내 심령의 안정을 얻을 때까지 다른 곳에서는 안정을 얻을 수가 없었습니다."라고 했다. 하나님 안에서만이 비로소 참다운 영혼의 안식이 있다. 우리의 주는?

I. 살아 계신 주를 찾으라
하나님은 살아 계신 하나님이시다. 갈멜산에서 바알과 아세라의 선지자 사백 오십 명과 대결을 벌인 엘리야는 바알과 아세라 신이 응답이 없자 조롱하기를 묵상하고 있는지 혹 잠깐 나갔는지 혹 잠들었는지 빨리 깨우라고 했다. 여호와 하나님은 엘리야의 기도에 단번에 응답하셨다.
* 참고 성구 * 마 16:16, 히 13:8, 수 1:7-9, 시 90:2

II. 가까이 계신 주를 찾으라
여호와 하나님은 예레미야서에서 직접 말씀하시기를 나 여호와가 말하노라 나는 가까운 데 있는 하나님이요, 먼 데 있는 하나님이 아니라고 하셨다. 하나님은 우리 옆에 가까이 계시는 분이시다. 우리의 마음속에 임재해 계시는 분이심을 알아 찾을 만한 때에 주를 가까이에서 찾도록 하자.
* 참고 성구 * 요 14:23, 마 18:20, 시 34:18, 렘 23:23, 시 16:8

III. 도우시는 주를 찾으라
앞에는 홍해가, 뒤에는 무장한 애굽의 군사가 잡으러 오자 이스라엘 백성은 진퇴양난에 빠져 모세를 원망하고 애굽으로 돌아가려는 노예 근성을 나타냈다. 그 때 하나님의 사람 모세는 너희는 두려워 말고 가만히 서서 여호와의 행하시는 구원을 보라고 했다. 홍해가 갈라지는 역사가 일어났다.
* 참고 성구 * 행 26:22, 신 33:29, 사 41:10, 출 14:13

■ 기 도 ■ 하나님 아버지! 당신은 살아 계시고 가까이 계시고 도우시는 분임을 알았사오니 이제 근심과 걱정에 휩싸여 있는 당신의 사랑하는 성도를 붙들어 일으키시옵소서. 성전 미문의 앉은뱅이가 예수의 이름으로 일어나는 역사를 베푸시옵소서. 예수 그리스도의 이름으로 기도드립니다. 아멘.

♣ 근심 및 염려에 빠짐 ♣

낙심하지 않고
♪ 473, 146, 221

■ 본 문 ■ 그러므로 우리가 낙심하지 아니하노니 겉 사람은 후패하나 우리의 속은 날로 새롭도다 우리의 잠시 받는 환난의 경한 것이 지극히 크고 영원한 영광의 중한 것을 우리에게 이루게 함이니【고후 4:16-17】

■ 서 론 ■ 과학자요 평화주의자인 아인슈타인은 "나의 전 생애를 통하여 연구할 때 큰 곤란에 부딪쳐도 실망치 않은 것은 신앙의 덕택이다."라고 했다. 믿음을 가진 자는 쉽게 낙망하지 않는다. 주의 백성으로 선택된 성도는?

Ⅰ. 성도는 환난 중에 인내함
바울은 그의 로마서에서 우리가 환난 중에도 즐거워하나니 이는 환난은 인내를, 인내는 연단을, 연단은 소망을 이루는 줄 앎이라고 했다. 야고보서는 인내하는 자를 우리가 복되다 하나니 너희가 욥의 인내를 들었고 주께서 주신 결말을 보았다고 했다. 인내하는 자에게 승리가 있다.
* 참고 성구 * 행 14:22, 요 15:18-20, 딤후 3:12, 롬 5:3-4, 약 5:11

Ⅱ. 성도는 세속을 좇지 않음
근심과 염려와 죄 중에 빠진 어거스틴을 구한 말씀이 로마서 13장에 기록되어 있다. 세속의 일은 뻔한 것이다. 방탕, 술취함, 음란, 호색, 쟁투, 시기 등 세속을 좇는 자들은 이것들의 올무에 발이 걸려 헤어나지 못하고 있다. 성도는 세상 풍조와 시류를 멀리 해야 한다.
* 참고 성구 * 요일 5:19, 약 4:4, 롬 12:2, 엡 2:1-3, 롬 13:11-14

Ⅲ. 성도는 기업을 바라봄
성도의 기업은 썩지 않고 더럽지 않고 쇠하지 아니하는 기업으로 우리를 위하여 하나님께서 하늘에 간직하신 것이다. 신자들은 천국의 기업 곧 믿는 자에게 주시는 하나님의 축복과 영광을 누리는 하나님의 나라를 사모할 것이다. 내세에 대한 소망은 그 무엇도 대체하지 못한다.
* 참고 성구 * 갈 4:6-7, 롬 8:17, 벧전 1:3-4, 히 11:26, 엡 1:11

■ 기 도 ■ 하나님 아버지! 극한 고통이 와도 낙심하지 않는 것은 당신이 주신 기업을 바라보기 때문입니다. 이제 말씀 안에서 새롭게 거듭나서 당신이 예비하신 거룩한 것을 취하는 자가 되게 하소서. 예수 그리스도의 이름으로 기도드립니다. 아멘.

♣ 병 문안(신자) ♣

병을 지신 주
♪ 262, 391, 339

■ 본 문 ■ 저물매 사람들이 귀신들린 자를 많이 데리고 예수께 오거늘 예수께서 말씀으로 귀신들을 쫓아내시고 병든 자를 다 고치시니 이는 선지자 이사야로 하신 말씀에 우리 연약한 것을 친히 담당하시고 병을 짊어지셨도다 함을【마 8:16-17】

■ 서 론 ■ "결정적인 질병에는 결정적인 치유법이 분명히 있다."고 어느 의사가 말했는데 하나님의 창조 질서와 조화를 생각해 볼 때 이 말은 참으로 합당한 말이다. 병자에게 관심이 많으신 주께서는?

I. 주님은 귀신들을 내어쫓으셨음
주님은 귀신들을 많이 쫓으셨는데 특히 말씀으로 행하셨다. 곧 벙어리 되고 귀먹은 귀신아 내가 네게 명하노니 그 아이에게서 나오고 다시 들어가지 말라고 명령하셨다. 이와 같은 일은 믿음과 능력이 있어야만 가능한 일로 주님은 기도와 금식 외에는 제압하지 못한다고 하셨다.
  * 참고 성구 * 마 8:8, 막 9:25, 마 10:1, 약 4:7, 행 19:11-15

II. 주님은 모든 병든 자를 다 고치셨음
주님은 귀신만 쫓은 것이 아니라 온갖 각색 병들을, 즉 간질, 열병, 정신 이상, 중풍, 고창병, 혈루병, 궤양 등 모든 병을 다 고치셨다. 하나님의 아들로서 이 땅에 오신 그의 사역 곧 가르치시고 고치시고 전파하시는 것 중에서 하나가 바로 고치시는 사역이다.
  * 참고 성구 * 마 4:23-24, 막 16:18, 출 15:26, 말 4:2

III. 주님은 우리의 짐을 짊어지셨음
본문의 인용은 이사야서이다. 예수의 짐을 짊어지심, 곧 질병과 세상 죄를 짊어지신 주님의 고난을 예언한 이사야의 성취로 볼 수 있다. 주님은 친히 나무에 달려서 그 몸으로 우리 죄를 담당하셨다. 또한 저가 채찍에 맞음으로써 우리는 나음을 얻었다고 베드로는 기록했다.
  * 참고 성구 * 마 11:28-30, 롬 5:6-8, 사 53:4, 벧전 2:24

■ 기 도 ■ 하나님 아버지! 주님 예수로 하여금 모든 질병과 세상 죄를 지게 하셔서 십자가에서 영원한 승리를 구가하게 하심을 감사드리옵나이다. 오늘 당신의 사랑하는 성도가 질병으로 인해 고통 중에 있사오니 예수의 보혈로 깨끗이 씻어 주시옵소서. 예수 그리스도의 이름으로 기도드립니다. 아멘.

♣ 병 문안(신자) ♣

주는 나의 목자
♪ 453, 350, 394

■ 본 문 ■ 그는 목자 같이 양무리를 먹이시며 어린 양을 그 팔로 모아 품에 안으시며 젖 먹이는 암컷들을 온순히 인도하시리로다【사 40:11】

■ 서 론 ■ 영국의 시인 에드워드 영은 "인간은 하나님을 찬양하라고 지음받았지 결코 의심하며 불신하라고 지음받지 않았다."고 했다. 주님은 목자요 우리는 그의 양떼이다. 양은 목자를 의지하며 푸른 초장을 누비고 목자는 그 양떼를 보살핀다. 목자이신 주님은 그의 양떼를 어떻게 하시나?

Ⅰ. 주님은 성도를 먹이심
다윗은 그의 시에서 그가 나를 푸른 초장에 누이시며 쉴 만한 물가으로 인도하신다고 하였다. 예수께서는 내가 문이니 누구든지 나로 말미암아 들어가면 구원을 얻고 또는 들어가며 나오며 꼴을 얻는다고 하셨다. 우리의 주님은 안위와 영적인 양식을 준비하시는 분이시다.
* 참고 성구 * 요 6:35, 마 4:4, 벧전 2:2, 마 6:25-34, 요 10:9

Ⅱ. 주님은 성도를 안으심
다윗은 그의 시에서 내 영혼을 소생시키시고 자기 이름을 위하여 의의 길로 인도하신다고 했다. 예수께서는 나는 선한 목자라 선한 목자는 양들을 위하여 목숨을 버린다고 하셨다. 우리 주님은 그의 양떼인 성도들을 그의 품 안에 넣어 보호하시고 목숨을 걸고 지키신다.
* 참고 성구 * 마 23:37, 요 10:14, 딤후 2:19, 시 23:3, 요 10:11

Ⅲ. 주님은 성도를 인도하심
다윗은 그의 시에서 내가 사망의 음침한 골짜기로 다닐지라도 해를 두려워 않음은 주께서 나와 함께 하심이라고 하면서 주의 지팡이와 막대기가 나를 안위하신다고 했다. 예수께서는 우리에 들지 않은 다른 양도 함께 인도해 한 무리가 되어 한 목자에게 있으리라고 하셨다.
* 참고 성구 * 마 28:19-20, 막 16:20, 요 16:13, 시 25:9

■ 기 도 ■ 하나님 아버지! 당신은 우리의 목자요 우리는 당신이 보살피시는 양떼입니다. 오늘 당신의 귀한 양인 당신의 사랑하시는 성도가 몸져 누워 있습니다. 당신께서는 속히 귀한 꼴을 먹이시고 병마를 물리쳐 주시옵소서. 예수 그리스도의 이름으로 기도드립니다. 아멘.

♣ 병 문안(신자) ♣

주의 영광을 위한 병
♪ 363, 415, 483

■ 본 문 ■ 예수께서 대답하시되 이 사람이나 그 부모가 죄를 범한 것이 아니라 그에게서 하나님의 하시는 일을 나타내고자 하심이니라【요 9:3】

■ 서 론 ■ 로마의 박물학자 플리니우스는 "어떤 신체적 고통을 받고 있을 때 사람은 하나님의 존재를 생각하게 된다."고 했다. 병마는 무척이나 인간을 시달리게 하고 절망하게 만든다. 그러나 하나님을 의지할 때 하나님은 치료하는 광선을 발하시어 병을 고치신다. 질병이 임하는 이유는?

I. 병은 본인으로 인한 경우가 있음

병마의 원인이 본인에게서 기인하는 경우가 있는데 이는 모세를 원망한 미리암이 문둥병에 걸렸다든지 아람 왕의 군대장관 나아만의 문둥병이 그런 경우이다. 사람도 원죄와 자범죄, 혹 고범죄로 인하여 자기 자신이 죄를 짓고 병의 발인이 되어 고통당하는 경우가 허다하다.

* 참고 성구 * 막 9:21, 민 12:8-10, 고후 12:7-9, 왕하 5:1

II. 병은 부모로 인한 경우가 있음

병마의 원인이 부모 혹은 조상에게서 기인하는 경우가 있는데 이는 하나님께서 죄의 값을 아비로부터 아들에게로 삼사대까지 이르게 하신다고 십계명에 못박으셨기 때문이다. 유전병인 혈우병과 같은 것은 참으로 선대로 인해 전하는 무서운 병이다. 무당과 같은 영적인 병은 더욱 무섭다.

* 참고 성구 * 요 9:19-20, 삼하 12:15, 창 9:25, 출 20:5

III. 병은 하나님의 하시는 것을 나타내는 경우가 있음

베다니의 삼남매 가운데 나사로가 죽었다. 그러자 예수께서는 이 병은 죽을 병이 아니라 하나님의 영광을 위함이요 하나님의 아들로 이를 인하여 영광을 얻게 하려 한다고 하셨다. 병마에 시달리다가 하나님께 기도하여 병 고침을 받은 수많은 간증이 이를 잘 설명한다.

* 참고 성구 * 요 11:4, 마 9:24, 왕하 5:17, 대하 32:24-26

■ 기 도 ■ 하나님 아버지! 병마에 시달리는 당신의 사랑하는 성도를 일으켜 세워주시옵소서. 당신의 능력의 손으로 안수하시어 완쾌되는 역사가 일어나 당신께 찬양을 돌리게 하옵소서. 예수 그리스도의 이름으로 기도드립니다. 아멘.

♣ 병 문안(신자) ♣

야이로의 딸의 병
♪ 528, 402, 463

■ 본 문 ■ 많이 간구하여 가로되 내 어린 딸이 죽게 되었사오니 오셔서 그 위에 손을 얹으사 그로 구원을 얻어 살게 하소서 하거늘 이에 그와 함께 가실새【막 5:23-24】

■ 서 론 ■ "죽음을 각오하고 주께 매달리면 주님을 만나게 되고, 주님을 만나면 모든 것이 해결받는다."고 한 간증자는 말했다. 주님은 우리에게 마음의 문을 열고 주를 의뢰하라고 말씀하신다. 온전히 의지하는 자에게 주님은 자신을 나타내신다. 회당장 야이로의 딸이 고침을 받는 것은?

I. 주께로 나아와서 병을 고쳤음

회당장 야이로는 딸의 병을 고침받기 위하여 먼저 예수께 나아왔다. 이는 참으로 옳은 행동이다. 주님은 구하라 그러면 너희에게 주실 것이요 찾으라 그러면 찾을 것이요 문을 두드리라 그러면 너희에게 열릴 것이라고 했다. 병마와 인생의 문제를 먼저 주님께 내어놓자.
 * 참고 성구 * 요 14:6, 마 15:22-28, 눅 1:37, 창 18:14, 마 7:7

II. 자기를 낮추어서 병을 고쳤음

회당장 야이로는 꽤 신분이 높은 자이다. 그가 당시 무명의 청년 예수께 나아와서 발 아래 엎드리는 자세를 취했다. 참으로 자신을 낮추는 겸손의 행위이다. 하나님은 교만한 자는 대적하시지만 겸손한 자에게는 은혜를 주시는 분이시다. 병마에 시달릴 때 마음을 비우는 자가 되어야 한다.
 * 참고 성구 * 벧전 5:5, 약 4:6, 10, 잠 22:4, 왕하 5:13-14

III. 많이 간구해서 병을 고쳤음

회당장 야이로는 예수께 많이 간구하였다. 딸의 병을 위하여 주님께 매어달리며 끈기있게 간구한 노력으로 치유함을 받았다. 이는 우리에게 많은 것을 시사한다. 야고보서는 믿음의 기도는 병든 자를 구원한다고 했다. 주님은 소녀의 손을 잡고 '달리다굼' 하시고 소녀를 일으키셨다.
 * 참고 성구 * 눅 18:1-8, 창 32:24-29, 렘 33:3, 약 5:16

■ 기 도 ■ 하나님 아버지! 야이로는 당신께 나아와서 겸손한 자세로 많이 간구하여 딸이 기적적으로 소생하는 것을 목도하였습니다. 우리에게도 야이로와 같은 믿음을 주셔서 병마를 이기고 깨끗함을 받게 하옵소서. 예수 그리스도의 이름으로 기도드립니다. 아멘.

♣ 병 문안(신자) ♣

베드로 장모의 열병
♪ 529, 388, 454

■ 본 문 ■ 시몬의 장모가 열병으로 누웠는지라 사람들이 곧 그의 일로 예수께 여짜온대 나아가사 그 손을 잡아 일으키시니 열병이 떠나고 여자가 저희에게 수종드니라
【막 1:30-31】

■ 서 론 ■ 미국의 육군 원수로 '희망'이란 책을 저술한 워렌 라이스는 "희망은 질병, 재앙, 죄악을 고치는 특허약이다."라고 했다. 오직 주님만이 우리 인생의 희망이 되신다. 병마로 시달리는 답답한 인생이 주 앞에 나아올 때?

Ⅰ. 병마로 고통을 당하고 있는 인생

시몬 베드로의 장모가 열병으로 누워 있었다. 병마는 사람으로 하여금 즐거운 삶을 파괴하여 고통과 아픔으로 시달리게 하고 움직이지도 못하게 고립되게 만든다. 본인뿐 아니라 가족과 친척 모두에게 괴로움을 안겨주는 것이 질병의 속성이다.

* 참고 성구 * 왕하 13:4, 대하 21:18, 전 5:17, 왕하 5:1, 사 53:5-6

Ⅱ. 병고침을 받으려고 주께 나아온 인생

사람들이 곧 그의 일로 예수께 나아왔다. 예수 그리스도는 이사야의 예언대로 우리의 연약함을 짊어지셨다. 이는 질병과 세상 죄를 지시고 그가 대신 고난을 받으시는 것이다. 각색 질병에 시달리는 사람들에게 예수는 빛이요 생명이 되신다. 주께 나아오는 인생에게만 치유함이 있다.

* 참고 성구 * 막 3:10, 눅 4:40, 왕하 20:2-3, 눅 5:15, 마 8:16

Ⅲ. 마침내 병고침을 받은 인생

나아가서 그 손을 잡아 일으키시니 열병이 떠나고 여자가 저희에게 수종드니라고 했다. 베드로서는 예수께서 채찍에 맞음으로 너희는 나음을 얻었다고 했다. 예수께서 고난을 당하신 것은 순전히 우리를 위해서이다. 주님께 나아가면 모든 것이 치유되고 해방을 받는 것을 믿자.

* 참고 성구 * 막 15:28, 마 15:28, 빌 2:27, 눅 4:36, 벧전 2:24

■ 기 도 ■ 하나님 아버지! 베드로의 장모가 병마에 시달리고 고통당할 때 주님은 그 딸을 치료하셨습니다. 영육간에 강건함을 얻은 그녀는 주님께 수종을 들었습니다. 오늘 병마로 고통받는 당신의 성도를 베드로의 장모처럼 깨끗케 하시옵소서. 예수 그리스도의 이름으로 기도드립니다. 아멘.

♣ 병 문안(불신자) ♣

가나안 여자 딸의 병
♪ 528, 349, 347

■ 본 문 ■ 이에 예수께서 대답하여 가라사대 여자야 네 믿음이 크도다 네 소원대로 되리라 하시니 그 시로부터 그의 딸이 나으니라【마 15:28】

■ 서 론 ■ 영국 교회의 주교 죠지 혼은 "하나님과 인간들 사이에 상호 신실하시기를 기대하시는 하나님께 신실하지 못한 인간들은 더 큰 실망을 체험케 되리라."고 했다. 이방의 가나안 여자, 곧 수로보니게 여인은 비신앙인이면서도 예수께 나아와서 딸의 치유함을 받았다. 이 여인은?

Ⅰ. 주의 능력을 의뢰한 가나안 여자

가나안 여자는 소리를 질러서 주 다윗의 자손이여 나를 불쌍히 여기소서 내 딸이 흉악한 귀신들렸다고 했다. 여인은 예수께서 다윗의 자손 곧 메시야이심을 알았고 메시야는 자기 딸을 치유할 것이라는 능력을 확신했다. 능력 곧 '뒤나미스'는 이적이나 기사를 행하는 하나님의 권능을 의미한다.
* 참고 성구 * 눅 1:37, 창 18:14, 욥 42:2, 마 15:22

Ⅱ. 주의 도움을 신뢰한 가나안 여자

여인은 예수께 절하며 주여 저를 도우소서라고 했다. 그러나 주님은 뜻밖에도 자녀의 떡을 취하여 개들에게 던짐이 마땅치 않다고 하셨다. 이는 충격적인 말이다. 자녀(=유대인, 성도)와 개(=이방인, 불신자)로 구분되는 가운데서도 주께 도움을 청하는 그녀의 끈기는 대단한 것이다.
* 참고 성구 * 히 13:6, 시 28:7, 사 41:10, 마 15:25

Ⅲ. 간절한 마음으로 구한 가나안 여자

여인은 주여 옳소이다마는 개들도 제 주인의 상에서 떨어지는 부스러기를 먹나이다라고 말했다. 자기를 개라고 함에도 불구하고 겸손히 부스러기를 먹겠다는 그것은 간절한 마음에서 우러나오는 큰 믿음이다. 주님은 여자야 네 믿음이 크다시며 네 소원대로 되리라고 하셨다.
* 참고 성구 * 마 7:7-8, 창 32:24, 29, 시 50:15, 렘 33:3, 마 15:27

■ 기 도 ■ 하나님 아버지! 당신을 잘 몰랐던 가나안 여인의 딸이 고침받는 현장을 우리는 보았습니다. 오늘 비록 주님을 믿지 않더라도 당신의 의로우심을 믿고 간구하오니 병상에서 일어나는 역사를 보이시고 이제 주님을 영접하여 영혼까지 치유되게 하옵소서. 예수 그리스도의 이름으로 기도드립니다. 아멘.

♣ 병 문안(불신자) ♣

주님이 필요한 병자
♪ 530, 91, 535

■ 본 문 ■ 이는 내가 그의 옷에만 손을 대어도 구원을 얻으리라 함일러라 이에 그의 혈루 근원이 곧 마르매 병이 나은 줄을 몸에 깨달으니라【막 5:28-29】

■ 서 론 ■ "믿는 것이 무엇이기에 하나님은 우리가 믿고 있기만 하면 그 믿는 것에 대해 책임을 져주신다."고 한 간증인이 말했다. 열두 해를 혈루병으로 고생하던 여인의 고통을 말끔히 해소해 주신 주님의 긍휼하심은?

I. 주의 능력을 의뢰한 여인

12년 동안 혈루병 곧 하혈하는 출혈병으로 앓던 여인의 고통은 대단했고, 용하다는 의사를 찾아보았으나 효험도 없고 재산도 다 허비한 지경에서 주의 소식을 듣고 가까이 와서 옷깃을 잡았으니 이는 옷에 손만 대어도 병에서 구원을 받을 것을 확신했기 때문이었다.

* 참고 성구 * 눅 1:37, 창 18:14, 행 10:38, 막 9:23-24

II. 믿음으로 주 앞에 나온 여인

옷을 잡는 순간 혈루의 근원이 마름을 안 여인의 귀에는 누가 내 옷에 손을 대었느냐는 주님의 목소리가 들렸다. 이는 주의 능력이 발출됨을 주님께서 아셨기 때문이다. 할 수 없이 여인은 두려워하며 떨며 그 앞에 엎드리어 이실직고를 했다. 사실을 사실대로 말하는 것도 용기이다.

* 참고 성구 * 히 11:6, 빌 4:13, 벧전 1:9, 막 10:51

III. 주는 여인의 도움이 되심

주님은 여인의 말을 듣고 딸아 네 믿음이 너를 구원하였으니 평안히 가라 네 병에서 놓여 건강할지어다 하시며 축복하셨다. 병도 못 고치고 수많은 세월 동안 고생하며 가진 재산을 다 허비하고 마지막에 죽으면 죽으리라는 일사각오로 예수께 나아온 여인은 믿음대로 구원을 받았다.

* 참고 성구 * 히 13:6, 사 41:10, 시 28:7, 행 19:11-12

■ 기 도 ■ 하나님 아버지! 많은 세월을 고생하고 돈도 허비하고 낙망 가운데 있던 혈루증 앓던 여인이 주님께 나아와 병 고침을 받는 역사를 오늘 보았습니다. 병상에서 고통당하는 당신의 백성을 불쌍히 여기시고 그에게 믿음을 허락하시어 병에서 놓임받는 역사가 일어나게 하시옵소서. 예수 그리스도의 이름으로 간절히 기도드립니다. 아멘.

♣ 병 문안(불신자) ♣

병들면 예수를 찾을 것
♪ 529, 173, 187

■ 본 문 ■ 침상에 누운 중풍병자를 사람들이 데리고 오거늘 예수께서 저희의 믿음을 보시고 중풍병자에게 이르시되 소자야 안심하라 네 죄 사함을 받았느니라【마 9:2】

■ 서 론 ■ "나사렛 예수는 가장 훌륭한 목수지요, 인간의 삐걱거리는 영혼과 육체를 고쳐주는 목수이니까요". 목수인 어느 성도의 말이다. 병든 자는 무슨 수를 쓰던지 병에서 놓임을 받고 싶어 한다. 그래야 자유와 해방을 맛보기 때문이다. 병든 자를 향한 그리스도의 능력은?

I. 죄를 사하시는 그리스도의 능력

중풍병자를 침상에 누인 채 예수께 데리고 와서 병고침을 받으려는 모습을 보시고 주님은 소자야 네 죄사함을 받았다고 하셨다. 질병이 죄로 인해 기인하는 것은 아니지만 이 소자의 경우는 질병의 원인이 죄의 결과임을 보여 준다. 예수만이 죄를 사하시는 능력이 있으시다.

＊ 참고 성구 ＊ 마 26:28, 행 2:38, 눅 24:47, 고후 5:21

II. 마음을 살피시는 그리스도의 능력

이를 두고 서기관들이 이 사람이 참람하도다라고 했는데 이는 하나님 한 분만이 죄를 사할 수 있는데 예수께서 네 죄가 사해졌다고 했으니 말이다. 예수는 하나님의 아들로서 죄사함의 능력을 가지신 하나님과 동등하신 분이다. 이 말로써 예수는 자신의 권위를 나타내셨다.

＊ 참고 성구 ＊ 마 12:25, 눅 6:8, 요 10:30, 마 22:18

III. 병을 고치시는 그리스도의 능력

예수는 이들의 마음을 살피시고 인자의 권세를 보이셨다. 그리고 중풍병자에게 말씀하시되 일어나 네 침상을 가지고 집으로 가라 하셨다. 능력 곧 '뒤나미스'는 힘(물려 받은), 본래 사물이 지닌 능력, 힘을 쓰거나 나갈 때 생기는 힘, 권능의 뜻이 있는데 여기서는 주님의 이적의 권능으로 보면 된다.

＊ 참고 성구 ＊ 마 4:23-25, 막 6:56, 행 3:6, 막 16:17-18

■ 기 도 ■ 하나님 아버지! 죄를 사하시고 병을 고치시고, 우리의 마음을 살피시는 주님의 능력을 의뢰하오니 오늘 병상에서 신음하는 당신의 백성의 고통을 빨리 덜어주소서. 예수 그리스도의 이름으로 기도드립니다. 아멘.

♣ 병 문안(불신자) ♣

병을 꾸짖는 예수
♪ 528, 94, 529

■ 본 문 ■ 예수께서 가까이 서서 열병을 꾸짖으신대 병이 떠나고 여자가 곧 일어나 저희에게 수종드니라【눅 4:39】

■ 서 론 ■ 프랑스의 수학자요 철학자요 물리학자인 파스칼은 "인간마다 가슴 속에 공백이 있는데 이 공백은 다른 무엇으로 채울 수 없고 오직 예수 그리스도에 의해 채워진다."고 했다. 예수 그리스도 외에 누가 우리의 심령을 감찰하시며 누가 우리에게 위로의 말을 하겠는가. 예수께 나아가서?

I. 예수께 육신의 질병을 치유받자

복음서에는 수많은 병자들이 예수께 나아와 자신의 고통스러운 질병을 치유받는 장면이 곳곳에 나온다. 예수께서는 간질, 열병, 정신이상, 고창병, 중풍, 혈루증, 궤양 등 사람에게 생기는 육신의 병이란 병은 다 고치시며 회당에서 가르치시고 천국복음을 전파하셨다. 치유는 주님의 사역 중의 하나이다.
 * 참고 성구 * 눅 7:21, 출 15:26, 렘 6:7, 요 5:5-9

II. 예수께 마음의 질병을 치유받자

감람산에서 성전으로 돌아오신 예수 앞에는 간음하다 현장에서 잡혀온 여인이 서 있었다. 서기관과 바리새인은 예수를 시험하고자 했으나 주님은 너희 중에 죄 없는 자가 먼저 돌로 치라고 하셨고, 후에 여인에게 나도 너를 정죄치 않으니 다시 죄짓지 말라고 하셨다. 간음은 마음의 질병이다.
 * 참고 성구 * 창 20:17, 출 15:26, 사 58:8, 요 8:10

III. 예수께 영혼의 질병을 치유받자

사마리아의 수가 성 여인은 남편을 다섯 번이나 바꾼 부끄러움에 사람들이 없는 정오에 물을 길러 갔다가 영생의 생명수이신 예수를 영접하고 물동이도 버려둔 채 동네에 들어가 사람들에게 그리스도임을 알렸다. 영혼의 타락으로 갈 길을 몰라하던 여인은 비로소 영적 해갈을 맛보았다.
 * 참고 성구 * 렘 51:9, 호 7:1, 말 4:2, 요 4:14, 26, 29

■ 기 도 ■ 하나님 아버지! 우리의 육신의 질병뿐 아니라 마음의 질병, 영혼의 질병까지 치유됨을 원하나이다. 병상에서 고통당하는 당신의 백성에게 육체뿐 아니라 영혼도 구원받는 역사를 행하시옵소서. 예수 그리스도의 이름으로 기도드립니다. 아멘.

♣ 병 문안(불신자) ♣

내게 무엇을 원하느냐
♪ 318, 409, 483

■ 본 문 ■ 예수께서 일러 가라사대 네게 무엇을 하여 주기를 원하느냐 소경이 가로되 선생님이여 보기를 원하나이다 예수께서 이르시되 가라 네 믿음이 너를 구원하였느니라 하시니 저가 곧 보게 되어 예수를 길에서 좇으니라【막 10:51-52】

■ 서 론 ■ "예수 그리스도는 우리가 아무런 긍지없이 접근할 수 있는 하나님이요, 우리는 그 앞에서 절망없이 우리들 자신을 낮출 수 있다." 파스칼의 말이다. 주님께 우리를 낮추면 주님은 우리를 높이신다. 보기를 원한 바디매오는?

I. 예수가 메시야이심을 믿은 바디매오
여리고 성을 제자들과 무리들과 함께 지나가던 예수께 디매오의 아들인 소경 거지 바디매오는 나사렛의 예수시란 말에 소리를 질러 다윗의 자손 예수여 나를 불쌍히 여기소서 하였다. 다윗의 자손으로 메시야가 오신다는 것은 당시 보편화된 상식으로 바디매오는 예수를 메시야로 믿었다.
 * 참고 성구 * 롬 3:22, 갈 2:16, 고전 2:5, 막 10:48, 사 29:18

II. 예수께 가까이 나아간 바디매오
예수를 부르자 많은 사람들이 꾸짖어 잠잠하라고 했으나 오히려 더욱 크게 소리를 질러 예수를 기어이 멈추어 서게 한 바디매오. 결사적인 기도와 외침만이 예수를 멈추게 할 수 있고 그의 곁으로 나아갈 수가 있는 것이다. 주님은 바디매오를 가까이 오게 하셨다.
 * 참고 성구 * 눅 6:10, 고전 14:36, 민 34:17, 막 10:47

III. 예수께 간구함으로써 응답을 받은 바디매오
주님은 네게 무엇을 하여 주기를 원하느냐고 물었다. 이 때 바디매오는 분명한 소리로 선생이여 보기를 원하나이다라고 말했다. 이것 저것 중언부언한 것이 아니라 분명한 소원을 말한 것이다. 주님은 네 믿음이 너를 구원했다며 소청을 들어 주셨다. 이 때 바디매오는 길에서 예수를 좇아서 영혼까지 구원을 입었다.
 * 참고 성구 * 창 35:3, 겔 14:6, 시 13:3, 막 10:51-52

■ 기 도 ■ 하나님 아버지! 예수를 메시야로 믿고 간절히 간구한 바디매오는 육신의 눈을 떳을 뿐 아니라 예수를 좇아서 영혼까지 눈을 뜨게 되는 구원을 체험했나이다. 오늘 당신의 사랑하는 백성에게 바디매오가 입은 구원을 공유하는 역사가 일어나게 하옵소서. 예수 그리스도의 이름으로 기도드립니다. 아멘.

♣ 병문안(불신자) ♣

누구든지 믿으면
♪ 205, 193, 324

■ 본 문 ■ 예수께서 돌이켜 그를 보시며 가라사대 딸아 안심하라 네 믿음이 너를 구원하였다 하시니 여자가 그 시로 구원을 받으니라【마 9:22】

■ 서 론 ■ 밀라노의 감독 성 암브로스는 "밀랍에 새겨진 인의 흔적이 그 인 자체의 형상을 나타내고 있듯이 그리스도는 하나님을 완전히 나타내는 형상이시다."라고 했다. 그리스도는 하나님의 독생자로 하나님과 동등됨을 버리시고 인간의 몸으로 이 땅에 오신 하나님이시다. 누구든지 그를 믿으면?

I. 죄악에서 구원을 받는다

중풍병자를 향해서 주님은 소자야 안심하라 네 죄사함을 받았느니라고 하셨다. 이를 두고 서기관들이 수군거리자 인자가 세상에서 죄를 사하는 권세가 있는 줄 너희로 알게 하노라 하셨다. 바울은 네 입으로 예수를 주로 시인하고 그의 부활을 믿으면 구원을 얻으리라고 했다.
* 참고 성구 * 욥 14:17, 슥 9:6, 말 2:6, 롬 10:9-10, 마 9:2-6

II. 질병에서 구원을 받는다

예수는 그의 공생애 기간 동안 회당에서 가르치시고 천국복음을 전파하시고 모든 질병을 고치시는 사역을 감당하셨다. 예수를 믿으면 질병에서 구원함을 받으니 이는 우리의 질병을 위하여 그가 채찍에 맞음으로써 우리가 나음을 입었기 때문이다. 이는 참으로 놀라운 진리이다.
* 참고 성구 * 왕상 8:37, 신 7:15, 렘 6:7, 벧전 2:24, 사 53:5

III. 죽음에서 구원을 받는다

예수의 십자가 죽음, 부활, 승천을 믿는 자는 죽음에서도 구원을 받는다. 바울은 사망아 너의 이기는 것이 어디 있느냐 사망아 너의 쏘는 것이 어디 있느냐며 승리를 외쳤다. 주님은 나는 부활이요 생명이니 나를 믿는 자는 죽어도 살겠고 살아서 믿는 자는 영원히 죽지 않는다고 하셨다.
* 참고 성구 * 롬 14:8, 엡 2:5, 요 11:26, 요 6:50-51, 고전:15:57

■ 기 도 ■ 하나님 아버지! 당신의 초청은 만인을 위한 것입니다. 누구든지 예수를 믿고 질병과 죄악과 죽음에서 구원받는 역사가 일어나게 하옵소서. 이제는 오직 주님만을 의지하고 살아가는 삶의 길로 이끄소서. 예수 그리스도의 이름으로 기도드립니다. 아멘.

♣ 장기 환자 ♣

38년 된 병자
♪ 425, 528, 529

■ 본 문 ■ 거기 삼십 팔년 된 병자가 있더라 예수께서 그 누운 것을 보시고 병이 벌써 오랜 줄 아시고 이르시되 네가 낫고자 하느냐【요 5:5-6】

■ 서 론 ■ 영국의 작가 죠지 쿨만은 "모든 의사를 찾아가서도 못 고친 병이 있으면 그리스도께 나아오라. 치료비는 무료이다. 단 그리스도의 능력을 인정하는 믿음만 가지고 나아오라. 그대의 병은 완전히 고침을 받으리라."고 했다. 고질병으로 38년이나 고생하던 병자에게 가신 주님은?

I. 38년 된 병자의 비참함을 아심
예루살렘 베데스다 못에서 물의 동함을 기다리는 병자, 소경, 절뚝발이, 혈기 마른 자 중 38년이나 된 병자도 마지막 희망을 걸고 먼저 들어가서 병을 고치고자 못가 행각에 누워 있었다. 일이 년도 지겨운데 수많은 세월을 고통당하며 절망 속에서 버티어가는 비참한 생활이었다.
* 참고 성구 * 마 4:23, 왕상 14:1, 느 2:2, 요 5:5

II. 인간에 대한 주님의 자비하심
예수께서 그의 누운 것을 보시고 병이 벌써 오랜줄 아시고 네가 낫고자 하느냐고 물으셨다. 이는 불쌍한 인간에 대한 긍휼과 자비하심의 발로에서 묻는 물음이며 연민의 정으로 그를 고쳐주시고자 하는 사랑 때문이었다. 주님은 어떤 환경에 처해 있어도 우리를 찾아오신다.
* 참고 성구 * 고후 6:6, 히 2:17, 출 20:21, 요 5:6, 14

III. 주님에 대한 믿음으로 일어난 병자
예수께서는 일어나 네 자리를 들고 걸어가라 하셨고 그는 이 말에 복종하여 자리를 들고 걸어갔다. 이 장기 병자는 아마도 죄로 인해 발병한 것 같다. 주님은 죄를 사하시는 권세가 있으신 분으로 사죄함을 받은 환자가 자리를 털고 힘차게 걸어감은 당연한 일이다.
* 참고 성구 * 마 9:2, 행 15:9, 롬 1:17, 요 5:8-9, 14

■ 기 도 ■ 하나님 아버지! 삼십 팔년 동안 병들었던 환자가 치유함을 받는 기적을 보았습니다. 아버지, 당신의 사랑하시는 이 성도를 불쌍히 여기시어 거뜬히 자리에서 일어나는 기적을 보이시옵소서. 그리고 기적이 일어나는 것을 믿는 믿음을 주시옵소서. 예수 그리스도의 이름으로 기도드립니다. 아멘.

♣ 장기 환자 ♣

병자의 자세
♪ 86, 409, 483

■ 본 문 ■ 예수께서 거기서 떠나 가실새 두 소경이 따라오며 소리질러 가로되 다윗의 자손이여 우리를 불쌍히 여기소서 하더니 예수께서 집에 들어가시매 소경들이 나아오거늘【마 9:27-28】

■ 서 론 ■ 은혜란 희랍어로 '카리스'이다. 이 말의 뜻은 아름답다, 사랑스럽다인데 쉽게 해석하면 거저 주는 것이다. 주님은 병자들에게 많은 은혜를 베풀어 그들을 고치셨다. 그러나 이 고침에는 본인들의 믿음의 자세가 관련되어 있으니 두 소경의 자세는?

I. 주님을 향한 간절하고 끈기있는 자세

두 소경은 주님을 따라 다니며 소리를 지르기를 멈추지 않고 집에까지 쫓아와서 그들의 어려운 형편을 아뢰었다. 참으로 간절하고 끈질긴 자세이다. 무릇 병으로 고통당하는 자는 중도에서 포기하는 것이 아니라 이 두 소경들처럼 끈질긴 기도를 하며 인내해야 할 것이다.

* 참고 성구 * 눅 18:1-8, 렘 33:3, 창 32:24-29, 막 10:48

II. 주님을 향한 자비를 구하는 자세

두 소경은 또한 다윗의 자손이여 우리를 불쌍히 여기소서라고 하였다. 다윗의 자손이란 예수를 메시야, 곧 그리스도로 믿고 그를 의지하고자 하는 그에게 긍휼하심을 받고자 하는 마음의 발로이다. 무릇 병든 자는 하나님을 향해서 그의 자비하심과 긍휼하심을 구해야 한다.

* 참고 성구 * 마 7:7-11, 출 34:6-7, 느 9:17, 요 5:7

III. 주님을 향한 믿음과 신뢰의 자세

예수께서 내가 능히 이 일을 할 줄 믿느냐 묻자 그들은 주여 그러하오이다라며 믿음과 신뢰를 예수께 보내었다. 이에 예수는 너희 믿음대로 되라고 하셨다. 치유는 주께서 보내시는 능력과 환자의 믿음이 결합하여 기적을 창조한다. 신뢰와 믿음은 자기 자신의 결정이다.

* 참고 성구 * 막 9:24, 약 1:5-8, 눅 18:27-28, 약 5:16-18, 마 14:31

■ 기 도 ■ 하나님 아버지! 이 병마가 우리에게서 떠나도록 당신께 간절히 비오니 이 칠흙 같은 어둠에서 구출하시어 당신의 영광의 빛으로 들어가게 하옵소서. 예수 그리스도의 이름으로 기도드립니다. 아멘.

♣ 장기환자 ♣

병상에서 배울 일
♪ 429. 144, 356

■ 본 문 ■ 고난 당하기 전에는 내가 그릇 행하였더니 이제는 주의 말씀을 지키나이다…고난당한 것이 내게 유익이라 이로 인하여 내가 주의 율례를 배우게 되었나이다 【시 119:67-71】

■ 서 론 ■ 실락원의 작가 존 밀턴은 "가장 많이 고난을 당한 사람이 가장 많은 영화를 받을 것이며 가장 위험한 곳을 지나온 사람이 큰 승리와 성공을 볼 것이다."라고 했다. 고난을 당할 그 때가 아픈 것이지 지나고 나면 고난이 내게 유익함을 깨닫게 된다. 내게 임한 고난으로?

Ⅰ. 고난으로 주의 성실하심을 알게 됨
바울은 네가 하나님의 인자하심이 너를 인도하여 회개케 하심을 알지 못하여 그의 인자하심과 용납하심과 길이 참으심의 풍성함을 멸시하느냐고 했다. 고난을 당해야 고집과 회개치 않은 마음을 알고 욥처럼 내가 스스로 한하고 티끌과 재 가운데서 회개한다는 기도가 나온다.
 * 참고 성구 * 딤후 2:13, 히 6:18, 신 7:9, 롬 2:4-5, 욥 42:6

Ⅱ. 고난으로 주의 율례를 배우게 됨
고난을 당해본 자로서 시편 기자는 그가 당하는 고난으로 인해 자신에 대한 하나님의 선하신 뜻을 깨닫게 되었고 그에게 향한 하나님의 섭리는 하나님 말씀 그대로였던 것이다. 욥은 그가 나를 단련하신 후에는 내가 정금같이 나오리라고 함으로써 주의 율례를 인지했다.
 * 참고 성구 * 딤후 2:25, 히 5:8, 사 26:9, 벧전 4:12-13, 왕상 9:2-9

Ⅲ. 고난으로 주의 말씀을 지키게 됨
고난당하기 전에는 하나님의 섭리를 몰랐으나 고난당한 후 하나님의 섭리를 깨닫게 되었고 이제는 하나님의 말씀을 지키게 되었다는 시편 기자의 고백이다. 욥도 내가 스스로 깨달을 수 없는 일을 말하였다고 하면서 이제는 두 눈으로 주를 뵙는다는 고백을 하고 있다.
 * 참고 성구 * 계 1:3, 살전 1:6, 히 12:5-11, 신 8:2, 욥 42:3-5

■ 기 도 ■ 하나님 아버지! 고난이 유익함을 고난당한 뒤에야 당신의 선하시고 성실하심을 알았고 고난으로 당신의 언약이 정확무오함을 느꼈사오니 이제부터 고난도 축복임을 깨닫는 큰 믿음을 주시옵소서. 예수 그리스도의 이름으로 기도드립니다. 아멘.

♣ 환자 발생시 ♣

연단의 가치
♪ 367, 204, 415

■ 본 문 ■ 나의 가는 길을 오직 그가 아시나니 그가 나를 단련하신 후에는 내가 정금 같이 나오리라【욥 23:10】

■ 서 론 ■ "시뻘겋게 달군 쇠를 두드리고 또 두드리는 것은 더 좋은 강철을 만들기 위함이다. 이와 같이 많은 시련과 연단을 겪어야 강철 같은 그리스도인이 되는 것이다."라고 어느 철인이 말했다. 연단을 받은 뒤 철저히 다시 일어서는 자는 믿음의 용사이다. 자신을 극기하고 말씀 가운데서 일어선 자의 고백은?

I. 이젠 인생의 길을 하나님께 맡긴다
잠언 기자는 대저 사람의 길은 여호와의 눈 앞에 있나니 그가 그 모든 길을 평탄케 하시느니라고 했다. 인생을 주장하시는 분도 하나님이시요, 인생의 갈 길을 열어 주시는 분도 하나님이시다. 지금까지의 삶을 돌아보고서 이제는 철저히 하나님께 자신을 의지하는 삶을 살자.
* 참고 성구 * 벧전 5:3, 출 22:10, 사 22:21, 벧전 4:12-13, 잠 5:21

II. 이젠 주님의 길로 치우치지 않고 간다
하나님은 여호수아에게 모세가 네게 명한 율법을 다 지켜 행하고 좌로나 우로나 치우치지 말라 그리하면 어디로 가든지 형통하리라고 하셨다. 인생을 살아가면서 우리는 이쪽 저쪽으로 치우친다. 그러나 이제부터는 오직 한 길, 주님이 명하신 주님의 길로 가는 자가 되어야 한다.
* 참고 성구 * 롬 3:12, 민 20:17, 신 17:11, 벧전 1:7

III. 이젠 하나님의 말씀을 최고로 귀중히 여긴다
시편 기자는 고난당하기 전에는 내가 그릇 행하였더니 이제는 주의 말씀을 지키나이다라고 고백했다. 고난을 통해서 하나님의 율례와 법도를 깨닫고 그것이 얼마나 귀중하며 인생을 복되게 하는지를 인지한 자는 연단을 극복하고 시련을 이긴 참된 믿음의 사람으로 고난을 오히려 감사한다.
* 참고 성구 * 갈 6:6, 삼상 26:21, 시 119:67, 잠 19:23

■ 기 도 ■ 하나님 아버지! 이제는 인생길을 당신께 맡기며 당신의 길에서 치우치는 일 없이 당신의 말씀 안에서 살아가도록 인도하소서. 예수 그리스도의 이름으로 기도드립니다. 아멘.

♣ 환자 발생시 ♣

징계의 하나님
♪ 192, 454, 467

■ 본 문 ■ 하나님은 아프게 하시다가 싸매시며 상하게 하시다가 그 손으로 고치시나니 여섯 가지 환난에서 너를 구원하시며 일곱 가지 환난이라도 그 재앙이 네게 미치지 않게 하시며【욥 5:18-19】

■ 서 론 ■ 미국의 목사 카일러는 "나로 하여금 예수께 좀더 가까이 연합하도록 향하게 만든 징계는 복되도다."라고 했다. 징계는 다 받는 것이며 너희에게 징계가 없으면 사생자요 참 아들이 아니라는 말씀의 그 하나님은?

I. 하나님은 아프게 하시다가도 싸매심
선지자 호세아는 우리가 여호와께로 돌아가자 여호와께서 우리를 찢으셨으나 도로 낫게 하실 것이요 우리를 치셨으나 싸매어 주실 것이라고 했다. 자비의 하나님은 언제나 긍휼을 베푸시기를 원하고 계신다. 우리가 죄에서 돌이키며 잘못을 회개할 때 하나님은 우리를 다시 고치신다.
* 참고 성구 * 계 16:10, 룻 1:13, 잠 23:35, 호 6:1

II. 하나님은 상하게 하시다가도 그 손으로 고치심
성경은 내 이름으로 일컫는 내 백성이 그 악한 길에서 떠나 스스로 겸비하고 기도하며 내 얼굴을 구하면 내가 하늘에서 듣고 그 죄를 사하고 그 땅을 고칠지라고 했다. 하나님은 상하게 하시다가도 회개하고 돌이키면 긍휼을 베푸시어 죄를 사하시고 새롭게 회복시키신다.
* 참고 성구 * 마 12:20, 신 32:39, 왕상 20:37, 대하 7:14

III. 하나님만을 온전히 의뢰할 것임
시편 기자는 고난당한 것이 내게 유익이라 이로 인하여 내가 주의 율례를 배우게 되었다고 고백했다. 우리가 잠시잠깐 받는 징계는 고난으로 우리에게 나타나는데 이는 우리의 영육을 더욱 강건케 하여 우리의 삶을 더욱 성숙하게 이끌며 더욱 하나님의 은혜를 체험케 한다.
* 참고 성구 * 고후 1:12, 신 28:52, 대상 18:20, 히 12:10, 시 119:71

■ 기 도 ■ 하나님 아버지! 연단의 징계를 감사하는 마음으로 넘기게 하시고 이로 인해 하나님의 큰 뜻을 깨닫게 하시며 연단을 받은 욥이 더욱 성숙한 자세로 당신께 나아간 것을 깨닫게 하여 인생을 다시 한번 돌아보며 더욱 큰 믿음을 갖게 하시옵소서. 예수 그리스도의 이름으로 기도드립니다. 아멘.

♣ 환자 발생시 ♣

연단받은 소망
♪ 539, 404, 408

■ 본 문 ■ 내 형제들아 너희가 여러 가지 시험을 만나거든 온전히 기쁘게 여기라 이는 너희 믿음의 시련이 인내를 만들어 내는 줄 너희가 앎이라 인내를 온전히 이루라 이는 너희로 온전하고 구비하여 조금도 부족함이 없게 하려 함이라【약 1:2-4】

■ 서 론 ■ 영국의 신학자 토마스 아담스는 "그대에게 시련을 주는 것은 무엇이나 그대의 유익으로 계산하라."고 했다. 위기라는 말에는 위험뿐 아니라 새로운 기회라는 뜻도 포함되어 있다. 인생에 불현듯 찾아오는 시험 때에는?

I. 시험 때에 범사에 하나님을 인정할 것
욥은 큰 환난을 당해 비참한 지경에 이르렀고 아내로부터 하나님을 욕하고 죽으라는 말까지 들었으나 그는 우리가 하나님께 복을 받았은즉 재앙도 받지 아니하겠느냐며 입술로 범죄치 않고 오히려 하나님의 주권을 인정하며 하나님의 크신 경륜이 무엇인지를 알려고 했다.
 * 참고 성구 * 갈 2:20, 잠 3:5-6, 합 3:17-19, 욥 1:21, 2:10

II. 시험 때에 주의 뜻을 바르게 분별할 것
성경은 사람이 시험을 받을 때에 내가 하나님께 시험받는다 하지 말라고 하면서 오직 각 사람이 시험을 받는 것은 자기 욕심에 끌려 미혹됨이라고 했다. 시련과 고난이 닥치면 하나님이 나를 버리시는가 하지 말고 자신을 돌아보아 욕심과 죄로 기인된 것인지를 성찰하자.
 * 참고 성구 * 마 7:21, 롬 12:2, 엡 5:17, 약 1:13-14

III. 시험 때에 인내하며 참고 기다릴 것
바울은 사람이 감당할 시험밖에는 너희에게 당한 것이 없나니 하나님은 시험당할 즈음에 또한 피할 길을 내사 너희로 능히 감당하게 하신다고 했다. 욥의 인내는 우리에게 큰 힘이 되고 주께서 그의 결말을 보여주신 것은 우리로 하여금 시험을 충분히 이기고 남음이 있다.
 * 참고 성구 * 눅 21:19, 롬 12:12, 히 10:36, 고전 10:31, 약 5:11

■ 기 도 ■ 하나님 아버지! 고난과 시련으로 인해서 큰 시험에 빠질 때 먼저 당신께 기도하는 믿음을 주시고 이 일로 인해 절망하거나 낙심치 않게 하시며 참고 기다릴 수 있는 인내를 허락해 주시옵소서. 또한 시련 속에 담긴 참 뜻을 깨닫게 하옵소서. 예수 그리스도의 이름으로 기도드립니다. 아멘.

♣ 환자 발생시 ♣

위엣 것을 찾을 때
♪ 97, 47, 69

■ 본 문 ■ 그러므로 너희가 그리스도와 함께 다시 살리심을 받았으면 위엣 것을 찾으라 거기는 그리스도께서 하나님 우편에 앉아 계시느니라【골 3:1】

■ 서 론 ■ 영국의 신학자 매튜 헨리는 "우리를 천국으로 이끄는 것은 말에 있지 않고 행함에 있다."고 했다. 성도는 세상 속에서 살지만 세상을 좇아 사는 자가 아니다. 어두운 세상에 불을 밝히고 더러운 세상을 세탁하는 임무를 부여받은 자가 성도이다. 성도 곧 그리스도인은?

Ⅰ. 그리스도인은 변화받은 새 사람이다
너희는 유혹의 욕심을 따라 썩어져가는 구습을 좇는 옛 사람을 벗어버리고 오직 심령으로 새롭게 되어 하나님을 따라 의와 진리의 거룩함으로 지으심을 받은 새 사람을 입으라고 바울은 말했다. 성도는 예수께서 그 값을 치루고 구속한 자들이요, 성령을 통해 변화받은 새 사람이다.
 * 참고 성구 * 롬 12:1-2, 고후 5:17, 엡 4:22-24, 행 9:20-22

Ⅱ. 그리스도인은 세상에 있는 것들을 사랑해서는 안 된다
세상에 있는 모든 것이 육신의 정욕과 안목의 정욕과 이생의 자랑이니 이는 아버지께로부터 온 것이 아니라 세상을 좇은 것이라고 사도 요한은 말했다. 세상에 있는 것을 사모하고 좇을 것은 아무것도 없다. 세상과 벗하는 것은 하나님과 원수되는 것임을 알아야 한다.
 * 참고 성구 * 약 4:4, 벧후 3:10-12, 요일 2:15-17, 창 3:6

Ⅲ. 그리스도인은 주의 재림에 대비토록 힘써야 한다
사람들이 주의 강림하신다는 약속이 어디 있느뇨 조상들이 잔 후부터 만물이 처음 창조할 때와 같이 그냥 있다고 빈정대고 조롱하여도 성도들은 묵묵히 주의 재림을 대비하는 자세로 살아야 한다. 구약 시대 때 노아가 미치광이 소리를 듣고도 묵묵히 방주를 지었음을 상기하자.
 * 참고 성구 * 마 25:1-46, 눅 12:42-48, 벧후 3:11-12, 벧전 2:12, 창 6:14

■ 기 도 ■ 하나님 아버지! 병 가운데 있음으로써 이제는 육신이 아무것도 소용이 없고 그동안 육신만을 위해서 살아온 삶임을 회개합니다. 이제부터 위엣 것을 사모하고 좇는 삶이 되도록 축복하시옵소서. 예수 그리스도의 이름으로 기도드립니다. 아멘.

♣ 환자 발생시 ♣

징계받는 아들
♪ 404, 379, 504

■ 본 문 ■ 너희가 참음은 징계를 받기 위함이라 하나님이 아들과 같이 너희를 대우하시나니 어찌 아비가 징계하지 않는 아들이 있으리요【히 12:7】

■ 서 론 ■ 영국의 설교가인 스펄젼은 "언제나 분명한 것은 하나님은 그의 자녀들을 용광로에 넣으신다는 사실이요, 또한 하나님이 그 용광로 속에 함께 계신다는 사실이다."라고 했다. 징계는 당시에는 슬퍼 보이나 후에는 평강한 열매를 맺는 복된 것이다. 징계를 통해 무엇을 배울 것인가?

I. 징계를 통해 인내를 배워야 함

인내 곧 '휘포모네스'는 아래에 머문다는 뜻으로 이는 환난과 핍박 속에서 참고 견디며 버티는 참기 어려운 인내를 의미한다. 성도는 징계를 받을 때 끝까지 참고 견디는 자세를 견지해야 한다. 위에서 바윗덩이로 짓누름에도 밑에서 참고 견디는 인내야말로 값진 것이다.

* 참고 성구 * 히 10:36, 눅 8:15, 약 5:10-11, 벧전 2:19, 약 5:11

II. 징계를 통해 순종을 배워야 함

예수께서는 그가 아들이시라도 받으신 고난으로 순종함을 배워서 온전하게 되셨다고 히브리서 기자는 밝히 말하고 있다. 성도는 징계를 통해서 순종하는 것이 무엇인지 배우는 계기가 되어야 한다. 올바른 순종은 하나님의 보화를 이 땅에 이끌어내는 견인차 역할을 한다

* 참고 성구 * 마 7:21, 삼상 15:22-23, 시 119:67,71, 삼하 12:18-20, 히 5:8

III. 징계를 통해 의무를 다해야 함

징계 곧 '파이듀오'는 양육한다, 가르친다, 훈련시킨다, 교정한다, 지도한다, 훈련한다, 징계한다는 뜻으로 이는 하나님께서 여러 가지 고난을 허락하시는 것은 성도가 그의 사랑받는 자녀이기 때문이다. 따라서 성도는 자녀된 본분 곧 주께서 맡기신 의무를 최선을 다할 것이다.

* 참고 성구 * 마 25:14-30, 고전 4:2, 갈 6:7-8, 히 12:11-13, 마 22:37-39

■ 기 도 ■ 하나님 아버지! 징계를 통해서 인내와 순종을 배웠습니다. 이것은 하나님의 자녀로서 당연히 받을 것을 받은 것입니다. 이제 참된 믿음 안에 섰사오니 자녀된 본분과 도리를 다하도록 힘 주시고 능력 주시옵소서. 예수 그리스도의 이름으로 기도드립니다. 아멘.

♣ 수술 직전 ♣

너는 내 것이라
♪ 423, 408, 498

■ 본 문 ■ 야곱아 너를 창조하신 여호와께서 이제 말씀하시느니라 이스라엘아 너를 조성하신 자가 이제 말씀하시느니라 너는 두려워 말라 내가 너를 구속하였고 내가 너를 지명하여 불렀나니 너는 내 것이라【사 43:1】

■ 서 론 ■ 영국의 수상 맥도날드는 "신뢰를 받는다는 것은 사랑을 받는다는 것보다 더 큰 찬사를 받는 것이다."라고 했다. 하나님은 그의 백성된 성도들을 얼마나 사랑하시는가를 본문은 단적으로 말해주고 있다. 하나님은 성도에게?

Ⅰ. 너는 내 것이라 하시는 사랑의 하나님
사랑의 하나님은 여인이 어찌 그 젖먹는 자식을 잊겠으며 자기 태에서 난 아들을 긍휼히 여기지 않겠느냐 그들은 혹시 잊을지라도 나는 너를 잊지 않겠다고 하셨다. 하나님의 속성은 사랑이시다. 이 사랑의 하나님께서 너는 내 것이라고 단언하심은 성도를 합당히 여기심이다.
* 참고 성구 * 막 10:21, 아 6:3, 호 3:1, 고전 1:26, 사 49:15

Ⅱ. 보배롭고 존귀하다 하시는 사랑의 하나님
사랑의 하나님은 우리를 창세 전에 그리스도 안에서 택하셔서 우리로 사랑 안에서 그 앞에 거룩하고 흠이 없게 하시려고 그 기쁘신 뜻대로 우리를 예정하셨다. 종교 개혁자 칼빈이 그의 저서 기독교강요에서 주장한 예정론이 여기에서 나왔다. 하나님은 성도를 보배롭고 존귀한 존재로 인정하셨다.
* 참고 성구 * 딤전 1:17, 민 22:17, 전 10:1, 엡 1:4

Ⅲ. 소원을 이루어 주시겠다 하시는 사랑의 하나님
겸손과 여호와를 경외함의 보응은 재물과 영광과 생명이라고 잠언 기자는 말했다. 사랑의 하나님께서는 성도들을 사랑하셔서 그의 길로 정직히 행하는 자들의 소원을 이루어 주신다. 뿐만 아니라 재물과 영광과 생명까지도 풍성히 넘치게 덤으로 채워주신다.
* 참고 성구 * 요 3:16, 삼하 1:26, 애 1:19, 잠 22:4, 시 4:3

■ 기 도 ■ 하나님 아버지! 당신께서는 우리 성도들을 너는 내 것이라고 하셨습니다. 우리의 목자되신 주여, 이제 당신의 사랑하시는 성도가 긴급한 수술을 받게 되었습니다. 당신께서 이 수술을 주장하여 주셔서 무사히 끝낼 수 있도록 지켜 주시옵소서. 예수 그리스도의 이름으로 기도드립니다. 아멘.

♣ 수술 직전 ♣

깨끗함을 받으라
♪ 192, 149, 156

■ 본 문 ■ 예수께서 손을 내밀어 저에게 대시며 가라사대 내가 원하노니 깨끗함을 받으라 하신대 즉시 그의 문둥병이 깨끗하여진지라【마 8:3】

■ 서 론 ■ "예수 그리스도로부터 오는 생명의 힘은 고통의 생물학적 치료과정을 극도로 촉진시킨다." 어느 신자인 의사의 말이다. 주께서 채찍에 맞으심으로써 우리는 나음을 입었다고 성경은 말하고 있다. 오늘 본문의 병자는?

I. 예수께로 나아온 병자
당시 문둥병은 하나님의 징벌을 받아 걸렸다고 생각해서 문둥병자는 외곽에서 모여 살았고 시내에 얼씬도 못했다. 그런 문둥병자가 치유를 받고자 예수께 나아와서 절을 하였다. 이 병자는 예수만이 문둥병을 고칠 수 있는 유일한 분으로 보고서 과감히 예수께 자신을 드러내었다.
* 참고 성구 * 눅 4:27, 막 1:40-44, 민 12:10-15, 왕하 26:20

II. 믿음으로 간구한 병자
이 병자는 예수께 나아와서는 주여 원하시면 저를 깨끗케 하실 수 있나이다라고 말했다. 병든 자신을 고쳐달라고 하지 않고 주님의 능력을 확실히 믿고 주님의 선하신 뜻에 맡기려는 그의 의지, 이것이 그의 신앙고백이었다. 참으로 주님의 주권을 인정하는 훌륭한 믿음이었다.
* 참고 성구 * 마 9:18, 시 50:15, 마 15:25, 약 5:15

III. 즉시 깨끗하게 된 병자
이 때 주님은 그의 믿음을 보시고 그에게 손을 대며 말씀하시기를 내가 원하노니 깨끗함을 받으라고 하셨다. 그러자 즉시 그의 문둥병이 깨끗해졌다고 성경은 기록하고 있다. 주님의 크신 능력을 믿고 신뢰한 문둥병자의 믿음과 주님의 놀라우신 능력이 합하여 기적을 창출한 것이다.
* 참고 성구 * 막 9:23, 약 1:6-8, 요 14:6, 왕하 5:14

■ 기 도 ■ 하나님 아버지! 불치의 병이요 하나님만이 고칠 수 있는 문둥병을 치유함 받은 이면에는 병자의 믿음과 주님의 능력이 함께하여 깨끗함을 받게 되었음을 보았습니다. 오늘 당신의 사랑하는 성도의 수술을 도우셔서 큰 믿음을 갖게 하시고 당신께서 큰 역사로 채워주시옵소서. 예수 그리스도의 이름으로 기도 드립니다. 아멘.

♣ 정신질환자 ♣

사탄아 물러가라
♪ 259, 88, 89

■ 본 문 ■ 예수께서 꾸짖어 가라사대 잠잠하고 그 사람에게서 나오라 하시니 더러운 귀신이 그 사람으로 경련을 일으키게 하고 큰 소리를 지르며 나오는지라【막 1:25-26】

■ 서 론 ■ 프랑스의 종교개혁자 칼빈은 "인간의 구원은 하나님의 절대적인 의지와 목적을 따라 정한 것이다."라고 했다. 그리스도 안에서 창세 전에 택하신 성도들을 하나님께서는 버리시지 않고 다 구원을 받게 하신다. 오늘 귀신들린 자를 고치신 예수 그리스도의 전지전능 하심은?

I. 그리스도의 참되신 교훈
더러운 귀신들린 자를 향하여 예수께서 꾸짖자 귀신이 큰 소리를 지르며 나왔다. 귀신 곧 '다이모니온'은 신약에서 특별히 악령들에 적용되고 그들은 사탄의 사역에서 악의 힘으로 사람의 육체적, 심령적으로 영향을 끼쳤다. 서기관과 다른 자신의 권위로 귀신을 쫓은 예수의 교훈은 참되다.
* 참고 성구 * 마 7:28, 요 7:16, 엡 6:17, 히 4:12

II. 그리스도의 놀라운 권세
더러운 귀신들린 자를 향하여 예수께서는 크게 꾸짖고 잠잠하고 그 사람에게서 나오라고 명하셨다. 그러자 더러운 귀신들이 큰 소리를 지르며 나왔다. 이는 그리스도의 놀라운 권세를 보여 주는 한 단면이다. 승천하시기 전 그리스도는 내 이름으로 귀신을 쫓는 표적이 따른다고 하셨다.
* 참고 성구 * 막 16:17, 요 5:22, 마 28:18, 빌 2:9-11, 행 10:38

III. 그리스도의 전능한 신성
더러운 귀신은 예수께 나사렛 예수여, 우리가 당신과 무슨 상관이 있나이까 우리를 멸하러 왔나이까 나는 당신이 누구인줄 아노니 하나님의 거룩한 자니이다라고 말했다. 이는 그리스도께서 하나님의 아들이심을 입증하는 말이다. 하나님의 아들이 나타나심은 사탄의 일을 멸하시는 데 있다.
* 참고 성구 * 요 10:30, 빌 2:6, 요 14:9, 계 3:14, 요일 3:8

■ 기 도 ■ 하나님 아버지! 귀신을 쫓은 예수 그리스도의 교훈과 권세와 신성을 믿습니다. 오늘 악령의 노예가 된 불쌍한 당신의 백성을 해방시켜 주시옵소서. 그 영혼을 불쌍히 여기시옵소서. 오직 당신께만이 치유함이 있은즉 이 기도를 들어주시옵소서. 예수 그리스도의 이름으로 기도드립니다. 아멘.

♣ 정신질환자 ♣

새롭게 하실 기회

♪ 206, 11, 34

■ 본 문 ■ 네 생명을 파멸에서 구속하시고 인자와 긍휼로 관을 씌우시며 좋은 것으로 네 소원을 만족케 하사 네 청춘으로 독수리같이 새롭게 하시는도다【시 103:4-5】

■ 서 론 ■ 미국의 자연주의자요 수필가인 도로우는 "수많은 사람들이 말 없는 자포자기의 생활을 보내고 있다."며 탄식했다. 자기를 포기하는 자는 새로운 삶의 길을 열 수 없다. 신생의 삶은 오직 하나님의 선하고 인자하심에 자신을 맡기고 용기를 가지고 일어나는 것이다. 하나님께서는?

I. 크신 긍휼을 더하심

눈물의 선지자 예레미야는 그의 애가에서 여호와의 자비와 긍휼이 무궁하시므로 우리가 진멸되지 아니하니 이것이 아침마다 새로우니 주의 성실이 크다고 노래했다. 지금까지 긍휼로써 우리를 지키신 하나님은 이제 더욱 어려운 형편에 처한 우리에게 더욱 크신 긍휼을 더하실 것이다.

* 참고 성구 * 딛 3:5, 느 9:17, 사 54:8, 애 3:22-23

II. 좋은 소망을 주심

시편 기자는 저가 사모하는 영혼을 만족케 하시며 주린 영혼에게 좋은 것으로 채워주신다고 했다. 우리의 소망은 눈에 보이는 것만이 소망이 아니라 눈에 보이지 않는 영원한 소망을 바라야 한다. 하나님은 현세와 내세에 확실한 소망을 주시기를 원하고 계심을 믿자.

* 참고 성구 * 롬 8:24, 갈 5:22-23, 요일 3:3, 시 107:9

III. 새 힘을 베푸심

선지자 이사야는 오직 여호와를 앙망하는 자는 새 힘을 얻으리니 독수리의 날개 치며 올라감 같을 것이요 달음박질하여도 곤비치 않을 것이라고 하였다. 지치고 낙망한 가운데 하나님께 간구하여 부르짖을 때 하나님은 그에게 새로운 힘을 부여하시고 능력으로 채우실 것이다.

* 참고 성구 * 눅 24:49, 빌 4:13, 사 40:28-31, 시 63:5

■ 기 도 ■ 하나님 아버지! 지치고 병든 자에게 당신의 크신 긍휼과 소망과 새 힘을 주시옵소서. 그럴 때 미문에 앉은 앉은뱅이가 일어섬같이 새롭게 되겠나이다. 모든 것을 당신께 의탁하오며 예수 그리스도의 이름으로 기도드립니다. 아멘.

♣ 정신질환자 ♣

다윗의 눈물
♪ 363, 480, 482

■ 본 문 ■ 여호와여 주의 분으로 나를 견책하지 마옵시며 주의 진노로 나를 징계하지 마옵소서 여호와여 내가 수척하였사오니 긍휼히 여기소서 여호와여 나의 뼈가 떨리오니 나를 고치소서【시 6:1-2】

■ 서 론 ■ "자비처럼 죄인에게 용기를 주는 것은 없다."고 영국의 극작가 세익스피어는 말했다. 하나님의 자비하심, 긍휼하심에 자신을 맡긴 다윗의 고백을 들으면서 그가 처절히 간구한 것은 무엇일까 살펴보자. 다윗은?

Ⅰ. 진노로 징계하지 않으시도록 간구한 다윗

다윗은 주의 분으로 나를 견책하지 마옵시며 주의 진노로 나를 징계하지 말아달라고 간구했다. 징계에 해당하는 히브리어는 '야사르' 와 '무사르' 가 있고 헬라어는 '파이듀오' 와 '파이데이아' 가 있다. 징계는 참으로 바르게 함을 위한 사랑이나 진노로 징계함은 인생을 파멸로 이끈다.

* 참고 성구 * 시 94:12, 잠 3:11-12, 렘 30:11, 삼하 12:13, 히 12:8

Ⅱ. 긍휼을 베푸시도록 간구한 다윗

다윗은 내가 수척하였사오니 긍휼히 여겨달라고 간구했다. 하나님의 속성은 사랑과 자비와 긍휼과 연민이다. 아무리 잘못을 범하고 죄를 많이 지어도 하나님께 회개하고 돌아와서 그 잘못을 돌이킬 때 하나님은 이를 깨끗케 하신다. 그래서 그의 긍휼을 힘입어 우리가 진멸되지 않는다.

* 참고 성구 * 딤전 1:12-13, 엡 2:4, 시 4:1, 삼하 12:22, 애 3:22

Ⅲ. 치료해 주시도록 간구한 다윗

다윗은 나의 뼈가 떨리오니 나를 고치소서라고 간구했다. 선지자 말라기는 내 이름을 경외하는 너희에게는 의로운 해가 떠올라서 치료하는 광선을 발하리니 너희가 외양간에서 나온 송아지같이 뛰리라고 했다. 하나님을 의뢰할 때 상한 심령과 병든 육신은 치료받게 된다.

* 참고 성구 * 시 31:10, 고전 15:9-10, 출 15:26, 말 4:2, 삼하 12:25

■ 기 도 ■ 하나님 아버지! 다윗은 당신께 치료해 달라고 간절히 간구하고 있습니다. 이런 간구를 멸시치 않으시는 하나님이신줄 믿고 오늘 사랑하는 당신의 백성을 위하여 함께 간구하오니 그의 영혼을 깨끗이 치료하여 주시옵소서. 예수 그리스도의 이름으로 간절히 기도드립니다. 아멘.

♣ 수감자 위로 ♣

모범적 수감자
♪ 259, 429, 434

■ 본 문 ■ 전옥은 그의 손에 맡긴 것을 무엇이든지 돌아보지 아니하였으니 이는 여호와께서 요셉과 함께 하심이라 여호와께서 그의 범사에 형통케 하셨더라【창 39:23】

■ 서 론 ■ 러시아의 신비신앙가 스베친 부인은 "모본에는 탁월한 힘이 있다. 우리는 우리가 올바로 걸으면 부지 중에 다른 사람을 개혁할 수 있다."고 했다. 비록 옥에 갇히는 형편이 되었으나 요셉은 묵묵히 자신의 일을 다했다. 이런 요셉을 하나님은 어떻게 보살피셨는가?

Ⅰ. 하나님은 요셉과 함께 하셨음
하나님은 보디발의 집에서도 함께 하셨을 뿐 아니라 옥에 갇혔을 때에도 함께 하셨다. 이런 임마누엘의 은총을 입은 요셉은 범사에 형통함을 입게 되었다. 주님은 두세 사람이 내 이름으로 모인 곳에 나도 그들 중에 있다고 하시며 주님의 보호하심과 임재하심을 말씀하셨다.
 * 참고 성구 * 롬 6:8, 마 1:23, 딤후 4:22, 마 18:20

Ⅱ. 요셉에게 지혜로운 마음을 주셨음
하나님은 당신을 경외하는 요셉에게 지혜를 주셔서 보디발의 집에서는 가정총무로, 옥에 갇혀서도 제반 업무를 관장할 수 있는 능력을 주셨다. 비록 다른 환경에 처했을 때도 하나님께서 주시는 지혜를 가진 자는 경험과 경륜이 없을지라도 매사를 지혜롭게 처리할 수가 있다.
 * 참고 성구 * 마 5:5, 약 3:13, 삼하 22:36, 잠 19:23

Ⅲ. 간수의 마음을 감동시키셨음
하나님은 간수에게 은혜를 받게 하시어 그를 감동시켜 모든 것을 요셉의 손에 맡기게 하셨다. 요셉에 대한 전적인 신뢰는 간수의 마음에 모든 걱정을 사라지게 하였다. 성도의 생활이 어떠해야 하는가를 요셉이 잘 나타내어 준다. 하나님과 사람에게 인정받는 삶이 성도의 삶이다.
 * 참고 성구 * 삼하 24:1, 스 1:5, 대하 36:22, 단 6:22

■ 기 도 ■ 하나님 아버지! 비록 옥에 갇힌 형편이 되었으나 하나님과 사람 앞에서 진실된 삶을 산 요셉처럼 오늘 당신의 사랑하는 백성에게 진실된 삶을 살게 하시어 그로 하여금 자유의 기쁨을 맛보게 하소서. 예수 그리스도의 이름으로 기도드립니다. 아멘.

♣ 수감자 위로 ♣

옥중의 찬송
♪ 367, 117, 140

■ 본 문 ■ 밤중쯤 되어 바울과 실라가 기도하고 하나님을 찬미하매 죄수들이 듣더라 이에 홀연히 큰 지진이 나서 옥터가 움직이고 문이 곧 다 열리며 모든 사람의 매인 것이 다 벗어진지라【행 16:25-26】

■ 서 론 ■ 영국의 시인 에드워드 영은 "찬양은 기도보다 더 거룩하다. 기도는 하늘로 가는 길을 우리에게 보여주나 찬양은 이미 그곳에 먼저 가 있다."고 했다. 바울과 실라가 빌립보 성의 감옥에서 찬송하자 어떤 역사가 일어났는가?

Ⅰ. 찬송을 부르매 옥문이 열렸다
바울과 실라가 밤중에 하나님께 찬송을 부르자 홀연히 큰 지진이 나서 옥터가 움직이고 문이 다 열렸다고 했다. 성도들은 어두움과 속박의 삶에서 해방을 받기 위해서 찬송을 힘차게 불러야 한다. 그럴 때 하나님은 놀라운 역사를 보이시며 옥문을 힘차게 열어 주신다.
 * 참고 성구 * 마 21:16, 창 9:6, 대상 6:31, 행 5:19

Ⅱ. 찬송을 부르매 매인 것이 다 벗겨졌다
찬송은 하나님께 노래로 드리는 예배요 기도이다. 본문의 찬미, 곧 '휨눈'은 '휨네오' 즉 찬송한다, 찬미를 부른다의 미완료로서 찬송하고 있었다이다. 이것은 하나님을 찬송하며 계속 영광과 존귀를 돌렸음을 의미한다. 이렇게 찬송했을 때 모든 사람의 매인 것이 다 벗어졌다.
 * 참고 성구 * 욥 36:24, 대하 5:13, 시 106:12, 약 5:13

Ⅲ. 찬송을 부르매 구원의 역사가 일어났다
바울과 실라의 찬송은 놀랍게도 간수의 마음을 움직여 간수로 하여금 내가 어떻게 하여야 구원을 얻으리이까 하는 고백을 말하게 했다. 결국 간수는 자신과 온 가족이 세례를 받고 주 예수를 믿고 구원을 받게 되었고 바울과 실라도 날이 새어 놓임을 받는 역사가 일어났다.
 * 참고 성구 * 계 5:12, 삼하 22:3, 사 43:3, 행 16:31-34

■ 기 도 ■ 하나님 아버지! 바울과 실라가 옥중에 매인 몸으로 찬송을 부르고 이로 인해 해방의 기쁨을 맛보았습니다. 오늘 옥중에 매인 당신의 사랑하는 백성에게 당신을 찬송하는 큰 믿음을 주셔서 그들도 해방의 기쁨을 체험하는 자들이 되게 하소서. 예수 그리스도의 이름으로 기도드립니다. 아멘.

♣ 수감자 위로 ♣

죄인의 대언자
♪ 351, 182, 193

■ 본 문 ■ 나의 자녀들아 내가 이것을 너희에게 씀은 너희로 죄를 범치 않게 하려 함이라 만일 누가 죄를 범하면 아버지 앞에서 우리에게 대언자가 있으니 곧 의로우신 예수 그리스도시라【요일 2:1】

■ 서 론 ■ 영국의 저술가 아담스는 "내 자신의 힘으로 죄를 붙잡고 싸우고 있다면 악마는 가서 잠을 자도 됨을 잘 안다."고 했다. 인간의 죄악은 보혈을 흘리신 예수 그리스도에 의해 사해진다. 십자가에서 피 흘리신 예수는?

Ⅰ. 예수는 우리의 대언자이시다
대언자 곧 '파라클레토스'는 남을 위해서 나타난 자, 돕기 위해 옆에 부름 받은 자, 중재자, 변호사, 위로자, 대변자의 의미가 있는데 예수는 하나님 앞에서 쉬지 않고 우리의 죄를 변호하시며 용서를 원하시는 분이심을 의미한다. 요한의 이 말은 '보혜사'로도 번역이 되었다.
* 참고 성구 * 요 14:16, 히 8:6, 겔 37:12, 롬 8:26

Ⅱ. 예수는 우리를 변호해 주신다
우리를 고소하는 것은 모세의 율법이다. 예수는 너희를 고소하는 이가 있으니 곧 너희의 바라는 자 모세니라고 하셨다. 율법이 죄의 낱낱을 하나님께 아뢰올 때 옆에서 우리를 변호하시고 중재하시는 분이 바로 예수 그리스도이시다. 성도는 예수의 보혈로 의롭다 하심을 입은 자들이다.
* 참고 성구 * 출 7:1, 시 44:5, 사 49:25, 눅 23:43

Ⅲ. 예수는 우리를 책임져 주신다
예수께서는 십자가에 함께 달린 강도가 회개하고 자신을 정죄하며 오직 예수께 당신의 나라에 임할 때 나를 생각하소서라는 고백을 듣고 오늘 네가 나와 함께 낙원에 있으리라고 언급하심으로써 강도의 영혼을 책임져 주셨다. 예수를 의뢰하는 자는 영육간에 구원을 받게 된다.
* 참고 성구 * 출 7:1, 시 44:5, 사 49:25, 눅 23:43

■ 기 도 ■ 하나님 아버지! 우리의 죄를 돌아보지 마시고 우리를 위해 피 흘리신 예수의 공로를 보시옵소서. 예수의 보혈로 의지하고 가오니 우리의 무서운 죄를 도말하시옵소서. 예수 그리스도의 이름으로 간절히 기도드립니다. 아멘.

♣ 수감자 전도 ♣

죄인의 길
♪ 253, 317, 339

■ 본 문 ■ 악인은 그렇지 않음이여 오직 바람에 나는 겨와 같도다 그러므로 악인이 심판을 견디지 못하며 죄인이 의인의 회중에 들지 못하리로다 대저 의인의 길은 여호와께서 인정하시나 악인의 길은 망하리로다[시 1:4-6]

■ 서 론 ■ 독일의 종교개혁자 마틴 루터는 "죄는 본질적으로 하나님에게서 떠나는 것을 말한다."라고 했다. 생명의 뿌리를 하나님께 두지 않고 하나님을 외면하고 하나님을 도외시한 자들에게 임하는 심판을 노래한 시편 기자가 본 악인의 삶은?

I. 바람에 나는 겨와 같다
시편 기자는 의인은 과실을 맺고 잎사귀가 마르지 아니함 같이 그 행사가 다 형통한 반면에 악인의 삶은 바람에 나는 겨와 같다고 했다. 바람에 흩날리는 겨와 같은 인생은 인간의 공허하고 의지 없는 생활을 가리키는 것으로 이런 삶은 정처가 없고 오직 환난만 있을 뿐이다.
* 참고 성구 * 롬 2:6-11, 욥 21:18, 시 147:6, 유 1:11

II. 심판을 견디지 못한다
시편 기자는 악인이 심판을 견디지 못하며 죄인이 의인의 회중에 들지 못한다고 했다. 악인은 그가 저지른 악에 대한 보응으로 심판에 임했을 때 그 어느 누구도 그를 위해 변호해 주지 않을 뿐 아니라 오히려 그의 악함이 더욱 벌거벗긴 것처럼 확연히 드러난다.
* 참고 성구 * 눅 21:36, 시 5:5, 나 1:6, 시 76:7, 마 7:23

III. 종래는 멸망하게 된다
시편 기자는 대저 의인의 길은 여호와께서 인정하시나 악인의 길은 망한다고 했다. 성경은 좁은 문으로 들어가라 멸망으로 인도하는 문은 크고 그 길이 넓어서 그리로 들어가는 자가 많다고 했다. 악인의 최후는 오직 멸망밖에 없고 영원한 형벌에 들어가는 일만 남은 것이다.
* 참고 성구 * 갈 6:7-8, 사 3:11, 잠 22:8, 시 73:17, 마 7:13

■ 기 도 ■ 하나님 아버지! 악인의 비참한 최후를 겪지 않도록 지금 당신을 찾게 하소서. 오직 당신에게만 위로하심과 영생이 있음을 깨닫게 하여 주시옵소서. 예수 그리스도의 이름으로 기도드립니다. 아멘.

♣ 수감자 전도 ♣

세리의 회개
♪ 321, 316, 328

■ 본 문 ■ 세리는 멀리 서서 감히 눈을 들어 하늘을 우러러 보지도 못하고 다만 가슴을 치며 가로되 하나님이여 불쌍히 여기옵소서 나는 죄인이로소이다 하였느니라【눅 18:13】

■ 서 론 ■ 독일의 종교개혁자 루터는 "다시는 되풀이 하지 않는 것이 가장 진정한 회개이다."라고 했다. 회개는 믿음 생활을 향한 첫 관문이요 천국의 문을 두드리는 첫번째 행위이다. 하나님께 돌아오는 첫 길목에 해당하는 회개의 눈물을 흘리는 자는 하나님의 긍휼하심을 입는다. 회개는?

I. 교만한 마음을 버려야 한다

회개는 자아를 깨고 모든 것을 하나님께 의지하는 것을 이르는 것으로 회개에 해당하는 헬라어 '메타노이아'는 마음을 바꿈, 사고방식을 변화시킴, 돌아섬의 뜻이 있다. 하나님은 교만한 자는 대적하시고 겸손한 자에게는 은혜를 주신다. 교만한 마음에는 하나님의 임재를 기대할 수 없다.

　＊ 참고 성구 ＊ 마 23:11-12, 잠 15:25, 약 4:10, 잠 16:18, 벧전 5:5

II. 인간은 아무도 의롭지 못하다

성경은 의인은 없나니 하나도 없으며 깨닫는 자도 없고 하나님을 찾는 자도 없다고 했다. 이 세상에서 자기의 의로써 구원을 받을 자는 아무도 없다. 죄 가운데서 살아가는 인생이 그래도 의롭다고 인정을 받는 것은 하나님의 은혜를 인해서 예수를 믿음으로 구원을 얻는 것이다.

　＊ 참고 성구 ＊ 롬 3:10, 고후 4:7, 엡 2:8-9, 사 6:5, 렘 17:9

III. 주는 회개하는 사람을 기뻐하신다

주님은 죄인 하나가 회개하면 하늘에서는 회개할 것 없는 의인 아흔 아홉을 인하여 기뻐하는 것보다 더하리라고 하셨다. 이것은 참으로 놀라운 말씀이요 얼른 이해가 되지 않는 말씀이다. 그러나 하늘의 계산법은 세상의 계산법과는 다르다. 한 영혼을 천하보다 귀히 여기시는 주님의 사랑이 이것이다.

　＊ 참고 성구 ＊ 행 2:38, 요일 1:8-10, 시 51:16-17, 눅 19:9, 15:7

■ 기 도 ■ 하나님 아버지! 이제 모든 죄악 가운데서 뒹굴다가 겸손한 마음으로 두 손을 들고서 당신께 나아갑니다. 당신의 사랑과 긍휼로써 새로운 인생을 맞게 하시고 그 영혼을 기름진 꼴로써 채우시옵소서. 예수 그리스도의 이름으로 기도드립니다. 아멘.

♣ 수감자 전도 ♣

돌아온 탕자
♪ 324, 431, 465

■ 본 문 ■ 아들이 가로되 아버지여 내가 하늘과 아버지께 죄를 얻었사오니 지금부터는 아버지의 아들이라 일컬음을 감당치 못하겠나이다 하나 아버지는 종들에게 이르되 제일 좋은 옷을 내어다가 입히고 손에 손가락지를 끼우고 발에 신을 신기라【눅 15:21-22】

■ 서 론 ■ 라틴의 시인 클로디안은 "자비와 거룩만이 인간이 침범할 수 없는 하나님의 영역이다."라고 했다. 하나님의 자비를 극명히 보여주는 탕자의 비유는 죄악된 인생에게 넓게 열려진 생명의 길을 의미한다. 탕자의 비유는?

I. 타락의 참상을 여실히 증거함
둘째 아들은 아버지께 자신에게 돌아올 몫을 미리 받아서 먼 나라로 떠났다. 거기서 그는 주색잡기에 여념이 없는 허랑방탕한 생활을 하였다. 재산을 허비한 후 비로소 자기 주위에 아무도 없음을 깨닫고서 살기 위해 돼지가 먹는 쥐엄 열매로 배를 채우는 신세가 되었다.
* 참고 성구 * 엡 5:8-11, 눅 21:34-36, 요 8:34, 눅 15:13

II. 회개의 유익에 대해 교훈함
둘째 아들은 내가 하늘과 아버지께 죄를 얻었다며 이제부터는 아들이 아닌 품꾼의 하나가 되리라며 결단하고 발걸음을 집으로 향했다. 자신의 범죄에 대한 책임을 인정하는 것이 하나님과 화해하는 첫 단계요, 하나님께 돌아오는 것이 진정한 자신에게 돌아오는 것이다.
* 참고 성구 * 행 2:38, 요일 1:8-10, 사 1:18, 눅 15:18-19

III. 하나님의 인애에 대해 증거함
아버지는 이제나 저제나 기다리다가 아직 먼 곳에 있는데도 단번에 둘째 아들임을 알아보고 측은히 여겨 달려가서 목을 안고 입을 맞추고는 좋은 옷을 입히고 아들의 신분을 인정하는 반지를 손가락에 끼우고 큰 잔치를 베풀고는 아들이 죽었다가 다시 살아난 것처럼 기뻐하였다
* 참고 성구 * 출 34:6-7, 겔 18:23, 32, 느 9:17, 눅 15:20-24

■ 기 도 ■ 하나님 아버지! 죄악의 구덩이에 빠졌다가 이제 당신을 영접하고 회개하는 당신의 백성에게 아들이 돌아와 기뻐하는 탕자의 아버지처럼 기쁨으로 받아주시옵소서. 그리고 저를 당신의 자녀로 삼으시고 축복해 주시옵소서. 예수 그리스도의 이름으로 기도드립니다. 아멘.

♣ 수감자 전도 ♣

회개를 원하시는 주
♪ 360, 450, 529

■ 본 문 ■ 하나님의 구하시는 제사는 상한 심령이라 하나님이여 상하고 통회하는 마음을 주께서 멸시치 아니하시리이다【시 51:17】

■ 서 론 ■ 프랑스의 작가 구에랑은 "인간이 자신의 잘못을 하나님의 발 앞에 내려놓으면 그는 마치 날개를 단 것처럼 느끼게 된다."고 했다. 하나님은 사람이 진정으로 회개하여 자신에게 돌아오기를 기다리시며 또한 돌아온 자를 기쁘게 받으신다. 하나님이 멸시치 않는 것은?

I. 주는 상한 심령을 멸시치 아니하심
다윗은 그의 시편에서 주는 상한 심령을 멸시하지 않으신다고 했다. 여기서의 상한 심령이란 자기 자신의 의로움을 내세우며 자신을 신뢰하고 교만해 하던 것을 버리고 오로지 하나님만을 의지하는 상태를 가리킨다. 죄로 인해 갈기갈기 찢어진 마음은 하나님만이 달래주신다.
  * 참고 성구 * 행 13:41, 레 26:15, 시 119:22, 욜 2:12

II. 주는 통회하는 마음을 멸시치 아니하심
다윗은 그의 시편에서 하나님은 상하고 통회하는 마음을 멸시치 않으신다고 했다. 하나님은 죄로 인해 몸부림치는 마음과 통회자복하는 심령을 외면치 않으시고 있는 그대로 받으신다. 주님은 산상수훈에서 애통하는 자는 복이 있나니 저희가 위로를 받을 것임이라고 하셨다.
  * 참고 성구 * 고전 16:11, 삼상 2:30, 잠 13:13, 마 5:4

III. 주는 곤고한 자의 곤고함을 멸시치 아니하심
다윗은 자신의 범죄로 곤고한 처지에 있었으나 하나님께 곤고한 자를 멸시치 않고 힘을 주셔 곤고함에서 건져 주시기를 간청하였다. 하나님은 진노 중에서도 긍휼을 베풀어 다윗과 밧세바의 두 번째 아들 솔로몬을 여디디야라고 칭함으로써 '여호와께 사랑을 입음'을 회복케 하셨다.
  * 참고 성구 * 벧후 2:10, 에 1:18, 사 53:3, 욥 42:6, 삼하 12:25

■ 기 도 ■ 하나님 아버지! 범죄한 다윗을 용서하시고 회개하는 다윗을 긍휼히 여기신 당신의 자비로우심을 찬양드리옵나이다. 무거운 죄 중에 시달리는 이 영혼을 받으시고 당신의 백성으로 삼아주셔서 새 사람으로 거듭나는 은총을 베푸시옵소서. 예수 그리스도의 이름으로 기도드립니다. 아멘.

♣ 수감자 전도 ♣

믿지 않는 죄
♪ 215, 360, 497

■ 본 문 ■ 저를 믿는 자는 심판을 받지 아니하는 것이요 믿지 아니하는 자는 하나님의 독생자의 이름을 믿지 아니하므로 벌써 심판을 받은 것이니라【요 3:18】

■ 서 론 ■ 독일의 신학자요 철학자인 슐라이에르 마허는 "믿음이란 사람이 유한의 힘을 깨닫고 절대자인 하나님 품에 의지하는 것이다."라고 했다. 유한한 인간은 십자가를 통해서 무한하신 하나님을 어렴풋이 알게 된다. 하나님의 무궁하신 사랑을 도외시하는 자들이 되지 말 것은?

Ⅰ. 하나님은 구원을 기뻐하신다
바울은 하나님은 모든 사람이 구원을 받으며 진리를 아는 데 이르기를 원하신다고 디모데에게 보낸 편지에서 말했다. 구원에는 순서가 있으니 소명, 중생, 회심, 칭의, 양자, 성화, 견인, 영화가 그것으로 중생과 칭의는 과거적 구원, 성화는 현재적 구원, 영화는 미래적인 구원에 해당된다.
* 참고 성구 * 딤전 2:4, 벧후 3:9, 겔 18:23, 32, 행 2:21

Ⅱ. 거부하는 자들은 형벌을 피하지 못한다
예수의 열두 제자의 한 사람으로 일행의 재정을 맡을 만큼 수완이 있고 머리 회전이 빨랐던 가룟 유다는 예수를 거부하고 스스로 사탄의 자식이 되어 은 삼십에 예수를 팔아 넘기고서는 무죄한 피라고 도로 은을 가져다 주었으나 끝내는 스스로 목을 매어 죽는 운명을 맞았다.
* 참고 성구 * 요 14:6, 행 4:12, 고후 5,17, 행 16:31, 마 27:5

Ⅲ. 기회를 잃지 않도록 주의해야 한다
이와는 반대로 십자가에 같이 처형을 당한 한편 강도는 마지막 기회를 잃지 않고서 예수께 당신의 나라에 임하실 때에 나를 생각하소서라고 간절히 그의 소원을 빌었다. 이 때 주님은 오늘 네가 나와 함께 낙원에 있으리라고 축복하셨다. 구원의 기회는 마구잡이로 오는 게 아니다.
* 참고 성구 * 고전 6:2, 엡 5:16, 사 55:6-7, 마 27:19, 24, 눅 23:43

■ 기 도 ■ 하나님 아버지! 당신의 독생자를 믿는 자는 구원의 반열에 참여함을 보며 이제 늦었지만 당신을 영접하고 예수를 믿기로 작정한 이들의 영혼을 축복해 주시고 한편 강도에게 낙원을 허락하신 것처럼 천국을 기업으로 주시옵소서. 예수 그리스도의 이름으로 간절히 기도드립니다. 아멘.

♣ 수감자 전도 ♣

죄에서 떠나라
♪ 339, 285, 61

■ 본 문 ■ 복 있는 사람은 악인의 꾀를 좇지 아니하며 죄인의 길에 서지 아니하며 오만한 자의 자리에 앉지 아니하고【시 1:1】

■ 서 론 ■ 로마의 스토아 철학자 세네카는 "악은 전염성이 있으므로 같은 방을 쓰게 되면 같은 병을 앓게 되는 것과 같다."고 했다. 세상은 참으로 악하다. 세상을 좇는 것은 악을 행하는 것이요, 악을 행하는 것은 멸망으로 치닫는 지름길인 것이다. 그러므로 복 있는 자는?

I. 악인의 꾀를 좇지 아니함

잠언 기자는 사특한 자의 첩경에 들어가지 말며 악인의 길로 다니지 말라고 권면하고 있다. 또한 바울은 악은 그 모양이라도 버리라고 했다. 악인의 꾀를 좇는 자는 함께 멸망당할 것이요, 악인의 최후는 하나님의 성소에 들어갈 때에야 저희 결국을 깨달은 시편 기자의 성찰에 있다.

* 참고 성구 * 살전 5:22, 잠 4:14-15, 욥 21:16, 잠 22:8, 시 73:17

II. 죄인의 길에 서지 아니함

잠언 기자는 내 아들아 그들과 함께 길에 다니지 말라 네 발을 금하여 그 길을 밟지 말라 대저 그 발은 악으로 달려가며 피를 흘리는 데 빠름이라고 했다. 화 있을진저 가인의 길에 행하였고, 발람의 어그러진 길로 몰려 갔고, 고라의 패역을 좇아 멸망받은 사람들이여!

* 참고 성구 * 딤후 2:19, 고후 6:14-18, 잠 1:10-16, 유 1:11

III. 오만한 자의 자리에 앉지 아니함

하나님은 진실로 거만하고 오만방자한 자를 비웃으시며 겸손한 자에게는 은혜를 베푸신다. 아각 사람 하만은 높은 지위에 있음을 기화로 모르드개가 자기에게 절하지 않음을 핑계로 모든 유대인을 죽이려 했으나 도리어 자기와 자신의 아들이 나무에 달려 죽는 최후를 맞았다.

* 참고 성구 * 벧전 5:5, 고전 10:12, 행 12:23, 잠 3:34, 에 3:6

■ 기 도 ■ 하나님 아버지! 이제부터는 악인의 꾀를 좇지 않고 죄인의 길에 서지 않고 오만한 자의 자리에 앉지 않는 분별함을 주셔서 죄에서 떠나는 삶을 살아서 당신을 기쁘게 하는 자들이 되게 하옵소서. 예수 그리스도의 이름으로 기도드립니다. 아멘.

♣ 초신자 ♣

말씀을 따라
♪ 377, 379, 235

■ 본 문 ■ 가라사대 너희가 너희 하나님 나 여호와의 말을 청종하고 나의 보기에 의를 행하며 내 계명에 귀를 기울이며 내 모든 규례를 지키면 내가 애굽 사람에게 내린 모든 질병의 하나도 너희에게 내리지 아니하리니 나는 너희를 치료하는 여호와 임이니라【출 15:26】

■ 서 론 ■ 미국의 목사 존 드와이트는 "성경은 희망의 창문이다. 그 창문을 통하여 우리는 영원한 세계를 바라본다."고 했다. 말씀을 따라서 사는 삶이란?

I. 하나님의 말씀을 청종할 것
보통 순종하다, 복종하다, 준행하다와 같이 번역되는 청종하다에는 단순히 말씀을 수동적으로 귀로써만 듣는 것을 의미하지 않고 말씀을 적극적으로 듣고 행하는 의미가 있다. 그래서 주님은 주여 주여 하는 자마다 천국에 다 들어가질 않고 하나님의 뜻대로 행하는 자가 들어간다고 하셨다.
* 참고 성구 * 행 16:14, 레 26:21, 슥 6:15, 마 7:24-27

II. 하나님의 의를 행할 것
의로 번역되는 히브리어는 언제나 '쩨데크'와 '쩨다카'이고 헬라어는 '디카이오쉬네'이다. 원래 이 단어들은 규범을 따르는 것을 의미했는데 성경 기자들에게 있어서 이 규범이란 바로 하나님 자신의 특성을 가리켰다. 따라서 옳음, 올바름, 정의, 의를 행하는 것은 하나님의 본질대로 행하는 삶을 가리킨다.
* 참고 성구 * 골 4:1, 삿 9:16, 말 4:2, 마 5:6, 딤후 2:22

III. 하나님의 규례를 지킬 것
하나님은 시내산에서 자기와 이스라엘 자손들과의 규례와 법도와 율법을 모세로 세우셨다. 따라서 하나님의 규례를 지킴은 하나님이 말씀하신 법대로 향하여 사는 삶을 의미한다. 주님은 나의 멍에를 메고 내게 배우라 그러면 너희 마음이 쉼을 얻을 것이라고 하셨다.
* 참고 성구 * 갈 6:16, 민 36:13, 요일 5:3, 마 22:37-40, 11:29, 레 26:46

■ 기 도 ■ 하나님 아버지! 당신의 말씀을 듣고 행하는 삶, 당신의 속성인 의를 행하는 삶, 당신의 계명대로 행하는 삶을 살 때 큰 축복을 내리심을 믿습니다. 부족하나 이제부터 말씀을 따라서 살고자 하오니 주께서 바르게 인도해 주시옵소서. 예수 그리스도의 이름으로 기도드립니다. 아멘.

♣ 초신자 ♣

의심이 많은 자
♪ 189, 98, 403

■ 본 문 ■ 도마에게 이르시되 네 손가락을 이리 내밀어 내 손을 보고 네 손을 내밀어 내 옆구리에 넣어보라 그리하고 믿음 없는 자가 되지 말고 믿는 자가 되라【요 20:27】

■ 서 론 ■ 프랑스의 작가 가스파링 부인은 "의심은 인간의 마음 속에 있는 지옥이다."라고 했다. 의심은 인간의 마음속에 부정적인 경향을 만들고 끝내는 자기 자신을 파멸시키는 원흉이다. 그러나 믿음은 영육간에 풍성한 기름진 꿀을 제공한다. 의심 많은 도마가 주는 교훈은?

Ⅰ. 기회의 중요성에 관해 교훈한다

다른 제자들은 부활하신 주님을 직접 목도했으나 열 두 제자 중의 하나인 디두모라 하는 도마는 예수께서 오셨을 때 자리에 있지 아니했다. 부활하신 주님의 손과 옆구리의 못자국과 창자국을 직접 보아야 할 기회를 도마는 잃은 것이다. 인생에 있어서 기회란 자주 오는 것이 아니다.

* 참고 성구 * 고후 6:2, 롬 13:11-14, 사 55:6-7, 마 27:3, 요 20:20

Ⅱ. 자리를 지켜야 함을 교훈한다

남달리 다혈질이요 성미가 급한 도마는 부활하신 주님께서 나타나셨을 때 어디에서 무엇을 하고 있었는가. 주님의 영광의 부활체를 뵙지 못하고 있을 자리에 있지 못한 그는 다른 제자들이 직접 주님의 손과 옆구리를 보고 기뻐한 기쁨을 함께 누리지 못하게 되었다.

* 참고 성구 * 빌 1:27, 엡 4:1-16, 딤후 4:7-8, 요 20:24, 11:16

Ⅲ. 의심의 위험성에 관해 경고한다

도마는 소리질러 말하기를 내 손가락을 그 못자국에 내 손을 그 옆구리에 넣어 보지 않고는 믿지 않겠다고 했다. 그러나 주님은 믿음 없는 자가 되지 말고 믿는 자가 되라고 현현하셔서 꾸짖으셨다. 그리고 보지 못하고 믿는 자들은 보고 믿는 자보다 복되도다라고 말씀하셨다.

* 참고 성구 * 행 17:11-12, 약 1:6-8, 히 11:6, 마 14:31

■ 기 도 ■ 하나님 아버지! 도마는 부활하신 주님을 뵙고서는 나의 주시며 나의 하나님이시라는 놀라운 신앙고백을 하였습니다. 오늘 당신을 영접하고도 의심이 많은 성도들에게 믿음의 축복을 더하여 주셔서 보지 않고도 믿는 복된 신앙을 갖게 하소서. 예수 그리스도의 이름으로 기도드립니다. 아멘.

♣ 초신자 ♣

새 사람으로
♪ 210, 212, 213

■ 본 문 ■ 너희는 유혹의 욕심을 따라 썩어져 가는 구습을 좇는 옛 사람을 벗어 버리고 오직 심령으로 새롭게 되어 하나님을 따라 의와 진리의 거룩함으로 지으심을 받은 새 사람을 입으라【엡 4:22-24】

■ 서 론 ■ 영국의 과학자 헉슬리는 "한 인간이 그리스도인이 되는 데는 많은 것을 필요로 하지 않는다. 그러나 그에게 있는 모든 것을 요구한다."고 했다. 성도로 택함받은 자들은 새로운 가치관으로 결단해야 한다. 성도는?

I. 성도는 세상에 속하지 아니한다
바울은 무엇이든 내게 유익하던 것을 내가 그리스도를 위하여 다 해로 여길 뿐더러 배설물과 같이 여긴다고 했다. 뿐만 아니라 우리의 시민권은 하늘에 있다고 말했다. 성도는 세상 속에서 살지만 세상에서 부름을 입은 특별한 존재이다. 성도 곧 '하기오스'는 성별된 자라는 뜻이 있다.
* 참고 성구 * 요 15:19, 빌 3:20, 벧전 2:9, 요일 2:16

II. 성도는 마음이 새롭게 변화된 자이다
누구든지 그리스도 안에 있으면 새로운 피조물이라 이전 것은 지나갔으니 보라 새 것이 되었다는 바울의 말은 참으로 놀라운 것이다. 성도는 그리스도 안에서 구습을 좇는 옛 사람을 벗어 버리고 의와 진리의 거룩함으로 지으심을 받은 새 사람, 새로운 피조물이다.
* 참고 성구 * 고후 5:17, 롬 12:1-2, 벧전 1:15-16, 딛 3:5, 엡 4:22-24

III. 성도는 하나님의 말씀을 좇아간다
성도는 이제 옛 사람이었던 때의 모든 것보다 하나님의 말씀을 우선해서 살아야 한다. 하나님의 말씀을 듣고 행하는 청종하는 삶, 하나님의 의를 행하는 의로운 삶, 하나님의 율법과 규례와 계명을 지키는 삶을 통해서 말씀 안에 거하며 말씀이 주는 영생을 받는 것이다.
* 참고 성구 * 딤후 3:16-17, 계 1:3, 시 19:7-11, 행 17:11

■ 기 도 ■ 하나님 아버지! 당신 안에서 새롭게 지음받은 새 사람이 된 사랑하는 당신의 백성을 영육간에 축복하시고, 옛 사람이 좇던 모든 세상의 추한 풍조와 풍습과 시류를 버리게 하시고 오직 생명의 말씀인 성경을 삶의 기초로 삼게 인도하여 주시옵소서. 예수 그리스도의 이름으로 기도드립니다. 아멘..

♣ 초신자 ♣

영생의 길
♪ 253, 376, 174

■ 본 문 ■ 좁은 문으로 들어가라 멸망으로 인도하는 문은 크고 그 길이 넓어 그리로 들어가는 자가 많고 생명으로 인도하는 문은 좁고 길이 협착하여 찾는 이가 적음이니라【마 7:13-14】

■ 서 론 ■ "이 세상은 영원한 세상의 현관이다. 영원한 세상에 들어가는 자는 그 현관에서 입장권을 받아야 한다. 입장권은 예수의 보혈이요 그 문을 통과하는 암호는 '예수 그리스도'이다." 영생의 길을 가기 위한 좁은 문은?

I. 좁은 문은 찾는 이가 적음
생명으로 인도하는 좁은 문은 찾는 이가 적다고 주님은 말씀하셨다. 세상 사람들은 죄악의 대로를 찾아서 활개치며 하고 싶은 대로 다하며 죄악 속에서 살기를 좋아하지 진리의 길이요 의의 길이요 천국의 길인 좁은 문으로 들어가기는 꺼리고 있다. 그러나 성도는 고난이 있더라도 생명의 길로 가야한다.
 * 참고 성구 * 요 6:66, 마 16:24, 눅 13:23-30, 고전 9:25

II. 좁은 문은 길이 좁고 협착함
생명으로 인도하는 좁은 문은 길이 좁고 협착하다고 주님은 말씀하셨다. 구원의 길, 천국의 길은 아무나 가는 것이 아니요 이 세상의 좋은 모든 것을 포기하고서 비로소 얻는 것이므로 고난을 통해서 가는 길이다. 그러므로 생명의 좁은 문은 길이 좁고 협착할 수밖에 없다.
 * 참고 성구 * 요 16:33, 행 14:22, 딤후 3:12, 히 12:4

III. 좁은 문은 생명으로 인도함
성도가 좁은 문으로 향하기 위해서는 마음의 눈을 아래가 아닌 위로, 뒤가 아닌 앞으로 두고 점진적인 삶을 살아야 한다. 우리가 세상과의 타협이나 임기응변의 처세는 결국 넓은 길 뒤에 있는 멸망의 길로 우리를 인도할 것이다. 참 신앙에는 세상에서 영육간에 고난이 따른다.
 * 참고 성구 * 요 10:1-6, 시 16:11, 요 14:6, 갈 6:8

■ 기 도 ■ 하나님 아버지! 생명의 길, 진리의 길, 의의 길로 가고자 당신께 나아온 사랑하는 성도에게 당신이 예비하신 영생을 향유할 수 있도록 큰 은혜를 내려주시고 좁은 문을 택함으로써 세상에서 입는 여러 가지 고난을 감당하게 하소서. 예수 그리스도의 이름으로 기도드립니다. 아멘.

♣ 초신자 ♣

성도의 교제
♪ 523, 210, 212

■ 본 문 ■ 너희는 믿지 않는 자와 멍에를 같이 하지 말라 의와 불법이 어찌 함께 하며 빛과 어두움이 어찌 사귀며 그리스도와 벨리알이 어찌 조화되며 믿는 자와 믿지 않는 자가 어찌 상관하며【고후 6:14-15】

■ 서 론 ■ "아름다운 날개가 그 새를 아름답게 하듯 교제하는 친구를 보아 그의 인격이 나타난다."고 어느 철인은 말했다. 사람의 일생은 만남의 연속이라고 해도 과언은 아닐 것이다. 성도로 택함받은 우리는 과연 어떤 삶을 살아야 하는가?

I. 악한 연합을 금할 것

선하고 믿음에 굳게 선 유다 왕 여호사밧은 세상적인 처세술로 악한 이스라엘 왕 아합과 더불어 혼사를 맺고, 아하시야 왕과는 상업적인 동맹을 맺었으나 아합의 딸 아달랴로 인해 악에 물든 여호람이 되었고, 배는 파상하여 다시스로 가지 못하게 되었다. 성도는 믿지 않는 자와 연합하면 안 된다.
* 참고 성구 * 딤후 2:19, 약 4:4, 대하 18:1, 20:37, 시 1:1

II. 성도의 본분에 충실할 것

바울은 에베소 교회에게 너희가 부르심을 입은 부름에 합당하게 행하여 모든 겸손과 온유로 하고 오래 참음으로 사랑 가운데서 서로 용납하고 성령의 하나 되게 하신 것을 지키라고 했다. 성도는 하나님 사랑과 이웃 사랑을 생활 속에서 나타내는 자들이 되어 본분을 다해야 한다.
* 참고 성구 * 빌 1:27, 엡 4:1, 벧전 1:15-16, 전 12:13, 마 22:37-40

III. 죄에는 형벌이 따름을 알 것

하와의 불순종의 범죄로 인하여 뱀에게는 저주를 받아 배로 다니며 흙을 먹는 형벌이, 아담에게는 종신토록 수고하고 땀을 흘리는 노동으로 식물을 먹고 흙으로 돌아가는 형벌이, 하와에게는 잉태의 고통과 남편에게 다스림 받는 형벌이 주어졌다. 죄에는 반드시 형벌이 따른다.
* 참고 성구 * 약 1:15, 겔 18:4, 암 5:18-19, 계 21:8, 창 3:14-19

■ 기 도 ■ 하나님 아버지! 이제 부름을 입고 당신의 뜻대로 살고자 하는 이들에게 큰 믿음을 허락하셔서 영생을 구하기 위해서는 세상과의 연합을 금하고, 성도의 본분에 충실하며, 죄에는 형벌이 따름을 알고 진리로 옷입는 거룩한 자가 되게 하옵소서. 예수 그리스도의 이름으로 기도드립니다. 아멘.

♣ 초신자 ♣

심는 대로 거둠
♪ 310, 309, 311

■ 본 문 ■ 자기의 육체를 위하여 심는 자는 육체로부터 썩어진 것을 거두고 성령을 위하여 심는 자는 성령으로부터 영생을 거두리라【갈 6:8】

■ 서 론 ■ 중국 전국시대의 사상가로서 성선설을 주장한 맹자는 "인간의 화, 복은 다 자기가 스스로 만들어 낸다."고 했다. 잠언 기자도 자기 행위의 열매를 먹는다고 했다. 사람이 무엇으로 심든지간에 심은 대로 거두는 것은 하나의 법칙이요 질서이다. 무엇을 거둘 것인가?

Ⅰ. 사람이 심는 그대로 수확함
시편 기자는 눈물을 흘리며 씨를 뿌리는 자는 기쁨으로 거두리로다고 노래했다. 복음의 씨를 뿌리는 자는 기쁨을 거둘 것이요, 죄악의 씨를 뿌리는 자는 고통의 열매를 거둘 것이다. 사람이 심는 대로 수확하는 것은 정해진 이치요 하나님의 법칙이므로 성도는 선한 것을 심어야 한다.
* 참고 성구 * 왕상 21:7-10, 왕하 9:37, 창 13:10, 19:36, 왕하 5:27, 잠 1:31

Ⅱ. 육체로부터 썩어질 것을 수확함
육신의 생각은 하나님과 원수가 되며 육신에 있는 자는 하나님을 기쁘시게 할 수 없다. 세상에 있는 모든 것이 육신의 정욕과 안목의 정욕과 이생의 자랑이니 이런 것들은 세상을 좇아 온 것으로 이런 것을 심는 자는 영원히 멸망할 썩어질 것을 수확할 수밖에 없다.
* 참고 성구 * 계 14:4, 창 27:36, 요일 2:16, 갈 5:21, 롬 8:7-8

Ⅲ. 성령으로부터 영생을 수확함
성령의 열매는 사랑과 희락과 화평과 오래 참음과 자비와 양선과 충성과 온유와 절제인즉 성령을 위하여 심는 자는 성령의 열매를 거두고 이로 인해 영생을 수확할 것이다. 그리스도의 영이 있는 자는 풍성한 은혜 가운데서 의롭다 하심을 얻어 영생의 소망을 따라 후사가 된다.
* 참고 성구 * 요 3:15, 행 13:46, 요 3:36, 딛 3:5-8, 갈 5:22-23

■ 기 도 ■ 하나님 아버지! 사람이 무엇으로 심든지 심은 대로 거두는 것은 하나님께서 정하신 이치요 질서입니다. 사랑하는 성도에게 성령을 부어주셔서 성령의 열매를 따라 행하게 하시고 영생의 소망을 얻도록 인도해 주시옵소서. 예수 그리스도의 이름으로 간절히 기도드립니다. 아멘.

♣ 믿음을 버린 자 ♣

뒤를 돌아보는 자
♪ 507, 350, 372

■ 본 문 ■ 예수께서 이르시되 손에 쟁기를 잡고 뒤를 돌아보는 자는 하나님의 나라에 합당치 아니하니라 하시니라【눅 9:62】

■ 서 론 ■ 영국의 극작가 셰익스피어는 "우리는 경험을 통해서 결단만이 우리에게 유일한 도움이 된다는 것을 배웠다."고 했다. 하나님의 택함을 입은 성도는 옛 사람을 벗어 버리고 새 사람이 되었은즉 새 사람에 걸맞는 삶을 살아야 한다. 새 사람으로서의 축복이 있는 반면에 이에 상응하는 것은?

I. 제자는 세상에 대한 욕심을 버려야 한다

제자 곧 '마데테스'는 세상에 대한 욕심과 미련을 버려야 한다. 바울은 그리스도 예수의 사람들은 육체와 함께 그 정과 욕심을 십자가에 못 박았다고 했다. 한 발은 세상에 한 발은 예수께 걸치고 살 수는 없다. 세상을 사랑할 때 데마와 같이 복음도 팽개치고 떠날 수밖에 없다.

* 참고 성구 * 눅 12:16-21, 딤전 6:9-10, 요일 5:19, 딤후 4:10, 갈 5:24

II. 제자는 자기의 의무에 충실해야 한다

제자는 하나님께서 자기에게 능력껏 맡기신 의무에 충실해야 한다. 각기 처한 처소와 환경에 따라 받은 바 달란트대로 충실히 행해야 할 것이다. 맡은 자들에게 구할 것은 충성뿐이다. 의무에 충성한 자들에게는 하나님이 예비하신 상이 기다리고 있는데 그것은 생명의 면류관이다.

* 참고 성구 * 마 25:14-30, 고전 4:2, 계 2:10, 빌 3:13-14

III. 제자는 모든 타협을 배제해야 한다

히브리서 기자는 우리가 진리를 아는 지식을 받은 후 짐짓 죄를 범한즉 다시 속죄하는 제사가 없다고 하면서 우리는 뒤로 물러가 침륜에 빠질 자가 아니요 오직 영혼을 구원함에 이르는 믿음을 가진 자라고 했다. 주의 제자들은 세상과의 모든 타협을 배제하고 믿음에 굳게 서야 한다.

* 참고 성구 * 고후 6:14-18, 딤후 2:19, 약 4:4, 마 26:15, 히 10:26, 39

■ 기 도 ■ 하나님 아버지! 한번 비췸을 얻고 하늘의 은사를 맛보고 성령에 참여한 자가 된 후 타락한 자는 예수를 다시 십자가에 못박는 자입니다. 데마와 같이 사도 바울을 버리고 세상을 향해 떠나는 자가 되지 않도록 성령충만한 삶으로 채워주시옵소서. 예수 그리스도의 이름으로 기도드립니다. 아멘.

♣ 믿음을 버린 자 ♣

엠마오로 가는 길
♪ 508, 341, 374

■ 본 문 ■ 그 날에 저희 중 둘이 예루살렘에서 이십 오리 되는 엠마오라 하는 촌으로 가면서 이 모든 된 일을 서로 이야기하더라【눅 24:13-14】

■ 서 론 ■ 영국의 목사요 찬송작가인 존 뉴턴은 "세상에서 낙심하게 하는 것들이 많이 있으나 믿음의 사전에는 그런 말이 없다. 오히려 신자에게는 하나님의 길로 들어서는 것을 알리는 신호이다."라고 했다. 엠마오 길을 걷는 글로바와 그의 아내 마리아가 체험한 그 길은?

Ⅰ. 엠마오 길은 낙심천만의 길이다
엠마오 도상의 두 제자 글로바와 마리아는 예루살렘을 떠나 낙향하던 길이었다. 예수를 사랑하기는 했으나 그가 십자가에 처형되자 이제는 모든 것이 끝난 줄 알고 낙심천만하여 두 사람의 얼굴에는 슬픈 빛이 역력하였다. 예수의 사역이 죽음으로 끝난 줄로 안 것이었다.
  * 참고 성구 * 고후 4:8, 갈 6:9, 신 1:28, 룻 1:1, 눅 24:17

Ⅱ. 엠마오 길은 실패와 눈물의 길이다
엠마오 도상의 두 제자 글로바와 마리아는 주의 부활하신 현현도 모른체 깊은 한숨과 슬픔에 못 이긴 어투로 주께 말하길 우리는 이 사람이 이스라엘을 구속할 자라고 바랐다고 했다. 그러나 자신들이 본 것은 예수의 죽음과 부활의 소식뿐이었다. 믿음이 결여될 때 주는 보이지 않는다.
  * 참고 성구 * 빌 3:18, 계 7:17, 전 4:1, 룻 1:5, 요 21:1-3

Ⅲ. 엠마오 길은 회복과 사명의 길이다
부활하신 예수는 두 제자들에게 성경을 해설해 주시고 함께 식사를 하면서 자신을 나타내셨다. 눈이 밝아진 저희는 성경을 풀어 주실 때 우리 속에서 마음이 뜨겁지 않더냐며 비로소 슬픔을 회복하고 기쁨으로 다시 예루살렘으로 돌아가 주님의 부활을 제자들에게 증거했다.
  * 참고 성구 * 창 40:13, 왕상 12:21, 룻 4:15, 행 15:37-38, 딤후 4:11

■ 기 도 ■ 하나님 아버지! 엠마오 도상의 두 제자 글로바와 마리아처럼 믿음을 버리고 떠나는 일이 없도록 하시고 그들이 기쁨과 속에서 뜨거운 마음이 일어난 것 같이 항상 주를 사랑하며 뜨거운 마음으로 주의 일을 감당할 수 있도록 성령께서 역사해 주시옵소서. 예수 그리스도의 이름으로 기도드립니다. 아멘.

♣ 믿음을 버린 자 ♣

끝까지 견디는 자
♪ 514, 383, 386

■ 본 문 ■ 또 너희가 내 이름을 인하여 모든 사람에게 미움을 받을 것이나 나중까지 견디는 자는 구원을 얻으리라【막 13:13】

■ 서 론 ■ 영국의 시인 존 밀턴은 "나는 하늘의 뜻이나 의지에 반대하지도 않고 마음이나 희망을 꺾으려는 생각도 전혀 없다. 단지 인내하고 바른 길을 계속 추구하는 것뿐이다."라고 했다. 신앙을 끝까지 견지하는 것이 얼마나 어려운 일인가를 주님도 인정하셨다. 그러므로 인내하라고 하신 것은?

I. 신앙 때문에 큰 고초를 입는다
주님은 나를 인하여 너희를 욕하고 핍박하고 거짓으로 너희를 거스려 모든 악한 말을 할 때 너희에게 복이 있나니 기뻐하고 즐거워하라고 하시며 이는 하늘에서 너희 상이 큼이라고 하셨다. 진리대로 사는 삶은 당연히 고초를 받을 것이며 고난이 임함은 영광 또한 크기 때문이다.
* 참고 성구 * 눅 24:26, 롬 8:18, 출 3:17, 딤후 3:12, 마 5:11-12

II. 가족 친척이 대적자가 된다
선지자 미가는 아들이 아비를 멸시하며 딸이 어미를 대적하며 며느리가 시어미를 대적하리니 사람의 원수가 곧 자기의 집안 사람이라고 했다. 이는 말세지말을 당한 때에 일어날 환난을 의미하는 것으로 오직 믿을 분은 하나님뿐이며 장래의 소망이 그에게 있음을 의미한다.
* 참고 성구 * 마 10:21, 미 7:6, 겔 22:7, 행 1:16-26

III. 끝까지 견디는 자가 구원을 받는다
인내 곧 '휘포모네'는 아래에 머문다는 뜻으로 위에서 바윗덩이로 짓누름에도 견디며 버티는 참기 어려운 인내를 의미하는데 이렇게 견딜 때 구원, 곧 '소테리아'가 임한다. '소테리아'는 구출, 안전, 보존(위험과 파멸에서), 구원의 뜻으로 주 재림시 부활된 후에야 구원은 완성된다.
* 참고 성구 * 마 10:15, 고전 13:7, 골 1:11, 약 5:11

■ 기 도 ■ 하나님 아버지! 환난과 핍박과 박해가 올지라도 베드로처럼 주님을 부인하는 우를 범하지 않도록 항상 성령충만한 삶을 허락해 주시옵소서. 인내하지 못하여 낙오자가 되지 않도록 구원의 삶을 소망하며 살도록 인도해 주시옵소서. 예수 그리스도의 이름으로 기도드립니다. 아멘.

♣ 믿음을 버린 자 ♣

롯의 아내
♪ 513, 380, 431

■ 본 문 ■ 그 성들과 온 들과 성에 거하는 모든 백성과 땅에 난 것을 다 엎어 멸하셨더라 롯의 아내는 뒤를 돌아본 고로 소금기둥이 되었더라【창 19:25-26】

■ 서 론 ■ 그리스의 철학자 소크라테스는 "나는 가장 적은 욕망을 갖고 있기 때문에 신에게 가장 가까울 수 있다."고 했다. 유황과 불이 비같이 쏟아지는 소돔과 고모라를 향해 뒤를 돌아다 봄으로 소금기둥이 된 롯의 아내가 오늘 우리에게 주는 교훈은 무엇인가?

I. 롯의 아내의 불순종을 생각할 것

천사가 롯과 그의 아내와 두 딸에게 경고한 것은 돌아보거나 들에 머무르거나 하지 말고 산으로 도망하여 멸망함을 면하라는 것이었다. 그러나 롯의 아내는 뒤를 돌아본 고로 소금기둥이 되는 운명을 맞은 것이다. 불순종의 죄는 하나님을 거스리는 가장 큰 죄임을 잊지 말자.

* 참고 성구 * 창 3:11, 레 10:1, 습 3:2, 눅 17:32, 창 19:17

II. 롯의 아내의 세속성을 생각할 것

소돔과 고모라의 그 추악한 풍조와 난잡한 성생활로 타락이 극한 곳을 다시 돌아본 것은 뒤에 남기고 온 것을 동경하는 모습이다. 하나님의 자비로 구원의 도상에 있는 자가 또다시 악의 도성을 동경함은 그것은 변경될 수 없는 멸망을 초래함이 불을 보듯 뻔한 것이다.

* 참고 성구 * 창 3:6, 수 7:21, 창 19:5, 골 3:2, 눅 21: 34, 17:12-33

III. 롯의 아내의 물질욕을 생각할 것

아브라함으로부터 선택의 우선권을 받은 롯은 인간의 의리를 생각지 않고 욕심의 눈으로 안목의 정욕에 가려 소돔과 고모라 땅을 택하였다. 비옥하고 아름다운 성읍이었으나 음란과 사치와 방탕의 도시에 모든 재산을 남기고 빈 몸으로 떠나는 자신을 발견한 롯의 아내는 순간 뒤를 돌아다 보았다.

* 참고 성구 * 잠 4:25, 시 119:37, 사 33:15, 딤전 6:10, 창 13:10

■ 기 도 ■ 하나님 아버지! 소금기둥이 된 롯의 아내는 그녀의 불순종, 세속성, 물질욕이 이처럼 엄청난 운명을 만들었습니다. 우리에게 뒤를 돌아보지 않는 굳건한 신앙을 허락하시고 위엣 것을 바라보는 자들이 되게 하옵소서. 예수 그리스도의 이름으로 기도드립니다. 아멘.

♣ 믿음을 버린 자 ♣

성령을 거스리는 죄
♪ 332, 406, 484

■ 본 문 ■ 성령을 소멸치 말며 예언을 멸시치 말고 범사에 헤아려 좋은 것을 취하고 악은 모든 모양이라도 버리라【살전 5:19-22】

■ 서 론 ■ "성령은 우리들의 심령에 거하는 동반자이시다."라고 카우맨은 말했다. 성령은 성경에 아버지의 성령, 진리의 영, 성결의 영, 그리스도의 영, 양자의 영, 아들의 영, 영광의 영, 보혜사, 영원하신 성령, 하나님의 신으로도 표현된다. 성령은 삼위일체 중 3위격인 하나님으로 승천하신 예수 후에 우리에게 오신 하나님이시다. 성도는?

I. 성도는 성령을 소멸치 말아야 한다
성령은 구약 성경에서는 히브리어 '루아흐'로, 신약 성경에서는 보통 헬라어 '프뉴마'로 기록된다. 성령을 소멸치 말라고 하는 것은 성령의 사역을 개인적으로나 교회적으로 억압하지 말라는 뜻이다. 바울은 하나님의 성령을 근심하게 하지 말라며 그 안에서 너희가 구속의 날까지 인치심을 받았다고 했다.
* 참고 성구 * 요 16:13, 엡 5:18, 갈 5:16-18, 엡 4:30

II. 성도는 범사에 헤아려 좋은 것을 취하여야 한다
성도는 범사에 헤아려 좋은 것 곧 선한 것을 택해야 한다. 히브리서 기자는 우리가 소망의 담대함과 자랑을 끝까지 견고히 잡으면 그의 집이라고 했고, 또 약속하신 이는 미쁘시니 우리가 믿는 도리의 소망을 움직이지 말고 굳게 잡아 서로 돌아보아 사랑과 선행을 격려하자고 했다.
* 참고 성구 * 히 6:17-18, 요일 4:1, 신 7:9, 벧전 2:9, 히 3:6, 10:23

III. 성도는 악은 모든 모양이라도 버려야 한다
바울은 악을 미워하고 선에 속하라고 했고, 베드로는 악에서 떠나 선을 행하라고 했다. 악은 모든 모양이라도 버리라는 말은 악한 것은 그 외모라도 본받지 말라는 뜻이다. 성도는 선을 추종하며 하나님의 선하신 섭리를 이루는 사람들이다. 그러므로 악을 단호히 배제해야 한다.
* 참고 성구 * 갈 6:7-8, 시 34:16, 히 12:4, 롬 12:9, 벧전 3:11

■ 기 도 ■ 하나님 아버지! 우리들로 하여금 성령을 소멸치 말며, 범사에 좋은 것을 취하며, 악은 모양이라도 버리는 자들이 되게 하여 주시옵소서. 예수 그리스도의 이름으로 기도드립니다. 아멘.

♣ 믿음을 버린 자 ♣

두 번 못 박는 죄
147, 262, 330

■ 본 문 ■ 타락한 자들은 다시 새롭게 하여 회개케 할 수 없나니 이는 자기가 하나님의 아들을 다시 십자가에 못 박아 현저히 욕을 보임이라【히 6:6】

■ 서 론 ■ 유명한 부흥사이셨던 이성봉 목사님은 "하나님의 은혜를 받고도 배도한 자의 말로는 죽음이다. 두려울진저 회개하라."고 하셨다. 믿음을 저버린 자는 예수를 두 번 못 박는 죄를 범하는 자이다. 하나님의 은혜를 체험하고도 이를 업수이 여기는 자들은 어떤 자들인가?

I. 한번 비췸을 얻고 타락한 자

히브리서 기자는 우리가 진리를 아는 지식을 받은 후 짐짓 죄를 범한즉 다시 속죄하는 제사가 없고 무서운 마음으로 심판을 기다리는 것만이 있다고 했다. 가룟 유다와 같이 예수의 열두 제자 중 하나였음에도 불구하고 배신한 자에게는 죽음의 형벌과 심판만이 있을 뿐이다.

* 참고 성구 * 마 27:5, 행 1:18, 민 24:3, 딤전 1:20, 히 10:26

II. 하늘의 은사를 맛보고 타락한 자

바울과 함께 전도여행을 떠나며 성경 곳곳에 이름을 남긴 데마는 하늘의 은사를 체험한 자였으나 불행히도 바울의 증언에 의하면 데마는 이 세상을 사랑하여 나를 버리고 데살로니가로 갔다고 했다. 이 세상을 사랑하는 것은 하나님과 원수가 되는 것이다. 뒤를 돌아보지 말라.

* 참고 성구 * 마 10:8, 눅 12:42-48, 9:62, 고후 4:7 약 4:4, 딤후 4:10

III. 내세의 능력을 맛보고 타락한 자

히브리서 기자는 하나님의 아들을 밟고 자기를 거룩하게 한 언약의 피를 부정한 것으로 여기고 은혜의 성령을 욕되게 하는 자의 당연히 받을 형벌을 생각하라고 했다. 후메내오와 빌레도는 예수의 부활의 능력을 맛보고도 부활이 지나갔다 하여 믿음을 무너뜨린 자들이었다.

* 참고 성구 * 고후 4:16-18, 시 19:10, 히 10:29, 시 119:72, 딤후 2:18

■ 기 도 ■ 하나님 아버지! 당신께 택함을 받아 구별되어진 성도의 삶을 저버리고 당신의 은혜를 배신한 자의 말로가 어떤 것인지 두려운 마음으로 깨닫게 하소서. 예수 그리스도의 이름으로 기도드립니다. 아멘.

♣ 믿음이 흔들리는 자 ♣

거룩한 생활
♪ 182, 483, 496

■ 본 문 ■ 오직 너희를 부르신 거룩한 자처럼 너희도 모든 행실에 거룩한 자가 되라 기록 하였으되 내가 거룩하니 너희도 거룩할지어다 하셨느니라【벧전 1:15-16】

■ 서 론 ■ "하나님의 속성 중 가장 위대한 것은 거룩하심으로서 이는 모든 속성을 초월한다."고 어느 신학자는 말했다. 거룩하신 하나님께서 우리를 향하여 거룩하라고 하심은 심판의 때를 면하게 하시려는 것이다. 성도의 삶은?

I. 주의 재림을 항상 대비하는 거룩한 생활
재림 곧 '파루시아'를 기다리는 삶은 믿는 자로서 가장 희망적인 삶이다. 그러므로 재림을 기다리는 자의 자세는 대비하는 자세이다. 그래서 바울은 우리는 다른 이들과 같이 자지 말고 오직 깨어 근신할지라고 하였다. 주의 재림을 대비하는 자는 거룩한 행실과 경건함으로 살아야 한다.
* 참고 성구 * 눅 21:34-36, 살전 5:4-8, 벧후 3:11-12, 마 25:10

II. 세상의 행위를 본받지 않는 거룩한 생활
성도는 유혹의 욕심을 따라 썩어져 가는 구습을 좇는 옛 사람을 벗어 버리고 하나님의 의와 진리의 거룩함으로 지으심을 받은 새 사람이다. 따라서 이전에 즐기던 온갖 세상 것들을 십자가에 함께 못 박고 이제는 하나님과 원수된 세상을 향해 빛된 삶을 보이는 자이다.
* 참고 성구 * 요 15:19, 갈 6:14, 약 4:4, 딛 3:3, 엡 4:22-23

III. 주의 말씀에 순종하는 거룩한 생활
주의 말씀 곧 성경은 하나님의 감동으로 된 것으로 교훈과 책망과 바르게 함과 의로 교육하기에 유익하며 사람을 온전하게 한다. 항상 말씀을 가까이 하는 사람은 자연히 거룩한 생활을 영위할 수밖에 없다. 말씀에 순종하는 삶은 하나님께서 가장 기뻐하시는 삶임을 명심하자.
* 참고 성구 * 고전 6:9-11, 갈 2:20, 살전 4:3, 딤후 3:16-17, 삼상 15:22

■ 기 도 ■ 하나님 아버지! 악한 세상은 믿는 자들을 넘어뜨리려고 호시탐탐 기회를 엿보고 있습니다. 하늘의 악의 영들과 씨름하며 살아가는 성도들을 붙잡아 주시고 행여라도 시험에 들지 않게 지켜 주시옵소서. 세상을 본받지 않고 거룩한 생활을 하여 심판의 때를 면하게 하여 주시옵소서. 예수 그리스도의 이름으로 기도드립니다. 아멘.

♣ 믿음이 흔들리는 자 ♣

참 포도나무
♪ 444, 362, 399

■ 본 문 ■ 내 안에 거하라 나도 너희 안에 거하리라 가지가 포도나무에 붙어 있지 아니하면 절로 과실을 맺을 수 없음 같이 너희도 내 안에 있지 아니하면 그러하리라【요 15:4】

■ 서 론 ■ "영원한 하늘 나라까지 같이 동행할 자가 과연 누구겠는가. 그는 영원한 친구, 영원한 동행자인 그리스도밖에 없다."고 유명한 부흥사이신 이성봉 목사님은 말씀하셨다. 그리스도와 함께 하는 삶은 기쁨이 넘치고 알찬 열매가 있는 삶이다. 참 포도나무와 가지는?

Ⅰ. 예수 그리스도는 참 포도나무이시다

예수께서는 내가 참 포도나무요 내 아버지는 그 농부라고 말씀하셨다. 참 포도나무이신 주님은 내가 곧 길이요 진리요 생명이니 나로 말미암지 않고는 아버지께로 올 자가 없다고 하셨다. 오직 그리스도 안에 거하여 그의 계명을 지키고 순종할 때 농부이신 하나님께로 갈 수 있다.

* 참고 성구 * 눅 20:13, 왕상 21:1, 겔 15:2, 요 15:1, 14:6

Ⅱ. 가지인 성도는 나무에 붙어 있어야 한다

예수께서는 나는 포도나무요 너희는 가지니 저가 내 안에, 내가 저 안에 있으면 이 사람은 과실을 많이 맺는다고 하셨다. 가지인 성도들은 주 안에 거하지 않으면 열매를 맺을 수가 없다. 그러므로 가지인 성도는 포도나무에 꼭 붙어 있어야만 한다. 그럴 때 풍성한 열매를 맺을 수 있다.

* 참고 성구 * 출 25:31, 사 40:24, 렘 48:32, 요 15:5

Ⅲ. 성도는 유명무실한 교인이 되면 안 된다

예수께서는 사람이 내 안에 거하지 아니하면 가지처럼 밖에 버리워 말라지나니 사람들이 이것을 모아다가 불에 던져 사른다고 하셨다. 그리스도 안에 거하지 않는 자는 하나님을 기쁘시게 할 수도 없다. 그러므로 성도는 주 안에 거하여 풍성한 열매를 맺어 하나님께 영광을 돌려야 한다.

* 참고 성구 * 엡 5:3, 계 19:8, 시 31:23, 요 15:6

■ 기 도 ■ 하나님 아버지! 주 안에 거하여 풍성한 열매를 맺어 당신께 영광을 돌리는 자들이 되게 하여 주시옵소서. 행여라도 주 안에 거하지 못하여 쓸모없는 가지가 되어 버리워지고 불에 타는 일이 없도록 당신께서 지켜주시고 인도하여 주시옵소서. 예수 그리스도의 이름으로 기도드립니다. 아멘.

♣ 믿음이 흔들리는 자 ♣

종의 생활
♪ 519, 347, 377

■ 본 문 ■ 그러나 무엇이든지 내게 유익하던 것을 내가 그리스도를 위하여 다 해로 여길 뿐더러 또한 모든 것을 해로 여김은 내 주 그리스도 예수를 아는 지식이 가장 고상함을 인함이라【빌 3:7-8】

■ 서 론 ■ 영국의 신학자 토마스 풀러는 "훌륭한 종은 잘 보상해 주고, 나쁜 종은 속을 썩이며 데리고 있느니 차라리 속히 내보냄이 유익하다."고 했다. 착하고 충성된 종이 될 것인가, 악하고 게으른 종이 될 것인가. 바울의 삶은?

I. 주를 위해 자기를 희생하는 생활
종에 해당하는 헬라어 '둘로스'는 노예를 뜻하는 말로 이 말은 '얽매다'라는 의미의 '데오'에서 유래되었다. 종은 자신의 권리나 의지를 주장할 수 없고 항상 주인의 뜻만을 행해야 한다. 사도 바울은 자발적으로 그리스도의 종의 신분을 택하여 일생을 주를 위해 희생하며 살았다.
* 참고 성구 * 행 20:24, 고전 8:13, 고후 11:23-29, 마 19:12, 롬 1:1

II. 철두철미하게 그리스도 중심의 생활
우리가 살아도 주를 위하여 살고 죽어도 주를 위하여 죽나니 그러므로 사나 죽으나 우리가 주의 것이라고 하는 바울의 고백은 철저하게 그리스도 예수를 중심으로 하는 삶을 의미한다. 종의 삶은 철두철미하게 주인을 중심으로 주인을 위한 삶이다. 종은 오로지 주인에 대한 충성뿐이다.
* 참고 성구 * 요 20:28, 고전 9:27, 4:2, 갈 2:20, 빌 3:7-8, 롬 14:8

III. 세속과의 타협을 배제하는 생활
고린도 교회에 보낸 편지에서 바울은 너희는 믿지 않는 자와 멍에를 같이 하지 말라 의와 불법이 어찌 함께 하며 빛과 어두움이 어찌 사귀냐고 했다. 세속과의 타협은 죄악에 물들게 하는 요인이 되며 세상 풍속을 좇고 살아갈 때 데마처럼 하나님의 은혜를 저버리는 자가 된다.
* 참고 성구 * 요일 2:15-17, 5:19, 약 4:4, 벧전 2:9, 딤후 4:10, 고전 6:14

■ 기 도 ■ 하나님 아버지! 성도의 생활은 종처럼 자기를 희생하고 주인이 중심이 되는 생활을 하며 다른 것에 신경을 쓰지 않고 오직 주인의 일만을 다하는 자입니다. 당신을 따르며 의지하는 성도들에게 영생의 축복을 내려 주시옵소서. 예수 그리스도의 이름으로 기도드립니다. 아멘.

♣ 기도 생활에 게으른 자 ♣

항상 기도하라
♪ 480, 409, 482

■ 본 문 ■ 하물며 하나님께서 그 밤낮 부르짖는 택하신 자들의 원한을 풀어 주지 아니하시겠느냐 저희에게 오래 참으시겠느냐【눅 18:7】

■ 서 론 ■ 프랑스의 작가 파링은 "하나님은 멀리 계시지만 기도가 그를 이 땅으로 끌어내려 그의 능력과 우리의 노력을 연결시킨다."고 했다. 기도는 하나님과 성도들 사이에 연결된 신성한 능력의 통로이다. 성도들은 기도로써 하나님과 영교를 갖고 소원과 위로를 받는 것이다. 기도할 때에는 어떻게 해야 하는가?

Ⅰ. 힘써서 기도해야 한다
힘써서 기도하는 좋은 모범은 바로 주님께서 겟세마네 동산에서 하나님께 드린 기도이다. 성경 기자 누가는 예수께서 힘쓰고 애써 더욱 간절히 기도하시니 땀이 땅에 떨어지는 피 방울같이 되더라고 그의 복음서에 기록하고 있다. 힘써서 기도하는 기도는 하늘 보좌를 움직인다.
* 참고 성구 * 행 14:23, 왕상 8:28, 시 102:10, 눅 22:44, 골 4:12

Ⅱ. 계속적으로 기도해야 한다
바울은 성도의 생활을 간단하게 일러 항상 기뻐하라 쉬지 말고 기도하라 범사에 감사하라고 요약하고 있다. 성도의 기도는 쉬지 말고 계속적으로 해야 한다. 선지자 사무엘은 이스라엘 백성들에게 기도하기를 쉬는 죄를 여호와 앞에 결단코 범치 아니한다고 했다. 기도는 영혼의 호흡이다.
* 참고 성구 * 눅 18:1, 살후 1:11, 단 9:23, 삼상 12:23, 살전 5:17

Ⅲ. 끈기 있게 기도해야 한다
본문의 과부는 불의한 재판관에게 자주, 번거롭게, 괴롭게 하여 소원을 풀게 되었다. 끈기 있는 기도는 하나님의 금대접에 담긴 향이 되어 하나님께 드려진다. 여선지자 안나는 과부된 지 팔십 사년 동안 성전을 떠나지 않고 주야에 금식하며 기도하여 아기 예수를 뵙게 되었다.
* 참고 성구 * 눅 18:3, 5, 벧전 3:7, 시 17:1, 눅 2:37, 계 5:8

■ 기 도 ■ 하나님 아버지! 사무엘과 같이 기도를 쉬는 죄를 결단코 범하지 않게 하시고 우리의 기도가 힘쓰며, 계속적으로, 끈기있게 당신을 섬기는 기도가 되도록 인도하여 주시옵소서. 예수 그리스도의 이름으로 기도드립니다. 아멘.

♣ 기도 생활에 게으른 자 ♣

진실한 기도
♪ 481, 409, 482

■ 본 문 ■ 여호와께서는 자기에게 간구하는 모든 자 곧 진실하게 간구하는 모든 자에게 가까이 하시는도다 저는 자기를 경외하는 자의 소원을 이루시며 또 저희 부르짖음을 들으사 구원하시리로다【시 145:18-19】

■ 서 론 ■ 영국의 작가 콜스는 "인간의 마음이 벙어리일 때도 하늘은 결코 귀머거리였던 때는 없다."고 했다. 우리의 기도는 하늘 보좌의 금대접에 담긴 향으로 드려진다. 진실한 기도는 하나님께서 어떻게 해 주시는가?

Ⅰ. 진실한 기도는 주께서 가까이 하신다
하나님은 예레미야에게 이르시기를 나 여호와가 말하노라 나는 가까운 데 하나님이요 먼 데 하나님이 아니라고 하시며, 너는 내게 부르짖으라 내가 네게 응답하겠고 네가 알지 못하는 크고 비밀한 일을 네게 보이리라고 하셨다. 진실한 기도는 하나님께서 가까이 하신다.
* 참고 성구 * 고전 15:10, 시 16:8, 렘 33:3, 23:23, 시 34:18

Ⅱ. 진실한 기도는 주께서 소원을 이루어 주신다
주님은 구하는 이마다 얻을 것이요, 찾는 이가 찾을 것이요, 두드리는 이에게 열릴 것이라고 하셨다. 시편 기자는 여호와여 거짓되지 않은 입술에서 나오는 내 기도에 귀를 기울이소서라고 했다. 진실한 기도는 하나님께 상달되며 하나님의 뜻에 의해 소원을 들어 주실 것이다.
* 참고 성구 * 요 15:7, 마 7:7-8, 시 36:8, 사 55:1, 시 17:1

Ⅲ. 진실한 기도는 주께서 안전하게 보호하신다
병든 히스기야 왕이 얼굴을 벽으로 향하고 간절히 기도하기를 여호와여 내가 주의 앞에서 진실과 전심으로 행하며 주의 목전에서 선하게 행한 것을 추억하옵소서 하고 심히 통곡했다. 이때 하나님은 내가 네 기도를 들었고 네 눈물을 보았다시며 십오 년의 수한을 연장시켜 주셨다.
* 참고 성구 * 엡 6:18-20, 시 23:4, 사 41:10, 눅 22:43, 사 38:3

■ 기 도 ■ 하나님 아버지! 우리의 거짓되지 않는 입술에서 나오는 진실된 기도를 들으시고 당신의 뜻 안에서 우리에게 응답하여 주소서. 우리의 뜻이 아닌 당신의 뜻대로 구하는 입술이 되도록 주장하여 주소서. 예수 그리스도의 이름으로 기도드립니다. 아멘.

♣ 기도 생활에 게으른 자 ♣

믿음이 없는 기도
♪ 484, 480, 482

■ 본 문 ■ 또 기도할 때 이방인과 같이 중언부언 하지 말라 저희는 말을 많이 하여야 들으실 줄 생각하느니라【마 6:7】

■ 서 론 ■ 독일의 종교개혁자 마틴 루터는 "말이 적으면 적을수록 훌륭한 기도이다." 라고 했다. 그러나 엄청난 환난과 고통이 몰아쳐 왔을 때는 탄식으로 빌 바를 알지 못한다. 그럴 때 성령께서는 우리를 위해서 하나님께 친히 간구하신다. 성경이 말하는 믿음 없는 기도는?

I. 사람에게 보이려고 하는 기도

바리새인은 성전에 올라가서 따로 서서 기도하기를 하나님이여 나는 다른 사람들 곧 토색, 불의, 간음을 하는 자와 같지 않고 세리와 같지 않음을 감사하나이다. 나는 이레에 두 번씩 금식하고 소득의 십일조를 드리나이다 했다. 이 바리새인은 이미 자기의 영광을 받았다.

* 참고 성구 * 눅 18:11, 막 1:35, 눅 6:12, 히 11:6, 마 6:5

II. 문을 닫고 은밀히 하지 않는 기도

주님은 너는 기도할 때 네 골방에 들어가 문을 닫고 은밀한 중에 계신 네 아버지께 기도하라고 하셨다. 수넴 여인의 아들이 죽었을 때 엘리사는 그녀의 집에 들어가 문을 닫고 두 사람뿐인 가운데 여호와께 기도하고 아이를 어루만지자 아이가 일곱 번 재채기하고 눈을 떴다.

* 참고 성구 * 막 5:40, 왕하 4:33, 왕상 22:25, 마 6:6

III. 중언부언 하는 기도

기도할 때에 이방인과 같이 중언부언 하지 말 것은 저희는 말을 많이 하여야 들으실 줄 생각한다고 주님은 말씀하셨다. 갈멜산에서 바알의 선지자들은 아침부터 낮까지 바알의 이름을 부르고 응답하소서라고 했으나 아무 응답이 없자 단 주위에서 뛰놀았다고 성경은 기록하고 있다.

* 참고 성구 * 마 5:47, 왕상 3:10-15, 마 6:32, 막 10:51, 왕상 18:26

■ 기 도 ■ 하나님 아버지! 우리의 기도가 진실하게 당신께 드려져야지 남을 신경쓰고, 은밀히 하지 않고, 중언부언하는 기도를 금하게 입술을 주장해 주시옵소서. 믿음이 없는 기도, 의심하는 기도, 정욕으로 구하는 기도를 멀리하도록 도와주시옵소서. 예수 그리스도의 이름으로 기도드립니다. 아멘.

♣ 거짓 종교에 빠진 자 ♣

진리를 떠난 자
♪ 339, 363, 181

■ 본 문 ■ 누구든지 다른 교훈을 하며 바른 말 곧 우리 주 예수 그리스도의 말씀과 경건에 관한 교훈에 착념치 아니하면 저는 교만하여 아무것도 알지 못하고 변론과 언쟁을 좋아하는 자니【딤전 6:3-4】

■ 서 론 ■ "그리스도인을 할퀴어라. 그대는 이교도나 우상이 부서지는 것을 보리라." 고 장월은 말했다. 예나 지금이나 이단에 빠져서 진리를 떠나는 자가 속출하고 있음은 주지의 사실이다. 영혼을 해하는 이단의 참 모습은?

Ⅰ. 다른 교훈을 말함/이단의 특색
바울은 고린도 교회에 보낸 편지에서 우리가 전파하지 아니한 다른 예수를 전파하거나, 혹 너희의 받지 아니한 다른 영을 받게 하거나, 혹 너희의 받지 아니한 다른 복음을 용납한다고 꾸짖었다. 다른 예수, 다른 영, 다른 복음은 거짓 교사들이 꾸미는 이단의 큰 특징이다.
　* 참고 성구 * 딛 1:10-14, 갈 1:6-7, 고후 11:4, 마 24:5, 계 22:19

Ⅱ. 변론과 언쟁을 좋아함/이단의 상태
바울은 디모데에게 네게 부탁한 것을 지키고 거짓되이 일컫는 지식의 망령되고 허한 말과 변론을 피하라고 하면서 이것을 좇는 사람들이 있어 믿음에서 벗어났다고 권면하였다. 이것을 좇는 자들이란 당시 널리 확산되던 유대주의와 영지주의 곧 '그노시스'를 주창한 자들이다.
　* 참고 성구 * 딤후 3:9, 벧후 2:1, 잠 16:18, 딤전 6:3-5, 딛 3:10

Ⅲ. 마음이 부패하고 진리를 잃어버림/이단의 결과
양심을 버렸고 그 믿음에 관하여는 파선한 사람 가운데 후메내오와 알렉산더가 있으니 내가 사단에게 내어준 것은 저희로 징계를 받아 훼방치 말게 하려 했다는 바울의 편지는 이단의 심각성을 말해 주고 있다. 사단에게 내어 주었다는 것은 교회에서의 출교를 뜻한다.
　* 참고 성구 * 빌 4:11, 벧후 2:2, 시 14:1, 딤전 1:20, 딤후 2:17-18

■ 기 도 ■ 하나님 아버지! 우리로 하여금 영혼에 큰 해악을 끼치는 이단 사설에 빠지지 않도록 인도하시고 더욱 믿음에 깊이 뿌리를 박아서 흔들리지 않는 신앙인이 되도록 붙들어 주시옵소서. 예수 그리스도의 이름으로 기도드립니다. 아멘.

♣ 거짓 종교에 빠진 자 ♣

거짓 선지자들
♪ 254, 363, 415

■ 본 문 ■ 그러나 민간에 또한 거짓 선지자들이 일어났었나니 이와 같이 너희 중에도 거짓 선생들이 있으리라 저희는 멸망케 할 이단을 가만히 끌어들여 자기들을 사신 주를 부인하고 임박한 멸망을 스스로 취하는 자들이라【벧후 2:1】

■ 서 론 ■ 프랑스의 철학자 몽테스키외는 "믿음이 독실한 사람과 무신론자는 언제나 종교를 논한다. 전자는 그가 사랑하는 것을, 후자는 그가 비판하는 것을 말한다."고 했다. 인간의 영혼을 좀먹는 이단의 돌격대인 거짓 선지자들은?

I. 거짓 선지자들은 그리스도를 부인하는 자들임

사도 요한은 거짓말 하는 자가 누구뇨 예수께서 그리스도이심을 부인하는 자가 아니뇨 아버지와 아들을 부인하는 그가 적그리스도라고 했다. 초기의 이단들은 예수가 그리스도임을 부정했으나 그들과는 달리 영지주의자들은 예수가 육신을 입고 오신 그리스도임을 부인했다.

* 참고 성구 * 마 24:24, 요이 1:7, 갈 1:7-10, 살후 2:8, 요일 2:22

II. 거짓 선지자들은 호색하는 자들임

거짓 선지자들을 좇아 미혹된 자들은 저희의 호색하는 것을 추종하고 저희도 좇아서 진리의 도가 이로 인하여 훼방받을 것을 성경은 말하고 있다. 오늘날도 이단 사설에 빠진 사람들의 호색함은 매스컴을 통해서 잘 알려지고 있다. 피가름, 은총설, 성을 통한 육의 구원이 그것이다.

* 참고 성구 * 롬 13:13, 갈 5:19, 막 7:22, 벧후 2:2, 18-19,

III. 거짓 선지자들은 이를 탐하는 자들임

거짓 선지자들은 탐심을 인하여 지은 말을 가지고 너희로 이를 삼는다고 했다. 배교한 거짓 스승들은 사사로운 탐심을 충족시키기 위해서 거짓 교훈을 지어내고서 이를 가지고 추종자들을 농락한다. 이들은 참으로 양의 탈을 쓴 이리들로서 저희의 심판은 지체되지 않을 것이다.

* 참고 성구 * 고후 11:13, 신 13:1-5, 겔 13:3, 벧후 2:3, 요 10:10

■ 기 도 ■ 하나님 아버지! 거짓 선지자, 거짓 스승들은 그리스도를 부인하는 자들이요, 호색하는 자들이요, 이를 탐하는 자들입니다. 오늘 순진한 양들을 늑탈하려 드는 이리와 같은 자들의 꾐에 빠지지 않고 그들을 멀리할 수 있는 분별력을 주시옵소서. 예수 그리스도의 이름으로 기도드립니다. 아멘.

♣ 거짓 종교에 빠진 자 ♣

거짓 선지자를 떠나라
♪ 276, 393, 395

■ 본 문 ■ 거짓 선지자들을 삼가라 양의 옷을 입고 너희에게 나아오나 속에는 노략질하는 이리라 그의 열매로 그들을 알지니【마 7:15-16】

■ 서 론 ■ 미국의 여행가 클라크는 "거짓의 가장 무서운 점은 말에 있는 것이 아니라 거짓되게 사는 데 있다."고 했다. 거짓 선지자, 거짓 교사들이 순진한 양들에게 나아와 그들을 파멸시키고 영혼에 주는 폐해는 이만저만이 아니다. 예수께서 말씀하신 거짓 선지자의 정체는?

Ⅰ. 거짓 선지자는 양의 옷을 입고 나아옴
주님은 거짓 선지자를 삼가라고 하시며 양의 옷을 입고서 너희에게 나아온다고 하셨다. 양두구육이라는 한문 고사성어가 어울리는 표현이다. 사도 요한도 사랑하는 자들아 영을 다 믿지 말고 오직 영들이 하나님께 속하였나 시험하라고 하면서 거짓 선지자가 세상에 많이 나왔다고 했다.
* 참고 성구 * 요일 4:1, 마 24:11, 24, 고후 11:13-15, 요 10:5

Ⅱ. 거짓 선지자의 속은 노략질하는 이리임
주님은 양의 옷을 입고 나아온 그들의 속에는 노략질하는 이리가 있다고 하셨다. 사도 베드로도 그의 서신에서 거짓 선지자들은 저희 탐심을 인하여 지은 말을 가지고 너희로 이를 삼는다고 경고하고 있다. 사사로운 욕심을 충족시키기 위해 거짓 교훈을 지어 농락하는 자들이 그들이다.
* 참고 성구 * 행 20:29, 요 10:10, 벧전 5:8-9, 벧후 2:2

Ⅲ. 거짓 선지자는 열매로 그들을 알 수 있음
주님은 못된 열매 맺는 좋은 나무가 없고 또 좋은 열매 맺는 못된 나무가 없다시며 나무는 각각 그 열매로 아나니 가시나무에서 무화과를 찔레에서 포도를 따지 못한다고 하셨다. 거짓 선지자들의 열매 맺는 것들은 음란, 호색, 탐심, 술 취함, 방탕함, 분쟁 등 육신의 일이다.
* 참고 성구 * 마 12:33-35, 눅 6:43-45, 갈 5:22-23, 요 10:12

■ 기 도 ■ 하나님 아버지! 거짓 종교에 빠지지 않게 하시고 거짓 선지자, 거짓 교사들을 분별할 수 있는 능력을 주시옵소서. 또한 말씀을 깨달을 수 있도록 성령의 영감을 허락하시어 진리로 무장한 자가 되도록 인도하여 주시옵소서. 예수 그리스도의 이름으로 기도드립니다. 아멘.

♣ 거짓 종교에 빠진 자 ♣

주의 품에 거할 자
♪ 476, 319, 412

■ 본 문 ■ 여호와여 주의 장막에 유할 자 누구오며 주의 성산에 거할 자 누구오니이까【시 15:1】

■ 서 론 ■ 러시아의 정치가 페닌은 "두 종류의 사람이 하나님을 기쁘게 한다. 하나는 하나님을 알고 있기에 마음을 다해 그를 섬기는 자요, 다른 하나는 하나님을 모르므로 마음을 다해 그를 구하는 자이다."라고 했다. 하나님을 섬기며, 하나님을 구하는 자들의 공통점은 사람들에게도 좋은 평가를 받는다는 것이다. 주의 품에 거할 자는?

Ⅰ. 윤리적이며 도덕적인 사람임
보디발의 집에 종으로 팔려가서는 가정 총무가 된 요셉은 주인의 처가 동침하기를 청하고 괴롭히자 내가 어찌 이 큰 악을 행하여 하나님께 득죄하리이까 하며 단호히 이를 배격하였다. 주인 보디발에 대한 의리와 하나님 앞에 바로 서려는 그의 자세는 타락한 세대에 귀감이 된다.
* 참고 성구 * 롬 6:8, 출 19:9, 렘 40:14, 시 24:4, 창 39:9, 45:58

Ⅱ. 신앙과 믿음의 사람임
디셉 사람 엘리야의 이름의 뜻은 '여호와는 하나님이시다' 이다. 이 엘리야는 갈멜산에서 바알 선지자 사백 오십 명과 아세라 선지자 사백 명, 도합 팔백 오십 명을 혼자서 물리치고 여호와 신앙을 세워 일으킨 이스라엘 최대의 선지자이다. 하나님은 그를 산 채로 승천시켰다.
* 참고 성구 * 빌 1:29, 삼상 27:12, 욘 3:5, 왕상 18:20-40, 왕하 2:11

Ⅲ. 공의와 인격의 사람임
이스라엘의 마지막 사사요 선지자인 사무엘은 그의 은퇴시 양심 선언에서 내가 누구의 소를 취했고 누구를 속였고 누구를 압제했으며 내 눈을 흐리게 하는 뇌물을 누구 손에서 취했느냐며 그리했으면 너희에게 갚겠다고 했다. 가히 공의와 인격의 사람으로 에벤에셀의 신화를 창조한 사람답다.
* 참고 성구 * 약 2:19, 욥 15:15, 합 1:5, 삼상 12:3-4

■ 기 도 ■ 하나님 아버지! 우리가 어떠한 사람이 되어야 하겠습니까. 요셉과 같이 엘리야와 같이 사무엘과 같이 훌륭한 성경의 인물을 모본으로 삼고서 훌륭히 살 수 있도록 축복하여 주시고 이단 사설에 현혹되지 않도록 인도하여 주옵소서. 예수 그리스도의 이름으로 기도드립니다. 아멘.

♣ 거짓 종교에 빠진 자 ♣

자유를 지키려면
♪ 299, 163, 395

■ 본 문 ■ 저희가 바른 길을 떠나 미혹하여 브올의 아들 발람의 길을 좇는도다 그는 불의의 삯을 사랑하다가 자기의 불법을 인하여 책망을 받되 말 못하는 나귀가 사람의 소리로 말하여【벧후 2:15-16】

■ 서 론 ■ 영국의 저명한 설교가 스펄전은 "하나님의 걸작인 인간은 고난 중에 미혹되지 않고 의연히 서는 사람들이다."라고 했다. 예수 그리스도께서는 십자가에 못 박혀 죽으심으로써 우리에게 죄와 사망으로부터 자유함을 주셨다. 이 자유를 지키려면?

I. 미혹을 받지 않도록 주의할 것

선지자 발람은 불의의 삯을 사랑하고 탐욕으로 인하여 말 못하는 나귀로부터 사람의 소리로 책망을 받았다. 성경은 화 있을진저 가인의 길을 행하였으며 삯을 위하여 발람의 어그러진 길로 몰려갔으며 고라의 패역을 좇아 멸망을 받았다고 했다. 미혹받은 원인을 생각해 보라.
* 참고 성구 * 요일 4:1-6, 벧전 5:8-9, 계 16:15, 유 1:11, 민 22:7, 17

II. 세상을 사랑치 않도록 주의할 것

야고보서에서는 세상과 벗된 것이 하나님의 원수임을 알지 못하느냐고 책망하고 있다. 세상을 사랑하는 것은 육신의 정욕과 안목의 정욕과 이생의 자랑을 추구하는 것이다. 바울 서신 곳곳에서 훌륭한 선교의 족적을 남긴 데마의 불행이 바로 세상을 사랑하여 데살로니가로 떠난 것이다.
* 참고 성구 * 엡 2:1-3, 요일 2:15-17, 약 4:4, 딤후 4:10, 골 4:14

III. 주의 말씀을 순종토록 힘쓸 것

주의 말씀은 우리로 하여금 바르게 함과 온전케 하는 지침이다. 주의 말씀은 순종하는 자를 좌로 우로 치우치지 않고 바른 길을 갈 수 있도록 우리를 이끌어 주신다. 진리이신 주의 말씀은 우리를 자유케 한다. 순종을 행동으로 보인 귀감은 수태고지를 받은 마리아이다.
* 참고 성구 * 마 7:21, 행 5:29, 삼상 15:22-23, 눅 1:38, 요 8:32

■ 기 도 ■ 하나님 아버지! 우리가 어떻게 하여 얻은 자유인데 미혹을 인하여 죄에 종노릇을 또 하겠습니까. 우리로 하여금 세상을 사랑치 않도록 하시고 말씀 안에서 순종토록 하시옵소서. 예수 그리스도의 이름으로 기도드립니다. 아멘.

♣ 거짓 종교에 빠진 자 ♣

말세의 징조
♪ 96, 187, 313

■ 본 문 ■ 그러나 성령이 능히 말씀하시기를 후일에 어떤 사람들이 믿음에서 떠나 미혹케 하는 영과 귀신의 가르침을 좇으리라 하셨으니【딤전 4:1】

■ 서 론 ■ 러시아의 작가 톨스토이는 "사람들을 가장 큰 불행으로 이끄는 유혹은 남들도 다 그렇게 하니까라는 말에 표현되는 유혹이다."라고 했다. 자기 주장과 투철한 믿음에 서 있을 때는 유혹도 거뜬히 이길 수 있다. 말세지말을 맞이하여 갖종 유혹이 난무하는 지금 말세의 징조는?

I. 믿음에서 떠난 자가 생김
바울은 때가 이르리니 사람이 바른 교훈을 받지 아니하여 귀가 가려워 자기의 사욕을 좇을 스승을 많이 두고 그 귀를 진리에서 돌이켜 허탄한 이야기를 좇는다고 했다. 믿음에서 파선된 후메내오와 알렉산더와 같은 자를 염두에 두고 인자가 올 때 믿음을 보겠느냐 하신 주님을 기억하라.
* 참고 성구 * 딤후 4:3-4, 10, 약 4:4, 시 50:22, 딤전 1:19-20, 눅 18:8

II. 악령을 좇는 자가 생김
말세의 징조 중 하나가 미혹케 하는 영과 귀신의 가르침을 좇는, 곧 악령을 숭상하는 자가 생긴다는 것이다. 바울은 우리의 씨름은 혈과 육에 대한 것이 아니요 정사와 권세와 이 어두움의 세상 주관자들과 하늘에 있는 악의 영들에게 대함이라며 영적 무장을 하라고 했다.
* 참고 성구 * 막 5:9, 마 25:41, 막 12:45, 행 19:13-15, 엡 6:12-17

III. 양심에 화인 맞은 자가 생김
말세에는 외식함으로 거짓말 하는, 자기 양심에 화인 맞은 자들이 미혹케 하는 거짓 교훈을 퍼뜨린다. 그들은 혼인을 금하고 식물을 폐하라고 할 것이나 성도는 그리스도의 참된 가르침 안에서 항상 긍정적인 삶을 살아가야 한다. 행여라도 세상으로 도피하거나 쾌락을 추구해서는 안 된다.
* 참고 성구 * 계 21:8-27, 시 107:7, 계 22:15, 딤전 4:2

■ 기 도 ■ 하나님 아버지! 말세에는 믿음에서 떠난 자가 생기며 악령을 좇는 자가 생기며 양심에 화인 맞은 자가 생긴다고 말씀은 증거하고 있습니다. 우리로 하여금 세상에 미혹되지 않도록 말씀을 늘 상고하며, 묵상하며, 사랑하는 자가 되게 하시옵소서. 예수 그리스도의 이름으로 기도드립니다. 아멘.

♣ 술과 방탕에 빠진 자 ♣

주의 말씀에 따라
♪ 235, 396, 65

■ 본 문 ■ 행위 완전하여 여호와의 법에 행하는 자가 복이 있음이여 여호와의 증거를 지키고 전심으로 여호와를 구하는 자가 복이 있도다【시 119:1-2】

■ 서 론 ■ 성 어거스틴은 "금생에 과도히 재미를 들이지 말고 하나님에게서 구주를 찾으라."고 했다. 이 말을 한 어거스틴은 그의 젊은 시절 이교에 빠지고 사생아를 낳는 방탕함에서 돌이킨 자신의 체험을 이른 말로 보인다. 오직 하나님을 찾는 자는 복되며 그 영혼은 평안하다. 성도는?

I. 하나님의 말씀대로 행하자

여호수아에게 명하신 하나님의 말씀은 율법책을 네 입에서 떠나지 말게 하며 주야로 그것을 묵상하며 그 가운데 기록한 대로 좌나 우로 치우치지 않고 지켜 행하라 그리하면 네 길이 평탄하게 되고 네가 형통하리라는 것이었다. 주의 말씀을 듣고 행하는 곧 청종할 때 형통한다.

　＊ 참고 성구 ＊ 엡 1:3, 창 35:9, 마 7:24, 약 2:26, 수 1:7-9

II. 하나님을 전심으로 구하자

하나님이여 목마른 사슴이 시냇물을 찾기에 갈급함같이 내 영혼이 주를 찾기에 갈급하다고 시편 기자는 영장으로 노래했다. 솔로몬 왕은 하나님께 일천번제를 기브온에서 드렸고 이로써 하나님을 만났다. 하나님은 너는 내게 부르짖으라 내가 네게 응답하겠고 크고 비밀한 것을 보이겠다고 하셨다.

　＊ 참고 성구 ＊ 벧전 4:14, 신 15:6, 렘 33:3, 왕상 3:4, 시 42:1

III. 하나님께 진심으로 감사하자

시편 기자는 주를 두려워하는 자를 위하여 쌓아 두신 은혜 곧 인생 앞에서 주께 피하는 자를 위하여 베푸신 은혜가 어찌 그리 큰지요 하며 감사의 노래를 불렀다. 감사하는 생활은 성도의 가장 큰 덕목이요 하나님의 크신 은혜를 체험하는 순간이다. 범사에 감사하는 자가 되자.

　＊ 참고 성구 ＊ 계 22:14, 대상 26:5, 말 3:12, 살전 5:18, 시 31:19

■ 기 도 ■ 하나님 아버지! 방탕한 생활을 청산하고 진심으로 감사하는 생활을 하게 하소서. 그리하여 진리 안에서 사는 자의 삶이 얼마나 행복한지를 깨닫는 사람이 되게 하옵소서. 예수 그리스도의 이름으로 기도드립니다. 아멘.

♣ 술과 방탕에 빠진 자 ♣

술 취함을 경계하라
♪ 325, 195, 504

■ 본 문 ■ 큰 딸이 작은 딸에게 이르되 우리 아버지는 늙으셨고 이 땅에는 세상의 도리를 좇아 우리의 배필 될 사람이 없으니 우리가 우리 아버지에게 술을 마시우고 동침하여 우리 아버지로 말미암아 인종을 전하자 하고【창 19:31-32】

■ 서 론 ■ 그리스의 철학자요 수학자인 피타고라스는 "취태는 파멸과 동일한 표현이다."라고 했다. 사람이 술을 먹고, 술이 술을 먹고, 술이 사람을 먹는다는 말은 그냥 흘려버릴 말이 아니다. 의로운 롯을 망하게 한 술은 ?

I. 술 취함은 방탕을 불러 일으킴
의인 노아도 술을 마시고 장막 안에서 벌거벗은 추태를 보였고 롯도 술을 마시고는 방탕한 마음이 되었다. 술은 악마가 보내는 대리인이라는 말도 있다. 술로 인해 패가망신한 경우는 이루 헤아릴 수 없이 많다. 성경은 술 취하지 말라 이는 방탕한 것이니 성령충만을 받으라고 했다.
 * 참고 성구 * 사 56:12, 잠 23:35, 창 9:21, 삼상 25:36, 엡 5:19

II. 술 취함은 바른 길로 가지 못하게 함
술 취한 롯은 정신이 없어 자기의 두 딸과 근친상간을 범하는 큰 죄악을 저지르고 말았다. 소돔과 고모라에서 세상 풍조에 물든 롯의 행위는 술 취함으로 극에 달한 행동을 나타내었다. 술은 사람으로 하여금 짐승의 길로 가게 하고, 금수만도 못한 죄악의 길로 인도하여 타락케 한다.
 * 참고 성구 * 잠 23:21, 신 21:20, 잠 23:13, 눅 21:34, 창 19:8

III. 술 취함은 죄의 길에 들어서게 함
롯과의 근친상간으로 큰 딸은 모압 사람의 조상인 모압을 작은 딸은 암몬 사람의 조상 벤암미를 낳았다. 이들의 후손들은 하나님의 백성이요 선민 이스라엘을 못살게 굴고 팔레스타인 땅을 죄악으로 물들게 한 원흉들이 되었다. 한순간 실수가 죄의 길로 영원히 몰아간 표본이 롯의 사건이다.
 * 참고 성구 * 눅 12:19, 사 22:13, 암 6:4, 창 19:33-38

■ 기 도 ■ 하나님 아버지! 술 취한 롯이 끝내는 죄악의 길로 사라진 성경의 말씀을 상고하고 술에 인박힌 생활을 이번 기회를 통하여 청산하고 성령충만한 삶을 살 수 있도록 인도하여 주시옵소서. 예수 그리스도의 이름으로 기도 드립니다. 아멘.

♣ 술과 방탕에 빠진 자 ♣

술의 해악
♪ 378, 215, 519

■ 본 문 ■ 포도주는 붉고 잔에서 번쩍이며 순하게 내려가나니 너는 그것을 보지도 말지어다 이것이 마침내 뱀 같이 물 것이요 독사 같이 쏠 것이며【잠 23:31-32】

■ 서 론 ■ 미국의 부흥사 무디는 "악인이 죽어서 떨어지는 지옥을 나약한 우리가 살고 있는 이 세상에서 보려면 술 마시는 자의 가정을 들여다 보라."고 했다. 술은 개인과 가정과 직장과 사회와 나라를 망치는 근본이 된다. 여기에 도박과 마약이 함께 할 때는 그 폐해가 끝이 없다. 술로 인한 해악은?

Ⅰ. 술은 분쟁을 일으킨다
큰 잔치를 배설하고 주흥이 일자 아하수에로 왕은 내시 일곱에게 명하여 왕후 와스디를 의관 정제하여 나아오게 했으나 와스디가 이를 거절하자 왕은 진노가 불붙듯 했다. 술 취해서 아내를 인형 취급을 하고 이성을 잃고 왕비를 폐하려 하는 자세는 왕의 잘못된 처신이다.
   * 참고 성구 * 눅 11:17, 고전 1:10, 잠 13:10, 고전 3:3, 에 1:10-12

Ⅱ. 술은 헛된 말을 하게 한다
잠언 기자는 포도주는 거만케 하는 것이요 독주는 떠들게 하는 것이라 무릇 이에 미혹되는 자에게는 지혜가 없느니라고 했다. 대취한 아비가일의 남편 나발의 입술은 다윗을 조롱하고 핍박한 대가를 죽음으로써 갚았다. 술은 사람을 경망스럽게 하고 후회하게 만드는 독이다.
   * 참고 성구 * 벧전 4:11, 딤전 1:10, 엡 5:18, 잠 20:1, 삼상 25:10, 36

Ⅲ. 술은 절제의 능력을 상실케 한다
술은 그토록 의롭던 노아를 벌거벗게 하였고 롯을 두 딸과 근친상간하게 하는 등 사람으로 하여금 절제의 능력을 상실하게 한다. 성령의 마지막 열매인 절제는 성령충만 할 때 일어나는 것이지 술 취함과 방탕한 마음에서는 육체의 본능에 따라 움직이는 것이다.
   * 참고 성구 * 눅 21:34-36, 고전 9:25-27, 갈 5:19-23, 창 19:33

■ 기 도 ■ 하나님 아버지! 술은 분쟁을 일으키고 헛된 말을 하며 절제하지 못하게 하는 것으로 사람에게는 진정 해악된 것이 아닐 수 없습니다. 하나님 나라의 유업을 술과 맞바꾸는 어리석은 자가 되지 않도록 인도하여 주시옵소서. 예수 그리스도의 이름으로 기도드립니다. 아멘.

♣ 술과 방탕에 빠진 자 ♣

음주를 멀리하라
♪ 474, 212, 347

■ 본 문 ■ 포도주는 거만케 하는 것이요 독주는 떠들게 하는 것이라 무릇 이에 미혹되는 자에게는 지혜가 없느니라【잠 20:1】

■ 서 론 ■ 프랑스의 대주교 페늘롱은 "인류를 괴롭히는 가장 무서운 해독들의 일부는 술로부터 나온다. 그것은 병과 싸움과 소란과 게으름과 일하기 싫어하는 것과 모든 종류의 가정불화의 원인이다."라고 했다. 사람이 술을 먹고 술이 사람을 먹는 황당한 현실을 직시하며 깨달을 것은 음주를 멀리하는 길밖에 없는 것이다. 음주를 멀리해야 함은?

I. 음주는 사람을 거만하게 하므로

바벨론의 벨사살 왕은 귀인 일천 명과 함께 큰 잔치를 배설하고 술을 마실 때에 느부갓네살이 예루살렘에서 취한 기명에 술을 부어 마시고는 무리들과 함께 우상을 찬양하는 거만을 떨었다. 성전의 기구에다 술을 마시는 행위와 우상 찬양은 벨사살의 타락이 극에 이르렀음을 보여준다.
　* 참고 성구 * 고후 12:20, 단 5:1-4, 잠 16:18, 삼상 25:36, 에 1:10

II. 음주는 사람을 죄로 유혹하므로

음주로 인해 죄의 유혹을 받은 자는 성경에도 부지기수로 많다. 이성을 잃게 하고 절제의 능력을 상실케 하는 술은 사람으로 죄에 이르게 하기 때문에 멀리해야만 한다. 우리들 성도들이 취해야 하는 새 술은 성령이다. 술 취하지 말라 이는 방탕한 것이니 오직 성령 충만을 받아라.
　* 참고 성구 * 딛 3:3, 마 5:29-30, 행 2:13, 창 19:33, 엡 5:18

III. 성도는 거룩함을 지켜야 하므로

바울은 낮에와 같이 단정히 행하고 방탕과 술 취하지 말며 음란과 호색하지 말며 쟁투와 시기하지 말고 오직 예수 그리스도로 옷 입고 정욕을 위하여 육신의 일을 도모하지 말라고 했다. 성도는 하나님의 거룩하심을 좇아 스스로 거룩한 생활을 해야 한다. 거룩은 성도의 본분이다.
　* 참고 성구 * 벧전 1:15-16, 벧후 3:11-12, 살전 4:3, 롬 13:13

■ 기 도 ■ 하나님 아버지! 음주를 멀리하고 오직 성령충만한 삶으로 거룩한 생활을 영위토록 인도하여 주시옵고 초대 교회 교인들이 취했던 새 술 곧 성령에 취하는 자가 되게 하시옵소서. 예수 그리스도의 이름으로 기도드립니다. 아멘.

♣ 세상만을 따르는 자 ♣

재물을 사랑하는 자
♪ 516, 162, 167

■ 본 문 ■ 예수께서 가라사대 네가 온전하고자 할진대 가서 네 소유를 팔아 가난한 자들을 주라 그리하면 하늘에서 보화가 네게 있으리라 그리고 와서 나를 좇으라 하시니 그 청년이 재물이 많으므로 이 말씀을 듣고 근심하며 가니라【마 19:21-22】

■ 서 론 ■ 영국의 신학자 로버트 사우스는 "모든 사랑은 눈먼 소경이다. 특별히 돈에 대한 사랑은 그렇다."고 했다. 하나님과 재물을 겸하여 섬기지 못한다고 성경은 말하고 있다. 근심하고 예수를 떠나간 부자 청년 그는?

Ⅰ. 세상에 대한 애착을 버리지 못한 자임
주님은 한 사람이 두 주인을 섬기지 못할 것이니 혹 이를 미워하며 저를 사랑하거나 혹 이를 중히 여기며 저를 경히 여김이라 너희가 하나님과 재물을 겸하여 섬기지 못하느니라고 하셨다. 돈을 사랑함은 일만 악의 뿌리가 되고 미혹을 받아 근심으로 자기를 찌르는 것이 된다.
* 참고 성구 * 요일 5:19, 약 4:4, 요일 2:15-17, 마 6:24, 딤전 6:10

Ⅱ. 주님을 좇을 준비가 되어 있지 않은 자임
엘리야를 좇은 엘리사, 예수를 좇은 베드로와 안드레, 세리 마태는 나를 따르라는 말에 즉시 응답하여 모든 것을 버려두고 주님을 좇았다. 그러나 오늘 본문의 부자 청년은 소유를 팔아 가난한 자에게 나눠주고 좇으라는 말에 크게 근심하고 떠나 갔으니 이유는 재물이 많음이었다.
* 참고 성구 * 요 15:18-20, 마 16:24, 딤후 3:12, 눅 17:32, 왕상 19:21

Ⅲ. 영생을 얻을 기회를 상실한 자임
주님은 떠나가는 부자 청년을 보고서 제자들에게 부자는 천국에 들어가기가 어렵다고 하시며 약대가 바늘귀로 들어가는 것이 더 쉽다고 하셨다. 영생이신 주님을 좇아야 할 사람이 세상의 재물 때문에 근심하고 떠나가는 것은 다시는 영생을 얻을 기회가 없음을 뜻함이다.
* 참고 성구 * 엡 5:16, 롬 13:11-14, 고후 6:2, 마 19:22-23, 요 6:68

■ 기 도 ■ 하나님 아버지! 영생을 좇아야 할 터인데 세상의 재물에 연연하여 근심하고 주님을 떠나간 이름 모를 어느 부자 청년을 보면서 참으로 답답함을 느낍니다. 오늘 우리에게 재물보다 주님을 좇고 따르는 큰 믿음을 주시옵소서. 예수 그리스도의 이름으로 기도드립니다. 아멘.

♣ 세상만을 따르는 자 ♣

육신 대로 사는 생활
♪ 336, 212, 218

■ 본 문 ■ 전에는 우리도 다 그 가운데서 우리 육체의 욕심을 따라 지내며 육체와 마음의 원하는 것을 하여 다른 이들과 같이 본질상 진노의 자녀이었더니【엡 2:3】

■ 서 론 ■ 로마의 스토아 철학자 세네카는 "만일 육욕이 행복이라고 한다면 짐승들이 인간보다 더 행복한 것이다. 그러나 인간의 지복은 육체가 아닌 영혼 속에 깃든다."고 했다. 육신대로 사는 삶은 금수의 삶이다. 고귀한 영혼을 가진 사람은 위엣 것을 바라는 삶을 산다. 육의 생활은?

I. 세속을 좇는 생활임

육의 생활은 세속을 좇는 삶이다. 바울은 육신에 있는 자들은 하나님을 기쁘시게 할 수 없다고 못 박고 있다. 세속을 좇는 것은 육신의 정욕과 안목의 정욕과 이생의 자랑이니 이는 아버지께로 좇아온 것이 아닌 세상으로 좇아온 것이다. 세상을 사랑하는 것은 하나님과 원수되는 것이다.
* 참고 성구 * 요일 5:19, 벧전 2:9, 약 4:4, 눅 21:34, 롬 8:8

II. 육체의 욕심을 좇는 생활임

육체의 일은 현저하니 음행과 더러운 것과 호색과 우상 숭배와 술수와 원수를 맺는 것과 분쟁과 시기와 분냄과 당 짓는 것과 분리함과 이단과 투기와 술 취함과 방탕함과 또 그와 같은 것들이라고 바울은 말하면서 이를 경계할 것은 하나님 나라의 유업이 없기 때문이라고 했다.
* 참고 성구 * 갈 5:16-24, 롬 8:5-13, 벧전 2:11, 창 3:6, 계 21:8

III. 하나님을 불순종하는 생활임

육신 대로 사는 삶은 하와처럼 하나님께서 금지하신 에덴의 선악과를 불순한 정욕의 눈으로 쳐다보며 따는 일이요, 사울처럼 전리품 중에서 좋은 것을 취하여 하나님의 명령을 거부하는 일이요, 아간처럼 노략물을 감추어 두고서 거짓말을 하여 동족에게 폐를 끼치는 것이다.
* 참고 성구 * 살후 1:8, 신 11:28, 삼상 15:9-23, 요일 2:15-16, 수 7:1

■ 기 도 ■ 하나님 아버지! 우리로 하여금 육신을 좇는 삶을 버리게 하시고 영원하고 값지고 영생하는 영의 일을 생각하는 자가 되게 하소서. 위엣 것을 사모하는 심령을 허락하시어 당신의 영광을 위해서 육의 일을 포기하는 믿음도 주시옵소서. 예수 그리스도의 이름으로 기도드립니다. 아멘.

♣ 세상만을 따르는 자 ♣

삼손의 불행
♪ 423, 233, 269

■ 본 문 ■ 블레셋 사람이 그를 잡아 그 눈을 빼고 끌고 가사에 내려가 놋줄로 매고 그를 옥중에서 맷돌을 돌리게 하였더라 그의 머리털이 밀리운 후에 다시 자라기 시작하니라【삿 16:21-22】

■ 서 론 ■ 영국의 찬송작가 윌리엄 페이퍼는 "유혹에 저항하는 매 순간이 승리이다." 라고 했다. '역발산 기개세'의 항우와 같은 사람이 성경의 삼손이다. 나실인으로 선택된 그가 세상을 좇아서 얻은 것은?

I. 하나님이 주신 힘을 완전히 상실했음
블레셋의 이방 여인 들릴라에게 빠져서 힘의 근원인 머리칼을 삭도로 밀지 않음과 모태에서 나실인이 된 사실을 토한 삼손은 끝내 머리가 밀리워진 사실도 모른체 여인의 무릎에서 잠을 자고 있었다. 하나님의 지혜와 명철이 있는 자는 음녀에게, 이방 계집에게 빠지지 않는다.
  * 참고 성구 * 욥 8:13, 애 3:18, 시 119:116, 삿 16:20, 잠 7:4-5

II. 원수 블레셋 사람에게 잡혀 두 눈이 뽑혔음
여호와께서 자기를 떠난 줄 모른 삼손은 힘을 발휘해 보았으나 역부족으로 블레셋 사람에게 잡혀서 두 눈을 뽑히는 지경에 이르렀다. 세상을 사랑한 삼손, 이방 계집에 혼이 나간 삼손, 블레셋의 어둠의 영들이 호시탐탐 노리는 것을 경시한 삼손, 이 삼손의 모습은 누구의 모습인가.
  * 참고 성구 * 엡 1:18, 욥 7:6, 삿 16:21, 엡 6:12

III. 옥중에서 짐승과 같은 대접을 받았음
두 눈을 뽑히고 놋줄에 매여 옥중에서 맷돌을 돌리게 된 삼손의 비참함 가운데서도 하나님은 그와 함께 하셨으니 곧 머리털이 다시 자라기 시작함이 그것이다. 사사 삼손의 처절한 기도는 주 여호와여 구하옵나니 이번만 나로 강하게 하사 원수를 단번에 갚게 하옵소서였고 하나님은 응답하셨다.
  * 참고 성구 * 갈 5:5, 잠 23:18, 살전 4:13, 잠 6:24-26, 마 7:6

■ 기 도 ■ 하나님 아버지! 사사 삼손의 불행은 성도가 바른 본분을 지키지 않고 믿음을 도외시하고 세상을 사랑함에서 기인한 것입니다. 행여라도 우리 가운데 이런 불행을 당하는 일이 없도록 경각심을 일깨우는 계기가 되게 하옵소서. 예수 그리스도의 이름으로 기도드립니다. 아멘.

♣ 세상만을 따르는 자 ♣

가룟 유다의 배반
♪ 425, 170, 290

■ 본 문 ■ 어떤 이들은 유다가 돈 궤를 맡았으므로 명절에 우리의 쓸 물건을 사라 하시는 지 혹 가난한 자들에게 무엇을 주라 하시는 줄로 생각하더라 유다가 그 조각을 받고 곧 나가니 밤이더라【요 13:29-30】

■ 서 론 ■ 영국의 군인이자 시인인 필립 시드니 경은 "죄는 음탕의 어머니요 수치는 그의 딸이다."라고 했다. 본디오 빌라도와 함께 성경에 그 오욕의 이름을 남긴 가룟 유다! 그의 삶을 통하여 오늘의 우리 삶을 점검하자. 유다는?

I. 철저하게 자기 정체를 감춘 유다
사도 요한은 그의 복음서에서 저는 도적이라 돈 궤를 맡고 거기 넣는 것을 훔쳐감이러라 가룟 유다의 위선을 지적했다. 최초의 복음서를 기록한 마가 요한도 세밀히 예수의 밀고 장면을 기록했는데 절정을 이루는 부분은 랍비여 하며 입을 맞추는 장면이다. 유다여 가면을 벗어라.
  * 참고 성구 * 마 7:15-20, 고후 11:13-15, 딛 3:10, 막 14:43-45, 요 12:6

II. 세상에 대해 연연해 했던 유다
돈 궤를 맡은 도적이요 스승의 몸값을 흥정한 유다의 탐욕은 바로 이 세상에 대해서 연연한 자의 자세이다. 주님은 손에 쟁기를 잡고 뒤를 돌아다보는 자는 하나님 나라에 합당치 않다고 하셨다. 롯의 아내는 세속적이요 재물욕에 집착해 뒤를 돌아보다가 소금기둥이 되었다.
  * 참고 성구 * 요일 5:19, 약 4:4, 엡 2:1-3, 요일 2:15-17, 눅 9:62

III. 악인으로서 형벌을 피하지 못한 유다
하나님의 아들을 은 삼십에 팔아넘긴 유다는 후회를 하고 도로 갖다 주었다. 후회는 회개와는 전연 다른 것이다. 그런 뒤 목매어 죽었다고도 전하고 배가 터져 창자가 흘러 나왔다고도 한다. 악인으로 형벌을 피하지 못한 유다는 주님의 말씀처럼 차라리 나지 않았으면 좋았을 것을.
  * 참고 성구 * 갈 6:7-8, 벧전 1:17, 마 27:5, 행 1:18, 히 11:29

■ 기 도 ■ 하나님 아버지! 세상과 짝하고 그에 연연했던 가룟 유다의 인생은 낙오자의 인생이요, 배신자의 인생이요, 결실없는 인생이었습니다. 이를 경계로 삼아 우리들은 바른 삶과 신앙의 여정을 걷게 하시옵소서. 예수 그리스도의 이름으로 기도드립니다. 아멘.

♣ 세상만을 따르는 자 ♣

죽는 길
♪ 336, 289, 294

■ 본 문 ■ 악한 자의 집은 망하겠고 정직한 자의 장막은 흥하리라 어떤 길은 사람의 보기에 바르나 필경은 사망의 길이니라【잠 14:11-12】

■ 서 론 ■ 영국의 시인 존 밀턴은 "진리의 길은 걷는데 고통스럽고 험난하다."고 했다. 존 번연이 지은 '천로역정'은 성도가 얼마나 험난한 길을 통해서 천국에 이르는지를 잘 보여 주고 있다. 세상적인 길은?

Ⅰ. 부가 하늘까지 닿아도 죽는 길임
어리석은 부자는 곡식을 쌓아둘 것을 걱정하여 곡간을 헐고 크게 짓고 거기에 쌓아둔 뒤 내 영혼아 여러 해 쓸 물건이 많으니 먹고 마시고 즐거워하자고 했다. 이웃을 외면하고 배를 신으로 모시고 사는 자에게 하나님은 네 영혼을 도로 찾으리니 그것이 뉘 것이 될꼬 하셨다.
* 참고 성구 * 약 5:1, 삼상 2:7, 빌 3:19, 눅 12:19-21, 마 19:22-23

Ⅱ. 권세가 천하에 미쳐도 죽는 길임
헤롯 아그립바는 왕복을 입고 위에 앉아 백성을 효유하자 백성들이 이것은 신의 소리요 사람의 소리가 아니라고 아첨을 하였다. 권세가 천하에 미쳐도 하나님의 영광을 가로챈 자에게는 죽음뿐이다. 성경은 하나님께 영광을 돌리지 않은 헤롯을 미물인 벌레가 먹어 죽였다고 전한다.
* 참고 성구 * 요 10:18, 대상 18:3, 시 49:15, 행 12:21-23, 단 5:17-28

Ⅲ. 명예가 세상에 떨쳐도 죽는 길임
실로의 제사장 엘리는 자식들인 홉니와 비느하스를 바르게 교육을 시키지도 않고 징계도 하지 않아서 불량자가 되게 하였다. 하나님은 그 집을 심판하시겠다고 하셨으니 이는 두 아들의 죄악을 인함이었다. 블레셋과의 전쟁에서 두 아들이 죽고 자신은 목이 부러져 죽고 제사장직은 사독의 집으로 옮겨졌다.
* 참고 성구 * 마 7:22-23, 욥 8:22, 잠 2:22, 삼상 4:18, 3:14, 왕상 2:26-35

■ 기 도 ■ 하나님 아버지! 재산과 권세와 명예가 아무리 귀하다고 해도 세상적으로 흐를 때는 당신의 진노를 받아 죽는 길로 헤맬 수밖에 없음을 보았습니다. 육이 잘되고 영이 망하면 무슨 소용이 있겠습니까. 사랑하는 당신의 성도들을 믿음으로 바르게 인도하시어 망하지 않게 갈 길을 보여 주시옵소서. 예수 그리스도의 이름으로 기도드립니다. 아멘.

♣ 죄에 물든 자 ♣

말세에 조심하라
♪ 163, 406, 484

■ 본 문 ■ 그들이 너희에게 말하기를 마지막 때에 자기의 경건치 않은 정욕대로 행하며 기롱하는 자들이 있으리라 하였나니 이 사람들은 당을 짓는 자며 육에 속한 자며 성령은 없는 자니라【유 1:18-19】

■ 서 론 ■ 영국의 시인 윌리엄 센스턴은 "조심성 많은 사람은 그의 마음의 문을 굳게 잠그고 잘 아는 사람 외에는 아무에게도 문을 열어주지 않는다."고 했다. 한 번 죄악의 달콤한 맛을 본 자는 가랑비에 옷 젖는 줄 모르고 죄악의 낙에 탐닉한다. 말세지말의 때에 조심할 것은?

Ⅰ. 형식주의를 경계할 것
주님은 서기관과 바리새인들을 꾸짖으면서 박하와 회향과 근채의 십일조는 드리되 율법의 중한 바 의와 인과 신은 버렸다고 꾸짖으셨다. 신앙생활에 있어서 표리부동한 것은 있어서도 안되겠고 형식주의 적당주의를 배격해야 한다. 형식에 얽매인 것은 이미 속알맹이는 죽은 것이다.
* 참고 성구 * 갈 4:10-11, 딤후 3:5, 사 1:10-17, 마 23:23-28

Ⅱ. 영적 기업을 귀히 여길 것
우리의 영적기업은 썩지 않고 더럽지 않고 쇠하지 아니하는 것으로 이것은 우리를 위해서 하늘에 간직하시고 예비하신 하나님의 선물이다. 이처럼 영원한 기업과 맞바꿀 것이 무엇이 있는가. 혹 에서처럼 부모의 장자권을 팥죽 한 그릇과 바꿀 망령된 자는 없는지 주위를 살피자.
* 참고 성구 * 롬 8:17, 막 10:29-30, 갈 4:6-7, 벧전 1:4, 히 12:16-17

Ⅲ. 약자에 대한 의무를 다할 것
하나님의 관심은 약자 곧 이방의 나그네, 과부, 고아, 가난한 자 등에게 계신다. 주님도 양과 염소의 비유에서 지극히 작은 자를 돌보지 않음을 주님 자신께 한 것과 같다며 꾸짖으셨다. 바울도 장래에 자기를 위하여 좋은 터를 쌓아 참된 생명을 취하는 것이 무엇인지를 일러준다.
* 참고 성구 * 마 25:31-46, 행 20:34-35, 롬 15:1-2, 출 22:21-27, 딤전 6:17-19

■ 기 도 ■ 하나님 아버지! 죄악이 창궐하는 이 말세지말에 믿는 자들은 형식주의를 경계하며 영적기업을 귀히 여기며, 약자에 대한 의무를 다하는 삶을 살게 하시옵소서. 예수 그리스도의 이름으로 기도드립니다. 아멘.

♣ 죄에 물든 자 ♣

소금의 교훈
♪ 544, 256, 259

■ 본 문 ■ 너희는 세상의 소금이니 소금이 만일 그 맛을 잃으면 무엇으로 짜게 하리요 후에는 아무 쓸데 없어 다만 밖에 버리워 사람에게 밟힐 뿐이니라【마 5:13】

■ 서 론 ■ 미국의 성직자 카일러는 "일터의 가장 훌륭한 광고는 최고의 솜씨이다. 기독교에 대한 가장 강한 매력은 잘 이룩된 그리스도인의 특성이다."라고 했다. 주님은 성도의 특성과 역할을 빛과 소금에 비유하여 말씀하셨다. 이 시간에는 소금에 비유된 성도의 사명은 무엇인지 살펴보자. 소금은?

I. 소금은 부패를 방지시킨다
소금은 첫째로 부패를 방지시키는 역할을 한다. 우리의 일상생활 중에 식탁에 오르는 건어물이나 해산물들은 거의가 부패를 방지키 위해 소금으로 절여 두었다가 후에 좋은 반찬을 제공한다. 이와 같이 소금에 비유된 성도는 타락하고 죄악된 세상의 부패를 막아야 하는 사명이 있다.
  * 참고 성구 * 고후 11:3, 신 4:16, 사 1:4, 레 2:13

II. 소금은 먹을 수 있게 맛을 낸다
소금은 둘째로 적당히 배합이 되어 좋은 음식물의 특징 있는 맛을 고스란히 내게 한다. 소금에 비유된 성도는 밋밋하고 재미 없고 불안한 세상에 소금의 역할을 다 하여 세상을 흥미롭고 감동적이며 살맛이 나는 세상을 만들기 위해 잘 배합되고 섞여져서 살아야 한다.
  * 참고 성구 * 욥 6:6, 막 9:50, 시 34:8, 눅 14:24, 시 119:103

III. 소금은 건강을 유지케 한다
금식을 할 때 딴 것은 입에 금하지만 물과 소금만은 조금씩 섭취하면서 금식을 한다. 이것은 금식하는 사람의 건강을 위해서이다. 타락하고 죄악된 세상에서 구별되어 불러내어진 성도이지만 세상 가운데 살고 있음은 성도를 통해서 뭇 불쌍한 영혼의 구원이 이루어지기 때문이다.
  * 참고 성구 * 딤전 1:10, 딛 1:9, 요 7:23, 딛 2:1, 골 4:6

■ 기 도 ■ 하나님 아버지! 소금의 비유를 통해서 성도의 이 세상에 대한 사명을 알아 보았습니다. 아무쪼록 세상 속에 스며들어 세상을 구원하는 자들이 될 수 있도록 인도하여 주시옵소서. 예수 그리스도의 이름으로 기도드립니다. 아멘.

♣ 죄에 물든 자 ♣

불의와 함께 말라
♪ 336, 449, 466

■ 본 문 ■ 내 아들아 악한 자가 너를 꾈지라도 좇지 말라 그들이 네게 말하기를 우리와 함께 가자 우리가 가만히 엎드렸다가 사람의 피를 흘리자 죄 없는 자를 까닭 없이 숨어 기다리다가【잠 1:10-11】

■ 서 론 ■ 미국의 물리학자 도로는 "악을 제거하려는 사람은 악의 작은 가지를 치지 말고 그 뿌리를 쳐야 할 것이다."라고 했다. 말세지말, 악이 창궐하는 이 때에 성도의 마음가짐과 자세는 어떠해야 하는가?

Ⅰ. 악한 자를 따르지 말 것
너희는 믿지 않는 자와 멍에를 같이 하지 말라 의와 불법이 어찌 함께 하며 빛과 어두움이 어찌 사귀느냐며 바울은 간곡히 말했다. 악한 자의 길을 좇는 자는 함께 망한다. 믿음의 여호사밧이 악한 이스라엘의 아합과 연혼하고 아하시야와 동맹을 맺고서 큰 곤욕을 치루었다.
* 참고 성구 * 대하 18:1, 20:35, 창 6:5, 시 101:4, 민 22:19, 고후 6:14

Ⅱ. 악한 자의 길을 밟지 말 것
복 있는 자는 악인의 꾀를 좇지 아니하며, 죄인의 길에 서지 아니하며 오만한 자의 자리에 앉지 아니한다고 시편 기자는 말했다. 악인이 걷는 길은 죄악된 길인즉 화 있을진저! 가인의 길에 행했고 삯을 위해 발람의 어그러진 길에 몰려서 고라의 패역을 좇아 멸망받은 자들이 그것이다.
* 참고 성구 * 롬 13:10, 레 18:25, 잠 28:10, 유 1:11, 시 1:1

Ⅲ. 그 결과를 생각해 요동치 말 것
바울은 고린도 교회에 보낸 편지에서 이스라엘의 역사를 논하고 거기에 나타난 교훈과 경고를 말하면서 그런 일은 우리의 거울이 되어 우리로 하여금 저희가 악을 즐겨한 것같이 즐겨하는 자가 되지 않게 하려 함이요 이는 말세를 만난 우리의 경계가 된다고 하였다.
* 참고 성구 * 약 4:16, 삿 9:56, 렘 44:3, 고후 6:14-15, 고전 10:1-12

■ 기 도 ■ 하나님 아버지! 악한 자가 걷는 길은 망하는 길이요, 최후의 심판에서 영영한 유황불못에 처해지는 길임을 깨달아 성도는 거룩한 당신처럼 거룩한 삶을 영위토록 항상 성령과 함께 하는 신앙여정을 걷게 하여 주시옵소서. 예수 그리스도의 이름으로 기도드립니다. 아멘.

♣ 죄에 물든 자 ♣

허망을 버리라
♪ 357, 279, 525

■ 본 문 ■ 그러므로 내가 이것을 말하며 주 안에서 증거하노니 이제부터는 이방인이 그 마음의 허망한 것으로 행함 같이 너희는 행하지 말라【엡 4:17】

■ 서 론 ■ 로마의 웅변가 키케로는 "욕망의 갈증은 결코 해소될 수 없고 결코 어떠한 것으로도 만족될 수 없다."고 했다. 불신자들은 그 마음의 정욕을 좇아 정욕대로 행하며 세상적인 것에 온갖 마음을 쏟아서 진리의 길, 위엣 것을 사모하는 마음이 없다. 허망한 사람들의 행보는?

Ⅰ. 죄의 길로 행하는 허망한 사람들

죄, 곧 '하말티아'는 목표에서 빗나감을 뜻하는데 하나님을 삶의 목표에 두지 않고 비껴가는 모든 것이 죄이다. 허망한 사람들은 하나님께로 향하지 않고 죄의 길, 육체의 길을 좇는 자들이다. 여호와의 거룩한 산에 오를 자는 뜻을 허탄한 데 두지 않는 자들이며 마음이 청결하다.
* 참고 성구 * 엡 2:2, 고전 6:9-10, 벧전 4:3, 겔 18:4, 시 24:4

Ⅱ. 영적으로 무지한 허망한 사람들

바울은 아레오바고에서 아덴 사람들에게 너희를 보니 범사에 종교성이 많다고 하면서 알지 못하는 신에게라고 새긴 단도 보았다고 하였다. 허망한 사람들은 영적으로 무지하여 자기들을 위하여 수많은 신을 두고 섬기며 경배한다. 바울은 아덴 사람들에게 하나님을 믿으라고 했다.
* 참고 성구 * 고전 2:10-16, 렘 5:4, 암 3:10, 행 17:22-31

Ⅲ. 욕심을 따라 행하는 허망한 사람들

허망한 사람들의 대표적 인물이 가인과 발람과 고라이다. 가인은 하나님의 뜻과 상관없이 자신의 방법으로 제사를 드리고 열납되지 않음으로 동생 아벨을 죽였고 발람은 선지자로서 충성을 버리고 욕심으로 삯군의 길을 걸었고 고라는 하나님의 권위에 도전한 죄악을 범했다.
* 참고 성구 * 눅 12:15-21, 고전 7:31, 딤전 6:9-10, 딛 3:3, 유 1:11

■ 기 도 ■ 하나님 아버지! 허망한 사람들이 걷는 죄의 길을 걷지 않게 인도해 주시옵고 당신의 거룩한 성산에 오를 자처럼 마음이 청결하며 뜻을 허탄한 데 두지 않는 자들이 되게 하옵소서, 예수 그리스도의 이름으로 기도드립니다. 아멘.

♣ 죄에 물든 자 ♣

허다한 간증자들
♪ 397, 213, 215

■ 본 문 ■ 이러므로 우리에게 구름 같이 둘러싼 허다한 증인들이 있으니 모든 무거운 것과 얽매이기 쉬운 죄를 벗어 버리고 인내로써 우리 앞에 당한 경주를 경주하며【히 12:1】

■ 서 론 ■ "그리스도의 증인은 그리스도처럼 십자가를 질 수 있어야 하고 그리스도를 위하여 순교의 각오를 한 자라야 한다."고 어느 신학자는 말했다. 성도는 그리스도를 위한 증인으로 부르심을 입은 자요, 바른 증거를 위해서 죽음을 각오한 삶을 살아야 한다. 성경의 증인들은?

I. 죄와 불의를 멀리한 증인들
증인, 곧 '마르투스'는 증인, 증언자, 목격자, 순교자의 의미가 있다. 증인이 된다는 것은 곧 순교자가 된다는 말의 동의어이다. 베드로는 자신을 그리스도의 고난의 증인이요 나타날 영광에 참여할 자라고 했다. 복음의 증인은 죄악과 불의를 멀리하며 하나님의 영광만 구하는 자이다.
* 참고 성구 * 고전 6:9-10, 살전 5:22, 딤후 2:19, 히 12:4, 벧전 5:1

II. 영혼의 달음질을 잘한 증인들
바울은 빌립보 교회에게 보낸 편지에서 형제들아 나는 아직 내가 잡은 줄로 여기지 아니하고 오직 한 일 즉 뒤에 있는 것은 잊어버리고 앞에 있는 것을 잡으려고 푯대를 향하여 하나님의 부르신 부름의 상을 위하여 좇아간다고 했다. 뒤돌아 보는 자는 하나님 나라에 합당치 않다.
* 참고 성구 * 고전 9:24-27, 딤후 2:5, 히 10:36, 빌 3:13, 눅 9:62

III. 그리스도의 모범을 좇은 증인들
사도들이나 뭇 증인들의 행동양식과 사고의 지침은 오직 그리스도를 중심한 것이었다. 그리스도를 믿는다는 것은 그리스도께서 사신 삶을 모방하고 따르고 추종하는 것이다. 바울은 내게 배우고 받고 듣고 본 바를 행하라고 하였다. 바울의 이 말은 자신이 그리스도의 종으로서 주인을 전했기 때문이다.
* 참고 성구 * 마 11:29, 빌 2:6-11, 요 13:12-17, 마 26:39, 빌 4:9

■ 기 도 ■ 하나님 아버지! 우리로 하여금 죄와 불의를 멀리하고, 그리스도의 모범을 좇는 증인들이 되게 하소서. 그리하여 죄악된 세상에 나아가서 복음의 산 증인이 되어 하나님의 영광과 그리스도 예수의 구원 사역을 선포하게 하여 주시옵소서. 예수 그리스도의 이름으로 기도드립니다. 아멘.

♣ 죄에 물든 자 ♣

중심의 진실
♪ 369, 522, 528,

■ 본 문 ■ 중심에 진실함을 주께서 원하시오니 내 속에 지혜를 알게 하시리이다 우슬초로 나를 정결케 하소서 내가 정하리이다 나를 씻기소서 내가 눈보다 희리이다
【시 51:6-7】

■ 서 론 ■ 독일의 종교 개혁자 루터는 "내가 반드시 살아야 될 이유는 없으나 참되어야 할 이유는 있는 것이다."라고 했다. 다윗은 밧세바와의 간음 이후 하나님의 선지자 나단이 왔을 때 통회자복했다. 본 시편에서 다윗은?

Ⅰ. 하나님이여, 정한 마음을 주시옵소서
하나님은 우리가 서로 변론하자 너희 죄가 주홍 같을지라도 눈과 같이 희어질 것이요 진홍 같이 붉을지라도 양털같이 되리라고 했다. 죄악이 하나님과 우리 사이를 가로막고 있기에 하나님의 은혜를 회복하기 위해서는 하나님께 회개하고 죄사함을 받아야만 정한 마음으로 주께 나아간다.
* 참고 성구 * 갈 4:2, 출 23:15, 대하 33:8, 요 1:47, 사 1:18

Ⅱ. 하나님이여, 정직한 영을 새롭게 하시옵소서
하나님은 밧세바를 맞이하여 처를 삼은 다윗의 소위를 악하게 보시었다. 그래서 불륜의 씨앗을 쳐서 죽게 하였고 다윗은 눈물로써 하나님께 자신의 죄를 고백하고 자신이 저지른 가증한 죄악을 회개하며 하나님과의 관계 회복을 위해서 정직한 영을 새롭게 해 달라고 간구했다.
* 참고 성구 * 욥 8:6, 왕하 16:2, 호 7:2, 고후 4:16, 삼하 11:27

Ⅲ. 하나님이여, 주의 성신을 내게서 거두지 마시옵소서
정욕대로 행하는 자에게는 성령이 없으며 이런 자는 육에 속한 자이다. 바울은 하나님의 성령을 근심하게 하지 말라. 그 안에서 너희가 구속의 날까지 인치심을 받았다고 했으며 재차 성령을 소멸치 말라고 했다. 성령을 훼방하고 멸시하는 자는 하늘나라의 유업이 없다.
* 참고 성구 * 대상 12:18, 사 32:15, 겔 43:5, 엡 4:30, 유 1:18-19

■ 기 도 ■ 하나님 아버지! 인간은 죄 많고 허물 많은 존재이오나 다윗과 같이 우리의 죄악을 고백하고 죄 사함을 받기 위해서 당신께 매달리는 용기를 주시옵소서. 예수 그리스도의 이름으로 간절히 기도드립니다. 아멘.

♣ 회개하기를 원하는 자 ♣

회개하라
♪ 337, 323, 339

■ 본 문 ■ 지존무상하며 영원히 거하며 거룩하다 이름하는 자가 이같이 말씀하시되 내가 높고 거룩한 곳에 거하며 또한 통회하고 마음이 겸손한 자와 함께 거하나니 이는 겸손한 자의 영을 소성케 하며 통회하는 자의 마음을 소성케 하려 함이라【사 57:15】

■ 서 론 ■ 밀라노의 주교 성 암브로스는 "진정한 회개는 죄악된 행동을 그만 두는 것이다."라고 했다. 회개는 하나님께 자신을 의지하는 첫 관문이요 천국 문을 두드리는 첫 행위이다. 하나님은 회개할 때 가장 기뻐하신다. 회개할 때?

Ⅰ. 회개할 때 주께서 장애를 제거하신다

회개, 곧 '메타노이아'는 마음을 바꿈, 변경, 사고방식을 변화시킴, 돌아섬, 변형의 뜻이 있다. 회개는 자신의 죄악된 행위를 포기하고 하나님께 완전히 의존하는 상태를 가리키는 것으로 회개야말로 구원의 문을 여는 첫 관문이 된다. 회개하는 자를 향한 하나님의 배려는 장애를 제거해 주심이다.
　* 참고 성구 * 사 45:4, 수 1:5-9, 슥 4:7, 딤후 2:25-26

Ⅱ. 회개할 때 주께서 긍휼히 여기신다

간악한 아합이 그 옷을 찢고 굵은 베로 몸을 동이고 금식하고 굵은 베에 누우며 행보도 천천히 하자 하나님은 엘리야에게 아합이 내 앞에서 겸비함을 네가 보느냐 하시며 그를 긍휼히 여기셨다. 수많은 악과 우상 숭배와 가증한 일을 범한 아합조차도 회개할 때 긍휼히 여기신 하나님이시다.
　* 참고 성구 * 엡 2:4, 출 34:6-7, 느 9:17, 왕상 21:29

Ⅲ. 회개할 때 주께서 다시 고치신다

하나님은 내 이름으로 일컫는 내 백성이 그 악한 길에서 떠나 스스로 겸비하고 기도하여 내 얼굴을 구하면 내가 하늘에서 듣고 그 죄를 사하고 그 땅을 고칠지라 하셨다. 죄악으로 하나님과 우리 사이에 담이 놓였으나 회개함으로써 담은 무너지고 피폐된 영육이 다시금 회복이 된다.
　* 참고 성구 * 계 1:8, 신 32:40, 시 135:13, 대하 7:14

■ 기 도 ■ 하나님 아버지! 죄인 하나가 회개할 때 회개할 것 없는 의인 아흔 아홉을 인하여 기뻐하는 것보다 더하신다는 주님의 말씀을 상기하면서 오직 회개의 영을 불어넣어 주시기를 예수 그리스도의 이름으로 간절히 기도드립니다. 아멘.

♣ 회개하기를 원하는 자 ♣

회개와 성령
♪ 338, 182, 199

■ 본 문 ■ 베드로가 가로되 너희가 회개하여 각각 예수 그리스도의 이름으로 세례를 받고 죄 사함을 얻으라 그리하면 성령을 선물로 받으리니【행 2:38】

■ 서 론 ■ 영국의 소설가 리튼은 "과거는 과거이다. 회개하는 미덕과 속죄하는 힘을 가진 모든 이에게는 미래가 남아 있다."고 했다. 회개는 구원을 위한 첫 관문이요 천국 문을 두드리는 첫 행위이다. 회개야말로 하나님께 나아가는 의로운 자세이다. 오순절에 촉구한 베드로의 외침은?

Ⅰ. 죄를 회개하라고 외친 베드로
하나님의 독생자 예수를 그리스도로 고백하기는커녕 십자가에 못 박아 죽게 한 죄악을 회개하라고 베드로는 촉구했다. 회개는 마음의 변화를 의미하는 것으로 이것은 예수에 대한 마음의 태도를 변화시킬 것을 강조하는 것이다. 회개에 대한 헬라어 '메타노이아'는 사고의 변화를 뜻한다.
  * 참고 성구 * 계 2:5, 욥 42:9, 겔 18:30, 히 12:4, 행 2:37

Ⅱ. 세례를 받고 죄 사함을 얻으라고 외친 베드로
죄에 대한 회개와 아울러 예수에 대한 신앙을 고백하는 표적으로 베드로는 세례를 권유하고 있다. 구약시대 때 성민의 표적으로 삼은 할례는 신약시대에 와서는 세례로 대체되었고 삼위일체 하나님의 이름으로 세례를 받을 때 죄 사함을 얻게 되며 그리스도로 옷 입는 자가 된다.
  * 참고 성구 * 마 9:2, 수 24:19, 행 3:19, 갈 3:27, 벧전 3:21

Ⅲ. 성령을 선물로 받으리라고 외친 베드로
죄를 회개하고 예수를 그리스도로 받아들이면 그는 죄사함을 받고 성령을 선물로 받게 된다. 성령은 성삼위 하나님 가운데 3위격이신 하나님이시다. 성령을 믿으라는 것도 바른 것이지만 성령을 받으라는 것은 성령을 체험하라는 말로서 성령과 함께 동거하는 귀한 생활을 뜻한다.
  * 참고 성구 * 눅 12:12, 행 20:23, 갈 4:29, 요 20:22

■ 기 도 ■ 하나님 아버지! 오순절에 성령에 취한 베드로는 범죄한 이스라엘 사람들을 향해 죄를 회개하고, 세례를 받아 죄사함을 받고, 성령을 받아 체험하라고 외쳤습니다. 이 말은 오늘에도 필요한 결단의 촉구로 알아 죄에서 떠나게 하소서. 예수 그리스도의 이름으로 기도드립니다. 아멘.

♣ 회개하기를 원하는 자 ♣

하나님께 가까이
♪ 364, 414, 454

■ 본 문 ■ 여호와께서 말씀하시되 오라 우리가 서로 변론하자 너희 죄가 주홍 같을지라도 눈과 같이 희어질 것이요 진홍같이 붉을지라도 양털같이 되리라【사 1:18】

■ 서 론 ■ 영국의 시인이자 작가인 존 드라이든은 "하늘은 그 은총을 흥정에 붙이지는 않을 것이다."라고 했다. 긍휼의 하나님은 어떻게든지 죄인들을 구원의 반열에 들게 하시고자 기다리시고 계시는 분이시다. 하나님의 긍휼하심은?

I. 하나님은 죄인들을 부르심

주님은 볼지어다 내가 문 밖에 서서 두드리노니 누구든지 내 음성을 듣고 문을 열면 내가 그에게로 들어가 그로 더불어 먹고 그는 나로 더불어 먹으리라고 하셨다. 지금은 은혜받을 만한 때요 보라 지금은 구원의 날이로다라고 외친 바울의 말처럼 주는 죄인을 초청하고 계신다.

* 참고 성구 * 마 11:28-30, 행 2:38-39, 사 55:1, 계 3:20, 고후 6:2

II. 하나님은 용서를 약속하심

베드로는 주님께 형제가 내게 죄를 범하면 몇 번이나 용서하여 주리이까 하면서 당시 랍비들의 가르침에 배가 되는 일곱 번을 말하였다. 그러나 주님은 일곱 번뿐 아니라 일흔 번씩 일곱 번이라도 할지니라고 하셨다. 용서는 하나님의 인간을 향한 관대하심과 극진하신 배려이다.

* 참고 성구 * 요일 1:8-10, 딤전 2:4, 시 51:16-17, 마 18:22

III. 하나님은 순종할 때 축복하심

하나님은 나를 존중히 여기는 자를 내가 존중히 여기고 나를 멸시하는 자를 내가 경멸히 여기리라 하셨다. 순종치 않은 사울 왕을 향하여 선지자 사무엘은 순종이 제사보다 낫고 듣는 것이 수양의 기름보다 낫다며 꾸짖었다. 순종은 하나님께 대한 인간의 최고의 덕목이다.

* 참고 성구 * 마 7:21, 막 10:30, 출 19:5, 신 5:29, 삼상 2:30, 15:22-23

■ 기 도 ■ 하나님 아버지! 당신의 초청에 갖가지 변명을 대며 불참했던 자들의 모습을 보며 안타까워하는 것은 당신께서 영혼의 구원을 위하여 독생자까지 아끼시지 않고 이 땅에 보내신 당신의 사랑을 외면함 때문입니다. 이제 당신께 두 손 들고 나아가노니 당신의 긍휼로써 축복해 주시옵소서. 예수 그리스도의 이름으로 기도드립니다. 아멘.

♣ 교회를 부인하는 자 ♣

반석 위의 교회
♪ 379, 243, 245

■ 본 문 ■ 또 내가 네게 이르노니 너는 베드로라 내가 이 반석 위에 내 교회를 세우리니 음부의 권세가 이기지 못하리라【마 16:18】

■ 서 론 ■ 영국의 장군 더글라스 헤이그 경은 "그리스도의 교회는 세상에서 유일한 소망이요 평화의 약속이다."라고 했다. 교회, 곧 '에클레시아'는 부름받아 나온 사람들의 모임이란 뜻으로 이는 예수를 주로 고백하는 사람들이 모인 공동체를 의미한다. 교회가 교회답게 되기 위해서는?

I. 주님을 머리로 모시는 교회

바울은 그의 서신에서 남편이 아내의 머리 됨이 그리스도께서 교회의 머리 됨과 같다고 했고, 그는 몸인 교회의 머리라 그가 근본이요 죽은 자들 가운데서 먼저 나신 자라고 했다. 주님을 교회의 머리로 두지 않는 교회는 교회가 아니라 사람이 모인 집단에 불과하다.
* 참고 성구 * 엡 1:22-23, 고전 12:27, 골 1:18, 엡 5:23

II. 주의 말씀을 사모하는 교회

바울은 데살로니가 교회에게 너희 믿음의 역사와 사랑의 수고와 우리 주 예수 그리스도에 대한 소망의 인내를 기억한다고 했다. 사도 요한은 라오디게아 교회에 주님의 말씀을 대언하여 더웁지도 차지도 않는 이 교회를 토하여 내친다고 했다. 교회는 주의 말씀 안에 거해야 한다.
* 참고 성구 * 마 4:4, 눅 5:5, 행 17:11, 살전 1:3, 계 3:16

III. 성령의 능력을 체험하는 교회

교회가 부흥되고 발전되려면 성령의 능력을 체험해야 한다. 오순절 마가다락방에 임하신 성령은 불의 혀같이 갈라지며 각 사람 위에 임하셨다. 그 때 성령의 충만함을 받고 비로소 방언으로 말하기 시작했고 담대히 그리스도를 주라고 외치며 하루에 삼천 명씩 회개하게 했다.
* 참고 성구 * 마 13:54, 눅 1:35, 단 2:23, 고전 12:1, 11, 행 2:1-4

■ 기 도 ■ 하나님 아버지! 당신의 전은 예수를 머리로 모신 교회이며, 당신의 말씀을 사모하는 교회이며, 성령님의 능력을 체험하는 교회가 되어야 하겠습니다. 말세지말을 맞이하여 교회가 더욱 흥왕하여 뭇 영혼을 구원하는 큰 역사가 일어나게 하옵소서. 예수 그리스도의 이름으로 기도드립니다. 아멘.

♣ 교회를 부인하는 자 ♣

교회는 그리스도의 몸

♪ 245, 84, 85

■ 본 문 ■ 또 만물을 그 발 아래 복종하게 하시고 그를 만물 위에 교회의 머리로 주셨느니라 교회는 그의 몸이니 만물 안에서 만물을 충만케 하시는 자의 충만이니라
【엡 1:22-23】

■ 서 론 ■ "달이 태양의 빛을 받아서 반사하듯 교회는 그리스도의 빛을 받아 반사한다."고 어느 신학자는 말했다. 교회는 그리스도의 몸이요 교회의 머리는 그리스도이시다. 교회의 교회다움은 그리스도로 기인한다. 그리스도는?

Ⅰ. 그리스도는 온 세상의 주이시다

바울은 그리스도 예수께서 죄인을 구원하시려고 '세상'에 임하셨다고 했다. 사도 요한도 하나님이 '세상'을 이처럼 사랑하사 독생자를 주셨으니 이는 저를 믿는 자마다 멸망치 않고 영생을 얻게 하려 하심이라고 하였다. 그리스도는 특정인의 그리스도가 아니라 온 세상의 주이시다.

* 참고 성구 * 요 3:16, 마 28:18, 빌 2:9-11, 행 17:30, 딤전 1:15

Ⅱ. 그리스도는 교회의 머리이시다

교회의 머리는 그리스도이시다. 그리스도는 만물보다 먼저 계셨고 만물이 그 안에 함께 섰으며 그는 몸인 교회의 머리라고 바울은 골로새 교회에, 에베소 교회에 증거하였다. 교회의 상징이 된 십자가는 참혹한 형틀에 불과하나 그리스도께서 지심으로 지구상의 온 교회에 영광의 상징이 되었다.

* 참고 성구 * 고전 12:27, 마 16:18, 골 1:18, 엡 5:23

Ⅲ. 그리스도는 성도의 중심이시다

교회에 모인 사람은 교회에서 무엇을 믿고 고백하는가. 교회는 그리스도 예수를 주로 믿고 고백하는 무리들이 모인 공동체이다. 따라서 성도의 중심은 그리스도이시다. 바울은 이제는 내가 산 것이 아니요 오직 내 안에 그리스도가 사신 것이라고 고백하면서 그리스도의 흔적을 가졌다고 했다.

* 참고 성구 * 고전 9:27, 요 20:28, 갈 2:20, 6:17, 히 7:25

■ 기 도 ■ 하나님 아버지! 그리스도를 믿고 따르며 그리스도의 행적을 온 세상에 알려서 그것이 과연 복된 소식 곧 복음임을 전하게 하소서. 그리스도에게만이 구원이 있음을 천하에 선포케 하소서. 예수 그리스도의 이름으로 기도 드립니다. 아멘.

♣ 교회를 부인하는 자 ♣

살아 계신 주의 교회
♪ 276, 243, 248

■ 본 문 ■ 만일 내가 지체하면 너로 하나님의 집에서 어떻게 행하여야 할 것을 알게 하려 함이니 이 집은 살아 계신 하나님의 교회요 진리의 기둥과 터이니라【딤전 3:15】

■ 서 론 ■ "교회는 하나님께서 주관하시고 그리스도께서 다스리시는 곳에서만 진정한 교회를 찾아볼 수 있다."고 어느 성직자는 말했다. 살아 계신 하나님이 통치하시고 영광을 받으시는 교회의 진정한 모습은 어떻게 되어야 할 것인가. 하나님의 주권이 선포되는 교회는?

Ⅰ. 교회는 살아 계신 하나님의 집임
교회는 전지전능 하시고 무소부재 하신 하나님의 집이다. 그러므로 성도는 산 돌같이 신령한 집으로 세워지고 예수 그리스도로 말미암아 하나님이 기쁘게 받으실 신령한 제사를 드릴 거룩한 제사장이 되어야 한다. 하나님의 나라가 이 땅에 나타난 것의 예표가 곧 교회이다.
* 참고 성구 * 엡 1:22-23, 시 23:6, 대상 29:3, 시 84:10, 벧전 2:5

Ⅱ. 교회는 진리의 말씀을 좇아야 함
교회는 그리스도로부터 천국 열쇠를 받은 곳이다. 주님은 땅에서 무엇이든 매면 하늘에서도 매일 것이요 땅에서 무엇이든 풀면 하늘에서도 풀리리라고 하셨다. 교회에서는 오직 그리스도의 진리의 말씀만이 선포되어야 한다. 베뢰아 사람들처럼 말씀을 상고하기를 날마다 할 것이다.
* 참고 성구 * 딤후 3:15-17, 계 1:3, 시 19:7-11, 마 16:19, 행 17:11

Ⅲ. 교회는 세속과 타협을 하면 안 됨
교회, 곧 '에클레시아'는 세상으로부터 그리스도에 의해 그리스도에게로 부름을 받은 모든 집단, 보편적인 교회를 의미하는데 이 말은 '에크' 곧 …로부터와 '칼레오' 곧 불러내다의 합성어이다. 교회는 주께서 머리가 되시는 곳이므로 세속과의 타협이나 조류에 휩쓸리면 안된다.
* 참고 성구 * 엡 2:1-3, 고후 6:14-18, 요일 5:19, 약 4:4

■ 기 도 ■ 하나님 아버지! 교회는 살아 계신 당신의 집입니다. 당신의 집에서 거룩히 제사를 드리는 제사장이 되게 하옵시고 미래에 확연히 나타날 당신의 나라의 모형임을 깨달아 교회를 사모하는 마음이 불일듯 하시옵소서. 예수 그리스도의 이름으로 기도드립니다. 아멘.

♣ 출석을 게을리하는 자 ♣

때에 따른 은혜
♪ 178, 404, 407

■ 본 문 ■ 그러므로 우리가 긍휼하심을 받고 때를 따라 돕는 은혜를 얻기 위하여 은혜의 보좌 앞에 담대히 나아갈 것이니라【히 4:16】

■ 서 론 ■ 미국의 성직자 필립 부룩스는 "인간에게 있어서 더 큰 분량의 은혜에 도달하는 방법은 그가 받은 적은 은혜에 알맞는 충실한 삶을 사는 길밖에 없다."고 했다. 하나님은 때마다 일마다 우리를 감찰하시며 바르게 인도하시는 분이시다. 따라서 우리는 생활 속에서 어떻게 해야 하나?

Ⅰ. 구원의 주를 바라보자

구원, 곧 '소테리아'는 구출, 안전, 보존(위험과 파멸에서부터), 구원의 뜻이 있다. 빌립보 감옥의 간수가 죄인들이 다 도망친 줄 알고 자살하려 했으나 바울과 실라에 의해 오히려 세례를 받고 영혼의 구원을 받게 되었다. 사람은 급할수록 더욱 구원의 주를 바라보아야 한다.

* 참고 성구 * 행 2:38-39, 엡 2:8-9, 행 4:12, 딛 3:5, 행 16:30-31

Ⅱ. 긍휼의 주를 바라보자

긍휼, 곧 '엘레오스'는 동정심, 비참한 사람을 구하려는 마음의 뜻으로 이는 하나님께서 죄악의 고통에 빠진 자, 큰 환난을 겪는 자들을 불쌍히 여기시는 하나님의 마음을 뜻한다. 인생이 살아가면서 죄악에 빠지고 큰 환난에 처했을 때 이를 감당할 힘을 얻고 의지할 분은 하나님밖에 없다.

* 참고 성구 * 엡 2:4, 출 34:6-7, 느 9:17, 사 49:15, 고전 10:13

Ⅲ. 도움의 주를 바라보자

시편 기자는 내가 산을 향하여 눈을 들리라 나의 도움이 어디서 올꼬 나의 도움이 천지를 지으신 여호와에게서로다라고 하면서 여호와께서 너로 실족지 않게 하시며 너를 지키시는 자가 졸지 아니하시리로다라고 노래했다. 주님은 너희 머리털 하나도 상치 아니하리라고 하셨다.

* 참고 성구 * 히 13:6, 시 28:7, 사 41:10, 시 121:1-2, 눅 21:18

■ 기 도 ■ 하나님 아버지! 당신은 구원의 주시요, 긍휼의 주시요, 도움의 주이십니다. 이런 당신의 은혜를 모르고 세상을 향해 달려갔던 죄인의 삶을 용서하여 주시옵소서. 이제는 주 안에서 은혜 속에서 살아가는 당신의 백성이 되게 하옵소서. 예수 그리스도의 이름으로 기도드립니다. 아멘.

♣ 출석을 게을리하는 자 ♣

처음 은혜를 지킴
♪ 368, 352, 84

■ 본 문 ■ 너희는 처음부터 들은 것을 너희 안에 거하게 하라 처음부터 들은 것이 너희 안에 거하면 너희가 아들의 안과 아버지의 안에 거하리라【요일 2:24】

■ 서 론 ■ 프랑스의 종교개혁자 존 칼빈은 "은혜는 죄인이 은혜롭게 되는 것이요 의인이 성화되는 것이다."라고 했다. 그리스도께 받은 은혜를 체험하고도 세상적으로 빠지거나 그리스도를 떠나는 자에게는 다시금 속죄하는 제사가 없고 저는 차라리 믿지 않은 자보다 못하게 된다. 그리스도는?

I. 그리스도는 신앙의 중심이심
밧모 섬에 유배된 사도 요한에게 주님이 나타나셔서 소아시아 일곱 교회에 관해 써서 보내라는 명령에 첫째로 에베소 교회가 지적을 당하기를 너를 책망할 것이 있나니 너희 처음 사랑을 버렸다는 것이었다. 예수를 사랑하고 신앙하던 것을 버린 교회는 촛대가 옮기워질 수밖에 없다.
* 참고 성구 * 요 3:35, 고전 9:27, 갈 2:20, 요 20:28, 계 2:4

II. 그리스도는 교회의 머리이심
바울은 그리스도를 만물을 그 발 아래 복종하게 하시고 그를 만물 위에 교회의 머리로 주셨다고 했고, 남편이 아내의 머리 됨이 그리스도께서 교회의 머리 됨과 같다고 했다. 교회의 머리가 되시는 그리스도 예수께 그 지체된 신자들은 그리스도께 복종해야만 할 것이다.
* 참고 성구 * 골 1:18, 엡 1:22-23, 고전 12:27-30, 엡 5:23

III. 그리스도는 구원의 통로이심
베드로는 다른 이로서는 구원을 얻을 수 없나니 천하 인간에게 구원을 얻을 만한 다른 이름을 우리에게 주신 일이 없다고 했다. 오직 그리스도 예수에 의해서만 우리의 구원이 있다. 주님은 내가 문이니 나로 말미암아 들어가면 구원을 얻고 들어가며 나오며 꼴을 얻는다고 하셨다.
* 참고 성구 * 요 14:6, 행 4:12, 고후 5:21, 행 16:31, 요 10:9

■ 기 도 ■ 하나님 아버지! 신앙의 중심되신 그리스도를 사랑하는 첫사랑을 버리지 않게 하시고 교회의 머리이신 그리스도께 순종하는 삶을 살게 하시고 오직 구원은 그리스도께만 있음을 확실히 알아 주님을 배반하지 않는 삶을 살게 인도하여 주시옵소서. 예수 그리스도의 이름으로 기도드립니다. 아멘.

♣ 출석을 게을리하는 자 ♣

누가 너희를 막더냐
♪ 384, 350, 374

■ 본 문 ■ 너희가 달음질을 잘하더니 누가 너희를 막아 진리를 순종치 않게 하더냐 그 권면이 너희를 부르신 이에게서 난 것이 아니라【갈 5:7-8】

■ 서 론 ■ "신자는 그리스도의 사랑의 띠로 서로 묶인 자들로 같은 목표를 향하여 달리는 운동선수들이다."라고 어느 목회자는 말했다. 이렇게 목표를 향하여 달리던 자들 중 하나가 실족하면 같이 달리던 자에게는 큰 영적 혼란을 초래할 것은 자명하다. 실족하지 않는 비결은?

I. 주의 말씀을 좇아 달음질할 것

히브리서 기자는 모든 무거운 것과 얽매이기 쉬운 죄를 벗어 버리고 인내로써 우리 앞에 당한 경주를 경주하며 믿음의 주요 또 온전케 하시는 이인 예수를 바라보자고 했다. 달음질은 아무렇게 그냥 뛰는 것이 아니라 예수를 향하여 말씀을 좇아 달음질해야 상이 있다.

* 참고 성구 * 고전 9:24-27, 계 1:3, 시 19:7-11, 히 12:1

II. 거짓된 자들을 경계할 것

베드로는 민간에 거짓 선지자들이 일어나 멸망케 할 이단을 끌어 들여 자기들을 사신 주를 부인하고 여럿이 호색을 좇아 진리의 도를 훼방하고 탐심을 인하여 너희를 이로 삼는다고 했다. 거짓된 자들의 가르침과 유혹과 미혹에 이끌리지 않도록 진리에 바로 서는 자가 되자.

* 참고 성구 * 롬 16:17-18, 딛 3:10, 요일 4:1-6, 벧후 1:10, 2:1-3

III. 핍박을 감수할 것

바울은 아시아에서 받은 핍박을 일러 살 소망까지 끊어지고 마음에 사형 선고를 받을 지경까지 되었다고 고백했다. 주님은 나를 인하여 너희를 욕하고 핍박하고 거짓으로 너희를 거스려 모든 악한 말을 할 때에는 너희에게 복이 있나니 오히려 기뻐하라고 하면서 하늘의 상이 크다고 격려하였다.

* 참고 성구 * 요 15:18-20, 마 5:10-12, 행 14:22, 고후 1:5, 8-9

■ 기 도 ■ 하나님 아버지! 신앙생활을 무턱대고 하는 것이 아니라 주의 말씀 안에서 하며, 미혹하는 이단의 거짓된 자를 경계하며, 신앙으로 당하는 핍박을 감수하는 자들이 되어 실족하는 성도가 없기를 예수 그리스도의 이름으로 간절히 기도드립니다. 아멘.

♣ 출석을 게을리하는 자 ♣

안식일을 지키는 자
♪ 57, 385, 470

■ 본 문 ■ 만일 안식일에 네 발을 금하여 내 성일에 오락을 행치 아니하고 안식일을 일컬어 즐거운 날이라 여호와의 성일을 존귀한 날이라 하여 이를 존귀히 여기고 네 길로 행치 아니하며 네 오락을 구치 아니하며【사 58:13】

■ 서 론 ■ 미국의 목사 헨리 벨로우즈는 "주님의 날에 기도와 공공예배의 집을 피하는 사람치고 슬픔을 당하고, 다른 이에게도 슬픔을 주지 않는 사람을 보지 못했다."고 했다. 안식일은?

Ⅰ. 안식일은 여호와의 존귀한 성일이다
안식일은 하나님께서 천지창조를 마치시고 일곱째 날에 안식하신 날로서 이 날을 하나님은 복을 주시고 거룩하게 하셨다고 창세기 기자는 전한다. 이 날은 십계명에도 새겨졌으니 제 4계명, 곧 안식일을 기억하여 거룩히 지키라는 그것이다. 안식일은 여호와의 존귀한 성일이다.
* 참고 성구 * 딤후 2:15, 창 2:2-3, 출 20:8-11, 느 13:16-19

Ⅱ. 안식일은 거룩히 지켜야 한다
안식일은 여호와 하나님께서 복을 주시며 거룩하게 하셨으므로 이 날은 오로지 하나님께 영광을 돌리는 날이 되어야 한다. 말세지말을 맞아 히브리서 기자의 경고 곧 모이기를 폐하는 어떤 사람들의 습관과 같이 하지 말고 그 날이 가까움을 볼수록 더욱 그리하자를 명심하자.
* 참고 성구 * 눅 6:6, 출 20:8, 겔 44:24, 히 10:25

Ⅲ. 안식일을 지킬 때 여호와의 큰 축복이 있다
안식일을 거룩히 지킴은 여호와 하나님께서 명령적으로 말씀하신 것으로 구약시대 때에는 이 날에 일을 하거나 손님을 맞거나 하면 돌로 쳐 죽이는 엄한 날이었다. 하나님께서 복되게 하시고 거룩히 하신 안식일을 잘 지킬 때 하나님께서는 안식일에 축복하신 큰 축복을 내리실 것은 자명한 일이다.
* 참고 성구 * 히 9:5, 민 15:32-36, 겔 1:22, 출 20:11, 레 25장

■ 기 도 ■ 하나님 아버지! 당신께서 복주시고 거룩히 하신 안식일을 우리 모두가 경건히 지켜서 당신이 약속하신 축복을 마음껏 향유하며 큰 은혜를 입고 영혼이 기쁨에 넘치는 체험을 하게 하시옵소서. 예수 그리스도의 이름으로 기도드립니다. 아멘.

♣ 출석을 게을리하는 자 ♣

주를 섬기라
♪ 375, 351, 465

■ 본 문 ■ 무릇 내가 사랑하는 자를 책망하여 징계하노니 그러므로 네가 열심을 내라 회개하라【계3:19】

■ 서 론 ■ "너는 언제까지 나를 핍박하려느냐? 나는 너를 구원하러 왔다. 너는 바른 길을 알게 해 달라고 기도하고 있구나. 나는 너에게 바른 길을 가르쳐 주겠다. 내가 바로 그 길이다." 인도의 선다 싱을 결단케 하신 주의 말씀이다. 주를 섬기는 일은 큰 결단과 확신이 있어야 한다. 결단은?

I. 확고한 결단의 요구
여호수아는 이스라엘 민족에게 너희 섬길 자를 오늘날 택하라 오직 나와 내 집은 여호와를 섬기겠노라며 결단을 촉구했고, 엘리야는 너희가 어느 때까지 두 사이에서 머뭇머뭇 하려느냐 여호와가 만일 하나님이면 그를 좇고 바알이 만약 하나님이면 그를 좇으라고 소리쳤다.
* 참고 성구 * 눅 9:51, 수 24:15, 왕상 18:21, 삿 1:27, 룻 1:18

II. 결단의 우선 순위
히스기야 왕이 위에 올라 처음으로 한 일은 원년 정월에 여호와의 전 문들을 열고 수리하고 제사장들과 레위 사람들을 동편 광장에 모으고 하나님의 전을 성결케 하여 더러운 것을 성소에서 없이 하라는 분부였다. 주를 섬기기로 결단한 자는 주의 전부터 성결케 하는 것이다.
* 참고 성구 * 눅 9:51-56, 삼상 20:7, 대하 20:1-11, 행 2:38

III. 결단 후의 실천 지침
주를 섬기는 자는 악을 미워하고 선에 속하며 형제를 사랑하여 서로 우애하고 존경하기를 서로 먼저 하며 부지런하여 게으르지 않고 열심을 품고 주를 섬기며 소망 중에 즐거워하며 환난 중에 참으며 기도에 항상 힘쓰며 성도들의 쓸 것을 공급하며 손 대접을 힘써야 한다.
* 참고 성구 * 눅 19:10, 요 4:35, 딤전 2:4, 롬 12:9-13

■ 기 도 ■ 하나님 아버지! 당신을 섬기기 위해서는 오직 당신을 좇기로 결단하고 결단한 뒤에는 당신의 전을 깨끗이 하며 당신의 경전을 다시금 손질하고 당신의 백성과 함께 열심을 품고 섬기는 일임을 믿습니다. 이 모든 일이 가하도록 힘과 능력을 주시옵소서. 예수 그리스도의 이름으로 기도드립니다. 아멘.

♣ 교우간에 불화한 자 ♣

성도는 한 가족
♪ 50, 210, 212

■ 본 문 ■ 그러므로 이제부터 너희가 외인도 아니요 손도 아니요 오직 성도들과 동일한 시민이요 하나님의 권속이라【엡 2:19】

■ 서 론 ■ 미국의 목사 비쳐는 "그리스도인은 좀더 훌륭하게 되려는 정직한 목적을 위하여 그리스도에게 보내어 공부하도록 자신을 맡겨 놓은 죄 많은 사람에 불과하다."고 했다. 하나님께서 창세 전에 택정하여 그리스도 안에서 기쁘신 뜻대로 예정하여 자기의 아들들로 삼은 이들인 성도는?

Ⅰ. 성도는 기업을 잇게 될 하나님의 후사임
성도, 곧 '하기오스'는 거룩하다, 성별되다는 의미가 있다. 성도는 죄 많은 세상에서 비록 살지만 하나님께서 특별히 선택하여 불러내신 하나님의 거룩한 자들이다. 이렇게 구별되어진 성도는 하나님의 후사로서 하나님의 기업을 잇게 될 자녀들이다. 하나님의 기업은 천국이다.
* 참고 성구 * 갈 4:6-7, 벧전 1:3-4, 딛 3:7, 히 6:17

Ⅱ. 성도는 그리스도 중심으로 함께 살아야 함
히브리서 기자는 거룩하게 하시는 자와 거룩하게 함을 입은 자들이 다 하나에서 난지라 그러므로 형제라 부르시기를 부끄러워 아니하신다고 했다. 하나님이 함께 한 후사이면 자녀요 그리스도와 함께 한 후사로서 그리스도와 함께 영광을 받기 위해서 고난도 감수해야 한다.
* 참고 성구 * 요 20:28, 고전 9:27, 갈 2:20, 히 2:11, 롬 8:17

Ⅲ. 성도는 서로 사랑하고 돌봐야 할 존재임
바울은 형제를 사랑하여 서로 우애하고 존경을 서로 먼저 하라고 했다. 뿐만 아니라 도망친 노예 오네시모를 위해 그의 주인 빌레몬에게 간곡히 말하기를 이후로는 종과 같이 아니하고 사랑받는 형제로 둘 자라고 하며 네가 나를 동무로 알진대 저를 영접하기를 내게 하듯 하라고 했다.
* 참고 성구 * 롬 12:10, 히 13:1, 딤전 6:18-19, 몬 1:16-17

■ 기 도 ■ 하나님 아버지! 성도는 당신의 기업을 이을 함께 한 후사요 자녀이며, 따라서 그리스도를 중심으로 서로 사랑하고 돌봐야 할 존재임을 깨달았습니다. 형제를 서로 사랑하고 아끼는 마음으로 살게 하소서. 예수 그리스도의 이름으로 기도드립니다. 아멘.

♣ 교우간에 불화한 자 ♣

화평케 하는 자
♪ 466, 469, 471

■ 본 문 ■ 오직 위로부터 난 지혜는 첫째 성결하고 다음에 화평하고 관용하고 양순하며 긍휼과 선한 열매가 가득하고 편벽과 거짓이 없나니 화평케 하는 자들은 화평으로 심어 의의 열매를 거두느니라【약 3:17-18】

■ 서 론 ■ 러시아의 작가 톨스토이는 "이 세상에서 화평하게 지낼 단 하나의 방법은 용서하는 그것이다."라고 했다. 주님은 화평케 하는 자는 복이 있나니 저희가 하나님의 아들이라 일컬음을 받는다고 했다. 화평케 하는 자는?

I. 화평케 하는 자는 선행을 힘씀
성령의 열매는 사랑과 희락과 화평과 오래 참음과 자비와 양선과 충성과 온유와 절제이다. 화평은 성령의 열매 중 세 번째에 속하는 귀한 것이다. 화평케 하는 자는 모난 일을 행함이 없고 모두에게 귀한 하늘의 은사를 골고루 나눠주므로 그는 최고의 선행을 행하는 자이다.
 * 참고 성구 * 딤전 6:17-19, 엡 2:10, 히 10:24, 갈 6:22

II. 화평케 하는 자는 거룩함을 좇음
예수께서는 화평케 하는 자는 복이 있나니 저희가 하나님의 아들이라 일컬음을 받을 것임이라고 하셨다. 하나님의 아들이란 곧 하나님의 자녀요 후사인 성도들이다. 베드로는 너희를 부르신 거룩한 자처럼 너희로 모든 행실에 거룩한 자가 되라고 했다. 하나님의 거룩함을 좇자.
 * 참고 성구 * 벧전 1:15-16, 벧후 3:11-12, 살전 4:3, 마 5:9

III. 화평케 하는 자는 덕을 세움
바울의 스승이요 모든 백성에게 존경받는 바리새인 교법사 가말리엘은 이스라엘 산헤드린이 사도들을 없애려고 하자 이 사람들을 상관 말고 버려두라 이 사상과 이 소행이 사람에게 났으면 무너질 것이요 하나님께로 났으면 도리어 너희가 하나님을 대적한다고 크게 충고하였다.
 * 참고 성구 * 마 5:13-16, 롬 15:1-2, 갈 6:1-5, 고전 8:13, 행 5:34-40

■ 기 도 ■ 하나님 아버지! 성 프란시스의 기도처럼 우리로 하여금 평화의 도구가 되게 하소서. 선행을 힘쓰며 거룩함을 좇으며 덕을 세우는 일을 하여 모든 이에게 당신의 화평을 전하게 하소서. 예수 그리스도의 이름으로 기도드립니다. 아멘.

♣ 교우간에 불화한 자 ♣

화목하라
♪ 523, 355, 374

■ 본 문 ■ 할 수 있거든 너희로서는 모든 사람으로 더불어 평화하라 내 사랑하는 자들아 너희가 친히 원수를 갚지 말고 진노하심에 맡기라 기록되었으되 원수 갚는 것이 내게 있으니 내가 갚으리라고 주께서 말씀하시니라【롬 12:18-19】

■ 서 론 ■ 일본 속담에 "화목하지 못한 자들은 두 구덩이를 파는 결과를 만든다. 서로가 상대방의 함정을 파기 때문이다."라는 말이 있다. 화목은 성도들이 갖추어야 될 필수의 덕목이다. 화목하려면?

I. 성도는 언제든지 겸손하게 처신할 것
하나님께 버림받은 불행한 왕 사울도 처음에는 겸손함이 타의추종을 불허했다. 자신은 이스라엘 지파 중 가장 작은 베냐민 지파요 자신의 가족은 베냐민 지파 중에서도 가장 미약하다고 했고 왕으로 제비뽑히자 행구 사이에 숨기까지 했다. 겸손은 하나님의 은혜를 입는 큰 비결이다
  * 참고 성구 * 고전 15:10, 고후 4:7, 약 4:6, 10, 왕상 3:7, 삼상 9:21, 10:22

II. 성도는 평화를 위한 일꾼이 되도록 힘쓸 것
성경은 우리가 화평의 일과 서로 덕을 세우는 일을 힘쓰자고 했고, 주님도 화평케 하는 자는 복이 있나니 저희가 하나님의 아들이라 일컬음을 받을 것임이라고 했다. 스웨덴의 재산가요 다이나마이트 발명가 알프레도 노벨이 제창한 노벨상 가운데 최고의 상이 노벨 평화상이다.
  * 참고 성구 * 마 5:9, 롬 14:19, 잠 12:20, 히 12:14

III. 성도는 원수 사랑을 실천할 것
주님은 십자가 상에서 아버지여 저희를 사하여 주옵소서 자기의 하는 것을 알지 못함이니이다 하시며 오히려 그들을 위해 기도했다. 최초의 기독교 순교자 스데반도 이 죄를 저희에게 돌리지 마옵소서 하고 죽었다. 성경은 너희가 친히 원수를 갚지 말고 선으로 악을 이기라고 했다.
  * 참고 성구 * 마 5:44, 눅 23:34, 잠 24:17, 행 7:60, 롬 12:19-21

■ 기 도 ■ 하나님 아버지! 우리로 하여금 겸손하게 처신케 하시고 평화를 위한 일꾼으로 삼으시고 원수 사랑을 실천하는 자들이 되어 화목을 배달하는 우체부의 역할을 감당하게 하옵소서. 그리하여 당신의 영광을 나타내는 자들이 되도록 인도하소서. 예수 그리스도의 이름으로 기도드립니다. 아멘.

♣ 자랑과 외식하는 자 ♣

먼저 자기 들보를
♪ 332, 342, 278

■ 본 문 ■ 외식하는 자여 먼저 네 눈 속에서 들보를 빼어라 그후에야 밝히 보고 형제의 눈 속에서 티를 빼리라【마 7:5】

■ 서 론 ■ "대개의 경우 사람들은 자신의 약점을 가리기 위해서 비판하는 수가 많다."라고 브루워는 말했다. 한국 속담에도 똥 묻은 개가 겨 묻은 개를 나무란다는 말이 있듯이 남을 비판한다는 것은 좀처럼 쉬운 일이 아니다. 함부로 비판을 하지 말 것은?

I. 하나님만이 입법자요 재판관이심

비판, 곧 헬라어 '크리네테'가 이에 해당하는 말로서 이 말에는 심판을 뜻하는 의미가 있다. 주님은 바리새인들처럼 평론하고 정죄하지 말라고, 비판을 받지 아니하려거든 비판하지 말라고 하셨다. 심판과 정죄는 오직 하나님만이 하실 수 있으며 하나님만이 재판관이 되심을 알자.

* 참고 성구 * 롬 2:1-3, 약 4:11-12, 롬 14:13, 출 2:14, 마 7:1

II. 인간은 모두 다 허물투성이인 존재임

이방인의 사도요, 기독교 최대의 복음 전도자요, 그의 서신이 정경에 포함되기도 한 바울도 고백하기를 내가 전에는 훼방자요 핍박자요 포행자이었으나 도리어 긍휼을 입은 것은 내가 믿지 아니할 때에 알지 못하고 행하였음이라고 했다. 인간은 완전한 자가 없음을 유념하자.

* 참고 성구 * 고전 1:26-31, 딤전 1:13, 약 4:6, 눅 6:37

III. 비판 대신에 사랑을 해야 함

바울은 누가 뉘게 혐의가 있거든 서로 용납하여 피차 용서하되 주께서 너희를 용서하신 것과 같이 너희도 그리하고 이 모든 것 위에 사랑을 더하라 이는 온전하게 매는 띠니라고 했다. 사랑은 허다한 죄를 덮으므로 무엇보다도 열심으로 서로 사랑할지니라고 베드로는 말했다.

* 참고 성구 * 고전 13:4-7, 갈 6:2, 벧전 4:8, 골 3:14

■ 기 도 ■ 하나님 아버지! 오직 당신만이 입법자요 재판관 되심을 알아서 남을 비판하기 전에 나를 돌아보며 인간은 모두 허물투성이의 존재임을 알아 비판보다 사랑으로 감싸며 이해하는 자들이 되어 당신의 존귀하신 은혜의 때를 살게 하옵소서. 예수 그리스도의 이름으로 기도드립니다. 아멘.

♣ 자랑과 외식하는 자 ♣

자랑하는 자의 미련
♪ 421, 429, 443

■ 본 문 ■ 또 가로되 왕후 에스더가 그 베푼 잔치에 왕과 함께 오기를 허락받은 자는 나밖에 없었고 내일도 왕과 함께 청함을 받았느니라【에 5:12】

■ 서 론 ■ 독일의 시인이자 철학자인 괴테는 "자기 자신을 너무 높이 평가하거나, 자기 자신을 너무 하찮게 여기는 것은 똑같은 잘못이다."라고 했다. 교만이 하늘을 찌른 하만의 일생을 살펴보면서 교만한 자를 하나님은 대적하신다는 진리를 체험하고 겸손한 삶을 살자. 하만은 어떠했는가?

I. 역사의 진행을 전혀 통찰치 못했다
유대인 모르드개가 절하지도 무릎을 꿇지도 않음을 보고 유대인 전멸 계획을 세운 페르시아의 2인자 하만은 모르드개의 조카이자 왕후인 에스더가 죽으면 죽으리라는 금식기도에 돌입한 줄도 몰랐다. 하나님은 역사의 시계 바늘을 돌려 왕을 잠을 못들게 하고 역대일기를 읽게 하였다.
  * 참고 성구 * 약 5:16, 출 6:9, 학 1:14, 에 6:1

II. 권력의 심층부에 있음만을 자랑했다
아하수에로 왕 자신을 구출한 기사를 읽은 왕은 모르드개에게 포상하려고 왕이 존귀케 하는 자를 어떻게 하면 좋겠느냐는 질문을 하만에게 던지자 하만은 속으로 왕이 존귀케 하기를 기뻐하시는 자는 나 외에 누구리요 하며 건방을 떨고서 온갖 미사여구로 최고의 예우를 말했다.
  * 참고 성구 * 빌 2:16, 시 63:11, 겔 35:13, 에 6:6

III. 자기 무덤을 스스로 파는 악한 꾀만 능숙했다
아하수에로 왕은 그 말이 떨어지자 대궐 문에 앉은 유다 사람 모르드개를 그렇게 하라고 했다. 유다인을 전멸시키려고 자기가 세운 나무에 모르드개를 달려고 한 하만은 거꾸로 자기와 아들들까지 나무에 달려 처형되는 신세가 되었다. 악한 자의 꾀란 자기 무덤을 스스로 파는 것이다.
  * 참고 성구 * 딤전 6:15, 시 45:3, 겔 17:13, 에 9:25

■ 기 도 ■ 하나님 아버지! 당신께서는 교만한 자를 대적하시고 겸손한 자에게는 은혜를 내리시는 분이십니다. 하만의 몰락이 주는 교훈은 자랑하는 자의 미련한 교훈을 여실히 보여주는 것으로 행여라도 우리는 이러한 미련을 떨지 않도록 분별력을 더하여 주시옵소서. 예수 그리스도의 이름으로 기도드립니다. 아멘.

♣ 자랑과 외식하는 자 ♣

하나님만 자랑하자
♪ 514, 186, 316

■ 본 문 ■ 기록된바 자랑하는 자는 주 안에서 자랑하라 함과 같게 하려 함이니라【고전 1:31】

■ 서 론 ■ "하나님은 하늘에서 보다도 지상에서 더 영광을 받기 원하신다."고 안드로 포나는 말했다. 자랑하는 자의 몰락을 우리는 역사에서 무수히 그 예를 많이 찾아볼 수 있다. 성경은 오직 주 안에서 자랑하라고 우리에게 가르치고 계신다. 성도의 자랑은 무엇인가? 오직 하나님만을 자랑할 뿐이다. 하나님을 자랑함은?

Ⅰ. 하나님의 지혜로우심을 자랑함

바울은 하나님의 미련한 것이 사람보다 지혜있고 하나님의 약한 것이 사람보다 강하니라고 했다. 하나님을 전지전능하신 하나님이라고 함은 이 천지만물과 온 우주를 하나님께서 그의 지혜로 지으셨기 때문이며 하나님의 능력을 하찮은 미물인 인간의 지혜로는 알 수가 없다.

＊ 참고 성구 ＊ 왕상 3:28, 욥 12:13, 스 7:25, 고전 1:25

Ⅱ. 하나님의 의로우심을 자랑함

의, 곧 '디카이오쉬네'는 옳음, 올바름, 정의, 의를 가리키는 말로서 하나님 자신을 의미한다. 다시 말해서 하나님의 속성이 의로움이다. 의에 해당하는 히브리어 '체다카'는 의의 원어로서 곧은, 똑똑한, 단단한, 규준에 맞는이라는 본래적 의미가 추정되는 말로 구약에서 가장 중요한 개념이다.

＊ 참고 성구 ＊ 요 17:25, 욥 4:17, 잠 21:12, 롬 5:9

Ⅲ. 하나님의 거룩하심을 자랑함

의와 함께 '거룩'은 구약성서에서 가장 중요한 개념의 하나로 의와 더불어 하나님 자신의 속성을 가리킨다. 사도 베드로는 오직 너희를 부르신 거룩한 자처럼 너희도 모든 행실에 거룩한 자가 되라 기록하였으되 내가 거룩하니 너희도 거룩할지어다 하셨다고 그의 서신에서 말했다.

＊ 참고 성구 ＊ 출 15:11, 왕하 12:4, 암 2:7, 벧전 1:15-16

■ 기 도 ■ 하나님 아버지! 우리의 자랑은 오직 당신의 지혜로우심과 의로우심과 거룩하심뿐입니다. 인생의 헛된 자랑을 말게 하시고 하나님만이 우리의 자랑이 되게 하시고 뭇 사람에게도 이것을 선포할 수 있도록 당신의 큰 은혜를 체험하기를 소원하면서 예수 그리스도의 이름으로 기도드립니다. 아멘.

♣ 자랑과 외식하는 자 ♣

양심에 화인 맞은 자
♪ 183, 259, 260

■ 본 문 ■ 저희 모든 행위를 사람에게 보이고자 하여 하나니 곧 그 차는 경문을 넓게 하며 옷술을 크게 하고 잔치의 상석과 회당의 상좌와 시장에서 문안받는 것과 사람에게 랍비라 칭함을 받는 것을 좋아하느니라【마 23:5-7】

■ 서 론 ■ 미국의 시나리오 작가 챈닝 파럭은 "외식하는 자는 악마를 섬기기 위해 하늘 나라의 정복을 훔쳐 입은 자이다."라고 했다. 이른바 양심에 화인을 맞은 자들의 행태를 성경은 무엇이라 기록하고 있는가?

Ⅰ. 세상의 행위를 좇아가는 자들임

말세의 때에 사람들은 자기를 사랑하며 돈을 사랑하며 자긍하며 교만하며 훼방하며 부모를 거역하며 감사치 아니하며 거룩하지 아니하며 무정하며 원통함을 풀지 아니하며 참소하며 절제하지 못하며 사나우며 선한 것을 좋아하지 아니하며 배반하며 쾌락을 하나님 사랑하는 것보다 더한 자들이다.

* 참고 성구 * 고후 6:14-18, 요일 5:19, 약 4:4, 딛 3:1-4

Ⅱ. 표리부동하게 행하는 자들임

자기 양심이 화인 맞아서 외식함으로 거짓말 하는 자들의 특징은 표리부동한 자들이다. 주님은 이들을 잔과 대접의 겉은 깨끗이 하되 그 안에는 탐욕과 방탕으로 가득하게 하는도다 하며 너는 먼저 안을 깨끗이 하라 그리하면 겉도 깨끗하리라며 그들의 소위를 꾸짖으셨다.

* 참고 성구 * 딛 1:16, 약 2:15-16, 딤전 4:2, 마 24:25-26

Ⅲ. 하나님은 형식주의를 미워하심을 모른 자들임

주님은 너희가 박하와 회향과 근채의 십일조를 드리되 율법의 더 중한 바 의와 인과 신은 버렸다고 하시며 이것도 행하고 저것도 버리지 말라고 하셨다. 하나님은 형식에만 그치는 예배와 봉헌과 봉사와 말씀을 받지 않으시고 진실히 구하는 예배를 받으시니 하나님은 영이시기 때문이다.

* 참고 성구 * 갈 4:10-11, 딤후 3:5, 사 1:13, 마 23:23, 창 4:3-7

■ 기 도 ■ 하나님 아버지! 세상의 행위를 좇아가며 표리부동하게 행하며 형식주의에 물든 모든 것을 배격하시고 신령과 진정으로 당신께 나아가는 성도의 참 제사를 받으시옵소서. 예수 그리스도의 이름으로 기도드립니다. 아멘.

♣ 자랑과 외식하는 자 ♣

지혜자의 인생 경영
♪ 249, 299, 395

■ 본 문 ■ 나 바울은 친필로 너희에게 문안하노니 만일 누구든지 주를 사랑하지 아니하거든 저주를 받을지어다 주께서 임하시느니라【고전 16:21-22】

■ 서 론 ■ 로마의 철학자 세네카는 "선한 사람은 하나님의 영향을 받은 자로 그의 안에는 하나님이 임재해 계신다. 그러므로 그가 천국에 가는 것인지 천국이 그에게 내려오는 것인지 의문이 아닐 수 없다."고 했다. 진실한 성도의 삶은 어떤 것인지 성경이 말하는 진정한 성도의 삶은?

Ⅰ. 주를 사랑하는 삶
시편 기자는 나의 힘이 되신 여호와여 내가 주를 사랑하나이다라고 노래했다. 주를 사랑하는 삶은 복된 삶이다. 바울의 고백과 같이 누구든지 주를 사랑하지 아니하거든 저주를 받을 것이다. 성도는 다윗처럼 하나님의 마음에 합한 자가 되어 하나님의 뜻을 이루어야 하겠다.
  * 참고 성구 * 요 14:21, 23, 롬 5:6-8, 수 1:7-9, 시 18:1, 행 13:22

Ⅱ. 주의 재림을 대비하는 삶
재림, 곧 '파루시아'는 믿는 자들의 최대의 희망적인 삶이다. 주께서 하루가 천 년 같고 천 년이 하루 같은 사실을 잊지 말고 어떤 이의 더디다고 생각하는 것처럼 삶을 살면 안될 것이다. 재림 이후에 오는 의의 거하는 바 새 하늘과 새 땅을 바라는 신앙으로 매진하자.
  * 참고 성구 * 눅 21:34-36, 마 6:19-21, 벧후 3:11-12, 히 9:14

Ⅲ. 세속을 좇지 않는 삶
세상과 벗된 것이 하나님의 원수임을 깨달아 세속의 시류와 풍속과 유행을 좇지 말고 오직 진리로 무장하여 죄악에 물들지 않게 자신을 절제하며 지킬 것이다. 세상을 사랑할 때 복음을 내팽개치고 육신의 삶을 좇은 낙오자 데마와 같은 사람이 되어 평생을 후회한다.
  * 참고 성구 * 엡 2:1-3, 요일 5:19, 약 4:4, 벧전 1:15, 딤후 4:10

■ 기 도 ■ 하나님 아버지! 성도로 택함받은 우리는 세속을 멀리하고 주를 사랑하며 그리스도의 재림을 대비하는 삶을 굳세게 살아 모든 입으로 '마라나 다'를 아멘으로 화답하는 자들이 되게 하옵소서. 예수 그리스도의 이름으로 기도드립니다. 아멘.

♣ 자랑과 외식하는 자 ♣

겸손한 자의 삶
♪ 347, 355, 391

■ 본 문 ■ 내가 부득불 자랑할진대 나의 약한 것을 자랑하리라 주 예수의 아버지 영원히 찬송할 하나님이 나의 거짓말 아니하는 줄을 아시느니라 다메섹에서 아레다왕의 방백이 나를 잡으려고 다메섹 성을 지킬새 내가 광주리를 타고【고후 11:30-33】

■ 서 론 ■ 러시아의 작가 톨스토이는 "겸손한 사람보다 힘이 강한 사람은 없다. 겸손한 사람은 자기 자신을 떠나서 신과 함께 하는 사람이다."라고 했다. 바울은 자신이 광주리를 타고 도망친 적도 있다고 했다. 겸손한 삶은?

Ⅰ. 교회를 위하여 염려하는 삶임
바울은 빌립보 교회의 두 여성도인 유오디아와 순두게를 권하기를 주 안에서 같은 마음을 품으라고 염려하는 마음을 편지로 전하였다. 자기 자신은 투옥이 된 영어의 몸이었으나 빌립보 교회에서 일어난 불순한 다툼이 혹 주의 몸된 교회를 어지럽힐까 하는 걱정의 마음이 그것이다.
* 참고 성구 * 고후 7:12, 행 20:31, 갈 4:11, 빌 4:2

Ⅱ. 영혼들에 관심을 집중하는 삶임
바울은 자신을 가리켜서 헬라인이나 야만인이나 지혜 있는 자나 어리석은 자에게 다 내가 빚진 자라고 고백하면서 할 수 있는 대로 로마에 있는 너희에게도 복음 전하기를 원한다고 했다. 이방인의 사도 바울의 관심은 오로지 복음을 전하여 영혼이 구원받기를 간절히 바라는 마음뿐이었다.
* 참고 성구 * 마 16:26, 요 4:35, 딤전 2:4, 롬 1:14-15

Ⅲ. 주의 뜻을 좇아서 행하는 삶임
바울은 우리가 만일 미쳤어도 하나님을 위한 것이요 만일 정신이 온전하여도 너희를 위한 것이니 그리스도의 사랑이 우리를 강권하시는도다라며 고린도 교회에 편지를 썼다. 겸손한 자의 삶의 큰 특징은 자신의 뜻이 아닌 주의 뜻을 좇아서 스스로 종의 신분이 되는 삶이다.
* 참고 성구 * 마 7:21, 행 5:29, 삼상 15:22-23, 고후 5:13-14

■ 기 도 ■ 하나님 아버지! 겸손한 삶을 살았던 바울의 삶은 교회를 위하여 염려하는 삶이요, 영혼들에 관심을 집중하는 삶이요, 주의 뜻을 좇아서 행하는 삶이었습니다. 오늘 우리도 바울의 삶을 모본으로 삼아 그의 뒤를 좇게 하소서. 예수 그리스도의 이름으로 기도드립니다. 아멘.

♣ 헌금에 시험든 자 ♣

과부의 두 렙돈
♪ 69, 71, 346

■ 본 문 ■ 저희는 다 그 풍족한 중에서 넣었거니와 이 과부는 그 구차한 중에서 자기 모든 소유 곧 생활비 전부를 넣었느니라 하셨더라【막 12:44】

■ 서 론 ■ "하나님께 바치기에 인색한 자는 결코 그의 주머니도 넉넉지 못할 것이다." 어느 신학자의 말이다. 과부가 헌금을 넣은 연보궤는 탈무드에 의하면 13개의 트럼펫 모양의 장식이 붙어 있는 상자로서 성전 구내의 여자의 뜰에 놓여 있었다. 주님이 칭찬하신 과부의 헌금은?

Ⅰ. 구차한 중에서 드린 헌금이었음

먹고 살기에도 빡빡한 현실을 생각하면 어떻게 헌금을 하겠는가마는 이 과부는 구차한 가운에서도 하나님께 드릴 예물을 잊지 않고 빈 손으로 성전에 오지 않았다. 부자들이 여유 있는 가운데 넣은 헌금보다 구차한 가운데 절대절명의 현실 속에서 넣은 헌금이므로 주님께 칭찬을 받았다.

　＊ 참고 성구 ＊ 눅 12:16-21, 고후 8:1-5, 빌 4:11, 행 5:1-2

Ⅱ. 생활비 전부를 넣은 헌금이었음

당장에 끼니를 걱정해야 할 가정 사정에도 생활비 전부를 주께 바친 과부의 믿음은 참으로 크다 하지 않을 수 없다. 주님은 풍족한 가운데 넣은 많은 헌금보다도 적지만 생활비 전부를 넣은 과부의 헌금을 더욱 기뻐하시며 이르시길 이 가난한 과부가 모든 사람보다 많이 넣었다고 하셨다.

　＊ 참고 성구 ＊ 마 6:19-21, 눅 8:43, 고후 9:6-7, 잠 11:24

Ⅲ. 정성과 사랑이 담긴 헌금이었음

과부의 두 렙돈 헌금은 그것이 비록 적은 돈이지만 그 헌금은 정성과 사랑을 하나님께 바친 귀한 것이었다. 우리가 과부에게서 본받아야 할 마음의 자세는 바로 이 정성과 사랑을 담아 하나님께 드리는 것이다. 하나님은 헌금의 액수의 고하를 보시는 것이 아니라 마음을 보신다.

　＊ 참고 성구 ＊ 마 22:37-38, 고후 8:12, 히 11:4, 마 26:7-8

■ 기 도 ■ 하나님 아버지! 어려운 살림 가운데서도 당신께 빈 손으로 나오지 않고 헌금을 드린 과부의 손길에 많은 물질로 축복하시옵소서. 이처럼 정성과 사랑이 담긴 헌금을 당신께서 열납하시고 흠향하시는 줄 아오니 우리도 이처럼 봉헌하게 인도하여 주시옵소서. 예수 그리스도의 이름으로 기도드립니다. 아멘.

♣ 헌금에 시험든 자 ♣

많이 심는 자
♪ 71, 167, 168

■ 본 문 ■ 이것이 곧 적게 심는 자는 적게 거두고 많이 심는 자는 많이 거둔다 하는 말이로다 각각 그 마음에 정한 대로 할 것이요 인색함으로나 억지로 하지 말지니 하나님은 즐겨 내는 자를 사랑하시느니라【고후 9:6-7】

■ 서 론 ■ "신앙은 모험이다. 많은 수입을 원한다면 그에 대한 십일조를 계산하여 미리 바쳐보라. 하나님이 부지런히 채우실 것이다." 어느 간증자의 말이다. 나를 시험해 보라고까지 하시며 권고하신 하나님은?

I. 하나님은 심은 대로 거두게 하시는 분이심

말라기 선지자를 향해 대언케 하신 하나님은 너희의 온전한 십일조를 창고에 들여 나의 집에 양식이 있게 하고 그것으로 나를 시험하여 내가 하늘 문을 열고 너희에게 복을 쌓을 곳이 없도록 붓지 아니하나 보라고 하신 하나님은 심은 대로 거두게 하시는 공의의 하나님이시다.

＊ 참고 성구 ＊ 갈 6:7-8, 벧전 1:17, 계 22:12, 시 126:5-6

II. 하나님께 대해 인색한 마음을 버릴 것임

바울은 할 마음만 있으면 있는 대로 받으실 터이요 없는 것을 받지 아니하시리라고 했다. 하나님께 드리는 헌금은 각각 마음에 정한 대로 할 것이지 인색함으로나 억지로 하지 말지니 이것에 시험이 들어 믿음이 실족할까 하는 이유에서이다. 하나님은 즐겨 내는 자를 사랑하신다.

＊ 참고 성구 ＊ 잠 11:24, 전 5:13, 잠 21:13, 대상 29:14, 고후 8:12

III. 자비를 베푸는 것은 하늘에 보물을 쌓는 일임

주님은 너희를 위하여 보물을 하늘에 쌓아 두라고 하시며 네 보물이 있는 곳에 네 마음도 있다고 하셨다. 성도는 선한 일에, 선한 사업에 부하고 나눠주기를 좋아하고 동정하는 자가 될 것은 이것이 장래 자기를 위하여 좋은 터를 쌓아 참된 생명을 취하는 것이기 때문이다.

＊ 참고 성구 ＊ 마 6:19-21, 눅 6:38, 잠 11:25, 딤전 6:19

■ 기 도 ■ 하나님 아버지! 당신께서는 우리에게 모든 것을 주셨는데 우리는 당신께 드리기를 꺼리고 인색한 마음으로 살고 있습니다. 당신의 큰 은혜를 체험케 하시어 영국의 감리교 창시자 존 웨슬리처럼 10의 8조를 하게 축복해 주시옵소서. 예수 그리스도의 이름으로 기도드립니다. 아멘.

♣ 헌금에 시험든 자 ♣

바람직한 신앙생활
♪ 362, 427, 519

■ 본 문 ■ 각 사람이 네 하나님 여호와의 주신 복을 따라 그 힘대로 물건을 드릴지니라
【신 16:17】

■ 서 론 ■ 스코틀랜드의 선교사 리빙스톤은 "나의 예수, 나의 왕, 나의 생명, 나의 전체이시여! 나는 다시 한번 내 전생애를 당신께 드리나이다."라고 했다. 이 얼마나 감동적인 고백의 말인가. 하나님께 자신의 모든 것을 드리고도 부족함을 느끼는 자에게는 하늘의 상급이 클 것이다. 바람직한 신앙생활의 모습은?

I. 하나님의 은혜와 구원을 감사하는 신앙 생활
바울은 나는 사도 중에 지극히 작은 자라 내가 하나님의 교회를 핍박하였으므로 사도라 칭함을 받기에 감당치 못할 자로라 그러나 나의 나 된 것은 하나님의 은혜로 된 것이라고 고백했다. 하나님의 은혜와 구원을 감사히 여기는 삶은 참으로 축복된 삶이요 은혜의 삶이다.
* 참고 성구 * 롬 1:5, 출 3:21 시 27:13, 행 10:2, 고전 15:10

II. 빈 손으로 하나님 앞에 서지 않는 신앙 생활
한 가난한 과부는 하나님의 성전의 연보궤에 구차한 중에서도 자기의 모든 소유 곧 생활비를 전부 넣는 큰 믿음을 보여서 주님께 큰 칭찬을 듣게 되었다. 어렵고 힘든 생활 가운데서도 하나님 앞에 빈 손으로 나오지 않고 사랑과 정성이 담긴 예물을 드리는 자는 복되다.
* 참고 성구 * 히 12:15, 왕상 3:6, 잠 29:26, 대상 29:14, 막 12:42

III. 감사와 찬송이 끊이지 않는 신앙 생활
야고보서 기자는 너희 중에 고난 당하는 자가 있느냐 저는 기도할 것이요 즐거워하는 자가 있느냐 저는 찬송할지니라고 했고, 바울은 범사에 감사하라 이는 그리스도 예수 안에서 너희를 향하신 하나님의 뜻이라고 했다. 감사와 찬송으로 주께 영광돌리는 자는 복된 자이다.
* 참고 성구 * 빌 1:11, 대하 5:13, 행 16:25, 약 5:13, 살전 5:18

■ 기 도 ■ 하나님 아버지! 우리의 신앙생활이 당신의 은혜와 구원을 감사하며, 빈 손으로 당신 앞에 서지 않고, 감사와 찬송이 끊이지 않는 믿음의 삶이 되게 축복하시옵소서. 예수 그리스도의 이름으로 기도드립니다. 아멘.

♣ 헌금에 시험든 자 ♣

생산적 헌신
♪ 70, 231, 296

■ 본 문 ■ 또 네 씨로 말미암아 천하 만민이 복을 얻으리니 이는 네가 나의 말을 준행하였음이니라 하셨다 하니라【창 22:18】

■ 서 론 ■ 미국의 시인이요 찬송작가인 올리버 웬델 홈즈는 "헌신으로 꿇는 모든 무릎은 성스럽다."고 했다. 자신이 백 세에 낳은 독자 이삭을 번제로 드리라는 하나님의 명령을 거역하지 않고 모리아 산에서 그를 결박하고 잡고자 한 아브라함의 헌신을 보신 하나님의 축복의 말씀은?

I. 네게 큰 복을 주리라 하심

아브라함의 종 엘리에셀이 말한 것을 보면 여호와께서 나의 주인에게 크게 복을 주어 창성케 하시되 우양과 은금과 노비와 약대와 나귀를 주셨다고 했다. 이는 현세적이요 물질적인 축복이나 후에 아브라함은 모든 믿는 자의 조상이 되었고 믿음의 아버지가 되는 영적 축복도 아울러 받았다.

* 참고 성구 * 창 24:35, 사 30:23, 시 107:38, 히 11:8, 롬 4:3

II. 네 후손으로 번성케 하리라 하심

하나님은 네 씨로 크게 성하여 하늘의 별과 같고 바닷가의 모래와 같게 하리라고 하신 언약의 말씀이 성취되어 오늘의 유대인이나 아랍인이 그의 자손이 되었다. 그러나 약속의 자식인 이삭으로 말미암은 영적 자손이 그의 진정한 후손이며 복음을 통한 성도들도 그의 영적 후손이 된다.

* 참고 성구 * 창 25:5-6, 수 14:13, 행 7:2-8, 대상 1:34, 롬 4:18

III. 네 후손으로 만민이 복을 얻으리라 하심

이 축복이야말로 대단한 축복이니 이 말씀은 인류의 죄를 대속하실 메시야, 곧 그리스도께서 아브라함의 가계를 통하여 이 세상에 오신다는 놀라운 축복이다. 마태복음서 기자를 통하여 아브라함과 다윗의 자손 예수 그리스도의 세계라는 말은 모든 인류의 구원을 알리는 복음이다.

* 참고 성구 * 창 14:19, 엡 3:20, 민 6:24, 마 1:1, 눅 3:23, 34

■ 기 도 ■ 하나님 아버지! 한 사람의 놀라운 헌신으로 모든 인류가 구원의 반열에 들게 되는 놀라운 말씀을 접하면서 참으로 우리들도 당신께 칭찬받는 헌신을 드리고자 하는 마음이 불일듯하게 일어납니다. 주여 부디 우리의 부족한 헌신을 가납하소서. 예수 그리스도의 이름으로 기도드립니다. 아멘.

♣ 헌금에 시험든 자 ♣

은혜 받는 자의 생활
♪ 353, 406, 447

■ 본 문 ■ 또 헤롯의 청지기 구사의 아내 요안나와 또 수산나와 다른 여러 여자가 함께 하여 자기들의 소유로 저희를 섬기더라【눅 8:3】

■ 서 론 ■ 미국의 설교가 비쳐는 "하나님께서는 우리로 하여금 다른 사람의 약함을 돌보게 하기 위해 우리에게 은혜를 주셨다."고 했다. 하나님의 은혜를 체험한 자는 그냥 가만히 있지를 못하고 무엇이든 하나님께서 기뻐하시는 일을 하고자 함이 정상이다. 은혜받은 자의 합당한 자세는?

I. 주님과 함께 하고자 한다
베드로는 나중에 비록 주님을 세번씩이나 부인하는 결과를 가져 왔지만 주님과 함께 하고자 하여 내가 주와 함께 옥에도, 죽는 데도 가기를 준비했다고 장담했다. 바울은 담대히 원하기를 차라리 몸을 떠나 주와 함께 거하는 삶을 바란다고 했다. 주와 동행하는 삶은 복되다.
* 참고 성구 * 눅 22:33, 요 14:23, 마 28:20, 수 1:7-9, 고후 5:8

II. 분량에 따라서 섬긴다
주께서 복음을 전파하시고 회당에서 가르치시고 모든 병든 것을 고치시는 사역을 하셨을 때 일곱 귀신이 나간 막달라 마리아와 요안나와 수산나와 다른 여러 여자들이 갈릴리에서 예루살렘까지 자기들의 소유로 주님을 섬기는 삶을 살았다. 성도들도 받은 분복대로 주를 섬기자.
* 참고 성구 * 마 25:14-15, 고전 12:4-11, 롬 12:3, 고전 12:27-30, 눅 8:2-3

III. 감사함으로 자원하여 섬긴다
예수께 나아와 중생에 관해 질문하다가 놀라운 메시지를 받은 니고데모와 아리마대 사람 요셉은 둘 다 예수의 수행 제자는 아니었지만 예수께서 돌아가신 뒤 아무도 그 시신을 찾지 않을 때 빌라도에게 가서 과감히 시신을 인수하여 후하게 장례를 치른 주를 자원해서 섬긴 자들이다.
* 참고 성구 * 벧전 5:2-4, 고후 9:6-7, 눅 19:8-9, 요 19:38-39

■ 기 도 ■ 하나님 아버지! 은혜받은 자의 생활을 볼진대 모두들 주님을 잘 섬긴 자들이요, 주님과 동행하기를 원한 자들이었습니다. 오늘 우리도 작은 자에게 한 것이 주님께 한 것임을 믿고 섬길 자를 찾아나서는 믿음을 주시옵소서. 예수 그리스도의 이름으로 기도드립니다. 아멘.

♣ 지도자를 거역하는 자 ♣

문둥이 미리암을 위한 기도
♪ 318, 482, 484

■ 본 문 ■ 그로 살이 반이나 썩고 죽어서 모태에서 나온 자같이 되게 마옵소서 모세가 여호와께 부르짖어 가로되 하나님이여 원컨대 그를 고쳐 주옵소서【민 12:12-13】

■ 서 론 ■ 미국의 부흥사 빌리 그래엄은 "기도는 아침의 열쇠요 저녁의 자물쇠이다."라고 했다. 모세는 자신을 비방하다가 문둥병에 걸린 누이 미리암을 위하여 여호와 하나님께 간절히 간구하는 기도를 드렸다. 이는?

I. 사죄의 은총을 얻기 위한 모세의 기도
하나님은 아론과 미리암에게 모세는 나의 온 집에 충성되었거늘 그와는 내가 대면하여 은밀한 말로 아니하며 명백히 말하고 내 형상을 보였다고 했다. 이러한 모세는 누이 미리암을 위하여 하나님이여, 원컨대 그를 고쳐 주옵소서라고 간절히 간구했다. 의인의 기도는 역사하는 힘이 크다.
* 참고 성구 * 히 9:12, 출 29:36, 민 5:8, 시 51:17, 약 5:15-16

II. 하나님의 이름을 높이기 위한 모세의 기도
문둥병은 하나님만이 고치실 수 있는 병이다. 미리암의 죄는 하나님의 사람에 대한 반역, 곧 하나님의 인도하심에 대한 반역이다. 그러나 죄가 아무리 크다 할지라도 회개할 때 하나님은 용서하신다. 모세는 미리암의 문둥병을 고침받고자 하나님께 간절히 기도했다. 이에 하나님은 미리암의 문둥병을 고치시고 영광을 나타내셨다.
* 참고 성구 * 왕하 5:7, 출 8:28, 삼상 1:10, 민 14:17-19, 마 8:3-4

III. 구함으로 마침내 응답받은 모세의 기도
모세의 간절한 구함으로 미리암은 칠 일을 진 밖에서 있다가 고침을 받았다. 하나님께서 고치실 수 있음을 믿고서 간구한 기도를 하나님은 거절치 않으시고 응답하셨다. 주님은 구하는 이마다 얻을 것이요 두드리는 이에게 열릴 것이라고 했다. 믿음의 기도는 병든 자를 일으킨다.
* 참고 성구 * 막 12:40, 눅 6:12, 마 7:8, 약 5:13-15

■ 기 도 ■ 하나님 아버지! 당신이 세우신 지도자를 비방하고 거역한 자들이 입은 참상을 보았습니다. 우리는 절대로 당신이 세우신 자를 거역지 않게 하시고 혹 거역하였더라도 회개하여 죄 사함을 받아 영혼이 깨끗해지게 하옵소서. 예수 그리스도의 이름으로 기도드립니다. 아멘.

♣ 지도자를 거역하는 자 ♣

고라당의 말로
♪ 317, 182, 187

■ 본 문 ■ 이 모든 말을 마치는 동시에 그들의 밑의 땅이 갈라지니라 땅이 그 입을 열어 그들과 그 가속과 고라에게 속한 모든 사람과 그 물건을 삼키매【민 16:31-32】

■ 서 론 ■ 희랍의 입법가인 라이피곱스는 "감사할 줄 모르는 자들을 벌하는 법을 따로 세우지 않은 까닭은 감사할 줄 모르는 자들은 하나님께서 벌하시기 때문이다."라고 했다. 여호와의 성막에서 일하는 은총을 입었음에도 오히려 제사장의 직분을 구하는 고라당을 하나님은 어떻게 벌하셨나?

I. 땅이 입을 열어 그들을 삼켰다

모세는 반역한 고라당을, 만일 여호와께서 새 일을 행하사 땅으로 입을 열어 이 사람들과 그들의 모든 소속을 삼켜 산 채로 음부에 빠지게 하시면 이 사람들이 여호와를 멸시한 것인줄 너희가 알리라고 했다. 그러자 말이 마치는 동시에 땅이 입을 열어 그들을 삼켜 버렸다.

* 참고 성구 * 민 26:10, 신 11:6, 대상 6:22, 37, 시 106:18, 민 16:30

II. 여호와의 총회 중에서 그들은 망했다

거룩한 하나님의 성막에서 일하던 그들은 분수에 지나치게 제사장의 자리까지 원하였다. 하나님은 레위의 자손이나 아론의 자손이 아닌 외인은 여호와의 성전에 분향치 못하게 했으니 그들은 여호와의 총회에서 망하게 되었다. 바울은 이와 같은 일이 거울이 되고 경계가 된다고 했다.

* 참고 성구 * 잠 11:15, 전 10:8, 암 8:14, 고전 10:5-11

III. 그들은 악인의 최후의 운명을 나타낸다

당을 지어 지도자에게 조직적인 반역을 행한 그들의 최후는 악인의 최후 운명을 극명히 보여주는 것이다. 유다서 기자는 이를 의식하여 화 있을진저 이 사람들이여, 가인의 길에 행하였으며, 삯을 위하여 발람의 어그러진 길로 몰려 갔으며, 고라의 패역을 좇아 멸망을 받았다고 했다.

* 참고 성구 * 마 3:12, 민 11:1, 레 10:2, 시 106:14-18, 유1:11

■ 기 도 ■ 하나님 아버지! 지도자를 반역한 고라당의 말로는 멸망뿐이었습니다. 자기 분수를 모르고 자기에게 맡기신 하나님의 일을 가벼이 여기고 업수이 여기며 더 큰 일을, 더 큰 지위를 욕망하는 일이 없도록 분별력과 자제력과 절제력을 허락해 주소서. 예수 그리스도의 이름으로 기도드립니다. 아멘.

♣ 지도자를 거역하는 자 ♣

배신자를 향한 긍휼하심
♪ 315, 332, 334

■ 본 문 ■ 너는 가서 북을 향하여 이 말을 선포하여 이르라 여호와께서 가라사대 패역한 이스라엘아 돌아오라 나의 노한 얼굴을 너희에게로 향하지 아니하리라 나는 긍휼이 있는 자라 노를 한없이 품지 아니하느니라 여호와의 말이니라【렘 3:12】

■ 서 론 ■ 영국의 시인이자 극작가인 셰익스피어는 "긍휼은 왕관 이상으로 존귀하다."고 했다. 긍휼에 해당하는 히브리어는 '자궁'을 가리키는 '라하밈'이고 헬라어로는 '사발(그릇)'을 가리키는 '스플랑크나'이다. 긍휼은?

I. 하나님께 돌아올 때 긍휼하심을 나타내심

악한 왕 아합이 옷을 찢고 굵은 베로 몸을 동이고 금식하고 굵은 베에 누우며 행보도 천천히 하며 하나님께 간구할 때 하나님은 엘리야에게 아합이 내 앞에서 겸비함을 네가 보느냐시며 재앙을 그의 시대에 내리지 않고 그 아들의 시대에 내린다시며 긍휼을 베푸셨다.

* 참고 성구 * 마 10:13, 민 16:50, 잠 7:20, 왕상 21:29, 욘 3:6-9

II. 자기 죄를 자복할 때 긍휼하심을 나타내심

다윗이 나단 선지자에게 내가 여호와께 죄를 범하였노라고 자복했을 때 나단이 다윗에게 대답하기를 여호와께서도 당신의 죄를 사하셨나니 당신이 죽지 아니하려니와 이 일로 인하여 여호와의 원수로 크게 훼방할 거리를 얻게 하였다고 했다. 자복하여 회개할 때 긍휼하심을 입게 된다.

* 참고 성구 * 행 19:18, 레 26:40, 렘 3:13, 삼하 12:13

III. 잘못된 길에서 돌이킬 때 긍휼하심을 나타내심

내 이름으로 일컫는 내 백성이 그 악한 길에서 떠나 스스로 겸비하고 기도하여 내 얼굴을 구하면 내가 하늘에서 듣고 그 죄를 사하고 그 땅을 고칠지라고 하셨다. 멸망의 성 니느웨가 잘못된 길에서 돌이키고 짐승들까지 금식하며 회개했을 때 하나님은 이를 감찰하시고 재앙을 내리시지 아니했다.

* 참고 성구 * 마 2:12, 신 2:1, 시 107:4, 대하 7:14, 욘 3:10

■ 기 도 ■ 하나님 아버지! 죄악의 길을 걷고 당신을 배신하였으나 당신께 돌아올 때, 자기 죄를 자복할 때, 잘못된 길에서 돌이킬 때, 당신은 오히려 긍휼과 연민을 베풀어 더욱 사랑하였음을 봅니다. 주여, 우리의 죄를 회개하오니 우리에게 당신의 긍휼을 내리소서. 예수 그리스도의 이름으로 기도드립니다. 아멘.

♣ 지도자를 거역하는 자 ♣

가룟 유다의 말로
♪ 320, 507, 508

■ 본 문 ■ 유다가 은을 성소에 던져 놓고 물러가서 스스로 목매어 죽은지라 대제사장들이 그 은을 거두며 가로되 이것은 피 값이라 성전고에 … 【마 27:5-6】

■ 서 론 ■ 영국의 시인 죠지 채프먼은 "인간의 판단은 운명이 기대는 쪽으로 기울어진다."고 했다. 예수의 제자 열 둘 중 하나였고 일행의 재정을 맡아볼 만큼 뛰어난 머리를 가진 가룟 유다의 비극적인 말로는 오늘 우리에게 무엇을 시사하는가. 유다의 비참한 말로는?

Ⅰ. 죄의 두려움에 대한 경고이다

히브리서 기자는 한 번 비췸을 얻고 하늘의 은사를 맛보고 성령에 참여한 바 되고 하나님의 선한 말씀과 내세의 능력을 맛보고 타락한 자들은 다시 새롭게 하여 회개케 할 수 없다고 했다. 죄는 하나님과 인간 사이에 높은 담을 쌓게 한다. 가룟 유다의 전철을 밟지 말자.
* 참고 성구 * 요 8:34, 롬 6:12-14, 잠 11:22, 겔 18:4, 히 6:4-6

Ⅱ. 기회 상실의 비극을 일깨운다

가룟 유다는 예수께서 정죄됨을 보고 스스로 뉘우쳤다고 했다. 그래서 은 삼십을 도로 대제사장들과 장로들에게 갖다 주었다. 후회하는 것과 회개하는 것은 진정 그 의미가 다르다. 기회는 단 한 번밖에 없었으나 가룟 유다는 자신의 목숨을 스스로 의지대로 행하는 비극을 연출했다.
* 참고 성구 * 롬 13:11-14, 고후 6:2, 엡 5:16, 행 1:18

Ⅲ. 하나님의 준엄한 심판을 보여 준다

히브리서 기자는 하나님의 아들을 밟고 자기를 거룩하게 한 언약의 피를 부정한 것으로 여기고 은혜의 성령을 욕되게 하는 자의 당연히 받을 형벌이 얼마나 더 중하겠느냐 너희는 생각하라고 했다. 진리를 배신하고 하나님의 아들을 악인에게 넘겨준 그의 심판은 합당한 것이다.
* 참고 성구 * 갈 6:7-8, 계 22:12, 사 3:10-11, 히 10:29-30

■ 기 도 ■ 하나님 아버지! 가룟 유다의 비참한 말로는 죄에 대한 두려움과 당신의 준엄한 심판을 여실히 보여 줍니다. 행여라도 우리 가운데서 예수를 능멸하고 그가 구세주이심을 부인하는 따위의 극악한 일들이 일어나지 않게 믿음에 바로 서게 하소서. 예수 그리스도의 이름으로 간절히 기도드립니다. 아멘.

♣ 지도자를 거역하는 자 ♣

신앙 배반자의 운명
♪ 412, 252, 265

■ 본 문 ■ 곧 베드로의 발 앞에 엎드려져 혼이 떠나는지라 젊은 사람들이 들어와 죽은 것을 보고 메어다가 그 남편 곁에 장사하니 온 교회와 이 일을 듣는 사람들이 다 크게 두려워하니라【행 5:10-11】

■ 서 론 ■ 미국의 목사 호레이스 부쉬넬은 "모든 사람의 삶은 하나님의 계획이다."라고 했다. 비극의 부부 아나니아와 삽비라는 성령을 속이고 하나님을 속인 죄로 부부가 혼절하여 죽는 운명을 맞았다. 이 사건이 시사하는 것은?

I. 모든 죄가 주 앞에 드러남을 알 것
주님은 감추인 것이 드러나지 않을 것이 없고 숨은 것이 알려지지 않을 것이 없다고 단언하셨다. 죄악은 감추어도 자연히 드러난다. 죄악의 쿠린 냄새는 어떻게 숨겨도 사방으로 냄새를 풍길 수밖에 없다. 성도는 죄를 지었으면 회개하고 죄 사함을 받아야지 감추려고 들면 안된다.
* 참고 성구 * 살전 2:4, 민 32:23, 욥 20:27, 눅 12:2

II. 하나님은 공의로 심판하심을 알 것
바울은 우리가 다 반드시 그리스도의 심판대 앞에 드러나 각각 선악간에 그 몸으로 행한 것을 따라 받으려 함이라고 했다. 하나님의 심판은 공의로운 것이다. 그들이 행한 대로 의인은 영생으로 악인은 영벌에 처해지는 것이다. 공의의 하나님이 공의로 심판하심에 누가 변명을 하겠는가.
* 참고 성구 * 행 10:34-35, 시 103:6, 습 3:5, 고후 5:10

III. 죄에는 형벌이 따르게 됨을 알 것
불순종하여 선악과를 따게 된 인류의 시조 아담과 하와와 및 뱀은 죄에 따른 형벌을 받게 되었다. 사도 요한은 그의 계시록에서 각종 죄악을 범한 자들을 열거하면서 그들은 불과 유황으로 타는 못에 참여하리니 곧 둘째 사망이라고 했다. 죄를 짓지 말 것은 형벌이 있음이다.
* 참고 성구 * 잠 11:22, 겔 18:4, 암 5:18-19, 계 21:8, 창 3:12-19

■ 기 도 ■ 하나님 아버지! 신앙배반자의 말로는 곧 죽음뿐임을 알게 하시니 감사합니다. 우리들 성도들은 굳건히 신앙을 지키고 속이거나 배신치 않게 바른 길로 인도하여 주시고 항상 진리로 무장하여 영적으로 깨어있는 삶이 되도록 인도하소서. 예수 그리스도의 이름으로 기도드립니다. 아멘

♣ 지도자를 거역하는 자 ♣

으뜸이 되길 좋아한 자
♪ 347, 210, 212

■ 본 문 ■ 내가 두어자를 교회에게 썼으나 저희 중에 으뜸되기를 좋아하는 디오드레베가 우리를 접대하지 아니하니【요삼 1:9】

■ 서 론 ■ 중국 춘추시대의 사상가 장자는 "탐욕스러운 자는 재산이 쌓이지 않으면 근심하고 교만한 사람은 권세가 늘어나지 않으면 슬퍼한다."고 했다. 교회에서 으뜸되기를 좋아한 디오드레베의 악한 소위는 오늘 우리에게 시사하는 바가 크다. 디오드레베의 악한 일을 피하려면?

I. 교만한 마음을 버려야 한다

잠언 기자는 사람의 마음의 교만은 멸망의 선봉이요 겸손은 존귀의 앞잡이니라고 하였고, 사도 베드로는 서로 겸손으로 허리를 동이라 하나님이 교만한 자를 대적하시되 겸손한 자들에게는 은혜를 주신다고 했다. 교만한 마음은 마귀가 가져다 주는 것인즉 교만을 물리치자.

* 참고 성구 * 마 23:11-12, 잠 18:12, 사 14:12-17, 벧전 5:5

II. 편협한 태도를 버려야 한다

야고보서 기자는 만일 너희가 외모로 사람을 취하면 죄를 짓는 것이니 율법이 너희를 범죄자로 정하리라고 했다. 부자들을 좋은 자리에, 가난한 자를 천대하는 편협한 태도를 버리지 않으면 큰 징계가 있을 것이다. 자기도 형제를 접대치 않으면서 접대하는 형제를 쫓아내는 편협함을 금하자.

* 참고 성구 * 요 4:9, 행 10:28, 약 2:1, 9, 잠 16:18, 마 20:27

III. 죄와 불의를 멀리해야 한다

사도 요한은 악한 것을 본받지 말고 선한 것을 본받으라며 선을 행하는 자는 하나님께 속하였고 악을 행하는 자는 하나님을 뵈옵지 못하였다고 했다. 바울은 악은 모든 모양이라도 버리라고 했다. 죄, 곧 '하말티아'와 불의, 곧 '아디키아'를 멀리해야 영에 속한 사람이 된다.

* 참고 성구 * 고전 15:34, 딤후 2:19, 겔 18:4, 살전 5:22, 요삼 1:11

■ 기 도 ■ 하나님 아버지! 으뜸이 되기를 좋아한 디오드레베처럼 교만하며, 편협하며, 죄와 불의를 가까이 하지 않도록 은혜를 내려주시옵소서. 성도들끼리 서로 겸손으로 허리를 동이며 나보다 남을 낫게 여기는 마음을 허락하시옵소서. 예수 그리스도의 이름으로 기도드립니다. 아멘.

♣ 지도자를 거역하는 자 ♣

참된 성도의 태도
♪ 249, 201, 514

■ 본 문 ■ 형제를 사랑하여 서로 우애하고 존경하기를 서로 먼저 하며 부지런하여 게으르지 말고 열심을 품고 주를 섬기라【롬 12:10-11】

■ 서 론 ■ "성도의 행위는 하나님의 역사의 연장이다."라고 어느 신학자는 말했다. 성도의 자세를 보고 불신자들은 하나님을 평가한다. 그러므로 우리의 일거수 일투족은 하나님의 영광을 나타내야 하는 것이다. 참된 성도의 태도 여하에 따라서 교회가 영광을 받는다. 성도의 태도는?

Ⅰ. 악을 멀리하고 선행에 힘쓸 것
성도는 악을 멀리하고 선행에 힘써야 한다. 주님은 이같이 너희 빛을 사람 앞에 비취게 하여 저희로 너희 착한 행실을 보고 하늘에 계신 너희 아버지께 영광을 돌리게 하라고 하셨다. 악을 배격하고 선한 일과 선한 사업에 부하고 이웃에 대한 의무를 다할 때 큰 상급이 있다.
* 참고 성구 * 엡 2:10, 살전 5:22, 딤전 6:17-19, 마 5:16

Ⅱ. 주를 위한 고난을 인내할 것
바울은 우리가 환난 중에도 즐거워하나니 이는 환난은 인내를, 인내는 연단을, 연단은 소망을 이루는 줄 앎이로다라고 했다. 또한 그리스도의 고난이 우리에게 넘친 것같이 우리의 위로도 그리스도로 말미암아 넘친다고 했다. 주를 위한 고난을 인내할 것은 하늘의 상급을 바람이다.
* 참고 성구 * 마 5:10-12, 요 15:18-20, 딤후 3:12, 롬 5:3-4, 고후 1:5

Ⅲ. 이웃에 대한 의무를 다할 것
주님은 선한 사마리아 사람의 비유를 말씀하시면서 네 의견에는 이 세 사람 중에 누가 강도 만난 자의 이웃이 되겠느냐며 되물으셨다. 우리는 이웃에게 자비를 베푸는 의무를 다해야 하겠다. 그럴 때 장래에 자기를 위하여 좋은 터를 쌓고 새 생명을 취하는 것임을 깨닫자.
* 참고 성구 * 마 10:8, 롬 15:1-2, 히 13:2, 눅 10:29-37

■ 기 도 ■ 하나님 아버지! 참된 성도는 악을 멀리하고 선행을 힘쓰며, 주를 위한 고난을 인내하며, 이웃에 대한 의무를 다하는 자입니다. 오늘 택자로 부름을 입은 당신의 백성답게 이 모든 일에 부족함이 없도록 인도해 주시옵소서. 예수 그리스도의 이름으로 기도드립니다. 아멘.

♣ 지도자를 거역하는 자 ♣

젊은이의 순종
♪ 377, 347, 507

■ 본 문 ■ 잘 다스리는 장로들을 배나 존경할 자로 알되 말씀과 가르침에 수고하는 이들을 더할 것이니라【딤전 5:17】

■ 서 론 ■ "목자가 양을 돌보듯이 목사는 성도들의 영혼을 돌보는 영혼의 목자이다."라고 어느 신학자는 말했다. 순종은 하나님께서 가장 기뻐하시는 일로서 성도가 하나님께 청종하는 자세야말로 하나님을 존중히 여겨드리고 하나님의 주권을 인정하는 일이 된다. 영혼의 목자에게 성도는?

Ⅰ. 주의 종들의 의견을 존중함
게네사렛 호수에서 고기를 잡는 일로 생계를 유지하는 어부인 시몬 베드로에게 주님은 깊은 데로 가서 그물을 내려 고기를 잡으라고 했다. 이때 베드로는 선생이여, 우리들이 밤이 맞도록 수고를 하였으되 얻은 것이 없지마는 말씀에 의지하여 내가 그물을 내리리이다 하며 순종했다.
  * 참고 성구 * 마 10:40-42, 요 20:21-23, 암 3:7, 눅 5:5

Ⅱ. 주의 종들의 필요를 공급함
바울은 빌립보 교회에게 보낸 편지에서 에바브로디도 편에 너희의 준 것을 받으므로 내가 풍족하니 이는 받으실 만한 향기로운 제물이요 하나님을 기쁘시게 한 것이라고 했다. 오네시보로는 옥에 갇힌 바울을 부끄러워 않고 자주 찾아서 바울을 위로하고 섬긴 자이다.
  * 참고 성구 * 마 25:31-46, 고전 4:7, 갈 6:6, 빌 4:18, 딤후 2:16

Ⅲ. 주의 종들의 가르침에 순종함
히브리서 기자는 너희를 인도하는 자들에게 순종하고 복종하라면서 저희는 너희 영혼을 위하여 경성하기를 자기가 회계할 자인 것같이 한다고 했다. 이어서 저희로 하여금 즐거움으로 이것을 하게 하고 근심으로 하게 말라 그렇지 않으면 너희에게 유익이 없다고 말하였다.
  * 참고 성구 * 마 28:19-20, 딤후 4:1-5, 계 22:18-19, 삼상 15:22, 히 13:17

■ 기 도 ■ 하나님 아버지! 영혼의 목자되신 주의 종들에게 복종하고 순종하며 그들을 존경하며 그들의 필요를 공급하는 우리 성도가 되게 하시어 주의 종들의 입에서 항상 복된 말씀과 진리만 선포되게 축복하여 주시옵소서. 예수 그리스도의 이름으로 기도드립니다. 아멘.

♣ 정치인 ♣

요셉의 집권
♪ 246, 248, 249

■ 본 문 ■ 너는 내 집을 치리하라 내 백성이 다 네 명을 복종하리니 나는 너보다 높음이 보좌뿐이니라 바로가 또 요셉에게 이르되 내가 너로 애굽 온 땅을…【창 41:40-41】

■ 서 론 ■ 프랑스의 극작가 코르네이유는 "전권을 가진 자는 오히려 모든 것을 두려워해야 한다."고 했다. 바울은 각 사람은 위에 있는 권세들에게 굴복하라. 권세는 하나님께로 나지 않음이 없다고 했다. 요셉의 집권은?

I. 하나님의 은혜로 된 총리대신
하나님은 애굽으로 팔려간 요셉을 사랑하셔서 늘 함께 하는 임마누엘의 은혜로 그를 보살피셨다. 보디발의 집에서도, 왕의 죄수를 가두는 옥에서도, 이제 그가 바로의 꿈을 해몽하는 지혜로 총리대신이 되었을 때도 하나님은 요셉에게 함께 하셨다. 형통한 자는 하나님께서 함께 하는 자이다.
  * 참고 성구 * 행 7:9-10, 마 1:23, 눅 1:28, 시 105:21, 롬 13:1

II. 뭇 사람들에게 인정을 받는 총리대신
바로의 꿈을 일사천리로 해석하며 그 처방까지 알리는 요셉을 보며 바로와 그 모든 신하가 이를 좋게 여겼다고 창세기 기자는 전하고 있다. 꿈을 해석만 할 뿐 처방이 부족하면 소 잃고 외양간 고치는 격이 될 뿐이다. 애굽의 왕 바로와 신하들은 요셉의 능력과 명철을 인정하여 그를 총리대신이 되게 했다.
  * 참고 성구 * 롬 1:4, 왕상 8:33, 잠 3:6, 단 6:4, 창 41:37

III. 하나님의 성호를 높이는 총리대신
요셉은 하나님을 모르는 이방의 애굽 왕 바로에게 하나님의 존재와 그 성호를 높이게 되었다. 바로는 요셉을 향해 이와 같이 하나님의 신에 감동한 사람을 우리가 어찌 얻을 수 있으리요 하면서 하나님이 이 모든 것을 네게 보이셨으니 너는 명철하고 지혜 있는 자라고 했다.
  * 참고 성구 * 롬 15:11, 대상 16:36, 신 10:17, 단 2:47, 6:26, 창 41:38

■ 기 도 ■ 하나님 아버지! 요셉이 총리대신이 된 것은 모두 하나님의 은혜요 그럼으로써 그는 뭇 사람들에게 인정을 받게 되었고, 결국에는 하나님의 성호를 높이게 되었습니다. 이 나라에 요셉과 같이 당신의 신으로 감동한 자가 나와서 하나님의 명철과 지혜로 이 나라를 다스리게 인도해 주시옵소서. 예수 그리스도의 이름으로 기도드립니다. 아멘.

♣ 정치인 ♣

의로운 지도자
♪ 381, 383, 506

■ 본 문 ■ 이에 총리들과 방백들이 국사에 대하여 다니엘을 고소할 틈을 얻고자 하였으나 능히 아무 틈, 아무 허물을 얻지 못하였으니 이는 그가 충성되어 아무 그릇함도 없고 아무 허물도 없음이었더라【단 6:4】

■ 서 론 ■ 영국의 신학자 매튜 헨리는 "하나님의 거룩함에 참여하고 진실로 선하게 사는 것보다 더 사람을 위대하게 만드는 것은 아무것도 없다."고 했다. 포로의 몸에서 일약 바벨론의 총리에 오른 다니엘은?

I. 하나님께서 높이시는 지도자였다

하나님은 다니엘과 함께 하셔서 그를 마음이 민첩하여 총리들과 방백들 위에 뛰어나게 하여 왕이 그를 세워 전국을 다스리게 하고자 했다. 하나님과 함께 하는 자는 명철과 지혜가 뛰어나므로 자연히 높은 지위를 얻게 마련이다. 하나님을 경외하는 자는 남을 다스리는 자가 된다.
* 참고 성구 * 약 1:9, 욥 5:11, 사 2:11, 창 41:38, 단 6:3

II. 주위 사람에게 인정받는 지도자였다

다니엘을 시기하던 자들은 다니엘의 신앙생활을 관찰하여 그것을 올무로 삼아 다니엘을 음해하려고 했다. 이를 알고도 다니엘은 예루살렘을 향하여 하루 세번 하나님께 기도했다. 다리오 왕은 이런 다니엘을 구하고자 마음을 쓰며 힘을 다하여 해 질 때까지 이르렀음은 그를 인정하고 아꼈기 때문이다.
* 참고 성구 * 롬 1:4, 왕상 8:33, 시 1:6, 창 41:43, 단 6:14

III. 핍박을 함께 받기도 하는 지도자였다

할 수 없이 사자굴에 다니엘을 던져 넣는 자리에서 왕은 네가 항상 섬기는 네 하나님이 너를 구원하시리라고 했다. 의롭게 사는 자는 남의 음해와 핍박을 받게 마련인가 보다. 신앙생활을 바벨론의 총리직보다 귀히 여긴 다니엘의 신앙은 오늘을 살아가는 우리에게 큰 귀감이 된다.
* 참고 성구 * 행 19:16, 왕하 5:23, 사 14:6, 단 6:23, 딤 3:12

■ 기 도 ■ 하나님 아버지! 다니엘을 사자굴에서 살리시고 대적들을 오히려 사자밥이 되게 하신 당신의 사랑과 은총을 감사드립니다. 의로운 지도자 다니엘처럼 신앙을 위해 모든 것을 희생하는 믿음의 지도자가 이 땅에 많이 배출하게 하소서. 예수 그리스도의 이름으로 기도드립니다. 아멘.

♣ 정치인 ♣

범죄한 집권자의 죽음
♪ 346, 383, 539

■ 본 문 ■ 헤롯이 날을 택하여 왕복을 입고 위에 앉아 백성을 효유한대 백성들이 크게 부르되 이것은 신의 소리요 사람의 소리는 아니라 하거늘 헤롯이 영광을 하나님께로 돌리지 아니하는고로 주의 사자가 곧 치니 충이 먹어 죽으니라【행 12:21-23】

■ 서 론 ■ 미국의 작가 엘버트 허버드는 "권력은 쓸 줄 아는 사람에게로 흘러간다."고 했다. 권력을 남용하고 백성들을 강압하여 아첨의 소리를 들은 헤롯 아그립바는 죽어 마땅한 자이다. 헤롯의 죽음이 경고하는 것은 무엇인가?

Ⅰ. 경배의 대상은 오직 하나님뿐임을 알 것
선지자 이사야는 나는 여호와니 이는 내 이름이라 나는 내 영광을 다른 자에게 내 찬송을 우상에게 주지 아니하리라는 말씀을 그의 책에 기록했다. 주님도 마귀가 천하만국을 보이며 절하라고 하자 사단아, 물러가라 주 너의 하나님께 경배하고 다만 그를 섬기라며 꾸짖었다.
* 참고 성구 * 마 4:10, 신 10:12, 잠 9:10, 사 42:8, 단 3:18

Ⅱ. 교만의 두려움에 대한 경고임을 알 것
잠언 기자는 교만은 패망의 선봉이요 거만한 마음은 넘어짐의 앞잡이라고 했다. 야고보서 기자도 하나님은 교만한 자를 물리치시고 겸손한 자에게 은혜를 주신다며 주 앞에서 낮추라 그리하면 주께서 너희를 높이시리라고 했다. 헤롯의 죽음은 그의 오만방자한 교만에 있었다.
* 참고 성구 * 마 23:11-12, 잠 16:18, 사 14:12-17, 겔 16:49, 약 4:6, 10

Ⅲ. 하나님은 인간 영혼의 소유주 되심을 알 것
어리석은 부자를 향하여 주님은 어리석은 자여, 오늘 밤에 네 영혼을 도로 찾으리니 그러면 네 예비한 것이 뉘 것이 되겠느냐 하셨다. 인간의 영혼의 소유주는 하나님이시다. 영혼의 주인을 경멸히 여기는 자는 그 주인에게 멸시를 받을 것이요 그의 생은 단축될 수밖에 없다.
* 참고 성구 * 눅 12:16-21, 롬 14:7-8, 겔 18:4, 단 5:25, 30, 삼상 2:30

■ 기 도 ■ 하나님 아버지! 범죄한 집권자 헤롯 아그립바의 죄는 당신의 영광을 찬탈한 것이었습니다. 이에 교만의 두려움을 깨닫고 천하보다 귀한 영혼의 소유주가 당신임을 알게 하시어 하늘과 백성을 업수이 여기지 않는 우리의 위정자가 되게 하옵소서. 예수 그리스도의 이름으로 기도드립니다. 아멘.

♣ 법조인 ♣

주의 법을 성취하려면
♪ 367, 187, 316

■ 본 문 ■ 너희는 자유의 율법대로 심판받을 자처럼 말도 하고 행하기도 하라 긍휼을 행하지 아니하는 자에게는 긍휼 없는 심판이 있으리라 긍휼은 심판을 이기고 자랑하느니라【약 2:12-13】

■ 서 론 ■ 미국의 목사 앨리는 "법은 하나님의 말없는 배석판사이다."라고 했다. 시편 기자는 주의 말씀은 내 발에 등이요 내 길에 빛이니이다라고 했다. 법은 빛이다. 법을 집행하는 자가 빛의 광명처럼 밝게 해야 하는 이유는?

Ⅰ. 하나님은 중심을 보시는 분이시므로
하나님은 사무엘에게 일러 그 용모와 신장을 보지 말라 내가 이미 그를 버렸노라 나의 보는 것은 사람과 같지 아니하니 사람은 외모를 보거니와 나 여호와는 중심을 보느니라고 하셨다. 무릇 법의 바른 집행을 위해서는 사람의 재산, 학력, 용모, 인맥, 명예 등 외적 요소보다 내적요소를 중시하자.
* 참고 성구 * 약 2:1, 삼상 16:7, 신 1:17, 행 10:34, 시 119:105

Ⅱ. 하나님은 가난한 자를 사랑하시는 분이시므로
하나님은 이방의 나그네와 과부와 고아와 가난한 자에게 관심이 많으시며 그들을 긍휼히 여기신다. 잠언 기자는 귀를 막아 가난한 자의 부르짖는 소리를 듣지 아니하면 자기의 부르짖을 때에도 들을 자가 없다고 했다. 법 위에 사랑이 있다. 약한 자를 사랑하는 것은 바른 법의 집행이다.
* 참고 성구 * 마 22:16, 요 7:24, 골 3:25, 잠 21:13, 출 22:21-27

Ⅲ. 하나님은 인간 차별을 악하게 보시는 분이시므로
야고보서 기자는 너희가 아름다운 옷을 입은 자를 돌아보고 여기 좋은 자리에 앉으소서 하고 또 가난한 자에게 이르되 너는 거기 섰든지 내 발등상 아래 앉으라 하면 너희끼리 서로 구별하며 악한 생각으로 판단하는 자가 된다고 했다. 인간차별은 악한 행위요 행실이다.
* 참고 성구 * 행 10:34, 갈 2:6, 롬 2:11, 약 2:1-9

■ 기 도 ■ 하나님 아버지! 법을 집행하고 성취하려면 우선 그 중심을 보고 다음에는 가난한 자를 멸시치 아니하며 마지막에는 사람을 차별치 않는 것이라고 성경은 말씀하고 있습니다. 부디 이 사실들을 유념하여 사랑의 법을 집행하도록 하소서. 예수 그리스도의 이름으로 기도드립니다. 아멘.

♣ 공무원 ♣

잘 믿는 관원
♪ 346, 204, 340

■ 본 문 ■ 아합이 궁내대신 오바댜를 불렀으니 이 오바댜는 크게 여호와를 경외하는 자라 이세벨이 여호와의 선지자들을 멸할 때에 오바댜가 선지자 일백인을 가져 오십 인씩 굴에 숨기고 떡과 물을 먹였었더라【왕상 18:3-4】

■ 서 론 ■ 영국의 경제학자 존 스튜어트 밀은 "한 국가의 가치는 그 국가를 구성하고 있는 개개인의 가치이다."라고 했다. 오바댜는 믿음이 돈독하고 여호와를 경외한 훌륭한 신앙인이었다. 오바댜의 삶은?

I. 여호와를 경외하는 삶을 산 오바댜

열왕기상 기자는 오바댜를 일러 크게 여호와를 경외하는 자라고 했다. 여호와를 경외하는 것은 사람으로 생명에 이르게 하는 것이라 경외하는 자는 족하게 지내고 재앙을 만나지 아니하느니라고 잠언 기자는 말했다. 하나님을 경외하고 그 명령을 지키는 것은 사람의 본분이다.
　* 참고 성구 * 행 10:4, 출 14:31, 레 19:3, 잠 19:23, 왕상 18:3

II. 선지자들을 돌본 믿음의 오바댜

오바댜는 이세벨이 여호와의 선지자들을 죽일 때에 자신의 위험을 무릅쓰고 여호와의 선지자 중에 일백 인을 오십 인씩 굴에 숨기고 떡과 물을 먹인 믿음의 사람이었다. 살벌하고 공포가 가득한 가운데서도 하나님의 선지자들을 돌본 그의 믿음은 가히 크나큰 믿음이 아닌가.
　* 참고 성구 * 롬 4:5, 갈 2:16, 합 2:4, 딤후 1:16-18, 왕상 18:4, 13

III. 주의 종의 말씀에 순종한 오바댜

엘리야는 오바댜에게 아합에게 가서 내가 여기 있다고 고하라고 했다. 그때 오바댜는 전후 사정을 이야기하고서는 내가 엘리야가 여기 있다고 하면 오바댜 자신을 죽일 것이라고 했다. 그러나 오바댜는 죽음을 두려워하지 않고 아합에게 엘리야의 소재를 밝혔다. 죽음을 두려워하지 않는 순종은 큰 믿음이다.
　* 참고 성구 * 고후 2:9, 신 30:2, 렘 35:8, 몬 1:21

■ 기 도 ■ 하나님 아버지! 당신의 훌륭한 백성 오바댜의 삶은 공무원으로서의 신앙 양심을 바르게 가진 귀감이 되는 큰 믿음의 사람이었습니다. 오바댜와 같은 공무원이 이 나라에도 많이 일어나게 축복하여 주시옵소서. 예수 그리스도의 이름으로 기도드립니다. 아멘.

♣ 공무원 ♣

백성을 섬기는 자세
♪ 371, 444, 437

■ 본 문 ■ 너희 중에는 그렇지 아니하니 너희 중에 누구든지 크고자 하는 자는 너희를 섬기는 자가 되고 너희 중에 누구든지 으뜸이 되고자 하는 자는 너희 종이 되어야 하리라【마 20:26-27】

■ 서 론 ■ "사람들에게 칭찬받는 일은 하늘에서 상이 없고 숨은 봉사만 하늘에서 상급이 있다."고 어느 신학자는 말했다. 이 땅에서 공무원으로 임명을 받아 공무를 집행하는 믿음의 성도들의 자세는?

Ⅰ. 겸손한 마음을 가지는 자세
주님은 너희는 사람 앞에서 스스로 옳다 하는 자이나 너희 마음을 하나님께서 아시나니 사람 중에 높임을 받는 그것은 하나님 앞에 미움을 받는 것이라고 하셨다. 베드로는 겸손으로 허리를 동이라 하나님이 교만한 자를 대적하시되 겸손한 자들에게는 은혜를 주신다고 했다.
* 참고 성구 * 마 23:11-12, 약 4:6, 잠 22:4, 벧전 5:5, 눅 16:5

Ⅱ. 섬기는 자리에 서는 자세
주님은 인자의 온 것은 섬김을 받으려 함이 아니라 도리어 섬기려 하고 자기 목숨을 많은 사람의 대속물로 주려 함이라고 하셨다. 사람들은 모두 섬김을 받으려고 하지 섬기려 하지 않는다. 그러나 믿음을 가진 신앙인은 그리스도처럼 섬기려는 자세로 일관해야 올무에 걸리지 않는다.
* 참고 성구 * 막 10:43-45, 눅 22:27, 요 13:4-5, 요삼 1:9-11

Ⅲ. 그리스도를 본받는 자세
주님은 나는 마음이 온유하고 겸손하니 나의 멍에를 메고 내게 배우라 그러면 너희 마음이 쉼을 얻으리라고 하셨다. 무릇 이 나라의 녹을 먹는 공무원의 직위고하를 막론하고 그리스도의 이 자세를 배워야 할 것이다. 온유와 겸손으로 일할 때 모든 어려움이 사라진다.
* 참고 성구 * 고전 4:16, 빌 2:5, 고전 11:1, 벧후 1:5-7, 마 11:29

■ 기 도 ■ 하나님 아버지! 무릇 관리된 자는 겸손한 마음을 가지고 섬기는 자리에 서며 그리스도를 본받는 자세를 견지하여 하나님의 나라가 이 땅에 세워지는 일에 큰 일조를 할 수 있도록 축복하여 주시옵소서. 예수 그리스도의 이름으로 기도드립니다. 아멘.

♣ 군인 ♣

예수의 군사
♪ 387, 87, 97

■ 본 문 ■ 네가 그리스도 예수의 좋은 군사로 나와 함께 고난을 받을지니 군사로 다니는 자는 자기 생활에 얽매이는 자가 하나도 없나니 이는 군사로 모집한 자를 기쁘게 하려 함이라【딤후 2:3-4】

■ 서 론 ■ 영국의 성직자 토마스 섹커는 "인간은 하나님을 섬겨야 할 뿐만 아니라 자신을 드려야 할 의무가 있다."고 했다. 불철주야로 신앙과 국방을 위해 선택되어진 자들, 곧 군사는?

I. 영적 능력을 소유한 군사
그리스도의 군사는 진리의 허리띠를 띠고, 의의 흉배를 붙이고, 평안의 복음의 신을 신고, 믿음의 방패를 가지고, 구원의 투구를 쓰고, 성령의 검 곧 하나님의 말씀을 가져야 한다. 이렇게 영적 능력으로 하나님의 전신갑주를 입고 있을 때 대적들의 공격을 막으며 무찌를 수가 있는 것이다.
* 참고 성구 * 눅 24:49, 요 16:13, 행 1:8, 엡 6:13-17

II. 신실한 일꾼들을 훈련시키는 군사
너는 말씀을 전파하라 때를 얻든지 못 얻든지 항상 힘쓰라 범사에 오래 참음과 가르침으로 경책하며 경계하며 권하라고 바울은 믿음의 아들 디모데에게 말하면서 너는 모든 일에 근신하여 고난을 받으며 전도인의 일을 다하며 네 직무를 다하라고 했다. 훌륭한 군사는 잘 훈련된 자이다.
* 참고 성구 * 마 28:19-20, 막 3:13, 딤후 4:1-5, 딛 2:15

III. 그리스도의 고난에 동참하는 군사
바울은 이 후로는 누구든지 나를 괴롭게 말라 내가 내 몸에 예수의 흔적을 가졌다고 했다. 바울은 계속되는 핍박과 고난을 이르면서 자기 자신의 몸에는 예수 때문에 입은 핍박과 고난의 흔적이 있다고 했다. 좋은 군사는 그를 모집한 자의 고난에 동참하는 자로서 영광도 함께 한다.
* 참고 성구 * 막 10:30, 롬 8:17, 빌 1:29, 갈 6:17

■ 기 도 ■ 하나님 아버지! 예수의 좋은 군사는 영적 능력을 소유하며, 신실한 일꾼들을 훈련시키며, 그리스도의 고난에 동참하는 자입니다. 오늘 예수의 군사로 선택된 모든 이들은 스스로 책임을 다하여 군사로 뽑은 당신을 기쁘게 하는 자들이 되게 하소서. 예수 그리스도의 이름으로 기도드립니다. 아멘.

♣ 군인 ♣

누가 우리를 대적할까
♪ 388, 404, 407

■ 본 문 ■ 군대가 나를 대적하여 진 칠지라도 내 마음이 두렵지 아니하며 전쟁이 일어나 나를 치려 할지라도 내가 오히려 안연하리로다【시 27:3】

■ 서 론 ■ 미국의 시인이요 노예해방을 위한 문필가였던 존 그린리프 위티어는 "하나님의 미소는 승리이다."라고 했다. 기드온의 삼백 정병이 수만의 미디안 군사를 무찌른 이면에는 하나님의 역사하심이 있었기 때문이다. 우리의 주는?

I. 주께서는 우리의 빛이 되신다

출애굽 한 이스라엘 백성을 위하여 여호와 하나님께서는 이스라엘의 앞에서 행하시어 낮에는 구름 기둥으로 그 길을 인도하시고 밤에는 불기둥으로 그들에게 비추사 주야로 행진케 하셨다. 하나님이 함께 하시어 빛을 비추는 자에게는 당할 자가 없다. 오직 하나님의 얼굴만 바라자.
 * 참고 성구 * 요 8:12, 사 60:20, 미 7:8, 출 13:21

II. 주께서는 우리의 구원자가 되신다

블레셋의 골리앗 앞에 무서워서 떨던 이스라엘 군대의 위급함을 보고 목동 다윗은 의분이 충천하여 여호와께서 나를 사자의 발톱과 곰의 발톱에서 건져 내셨은즉 나를 이 블레셋 사람의 손에서도 건져 내시리이다고 사울 왕에게 이르자 사울은 가라, 여호와께서 너와 함께 하시기를 빈다고 했다.
 * 참고 성구 * 갈 5:1, 13, 출 15:2, 시 118:14, 사 12:2, 삼상 17:37

III. 주께서는 우리의 보호자가 되신다

잠언 기자는 지혜로도 명철로도 모략으로도 여호와를 당치 못하느니라 싸울 날을 위하여 마병을 예비하거니와 이김은 여호와께 있느니라고 했다. 여호와는 나의 반석이시요 나의 요새시요 나를 건지는 자시요 나의 하나님이시요 나의 피할 바위시요 나의 방패시라고 시편 기자는 노래했다.
 * 참고 성구 * 요 10:28-29, 딤후 1:12, 시 18:2, 딤후 4:17-18, 잠 21:30-31

■ 기 도 ■ 하나님 아버지! 당신의 택한 백성을 누가 감히 대적하겠습니까? 당신은 우리의 빛이 되시며, 우리의 구원자가 되시며, 우리의 보호자가 되시는 분이십니다. 여호수아가 대적 아모리를 칠 때 태양이 머물고 달이 그친 기적을 나타내실 줄 믿고 십자가 군병으로 택함을 주신 예수 그리스도의 이름으로 감사하며 기도드립니다. 아멘.

♣ 군인 ♣

선한 싸움을 싸우라
♪ 402, 256, 521

■ 본 문 ■ 믿음의 선한 싸움을 싸우라 영생을 취하라 이를 위하여 네가 부르심을 입었고 많은 증인 앞에서 선한 증거를 증거하였도다【딤전 6:12】

■ 서 론 ■ 미국의 군인 더글라스 맥아더 원수는 "어떤 싸움에서건 이기겠다는 의지 없이 뛰어드는 것은 치명적인 패배만을 가져올 뿐이다."라고 했다. 성도들은 믿음의 선한 싸움을 싸우는 자들이다. 주께서 이김을 주실 줄 믿고 격전장에 나아갈 때 승리는 우리 것이다. 영적 선한 싸움을 싸울 때는?

I. 세속과의 타협을 금할 것
바울은 너희는 믿지 않는 자와 멍에를 같이 하지 말라 의와 불법이 어찌 함께 하며 빛과 어두움이 어찌 사귀느냐고 했다. 이는 참으로 합당한 말씀이다. 유다의 선한 왕이요 믿음의 여호사밧 왕은 악한 이스라엘의 아합과 연혼하고 아하시야와 교제하다가 큰 봉변을 보았다.
 * 참고 성구 * 고후 6:14-18, 요일 5:19, 약 4:4, 대하 18:1, 20:35-37

II. 하나님의 말씀을 좇을 것
시편 기자는 여호와의 율법과 여호와의 증거와 여호와의 교훈과 여호와의 계명과 여호와를 경외하는 도와 여호와의 규례는 금 곧 많은 정금보다 더 사모할 것이며 꿀과 송이꿀보다 더 달다고 했다. 이렇게 하나님의 말씀을 좇는 자에게는 거치는 것이 없고 승리만 있을 것이다.
 * 참고 성구 * 딤후 3:16-17, 계 1:3, 시 19:7-11, 히 4:12-13

III. 하나님께 영광을 돌릴 것
성도는 소금과 빛의 역할을 다하여 믿음의 선한 싸움을 싸우면서 하나님께 영광을 돌려야 한다. 주님은 너희 빛을 사람 앞에 비춰게 하여 저희로 너희 착한 행실을 보고 하늘에 계신 너희 아버지께 영광을 돌리게 하라고 하셨다. 하나님의 '영광' 곧 '카보드', '독사'가 이에 해당하는 원어이다.
 * 참고 성구 * 고전 4:7, 고후 4:7, 빌 1:20, 고전 15:10, 마 5:16

■ 기 도 ■ 하나님 아버지! 믿음의 선한 싸움을 싸우는 자는 세속과의 타협을 금하며, 당신의 말씀을 좇으며, 당신께 영광을 돌리는 자입니다. 주여, 마지막까지 쓰러지지 않고 인생의 싸움과 믿음의 싸움에서 승리하는 자들이 되게 하소서. 예수 그리스도의 이름으로 기도드립니다. 아멘.

♣ 경제인 ♣

재물과 부요의 근원
♪ 70, 169, 183

■ 본 문 ■ 어떤 사람에게든지 하나님이 재물과 부요를 주사 능히 누리게 하시며 분복을 받아 수고함으로 즐거워하게 하신 것은 하나님의 선물이라【전 5:19】

■ 서 론 ■ 영국의 목사로 감리교를 창시한 존 웨슬리는 "돈을 많이 벌고, 돈을 많이 저축하고, 돈을 많이 좋은 일에 쓰라."고 했다. 자본주의 시장경제 체제에서는 경제, 곧 돈이 우선한다. 성도는 존 웨슬리의 말처럼 많이 벌어서 많이 봉사하는 일에 앞장 서야 한다. 물질의 축복을 받은 이는?

Ⅰ. 물질의 축복을 받은 이는 주를 기뻐해야 한다
다윗은 하나님의 전을 역사하며 찬양하기를 나와 나의 백성이 무엇이관대 이처럼 즐거운 마음으로 드릴 힘이 있었나이까 모든 것이 주께로 말미암았사오니 우리가 주의 손에서 받은 것으로 주께 드렸을 뿐이니이다라고 했다. 참으로 겸손하며 하나님을 경외할 줄 아는 자의 고백이다.
* 참고 성구 * 빌 4:4, 느 8:10, 합 3:17-19, 대상 29:14

Ⅱ. 물질의 축복을 받은 이는 탐심을 버려야 한다
주님은 삼가 모든 탐심을 물리치라 사람의 생명이 그 소유의 넉넉한 데 있지 않다고 하셨다. '탐하다'라는 헬라어 '플레오넥테스'는 다른 사람의 권리를 침해하면서도 자기 것으로 소유하려는 욕망이나 탐욕스러운 행동을 의미하는 말이다. 돈을 사랑함은 일만 악의 뿌리가 된다.
* 참고 성구 * 눅 12:15, 엡 5:3, 5, 골 3:5, 딤전 6:10

Ⅲ. 물질의 축복을 받은 이는 주의 뜻을 행해야 한다
바울은 너희는 이 세대를 본받지 말고 오직 마음을 새롭게 함으로 변화를 받아 하나님의 선하시고 기뻐하시고 온전하신 뜻이 무엇인지 분별하도록 하라고 했다. 성도는 정함 없는 재물에 소망을 두지 말고 우리에게 모든 것을 후하게 주시는 하나님께 두며 나눠주기를 즐기는 자가 되자.
* 참고 성구 * 마 7:21, 롬 12:1-2, 엡 5:17, 딤전 6:17-19

■ 기 도 ■ 하나님 아버지! 물질의 축복을 받은 자들은 당신을 기뻐하며 탐심을 버리며 당신의 뜻을 행하는 자들입니다. 이렇게 당신을 온전히 좇을 때 더 큰 것으로 맡기시는 축복을 주시옵고 우리는 다만 당신의 청지기임을 항상 염두에 두게 하시옵소서. 예수 그리스도의 이름으로 기도드립니다. 아멘.

♣ 경제인 ♣

재물을 선용할 것
♪ 69, 278, 434

■ 본 문 ■ 네가 이 세대에 부한 자들을 명하여 마음을 높이지 말고 정함이 없는 재물에 소망을 두지 말고 오직 우리에게 모든 것을 후히 주사 누리게 하시는 하나님께 두며【딤전 6:17】

■ 서 론 ■ 아일랜드의 풍자가요 사제인 조나단 스위프트는 "슬기로운 사람은 돈을 그의 머리 속에는 간직할망정 가슴 속에 간직하지는 않는다."고 했다. 하나님께서 재물을 주심은 그것으로 봉사하라고 주신 것이다. 말세에 부자들은?

Ⅰ. 부한 자는 교만한 마음을 버릴 것임
야고보서 기자는 들으라 부한 자들아, 너희에게 임할 고생을 인하여 울고 통곡하라 너희 재물은 썩었고 너희 옷은 좀먹었으며 너희 금과 은은 녹이 슬었으니 이 녹이 너희에게 증거가 되며 불같이 너희 살을 먹으리라 너희가 말세에 재물을 쌓았다고 했다. 부자들은 겸손해야 한다.
* 참고 성구 * 마 23:11-12, 잠 15:25, 사 14:12-17, 약 5:1-3

Ⅱ. 부한 자는 선행과 구제를 힘쓸 것임
선한 일을 행하고 선한 사업에 부하고 나눠주기를 좋아하며 동정하는 자가 되게 하라. 이것이 장래에 자기를 위하여 좋은 터를 쌓아 참된 생명을 취하는 것이라고 바울은 말했다. 구제, 곧 '디아코니아'는 봉사, 섬기는 일, 집사직, 준비하는 일의 뜻으로 어려운 사람을 돌아보고 물질로 섬김을 의미한다.
* 참고 성구 * 마 10:8, 엡 2:10, 히 10:24, 딤전 6:18-19,

Ⅲ. 부한 자는 세상을 사랑치 말 것임
씨가 가시떨기에 떨어졌다는 것은 말씀을 들은 자나 지내는 중 이생의 염려와 재리와 일락에 기운이 막혀 온전히 결실치 못하는 자라고 주님은 말씀하셨다. 세상적인 것은 하나님과 원수가 되는 것이요 이것은 정욕적이요 마귀적인 것이다. 세상을 사랑할 때 믿음을 떠나게 된다.
* 참고 성구 * 엡 2:1-3, 요일 2:15-17, 벧전 2:9, 눅 12:19-21, 8:14, 딤전 5:6

■ 기 도 ■ 하나님 아버지! 당신께서 내려주신 재물을 가지고 선행과 구제를 힘쓰는 자들이 될 수 있도록 인도해 주시옵소서. 재물이 넉넉다고 하여 믿음을 떠나 세상을 사랑치 말게 하시며 교만한 마음을 갖지 않게 도와주소서. 예수 그리스도의 이름으로 기도드립니다. 아멘.

♣ 경제인 ♣

하나님과 재물 중에서
♪ 514, 194, 374

■ 본 문 ■ 한 사람이 두 주인을 섬기지 못할 것이니 혹 이를 미워하며 저를 사랑하거나 혹 이를 중히 여기며 저를 경히 여김이라 너희가 하나님과 재물을 겸하여 섬기지 못하느니라【마 6:24】

■ 서 론 ■ 미국의 박물학자 도로는 "돈으로 영혼에 필요한 것을 살 것은 아무것도 없다."고 했다. 성도는 하나님의 택함을 입은 자로서 하나님께 소망을 두는 자들이다. 주님도 하나님과 재물을 겸하여 섬길 수 없다고 하셨다. 성도의 삶은?

Ⅰ. 성도의 신분/하늘 시민권을 가짐
바울은 오직 우리의 시민권은 하늘에 있는지라 거기서 구원하는 자 곧 주 예수 그리스도를 기다린다고 했다. 성도는 이중국적자이다. 땅에서도 시민권을 가졌지만 축복의 하늘 시민권자가 곧 성도이다. 따라서 우리는 이 땅에서도 그렇지만 하늘에서 그리스도와 함께 왕노릇하는 자이다.
  * 참고 성구 * 요일 15:19, 빌 3:20, 엡 2:19, 벧후 3:13

Ⅱ. 성도의 자세/세상을 사랑해서는 안 됨
세상을 사랑하는 자는 하나님과 원수가 된다. 세상을 사랑하여 복음을 팽개치고 데살로니가로 떠난 데마, 사사의 신분으로 이방의 블레셋 여인 들릴라를 가까이 한 삼손, 정욕에 오염된 눈으로 선악과를 바라본 하와, 이런 사람들이 세상을 사랑하다가 죄악의 늪에 빠진 자이다.
  * 참고 성구 * 요일 2:15-17, 고전 7:31, 약 4:4, 창 3:6

Ⅲ. 성도의 의무/두 주인을 섬기지 못함
주님은 집 하인이 두 주인을 섬길 수 없다고 하시며 혹 이를 미워하고 저를 사랑하거나 혹 이를 경히 여기고 저를 중히 여길 수 없다시며 너희가 하나님과 재물을 겸하여 섬길 수 없다고 하셨다. 재물을 하나님 섬기듯이 하는 자들은 땅의 일을 생각하는 자요 육에 속한 자이다.
  * 참고 성구 * 눅 16:13, 롬 6:16, 고전 10:21, 골 3:5

■ 기 도 ■ 하나님 아버지! 아무리 시대가 경제 제일주의 황금 만능주의 시대라고 해도 당신을 어찌 재물과 비교하여 섬기겠습니까. 우리의 불충을 용서하시고 영혼의 주인이신 당신을 경외하며 섬기도록 우리의 마음을 다스려 주시옵소서. 예수 그리스도의 이름으로 기도드립니다. 아멘.

♣ 경제인 ♣

부한 자들아
♪ 112, 126, 516

■ 본 문 ■ 선한 일을 행하고 선한 사업에 부하고 나눠주기를 좋아하며 동정하는 자가 되게 하라 이것이 장래에 자기를 위하여 좋은 터를 쌓아 참된 생명을 취하는 것이니라【딤전 6:18-19】

■ 서 론 ■ 영국의 소설가 헨리 필딩은 "돈을 그대의 신으로 삼아라. 결국 그 돈이 그대를 악마처럼 괴롭힐 것이다."라고 했다. 말세지말에는 돈을 사랑하는 자가 많아진다고 바울은 말하면서 그것은 악이라고 단언했다. 부자는?

Ⅰ. 마음을 높이지 말라
바울은 디모데에게 이르기를 네가 이 세대에 부한 자들을 명하여 마음을 높이지 말고 정함이 없는 재물에 소망을 두지 말고 오직 우리에게 모든 것을 후히 주사 누리게 하는 하나님께 두라고 했다. 재물이 많다고 해서 마음을 높이고 교만을 떠는 자들에게 심판이 있을 것이다.
* 참고 성구 * 엡 3:17, 신 2:30, 시 107:12, 약 5:1-3, 딤전 6:17

Ⅱ. 재물에 소망을 두지 말라
세상 재물, 곧 '톤 비온 투 코스무'는 '세상의 생명'이란 말인데 이는 헬라어에서는 재물이란 말이 생명으로 되어 있다. 사람의 생명은 그 소유의 풍성한 데에 있는 것이 아니다. 잠언 기자는 심판 때에 무익한 재물을 일러 재물은 진노하시는 날에 무익하다고 단언하고 있다.
* 참고 성구 * 행 16:19, 눅 18:22-23, 욥 31:24, 잠 11:4, 딤전 6:7

Ⅲ. 하나님 외에 그 무엇도 의지하지 말라
주님은 사람 중에 높임을 받는 그것은 하나님 앞에 미움을 받는 것이라고 했다. 재물과 권력이 많은 자들의 주위에는 사람이 항상 꼬인다. 이는 그것을 탐하는 자들이기 때문이다. 성도는 자신의 재물, 학력, 권력, 지식, 용모 등을 의뢰하지 말고 영혼의 소유주이신 하나님을 의지하는 자가 되자.
* 참고 성구 * 히 2:13, 시 25:2, 렘 17:7, 고후 1:9, 눅 16:15

■ 기 도 ■ 하나님 아버지! 당신의 일에 부한 자가 되게 하시고 정함이 없는 재물이나 당신 외에 그 무엇도 의지하지 말고 영혼의 주인이신 당신만을 따르고 좇는 자들이 되어 착하고 부지런한 청지기로서의 사명을 감당하게 인도하소서. 예수 그리스도의 이름으로 기도드립니다. 아멘.

♣ 언론인 ♣

혀를 잘 사용함
♪ 257, 421, 434

■ 본 문 ■ 이것으로 우리가 주 아버지를 찬송하고 또 이것으로 하나님의 형상대로 지음을 받은 사람을 저주하나니 한 입으로 찬송과 저주가 나는도다 내 형제들아 이것이 마땅치 아니하니라【약 3:9-10】

■ 서 론 ■ 스키디아의 현인 아나카르시스는 "혀는 사람의 가장 좋은 부분인 동시에 가장 나쁜 부분이다. 잘 다스리면 그보다 더 유용한 것이 없으나 잘못 다스리면 그것보다 더 해로운 것도 없다."고 했다. 하나님의 형상대로 지음 받은 인간은 그 입술로 무엇을 해야 하는가?

I. 주의 말씀을 묵상하는 데 사용함
이사야는 너희는 여호와의 책을 자세히 읽어보라 이것들이 하나도 빠진 것이 없고 하나도 그 짝이 없는 것이 없으리니 이는 여호와의 입이 이를 명하셨고 그의 신이 이것을 모으셨음이라고 했다. 성도는 이삭과 같이 무시로 하나님께 간구하며 묵상하는 자세를 가져야 한다.
* 참고 성구 * 딤후 3:16-17, 계 1:3, 시 19:7-11, 사 34:16, 창 24:63

II. 주의 이름을 찬송하는 데 사용함
히브리서 기자는 우리가 예수로 말미암아 항상 찬미의 제사를 하나님께 드리자 이는 그 이름을 증거하는 입술의 열매니라고 했다. 우리는 하나님의 형상대로 지음을 받은 거룩한 자들이다. 우리의 입술로는 오로지 하나님의 영광을 찬양하며 그 주권을 경외하는 찬송을 드려야 한다.
* 참고 성구 * 행 16:25, 히 13:15, 시 33:1, 삼상 2:1-10

III. 주의 복음을 전도하는 데 사용함
성도는 베드로와 같이 너희가 회개하여 각각 예수 그리스도의 이름으로 세례를 받고 죄 사함을 얻으라 그리하면 성령을 선물로 받으리라고 외친 것처럼 복음을 선포하는 것에 최선을 다해야 한다. 하나님께 우리의 입술과 혀를 주장하시도록 기도하고 간구해야 할 것이다.
* 참고 성구 * 마 28:19-20, 막 16:15-16, 계 22:18-19, 롬 10:14, 행 2:38

■ 기 도 ■ 하나님 아버지! 우리의 혀로써 당신의 말씀을 묵상하며, 당신의 영광을 찬양하며, 당신의 복음을 전도하는 일에 매진하게 인도하여 주시옵소서. 예수 그리스도의 이름으로 간절히 기도드립니다. 아멘.

♣ 언론인 ♣

진실한 행실
♪ 515, 239, 301

■ 본 문 ■ 자녀들아 우리가 말과 혀로만 사랑하지 말고 오직 행함과 진실함으로 하자【요일 3:18】

■ 서 론 ■ 그리스의 철학자 피타고라스는 "혀에 의한 상처는 칼에 의한 상처보다도 더 나쁘다. 후자는 육체에만 손상을 입히지만 전자는 영혼을 상하게 한다."고 했다. 언론인들은 하나님께서 주신 달란트를 잘 활용하여 하나님의 영광을 선포하는 자들이 되어야 한다. 성도의 진실한 행실은?

I. 사랑하여 미움을 극복하자
야곱과 에서가 서로 목을 어긋맞기고 입을 맞추고 피차 운 것처럼 미움과 증오의 마음을 버리고 하나님 안에서 하나가 되어야 한다. 바울의 말처럼 만일 서로 물고 먹으면 피차에 멸망할 뿐인 것이다. 사랑은 모든 것을 용서하고 용서 위에 사랑의 띠를 매는 것은 온전한 것이다.
* 참고 성구 * 요일 2:9, 레 19:17, 잠 10:12, 창 33:4, 갈 5:15

II. 사랑하여 자기를 희생하자
스데반은 자기를 돌로 치는 자들을 위해 하나님께 기도하기를 주여, 이 죄를 저들에게 돌리지 마옵소서 하고는 죽었다. 이 모습을 본 사울이라 하는 바울은 마음에 찔림을 받고 회심한 뒤 기독교 최대의 사도가 되었다. 성도의 자기 희생은 고결한 복음의 씨앗을 남기는 것이다.
* 참고 성구 * 마 20:28, 고전 8:13, 빌 2:4, 행 7:60, 요일 3:16

III. 사랑하여 자비를 베풀자
영혼 없는 몸이 죽은 것같이 행함이 없는 믿음은 죽은 것이다. 사도 요한은 자녀들아 우리가 말과 혀로만 사랑하지 말고 오직 행함과 진실함으로 하자고 했다. 성도는 선한 사마리아 사람과 같이 사랑의 이웃이 되어 불행한 일을 당한 사람들에게 자비를 베풀어 주는 자가 되어야 한다.
* 참고 성구 * 눅 10:36-37, 고전 4:7, 약 2:21-26, 미 6:8

■ 기 도 ■ 하나님 아버지! 성도로 부름을 입은 우리는 미움을 극복하며 자기를 희생하며 자비를 베푸는 자가 되어야 하겠습니다. 이런 진실한 행실을 보고 하나님께 영광을 돌리는 일이 많아지게 인도하시고 사람들 가운데서 참 그리스도인임을 나타내는 증거가 되게 하옵소서. 예수 그리스도의 이름으로 기도드립니다. 아멘.

♣ 의사 ♣

병자에게는 의사가
♪ 530, 470, 395

■ 본 문 ■ 예수께서 들으시고 이르시되 건강한 자에게는 의원이 쓸데 없고 병든 자에게라야 쓸데 있느니라【마 9:12】

■ 서 론 ■ 미국의 성직자요 교육자인 데오도 카일러는 "하나님께는 언제나 자신의 의무를 기꺼이 행하는 자를 도울 수 있는 천사가 있다."고 했다. 병자에게는 의원이 필요하다. 믿음의 성도들은 어떤 자세로 어떤 모습으로 병상에서 신음하는 자들을 구원해야 하는가. 진실한 의사는?

I. 주의 뜻을 이해하는 의사
한 영혼이 천하보다 귀하다는 주님의 말씀은 인간의 생명이 얼마나 존귀한 것인지를 단적으로 표현한 말씀이다. 주님은 삼십 팔 년이나 된 병자를 보시고 그 마음에 민망히 여기시고 연민으로 가득 찬 목소리로 네가 낫고자 하느냐고 하셨다. 의사는 병자를 향한 연민의 정이 있어야 한다.
* 참고 성구 * 마 7:21, 행 5:29, 엡 5:17, 요 5:6

II. 주의 마음을 가지는 의사
날 때부터 소경된 사람을 가리켜 이르시되 이 사람이나 그 부모가 죄를 범한 것이 아니라 그에게서 하나님의 하시는 일을 나타내고자 하심이라는 주님의 말씀은 병은 죄로 인한 결과로 치부하던 당시의 사고를 뛰어넘어 하나님의 영광을 위해 제공된 하나의 기회로 보셨다.
* 참고 성구 * 마 11:28-30, 빌 2:5-11, 벧후 1:4-7, 요 9:3

III. 육신뿐만 아니라 영혼의 인도를 힘쓰는 의사
여리고의 소경 거지 바디매오는 큰 소리를 질러 주님의 발걸음을 멈추게 하여 보기를 원한다는 소원을 아뢰었다. 그때 주님은 가라 네 믿음이 너를 구원하였다고 했다. 빛을 본 바디매오는 육신의 병을 고친 뒤 길에서 예수를 좇아 영혼의 구원까지 맛보게 되었다.
* 참고 성구 * 딤전 2:4, 벧후 3:9, 겔 18:23, 32, 막 10:52

■ 기 도 ■ 하나님 아버지! 육신의 병마로 고통당하는 이웃을 위해 주님과 같이 이해하는 의원, 주의 마음을 가지는 의원, 육신의 질병뿐 아니라 영혼의 구원까지 인도하는 의원이 되게 하옵소서. 예수 그리스도의 이름으로 기도드립니다. 아멘.

♣ 의사 ♣

의사 누가
♪ 425, 303, 350

■ 본 문 ■ 사랑을 받는 의원 누가와 또 데마가 너희에게 문안하느니라【골 4:14】

■ 서 론 ■ 영국의 철학자요 저술가인 프란시스 베이컨은 "인간이 모든 의무를 행하고자 결심하는 순간 그는 하나님의 존재를 깨닫게 된다."고 했다. 의사 누가는 바울의 2차 전도여행에 동반했고 아시아에 함께 갔으며 예루살렘과 바울이 옥에 갇힌 로마에도 함께 있었다. 훌륭한 의사 누가는?

I. 자기 직무에 최선을 다한 누가
바울은 의사 누가를 나의 동역자라고 불렀다. 누가는 바울이 병들었을 때 치료를 해주었고 바울이 전도 여행을 다닐 때 항상 함께 하며 조력하는 자세로 자신의 직무를 다하였다. 디모데에게 보낸 바울의 편지에는 모든 사람이 다 떠났으나 누가만 나와 함께 있다는 기록이 있다.
* 참고 성구 * 마 25:14-30, 고전 4:2, 계 2:10, 딤후 4:11, 몬 1:24

II. 주의 나라를 위해서 수고한 누가
의사 누가는 주님의 복음을 위하여 자신이 가진 모든 재능을 다하여서 귀중한 복음서인 누가복음을 기록했고 그 뒤에 사도들의 행적을 담은 귀중한 사도행전을 기록하여 그의 조력자 데오빌로에게 보내어 오늘날까지 우리에게 전하게 했다. 누가는 주의 나라의 확장을 위해 힘쓴 사람이다.
* 참고 성구 * 마 6:19-21, 막 16:15-16, 단 2:44, 눅 1:1-4

III. 주의 뜻 가운데 견고히 선 누가
누가는 그의 복음서에서 예수께서는 오늘과 내일과 모레는 내가 갈 길을 가야 한다고 하신 말씀을 주목하여 기록했다. 이는 하나님 나라의 사역을 위한 섭리의 일정을 말하는 것이다. 이렇듯 자신도 견고히 선 자세로 일관했고 딴 복음서에는 나타나지 않는 병인 고창병을 진단해 의사답게 기록했다.
* 참고 성구 * 마 7:21, 행 5:29, 삼상 15:22-23, 행 1:1-2, 눅 13:33, 14:2

■ 기 도 ■ 하나님 아버지! 훌륭한 의사요 평신도 복음 전도자인 누가는 자기 직무에 최선을 다했고, 주의 나라를 위해 수고했으며 주의 뜻을 받들어 견고히 선 믿음의 의사였습니다. 오늘 우리들 믿는 성도들도 의사 누가와 같이 당신의 복음을 위해서 맡겨진 사명을 잘 감당할 자들이 되게 하옵소서. 예수 그리스도의 이름으로 기도드립니다. 아멘.

♣ 의사 ♣

의사이신 예수
♪ 528, 341, 372

■ 본 문 ■ 예수께서 온 갈릴리에 두루 다니사 저희 회당에서 가르치시며 천국 복음을 전파하시며 백성 중에 모든 병과 모든 약한 것을 고치시니【마 4:23】

■ 서 론 ■ 영국 작가 죠지 쿨만은 "그리스도의 능력을 인정하는 믿음만 가지고 나아오라. 그대의 병은 완전히 고침을 받으리라. 치료비는 무료이다."라고 했다. 오늘 본문은 예수의 공생애 동안의 사역을 요약한 것이라고 볼 수 있다. 특히 모든 병과 약한 것을 고치신 예수의 사역은?

Ⅰ. 회당에서 말씀을 가르치신 예수의 사역
예수께서는 회당과 호숫가, 산이나 배 위에서, 길에서 어디에서든지 가르치시기를 쉬지 않으셨다. 사람들은 예수의 가르치시는 것이 권세 있는 자와 같고 저희 서기관들과 같지 않음에 놀랐다. 이것은 예수는 자신의 신적 권위에 의지해서 가르쳤으므로 사람들이 놀라는 것은 당연한 것이다.
 * 참고 성구 * 마 9:35, 행 5:42, 마 28:19-20, 행 18:11, 마 7:29

Ⅱ. 천국 복음을 두루 전파하신 예수의 사역
예수께서는 그의 공생애를 처음 시작하실 때부터 천국복음을 전파하셨으니 성경은 이 때부터 비로소 전파하여 가라사대 회개하라 천국이 가까왔느니라 하시더라고 기록하고 있다. 천국의 복음은 가난한 자, 포로된 자, 눈 먼 자, 눌린 자에게 주의 은혜의 해를 전파하는 것이다.
 * 참고 성구 * 마 24:14, 막 16:5, 마 10:7, 눅 4:18-19, 마 4:17

Ⅲ. 모든 병든 자를 고치신 예수의 사역
예수께서는 모든 병든 자, 곧 눈먼 소경, 중풍병자, 고창병자, 문둥병자, 혈루증 환자, 열병 앓는 자, 귀신 들린 자 등 모든 병든 자를 다 고치셨다. 이는 이사야로 예언하신 바 그가 채찍을 맞음으로 우리가 나음을 얻었다는 것을 이루려 함이다. 치병은 주님, 당신뿐 아니라 그의 이름으로 오늘에까지 이른다.
 * 참고 성구 * 마 8:17, 출 15:26, 마 14:35-36, 사 53:5, 벧전 2:24

■ 기 도 ■ 하나님 아버지! 당신의 독생자 예수께서는 말씀을 가르치시고, 천국 복음을 전파하시고, 모든 병든 자를 고치시는 사역을 감당하시고 부활 승천하셨습니다. 이제는 그의 이름으로 예수께서 하신 사역을 대신하는 모든 성도들을 인도하소서. 예수 그리스도의 이름으로 기도드립니다. 아멘.

♣ 교육자 ♣

선생이신 그리스도를 따르려면
♪ 89, 384, 387

■ 본 문 ■ 너희가 나를 선생이라 또는 주라 하니 너희 말이 옳도다 내가 그러하다 내가 주와 또는 선생이 되어 너희 발을 씻겼으니 너희도 서로 발을 씻기는 것이 옳으니라【요 13:13-14】

■ 서 론 ■ 독일의 학자요 교회사가인 토마스 아 켐피스는 "당신의 뜻대로 당신의 뜻하시는 바를 당신이 뜻하시는 때에 이루소서."라고 했다. 이는 복종과 추종의 절대에 이른 고백이다. 오늘 교육자로 부름받은 성도들은?

I. 모본을 보이도록 힘써야 한다
주님은 제자들의 발을 씻기신 후에 이르시기를 내가 너희에게 행한 것같이 너희도 행하게 하려 하여 본을 보였노라고 말씀하셨다. 교육 중에서도 가장 좋은 교육은 스스로 모본을 보이는 것이다. 남을 가르치는 자는 솔선수범 하여 모본을 보이는 자세를 견지해야만 할 것이다.
 * 참고 성구 * 고전 4:16, 행 20:18-21, 빌 4:9, 고전 11:1, 요 13:15

II. 자기를 낮추도록 힘써야 한다
주님은 인자의 온 것은 섬김을 받으려 함이 아니라 도리어 섬기려 하고 자기 목숨을 많은 사람의 대속물로 주려 함이라고 하셨다. 바울은 이를 두고 너희 안에 이 마음을 품으라 곧 그리스도 예수의 마음이니 그는 근본 하나님의 본체시나 하나님과 동등됨을 취할 것으로 여기지 아니하시고 오히려 자기를 비어 종의 형체를 가져 사람들과 같이 되셨다고 했다.
 * 참고 성구 * 마 23:11-12, 고후 4:7, 약 4:6, 10, 빌 2:5-8, 막 10:45

III. 주를 순종토록 힘써야 한다
주님은 겟세마네 동산에서 피땀 흘리는 기도를 드리신 뒤에 내 뜻대로 마옵시고 아버지의 뜻대로 되기를 원한다고 하셨다. 성도는 베드로처럼 밤새 수고하여 고기를 한 마리도 못 잡았으나 말씀에 의지하여 그물을 내린 것처럼 오직 주를 순종토록 힘쓰는 자세를 가져야 한다.
 * 참고 성구 * 마 7:21, 행 5:29, 삼상 15:22-23, 눅 5:5, 22:42

■ 기 도 ■ 하나님 아버지! 이 땅의 교육자인 성도들은 먼저 모본을 보이며 자기를 낮추는 겸손과, 주를 순종하는 자세를 가지고 가르침에 임하도록 하소서. 예수 그리스도의 이름으로 기도드립니다. 아멘.

♣ 교육자 ♣

가르치시는 예수
♪ 86, 221, 293

■ 본 문 ■ 예수께서 이 말씀을 마치시매 무리들이 그 가르치심에 놀래니 이는 그 가르치시는 것이 권세 있는 자와 같고 저희 서기관들과 같지 아니함일러라【마 7:28-29】

■ 서 론 ■ 영국의 정치가 알게논 시드니는 "햇볕에서 촛불을 켜는 것은 필요하지 않다."고 했다. 빛 되신 예수의 가르침에 놀란 바리새인들과 서기관들은 예수를 참람하다고까지 했다. 예수께서는 자신의 신적권위로 가르치셨기에 그 가르치심은 진리인 것이다. 예수의 가르침은?

Ⅰ. 예수의 가르치심에 무리들이 놀랐음
예수의 가르치심에 무리들이 놀란 것은 그 가르치심이 당시 상식을 뛰어넘는 것이었기 때문이다. 오죽했으면 산헤드린 회원인 니고데모까지 중생에 대해 오해를 했을까! 예수를 잡으러 간 하속들까지 그 사람의 말하는 것처럼 말한 사람은 이때까지 없었다고 진술하고 있다.
* 참고 성구 * 마 13:54, 막 11:18, 사 9:6, 마 22:33, 요 3:1-10, 7:46

Ⅱ. 예수의 가르치심은 권세 있는 교훈이었음
무리들이 예수의 가르치심에 놀란 것은 그 가르치심이 권세 있는 자와 같았기 때문이다. 예수의 가르치심이 남의 사상을 취급하듯 하지 않으심은 율법을 예수 자신이 모세에게 주셨으므로 곧 그 자신의 사상이다. 이처럼 자신의 권위를 가지고 가르치셨기에 권세가 있는 것이다.
* 참고 성구 * 막 1:27, 마 28:18, 요 17:2, 마 7:29

Ⅲ. 예수의 가르치심은 하나님의 권위로 한 것이었음
주님은 내 교훈은 내 것이 아니요 나를 보내신 이의 것이니라고 하셨다. 예수께서는 자신의 교훈과 '나를 보내신 이' 곧 하나님의 교훈을 완전히 일치시킨다. 이는 자신이 하나님의 뜻을 대언하고 있다는 것과 또한 자신이 하나님과 동등됨을 표명한 것이다. 도마는 예수를 나의 하나님이라고 했다.
* 참고 성구 * 요 10:30, 빌 2:6-11, 요 14:9, 요 7:16, 20:28

■ 기 도 ■ 하나님 아버지! 당신의 독생자 예수의 가르치심은 바로 당신의 가르치심입니다. 그러니 그 가르치심이 권세가 있고 진리임이 분명합니다. 오늘 교육자로 부름받은 성도들이 예수의 가르치심으로 가르치기를 소원하오며 예수 그리스도의 이름으로 기도드립니다. 아멘.

♣ 교육자 ♣

사욕을 좇을 스승
♪ 94, 350, 355

■ 본 문 ■ 때가 이르리니 사람이 바른 교훈을 받지 아니하며 귀가 가려워서 자기의 사욕을 좇을 스승을 많이 두고 또 그 귀를 진리에서 돌이켜 … 【딤후 4:3-4】

■ 서 론 ■ 마게도냐의 알렉산더 대왕은 "나는 아버지에게는 생계를 위한 빚을 졌고 선생님에게는 인생을 멋있게 살기 위한 빚을 졌다."고 했다. 말세지말에는 자신의 사욕을 좇을 스승을 많이 두고 그 귀를 진리에서 돌이킨다고 성경은 말하고 있다. 바른 스승이 되는 길은?

I. 말씀 전파에 진력하는 자들이 되자
바울은 너는 말씀을 전파하라 때를 얻든지 못 얻든지 항상 힘쓰라 범사에 오래 참음과 가르침으로 경책하며 경계하며 권하라고 했다. 말세에는 각종 거짓 스승들이 나타나 미혹과 유혹의 올무를 늘어뜨리고 발목을 잡으려고 호시탐탐 노리고 있다. 진리의 말씀을 전하는 일에 진력하자.
  * 참고 성구 * 마 28:19-20, 막 16:15-16, 행 1:8, 딤후 4:2

II. 기회를 충분히 활용하는 자들이 되자
주님은 바울에게 담대하라 네가 예루살렘에서 나의 일을 증거한 것같이 로마에서도 증거하여야 하리라고 하셨다. 로마의 시민권을 소지한 바울은 그의 재판을 위해 로마의 가이사에게 재판을 청구했으나 실은 복음을 심장부인 로마에 전하기 위해서였다. 복음전파를 위해 무엇이든 활용하자.
  * 참고 성구 * 고후 6:2, 엡 5:16, 사 55:6-7, 행 23:11

III. 세상과의 타협을 배제하는 자들이 되자
벨릭스는 바울에게서 돈을 받을까 하여 더 자주 불러 이야기를 같이 하였다. 만약에 바울이 구금된 몸을 해방받기 위하여 세상과 타협하는 수단으로 뇌물을 썼더라면 어떻게 되었을까? 오늘 교육자로 부름을 받은 성도는 진리의 말씀을 전하기 위해서는 세상과 짝하면 안 될 것이다.
  * 참고 성구 * 고후 6:14-18, 요일 5:19, 약 4:4, 대하 20:35-37, 행 24:26

■ 기 도 ■ 하나님 아버지! 말세지말의 때에 참교육에 헌신하는 주의 백성들은 말씀 전파에 진력하며 모든 기회를 활용하며 세상과의 타협을 배제하는 삶을 살아서 진리가 빛나며 복음이 널리 뭇 심령에 전해지기를 예수 그리스도의 이름으로 간절히 기도드립니다. 아멘.

♣ 교육자 ♣

고난 속에서 가르침
♪ 96, 347, 377

■ 본 문 ■ 내가 이 복음을 위하여 반포자와 사도와 교사로 세우심을 입었노라 이를 인하여 내가 또 이 고난을 받되 부끄러워하지 아니함은 나의 의뢰한 자를 내가 알고 또한 나의 의탁한 것을 그날까지 저가 능히 지키실 줄을 확신함이라【딤후 1:11-12】

■ 서 론 ■ 로마의 철학자 키케로는 "고난이 크면 클수록 그 영광도 크다."고 했다. 이방인의 사도로 부름을 입은 바울은 고난 속에서 그 생을 보내었다. 그러나 그는 하늘의 상을 고대하였기에 모든 것을 인내했다. 바울은?

I. 복음의 반포자로 부르심을 입은 바울
바울은 로마의 디아스포라 교회에 자신을 소개하기를 예수 그리스도의 종 바울은 사도로 부르심을 받아 하나님의 복음을 위하여 택정함을 입었다고 했다. 바울은 내가 전에는 훼방자요 핍박자요 포행자이었으나 도리어 긍휼을 입어 나를 충성되이 여겨 내게 직분을 맡기셨다고 했다.
 * 참고 성고 * 마 4:18-22, 행 9:15, 딤후 4:1-5, 롬 1:1, 딤전 1:13

II. 복음을 인하여 고난과 핍박을 받은 바울
바울은 복음을 인한 고난을 내가 수고도 넘치도록 하고 옥에 갇히기도 더 많이 하고 매도 수없이 맞고 여러번 죽을 뻔했고 유대인들에게 사십에 하나 감한 매를 다섯 번 맞고 돌로 맞고 주리고 목마르며 굶고 헐벗었다고 고백했다. 복음 전도자로서 바울의 삶은 참으로 험난했다.
 * 참고 성구 * 마 5:10-12, 요 15:18-20, 고후 11:23-27, 딤후 3:12

III. 주의 도우심을 의뢰하고 담대했던 바울
아시아에서 당한 고생으로 살 소망이 끊어지고 마음에 사형선고를 받은 줄 안 바울은 이것이 하나님의 뜻임을 깨달았으니 곧 이는 우리로 자기를 의뢰하지 말고 오직 죽은 자를 다시 살리시는 하나님만 의뢰하게 하심이라고 한 그것이다. 바울의 삶은 하나님을 의뢰한 삶이었다.
 * 참고 성구 * 행 20:24, 히 13:6, 시 28:7, 사 41:10, 고후 1:9, 행 26:29

■ 기 도 ■ 하나님 아버지! 바울의 삶은 고난 그 자체였으나 이를 믿음으로 승화시켜 당신만을 의뢰하고 복음을 전파하는 것에 온 생애를 바친 거룩한 삶이었습니다. 오늘 성도로 부름입은 우리들도 바울의 삶을 귀감으로 삼아 복음을 전하게 하소서. 예수 그리스도의 이름으로 기도드립니다. 아멘.

♣ 은행원 ♣

가난한 자에게 베풀 자비
♪ 523, 337, 349

■ 본 문 ■ 네가 만일 너와 함께 한 나의 백성 중 가난한 자에게 돈을 꾸이거든 너는 그에게 채주 같이 하지 말며 변리를 받지 말 것이며【출 22:25】

■ 서 론 ■ 영국의 시인 알렉산더 포프는 "내게 보이는 다른 사람의 결점을 감추기 위해 그의 비애를 느끼도록 가르쳐 주시고 내가 자비를 받기 위하여 자비를 베푸는 자가 되게 하소서."라고 했다. 금전에 대해서 성경은?

I. 꾸어준 돈의 이자를 많이 받지 말 것

이스라엘 사회에서는 가난한 사람에게 돈을 빌려 주되 중한 변리를 받는 것은 엄격히 금하였다. 잠언 기자는 중한 변리로 자기 재산을 많아지게 하는 것은 가난한 사람 불쌍히 여기는 자를 위하여 그 재산을 저축하는 것이니라고 했다. 이는 현대 사회에서도 가난한 사람을 위하여 적용되어야 한다.
* 참고 성구 * 딛 3:3, 잠 28:8, 레 25:35-37, 잠 19:17

II. 최저의 생활을 보장할 것

바울은 우리는 기회있는 대로 모든 이에게 착한 일을 하되 더욱 믿음의 가정들에게 할지니라고 했다. 현대 사회는 빈익빈 부익부의 현상이 뚜렸하다. 이 구조적인 문제를 도외시 하지 말고 우선 가난한 자의 최저 생활을 보장하면서 사회의 통례대로 업무를 집행해야만 한다.
* 참고 성구 * 딤전 6:17, 신 32:38, 렘 50:15, 갈 6:10

III. 생명을 불쌍히 여길 것

바로의 딸은 갈대 상자에 넣어진 히브리인의 사내 아이를 보는 순간 그를 불쌍히 여겨 연민과 긍휼로써 그를 키우기로 결심한다. 인간에 대한 동정과 연민과 긍휼은 사회를 밝게 할 뿐만 아니라 사람과 사람 사이의 벽을 허물게 된다. 생명을 불쌍히 여기는 자세는 인간의 근본을 생각케 한다.
* 참고 성구 * 고전 3:22, 민 16:22, 왕상 3:11, 눅 10:33, 출 2:6

■ 기 도 ■ 하나님 아버지! 복잡한 현대 사회에서 옛날 당신이 주신 율법은 고리타분한 것으로 치부되기 쉬우나 우리들은 인간에 대한 당신의 원리를 이에서 찾고자 합니다. 천지가 없어져도 영원히 남을 당신의 율법대로 행하는 자들이 되어 인간의 근본을 깨닫게 하옵소서. 예수 그리스도의 이름으로 기도드립니다. 아멘.

♣ 농업 ♣

시절을 좇아 과실을
♪ 307; 28, 61

■ 본 문 ■ 저는 시냇가에 심은 나무가 시절을 좇아 과실을 맺으며 그 잎사귀가 마르지 아니함 같으니 그 행사가 다 형통하리로다【시 1:3】

■ 서 론 ■ 영국의 성직자 스펄전은 "악마는 만족하게 일을 하고 있는 사람을 결코 유혹한 적이 없다."고 했다. 오늘날 우루과이 라운드 등으로 많은 갈등을 겪고 있는 이 땅의 신앙인인 농부들을 향한 하나님의 축복은 무엇인가. 그들이 처한 생업을 위해서 하나님께 간구하는 것은?

Ⅰ. 주의 율법을 주야로 묵상하는 농부

여호와의 율법과 여호와의 증거와 여호와의 교훈과 여호와의 계명과 여호와를 경외하는 도와 여호와의 규례는 꿀과 송이꿀보다 더 달다고 시편 기자는 말했다. 이처럼 영혼을 소성케 하는 여호와의 말씀을 주야로 묵상하는 농부에게는 시절을 좇아 과실을 맺음과 같이 수확이 있다.

* 참고 성구 * 딤후 3:16-17, 시 119:1, 97, 105, 수 1:8, 암 4:9, 시 19:7-10

Ⅱ. 행사가 모두 다 형통하는 농부

주의 말씀을 사모하여 주야로 묵상하는 농부에게는 하나님의 은혜가 내려져서 그 행사가 모두 다 형통하게 된다. 애굽에 종으로 팔려간 요셉이 보디발의 집에서도 옥에 갇혀서도 범사가 형통케 된 것은 주께서 함께 하시는 임마누엘의 은총이 있었기 때문이다. 주를 의뢰하는 삶을 살자.

* 참고 성구 * 창 39:3, 23, 시 128:2, 사 3:10, 빌 4:6-7

Ⅲ. 길을 여호와께서 인정하는 농부

잠언 기자는 네가 자기 사업에 근실한 사람을 보았느냐 이러한 사람은 왕 앞에 설 것이요 천한 자 앞에 서지 아니하리라고 했다. 믿음의 사람이 걷는 길은 대저 여호와께서 인정하시고 그 길을 주목하여 형통케 하신다. 자기 일에 최선을 다하는 농부의 삶에 주의 축복이 있다.

* 참고 성구 * 시 31:7, 37:18, 나 1:7, 요 10:14, 합 3:17-18, 잠 22:29

■ 기 도 ■ 하나님 아버지! 당신께서 길을 인정하는 농부가 되고자 합니다. 국제적인 무한 경쟁 시대의 어려운 가운데 처한 현실을 극복할 믿음을 주시며 결코 현실에 낙담하여 생업을 포기하는 자가 되지 말게 하시며 어려운 가운데서 새롭게 도약할 지혜를 주시옵소서. 예수 그리스도의 이름으로 기도드립니다. 아멘.

♣ 목축업 ♣

선한 목자 예수
♪ 442, 444, 446

■ 본 문 ■ 나는 선한 목자라 선한 목자는 양들을 위하여 목숨을 버리거니와 삯군은 목자도 아니요 양도 제 양이 아니라 이리가 오는 것을 보면 양을 버리고 달아나나니 이리가 양을 늑탈하고 또 헤치느니라【요 10:11-12】

■ 서 론 ■ 미국의 복음 전도자 무디는 "그리스도의 신은 내 생활의 힘이요, 그의 마음은 내 생활의 율법이요, 그의 임재는 내 생활의 희열이고, 그의 영화는 내 생활의 면류관이다."라고 했다. 오늘 이 땅의 목자가 되시는 성도는 예수의 무엇을 의뢰할 것인가?

Ⅰ. 선한 목자 예수의 위대한 사랑

예수는 사람이 친구를 위하여 자기 목숨을 버리면 이에서 더 큰 사랑이 없다고 하셨다. 예수께서는 하늘보좌를 버리시고 죄인들을 위하여 인류의 구원이라는 큰 사역을 위해서 낮고 척박한 이 땅에 오셔서 십자가에 달리시는 사랑을 몸소 보이셨다. 우리는 예수의 사랑을 가지는 자들이 되자.
* 참고 성구 * 요 13:1, 롬 5:6-8, 고후 5:14, 요 15:13

Ⅱ. 선한 목자 예수의 위대한 능력

능력, 곧 '뒤나미스'는 힘(물려받은), 본래 사물이 지닌 능력, 힘을 쓰거나 나갈 때 생기는 힘, 권능의 뜻이 있다. 예수 그리스도는 말씀으로 선재하신 하나님으로서 그에게는 천지를 창조하신 능력이 계신다. 공생애 가운데서 많은 능력을 행하신 주님의 능력을 우리는 알고 믿고 있다.
* 참고 성구 * 마 28:18, 행 10:38, 사 9:6, 막 4:41

Ⅲ. 선한 목자 예수의 위대한 순종

예수 그리스도는 그가 하나님의 아들이시라도 고난을 순종하셨고 하나님 아버지의 뜻대로 행하시는 순종을 보이셨다. 예수 그리스도의 위대함의 극치는 바로 그분의 순종하심에 있다. 성도는 자신의 뜻이나 의지를 앞세우기 보다는 하나님의 뜻을 바르게 찾아 순종하는 자세를 견지해야 한다.
* 참고 성구 * 마 26:39, 요 15:10, 빌 2:6-11, 히 10:9

■ 기 도 ■ 하나님 아버지! 선한 목자 예수의 위대한 사랑과 능력과 순종을 바르게 알게 하시어 목자로 부름을 받은 생활 가운데서 당신의 영광을 나타내게 하옵소서. 예수 그리스도의 이름으로 기도드립니다. 아멘.

♣ 목축업 ♣

복 받는 조건
♪ 192, 379, 507

■ 본 문 ■ 네가 네 하나님 여호와의 말씀을 삼가 듣고 내가 오늘날 네게 명하는 그 모든 명령을 지켜 행하면 네 하나님 여호와께서 너를 세계 모든 민족 … 【신 28:1】

■ 서 론 ■ 영국의 극작가 윌리엄 콩그레브는 "축복은 언제나 선행에 뒤따르는 것이다. 비록 늦을지라도 분명한 상급이 선행의 뒤를 잇는다."고 했다. 하나님은 성경 곳곳에 축복을 받는 원리를 제시하시고 이를 준행하면 큰 복을 내리겠다고 분명히 말씀하셨다. 축복을 받는 조건은?

I. 주의 말씀을 삼가 들을 것

주님은 나더러 주여, 주여 하는 자마다 천국에 다 들어갈 것이 아니요 다만 하늘에 계신 내 아버지의 뜻대로 행하는 자라야 들어가리라고 하셨다. 입술로만 주여, 주여 하는 자들이 되지 말고 몸소 실행하며 하나님의 말씀대로 하나님의 뜻대로 행하는 자가 축복을 받는다.

* 참고 성구 * 출 15:26, 사 55:2, 출 23:22, 마 7:24

II. 모든 명령을 지켜 행할 것

처녀 마리아는 천사의 수태고지가 있었을 때에 주의 계집종이오니 말씀대로 내게 이루어지이다라고 응답했다. 처녀로서 아이를 갖는 수치를 각오하고 하나님의 명령에 순종한 마리아는 오늘날 성모 마리아로서 큰 경배를 받는 자가 되었다. 하나님의 명령을 지켜 행할 때 큰 축복이 있다.

* 참고 성구 * 마 7:21, 삼상 15:22-23, 신 26:16, 눅 1:38

III. 좌우로 치우치지 말 것

하나님의 말씀이 여호수아에게 임하기를 나의 종 모세가 네게 명한 율법을 다 지켜 행하고 좌로나 우로나 치우치지 말라 그리하면 어디로 가든지 형통하리라고 했다. 율법이 명한 바 정도로 가면 매사가 형통해진다는 말씀이다. 솔로몬의 비극은 그가 좌우에 치우친 것에 있다.

* 참고 성구 * 신 5:32, 수 1:7-9, 신 28:14, 왕상 2:3, 11:1-13

■ 기 도 ■ 하나님 아버지! 당신은 성경 여러 곳에 복받는 원리를 제시하시고 이를 준행하면 큰 복을 내리겠다고 하셨습니다. 주의 말씀을 듣고 모든 명령을 지키며 좌우로 치우치지 않는 생활을 하게 하소서. 예수 그리스도의 이름으로 기도드립니다. 아멘.

♣ 목축업 ♣

양치기 모세
♪ 444, 261, 303

■ 본 문 ■ 여호와께서 그가 보려고 돌이켜 오는 것을 보신지라 하나님이 떨기나무 가운데서 그를 불러 가라사대 모세야 모세야 하시매 그가 가로되 … 【출 3:4】

■ 서 론 ■ 독일의 작가 레싱은 "위인은 작은 일은 작은 일로, 큰 일은 큰 일로서 처리할 줄 아는 사람이다."라고 했다. 애굽의 궁중에서 사십 년을, 미디안 광야에서 사십 년을, 출애굽의 지도자로 사십 년의 세월을 산 모세의 일생 중에서 그의 연단을 위한 양치기일 때 하나님의 부르심은?

Ⅰ. 이상 중에 모세를 부르신 하나님

여호와의 사자가 떨기나무 불꽃 가운데서 그에게 나타나서 모세를 부르셨다. 모세는 떨기나무에 불이 붙었으나 사라지지 않는 희한한 이상을 보았다. 여호와의 사자는 성육신 이전의 예수 그리스도로서 '기묘'라는 이름을 가진 분이었다. 그분이 양치기 모세를 이상 중에 부르셨다.
  * 참고 성구 * 롬 8:30, 사 40:26, 출 3:2, 삿 13:18, 사 9:6

Ⅱ. 음성으로 모세를 부르신 하나님

여호와 하나님은 모세가 이 희한한 이상을 보려고 가까이 오자 떨기나무 가운데서 그를 음성으로 불러 모세야, 모세야 하고 부르셨다. 사람으로 태어나 하나님과 대면하여 이야기를 주고 받은 사람은 오직 모세뿐이다. 신명기 기자는 모세를 여호와께서 대면하여 아신 자라고 했다.
  * 참고 성구 * 갈 1:15, 출 19:20, 렘 25:30, 민 12:8, 신 34:10-12

Ⅲ. 권능으로 모세를 부르신 하나님

권능, 곧 '뒤나미스'는 권능(power), 힘(might), 세력(force)을 뜻한다. 폭파할 때 쓰는 '다이나마이트'는 이 말에서 연류한다. 하나님은 모세를 부르실 때 권능으로 그를 부르셨다. 하나님은 모세에게 이리로 가까이 하지 말라 너의 선 곳은 거룩한 땅이니 네 발에서 신을 벗으라고 하셨다.
  * 참고 성구 * 벧전 2:21, 레 1:1, 사 42:13, 출 4:2, 17

■ 기 도 ■ 하나님 아버지! 미디안 광야에서 연단받던 양치기 모세를 이상 중에 부르시고 음성으로 직접 부르시고 권능으로 부르신 당신의 부르심을 오늘 이 땅의 목자에게도 허락하시어 천국 복음과 구원의 사역을 감당하는 자들이 무수히 일어나게 하시옵소서. 예수 그리스도의 이름으로 간절히 기도드립니다. 아멘.

♣ 목축업 ♣

복 받은 목자들
♪ 447, 169, 184

■ 본 문 ■ 그 지경에 목자들이 밖에서 밤에 자기 양떼를 지키더니 주의 사자가 곁에 서고 주의 영광이 저희를 두루 비취매 크게 무서워하는지라【눅 2:8-9】

■ 서 론 ■ "하나님은 우리가 하는 일에 미소를 지으셨다."이는 미국의 국쇄 이면에 새겨져 있는 문장이다. 주의 탄생을 전해들은 목자들은 밤에 현장에서 일하던 노동자들이었다. 구원의 소식은 열심히 맡은 바 일을 충실히 감당하는 자들에게만 들린다. 복 받은 목자들은?

Ⅰ. 목자들은 진정한 기쁨의 소식을 들었음
목자들은 천사가 이르는 말에 무서워 떨었으나 천사의 메시지는 보라, 내가 온 백성에게 미칠 큰 기쁨의 좋은 소식을 너희에게 전하노라는 것이었다. 추운 밤 양떼를 돌보는 목자들의 귀에 들린 것은 온 백성에게 미칠 큰 기쁨의 좋은 소식 곧 복음을 직접 들은 것이다.
* 참고 성구 * 눅 13:17, 아 1:4, 사 35:2, 미 5:2, 눅 2:10

Ⅱ. 목자들은 소망과 구원의 소식을 들었음
목자들은 천사들로부터 오늘날 다윗의 동네에 너희를 위하여 구주가 나셨으니 곧 그리스도 주시니라는 말을 들었다. 그리스도는 '크리스토스' 곧 기름 부음을 받은 자라는 뜻으로 히브리어 '메시야'와 동의어이다. 영생과 구원을 주시는 생명의 떡 예수께서 떡집 베들레헴에서 나셨다.
* 참고 성구 * 롬 5:4, 시 39:7, 잠 19:8, 눅 2:11

Ⅲ. 목자들은 새 삶의 원동력이 되는 소식을 들었음
예수께서는 공생애를 시작하실 때 회당에서 가난한 자에게 복음을, 포로된 자에게 자유를, 눈먼 자에게 다시 보게 함을, 눌린 자를 자유케 하고 주의 은혜의 해를 전파하게 하려 하신다는 이사야의 글을 읽으시고 이 글이 너희 귀에 응했다고 하셨다. 이는 참으로 새 삶의 원동력이 되는 말씀이다.
* 참고 성구 * 골 3:10, 고후 5:17, 렘 31:22, 눅 4:18-19

■ 기 도 ■ 하나님 아버지! 추운 밤 양떼를 지키던 목자에게 하필이면 구주 탄생의 복음을 전하셨을까를 생각해 봅니다. 이는 현장에서 열심히 일하는 자에게 축복의 메시지를 보내시는 당신의 뜻이라고 알고 오늘 부르심을 입은 자들로 맡은 바를 다하게 하소서. 예수 그리스도의 이름으로 기도드립니다. 아멘.

♣ 광엽 ♣

밭에 감추인 보화

♪ 198, 220, 226

■ 본 문 ■ 천국은 마치 밭에 감추인 보화와 같으니 사람이 이를 발견한 후 숨겨 두고 기뻐하여 돌아가서 자기의 소유를 다 팔아 그 밭을 샀느니라【마 13:44】

■ 서 론 ■ 프랑스의 수필가 몽테뉴는 "가장 심오한 기쁨은 그 속에 흥겨움보다는 진지함을 담고 있다."고 했다. 밭에 감추인 보화를 발견하여 기쁨으로 가득 찬 하루가 된 어느 사람처럼, 오늘 우리에게도 이와같은 기쁨을 공유하는 광부가 되어야 하겠다. 천국을 위해서는?

I. 천국을 위해 주님의 뜻을 따라서 살자

주님은 나더러 주여, 주여 하는 자마다 천국에 다 들어갈 것이 아니요 다만 하늘에 계신 내 아버지의 뜻대로 행하는 자라야 들어가리라고 하셨다. 우리를 향하신 하나님의 뜻은 그분의 속성대로 사는 삶으로서 이는 우리의 의로움과 거룩함이다. 천국을 위한 삶은 주 안에 거하는 삶이다.
* 참고 성구 * 마 7:21, 롬 12:1-2, 엡 5:17, 벧전 1:15-16

II. 천국을 위해 세상을 좇지 말고서 살자

세상은 악하고 죄악만이 관영한 곳이다. 야고보서 기자는 세상과 짝하는 것은 하나님과 원수가 된다고 했다. 성도는 세상의 풍속과 시류와 유행을 좇는 삶이 아니라 하나님만을 의뢰하며 하나님의 온전하시고 선한 뜻을 생활 속에서 관철하며 살고 그리스도의 향기를 풍기는 삶을 사는 자들이다.
* 참고 성구 * 요일 5:19, 엡 1:1-3, 약 4:4, 벧전 2:11

III. 천국을 위해 찬송을 끊이지 않고서 살자

히브리서 기자는 우리가 예수로 말미암아 항상 찬미의 제사를 하나님께 드리자 이는 그 이름을 증거하는 입술의 열매니라고 했다. 찬송을 끊이지 않고 사는 자의 삶은 기쁨이 충만한 자의 삶이다. 야고보서 기자는 고난당하는 자는 기도할 것이요 즐거워하는 자는 찬송할지라고 했다.
* 참고 성구 * 눅 2:28, 창 14:20, 대하 5:13, 히 13:15, 약 5:13

■ 기 도 ■ 하나님 아버지! 밭에 감추인 보화인 천국을 발견한 자는 당신의 뜻대로 세상을 좇지 않고서 찬송을 끊이지 않고 사는 삶입니다. 오늘 성도로 택함받은 우리는 이와 같은 삶으로 신앙여정의 먼 길을 걷게 하옵소서. 예수 그리스도의 이름으로 기도드립니다. 아멘.

♣ 광업 ♣

땅을 얻을 자는
♪ 516, 404, 245

■ 본 문 ■ 주의 복을 받은 자는 땅을 차지하고 주의 저주를 받은 자는 끊어지리로다【시 37:22】

■ 서 론 ■ 영국의 정치가 필립 프란시스 경은 "각 사람은 그리스도를 비쳐주는 거울이라고 하였다. 우리는 그리스도를 비치는 거울이다."라고 했다. 성도의 행실을 보고 사람들은 하나님께 영광을 돌린다. 성경은 온유한 자는 땅을 차지하는 자라고 했다. 주의 복을 받는 자는 땅을 차지할 것인데 이런 자의 삶은 어떠한가?

I. 여호와를 바라보는 자임
여호와를 바라보는 자에게는 아름다운 땅에 이르시게 하며, 이는 먹는 식물의 결핍함이 없고 네게 아무 부족함이 없는 땅으로, 네가 먹어서 배불리고 네 하나님 여호와께서 옥토로 네게 주셨음을 인하여 그를 찬송하리라고 했다. 여호와를 바라보는 자는 좋은 옥토를 얻을 것이다.
  * 참고 성구 * 눅 14:14, 창 30:27, 렘 39:16, 신 8:6-10

II. 악을 멀리하는 자임
바울은 악은 모든 모양이라도 버리라고 했다. 베드로는 악에서 떠나 선을 행하고 화평을 구하여 이를 좇으라고 했다. 땅을 얻을 자는 악을 멀리하는 자이다. 악을 멀리할 때 성령 안에서 거하며 성령 안에서 거할 때 하나님의 축복이 임재한다. 성령의 삶은 악을 멀리하는 삶이다.
  * 참고 성구 * 히 7:6, 신 15:6, 시 134:3, 갈 5:19-24, 살전 5:22

III. 은혜를 베풀어 주는 자임
주님은 온유한 자는 복이 있나니 저희가 땅을 기업으로 받을 것임이라고 했다. 주님은 나는 마음이 온유하고 겸손하다고 하셨다. 모세는 그 온유함이 지면의 모든 이보다 승하다고 했다. 온유한 자의 특징은 자신의 삶을 돌봄보다 이웃에게 은혜를 베푸는 삶을 사는 자이다.
  * 참고 성구 * 삼하 13:25, 욥 30:26, 계 19:9, 마 5:5, 11:29, 민 12:3

■ 기 도 ■ 하나님 아버지! 땅을 차지하는 자는 당신을 바라보며 악을 멀리하며 은혜를 베풀어 주는 자라고 하셨습니다. 오늘 이 땅에서 광업으로 당신의 일에 종사하는 모든 성도들에게 당신의 큰 은혜를 베푸셔서 그들의 사업이 무궁하도록 번창케 하시오며 이웃에게 덕을 끼치는 삶을 살게 하시옵소서. 예수 그리스도의 이름으로 기도드립니다. 아멘.

♣ 운수, 해운업 ♣

여기까지 도우신 하나님
♪ 358, 340, 509

■ 본 문 ■ 사무엘이 돌을 취하여 미스바와 센 사이에 세워 가로되 여호와께서 여기까지 우리를 도우셨다 하고 그 이름을 에벤에셀이라 하니라【삼상 7:12】

■ 서 론 ■ 찬송작가 루이자 스테드는 "순경에서 하나님이 하신 말씀을 역경에서도 결코 의심치 말라."고 했다. 주님은 우리를 지키시기를 졸지도 주무시지도 않는 파수꾼처럼 우리의 안전을 위하여 눈을 떼지 않으신다. 에벤에셀의 신화를 창조하게 만드신 그 하나님의 도우심은?

I. 위기의 때에 도우시는 하나님
모세는 이스라엘 백성의 앞에 홍해가 가로막고 뒤에는 애굽의 바로의 군대가 쫓아오자 너희는 두려워 말고 가만히 서서 여호와께서 오늘날 너희를 위하여 행하시는 구원을 보라고 외쳤다. 하나님은 그의 백성이 위기에 처했을 때 큰 기적과 기사를 행하여 도우신다.
* 참고 성구 * 단 4:9, 시 60:3, 사 21:15, 출 14:13, 시 50:15

II. 편안할 때도 도우시는 하나님
시편 기자는 너희가 일찍 일어나고 늦게 누우며 수고의 떡을 먹음이 헛되다면서 여호와께서는 그 사랑하시는 자에게 잠을 주신다고 했다. 하나님은 위기의 때에도 도우시며 편안할 때에도 도우시는 하나님이시다. 일마다 때마다 도우시는 하나님을 기뻐하며 감사하는 자가 되자.
* 참고 성구 * 엡 2:17, 수 10:21, 대상 22:9, 시 127:2

III. 영원히 의지할 분이신 하나님
시편 기자는 여호와는 나의 힘과 나의 방패시니 내 마음이 저를 의지하여 도움을 얻었도다 그러므로 내 마음이 크게 기뻐하며 내 노래로 저를 찬송하리로다라고 했다. 사람들도 믿지 말고 방백도 의지하지 말고 오직 우리의 의지할 자는 여호와 하나님 한 분밖에 없다.
* 참고 성구 * 고후 1:9, 왕하 19:10, 사 37:10, 시 118:8, 시 28:7

■ 기 도 ■ 하나님 아버지! 당신은 위기의 때에도 도우시며 편안할 때도 보호하시는 우리의 영원히 의지할 분이신 전능하신 하나님이십니다. 매일매일 사고가 빈발하는 이 바다를 가르며 교역하는 당신의 백성이 하는 사업을 도우소서. 예수 그리스도의 이름으로 기도드립니다. 아멘.

♣ 운수, 해운업 ♣

파선을 두려워 말라
♪ 419, 107, 298

■ 본 문 ■ 그 남은 사람들은 널조각 혹은 배 물건에 의지하여 나가게 하니 마침내 사람들이 다 상륙하여 구원을 얻으니라【행 27:44】

■ 서 론 ■ 미국의 신학자 에드워드 페이슨은 "만약 우리의 모든 길에서 하나님을 인정하면 하나님께서는 우리의 발걸음을 안전하게 인도하시겠다고 약속하셨고 우리의 경험으로 보아 그 약속의 성취를 알게 된다."고 했다. 인생의 기나긴 여정 속에서 그대는 하나님의 살아 계심을 실감하는가?

Ⅰ. 우리에게는 구원자가 있음을 알자
여호와 하나님은 출애굽 한 이스라엘 백성들을 낮에는 구름 기둥으로 밤에는 불 기둥으로 그들의 길을 인도하시고 그들의 길을 비추어 주셔서 백성들에게서 떠나지 않았다고 출애굽기 기자는 기록하고 있다. 우리는 전지전능 하신 하나님께서 우리를 주목하고 계심을 알아야 한다.
* 참고 성구 * 엡 3:12, 히 13:6, 출 14:6, 행 4:12, 출 13:21

Ⅱ. 우리에게도 파선은 언제 있을는지 모름을 알자
우리에게도 인생의 파선, 신앙의 파선, 사업의 파선이 언제 닥칠는지 모른다. 하나님의 섭리 속에서 살아가는 인생길에 교만했든지 혹은 자만했든지 혹은 하나님을 잊고 살았든지 갖가지 이유로 인해 인과응보의 진리를 체험하게 된다. 성도는 좌나 우로 치우침 없는 신앙의 길을 걸어야 한다.
* 참고 성구 * 마 21:21, 사 40:4, 딤전 1:19, 사 49:11

Ⅲ. 우리는 주님을 뱃사공으로 모셔야 함을 알자
주님과 함께 배에 오른 제자들은 큰 놀이 일어나 물결이 배를 뒤덮자 모두 사색이 되어 주님을 깨우며 주여 구원하소서 우리가 죽게 되었다고 큰 소리쳤다. 환난의 인생의 길에서 우리는 주님을 주무시게 말고 항상 동행하는 삶을 살아야 한다. 주님은 한 번 크게 자연을 꾸짖으셨다.
* 참고 성구 * 요일 4:17, 잠 16:17, 사 35:8, 마 8:27

■ 기 도 ■ 하나님 아버지! 환난의 인생길에서 우리는 주님을 뱃사공으로 모시고 이 인생의 긴 항해를 하여야 하겠습니다. 바다와 바람을 꾸짖으심으로 잔잔케 하신 주님과 함께 하면 무사히 영원한 항구에 도착할 수 있다는 믿음을 더하여 주옵소서. 예수 그리스도의 이름으로 기도드립니다. 아멘.

♣ 운수, 해운업 ♣

풍랑을 이기고
♪ 419, 454, 457

■ 본 문 ■ 예수께서 즉시 손을 내밀어 저를 붙잡으시며 가라사대 믿음이 적은 자여 왜 의심하였느냐 하시고 배에 함께 오르매 바람이 그치는지라【마 14:31-32】

■ 서 론 ■ 프랑스의 수학자 파스칼은 "진리를 그의 인도자로 삼고 본분을 그의 목적으로 삼는 자는 하나님의 섭리가 안전하게 그를 인도하시도록 신뢰한다."라고 했다. 잠시 잠간 의심이 일어난 베드로는 물속에 빠지게 되었으나 주님께 구원을 외쳐서 건짐을 받았다. 풍랑의 때에 성도는?

Ⅰ. 주의 능력을 의뢰하자
능력, 곧 '뒤나미스'는 힘(물려받은), 본래 사물이 지닌 능력, 힘을 쓰거나 나갈 때 생기는 힘, 권능의 뜻이 있다. 본문에서는 이적이나 기사를 행하는 주님의 권능을 의미한다. 제자들은 예수께서 바다 위를 걸어오심을 보고 유령이라고 놀랐으나 예수는 천지를 지으신 능치 못함이 없으신 하나님이시다.
* 참고 성구 * 눅 1:37, 창 18:14, 욥 42:2, 마 8:27

Ⅱ. 주의 도우심을 신뢰하자
베드로는 용기 있게 믿음의 자세로 물 위를 걸어갔으나 바람을 보고 무서워하여 그만 물에 빠지게 되었다. 그때 베드로는 큰 소리로 주여, 나를 구원하소서 했다. 베드로의 외침은 정확한 것이다. 예수께서는 믿음이 적은 자여 왜 의심했느냐며 베드로를 건져 함께 배에 올랐다.
* 참고 성구 * 히 13:6, 시 28:7, 사 41:10, 시 146:3-5

Ⅲ. 주만 바라보고 나아가자
인생의 풍랑이 닥칠 때 주의 능력을 의뢰하고 주의 도우심을 신뢰하고 마지막으로 주만 바라보고 나아가야 한다. 처음에 베드로는 주만 보고 나아갔을 때는 물 위를 걷는 기적을 행했으나 두려워함으로 실패를 하였다. 성도는 믿음의 주요 온전케 하시는 이인 예수를 바라보아야 한다.
* 참고 성구 * 빌 3:7-16, 수 3:14-17, 사 40:28-31, 히 12:2

■ 기 도 ■ 하나님 아버지! 인생의 풍랑과 사업의 풍랑과 믿음의 풍랑이 있을 때 오직 당신만 의뢰하고 신뢰하며 나아가는 자가 되게 하시어 풍랑을 이기고 무사히 영원한 본향에 정착하는 우리들 성도가 되도록 인도하여 주시옵소서. 예수 그리스도의 이름으로 기도드립니다. 아멘.

♣ 어업 ♣

가득찬 물고기
♪ 470, 25, 183

■ 본 문 ■ 예수께서 이르시되 애들아 너희에게 고기가 있느냐 대답하되 없나이다 가라사대 그물을 배 오른편에 던지라 그리하면 얻으리라 하신대 이에 던졌더니 고기가 많아 그물을 들 수 없더라【요 21:5-6】

■ 서 론 ■ 독일의 종교개혁자 루터는 "나의 마음에 거하는 것은 루터가 아니라 오직 예수 그리스도 한분뿐이시다."라고 했다. 부활하신 주님을 맞아서 인생에 새로운 전기를 맞게 된 제자들이 할 것은?

Ⅰ. 주의 능력을 의뢰할 것

디베랴 바닷가에서 잔뼈가 굵은 어부들인 제자들이 밤을 세워도 고기를 한 마리도 잡지 못한 것을 주님은 단번에 그물을 배 오른편에 던지라 그리하면 얻으리라고 하셨다. 주님 예수의 능력은 끝이 없다. 전지전능하신 하나님이시요, 천지를 창조하신 그의 능력은 필설로도 다하지 못한다.

* 참고 성구 * 빌 4:13, 창 18:14, 눅 1:37, 욥 42:2, 눅 5:4-7

Ⅱ. 주의 말씀을 순종할 것

주님의 말씀에 순종하여 그물을 오른편에 던졌더니 고기가 많아 그물을 들 수 없을 정도로 고기가 많이 잡혔다. 이에 눈치빠른 주의 사랑하시는 제자 요한은 과거를 회상해서 주님이신 줄 알게 되었다. 순종할 때 주님을 만나고 고기도 잡고 기사와 이적을 체험하게 된다.

* 참고 성구 * 마 7:21, 삼상 15:22-23, 막 14:36, 눅 5:5

Ⅲ. 주의 주신 직무에 충실할 것

주님은 어부였던 제자들을 사람을 낚는 어부가 되게 하겠다고 하셨다. 이제 베드로는 부활하신 주님을 뵙고 그가 맡기신 양을 치는 사역을 부여받게 되었다. 바울은 우리 주 예수께 감사함은 나를 충성되이 여겨 내게 직분을 맡기셨다고 했다. 성도는 주의 주신 직분에 충실해야 한다.

* 참고 성구 * 마 25:21, 23, 고전 4:2, 계 2:10, 요 21:18

■ 기 도 ■ 하나님 아버지! 가득찬 물고기의 수확이 있음은 주의 능력을 의뢰했고 주의 말씀에 순종했기 때문입니다. 이제부터는 우리를 사람을 낚는 어부로 삼아 주시옵소서. 그리고 당신이 맡기신 직무를 충성되이 감당할 힘도 함께 주시옵소서. 예수 그리스도의 이름으로 기도드립니다. 아멘.

♣ 상업 ♣

공평한 저울
♪ 516

■ 본 문 ■ 너희는 재판에든지 도량형에든지 불의를 행치 말고 공평한 저울과 공평한 추와 공평한 에바와 공평한 힌을 사용하라 나는 너희를 인도하여 애굽 땅에서 나오게 한 너희 하나님 여호와니라【레 19:35-36】

■ 서 론 ■ 미국의 초대 대통령 조지 워싱턴은 "나는 정직한 사람이라는 말을 다른 어떤 칭호보다 더 귀하게 생각한다."고 했다. 현대 사회의 상거래에서 세상 사람들은 서로 속고 속이고 불미스러운 일을 많이 자행하나 성도는?

Ⅰ. 도량형에 불의를 행치 말라

잠언 기자는 한결같지 않은 저울추는 여호와의 미워하시는 것이요, 속이는 저울은 좋지 못한 것이니라고 했다. 상거래에서 속이는 것은 불미스러운 일로서 이는 불의를 행하는 것이다. 한결같지 않고 저울추를 속이는 것은 여호와의 미워하시는 죄악임을 성도는 깊이 깨닫자.

* 참고 성구 * 레 19:11, 출 20:15, 잠 20:23, 10, 미 6:11

Ⅱ. 공평을 따라서 행하라

본문에 나오는 '에바'는 고체를 다루는 도량형으로 22리터로서 되로 12되 정도 되는 것을 말함이요, '힌'은 액체를 다루는 도량형으로 3.67리터로서 되로 2되 정도 되는 것이다. 잠언 기자는 속이는 저울은 여호와께서 미워하셔도 공평한 추는 그가 기뻐하신다고 했다. 성도는 공평을 따라 행해야 한다.

* 참고 성구 * 신 25:13, 겔 45:10, 암 5:24, 잠 11:1

Ⅲ. 주의 규례와 법도를 잘 지키라

레위기 기자는 애굽 땅의 풍속과 가나안 땅의 규례를 행하지 말라고 전하면서 너희는 나의 법도를 좇으며 나의 규례를 지켜 그대로 행하라 나는 너희 하나님 여호와라고 진술했다. 애굽과 가나안은 죄악된 세상을 지칭하는 것이요, 주의 규례와 법도는 선민 이스라엘이 지켜야 하는 율법인 것이다.

* 참고 성구 * 요 14:21-23, 레 18:4-5, 전 12:13-14, 출 20:6, 31:6

■ 기 도 ■ 하나님 아버지! 당신의 백성들은 속이는 저울을 사용치 않게 하시고 불의한 재물로 근심하는 것보다 의를 겸한 작은 소득에 기뻐하는 자들이 되어 성도로 부름받은 자들답게 공정한 상거래로 당신께 영광을 돌리는 자들이 되게 하시옵소서. 예수 그리스도의 이름으로 기도드립니다. 아멘.

♣ 상업 ♣

영혼의 상인인 성도
♪ 369, 399, 362

■ 본 문 ■ 무릇 있는 자는 받아 풍족하게 되고 없는 자는 그 있는 것까지 빼앗기리라 이 무익한 종을 바깥 어두운 데로 내어쫓으라 거기서 슬피 울며 이를 갊이 있으리라 하니라【마 25:29-30】

■ 서 론 ■ 미국의 정치가 벤쟈민 프랭클린은 "늦게 일어난 사람은 종일 총총 걸음을 걸어야 한다."고 했다. 성도는 영혼의 상인이다. 주가 맡기신 직무를 최선을 다하여 부지런히 일했을 때 하나님의 상급을 받을 것이다. 종과 주인은?

I. 착하고 충성된 종/상급에 관한 교훈

착하고 충성된 종들은 받은 바 달란트대로 가서 열심히 일을 하여 다섯 달란트와 두 달란트의 이익을 남겼다. 그리하여 돌아온 주인에게 칭찬받고 더 큰 일을 맡게 되고 주인의 즐거움에 참여하게 되었다. 종들이 할 일은 충성뿐이며 충성에는 생명의 면류관이 상급으로 기다리고 있다.

* 참고 성구 * 벧전 5:4, 딤후 4:7-8, 계 2:10, 약 1:12

II. 악하고 게으른 종/의무의 태만을 경고

불성실한 악하고 게으른 종은 받은 바 한 달란트를 땅에 묻어두었다. 후에 주인이 돌아와서 함께 회계할 때에 그는 한 달란트를 내놓으며 보소서 당신의 것을 받으셨나이다라고 했다. 주인은 이를 듣고 대노하여 이 무익한 종을 바깥 어두운 데로 내어쫓으라고 큰 소리로 말했다.

* 참고 성구 * 눅 12:47, 약 4:17, 막 16:15, 느 9:35

III. 종들의 주인/하나님의 심판을 증거

종들의 주인은 예수 그리스도이시요, 그 종들은 모든 신자를 의미하며, 소유를 맡김은 성도들에게 주신 전도의 사명이다. 받은 바 달란트는 곧 개인의 재능을 뜻하며, 회계를 함은 심판 때에 행위대로 일한 대로 갚아 주시는 상과 벌을 의미한다. 성도는 악하고 게으른 종이 되어서는 안 될 것이다.

* 참고 성구 * 갈 6:17-18, 행 10:34-35, 렘 17:10, 계 1:7

■ 기 도 ■ 하나님 아버지! 성도는 영혼의 상인입니다. 좋은 상거래로 이문을 많이 남겨서 당신을 기쁘시게 하며 당신으로부터 착하고 충성된 종이라는 칭찬을 듣는 성도가 되게 하옵소서. 마지막 심판 때에 당신 앞에 떳떳이 회계하는 자들이 모두 되게 하옵소서. 예수 그리스도의 이름으로 기도드립니다. 아멘.

♣ 상업 ♣

장터가 된 성전
♪ 246, 262, 265

■ 본 문 ■ 비둘기 파는 사람들에게 이르시되 이것을 여기서 가져가라 내 아버지의 집으로 장사하는 집을 만들지 말라 하시니【요 2:16】

■ 서 론 ■ 영국의 신학자 매튜 헨리는 "교회의 평화를 유지하는 길은 그의 순결을 보존하는 것이다."라고 했다. 오늘날 교회에 다니는 목적을 사람을 사귀기 위해서나 장사의 잇속을 위해서나 남녀간의 교제를 원해서 교회를 출입하는 사람들이 있다. 성전이 장터가 된 이유는?

I. 하나님께 대한 외경심이 없은 결국
이사야는 여호와의 영광을 보고는 화로다 나여 망하게 되었도다 나는 입술이 부정한 사람이요, 입술이 부정한 백성 중에 거하면서 만군의 여호와이신 왕을 뵈었음이로다라고 했다. 이는 이사야가 하나님에 대한 철저한 외경심을 가지고 자신이 죄악 속에 거하는 자임을 깨달았기 때문이다.
 * 참고 성구 * 마 10:28, 신 10:12, 잠 9:10, 전 12:13-14, 사 6:5

II. 세상의 욕심을 좇아서 행한 결국
사도 요한은 바벨론의 멸망을 정치 경제 등 세속적인 것으로 보면서 바벨론을 인하여 치부한 이 상품의 상고들이 그 고난을 무서워하여 멀리 서서 울고 애통한다고 그의 계시록에 기록했다. 세상의 욕심을 좇아서 주의 전을 장터로 만든 자들이 무슨 짓인들 마다하겠는가.
 * 참고 성구 * 약 1:15, 요일 5:19, 딤전 6:9-10, 계 18:15

III. 주의 거룩한 전을 모독한 결국
주의 거룩한 전을 수퍼마켓으로 생각한 자들이 성전을 장터가 되게 했다. 주의 전은 하나님을 경배하여 예배를 드리고 그의 영광을 찬양하는 곳이며 하나님과 거룩한 교통을 위해서 기도드리는 곳이다. 이런 거룩한 곳을 장사하는 집으로 만들었으니 주님께 꾸중을 들음은 당연하다.
 * 참고 성구 * 고전 3:16-17, 벧전 1:15-16, 출 20:7, 눅 24:52-53

■ 기 도 ■ 하나님 아버지! 성전은 당신께 예배를 드리며 당신을 경배하는 거룩한 곳임에도 사람들은 자신의 장사속으로 성전을 장터가 되게 하였습니다. 우리로 하여금 오직 당신의 전을 거룩하게 여기는 자들이 되게 하시옵소서. 예수 그리스도의 이름으로 기도드립니다. 아멘.

♣ 체육인 ♣

피곤치 않음
♪ 394, 388, 390

■ 본 문 ■ 오직 여호와를 앙망하는 자는 새 힘을 얻으리니 독수리의 날개 치며 올라감 같을 것이요 달음박질하여도 곤비치 아니하겠고 걸어가도 피곤치 아니하리로다【사 40:31】

■ 서 론 ■ 영국의 목사 토마스 부룩스는 "우리가 사랑하기 때문에 신뢰하고 우리가 사랑하는 것을 신뢰한다. 우리가 그리스도를 많이 사랑한다면 분명히 우리는 그를 많이 신뢰해야 하리라."고 했다. 주를 신뢰하여 앙망하는 자를 주는 피곤치 않게 하시며 곤비치 않게 하신다. 피곤치 않는 자는?

I. 주를 앙망하는 성도
창조주 하나님은 피곤치 아니하시며 곤비치 않으시며 명철이 한이 없으시며 피곤한 자에게는 능력을 주시며 무능한 자에겐 힘을 더하시게 하신다. 오직 여호와를 앙망하는 자는 새 힘을 얻으리라고 이사야는 말했다. 하나님을 앙망하여 신뢰하는 백성은 새 힘을 얻을 것이다.
* 참고 성구 * 빌 4:13, 시 25:5, 잠 20:22, 사 8:17, 40:28-29

II. 영적으로 소생하는 성도
바울은 우리가 낙심하지 아니하노니 겉 사람은 후패하나 우리의 속은 날로 새롭도다라고 고린도 교회에 보내는 편지에서 말했다. 세월이 흐르면 피조물로서 죽을 운명에 처한 우리는 새로운 피조물 곧 새 사람을 입음으로써 더욱 영적으로 소생하며 육신의 힘을 배가하는 것이다.
* 참고 성구 * 롬 12:2, 고후 4:16, 골 3:10, 시 51:10

III. 영적 능력을 소유한 성도
성령의 능력을 체험한 성도들은 곤비치 않는 삶을 영위한다. 오순절 마가 다락방에서 성령을 체험한 베드로는 그의 설교로 하루에 삼천 명씩이나 되는 이스라엘 사람을 회개시키고 세례를 주어 죄사함을 받게 하였다. 영적인 능력을 소유한 성도는 큰 은사를 받은 자이다.
* 참고 성구 * 행 1:8, 미 3:8, 슥 4:6, 행 4:33, 9:40

■ 기 도 ■ 하나님 아버지! 세상살이에 넘어지고 쓰러지고 낙망하는 자들 가운데서 우리를 택하시어 곤비치 않게 하시며 피곤치 않게 하심을 감사드리옵나이다. 당신의 은혜를 체험하여 더욱 거룩한 삶을 살 수 있도록 성령으로 역사해 주시옵소서. 예수 그리스도의 이름으로 기도드립니다. 아멘.

♣ 체육인 ♣

푯대를 향하여
♪ 393, 221, 532

■ 본 문 ■ 그러므로 내가 달음질하기를 향방 없는 것 같이 아니하고 싸우기를 허공을 치는 것 같이 아니하여 내가 내 몸을 쳐 복종하게 함은 내가 남에게 전파한 후에 자기가 도리어 버림이 될까 두려워함이로라【고전 9:26-27】

■ 서 론 ■ "신자는 그리스도의 사랑의 띠로 서로 묶은 자들로 같은 목표를 향하여 달리는 운동 선수들이다."라고 어느 신학자는 말하였다. 성도는 푯대를 향하여 달려야 하는데 그 마지막 골인 지점은 천국이다. 성도는?

Ⅰ. 경주할 것
바울은 푯대를 향하여 그리스도 예수 안에서 하나님이 위에서 부르신 부름의 상을 위하여 좇아가노라고 했다. '푯대를 향하여' 곧 '카타 스코폰'은 목표를 따라서, 목표를 향하여라는 뜻으로 이는 바울의 신앙과 삶의 목표는 그리스도의 영광의 부활에 이르는 것이요 상은 의무를 완수한 자가 받는 것이다.
 * 참고 성구 * 히 12:1, 룻 2:12, 렘 12:5, 빌 3:13-14, 행 20:24

Ⅱ. 집중할 것
바울은 운동장에서 달음질하는 자들이 다 달아날지라도 오직 상을 얻는 자는 하나인 줄을 너희가 알지 못하느냐며 너희도 얻도록 이와 같이 달음질하라고 했다. 성도는 달음질을 하기를 방향도 없이 그냥 뛰는 자가 아니라 분명한 목표를 염두에 두고 집중해 달리는 자이다.
 * 참고 성구 * 행 9;29, 삼하 19:36, 사 40:9, 빌 3:8, 고전 9:24

Ⅲ. 인내할 것
히브리서 기자는 우리가 시작할 때에 확실한 것을 끝까지 견고히 잡으면 그리스도와 함께 참여한 자가 되리라고 했다. 인내, 곧 '휘포모네'는 견고함, 불변, 인내의 뜻으로 이는 위에서 바윗덩이로 짓누름에도 성도들이 불굴의 정신으로 충분히 버텨 이겨내는 승리를 의미한다.
 * 참고 성구 * 약 1:4, 롬 5:4, 잠 13:13, 히 3:14

■ 기 도 ■ 하나님 아버지! 성도는 푯대를 향하여 달리는 바른 경주와 집중력과 인내심이 필요합니다. 이렇게 하여 마지막 종착역에 도달함으로써 당신으로부터 큰 상급을 받아 영원한 천국에서 당신과 더불어 왕노릇하는 자들이 되게 하소서. 예수 그리스도의 이름으로 기도드립니다. 아멘.

♣ 체육인 ♣

경주자의 법칙
♪ 401, 146, 148

■ 본 문 ■ 이기기를 다투는 자마다 모든 일에 절제하나니 저희는 썩을 면류관을 얻고자 하되 우리는 썩지 아니할 것을 얻고자 하노라【고전 9:25】

■ 서 론 ■ 미국의 신학자 트라이언 에드워즈는 "자신의 욕망과 감정과의 성공적인 투쟁으로 그런 것을 현명하고 충분히 제어할 수 있는 자는 가장 고귀한 정복자 중의 하나이다."라고 했다. 천국을 목표로 두고 달리는 자는 몇 가지 법칙을 염두에 두어야 최후의 목표에 이를 수 있다. 경주자의 법칙은?

Ⅰ. 자기의 훈련의 법칙

히브리서 기자는 모든 무거운 것과 얽매이기 쉬운 죄를 벗어버리고 인내로써 우리 앞에 당한 경주를 경주한다고 했다. 경주자는 목표를 설정한 뒤 자기를 훈련하여 무사히 목적지까지 도달하여야 한다. 그런 가운데 모든 어려움을 인내로써 버티며 견뎌야 한다. 자기 훈련은 곧 승리이다.
* 참고 성구 * 고전 7:9, 욥 22:29, 전 9:11, 갈 1:17, 히 12:1

Ⅱ. 자기 절제의 법칙

이기기를 다투는 자마다 모든 일에 절제한다고 바울은 말하고 있다. 절제하나니, 곧 '엥크라튜오마이'는 자제한다, 스스로 절제한다, 삼가한다는 뜻으로 이는 분명한 목적지에 이를 때까지 자기의 몸을 스스로 쳐서 복종케 하는 것을 뜻한다. 절제는 성령의 아홉 가지 열매 중 마지막 것이다.
* 참고 성구 * 딤전 3:11, 시 22:26, 고전 9;25, 갈 5:23, 벧후 1:6

Ⅲ. 자기 정복의 법칙

바울은 여러 계시를 받은 것이 지극히 크므로 너무 자고하지 않게 하시려고 내 육체에 가시 곧 사단의 사자를 주셨으니 이는 나를 쳐서 너무 자고하지 않게 하려 하심이라고 자신의 간질병을 이렇게 신앙으로 이해해 받아들였다. 자기를 알고 자기를 정복한 자는 참으로 큰 은혜를 받은 자이다.
* 참고 성구 * 마 11:29, 히 12:4, 잠 15:33, 고후 12:7

■ 기 도 ■ 하나님 아버지! 천국을 향해 줄달음질치는 자는 피나는 자기 훈련과 자기 절제와 자기 정복의 법칙을 깨우치는 자입니다. 오늘 성도로 부름입은 모든 자들이 이 세 가지 법칙을 염두에 두고 신앙 생활을 하여 낙오자가 없이 모두 당신의 품안에 안기게 하소서. 예수 그리스도의 이름으로 기도드립니다. 아멘.

♣ 유아기(유년기) ♣

젖먹이들의 찬양
♪ 299, 24, 44

■ 본 문 ■ 여호와 우리 주여 주의 이름이 온 땅에 어찌 그리 아름다운지요 주의 영광을 하늘 위에 두셨나이다 주의 대적을 인하여 어린아이와 젖먹이의 입으로 말미암아 권능을 세우심이여 이는 원수와 보수자로 잠잠케… 【시 8:1-2】

■ 서 론 ■ 스코틀랜드의 성직자 토마스 찰머스는 "영생을 위한 가장 실질적인 준비는 하나님을 찬양하는 데서 큰 기쁨을 얻는 것이다."라고 했다. 하나님을 찬양함에는 남녀노소를 구분할 필요가 없다. 만입을 열어 주를 찬미할 것은?

I. 주의 아름다운 이름을 찬미함
다윗은 그의 시편에서 주여 내 입술을 열어 주소서 내 입이 주를 찬송하여 전파하리이다라고 했고, 다른 시편 기자는 다 여호와의 이름을 찬양할지어다 그 이름이 홀로 높으시며 그 영광이 천지에 뛰어나심이로다라고 노래했다. 성도는 그 입을 열어 주의 아름다운 이름을 찬양하자.
* 참고 성구 * 빌 2:9-11, 시 148:13, 사 12:4, 시 51:15

II. 주의 높으신 영광을 찬미함
영광, 곧 '독사'는 고전 헬라어로 '의견'을 의미하고 히브리어 '카보드'가 헬라어 '독사'로 번역되어 하나님의 영광, 또는 힘을 의미하여 하나님의 임재를 표현했다. 히브리서 기자는 우리가 예수로 말미암아 항상 찬미의 제사를 하나님께 드리자 이는 그 이름을 증거하는 입술의 열매라고 했다.
* 참고 성구 * 고전 10:31, 마 28:18, 시 113:4, 히 13:15

III. 주의 지극하신 인자를 찬미함
찬미하다, 곧 '훔네오'는 찬송한다, 찬미를 부른다는 뜻이다. 하나님의 인자하심은 바울의 말에 의하면 긍휼에 풍성하신 하나님이 우리를 사랑하신 그 큰 사랑을 인하여 허물로 죽은 우리를 그리스도와 함께 살렸다고 했다. 성도는 입술을 열어 하나님의 인자를 찬양해야 한다.
* 참고 성구 * 딤전 2:4, 창 8:1, 엡 2:4, 겔 18:4

■ 기 도 ■ 하나님 아버지! 어른에서부터 젖먹이 어린이까지 모두가 당신의 아름다운 이름과 높으신 영광과 지극하신 인자를 찬미하옵나니 우리의 찬양을 받아 흠향하여 주시옵소서. 예수 그리스도의 이름으로 기도드립니다. 아멘.

♣ 유아기(유년기) ♣

믿음의 양육
♪ 103, 462, 463

■ 본 문 ■ 바로의 딸이 그에게 이르되 이 아이를 데려다가 나를 위하여 젖을 먹이라 내가 그 삯을 주리라 여인이 아이를 데려다가 젖을 먹이더니【출 2:9】

■ 서 론 ■ 영국의 소설가 찰스 디킨스는 "나는 이 작은 아이들을 사랑한다. 그들은 우리를 사랑하시는 하나님으로부터 우리에게 갓태어난 신성한 존재들이기 때문이다."라고 했다. 모세가 출애굽의 영웅이요 하나님의 귀하신 선지자가 된 이면에는 어렸을 때에 기인한 믿음의 양육에 있었다. 이는?

I. 믿음의 부모가 키웠음

모세의 부모는 두 사람 다 레위 자손으로 아버지는 아므람이요 어머니는 요게벳이다. 바로의 딸의 부탁을 받고 친 자식이나 유모가 된 어머니는 젖을 물리면서 성장할 때까지 하나님의 율법으로 교육을 시키며 그의 피는 히브리인의 피임을 세뇌하듯 교육을 시켰다.

* 참고 성구 * 마 23:10, 삼상 9:16, 겔 44:25, 행 7:20, 딤후 1:5

II. 지혜로운 누이가 있었음

모세의 누이 미리암은 바로의 딸이 모세를 구출하는 것을 보고 담대히 나아가 내가 가서 히브리 여인 중에서 유모를 불러다가 당신을 위하여 이 아이의 젖을 먹이게 하리이까 하며 재치 있는 말로 바로의 딸을 설득하였다. 모세가 출애굽의 영웅이 되기에는 누이의 큰 도움을 받았다.

* 참고 성구 * 행 8:31, 삼상 13:14, 잠 7:4, 출 2:4-8

III. 하나님의 섭리가 계셨음

모세를 갈상자에 넣어 바로의 딸이 자주 목욕하러 나오는 것을 안 요게벳은 그 주위에 모세를 띄웠다. 물론 결과는 하나님께 맡길 뿐이지만 죽을 운명의 아이를 바로의 왕궁에서 자라도록 바라는 요게벳의 신앙적 용기는 대단했고 거기에 하나님은 섭리하셔서 출애굽의 계획이 실현된다.

* 참고 성구 * 행 7:40, 시 78:1-72, 사 55:12, 행 7:30-34

■ 기 도 ■ 하나님 아버지! 모세가 있기까지는 믿음의 부모의 양육과 지혜로운 누이와 하나님의 섭리가 계셨습니다. 오늘 믿음의 가정에 선물로 주신 어린이들을 이와같이 믿음으로 양육하는 모든 어버이가 되게 하시어 당신의 큰 일꾼으로 쓰시옵소서. 예수 그리스도의 이름으로 기도드립니다. 아멘.

♣ 유아기(유년기) ♣

아이에게 안수하신 예수
♪ 301, 299, 298

■ 본 문 ■ 예수께서 가라사대 어린아이들을 용납하고 내게 오는 것을 금하지 말라 천국이 이런 자의 것이니라 하시고 저희 위에 안수하시고 거기서 떠나시니라【마 19:14-15】

■ 서 론 ■ 미국의 목사요 저술가인 챨스 스타다드는 "어린이는 천국의 열쇠이다."라고 했다. 예수께서는 사람들이 어린아이를 데리고 예수께 가까이 오려는 자들을 꾸짖은 제자들을 도리어 크게 꾸짖으며 천국은 이런 자의 것이라고 하셨다. 왜 그렇게 말씀하셨는가?

I. 거짓을 미워하시는 예수
천진난만한 어린아이의 행동을 보면 참으로 귀엽고 사랑스러울 수밖에 없다. 이에 반해 어른들은 서로 속이고 속고 죄악을 범하여 목적을 위해서는 수단과 방법을 가리지 않고 몇 푼의 돈을 위해 사람을 죽이기까지 한다. 주님은 이런 어른들의 참상을 아시고 그들의 죄악된 거짓된 행위를 미워하셨다.
* 참고 성구 * 삼상 15:29, 레 19:11, 잠 6:17, 고전 14:20

II. 정직을 사랑하신 예수
주님은 어린아이들의 거짓 없는 정직함을 사랑하셨고 그들의 솔직담백한 행위를 예뻐하셨다. 그래서 죄악된 어른들이 어린아이를 금했을 때 마가에 의하면 '분히 여겨' 어린아이들의 내게 오는 것을 용납하고 금하지 말라고 제자들을 크게 꾸짖으셨다. 성도는 어린아이의 정직함을 언제나 가지는 자가 되자.
* 참고 성구 * 마 5:11, 롬 1:25, 요 15:21, 롬 12:9

III. 천국은 이런 자의 것이라고 언급하신 예수
주님은 누구든지 하나님의 나라를 어린아이와 같이 받들지 않는 자는 결단코 들어가지 못하리라고 하셨다. 이는 천국 시민의 자격으로 어린아이가 부모를 전적으로 의뢰하듯 하나님을 믿고 의지하는 자만이 천국에 갈 수 있는 자격을 가진다는 예수의 말씀은 참으로 옳은 말씀이다.
* 참고 성구 * 갈 1:20, 고후 6:6, 딤후 1:5, 눅 18:16, 막 10:13-14

■ 기 도 ■ 하나님 아버지! 어린아이를 안수하고 축복하신 주님의 사랑이 오늘 당신의 사랑하는 성도의 가정에 가득차게 내려주시옵소서. 어린이의 정직함을 가져 거짓을 미워하시는 예수의 마음을 알게 하옵소서. 예수 그리스도의 이름으로 기도드립니다. 아멘.

♣ 유아기(유년기) ♣

말씀으로 가르침
♪ 234, 318, 417

■ 본 문 ■ 마땅히 행할 길을 아이에게 가르치라 그리하면 늙어도 그것을 떠나지 아니하리라 【잠 22:6】

■ 서 론 ■ 프랑스의 철학자요 작가인 루소는 "어린 시절은 이성이 잠자는 시절이다." 라고 했다. 바울은 디모데에게 이 믿음은 먼저 네 외조모 로이스와 네 어머니 유니게 속에 있더니 네 속에도 있는 줄을 확신하노라고 편지를 했다. 믿음의 양육을 받은 믿음의 자식은 결코 탈선하지 않는다. 성도는?

I. 주를 경외함을 가르침
잠언 기자는 여호와를 경외하는 것이 지식의 근본이어늘 미련한 자는 지혜와 훈계를 멸시하느니라고 했다. 어린아이에게 가르쳐야 하는 가장 첫번째의 것이 하나님을 경외하는 것이다. 전도서 기자는 하나님을 경외하고 그 명령을 지키라 이것이 사람의 본분이니라고 했다.
* 참고 성구 * 마 7:21, 신 10:12, 전 12:13-14, 잠 1:7

II. 주의 도를 바르게 가르침
시편 기자는 여호와의 율법은 완전하여 영혼을 소성케 하고 여호와의 증거는 확실하여 우둔한 자로 지혜롭게 하며 여호와의 교훈은 정직하여 마음을 기쁘게 하고 여호와의 계명은 순결하여 눈을 밝게 하고 여호와의 규례는 확실하여 다 의롭다고 했다. 이런 하나님의 도를 가르치라.
* 참고 성구 * 딤후 4:1-5, 마 28:19-20, 시 19:7-10, 딤후 3:15

III. 악에서 멀리 떠나기를 가르침
바울은 악은 모든 모양이라도 버리라고 했다. 또한 형제들아 지혜에는 아이가 되지 말고 악에는 어린아이가 되라고 했다. 자녀에게 악에서 멀리 떠나기를 가르치지 않고 징계하지 않을 경우 제사장 엘리의 아들들처럼 하나님의 진노를 사서 큰 불행을 초래하고 가문을 망친다.
* 참고 성구 * 살전 5:22, 갈 6:7-8, 삼상 2:22-25, 호 8:7, 고전 14:20

■ 기 도 ■ 하나님 아버지! 택함을 입은 성도는 가정의 신앙 교육에서 당신을 경외함을 가르치며 당신의 도를 바르게 가르치며 당신의 싫어하시는 악에서 멀리 떠나기를 가르쳐야 하겠습니다. 그리하여 훌륭한 일꾼이 되어 하나님의 나라를 전파하는 복된 자가 되게 하소서. 예수 그리스도의 이름으로 기도드립니다. 아멘.

♣ 소년기 ♣

지혜와 몸이 자람
♪ 453, 201, 327

■ 본 문 ■ 예수는 그 지혜와 그 키가 자라가며 하나님과 사람에게 더 사랑스러워 가시더라 【눅 2:52】

■ 서 론 ■ 영국의 소설가 찰스 디킨스는 "어린이는 마음의 우상이요 가정의 우상이며 모습을 바꾼 하늘의 천사이다."라고 했다. 인성을 가지신 그리스도 예수의 성장을 기록한 누가의 복음서를 보면서 육의 오심을 부인한 거짓 이단의 미혹을 거부하게 만들며 또한 성도의 어린이는 영육간에 강건해야 주의 일꾼이 됨을 깨닫는다. 소년 예수는?

I. 몸이 튼튼하게 자란 예수
누가는 나사렛에 정착한 예수를 일러 아기가 자라며 강하여졌다고 기록하고서 그 뒤 열두 살 때 유월절 절기를 마치고 나사렛에 돌아온 예수를 그 키가 자라갔다고 했다. 성령으로 잉태해 동정녀 마리아에게 탄생하신 하나님의 아들 예수는 공생애를 위해서 그 육신이 튼튼해져갔다.
  * 참고 성구 * 눅 2:40, 히 9:22, 고전 3:16, 눅 2:52

II. 지혜가 충족해져간 예수
누가는 나사렛에 정착한 예수를 일러 지혜가 충족했다고 기록하고서 그 뒤 열두 살 때 유월절 절기를 행하려고 예루살렘에 올라간 소년 예수가 성전에서 선생들과 문답하는 예수를 일러 듣는 자가 다 그 지혜와 대답을 기이히 여겼다고 기록했다. 전지하신 예수의 지혜는 하나님의 지혜이다.
  * 참고 성구 * 눅 2:40, 47, 요 4:34, 눅 2:47, 고전 1:20, 마 13:54

III. 하나님과 사람에게 사랑받은 예수
누가는 나사렛의 아기 예수를 일러 하나님의 은혜가 그 위에 있더라고 기록하고 열두 살 유월절 절기를 마친 예수를 하나님과 사람에게 더 사랑스러워 가시더라고 기록했다. 영의 부모와 육의 부모에게서 사랑을 받은 인성과 신성을 한몸에 겸한 예수는 우리의 대속주이다.
  * 참고 성구 * 눅 2:40, 삼상 2:26, 눅 3:22, 마 3:17, 잠 3:4

■ 기 도 ■ 하나님 아버지! 당신의 사랑하는 성도에게 선물로 주신 소년소녀에게 예수처럼 몸이 튼튼하게 자라서 그리하여 당신께 크게 쓰임받는 큰 그릇이 되게 하소서. 예수 그리스도의 이름으로 기도드립니다. 아멘.

♣ 소년기 ♣

오병이어를 드림
♪ 302, 177, 404

■ 본 문 ■ 여기 한 아이가 있어 보리떡 다섯 개와 물고기 두 마리를 가졌나이다 그러나 그것이 이 많은 사람에게 얼마나 되겠삽나이까【요 6:9】

■ 서 론 ■ 미국의 저술가 우드베리는 "소년의 어린 마음은 가장 감미로운 배회자이다."라고 했다. 사복음서에 모두 기록된 오병이어의 사건을 오직 요한만이 한 어린아이가 가진 물고기 두 마리와 보리떡 다섯 개를 내놓았다고 전하고 있다. 한 어린이의 놀라운 헌신으로 기적의 체험을 한 것은?

Ⅰ. 광야와 같은 세상
진리의 말씀을 사모하여 광야에 모인 군중들의 모습은 오늘날 군중 속의 고독을 되씹게 한다. 광야는 곧 이 세상이다. 죄악이 창궐하고 사랑이 메말라가며 이익을 위해서 수단과 방법을 가리지 않고 매사를 경제적으로 계산하는 이 악한 세상이 곧 진리를 목말라하는 광야의 무리이다.
* 참고 성구 * 히 13:12, 시 119:153, 렘 48:16, 창 6:5

Ⅱ. 한 아이의 헌신
빌립의 냉정한 계산과 안드레의 믿음 없는 질문에 비추어 이름이 전해지지 않는 이 소년은 물고기 두 마리와 보리떡 다섯 개를 주님 앞으로 가져나왔다. 이 소년의 한 끼 식사를 내어 놓는 그 믿음을 주님은 갸륵하게 보시고 축사하여 오천 명이나 되는 굶주린 군중을 먹이셨다.
* 참고 성구 * 빌 3:3, 대하 20;20, 사 30:15, 고후 8:12

Ⅲ. 놀라운 기적의 체험
한 소년의 오병이어의 헌신으로 오천 명이 먹고 오히려 열두 바구니 남기는 기적을 광야에 모인 군중들은 체험했다. 이는 참으로 엄청난 사건이다. 사람들은 예수의 행하신 표적을 보고 예수를 억지로 임금으로 삼으려고 했다. 육신의 배부름에 만족을 얻은 자의 행태는 이런 것이다.
* 참고 성구 * 살후 2:9, 시 40:5, 사 20:3, 요 6:13

■ 기 도 ■ 하나님 아버지! 한 소년의 놀라운 헌신으로 오천 명이나 되는 군중이 배불리 먹고도 열두 바구니를 남긴 오병이어의 사건은 한 소년의 헌신과 주님의 능력이 합쳐진 것이었습니다. 오늘 우리의 청소년들도 이러한 헌신을 하게 하소서. 예수 그리스도의 이름으로 기도드립니다. 아멘.

♣ 청소년기 ♣

고난 중에 믿음을 배움
♪ 236, 177, 474

■ 본 문 ■ 또 가로되 여호와께서 나를 사자의 발톱과 곰의 발톱에서 건져내셨은즉 나를 이 블레셋 사람의 손에서도 건져내시리이다 사울이 다윗에게 이르되 가라 여호와께서 너와 함께 계시기를 원하노라【삼상 17:37】

■ 서 론 ■ "믿음은 주를 보는 눈이요 주께 매달리는 손이며 주를 소유하는 능력이다."라고 우드브리지는 말했다. 양치기 소년으로 고난 중에 믿음을 배운 다윗과 같이 믿음을 가진 자는?

Ⅰ. 믿음을 가진 자는 두려워하지 않음
다윗은 사시는 하나님의 군대를 모욕한 이 할례 없는 블레셋 사람이리이까 그가 그 짐승의 하나와 같이 되리이다라고 강한 어조로 말했다. 히브리서 기자는 믿음은 바라는 것들의 실상이요 보지 못하는 것들의 증거라고 했다. 성도는 믿음을 가진 자는 두려워하지 않음을 배우자.
* 참고 성구 * 잠 15:19, 출 14:16, 사 42:16, 히 11:1, 삼상 17:36

Ⅱ. 믿음을 가진 자는 매사에 담대함
다윗은 블레셋의 골리앗에게 너는 칼과 창과 단창으로 내게 오거니와 나는 만군의 여호와의 이름 곧 네가 모욕하는 이스라엘 군대의 하나님의 이름으로 네게 가노라 하며 돌진했다. 여호와 하나님의 임재를 체험한 성도는 매사에 담대무쌍하며 용기를 잃지 않고 하나님을 증거한다.
* 참고 성구 * 시 27:9, 신 33:29, 대하 25:8, 민 14:9, 삼상 17:45

Ⅲ. 믿음을 가진 자는 언제나 승리함
여호와의 구원하심이 칼과 창에 있지 않다고 하며 나아간 다윗은 물맷돌 하나로 거인 골리앗을 쓰러뜨렸다. 믿음이 없는 눈으로 볼 때는 거인이 두려운 존재이나 믿음의 눈으로 볼 때는 맞출 곳이 많은 큰 짐승에 불과하다. 한 개의 물맷돌로 승리한 다윗은 큰 영광을 안았다.
* 참고 성구 * 골 2:15, 요 16:33, 사 49:24, 수 14:6-15, 삼상 17:49,

■ 기 도 ■ 하나님 아버지! 목동 다윗이 블레셋의 장수 골리앗을 물맷돌 단 하나로 쓰러뜨린 데에는 믿음으로 무장한 그의 신앙뿐이었습니다. 오늘 우리의 청소년들에게도 이러한 믿음을 허락하셔서 이 나라와 민족을 위한 큰 일꾼으로 뽑아 주시옵소서. 예수 그리스도의 이름으로 기도드립니다. 아멘.

♣ 청소년기 ♣

소년아 네 이름은
♪ 321, 384, 487

■ 본 문 ■ 사울이 그에게 묻되 소년이여 누구의 아들이뇨 다윗이 대답하되 나는 주의 종 베들레헴 사람 이새의 아들이니이다【삼상 17:58】

■ 서 론 ■ 영국의 성직자 토마스 풀러는 "이름은 하나의 알려진 얼굴이다."라고 했다. '다윗'이라는 이름의 뜻은 '사랑받은 자'라는 뜻이다. 블레셋의 골리앗을 죽이고 이스라엘 병사들에게 승리를 안겨준 견인차 역할을 한 다윗을 향해 사울은 소년아 네 이름은 무엇인가라고 물었다. 이 다윗은?

I. 믿음의 사람이었던 다윗
걱정하는 사울을 향해 다윗은 담대히 여호와께서 나를 사자의 발톱과 곰의 발톱에서 건져내셨은즉 나를 이 블레셋 사람의 손에서도 건져 내시리이다 라고 말했다. 너무나도 강한 믿음의 간증을 들은 사울은 할 말을 잊고 여호와께서 너와 함께 계시기를 원하노라고 했다.
 * 참고 성구 * 히 11:1, 갈 3:2, 합 2:4, 행 13:22, 삼상 17:37

II. 하나님의 은혜로 승리한 다윗
다윗은 여호와의 구원하심이 칼과 창에 있지 아니함을 이 무리로 알게 하리라 전쟁은 여호와께 속한 것인즉 그가 너희를 우리 손에 붙이시리라고 했다. 다윗의 승리는 하나님의 은혜로 인한 것이다. 잠언 기자는 싸울 날을 위하여 마병을 예비하거니와 이김은 여호와께 있다고 했다.
 * 참고 성구 * 골 2:15, 왕상 22:12, 시 9:19, 잠 21:31, 삼상 17:47

III. 성도는 믿음으로 무장해야 함
히브리서 기자는 믿음이 없이는 하나님을 기쁘시게 못한다고 했다. 바울은 하나님의 전신갑주를 취하라고 하면서 모든 것 위에 믿음의 방패를 가지고 이로써 능히 악한 자의 모든 화전을 소멸하라고 했다. 믿음의 방패가 있어야 마귀의 모든 공격을 물리칠 수가 있다. 믿음의 무장은 꼭 필요한 것이다.
 * 참고 성구 * 마 6:30, 엡 6:13-16, 살후 1:3, 히 11:6, 살전 5:8

■ 기 도 ■ 하나님 아버지! 믿음의 다윗을 승리하게 하신 당신의 은혜를 성경을 통해서 보았습니다. 오늘 우리에게도 다윗과 같은 믿음을 허락하시어 믿음의 방패로 무장하여 온갖 방법과 수단을 가리지 않고 공격해 오는 마귀 사탄의 궤계를 물리치게 하시옵소서. 예수 그리스도의 이름으로 기도드립니다. 아멘.

♣ 청소년기 ♣

물 길러 나오는 소녀
♪ 319, 181, 447

■ 본 문 ■ 말을 마치지 못하여서 리브가가 물 항아리를 어깨에 메고 나오니 그는 아브라함의 동생 나홀의 아내 밀가의 아들 브두엘의 소생이라【창 24:15】

■ 서 론 ■ 미국의 목사 데오도 멍거는 "젊은이는 무엇인가를 할 기회요, 누군가가 되는 기회이다."라고 했다. 밀가가 나홀에게 낳은 아들 브두엘의 딸인 리브가는 아브라함의 종 엘리에셀의 기도대로 하나님의 섭리에 의하여 이삭의 아내가 된다. 아리따운 소녀 리브가는?

Ⅰ. 하나님의 인도하심을 받은 리브가

아브라함의 종 엘리에셀은 메소보다미아의 나홀의 성에 이르러 여호와 하나님께 간절히 기도하기를 오늘날 나로 순적히 만나게 하사 나의 주인 아브라함에게 은혜를 베푸시옵소서 했다. 이 기도를 마치지 못하여 리브가가 물 항아리를 어깨에 메고 나왔으니 이는 하나님의 인도하심이다.
* 참고 성구 * 눅 1:79, 시 23:2, 사 30:21, 창 24:14

Ⅱ. 하나님의 뜻대로 행한 리브가

아리따운 소녀 리브가는 엘리에셀의 기도대로 하나님의 섭리하심 대로 엘리에셀에게 물을 마시우게 하고 이어서 약대들에게도 물을 길러 배불리 마시게 했다. 이것은 리브가의 인간 됨됨이와 선을 행하는 열심이 배어 있는 자세로 이삭의 아내로서 자격을 시험받은 것이다.
* 참고 성구 * 마 7:21, 신 32:46, 삼상 15:22, 창 24:18-20

Ⅲ. 하나님의 축복을 받은 리브가

리브가는 한번도 얼굴을 본 적이 없는 이삭의 아내가 되기 위해 결단하고 이를 실행하는 용기를 보여주었다. 하나님은 이 믿음의 리브가를 사랑하셔서 이 리브가의 태에서 야곱을 나게 하시고 야곱은 이스라엘 열두 지파의 조상이 되었고 리브가는 믿음의 계보를 잇는 믿음의 선조가 되었다.
* 참고 성구 * 눅 18:30, 신 28:3-6, 시 81:16, 마 1:2, 눅 3:34

■ 기 도 ■ 하나님 아버지! 순결한 소녀 리브가를 인도하시고 당신의 뜻대로 행하게 하시어 큰 축복을 받게 한 리브가의 생애는 참으로 복된 삶이 아닐 수 없습니다. 오늘 우리의 믿음의 소녀들에게도 복된 당신의 귀한 축복을 허락하소서. 예수 그리스도의 이름으로 기도드립니다. 아멘.

♣ 청소년기 ♣

주의 부름을 받음
♪ 321, 372, 374

■ 본 문 ■ 여호와께서 임하여 서서 전과 같이 사무엘아 사무엘아 부르시는지라 사무엘이 가로되 말씀하옵소서 주의 종이 듣겠나이다【삼상 3:10】

■ 서 론 ■ 영국의 여류 작가 조지 엘리옷은 "어린 시절에 사랑과 보호를 받은 사람은 문제들을 부드럽게 처리할 수 있는 자질이 있다."고 했다. 나실인으로 선택되어 하나님을 섬기게 된 사무엘은?

Ⅰ. 주의 음성을 듣는 사무엘

사무엘이 여호와를 섬길 때 여호와의 말씀이 희귀하여 이상이 흔히 보이지 않았다. 잠언 기자는 묵시가 없으면 백성이 방자히 행하거니와 율법을 지키는 자는 복이 있다고 했다. 엘리 제사장 시절의 이스라엘은 배교와 부패가 극에 달했으나 하나님이 사무엘에게만은 직접 교통하셨다.
* 참고 성구 * 행 9:4-6, 출 3:10, 사 6:8, 삼상 3:1-4, 잠 29:18

Ⅱ. 주의 뜻을 이해하는 사무엘

여호와 하나님은 나를 존중히 여기는 자를 내가 존중히 여기고 나를 멸시하는 자를 내가 경멸히 여기리라고 하셨다. 사무엘은 이 말씀을 바르게 경청하여 주의 뜻을 이해하였다. 엘리 제사장의 무능과 그 아들 홉니와 비느하스의 불경이 불러올 파국이 무엇인지 사무엘은 알았다.
* 참고 성구 * 롬 12:2, 살전 4:3, 엡 5:17, 살전 5:18, 삼상 2:30

Ⅲ. 주를 온전히 순종하는 사무엘

사무엘은 여호와 하나님의 말씀을 순종해 모든 일을 처리하였고 사울을 왕위에 세우고는 그가 죄악을 범하자 순종이 제사보다 낫고 듣는 것이 수양의 기름보다 낫다는 명언을 남겼다. 참으로 사무엘은 이스라엘 마지막 사사요 선지자로서 하나님께 자신을 드린 훌륭한 인물이었다.
* 참고 성구 * 행 5:29, 마 16:24, 신 5:29, 삼상 15:22

■ 기 도 ■ 하나님 아버지! 사무엘과 같은 훌륭한 젊은이들이 많이 배출되어 이 나라와 민족을 위하여 크게 쓰임받는 자들이 되게 하시며 당신의 말씀이 혼탁하게 선포되는 당시 이스라엘에게 사무엘만이 당신의 음성을 듣는 은혜를 베푸신 것처럼 오늘 우리의 젊은이들에게도 당신의 계시를 나타내시어서 길을 인도하시옵소서. 예수 그리스도의 이름으로 기도드립니다. 아멘.

♣ 청소년기 ♣

연단받는 요셉
♪ 385, 77, 80

■ 본 문 ■ 때에 미디안 사람 상고들이 지나는지라 그들이 요셉을 구덩이에서 끌어올리고 은 이십 개에 그를 이스마엘 사람들에게 팔매 그 상고들이 요셉을 데리고 애굽으로 갔더라【창 37:28】

■ 서 론 ■ 영국의 시인 코울리지는 "인간의 영혼을 고양시키고 지능을 향상시킴으로써 인간의 풍습을 정결하게 하는 것을 진정한 연단이라 할 수 있다."고 했다. 환난의 때에 하나님께서는?

I. 하나님은 인생의 절망 가운데서 일하심
요셉은 구덩이 속에 갇히고 죽을 위기까지 느꼈으나 유다의 제안대로 미디안 상고들에게 팔리는 신세가 되어 애굽으로 들어가게 되었다. 요셉 자신에게는 청천벽력과 같은 일이었으나 하나님은 이 인생의 절망 가운데서도 요셉과 함께 하셔서 그를 보디발의 집으로 인도했다.
* 참고 성구 * 행 27:20, 출 6:9, 애 3:18, 요 11:21-22, 창 37:28, 36

II. 하나님은 인간의 가능성이 없을 때 일하심
보디발의 집에서 애꿎은 누명을 쓰고 다시 옥살이를 하는 신세가 되었을 때도 요셉은 불평이나 원망을 하지 않고 묵묵히 옥에서도 제반사무를 처리했다. 옥에 갇혀서 언제 출옥할 지 기약도 없는 인간의 가능성이 전혀 없는 가운데서도 요셉을 버리지 않은 하나님이 계셨다.
* 참고 성구 * 마 5:36, 욥 2:13, 시 139:5, 요 11:39-40, 창 39:20

III. 하나님은 자신의 영광을 나타내시려 일하심
하나님의 때가 이르매 하나님은 애굽의 바로에게 꿈을 꾸게 하시고 술 맡은 관원장의 기억을 추억케 하시고 요셉으로 하여금 해몽케 하여 바로에게 하나님의 존재에 대해 알게 하고 깨닫게 하여 자신의 영광을 드러내셨을 뿐 아니라 선민 이스라엘의 구원을 이루게 하셨다.
* 참고 성구 * 눅 10:21, 시 21:13, 사 12:4, 요 11:4, 창 40:38-39

■ 기 도 ■ 하나님 아버지! 요셉에게 고통으로 얼룩진 현실을 주셔서 그를 크게 키우시고 마음을 담대하게 하시며 연단 가운데서 강하게 하신 것처럼 오늘 우리에게 임하는 환난의 중한 것들을 축복의 기회로 여기는 우리의 청소년들이 되게 믿음을 더하시옵소서. 예수 그리스도의 이름으로 기도드립니다. 아멘.

♣ 청소년기 ♣

다니엘과 세 친구
♪ 388, 265, 344

■ 본 문 ■ 왕이 그들과 말하여 보매 무리 중에 다니엘과 하나냐와 미사엘과 아사랴와 같은 자 없으므로 그들로 왕 앞에 모시게 하고【단 1:19】

■ 서 론 ■ "만약 철저한 신앙을 가진 사람이 많이 일어난다면 세계의 역사는 변화되리라."고 카우맨은 말했다. 다니엘과 하나냐와 미사엘과 아사랴는 이스라엘의 포로로 바벨론에 잡혀간 젊은이들인데 이들은 이방의 바벨론에서도 하나님을 경외하고 경배하였다. 하나님은 이들을?

I. 무리 중에 뛰어나게 하신 하나님

하나님은 이 네 소년에게 지식을 얻게 하시며 모든 학문과 재주에 명철하게 하신 외에 다니엘은 모든 이상과 몽조를 깨달아 알게 하셨다. 하나님의 인도하심과 보호하심과 사랑하심을 받은 자들은 하나님께서 무리중에 뛰어나게 하셔서 용의 머리가 되게 하시지 뱀의 꼬리가 되지 않게 하신다.

* 참고 성구 * 몬 1:16, 신 26:19, 느 9:5, 창 37:5-10, 단 1:17

II. 지혜와 총명이 월등하게 하신 하나님

느부갓네살 왕이 이스라엘의 네 소년과 말하여 보니 무리 중에 뛰어나고 지혜와 총명이 온 나라 박수와 술객보다 십 배나 나은 줄을 알게 되었다. 하나님은 이스라엘의 네 소년에게 은혜를 베푸셔서 바벨론의 누구보다도 더욱 지혜와 총명을 월등하게 하셔서 왕의 사랑을 받게 했다.

* 참고 성구 * 고후 1:12, 출 28:3, 삿 5:29, 창 41:16, 38, 단 1:20

III. 이방인으로 놀라게 하신 하나님

느부갓네살은 다니엘의 해몽을 듣고 너희 하나님은 참으로 모든 신의 신이시요 모든 왕의 주재시로다 네가 능히 이 은밀한 것을 나타내었으니 네 하나님은 또 은밀한 것을 나타내시는 자시로다고 놀라워했다. 하나님은 성도들을 통하여 안 믿는 자들에게 큰 영광을 드러내신다.

* 참고 성구 * 행 9:21, 단 5:9, 레 26:32, 창 41:38-39, 단 2:47

■ 기 도 ■ 하나님 아버지! 당신의 택하신 백성들 중에 뛰어나게 하셨고 지혜와 총명이 월등하게 하시고는 이방인들에게 영광을 받으셨습니다. 오늘 택하신 당신의 성도들에게 큰 은혜를 내려서 안 믿는 자들로 본을 삼게 하시옵소서. 예수 그리스도의 이름으로 기도드립니다. 아멘.

♣ 청소년기 ♣

신앙 교육을 잘못 받음
♪ 389, 182, 184

■ 본 문 ■ 엘리의 아들들은 불량자라 여호와를 알지 아니하더라 … 이 소년들의 죄가 여호와 앞에 심히 큼은 그들이 여호와의 제사를 멸시함이었더라【삼상 2:12-17】

■ 서 론 ■ 독일 격언에 "다른 사람의 잘못은 가장 훌륭한 선생이다."라는 말이 있다. 실로의 제사장 엘리의 아들 홉니와 비느하스는 부모에게 흉허물을 남긴 자였고 하나님의 제사를 멸시한 불량자들이었다. 이들은?

I. 엘리의 아들들은 행실이 불량한 자였다

성경은 엘리의 아들들을 불량자라고 기록했다. 불량자는 문자적으로 '벨리알의 아들'을 뜻한다. 이 말은 비류의 자식들, 곧 배교자, 무가치한 존재, 불량배들을 가리키는 것으로 이들은 모세의 율법을 지키고자 온전한 예물을 드리는 이스라엘 사람들을 능멸하고 고충을 더하게 했다.
  * 참고 성구 * 잠 6:12, 삼상 1:16, 잠 16:27, 삼상 25:17, 25, 2:12

II. 엘리의 아들들은 여호와를 알지 아니했다

성경은 엘리의 아들들은 여호와를 알지 아니했다고 기록했다. 이 말은 이들이 하나님을 인정하지도 않았고 또한 하나님을 두려워하지도 않았다는 말이다. 하나님은 나를 존중히 여기는 자를 내가 존중히 여기고 나를 멸시하는 자를 내가 경멸히 여기리라고 말씀하셨고 그대로 행하셨다.
  * 참고 성구 * 신 6:7, 삿 2:10, 잠 9:10, 호 5:4, 삼상 2:12, 30,

III. 엘리의 아들들은 여호와의 제사를 멸시했다

성경은 엘리의 아들들이 여호와의 제사를 멸시했다고 기록했다. 그들은 백성들이 하나님께 드리는 제물을 경멸했으며 결과적으로 백성들의 마음에서 제물에 대한 신중성을 제거했기 때문이다. 그들은 회막문에서 수종드는 여인을 동침하는 성소를 더럽히는 죄악까지 범하고 말았다.
  * 참고 성구 * 마 10:28, 삼상 6:19, 왕하 21:7, 말 2:8, 삼상 2:17

■ 기 도 ■ 하나님 아버지! 가정에서 신앙 교육을 잘못받은 홉니와 비느하스는 행실이 불량한 자였고 여호와를 알지 아니했고 여호와의 제사를 멸시했습니다. 오늘 당신의 백성이 된 사랑하는 성도들에게 이것이 큰 경계가 되어 죄악에서 멀리 떠나는 자들이 되게 하소서. 예수 그리스도의 이름으로 기도드립니다. 아멘.

♣ 청년기 ♣

죄짓기를 무서워함
♪ 405, 117, 546

■ 본 문 ■ 이 집에는 나보다 큰 이가 없으며 주인이 아무것도 내게 금하지 아니하였어도 금한 것은 당신뿐이니 당신은 자기 아내임이라 그런즉 내가 어찌 이 큰 악을 행하여 하나님께 득죄하리이까【창 39:9】

■ 서 론 ■ 미국의 성직자 오웬은 "죄에 관하여 미미한 생각을 가진 자는 결코 하나님에 관하여 위대한 생각을 가질 수 없다."고 했다. 청년 요셉은 말씀대로 살고 죄짓기를 두려워한 덕분에 엄청난 고난을 받았다. 이 요셉은?

Ⅰ. 자신의 위치를 분명히 안 요셉
요셉은 보디발의 아내에게 가정 총무로서 이 집에는 나보다 큰 이가 없으며 주인이 아무것도 내게 금하지 않았으므로 금한 것도 당신뿐이니 당신은 자기 아내라 그런즉 내가 어찌 이 큰 악을 행하여 하나님께 득죄하리이까 라고 말했다. 요셉은 자신의 처한 위치를 분명히 알고 이렇게 언급했다.
 * 참고 성구 * 마 11:29, 욥 22:29, 잠 3:34, 창 39:8-9

Ⅱ. 주어진 고난을 인내로 감수한 요셉
보디발의 아내의 모함으로 주인 보디발은 분노하여 요셉을 왕의 죄수를 가두는 옥에 가두었다. 아버지 야곱의 사랑받는 아들로서 형들에게 시기를 당해 애굽에서 종살이 하는 것도 서러운데 이렇게 모함을 받아 옥에 갇히는 파란만장한 고난의 삶에도 요셉은 인내로 이를 감수했다.
 * 참고 성구 * 딤후 1:8, 벧전 3:14, 출 4:31, 창 41:9-14

Ⅲ. 하나님을 경외하는 삶을 산 요셉
후에 애굽의 총리대신이 된 요셉은 자기의 형제들을 만난 자리에서 그런즉 나를 이리로 보낸 자는 당신들이 아니요 하나님이시라는 고백을 함으로써 요셉이 얼마나 하나님을 경외하는 삶을 살았고 하나님의 섭리대로 인생을 읽고 있었는지를 확연히 알 수 있는 진실을 고했다.
 * 참고 성구 * 행 10:2, 창 22:12, 레 19:3, 창 45:5-8

■ 기 도 ■ 하나님 아버지! 예수 그리스도를 판에 박은 듯한 구약의 인물 요셉의 일생을 재조명하면서 그가 얼마나 죄악을 무서워했고 고난을 인내로 감수하며 당신을 경외하는 삶을 살았는지를 우리는 여실히 알게 되었습니다. 오늘 성도들에게 요셉의 삶이 마음깊이 각인되게 하시고 그의 삶을 본받게 하시옵소서. 예수 그리스도의 이름으로 기도드립니다. 아멘.

♣ 청년기 ♣

고난받는 요셉
♪ 12, 456, 491

■ 본 문 ■ 주인이 그 아내가 자기에게 고하기를 당신의 종이 내게 이같이 행하였다 하는 말을 듣고 심히 노한지라 이에 요셉의 주인이 그를 잡아 옥에 넣으니 그 옥은 왕의 죄수를 가두는 곳이었더라【창 39:19-20】

■ 서 론 ■ 영국의 소설가 헨리 필딩은 "역경은 원칙적으로 시련이다. 역경 없이 인간은 자신이 진실한지 아닌지를 알 수 없다."고 했다. 보디발의 아내의 모함으로 감옥에 갇히게 된 의로운 요셉의 환경을 하나님은 ?

I. 요셉을 감옥으로 데려가신 하나님
아내의 말을 듣고 노한 바로의 시위대장 보디발은 요셉을 왕의 죄수를 가두는 곳인 감옥에 갇히게 하였다. 의롭고 득죄하지 않으려는 요셉은 일순간 그의 환경이 고통으로 변하는 환경에 처했으나 하나님을 원망치 않고 묵묵히 이를 인내하였다. 그러나 이 일은 하나님의 섭리하심이었다.
* 참고 성구 * 마 23:37, 시 57:1, 사 25:4, 창 39:20, 약 1:4

II. 감옥에서도 형통케 하신 하나님
감옥에서도 요셉과 함께 하신 하나님은 임마누엘의 은총으로 요셉을 돌보셔서 그에게 인자를 더하게 하여 전옥에게 은혜를 받게 하시어 요셉에게 제반 사무를 위임하는 신뢰를 받게 했다. 자루 속에 든 송곳은 언제라도 그것에서 삐쳐 나온다. 위인은 어떤 환경에서든지 돋보이는 법이다.
* 참고 성구 * 잠 2:8, 출 19:4, 시 91:12, 창 39:21-23

III. 오히려 전화위복이 되게 하신 하나님
왕의 죄수를 가두는 감옥에 바로의 두 관원장, 곧 술맡은 관원장과 떡 굽는 관원장이 죄를 범하여 요셉이 갇힌 옥에 들어오게 되었다. 두 사람의 꿈을 해석한 요셉은 후에 술 맡은 관원장이 요셉을 바로에게 소개하는 전화위복의 계기를 마련케 된다. 역경에서도 하나님을 의뢰하는 자는 복되다.
* 참고 성구 * 마 22:4, 요 14:2, 시 23:5, 창 41:14-16

■ 기 도 ■ 하나님 아버지! 당신은 요셉을 감옥으로 데려가셔서 오히려 전화위복이 되게 하시는 한편의 드라마틱한 사건을 연출하셨습니다. 이를 통하여 성도들이 받는 고난과 환난의 이면에는 하나님이 개입하신 큰 섭리를 깨닫게 합니다. 주여, 고통 속에서도 당신을 찬양하는 큰 믿음을 허락하소서 예수 그리스도의 이름으로 기도드립니다. 아멘.

♣ 청년기 ♣

모본이 될 청년
♪ 178, 256, 341

■ 본 문 ■ 또한 네가 청년의 정욕을 피하고 주를 깨끗한 마음으로 부르는 자들과 함께 의와 믿음과 사랑과 화평을 좇으라【딤후 2:22】

■ 서 론 ■ 영국의 신학자 찰스 모렐은 "다른 사람에게 줄 수 있는 첫째가는 위대한 선물은 훌륭한 모범이다."라고 했다. 바울은 믿음으로 낳은 아들 디모데에게 모본이 될 청년이 되라고 권면하였다. 오늘 성도로 구별받은 우리는 어떠한 모범을 보여야 하는가. 모범된 자의 자세는?

I. 의를 행하도록 힘쓰는 자

의, 곧 '디카이오쉬네'는 옳음, 올바름, 정의, 의의 뜻으로 이는 하나님 자신의 속성을 의미하는 말로 '거룩'과 더불어 성경의 주요한 개념 중의 하나이다. 성도는 말과 행실과 사랑과 믿음과 정절에 대하여 믿는 자의 본이 되는 삶을 살아야 한다. 의로운 삶은 올바른 성도의 삶이다.
* 참고 성구 * 고전 6:9-10, 호 10:12, 고전 15:34, 행 16:2, 딤전 4:12

II. 모든 사람을 대하여 오래 참는 자

오래 참음 곧 '마크로뒤미아'는 인내, 확고불변, 관용, 참음의 뜻으로 신자들의 결점과 허물을 덮어주고 용서하는 인내를 의미한다. 바울은 너는 말씀을 전파하라 때를 얻든지 못 얻든지 항상 힘쓰라 범사에 오래 참음과 가르침으로 경책하며 경계하며 권하라고 디모데에게 말했다.
* 참고 성구 * 엡 4:2, 롬 12:12, 고전 13:4, 전 7:8, 딤전 4:2

III. 온유함으로 권면하기를 힘쓰는 자

온유함 곧 '프라위테타'는 친절, 겸손, 온유, 동정심, 공손의 뜻으로 이는 성도는 모든 사람에게 온유함을 나타내라, 곧 그리스도의 부드럽고 친절하며 겸손한 마음의 온유를 삶 속에서 실천하여 나타내라는 의미이다. 성도는 온유함으로 주위를 권면하기를 힘쓰는 자가 되어야 한다.
* 참고 성구 * 마 11:29, 빌 4:5, 살전 2:7, 민 12:3, 딛 3:2

■ 기 도 ■ 하나님 아버지! 모본이 될 청년은 의를 행하도록 힘쓰는 자요, 모든 사람을 대하여 오래 참는 자요, 온유함으로 권면하기를 힘쓰는 자입니다. 오늘 거룩한 성도로 당신의 예배에 참여하는 우리 모두를 모본을 보이는 훌륭한 삶을 살게 하시옵소서. 예수 그리스도의 이름으로 기도드립니다. 아멘.

♣ 청년기 ♣

동정녀 리브가
♪ 350

■ 본 문 ■ 그 소녀는 보기에 심히 아리땁고 지금까지 남자가 가까이 하지 아니한 처녀더라 그가 우물에 내려가서 물을 그 물 항아리에 채워가지고 올라오는지라【창 24:16】

■ 서 론 ■ 영국 교회의 주교인 제레미 테일러는 "정숙한 몸과 순결한 마음은 지혜와 신중의 어머니이다."라고 했다. 아브라함의 종 엘리에셀의 눈에 비친 리브가는 바로 이삭의 아내가 될 천생배필이었다. 성경은 그녀의 자태에서부터 그녀의 심성까지 자세히 기록하였은즉 리브가는?

I. 용모가 빼어나게 아름다운 소녀

성경은 리브가를 그 소녀는 보기에 심히 아리땁다고 했다. 후에 이삭과 결혼하여 그랄땅에 거했을 때도 그녀의 미모로 인해 이삭은 목숨을 건지기 위해서 리브가를 누이라고 속였다. 용모와 자태가 아름다움은 큰 축복임은 틀림없으나 성도는 이에 더욱 마음의 단장까지 해야 한다.
  * 참고 성구 * 벧전 3:3-4, 삼상 16:7, 창 26:7, 잠 31:30

II. 혼인 전까지 순결을 유지한 소녀

성경은 리브가를 지금까지 남자가 가까이 하지 아니한 처녀더라고 소개했다. 리브가의 순결성은 엘리에셀을 좇아 이삭을 만나러 왔을 때 이삭을 보고 면박을 가리우는 정절을 보였다. 처녀는 정혼한 약혼자 앞에서라도 혼전까지 면박을 벗지 않는다. 혼전 순결을 경시하는 풍조를 버리자.
  * 참고 성구 * 창 24:65, 눅 1:34, 고전 6:18-19, 7:4, 레 18:24

III. 부지런하며 이웃에게 친절을 베푼 소녀

리브가는 먼 여행길에 지친 엘리에셀에게 급히 물을 떠와 마시우게 하고 뿐만 아니라 당신의 약대를 위하여 물을 길어 그것들로 배불리 마시게 하리이다라고 했다. 이런 그녀의 친절한 자세는 그녀의 보이지 않는 마음의 표현이며 선한 품성을 나타내는 훌륭한 자세이다.
  * 참고 성구 * 딤전 6:18-19, 살후 3:10, 창 24:45-46, 히 13:1-2

■ 기 도 ■ 하나님 아버지! 리브가는 용모가 빼어나게 아름다운 소녀였고 혼전까지 순결을 유지한 소녀였고 부지런하여 이웃을 위해 친절을 베푼 소녀였습니다. 이러한 리브가의 좋은 점을 본받는 훌륭한 여성도들이 많아지게 하소서. 예수 그리스도의 이름으로 기도드립니다. 아멘.

♣ 장년기(남자) ♣

신령한 눈을 뜨라
♪ 145, 221, 504

■ 본 문 ■ 대답하되 그가 죄인인지 내가 알지 못하나 한 가지 아는 것은 내가 소경으로 있다가 지금 보는 그것이니이다【요 9:25】

■ 서 론 ■ 영국의 성직자 조지 래빙턴은 "생명 없는 성장이 없고 기초 없이 건물이 설 수 없듯 은혜가 장성하기 전에 먼저 마음속에 진정한 은혜가 있어야 한다."고 했다. 은혜를 체험하고 신령한 영의 눈을 뜨는 자는?

Ⅰ. 하늘의 영광을 사모한다
바울은 골로새 교회에 보낸 편지에서 위엣 것을 생각하고 땅엣 것을 생각지 말라고 했다. 위엣 것은 신령한 마음으로 하나님의 영광을 사모하고 바라보는 것이다. 그리고 땅엣 것은 세상적인 것으로 이는 정욕적이요 마귀적인 것이다. 땅의 일은 시기와 다툼만 있을 뿐이다.
* 참고 성구 * 마 14:10, 창 49:6, 마 19:28, 골 3:2, 약 4:15

Ⅱ. 죄악된 지난날을 청산한다
바울은 골로새 교회에 보낸 편지에서 너희가 서로 거짓말을 말라 옛 사람과 그 행위를 벗어버리라고 했다. 우리도 전에는 어리석은 자요 순종치 아니한 자요 속은 자요 각색 정욕과 향락에 종노릇한 자요 악독과 투기로 지낸 자요 가증스러운 자요 미워한 자였다.
* 참고 성구 * 히 11:25, 창 44:16, 삼상 25:24, 골 3:9, 딛 3:3

Ⅲ. 변화된 새 삶을 바라본다
바울은 골로새 교회에 보낸 편지에서 새 사람을 입었으니 이는 자기를 창조하신 자의 형상을 좇아 지식에까지 새롭게 하심을 받는 자니라고 했다. 이제는 이 세대를 본받지 말고 변화된 마음으로 하나님의 선하시고 기뻐하시고 온전하신 뜻이 무엇인지 분별하도록 하라.
* 참고 성구 * 마 27:55, 창 13:14, 벧후 3:12, 골 3:10, 롬 12:2

■ 기 도 ■ 하나님 아버지! 영적 소경에서 눈을 떠서 하늘의 영광을 사모하며 죄악된 지난날을 청산하며 변화된 새 삶을 바라보는 자가 되게 해주시옵소서. 그리하여 이제는 그리스도께서 내 안에 살아 계시어 그리스도의 뜻대로 움직이는 삶을 영위하도록 인도해 주시옵소서. 예수 그리스도의 이름으로 기도드립니다. 아멘.

♣ 장년기(남자) ♣

성숙된 신자
♪ 513, 210, 231

■ 본 문 ■ 단단한 식물은 장성한 자의 것이니 저희는 지각을 사용하므로 연단을 받아 선악을 분변하는 자들이니라【히 5:14】

■ 서 론 ■ 로마의 황제요 철학자인 마르쿠스 아우렐리우스는 "그대 자신을 잘 검토하라. 만일 그대가 항상 자신을 살핀다면 언제나 솟아오를 힘의 원천이 있다."고 했다. 성도는 믿음의 초보에서 떠나 단단한 식물을 먹을 수 있도록 성숙된 신앙을 가져야 한다. 성경이 말하는 성숙된 신자는?

I. 단단한 식물을 먹을 수 있어야 함
바울은 고린도 교회에 보낸 그의 첫번째 편지에서 내가 너희를 젖으로 먹이고 밥으로 아니하노니 이는 너희가 감당치 못하였음이거니와 지금도 못하리라고 했다. 영적으로 성숙한 성도는 젖을 먹는 어린아이의 신앙을 떠나 단단한 식물을 먹을 수 있는 어른의 신앙이 되어야 한다.
* 참고 성구 * 행 2:42, 딤후 3:15-17, 시 119:7-11, 고전 3:1-2

II. 장성한 사람이 되어야 함
바울은 우리가 다 하나님의 아들을 믿는 것과 아는 일에 하나가 되어 온전한 사람을 이루어 그리스도의 장성한 분량이 충만한 데까지 이르러야 한다고 했다. 장성한 사람의 깊이 있는 삶은 그리스도의 사랑의 넓이와 길이와 높이와 깊이가 어떠함을 깨달아 아는 삶이다.
* 참고 성구 * 고전 2:10-16, 엡 3:19, 요 16:13, 엡 4:13-15, 갈 4:1-3

III. 선악을 분변하는 자가 되어야 함
바울은 우리가 이제부터 어린아이가 되지 아니하여 사람의 궤술과 간사한 유혹에 빠져 모든 교훈의 풍조에 밀려 요동치 않게 하려 함이라고 했다. 장성한 자의 삶은 선악을 분변하는 삶이다. 성도는 악에게 지지 말고 선으로 악을 이기는 삶을 영위하는 성숙된 신자가 되어야 한다.
* 참고 성구 * 고전 6:9-10, 롬 13:11-14, 12:21, 요일 5:18-21, 엡 4:14

■ 기 도 ■ 하나님 아버지! 우리를 젖먹이의 신앙에서 장성한 자의 선악을 분변하는 어른의 신앙으로 이끌어 주시옵소서. 그리하여 단단한 식물을 먹어도 체하지 않고 소화하며, 걸음마를 하는 사랑하는 이웃의 신앙을 지도하는 경지에까지 도달하게 하소서. 예수 그리스도의 이름으로 기도드립니다. 아멘.

장년기(남자) ♣

주를 앙망하자
♪ 394, 438, 457

■ 본 문 ■ 너는 알지 못하였느냐 듣지 못하였느냐 영원하신 하나님 여호와 땅끝까지 창조하신 자는 피곤치 아니하시며 곤비치 아니하며 명철이 한이 없으시며 피곤한 자에게는 능력을 주시며【사 40:28-29】

■ 서 론 ■ 영국의 박물학자 존 레이는 "찾을 때까지 구하라 그러면 헛수고는 하지 않을 것이다."라고 했다. 주를 앙망하는 자는 실패를 보지 않을 것이다. 그것은 주께서 인도하시고 보호하시고 지도하시기 때문이다. 하나님은?

Ⅰ. 피곤한 자에게 힘을 주시는 하나님
선지자 이사야는 오직 여호와를 앙망하는 자는 새 힘을 얻으리니 독수리의 날개치며 올라감 같을 것이요, 달음박질하여도 곤비치 아니하겠고 걸어가도 피곤치 아니하리로다라고 했다. 하나님은 피곤한 자에게는 능력을 주셔서 그 피곤함 가운데서도 주의 일을 성취하게 하신다.
* 참고 성구 * 히 12:3, 삿 8:4, 느 6:9, 시 121:1-2, 사 40:31

Ⅱ. 무능한 자에게 힘을 더하시는 하나님
바울은 하나님께서 세상의 미련한 것들을 택하사 지혜있는 자들을 부끄럽게 하려 하시고 세상의 약한 것들을 택하사 강한 것들을 부끄럽게 하려 하신다고 했다. 약하고 무능하고 힘없고 천박히 여김을 받은 모든 성도는 하나님의 사랑과 은혜를 더욱 많이 받는 자들이다.
* 참고 성구 * 고전 15:58, 대하 19:11, 렘 16:19, 고전 1:27

Ⅲ. 원통한 자의 기도를 들으시는 하나님
누가는 하나님께서 그 밤낮 부르짖는 택하신 자들의 원한을 풀어주지 아니하겠느냐 저희에게 오래 참으시겠느냐고 했다. 기도는 하나님과 성도들 사이에 열린 신비한 통로이다. 이 통로를 향하여 하늘 보좌에 상달된 기도는 금대접의 향이 되어 하나님께 간구하게 된다.
* 참고 성구 * 딤후 3:3, 삼상 1:16, 삼하 16:12, 눅 18:7, 계 5:8

■ 기 도 ■ 하나님 아버지! 당신을 앙망하는 자의 피곤을 풀어주시고 힘을 더하시며 무능한 자에게는 능력을 주시며 원통한 자의 기도를 들으시는 분이심을 우리는 믿습니다. 당신을 앙망함으로써 생활에 새로운 변화를 가져오는 큰 체험을 하도록 우리를 영적으로 깨어 있게 하소서. 예수 그리스도의 이름으로 기도드립니다. 아멘.

♣ 장년기(남자) ♣

자녀를 훈계함
♪ 234, 235, 238

■ 본 문 ■ 훈계에 착심하며 지식의 말씀에 귀를 기울이라 아이를 훈계하지 아니치 말라 채찍으로 그를 때릴지라도 죽지 아니하리라 그를 채찍으로 때리면 그 영혼을 음부에서 구원하리라【잠 23:12-14】

■ 서 론 ■ 영국의 시인 스펜스는 "엄한 훈육은 모든 본질을 향하며 약간 지나치게 하여 결국 일을 가르친다."고 했다. 자녀를 훈계하지 않은 제사장 엘리는 끝내 비참한 지경에까지 빠졌다. 사랑하는 자녀에게 행하는 부모의 자세는?

I. 부모는 주의 말씀을 좇아야 한다
시편 기자는 주의 말씀은 내 발에 등이요 내 길에 빛이니이다라고 했다. 주의 말씀을 좇을 때 바르게 행하는 자가 된다. 바울은 부모들에게 너희 자녀를 노엽게 하지 말고 오직 주의 교양과 훈계로 양육하라고 했다. 주의 말씀으로 훈육받은 자식은 곁길로 나가지 않는다.
  * 참고 성구 * 마 7:21, 삼상 15:22-23, 시 119:105, 엡 6:4

II. 부모는 자녀들을 징계해야 한다
히브리서 기자는 징계는 다 받는 것이거늘 너희에게 없으면 사생자요 참아들이 아니라고 했다. 그리고 징계가 당시에는 즐거워 보이지 않고 슬퍼 보이나 후에 그로 말미암아 연달한 자에게는 의의 평강한 열매를 맺는다고 했다. 엘리는 참 징계를 하지 않아 자식을 불량자로 만들었다.
  * 참고 성구 * 잠 13:24, 히 12:5-11, 잠 23:13-14, 신 8:5, 삼상 2:22-24

III. 부모는 자녀들에게 정직히 살도록 가르쳐야 한다
사무엘은 그의 양심선언에서 내가 누구 소를 취하였느냐 뉘 나귀를 취하였느냐 누구를 속였느냐 누구를 압제했느냐 내 눈을 흐리게 하는 뇌물을 뉘 손에 취하였느냐면서 그리하였으면 내가 그것을 너희에게 갚으리라고 했다. 가장 훌륭한 교육은 자신이 스스로 모본을 보이는 것이다.
  * 참고 성구 * 요삼 1:3-4, 신 6:7, 잠 22:6, 삼상 12:2-5

■ 기 도 ■ 하나님 아버지! 부모는 주의 말씀을 좇아서 자녀를 징계하며 정직하게 살도록 가르쳐야 합니다. 오늘 자녀를 가르치기에 앞서 먼저 모본을 보이는 부모들이 되게 하시어 자녀들로 하여금 그 본을 보아 당신의 말씀 안에서 사는 자들이 되게 하시옵소서. 예수 그리스도의 이름으로 기도드립니다. 아멘.

♣ 장년기(남자) ♣

기도에 힘씀
♪ 479, 480, 482

■ 본 문 ■ 그러므로 내가 첫째로 권하노니 모든 사람을 위하여 간구와 기도와 도고와 감사를 하되 임금들과 높은 지위에 있는 모든 사람을 위하여 하라 이는 우리가 모든 경건과 단정한 중에 고요하고 평안한 생활을 하려 함이라【딤전 2:1-2】

■ 서 론 ■ 덴마크의 신학자요 철학자인 키에르 케고르는 "기도는 호흡이라고 했다. 나는 왜 호흡하는가? 하지 않으면 죽기 때문이다. 기도도 마찬가지이다."라고 했다. 하나님과 성도 사이에 놓인 신령한 통로인 기도는?

Ⅰ. 기도의 종류
기도, 곧 '프로슈케'는 향하여 서원한다, 바란다, 소원한다는 의미가 있다. 바울은 모든 사람을 위하여 간구와 기도와 도고와 감사를 하라고 했다. 그리하면 모든 지각에 뛰어난 하나님의 평강이 그리스도 예수 안에서 너희 마음과 생각을 지키시리라고 했다. 기도는 영혼의 호흡이다.
* 참고 성구 * 엡 6:19, 살전 5:25, 시 102:1-5, 빌 4:6

Ⅱ. 기도의 범위
성도는 모든 사람을 위하여 간구와 도고와 기도와 감사를 하되 첫째는 임금들과 높은 지위에 있는 사람을 위하여 하며 둘째는 무시로 성령 안에서 깨어 구하기를 힘쓰며 여러 성도를 위하여 기도하라고 했다. 하나님께 간구하는 기도는 믿음의 기도가 되어야 응답이 있다.
* 참고 성구 * 벧전 2:17, 삼상 12:19, 왕상 8:28, 엡 6:18, 마 21:22

Ⅲ. 기도의 이유
야고보서 기자는 너희 중에 고난당하는 자가 있느냐 저는 기도할 것이요 즐거워하는 자가 있느냐 저는 찬송할지니라고 했다. 밤낮 삼일을 금식하며 기도한 에스더의 기도는 죽으면 죽으리라는 강한 결단이 함께한 간절한 기도였다. 동족이 멸망당하는 것을 구원해 달라는 그녀의 간절한 소원 기도였다.
* 참고 성구 * 막 11:24, 시 17:1, 사 65:24, 약 5:13, 에 4:16

■ 기 도 ■ 하나님 아버지! 기도는 당신과 성도들 사이에 놓인 거룩하고도 신령한 통로입니다. 기도로써 당신과 교제하며 어려운 일을 응답받고 기도 가운데 당신의 뜻을 발견하여 당신의 뜻대로 행하는 것입니다. 이 영혼의 호흡인 기도를 쉬는 죄를 범치 않도록 하소서. 예수 그리스도의 이름으로 기도드립니다. 아멘.

♣ 장년기(남자) ♣

세상을 사랑한 자
♪ 328, 440, 514

■ 본 문 ■ 그 후에 유다가 자기 형제에게서 내려가서 아둘람 사람 히라에게로 나아가니라 유다가 거기서 가나안 사람 수아라 하는 자의 딸을 보고 그를 취하여 동침하니【창 38:1-2】

■ 서 론 ■ "그리스도인이 망하는 것은 세상에 살아서가 아니라 그 안에 세상이 살고 있기 때문이다."라고 어느 신학자는 말했다. 세상을 사랑한 자 유다는 그의 속에 세상을 동경함이 있었기 때문이다. 이 유다는?

Ⅰ. 가나안 여인과 결혼한 유다

신명기 기자는 그들과 혼인하지 말지니 네 딸을 그 아들에게 주지 말며 그 딸로 네 며느리를 삼지 말 것은 그가 네 아들을 유혹하여 그로 여호와를 떠나게 하고 다른 신을 섬기게 한다고 했다. 하나님은 이방 여인을 금하고 그 색에 홀리지 말라고 하셨다. 유다는 이 말씀을 어겼다.
* 참고 성구 * 고전 15:33, 민 33:55, 왕상 11:2, 신 7:3, 잠 5:20

Ⅱ. 이방인의 풍습을 좇은 유다

이방 여인을 가까이 하여 이방 풍습에 물이 들고 세상을 짝하게 된 유다는 길가에 있는 여인, 곧 창녀에게 약조물을 주고 그와 간음을 하게 된다. 그 창녀가 며느리 다말인지 모르고서 말이다. 이렇게 이방인과 가까이 지내는 자는 자신도 모르게 이방 풍속을 좇게 된다.
* 참고 성구 * 롬 2;14, 엡 2:11, 신 18:14, 느 13:26, 벧전 4:3

Ⅲ. 두 아들을 잃은 유다

유다의 큰 아들 엘과 둘째 아들 오난을 차례로 잃게 된 유다는 번민한다. 성서 학자들은 그들의 죽음은 소돔인들이 저지른 성적 문란의 죄라고 규정하고 있다. 오늘날 자위행위를 뜻하는 '오나니'는 둘째 아들 오난의 이름에서 파생되었다. 유다의 무절제한 생활을 두 아들이 본을 본 것이다.
* 참고 성구 * 잠 13:20, 대하 19:2, 스 9:14, 창 38:7-10

■ 기 도 ■ 하나님 아버지! 아브라함과 이삭과 야곱의 가계를 이을 거룩한 신분의 유다가 세상을 사랑하여 고통의 시간을 맞게 됨은 모두가 믿음을 떠나 선민의 생활을 하지 않았기 때문입니다. 오늘 선민으로 택함받은 성도는 추호라도 이런 죄를 짓지 않도록 그 발걸음을 주장해 주시옵소서. 예수 그리스도의 이름으로 기도드립니다. 아멘.

♣ 장년기(남자) ♣

음녀를 피함
♪ 478, 202, 212

■ 본 문 ■ 네 마음에 그 아름다운 색을 탐하지 말며 그 눈꺼풀에 홀리지 말라 음녀로 인하여 사람이 한조각 떡만 남게 됨이며 음란한 계집은 귀한 생명을 사냥함이니라【잠 6:25-26】

■ 서 론 ■ 미국의 정치가 찰스 섬너는 "젊었을 때 호색을 좇던 자가 늙어서 고결해진 경우를 나는 알지 못한다."고 했다. 색을 탐하는 자처럼 추한 자는 없다. 음심한 눈으로 음란한 생각을 하는 자에게는 오직 하나님의 천형만이 임할 뿐이다. 20세기의 페스트라는 에이즈(AIDS)도 성적 문란으로 임하는 것이다. 성도는?

I. 육체의 정욕을 제어하라
사도 베드로는 사랑하는 자들아 나그네와 행인 같은 너희를 권하노니 영혼을 거스려 싸우는 육체의 정욕을 제어하라고 했다. 저주의 자식은 음심이 가득한 눈을 가지고 범죄하기를 쉬지 아니한다. 르무엘 왕의 어머니는 르무엘에게 네 힘을 여자에게 쓰지 말라고 권면했다.
* 참고 성구 * 롬 8:13, 갈 5:16-21, 벧전 2:11, 벧후 2:14, 잠 31:3

II. 음행을 멀리하라
바울은 음행을 피하라 사람이 범하는 죄마다 몸 밖에 있거니와 음행하는 자는 자기 몸에게 죄를 범하느니라고 했다. 음행, 곧 '포르네이아'는 일반적인 부도덕 전체, 혹은 모든 종류의 성적 범죄를 의미하는데 음행의 죄는 성도의 순결을 지키기 위해서 피해야만 하는 죄이다.
* 참고 성구 * 고전 6:15-18, 엡 5:3, 계 21:8, 골 3:5

III. 성도의 몸은 주의 성전임을 명심하라
바울은 너희 몸은 너희가 하나님께로부터 받은 바 너희 가운데 계신 성령의 전인 줄 알지 못하느냐 너희는 너희의 것이 아니라 값으로 산 것이 되었으니 그런즉 너희 몸으로 하나님께 영광을 돌리라고 했다. 음행의 죄에 관해서 그리스도인의 순결에 관해서는 레위기를 참조하라.
* 참고 성구 * 고전 3:16-17, 고후 6:14-18, 고전 6:19-20, 엡 2:20-22, 레 18:1-30

■ 기 도 ■ 하나님 아버지! 우리의 육신은 성령이 거하시는 거룩한 성령의 전입니다. 이 육신을 함부로 사용해서 당신의 진노를 사지 않게 하시고 성도는 성도로서의 순결을 유지하여 오직 몸으로 하나님께 영광을 돌리는 삶만을 살게 하소서. 예수 그리스도의 이름으로 기도드립니다. 아멘.

♣ 가정 주부 ♣

부녀의 행실
♪ 304, 350, 355

■ 본 문 ■ 또 이와 같이 여자들도 아담한 옷을 입으며 염치와 정절로 자기를 단장하고 땋은 머리와 금이나 진주나 값진 옷으로 하지 말고 오직 선행으로 하기를 원하라 이것이 하나님을 공경한다 하는 자들에게 마땅한 것이니라【딤전 2:9-10】

■ 서 론 ■ 영국의 정치가 헨리 빈센트는 "고결한 마음을 가진 여인과 만나는 남자의 인생은 매우 희망적이다."라고 했다. 부녀는 외모를 칭찬받기보다 오히려 행실을 칭찬받는 자가 되어야 한다. 부녀의 아름다운 행실은?

Ⅰ. 하나님을 공경할 것

라합은 비록 여리고의 기생이었으나 하나님을 공경한 여인이었다. 그녀는 이스라엘의 정탐꾼을 숨겨주고서는 우리가 듣자 곧 마음이 녹았고 너희의 연고로 사람이 정신을 잃었나니 너희 하나님 여호와는 상천하지에 하나님이시라고 했다. 이런 믿음이 라합을 예수의 족보에 들게 하였다.

* 참고 성구 * 행 16:14, 잠 31:30, 수 2:11-13, 마 1:5, 룻 1:16-17

Ⅱ. 선행과 구제를 힘쓸 것

욥바에 다비다 하는 여제자가 있으니 그 이름을 번역하면 도르가라 선행과 구제하는 일이 심히 많았다고 누가는 그의 사도행전에서 전하고 있다. 선행과 구제하는 일이 심히 많은 다비다는 병들어 죽었으나 베드로에 의해 다시 살림을 입은 귀한 은혜를 받게 되었다.

* 참고 성구 * 행 9:36, 엡 2:10, 갈 6:7-10, 딤전 6:17-19

Ⅲ. 겸손의 미덕을 보일 것

잠언 기자는 겸손과 여호와를 경외함의 보응은 재물과 영광과 생명이니라고 했다. 딸의 병으로 고통받던 수로보니게 여인(=가나안 여인)은 예수의 빈정거림에도 개의치 않고 개들도 제 주인의 상에서 떨어지는 부스러기를 먹나이다 하여 자신을 개라고 하는 겸손함을 보여 딸의 병을 고쳤다.

* 참고 성구 * 롬 12:3-8, 고전 12:4-11, 약 4:6,10, 잠 22:4, 마 15:27

■ 기 도 ■ 하나님 아버지! 부녀의 행실은 당신을 공경하며 선행과 구제를 힘쓰며 겸손의 미덕을 보이는 것이어야 합니다. 오늘 성도로 택함받은 우리는 외모의 단장보다 행실의 단장에 힘을 써서 당신께 큰 영광을 돌리는 자들이 되게 하옵소서. 예수 그리스도의 이름으로 기도드립니다. 아멘.

♣ 가정 주부 ♣

경건한 부녀
♪ 524, 169, 183

■ 본 문 ■ 다투는 부녀는 비오는 날에 이어 떨어지는 물방울이라 그를 제어하기가 바람을 제어하는 것 같고 오른손으로 기름을 움키는 것 같으니라【잠 27:15-16】

■ 서 론 ■ 스코틀랜드의 해학자 아이타운은 "여성의 사랑은 물 위에 기록한 것이요, 여성의 신앙은 모래에서도 흔적이 남는다."고 했다. 경건한 부녀는 남편에게 복을 가져다 주며 남편을 영광되게 한다. 그러나 다투는 부녀는 근심과 걱정으로 바람 잘 날이 없게 한다. 경건한 부녀는?

I. 경건한 부녀는 다투지 아니함

바울은 빌립보 교회의 두 여성 유오디아와 순두게에게 주 안에서 같은 마음을 품으라고 권면했다. 이들로 인해 빌립보 교회가 시험에 들까 해서였다. 아비가일은 현명한 여자로서 남편 나발과 다윗의 일을 알고서 다윗을 뒤쫓아 가서 중재하며 다윗에게 간절히 호소하여 살인을 막았다.
* 참고 성구 * 잠 19:13, 13:10, 빌 4:2, 2:14, 잠 17:19, 삼상 25:23-34

II. 경건한 부녀는 성품이 온유함

단 지파의 마노아의 아내는 여호와의 사자의 방문을 받은 뒤 그 남편에게 이르기를 여호와께서 우리를 죽이려 하셨더면 우리 손에서 번제와 소제를 받지 아니하셨을 것이요, 이 모든 일을 보이고 말씀도 아니하였을 것이라며 자신의 의견을 피력했다. 온유한 자는 매사를 이런 눈으로 본다.
* 참고 성구 * 마 11:29, 갈 5:23, 민 12:13, 삿 13:22-23

III. 경건한 부녀는 남편을 순종함

베드로는 아내된 자들아 이와 같이 남편에게 순복하라고 하면서 사라가 아브라함을 주라 칭하여 복종한 것을 말하고 있다. 경건한 부녀는 남편을 순종한다. 이는 하나님의 질서를 위배하는 것이 아니라 그 질서를 행하는 것이다. 하나님은 하와에게 남편은 너를 다스릴 것이라고 하셨다.
* 참고 성구 * 딤전 2:11, 고전 14:34-35, 엡 5:22, 벧전 3:1-6, 창 3:16

■ 기 도 ■ 하나님 아버지! 오늘 부르심을 입은 교회의 여성도들을 다투지 않게 하시고 성품을 온유하게 하시며 남편을 존중하는 자들로 인도하소서. 그리하여 생명의 유업을 남편과 함께하여 당신이 세우신 창조의 질서를 지켜 복된 생을 영위토록 하소서. 예수 그리스도의 이름으로 기도드립니다. 아멘.

♣ 가정 주부 ♣

주를 바라는 부녀
♪ 413, 348, 511

■ 본 문 ■ 전에 하나님께 소망을 두었던 거룩한 부녀들도 이와 같이 자기 남편에게 순복함으로 자기를 단장하였나니 사라가 아브라함을 주라 칭하여 복종한 것같이 너희가 선을 행하고 아무 두려운 일에도 놀라지 아니함으로… 【벧전 3:5-6】

■ 서 론 ■ 종교개혁자 루터는 "여성의 마음이 경건의 거처가 될 때 이 세상에서 여성의 마음보다 부드러운 것은 없을 것이다."라고 했다. 여성의 사랑과 봉사와 희생의 정신이 복음을 전파하는 것에 큰 일조를 했다. 주를 바라는 부녀는?

Ⅰ. 남편에게 잘 순복해야 함
베드로는 아내된 자들아 이와 같이 자기 남편에게 순복하라 이는 혹 도를 순종치 않은 자라도 아내의 행위로 말미암아 구원을 얻게 하려 함이라고 했다. 성도는 사라가 그 남편 아브라함을 주라 칭하여 복종한 것같이 복종할 것은 하나님의 창조의 질서를 좇음이기 때문이다.
* 참고 성구 * 엡 5:22-24, 딤전 2:11, 고전 14:34-35, 벧전 3:1, 5

Ⅱ. 거룩한 생활을 힘써야 함
바울은 여자들도 아담한 옷을 입으며 염치와 정절로 자기를 단장하고 땋은 머리와 진주와 값진 옷으로 하지 말고 오직 선행으로 하기를 원하라 이것이 하나님을 공경한다 하는 자들에게 마땅한 것이니라 했다. 성도는 거룩한 생활을 힘써 선행으로 하나님께 영광을 돌려야 한다.
* 참고 성구 * 롬 12:1-2, 살전 4:3, 계 1:3, 딤전 2:9-10

Ⅲ. 온유한 마음을 가져야 함
베드로는 오직 마음에 숨은 사람을 온유하고 안정한 심령의 썩지 아니할 것으로 하라 이는 하나님 앞에 값진 것이니라고 했다. 주님은 온유한 자는 복이 있나니 저희가 땅을 기업으로 받을 것이라고 하셨다. 온유한 마음을 가진 아내를 둔 남편의 미래는 참으로 희망적이다.
* 참고 성구 * 마 11:29, 갈 5:23, 민 12:3, 벧전 3:4

■ 기 도 ■ 하나님 아버지! 부녀는 남편에게 잘 순복하며 거룩한 생활을 힘쓰며 온유한 마음을 가져야 한다고 당신의 말씀이 증거하고 있습니다. 오늘 교회에서 봉사하며 이웃을 사랑하고 복음 전파에 큰 일익을 담당하는 여성도들을 축복하소서. 예수 그리스도의 이름으로 기도드립니다. 아멘.

♣ 가정 주부 ♣

교회에서 잠잠하라
♪ 347, 242, 246

■ 본 문 ■ 모든 성도의 교회에서 함과 같이 여자는 교회에서 잠잠하라 저희의 말하는 것을 허락함이 없나니 율법에 이른 것같이 오직 복종할 것이요【고전 14:34】

■ 서 론 ■ 영국의 목사요 찬송작가인 존 뉴턴은 "여성으로 하여금 복음의 선포를 금하는 이유는 여성은 논쟁하지 않고 설득하며 화내지 않고 꾸짖기 때문이다."라고 했다. 여성의 인권이 여지없이 유린당하던 시대에 기록된 성경이지만 그 진리만은 변함이 없다고 본다. 교회에서 여성이 잠잠할 것은?

Ⅰ. 이는 살아 계신 하나님의 교회이므로
바울은 이 집은 살아 계신 하나님의 교회요 진리의 기둥과 터라고 했다. 성전은 하나님의 집이요, 하나님께 거룩한 예배를 드리는 곳이요, 하나님께서 임재하셔서 예배를 흠향하시는 곳이다. 그러므로 거룩한 부녀들은 교회에서 잠잠하고 묵묵히 하여 순종의 미덕을 보여야 한다.
* 참고 성구 * 고후 12:13, 행 24:6, 대상 29:3, 딤전 3:15

Ⅱ. 이는 그리스도의 몸된 교회이므로
바울은 골로새 교회에 보낸 편지에서 내가 이제 너희를 위하여 받는 괴로움을 기뻐하고 그리스도의 남은 고난을 그의 몸된 교회를 위하여 내 육체에 채우노라고 했다. 그리스도는 교회의 머리가 되시며 그 지체는 바로 성도들이다. 따라서 지체가 머리를 훼방해서는 안 될 것이다.
* 참고 성구 * 요 10:23, 빌 3:6, 사 44:28, 엡 1:23, 골 1:24

Ⅲ. 이는 성령께서 거하시는 교회이므로
바울은 너희도 성령 안에서 하나님의 거하실 처소가 되기 위하여 예수 안에서 함께 지어져 가느니라고 했다. 또한 너희는 유대인이나 헬라인이나 종이나 자주자나 남자나 여자 없이 다 그리스도 예수 안에서 하나이니라고 했다. 성도의 일치를 위해서라도 여자는 교회에서 잠잠해야 한다.
* 참고 성구 * 마 12:6, 히 2:12, 미 1:2, 엡 2:22, 갈 3:28

■ 기 도 ■ 하나님 아버지! 오늘날은 여성들이 해방의 기치를 들고 크게 잃어버린 인권을 찾고 있습니다. 하지만 교회에서 성도의 일치를 위하여 당신의 창조 질서대로 당신의 말씀대로 삶을 살아가는 자들이 되도록 사랑으로 함께 하옵소서. 예수 그리스도의 이름으로 기도드립니다 . 아멘.

♣ 가정 주부 ♣

리브가의 처신
♪ 183, 212, 457

■ 본 문 ■ 리브가가 눈을 들어 이삭을 바라보고 약대에서 내려 종에게 말하되 들에서 배회하다가 우리에게로 마주오는 자가 누구뇨 종이 가로되 이는 내 주인이니이다 리브가가 면박을 취하여 스스로 가리우더라【창 24:64-65】

■ 서 론 ■ 영국의 철학자 에드워드 허버트 경은 "남자를 낙원에서 끌어낸 것이 여자라면 남자를 다시 낙원으로 인도할 수 있는 자도 여자이다."라고 했다. 여성으로서 리브가의 바른 자세는?

I. 남편에 대한 복종
창세기 기자는 얼굴도 서로 모른체 정혼한 리브가가 이삭을 바라보고는 감을 잡고서 약대에서 내렸다고 했다. 이는 남편될 사람에게 지킬 예의 범절이다. 이 예의 범절 뒤에는 남편에 대한 복종심이 마음에 깔려 있는 것이다. 영민한 리브가는 남편에게 순종하고 복종함이 최고의 미덕임을 알았다.
  * 참고 성구 * 엡 5:22, 벧전 3:1, 에 1:20, 딤전 2:11, 창 24:64

II. 면박을 가린 순결
리브가는 종 엘리에셀에게서 이삭이라는 말을 듣고서 얼른 면박을 취하여 스스로 가렸다. 기혼녀는 면박을 사용하지 않지만 처녀는 아무리 정혼한 약혼자 앞이라고 할지라도 결혼 전까지는 면박을 벗지 않는다. 종으로부터 모든 일을 들은 이삭은 리브가를 사랑하여 큰 위로를 받았다.
  * 참고 성구 * 유 1:21, 신 4:9, 잠 4:23, 창 24:65

III. 성도의 바른 처신
아내된 자들은 남편에게 순복하고 남편된 자들은 아내와 동거하여 저는 더 연약한 그릇이요 생명의 은혜를 유업으로 함께 받을 자로 알아서 귀히 여겨야 한다. 그리고 양주가 함께 마음에 숨은 사람을 온유하고 안정한 심령의 썩지 아니할 것으로 하여 하나님의 축복을 받자.
  * 참고 성구 * 롬 16:19, 빌 1:10, 마 10:16, 벧전 3:1, 7, 4

■ 기 도 ■ 하나님 아버지! 리브가처럼 남편에게 복종하는 마음을 갖고 순결한 자신을 유지하는 거룩한 자들이 되게 하여 오늘 세상의 풍속과 시류와 유행을 좇지 않고 오직 당신의 말씀대로 삶을 사는 바른 처신을 할 수 있도록 인도해 주시옵소서. 예수 그리스도의 이름으로 기도드립니다 . 아멘.

♣ 가정 주부 ♣

현숙한 여인
♪ 511, 488, 508

■ 본 문 ■ 누가 현숙한 여인을 찾아 얻겠느냐 그 값은 진주보다 더하니라 그런 자의 남편의 마음은 그를 믿나니 산업이 핍절치 아니하겠으며 그런 자는 살아 있는 동안에 그 남편에게 선을 행하고 악을 행치 아니하느니라【잠 31:10-12】

■ 서 론 ■ 영국의 개혁자 사무엘 로밀리 경은 "인생을 살아오는 동안 상냥하고 민감한 여인들의 바른 관찰 의견과 격려보다 더 큰 유익을 내게 준 것은 결코 없었다."고 했다. 어질고 맑은 여인은 보배로운 존재이다. 현숙한 여인은?

I. 현숙한 여인은 남편에게 선을 행함
잠언 기자는 현숙한 여인은 살아 있는 동안에 그 남편에게 선을 행하고 악을 행치 않는다고 했다. 열왕기상 기자는 예로부터 아합과 같이 스스로 팔려 여호와 보시기에 악을 행한 자가 없음은 저가 그 아내 이세벨에게 충동되었음이라고 했다. 착한 아내는 보배와 같다.
* 참고 성구 * 엡 5:22, 벧전 3:1-6, 잠 12:4, 잠 31:12, 왕상 21:25

II. 현숙한 여인은 근면한 생활을 힘씀
잠언 기자는 현숙한 여인은 양털과 삼을 구하여 부지런히 손으로 일하며 자기의 무역하는 것이 이로운 줄을 깨닫고 밤에 등불을 끄지 않고 근면하게 일한다고 했다. 바울은 누구에게든지 양식을 값없이 먹지 않고 오직 수고하고 애써 주야로 일함은 누를 끼치지 않으려는 것이었다.
* 참고 성구 * 잠 10:5, 롬 12:11, 잠 13:11, 20:13, 살후 3:8, 룻 2:1

III. 현숙한 여인은 자신의 직무에 충실함
잠언 기자는 오직 여호와를 경외하는 여자는 칭찬을 받을 것이라고 했다. 현숙한 여자가 되는 것은 외모에 있는 것이 아니라 여호와를 경외하는 정신에 있다. 이런 여인은 경건한 생활을 하며 영적인 생활을 영위한다. 그리고 하나님의 맡기신 자신의 책무에 최선을 다한다.
* 참고 성구 * 마 25:21, 고전 4:2, 계 2:10, 삿 4:4, 잠 31:30

■ 기 도 ■ 하나님 아버지! 현숙한 여인이란 힘, 능력, 유능, 부, 용기를 가진 여인입니다. 이런 여인을 찾는 것은 무척이나 어려우나 이런 아내는 당신의 선물임을 믿습니다. 남편에게 선을 행하는 이런 아내를 주신 당신께 감사드리며 예수 그리스도의 이름으로 기도드립니다. 아멘.

♣ 가정 주부 ♣

지혜로운 여인
♪ 470, 289, 293

■ 본 문 ■ 주의 여종의 허물을 사하여 주옵소서 여호와께서 반드시 내 주를 위하여 든든한 집을 세우시리니 이는 내 주께서 여호와의 싸움을 싸우심이요 내 주의 일생에 내 주에게서 악한 일을 찾을 수 없음이니이다【삼상 25:28】

■ 서 론 ■ 영국의 화가 윌리엄 아이크멘은 "여인의 직관은 남자들의 것보다 훌륭하고 빠르며 무의식적인 여인의 결심은 남자의 신중한 연역법 구사 능력보다 훨씬 우수할 때가 많다."고 했다. 남편 나발의 무례함을 알고 다윗을 찾은 아비가일은?

I. 비극을 미연에 방지한 아비가일
남편 나발이 다윗에게 무례한 짓을 한 것을 안 아비가일은 급히 예물을 가지고 다윗을 만나서 다윗의 발 아래 엎드려서는 내 주여 여종으로 주의 귀에 말하게 하시고 이 여종의 말을 들으소서라며 간곡하게 말하였다. 자신을 종으로 표현하면서 비극을 막은 기지는 훌륭한 것이다.
 * 참고 성구 * 골 4:5, 출 28:3, 암 5:13, 잠 2:11, 삼상 25:23

II. 하나님의 뜻을 나타낸 아비가일
아비가일은 다윗에게 친히 보수하시는 일을 여호와께서 막으셨으니라고 말하여 하나님의 뜻이 무엇인지 다윗으로 크게 깨달음을 얻게 했다. 바울은 내 사랑하는 자들아 너희가 친히 원수를 갚지 말고 진노하심에 맡기라고 했다. 아비가일은 다윗이 죄를 짓지 않도록 하였다.
 * 참고 성구 * 골 4:12, 삼상 2:35, 롬 12:19, 살후 2:17, 삼상 25:26

III. 성도로서의 선행을 보여준 아비가일
비극을 미연에 방지케 했고 하나님의 뜻을 깨닫게 한 아비가일의 행위는 성도가 어떤 삶을 영위해야 하는지를 잘 보여주는 한 단면이다. 성도의 삶은 빛과 소금의 삶이요, 세상살이에 있어서도 주님의 말씀처럼 뱀같이 지혜롭고 비둘기같이 순결한 삶을 살아야 할 것이다.
 * 참고 성구 * 벧전 3:16, 잠 19:17, 느 6:19, 갈 5:13-15, 마 10:16

■ 기 도 ■ 하나님 아버지! 우리의 여성도들도 아비가일과 같이 비극을 미연에 방지할 수 있게 하시고 지혜자로 삼아 주셔서 당신께 영광을 돌리게 하시옵소서. 예수 그리스도의 이름으로 기도드립니다. 아멘.

♣ 가정 주부 ♣

신앙의 이방 여인
♪ 236, 204, 419

■ 본 문 ■ 룻이 가로되 나로 어머니를 떠나며 어머니를 따르지 말고 돌아가라 강권하지 마옵소서 어머니께서 가시는 곳에 나도 가고 어머니께서 유숙하시는 곳에서 나도 유숙하겠나이다 어머니의 백성이 나의 백성이 되고 어머니의 … 【룻 1:16】

■ 서 론 ■ 영국의 여류작가 죠지 엘리옷은 "여성의 운명은 그녀가 받아들이는 사랑에 의해 결정된다."고 했다. 이방의 모압 여인 룻은 시모 나오미를 좇은 헌신적 결단을 말했다. 이는?

Ⅰ. 룻은 어머니 가시는 곳에 나도 간다고 했음

룻은 모압 여인이요 나오미는 유다 사람이었다. 룻은 남편도 죽고 계대혼 인도 안 되는 처지의 시모 나오미를 좇는다는 것은 대단한 결단을 요구하는 것으로, 보람찬 앞날의 희망이라고는 전혀 없는 상태에서 늙은 시모를 좇는다는 헌신적 진술은 참으로 귀감이 되는 것이다.

* 참고 성구 * 마 8:22, 창 28:7, 마 26:33, 룻 1:14

Ⅱ. 룻은 어머니 죽으시는 곳에서 나도 죽는다고 했음

시모 나오미를 좇음은 그녀의 민족과 종교로부터 최종적인 분리를 의미한다. 그리고 룻의 결심은 나오미에 대한 인간적인 사랑에서 뿐만 아니라 그녀의 마음이 이스라엘 하나님에 대한 헌신과 율법에 복종함을 뜻한다. 시모에 대한 사랑과 하나님께 순종하는 자세는 참으로 훌륭한 것이다.

* 참고 성구 * 눅 15:24, 창 44:22, 요 11:16, 룻 1:17

Ⅲ. 룻은 어머니의 하나님이 나의 하나님이 되신다 했음

룻의 결단과 고백은 아브라함의 자손이 되려는 신앙 행위였다. 그녀는 하나님을 위하여 민족을 초월했고 하나님의 백성을 사랑했고 여호와의 날개 아래 보호받기를 원하여 시모를 좇은 것이다. 이런 믿음의 룻은 후에 보아스와 결혼해 다윗의 아비 이새를 낳고 예수의 족보에 들게 되는 영광을 받았다.

* 참고 성구 * 롬 14:8, 신 4:29, 수 2:11-13, 히 11:31, 마 1:5

■ 기 도 ■ 하나님 아버지! 룻이 당신을 경외하여 끝내는 이방의 죄인으로 예수 그리스도의 가계에 드는 축복을 받은 것은 모두 당신을 의뢰하는 신앙 때문인 줄 믿으오니 우리에게도 룻과 같은 큰 신앙을 주시옵소서. 예수 그리스도의 이름으로 기도드립니다. 아멘.

♣ 가정 주부 ♣

기도하던 여자
♪ 343, 172, 178

■ 본 문 ■ 한나가 가로되 나의 주여 당신의 사심으로 맹세하나이다 나는 여기서 나의 주 당신 곁에 서서 여호와께 기도하던 여자라 이 아이를 위하여 내가 기도하였더니 여호와께서 나의 구하여 기도한 바를 허락하신지라【삼상 1:26-27】

■ 서 론 ■ "기도는 인생의 닫혀진 문을 여는 열쇠며 하늘 문을 여는 열쇠이다."라고 어느 성직자는 말했다. 무자하여 번민하던 한나를 권고하여 성태케 하신 하나님의 은혜를 감사히 여겨 사무엘을 나실인으로 바친 여인 한나는?

I. 무자함으로 번민하던 여자 한나
한나는 훌륭한 남편 엘가나가 모든 것을 잘해 주었으나 브닌나가 격동케 하여 울고 먹지 아니한 날이 많았고 자식이 없어 항상 기쁨이 없는 생활을 하고 있었다. 시편 기자는 자식은 여호와의 주신 기업이요 태의 열매는 그의 상급이로다고 말했다. 자식이 많은 자는 굴욕을 받지 않는다.
* 참고 성구 * 눅 1:7, 삼상 15:33, 창 15:2, 삼상 1:7, 10, 시 127:3-5

II. 악한 여자로 오해받은 여자 한나
실로에서 하나님께 기도하기를 통곡하며 서원하여 기도한 한나는 입술만 동하고 음성은 들리지 않게 되자 제사장 엘리는 취한 줄 알고 야단을 쳤으나 한나는 나는 마음이 슬픈 여자라 포도주나 독주를 마신 것이 아니요 여호와 앞에 나의 심정을 통한 것뿐이라고 대답했다.
* 참고 성구 * 고전 5:13, 전 3:17, 말 4:3, 삼상 1:15-16, 롬 8:26-27

III. 기도함으로 응답받은 여자 한나
한나는 여호와여 만일 주의 여종의 고통을 돌아보시어 나를 생각하시고 주의 여종을 잊지 아니하사 아들을 주시면 내가 그의 평생에 그를 여호와께 드리고 삭도를 그 머리에 대지 않겠다고 나실인의 서원 기도를 했다. 하나님은 이 기도를 응답하여 사무엘을 한나에게 주었다.
* 참고 성구 * 눅 1:13, 삼상 7:9, 왕상 9:3, 삼상 1:20

■ 기 도 ■ 하나님 아버지! 한나의 고통을 헤아리셔서 기도에 응답하시고 사무엘을 주신 당신의 은혜에 감사드리옵나이다. 세상에 살면서 갖가지 고난을 격는 당신의 성도들의 간절한 기도를 들어주시는 하나님께 감사와 찬송과 영광을 돌리오며 예수 그리스도의 이름으로 기도드립니다. 아멘.

♣ 가정 주부 ♣

어린 아이의 양육
♪ 235, 212, 483

■ 본 문 ■ 이는 네 속에 거짓이 없는 믿음을 생각함이라 이 믿음은 먼저 네 외조모 로이스와 네 어머니 유니게 속에 있더니 네 속에도 있는 줄을 확신하노라【딤후 1:5】

■ 서 론 ■ 프랑스의 황제 나폴레옹은 "어린이의 미래 운명은 언제나 어머니의 손에 달려 있다."고 했다. 훌륭한 위인의 뒤에는 항상 훌륭한 어머니가 있다. 성 어거스틴 뒤에는 기도의 어머니 모니카가 있었다. 디모데의 어머니는?

Ⅰ. 하나님을 경외하는 어머니

디모데의 어머니 유니게는 믿음의 어머니였다. 히브리서 기자는 믿음이 없이는 하나님을 기쁘게 하지 못한다고 말했다. 믿음의 여인 요게벳은 모세를 키웠고, 한나는 사무엘을, 유니게는 디모데를 훌륭한 사람이 되도록 했으니 이 모든 것 위에는 하나님을 경외하는 마음이 있었다.

* 참고 성구 * 전 12:13-14, 잠 9:10, 히 11:6, 삼상 1:7, 출 2:9

Ⅱ. 기도 생활을 힘쓰는 어머니

디모데의 어머니 유니게는 기도 생활을 힘써 디모데를 목회자가 되도록 이끌었다. 기도는 하늘 보좌를 두드리는 성도의 노크로서 하나님은 기도라는 신령한 통로를 이용해서 그의 백성된 성도들과 교통하신다. 성 어거스틴이라는 기독교 역사상 걸출한 인물 뒤에는 모니카의 기도가 있었다.

* 참고 성구 * 막 1:35, 눅 6:12, 출 2:10, 삼상 1:17

Ⅲ. 자식에게 좋은 영향을 준 어머니

하나님을 경외하고 기도 생활을 힘쓰는 유니게는 은연 중 아들 디모데에게 좋은 신앙의 영향을 주어 어렸을 적부터 신앙적인 교육을 몸에 배게했다. 그런 환경에서 자란 디모데는 루스드라와 이고니온에 있는 형제들에게 칭찬을 듣는 자라고 의사 누가는 사도행전에서 기록했다.

* 참고 성구 * 왕상 2:20, 신 6:7, 잠 13:24, 삼상 1:28, 행 16:1-2

■ 기 도 ■ 하나님 아버지! 훌륭한 믿음의 어머니 유니게는 당신을 경외한 여인이었고 기도 생활을 힘쓰며 자식에게 좋은 신앙의 모본을 보인 여인이었습니다. 오늘 사랑하는 여성도들도 유니게의 본을 좇아 훌륭한 신앙으로 자식들을 교육시키고 하나님과 사람들에게 칭찬받는 자들을 많이 배출하게 이끌어 주시옵소서. 예수 그리스도의 이름으로 기도드립니다. 아멘.

♣ 노년기 ♣

젊은이의 스승
♪ 358, 169, 493

■ 본 문 ■ 범사에 네 자신으로 선한 일의 본을 보여 교훈의 부패치 아니함과 경건함과 책망할 것이 없는 바른 말을 하게 하라 이는 대적하는 자로 하여금 부끄러워 우리를 악하다 할 것이 없게 하려 함이라【딛 2:7-8】

■ 서 론 ■ 스코틀랜드의 시인 알렉산더 스미스는 "거룩한 삶을 산 노년에는 특이한 미가 있다. 즉 거룩한 미이다."라고 했다. 훌륭한 노인은 젊은이들의 스승이 된다. 그의 백발은 영광의 면류관이요 그의 경륜은 어려운 세파를 헤쳐나가는 데에 큰 도움이 된다. 노년에는?

I. 선행을 장려토록 힘씀
야고보서 기자는 행함이 없는 믿음은 그 자체가 죽은 것이라고 했다. 선행을 힘쓰는 것은 자기를 위해 생명의 터를 쌓는 것이다. 주님은 너희 빛을 사람들 앞에 비추게 하여 저희로 너희 착한 행실을 보고 하늘에 계신 너희 아버지께 영광을 돌리게 하라고 말씀하셨다.
* 참고 성구 * 딤전 6:17-19, 약 2:17-18, 히 10:24, 살후 3:13, 마 5:16

II. 직무에 충실토록 가르침
바울은 맡은 자들에게 구할 것은 충성이라고 했다. 바울 자신도 예수 우리 주께 감사함은 나를 충성되이 여겨 내게 직분을 맡기심이라고 했다. 자신이 맡은 직무에 충실한 것처럼 아름다운 일은 없다. 주님은 이런 종에게 착하고 부지런한 종이라는 칭호를 주어 칭찬하신다.
* 참고 성구 * 마 25:14-30, 고전 4:2, 계 22:12, 딤전 1:12, 행 20:31

III. 매사에 모본을 보이도록 함
바울은 빌립보 교회에게 너희는 내게 배우고 받고 듣고 본 바를 행하라고 하면서 그리하면 평강의 하나님이 너희와 함께 계시리라고 했다. 매사에 모본을 보이는 삶은 바로 주 예수께서 행하신 삶이다. 예수를 좇은 바울의 삶이 그러했다. 모본을 보이는 것은 산 교육이다.
* 참고 성구 * 고전 11:1, 약 2:21-26, 빌 4:9, 행 20:35, 요 13:15

■ 기 도 ■ 하나님 아버지! 노인이 된 자는 믿음의 스승입니다. 오늘 교회의 어른이신 노인들에게 순종하며 크신 경륜을 본받는 큰 은혜를 주시옵소서. 예수 그리스도의 이름으로 기도드립니다. 아멘.

♣ 노년기 ♣

경건한 노인
♪ 296, 213, 218

■ 본 문 ■ 늙은 남자로는 절제하며 경건하며 근신하며 믿음과 사랑과 인내함에 온전케 하고 늙은 여자로는 이와 같이 행실이 거룩하여 참소치 말며 많은 술의 종이 되지 말며 선한 것을 가르치는 자들이 되고【딛 2:2-3】

■ 서 론 ■ 스위스의 철학자 아미엘은 "늙어가는 방법을 아는 것은 지혜를 통달한 것이다. 그것은 삶의 위대한 예술 중의 가장 어려운 장이다."라고 했다. 경건한 삶을 영위하는 자는 신앙생활에서도 모범을 보이는 자다. 노인은?

Ⅰ. 절제하고 근신토록 힘씀

인생의 황혼에서 이제는 주님 뵈올 날이 가까운 이때에 더욱 바울의 고백처럼 이기기를 다투는 자마다 모든 일에 절제하나니 저희는 썩을 면류관을 얻고자 하되 우리는 썩지 아니할 것을 얻고자 하노라고 해야 한다. 절제하고 근신하는 삶은 믿음 생활에도 큰 도움이 된다.
* 참고 성구 * 눅 21:34-36, 고전 9:24-27, 롬 13:11-14, 딤전 3:2

Ⅱ. 세속을 좇지 않도록 주의함

세속을 좇는 것은 세상적인 일을 동경함에서 비롯된다. 성경은 세속을 좇다가 망한 사람들의 비극을 많이 말해주는데 그 중에서는 롯, 삼손, 요셉의 형제 유다, 데마, 가룟 유다 등이 있다. 이들은 믿음도 잃어버리고 망신만 당한 꼴이 되어 자신을 망쳤다. 세상은 하나님과 원수가 됨을 잊지 말자.
* 참고 성구 * 요일 2:15-17, 약 4:4, 요 15:19, 딤전 3:3

Ⅲ. 자기 자리를 잘 지킴

노인이 되어서 여기저기 기웃거리는 것은 심히 안 좋은 일이다. 인생을 초지일관 되게 살아온 자는 자기 자리를 잘 지키는 자이다. 팔십오 세의 갈렙은 하나님을 의뢰한 축복을 받아 장수하고 근력이 계속 남아 아낙 사람들의 견고한 성읍을 파괴하는 일에 솔선수범하여 나섰다.
* 참고 성구 * 마 25:14-30, 롬 12:3, 고전 12:4-11, 딤전 3:4-5, 수 14:12

■ 기 도 ■ 하나님 아버지! 경건한 노인은 절제하고 근신하며 세속을 좇지 않으며 자기 자리를 잘 지키는 자입니다. 이제 주님 만날 날이 가까워오는 사랑하는 주의 노성도들에게 당신의 큰 축복을 행하시어 더욱 당신을 좇는 삶을 영위토록 인도하시옵소서. 예수 그리스도의 이름으로 기도드립니다. 아멘.

♣ 노년기 ♣

갈렙의 용기
♪ 344, 223, 231

■ 본 문 ■ 모세가 나를 보내던 날과 같이 오늘날 오히려 강건하니 나의 힘이 그때나 이제나 일반이라 싸움에나 출입에 감당할 수 있사온즉【수 14:11】

■ 서 론 ■ 스코틀랜드의 소설가 헨리 맥켄지는 "선을 실천하며 인생을 살아온 노인은 지난 날을 부끄럼없이 회고하며 그 자신만이 보상받을 나은 나라를 향해 소망을 가지며 그의 모습은 가장 존경스러운 모습을 가지게 될 것이다."라고 했다. 팔십오 세의 갈렙이 증거한 것은?

I. 두려움이 없은 갈렙/나이에 대한

어느덧 팔십오 세가 된 갈렙이었으나 사십 세에 모세가 가데스 바네아에서 이 땅을 정탐하라고 보낸 때나 지금이나 오히려 지금이 더욱 강건하다며 그때나 이제나 일반이며 싸움에나 출입에나 감당할 수 있다고 했다. 참으로 대단한 노익장으로 이는 믿음이 전제가 된다.
* 참고 성구 * 고전 16:13, 벧전 5:9, 딤후 1:12, 수 14:11

II. 확신이 변함없은 갈렙/언약에 대한

언약 곧 '디아데케스'는 둘을 의미하는 '디아'와 세우다를 뜻하는 '티데미'의 합성어이다. 이는 둘이 서로간에 세우는 언약으로 성도는 하나님과 더불어 사랑의 은총의 언약을 맺은, 혹은 세운 자들이다. 갈렙은 네 발로 밟는 땅은 영영히 너와 네 자손의 기업이 되리라는 말을 확신했다.
* 참고 성구 * 히 12:2, 약 2:22, 살후 1:11, 수 14:9

III. 싸움에 담대한 갈렙/강한 대적과의

갈렙은 아낙 사람들의 견고한 성읍도 개의치 않고 여호와께서 나와 함께 하시면 내가 필경 여호와의 말씀대로 그들을 쫓아내리이다라고 강한 의지를 표출했다. 기럇 아르바가 헤브론이 되는 순간이었다. 갈렙은 강한 대적과의 싸움에도 하나님이 도와주시면 이긴다는 승리의 확신이 있었다.
* 참고 성구 * 요 11:25-26, 요일 2:13, 신 31:6, 수 14:12, 잠 21:31

■ 기 도 ■ 하나님 아버지! 팔십오 세의 나이에도 노익장을 과시한 갈렙은 참으로 믿음의 사람이었습니다. 오늘 당신의 교회에서 예배드리는 노성도들에게도 이런 믿음과 건강의 축복을 함께 내려주시옵소서. 예수 그리스도의 이름으로 기도드립니다. 아멘.

♣ 화목한 가정 ♣

경건한 가정의 부모
♪ 305, 304, 22

■ 본 문 ■ 자식은 여호와의 주신 기업이요 태의 열매는 그의 상급이로다 젊은 자의 자식은 장사의 수중의 화살 같으니 이것이 그 전통에 가득한 자는 복되도다 저희가 성문에서 그 원수와 말할 때 수치를 당치 아니하리로다【시 127:3-5】

■ 서 론 ■ 영국의 극작가 셰익스피어는 "자식에게 있어서 부모는 하늘의 대리인이므로 부모의 소리는 신의 소리이다."라고 했다. 스스로 본을 보이며 자식을 신앙으로 지도하는 부모는 훌륭한 부모이다. 성경이 말하는 경건한 부모는?

I. 행할 길을 바르게 가르치는 부모

다윗은 그의 아들 솔로몬에게 네 하나님 여호와의 명을 지켜 그 길로 행하여 그 법률과 계명과 율례와 증거를 지키면 네가 무릇 무엇을 하든 어디로 가든 형통할 것이라고 했다. 바울은 부모에게 오직 주의 교양과 훈계로 양육하라고 했다. 행할 길을 바르게 자식에게 가르치자.
 * 참고 성구 * 눅 8:56, 신 6:7, 왕상 19:20, 2:2-3, 엡 6:4

II. 적절히 구속과 통제를 하는 부모

히브리서 기자는 무릇 징계가 당시에는 즐거워 보이지 않고 슬퍼 보이나 후에 그로 말미암아 연달한 자에게는 의의 열매를 맺는다고 했다. 엘리 가문의 멸망은 자식 홉니와 비느하스를 구속과 통제를 가하지 않고 자식을 여호와 하나님보다 더 사랑하고 징계하지 않았기 때문이다.
 * 참고 성구 * 골 3:20, 신 27:16, 겔 22:7, 삼상 2:23-25, 히 3:13, 12:11

III. 미움보다 사랑으로 대하는 부모

탕자의 아버지는 둘째 아들 탕자가 많은 돈을 허랑방탕하게 허비하고 거지의 꼴로 집에 돌아왔음에도 자식을 사랑하여 저를 측은히 여기고 달려가 목을 안고 입을 맞추고는 다시금 반지를 끼워서 자식으로 인정했으나 그의 형은 이를 못마땅히 여겼다. 부모는 사랑의 부모가 되어야 한다.
 * 참고 성구 * 딤전 5:4, 삿 14:2, 시 27:10, 눅 15:22-24

■ 기 도 ■ 하나님 아버지! 화평한 가정에는 행할 길을 바르게 가르치는 부모, 적절히 구속과 통제를 가하는 부모, 미움보다 사랑으로 대하는 부모와 이를 순종하는 자식이 있을 때만 가능해집니다. 오늘 우리 가정을 화목케 하시기를 예수 그리스도의 이름으로 기도드립니다. 아멘.

♣ 화목한 가정 ♣

하나님의 축복
♪ 550, 219, 415

■ 본 문 ■ 이스라엘 하나님 여호와의 말씀이 나 여호와가 비를 지면에 내리는 날까지 그 통의 가루는 다하지 아니하고 그 병의 기름은 없어지지 아니하리라【왕상 17:14】

■ 서 론 ■ "하나님은 고난의 보자기로 축복을 싸서 보내시는 경우가 허다하다."고 어느 간증자는 말했다. 시돈 땅 사렙다 과부는 흉년의 어려운 시절에도 주의 종 엘리야를 잘 공궤하여 축복을 받았다. 과부의 순종은?

Ⅰ. 약속을 믿는 순종이 축복을 가져왔음

엘리야는 사르밧 과부에게 여호와가 비를 지면에 내리는 날까지 그 통의 가루가 다하지 않고 그 병의 기름은 없어지지 아니하리라고 하셨다고 말했다. 사르밧 과부는 이 하나님 여호와의 약속을 믿고 신뢰하여 엘리야의 말대로 하여 흉년 속에서도 끼니를 잇는 축복을 받았다.
 * 참고 성구 * 고후 2:9, 창 26:5, 신 28:1-6, 왕상 17:14, 눅 4:26

Ⅱ. 물질적인 순종이 축복을 가져왔음

엘리야가 사르밧 과부에게 네 손에 떡 한 조각을 내게로 가져오라고 했을 때 과부는 통에 가루 한 움큼과 병에 기름 조금뿐이라고 대답했다. 그러나 과부는 엘리야의 말대로 하여 그 흉악한 흉년에 엘리야와 식구가 여러 날을 먹어도 통의 가루와 병의 기름이 없어지지 않았다.
 * 참고 성구 * 고후 7:15, 딛 2:9, 행 5:29, 왕상 17:16, 말 3:10

Ⅲ. 희생적인 순종이 축복을 가져왔음

엘리야는 사르밧 과부에게 두려워 말고 가서 네 말대로 하려니와 먼저 그것으로 나를 위하여 작은 떡 하나를 만들어 내게로 가져오고 그 후에 너와 네 아들을 위하여 만들라는 말을 순종하여 자신들보다 먼저 주의 종에게 음식을 대접하여 흉년을 이기는 축복을 받았다.
 * 참고 성구 * 요 12:24, 신 30:2, 빌 2:8-9, 히 5:7-8, 왕상 17:13

■ 기 도 ■ 하나님 아버지! 많은 사람이 흉년으로 굶어 죽어가는 현실에서 엘리야와 사르밧 과부의 두 식구는 비가 지면에 내릴 때까지 연명을 할 수 있도록 축복하셨습니다. 이는 과부의 순종이 만든 축복임을 믿사오니 우리에게도 순종하여 당신의 큰 축복을 향유하여 화평한 가정으로 만들어 주시옵소서. 예수 그리스도의 이름으로 기도드립니다. 아멘.

♣ 화목한 가정 ♣

생명과 건강
♪ 65, 379, 381

■ 본 문 ■ 그것은 얻는 자에게 생명이 되며 그 온 육체의 건강이 됨이니라 무릇 지킬 만한 것보다 더욱 네 마음을 지키라 생명의 근원이 이에서 남이니라【잠 4:22-23】

■ 서 론 ■ "건강을 위해선 적당한 휴식과 약도 필요하지만 하늘에 계신 우리 하나님 외에 건강의 신을 두어서는 안 된다."고 허셀 포오드는 말했다. 오늘날 건강을 위해서 사람들은 몸에만 좋다면 무슨 짓이든 서슴지 않고 한다. 그러나 성경은 건강을 위해 처방하는 것이 다르다. 성도의 건강은?

I. 성도는 계명을 지켜야 함
잠언 기자는 대저 명령은 등불이요 법은 빛이요 훈계의 책망은 곧 생명의 길이라고 했다. 사도 요한은 하나님을 사랑하는 것은 이것이니 우리가 그의 계명들을 지키는 것이라며 그의 계명들은 무거운 것이 아니라고 했다. 계명을 지킬 때 아울러 영육간에 건강을 유지한다.
* 참고 성구 * 마 7:21, 요일 5:3, 요 13:34, 잠 6:23, 출 15:26

II. 성도는 마음을 지켜야 함
잠언 기자는 이르기를 무릇 지킬 만한 것보다 더욱 네 마음을 지키라 생명의 근원이 이에서 남이라고 했다. 마음이란 눈에는 보이지 않지만 하나님을 경험하고 선과 악을 아는 양심이 거처하는 곳이다. 사람이 마음을 잘 다스릴 때 장수와 건강을 스스로 만들어내는 것이다.
* 참고 성구 * 마 12:34-37, 롬 12:1-2, 눅 12:16, 약 1:27, 잠 4:23

III. 성도는 궤휼을 버려야 함
잠언 기자는 여호와를 경외하는 것은 악을 미워하는 것이라 나는 교만과 거만과 악한 행실과 패역한 입을 미워하느니라고 했다. 성도는 궤휼을 버려야 한다. 궤휼은 악의 올무에 걸리게 하는 것이다. 주님은 나다나엘을 보시고 참 이스라엘 사람이라 그 속에 간사한 것이 없다고 하셨다.
* 참고 성구 * 벧전 2:1, 엡 4:25, 욥 27:4, 잠 8:13, 요 1:47

■ 기 도 ■ 하나님 아버지! 성경은 오직 하나님의 계명을 지키며 또한 마음을 지켜서 궤휼을 버릴 때 생명과 건강이 있다고 하셨습니다. 당신을 믿고 의지하는 모든 성도들의 가정에 건강을 허락하셔서 행복한 삶을 살 수 있도록 축복하시옵소서. 예수 그리스도의 이름으로 기도드립니다. 아멘.

♣ 화목한 가정 ♣

아름다운 가정
♪ 305, 350, 355

■ 본 문 ■ 유월절 엿새 전에 예수께서 베다니에 이르시니 이 곳은 예수께서 죽은 자 가운데서 살리신 나사로가 있는 곳이라 … 마리아는 지극히 비싼 향유 곧 순전한 나드 한 근을 가져다가 예수의 발에 붓고 자기 머리털로 그의 발을 씻으니【요 12:1-3】

■ 서 론 ■ 영국의 목사로 중국 선교의 아버지라 불리운 허드슨 테일러는 "하나님께 모두 바치고 홀가분해지니 번민할 일이 전혀 없어졌다."고 했다. 이 가정은?

I. 주를 위하여 아낌없이 허비함
마리아는 자기의 집을 방문하신 예수께 자신이 시집을 갈 때 쓰려고 모아 둔 인도산의 귀한 향유 나드를 한 근 모두 예수의 머리가 아닌 발에 붓고 머리털로 그 발을 씻겼다. 이는 주를 위하여 모든 것을 아낌없이 드리려는 마리아의 헌신과 섬김을 표현해 주는 것이다.
* 참고 성구 * 골 1:24, 행 20:24, 고후 9:6-7, 막 12:43

II. 세상에 대한 각종 욕심을 버림
주님은 삼가 모든 탐심을 물리치라 사람의 생명이 그 소유의 넉넉한 데 있지 아니하니라고 하셨다. '탐하다'라는 헬라어 '플레오넥테스'는 다른 사람의 권리를 침해하면서도 자기의 것으로 소유하려는 욕망이나 탐스러운 행동을 뜻하는 말이다. 각종 욕심을 버릴 때 자유함이 있는 것이다.
* 참고 성구 * 요일 2:15-17, 엡 2:1-3, 약 4:4, 잠 30:8-9, 눅 12:15

III. 죄와 불의에서 온전히 떠남
바울은 모든 악은 그 모양이라도 버리라고 했다. 죄악과 불의에서 떠나며 하나님을 경외하는 것은 인간의 본분이다. 사도 베드로는 악에서 떠나 선을 행하고 화평을 구하여 이를 좇으라고 했다. 경건한 삶은 죄와 불의를 떠나는 삶이요, 하나님을 경외하는 삶인 것이다.
* 참고 성구 * 딤후 2:19, 빌 3:20, 살전 5:22, 벧전 3:11, 전 12:13

■ 기 도 ■ 하나님 아버지! 베다니의 삼남매의 가정은 참으로 아름다운 가정이었습니다. 이 가정은 주를 위해 거룩한 낭비를 아끼지 않았고 세상에 대한 각종 욕심을 버렸고 죄와 불의에서 온전히 떠나 당신만을 경배하는 삶을 살았습니다. 오늘 당신의 성도들도 이러한 삶을 본받아 살도록 축복하시고 인도하여 주시옵소서. 예수 그리스도의 이름으로 기도드립니다. 아멘.

♣ 화목한 가정 ♣

주의 사자가 방문함
♪ 369, 388, 409

■ 본 문 ■ 고넬료가 주목하여 보고 두려워 가로되 주여 무슨 일이니이까 천사가 가로되 네 기도와 구제가 하나님 앞에 상달하여 기억하신 바가 되었으니【행 10:4】

■ 서 론 ■ "평화의 왕이신 예수를 그 가정에 모시지 않고 행복을 바란다는 것은 나무에서 고기를 구하는 것과 같다."고 어느 성직자는 말했다. 이달리야 군대의 백부장으로 경건한 믿음을 가져 이방인 개종자로서 최초의 성령을 체험한 고넬료의 화평한 가정은 어떤 가정이었는가?

Ⅰ. 하나님을 경외하는 가정
하나님을 경외하며 그의 명령을 좇는 것은 사람의 본분이 되는 행위이다. 고넬료의 가정은 하나님을 경외하는 가정이었다. 잠언 기자는 여호와를 경외하는 것은 악을 미워하는 것이라고 하면서 나는 교만과 거만과 악한 행실과 패역한 입을 미워하느니라고 하나님의 말씀을 대언했다.
* 참고 성구 * 잠 9:10, 신 10:12, 전 12:13-14, 욥 1:8, 잠 8:13

Ⅱ. 선행과 구제를 힘쓰는 가정
구제, 곧 '디아코니아'는 봉사, 섬기는 일, 준비하는 일, 직무, 집사직이라는 뜻으로 이는 어려운 사람을 돌아보며 물질로 섬긴다는 의미이다. 고넬료의 가정은 선행과 구제를 힘쓰는 가정이었다. 선한 일과 선한 사업에 부한 자들은 생명을 위해 좋은 터를 쌓는 일을 하는 것이다.
* 참고 성구 * 엡 2:10, 딤전 6:17-19, 마 25:31-46, 신 15:7

Ⅲ. 기도 생활을 힘쓰는 가정
주의 사자는 고넬료에게 네 기도와 구제가 하나님 앞에 상달되었다고 했다. 고넬료의 가정은 항상 하나님께 기도하는 가정이었다. 성도의 기도는 하나님과 연결되는 신성한 통로와 같다. 이로써 하나님과 영적 교제를 나누는 것이다. 성도의 기도는 하늘 보좌의 금대접에 담긴 향이다.
* 참고 성구 * 눅 6:12, 막 1:35, 살전 5:17, 왕상 22:25, 계 5:8

■ 기 도 ■ 하나님 아버지! 당신의 사자가 방문한 고넬료의 가정은 항상 당신을 경외하며 선행과 구제를 힘쓰며 기도 생활을 힘쓰는 가정이었습니다. 오늘 우리 성도들의 가정도 이와같이 행하여 당신께 큰 축복을 받는 가정들이 되게 하시옵소서. 예수 그리스도의 이름으로 기도드립니다. 아멘.

♣ 불화한 가정 ♣

화목케 하는 직책
♪ 361, 404, 488

■ 본 문 ■ 모든 것이 하나님께로 났나니 저가 그리스도로 말미암아 우리를 자기와 화목하게 하시고 또 우리에게 화목하게 하는 직책을 주셨으니【고후 5:18】

■ 서 론 ■ "화목하라 함은 어떤 사람의 말이 아니고 천래성이요, 하나님의 지상 명령이다."라고 어느 신학자는 말했다. 예수의 십자가는 가로로는 유대인과 이방인 혹은 사람과 사람 사이를, 세로로는 하나님과 사람 혹은 하늘과 땅을 화목시킨 것으로 그 정점에는 예수께서 계신다. 화목케 하는 것이란?

Ⅰ. 화목의 필요성

이사야는 오직 너희 죄악이 너희와 너희 하나님 사이를 내었고 너희 죄가 그 얼굴을 가리워서 너희를 듣지 않으시게 함이라고 했다. 바울은 십자가로 이 둘을 한몸으로 하나님과 화목하게 하려 하심이라면서 원수된 것을 십자가로 소멸하셨다고 했다. 사람과 사람, 사람과 하나님을 화목케 하신 것이 그리스도의 십자가이다.

* 참고 성구 * 빌 2:25, 잠 30:8, 단 3:16, 엡 2:16, 사 59:2

Ⅱ. 화목의 창시자

요한은 하나님이 세상을 이처럼 사랑하사 독생자를 주셨으니 이는 저를 믿는 자마다 멸망치 않고 영생을 얻게 하려 하심이라고 했고, 사랑이 여기 있으니 오직 하나님이 우리를 사랑하사 우리 죄를 위하여 화목제로 그의 아들을 보내셨음이라고 했다. 화목은 하나님께로서 왔다.

* 참고 성구 * 골 1:20, 막 9:50, 시 55:20, 요일 4:10, 요 3:16

Ⅲ. 화목의 방법

바울은 그리스도께서 우리를 위하여 저주를 받은 바 되사 율법의 저주에서 우리를 속량하셨다고 했다. 바울은 너희 말을 은혜 가운데서 소금으로 고르게 함과 같이 하라고 했다. 소금은 방부제인즉 성도는 소금같이 불순함이나 외설됨을 제거하고 숨을 죽여서 화목해야 한다.

* 참고 성구 * 살전 5:13, 잠 17:1, 히 2:17, 갈 3:13, 골 4:6

■ 기 도 ■ 하나님 아버지! 화목은 당신으로부터 기인한 것인즉 오늘 불화한 가정을 당신의 말씀으로 순화시켜 주시고 그리스도의 십자가가 우리를 화목케 하였음을 깨닫게 하소서. 예수 그리스도의 이름으로 기도드립니다. 아멘.

♣ 불화한 가정 ♣

사랑의 미덕
♪ 301, 161, 162

■ 본 문 ■ 만물의 마지막이 가까왔으니 그러므로 너희는 정신을 차리고 근신하여 기도하라 무엇보다도 열심으로 서로 사랑할지니 사랑은 허다한 죄를 덮느니라【벧전 4:7-8】

■ 서 론 ■ 프랑스의 종교인 라메네는 "진정으로 사랑하는 자의 마음은 이 땅의 낙원이다. 그는 하나님을 모시고 있다. 하나님은 사랑이기 때문이다."라고 했다. 사랑은 하나님의 속성이다. 그러므로 성도는 이 하나님의 속성을 생활 가운데서 실천해야만 한다. 때가 가까울 때 할 것은?

Ⅰ. 때가 가까우니 성도는 기도할 것
주님은 말세지말에 대환난이 일어날 때는 너희는 도망하는 일이 겨울에나 안식일에 되지 않도록 기도하라고 하셨다. 바울은 쉬지 말고 기도하라고 했으며 기도를 항상 힘쓰고 기도에 감사함으로 깨어 있으라고 했다. 성도는 말세가 가까울수록 더욱 기도에 정진하는 삶을 살아야 한다.
* 참고 성구 * 골 4:2, 엡 6:17, 살전 5:17, 마 24:20

Ⅱ. 때가 가까우니 성도는 사랑할 것
헬라어에서 '아가페'는 하나님의 사랑을, '에로스'는 이성간의 사랑을, '필리아'는 형제, 친구, 인류애를, '스톨게'는 가족의 사랑을, '필란드로피아'는 자선의 뜻이 담겨져 있다. 성도는 말세지말에 이웃간에 서로 아가페적인 사랑을 나눠야 한다. 바울은 사랑을 더하라 이는 온전하게 매는 띠라고 했다.
* 참고 성구 * 고전 13:13, 히 13:1, 마 24:12, 골 3:14

Ⅲ. 때가 가까우니 성도는 봉사할 것
미국의 신학자 하비 콕스는 그의 저서 '세속도시'에서 교회의 기능을 말씀선포 곧 '케리그마'와 성도간의 교류 곧 '코이노니아'와 봉사 곧 '디아코니아'로 보았다. 말세지말의 때에 성도는 서로 봉사하며 구제하는 직책을 솔선수범하는 자세를 견지해야 한다. 봉사는 사랑을 실천하는 것이다.
* 참고 성구 * 고전 16:19, 히 10:32-36, 딤전 3:2, 살전 5:14

■ 기 도 ■ 하나님 아버지! 말세지말에는 악이 창궐하여 모든 것을 추악하게 오염시키는 때입니다. 그럴수록 성도는 기도하며 사랑하며 봉사하는 자세를 잃지 말고 그날을 대비해야 하겠습니다. 주여 마음을 새롭게 하여 깨어 있는 자가 되게 하옵소서. 예수 그리스도의 이름으로 기도드립니다. 아멘.

♣ 불화한 가정 ♣

서로 용서하라
♪ 279, 213, 215

■ 본 문 ■ 서로 인자하게 하며 불쌍히 여기며 서로 용서하기를 하나님이 그리스도 안에서 너희를 용서하심과 같이 하라【엡 4:32】

■ 서 론 ■ 영국의 신학자 죠지 허버트는 "다른 사람을 용서할 수 없는 사람은 자신이 천국에 갈 때 건너가야 할 다리를 부수는 사람이다. 어느 누구나 용서받을 필요가 있기 때문이다."라고 했다. 용서함으로써 자신도 영적으로 해방을 받는 것이 바로 용서의 필요성이다. 성도는?

I. 성도는 거짓된 것을 멀리해야 함

잠언 기자는 여호와의 미워하시는 것 곧 그 마음에 싫어하시는 것이 육, 칠 가지니 곧 교만한 눈과 거짓된 혀와 무죄한 자의 피를 흘리는 손과 악한 계교를 꾀하는 마음과 빨리 악으로 달려가는 발과 거짓을 말하는 망령된 증인과 및 형제 사이를 이간하는 자라고 했다.
* 참고 성구 * 요 8:44, 마 24:23-24, 계21:8, 잠 6:16-17

II. 성도는 긍휼을 베풀도록 힘써야 함

긍휼, 곧 '엘레오스'는 동정심, 비참한 사람을 구하려는 마음의 뜻으로 성도는 이웃에게 연민을 가지고 이웃을 보살펴야 한다. 가인은 동생 아벨을 살해한 뒤 하나님이 아벨이 어디 갔냐고 묻자 그는 내가 알지 못하나이다 내가 아우를 지키는 자니이까 했다. 성도는 선한 사마리아 사람처럼 이웃에게 관심을 갖자.
* 참고 성구 * 약 2:13, 출 34:6-7, 느 9:17, 눅 10:33, 창 4:9

III. 성도는 서로 용서하기를 먼저해야 함

용서하다, 곧 '카리조마이'는 은혜를 베풀다, 값없이 주다, 용서하다의 뜻으로 성도는 하나님이 그리스도 안에서 우리를 용서함 같이 용서의 미덕을 보여야 한다. 바울은 뉘게 혐의가 있거든 서로 용납하여 피차 용서하되 주께서 너희를 용서하신 것과 같이 하고 사랑을 더하라고 했다.
* 참고 성구 * 마 6:14-15, 골 3:13, 마 18:21-35, 눅 17:4, 몬 1:16-17

■ 기 도 ■ 하나님 아버지! 창세 전에 성도로 택함받은 우리는 거짓된 것을 멀리하며 긍휼을 베풀도록 힘쓰며 서로 용서하기를 먼저 하는 자들이 되어야 하겠습니다. 그리하여 이웃과 우애를 나누며 피차 사랑하도록 하옵소서. 예수 그리스도의 이름으로 기도드립니다. 아멘.

♣ 불화한 가정 ♣

참는 지혜
♪ 416, 361, 305

■ 본 문 ■ 어리석은 자는 그 노를 다 드러내어도 지혜로운 자는 노를 억제하느니라【잠 29:11】

■ 서 론 ■ 로마의 스토아 철학자 에픽테투스는 "인간을 슬기롭게 만드는 두 가지 힘은 인내력과 관대함이다."라고 했다. 인간의 덕목 가운데 분노를 참는 힘만큼 대단한 것도 없다. 분노는 마귀가 가져다주는 것으로 혹 성도를 죄짓게 할까봐 아침에 품은 분을 저녁까지 갖지 말라고 한 것이 이 이유 때문이다. 어진 이는?

Ⅰ. 어진 사람은 가난한 자의 사정을 알아 줌
어진 사람은 주릴 때 먹을 것을 주고 목마를 때에 마시게 하였고 나그네 되었을 때에 영접한 자로서 내 형제 중 지극히 작은 자에게 베푼 것이 곧 내게 한 것이라는 주님의 칭찬을 들은 의인들이다. 이들은 창세로부터 예비된 나라를 상속받게 된다. 가난한 이웃은 주님의 현현하신 실체라고 생각하자.
* 참고 성구 * 롬 13:10, 약 2:8, 눅 10:37, 마 25:31-46, 잠 11:25

Ⅱ. 어진 사람은 성읍을 화평케 함
주님은 산상교훈에서 화평케 하는 자는 복이 있나니 저희가 하나님의 아들이라 일컬음을 받을 것임이요라고 하셨다. 야곱은 그의 임종시 장자인 르우벤과 둘째 시므온과 셋째 레위에게 저주함으로써 장자 상속을 잇지 않았으니 이는 그들의 혈기와 분노와 잔혹함 때문이었다.
* 참고 성구 * 마 5:9, 롬 12:18-21, 잠 12:20, 롬 14:19, 창 49:1-7

Ⅲ. 어진 사람은 분노를 스스로 억제함
잠언 기자는 미련한 자는 분노를 당장에 나타내거니와 슬기로운 자는 수욕을 참느니라고 했고 또한 노하기를 더디하는 자는 용사보다 낫고 자기의 마음을 다스리는 자는 성을 빼앗는 자보다 나으니라고 했다. 어질고 속이 깊으며 지혜 있는 자는 분노를 스스로 억제하는 자이다.
* 참고 성구 * 약 1:19, 고전 9:25-27, 잠 16:32, 시 37:8, 잠 12:16

■ 기 도 ■ 하나님 아버지! 성도는 가난한 자의 사정을 알아주고 성읍을 화평케 하며 분노를 스스로 억제하는 자로서 이것을 행하는 자는 능히 세상에서 칭찬 받고 하늘나라의 큰 상급이 있는 자들입니다. 우리 모두들 화목한 자가 되게 하시어 불화한 세상을 화목으로 이끌게 하옵소서. 예수 그리스도의 이름으로 기도드립니다. 아멘.

♣ 불화한 가정 ♣

화목한 형제
♪ 526, 373, 278

■ 본 문 ■ 당신들은 나를 해하려 하였으나 하나님은 그것을 선으로 바꾸사 오늘과 같이 만민의 생명을 구원하게 하시려 하셨나니 당신들은 두려워 마소서【창 50:20-21】

■ 서 론 ■ "가화만사성이란 말은 특히 그리스도인의 가정에서 타당한 말이다. 하나님은 화목하지 못한 가정에는 결코 축복을 내리시지 않는다."고 어느 성직자는 말했다. 예수 그리스도의 십자가는 인간과 인간, 하나님과 인간의 화목을 위하는 하나의 상징이요 징표인 것이다. 요셉 형제는?

I. 두려워하는 요셉의 형들
요셉의 형제들은 야곱이 죽었음을 보고 말하기를 요셉이 혹시 우리를 미워하여 우리가 그에게 향한 모든 악을 다 갚지나 아니할까 하고 다시금 요셉에게 옛날 자신을 노예로 판 일과 시기한 일들을 용서하라고 요셉의 앞에 엎드리며 말하자 요셉은 이 말을 듣고서 울었다.
　* 참고 성구 * 히 10:27, 잠 28:1, 사 24:17, 창 50:15

II. 용서하고 위로하는 동생 요셉
요셉은 오히려 하나님의 섭리를 말하기를 당신들은 나를 해하려 하였으나 하나님은 그것을 선으로 바꾸사 오늘과 같이 만민의 생명을 구원하게 하시려 했다며 그들을 용서하고 위로하며 설득하기를 당신들은 두려워 마소서 내가 당신들과 당신들의 자녀를 기른다고 간곡히 말했다.
　* 참고 성구 * 고후 2:7, 살전 5:14, 사 40:1-2, 창 50:20-21

III. 그리스도인으로서의 사랑과 용서
성도는 야곱과 에서가 서로 목을 어긋맞기고 입맞추고 피차 운 것처럼 하나님의 사랑, 곧 '아가페'의 사랑과 하나님의 용서 곧 '카리조마이'의 용서를 행해야 한다. 바울은 누가 뉘게 혐의가 있거든 서로 용납하여 피차 용서하되 주께 하신 것처럼 하고 그 위에 사랑의 띠를 매라고 하였다.
　* 참고 성구 * 벧전 4:8, 삼상 18:3, 잠 10:12, 골 3:13-14, 창 33:14

■ 기 도 ■ 하나님 아버지! 두려워하는 형들을 위로하고 간곡하게 말한 요셉의 훌륭함은 성도들이 갖추어야 할 덕목이라고 생각합니다. 야곱과 에서의 만남과 같이 우리는 서로 용서하며 화목한 가정을 이루어야 하겠습니다. 예수 그리스도의 이름으로 기도드립니다. 아멘.

♣ 불화한 가정 ♣

믿는 자의 가정
♪ 305, 304, 22

■ 본 문 ■ 네 집 내실에 있는 네 아내는 결실한 포도나무 같으며 네 상에 둘린 자식은 어린 감람나무 같으리로다【시 128:3-4】

■ 서 론 ■ 영국의 과학자요 저술가인 헨리 드럼몬드는 "가정이 기독교의 최고의 안내자이다."라고 했다. 중국의 한문 숙어 가운데 '가화만사성'이라는 말이 있는데 이것은 성도의 가정에 타당한 말이라고 생각된다. 오늘 믿는 자의 가족 구성원들은 어떤 자가 되어야 하겠는가?

I. 여호와를 경외하며 부지런히 수고하는 남편
바울은 누구에게서든지 양식을 값없이 먹지 않고 오직 수고하고 애써 주야로 일함은 너희에게 누를 끼치지 않겠다는 의지를 말한 것이다. 여호와를 경외하는 근면한 남편은 야곱의 고백처럼 내가 이와 같이 낮에는 더위를, 밤에는 추위를 당하며 눈붙일 겨를도 없이 수고하는 자이다.
* 참고 성구 * 잠 8:32, 사 3:10, 행 10:2, 창 31:38-40, 살후 3:8

II. 여호와의 도를 행하는 결실한 포도나무 같은 아내
브리스길라(=브리스가)와 아굴라는 장막업을 하는 부부로서 바울을 보필하며 여호와의 도를 가르친 믿음의 부부였다. 성경에는 거의 아내 브리스길라의 이름이 먼저 나오는데 이는 그녀의 신앙이 남편보다 앞섬을 의미한다. 여호와의 도를 행하는 부인을 가진 남편은 존귀함을 얻는다.
* 참고 성구 * 룻 4:14, 삼상 2:21, 잠 31:30-31, 행 18:26, 9:36

III. 여호와의 주신 기업인 어린 감람나무 같은 자식
에서가 아이들을 보고 야곱에게 너와 함께 한 이들은 누구냐고 묻자 야곱은 하나님이 종에게 은혜로 주신 자식이라고 답했다. 자식은 생물학적인 이유로만 생기는 것이 아니라 신앙적인 관점에서는 하나님이 주신 기업이다. 시편 기자는 태의 열매는 그의 상급이라고 했다.
* 참고 성구 * 시 127:3-5, 창 33:5, 욥 5:4, 삼상 2:26

■ 기 도 ■ 하나님 아버지! 믿는 자의 가정에는 당신을 경외하며 부지런히 수고하는 남편이 있으며, 당신의 도를 행하는 결실한 포도나무 같은 아내가 있으며, 당신의 주신 기업인 어린 감람나무 같은 자식이 있는 가정입니다. 이처럼 복된 가정이 되도록 예수 그리스도의 이름으로 기도드립니다. 아멘.

♣ 불화한 가정 ♣

원망하고 불평하는 자들
♪ 412, 455, 457

■ 본 문 ■ 그들에게 이르되 우리가 애굽 땅에서 고기 가마 곁에 앉았던 때와 떡을 배불리 먹던 때에 여호와의 손에 죽었더면 좋았을 것을 너희가 이 광야로 우리를 인도하여 내어 이 온 회중으로 주려 죽게 하는도다【출 16:3】

■ 서 론 ■ 영국 교회의 주교인 제레미 테일러는 "우리가 불평하는 것은 우리의 문제가 커서가 아니라 우리의 마음이 좁기 때문이다."라고 했다. 인간의 간사한 마음에는 항상 원망과 불평과 불만이 가득하나 감사하는 마음에는 은혜만 가득하다. 성도는?

I. 하나님의 대변자를 원망 말 것
이스라엘 백성은 신 광야에 이르러 모세와 아론을 원망했다. 애굽의 고기 가마 곁의 종살이 때를 그리워하는 이들은 자유를 향유하는 것이 얼마나 힘든 것인 줄 모르는 자들이었다. 모세는 우리를 원망함은 여호와를 향하여 원망함이라고 했다. 주의 종은 우리를 위해 경성하는 자이므로 오직 순종해야 한다.
* 참고 성구 * 고전 15:9, 출 32:11, 욘 1:6, 히 13:17, 시 78:11-17

II. 육의 양식으로 인하여 원망 말 것
이스라엘 백성은 애굽에 있을 때는 생선과 외와 수박과 부추와 파와 마늘들을 먹은 것이 생각나거늘 이제는 우리의 정력이 쇠약하되 이 만나 외에는 보이는 것이 아무것도 없다고 푸념했다. 이스라엘 백성은 입에 불평과 불만과 원망을 달고 다녔다. 성도는 육의 양식을 감사함으로 대하자.
* 참고 성구 * 살후 3:12, 레 26:26, 말 3:10, 민 11:4-6, 시 78:24-30

III. 하나님을 무능하다고 원망 말 것
이스라엘 백성은 악한 말로 하나님을 원망했다. 이스라엘 백성은 홍해를 가르고 낮에는 구름 기둥, 밤에는 불기둥의 권능과 기사와 이적을 목도했음에도 불구하고 하나님을 시험하고 대적하는 가증한 죄악을 범했다. 여호와 하나님은 무능하다고 한 그들까지 용서하셨으니 그들이 바람인 줄 아셨기 때문이다.
* 참고 성구 * 요삼 1:11, 신 32:15, 호 12:6, 민 11:1, 시 78:34-42

■ 기 도 ■ 하나님 아버지! 우리는 옛날 이스라엘 백성들처럼 주의 종을 원망하거나 먹을 것 때문에 당신을 원망하거나 당신을 무능하다고 원망하는 일이 없게 하시고 오직 당신의 행하신 깊은 뜻을 깨달아 범사에 감사하는 자들이 될 수 있도록 큰 은혜를 내려 주소서. 예수 그리스도의 이름으로 기도드립니다. 아멘.

♣ 불화한 가정 ♣

말하기를 더디함
♪ 385, 262, 405

■ 본 문 ■ 입을 지키는 자는 그 생명을 보전하나 입술을 크게 벌리는 자에게는 멸망이 오느니라【잠 13:3】

■ 서 론 ■ 영국의 속담에 "눈은 둘, 귀도 둘, 입은 다만 하나이다. 이는 많이 보고 많이 듣고 그리고 조금만 떠들라는 것일 것이다."는 말이 있다. 성도의 입술은 오직 하나님께 찬양할 때가 가장 아름다운 것이다. 성도가 조심하고 멀리하고 미워할 것은?

Ⅰ. 입술을 조심하라
시편 기자는 네 혀를 악에서 금하며 네 입술을 궤사한 말에서 금할지어다 라고 했다. 야고보서 기자는 누구든지 스스로 경건하다 생각하며 자기 혀를 재갈 먹이지 아니하고 자기 마음을 속이면 이 사람의 경건은 헛 것이라며 말에 실수가 없는 자면 곧 온전한 사람이라고 했다.
* 참고 성구 * 벧전 3:10, 마 12:36-37, 잠 21:23, 시 34:13, 약 1:26, 3:2

Ⅱ. 게으름을 멀리하라
바울은 누구든지 일하기 싫어하거든 먹지도 말라고 했다. 잠언 기자는 네가 좀더 자자 좀더 졸자 손을 모으고 좀더 눕자 하니 네 빈궁이 강도같이 오며 네 곤핍이 군사같이 이르리라고 했다. 성도는 부지런히 일하고 수고하고 근면한 생활을 영위해야지 게으르면 안 된다.
* 참고 성구 * 창 31:40, 마 25:29-30, 롬 12:11, 잠 24:33-34, 살후 3:10

Ⅲ. 거짓말을 미워하라
사도 요한은 마귀는 처음부터 살인한 자요 진리가 그 속에 없으므로 진리에 서지 못하고 거짓을 말할 때마다 제 것으로 말하나니 이는 저가 거짓말쟁이요 거짓의 아비가 되었다고 했다. 여호와의 미워하시는 것 육, 칠 가지 중에 거짓된 혀와 거짓을 말하는 망령된 증인이 있다.
* 참고 성구 * 딤후 3:14, 요 8:44, 엡 4:25, 잠 6:16-19

■ 기 도 ■ 하나님 아버지! 성도는 입술을 조심하고 게으름을 멀리하고 거짓말을 미워하여 오직 성실과 근면과 정직과 조심과 사랑으로 성도로 부름을 입은 삶을 살게 하소서. 그리하여 당신께 존귀와 영광을 돌리는 자가 되고 이웃과 화목하는 자가 되게 하옵소서. 예수 그리스도의 이름으로 기도드립니다. 아멘.

♣ 가족 일부만 믿는 가정(신자) ♣

겨자씨의 자라남
♪ 233, 177, 175

■ 본 문 ■ 또 비유를 베풀어 가라사대 천국은 마치 사람이 자기 밭에 갖다 심은 겨자씨 한 알 같으니 이는 모든 씨보다 작은 것이로되 자란 후에는 나물보다 커서 나무가 되매 공중의 새들이 와서 그 가지에 깃들이느니라【마 13:31-32】

■ 서 론 ■ 영국의 목사요 감리교의 창시자인 존 웨슬리는 "교회가 망하면 구원받은 사람이 없어진다."고 했다. 겨자씨는 심히 작은 것이나 이것이 밭에 묻혀 자란 뒤에는 공중의 새도 깃들인다. 겨자씨의 비유에 담긴 주님의 말씀은?

I. 심히 크신 주의 능력을 증거함
능력, 곧 '뒤나미스'는 본래 사물이 지닌 능력, 힘을 쓰거나 나갈 때 생기는 힘, (물려받은) 힘, 권능의 뜻으로 이는 주님의 심히 크신 권능을 의미한다. 말씀으로 선재하시어 천지를 지으신 성자 예수는 바람과 물결을 꾸짖어 잔잔케 하여 제자들을 경악케 하며 기이히 여기게 했다.
* 참고 성구 * 눅 1:37, 미 5:2, 욥 42:2, 요 6:9, 1:1, 눅 8:24-25

II. 전도 사역의 중요성을 교훈함
주님의 지상명령은 복음의 세계 전파를 명령한 것으로 모든 족속으로 제자를 삼아 아버지와 아들의 이름으로 세례를 주고 주님이 분부한 모든 것을 가르쳐 지키게 하라는 것이었다. 이 사명을 받은 교회는 빌라델비아 교회처럼 열린 문으로 전도의 사역을 감당해야 한다.
* 참고 성구 * 마 28:19-20, 막 16:15-16, 행 1:8, 계 3:8

III. 성도의 숫자가 증가해 부흥함
오순절 마가 다락방에 임재한 성령을 체험한 사도들은 각지에서 복음을 전하였는데 베드로가 한 번 설교하자 하루에 삼천 명이나 되는 사람들이 세례를 받았다. 선지자 하박국은 주여, 주의 일을 수년 내에 부흥케 하시옵소서라고 기도했다. 교회의 부흥은 천국의 확장과 같다.
* 참고 성구 * 행 2:41, 엡 3:6, 행 4:4, 행 6:7, 합 3:2

■ 기 도 ■ 하나님 아버지! 주님께서 비유로 말씀하신 겨자씨의 비유에는 주님의 심히 크신 능력과 전도 사역의 중요성과 성도의 숫자가 증가해 크게 부흥하는 의미가 있습니다. 오늘 성도의 가정에 온 가족이 함께 주의 전을 찾도록 인도해 주시옵소서. 예수 그리스도의 이름으로 기도드립니다. 아멘.

♣ 가족 일부만 믿는 가정(신자) ♣

누룩의 역할
♪ 221, 291, 539

■ 본 문 ■ 또 비유로 말씀하시되 천국은 마치 여자가 가루 서 말 속에 갖다 넣어 전부 부풀게 한 누룩과 같으니라【마 13:33】

■ 서 론 ■ "내가 철학을 전파하였더니 사람들은 칭찬하였다. 그러나 내가 그리스도를 전파했더니 사람들은 회개하였다."라고 깁스는 말했다. 성도는 누룩처럼 이 세상에 나아가 이 세상을 부풀게 하고 사방으로 누룩이 번지게 해야 한다. 성도와 교회의 사명은 복음의 세계화이다. 누룩에 담긴 예수의 비유는 오직 우리에게 무엇을 말하고 있나?

I. 복음이 세계에 전파됨
누가는 너희가 권능을 받고 예루살렘과 온 유대와 사마리아와 땅끝까지 이르러 내 증인이 되라는 예수의 명령을 기록하였다. 변사 더둘로는 벨릭스 총독에게 바울을 소개하기를 이 사람은 염병이라 천하에 퍼진 유대인을 다 소요케 하는 자요 나사렛 이단의 괴수라고 했다.
 * 참고 성구 * 마 24:14, 눅 24:47, 막 13:10, 행 1:8, 행 24:5

II. 수많은 이방이 개종함
이사야는 이방의 개종을 예언하기를 내가 또 너로 이방의 빛을 삼아 나의 구원을 베풀어서 땅끝까지 이르게 하리라고 그리스도의 말씀을 기록했다. 바울은 그리스도 예수 안에서 이방인들이 복음으로 함께 후사가 되고 지체가 되고 함께 약속에 참여하는 자가 된다고 했다.
 * 참고 성구 * 시 22:27, 사 49:6, 단 7:14, 엡 3:6, 행 17:22-31

III. 교회는 문을 열어야 함
하나님은 모든 사람이 구원을 받으며 진리를 아는 데 이르기를 원하신다고 바울은 말했다. 이제 교회는 빌라델비아 교회처럼 열린 문을 두어 능히 닫을 사람이 없도록 주님의 은혜를 받아야 한다. 오늘날 급진 신학자들은 '미시오 데이' 곧 하나님의 직접 선교를 말하나 선교는 교회를 통해야 한다.
 * 참고 성구 * 딤전 2:4, 마 28:19-20, 막 16:15-16, 계 3:8

■ 기 도 ■ 하나님 아버지! 누룩의 비유에 담긴 뜻은 복음의 세계 전파와 이방의 개종 그리고 교회의 선교 사명을 의미하는 것입니다. 이 일을 위하여 우리가 크게 쓰임받는 자들이 되도록 하소서. 예수 그리스도의 이름으로 기도드립니다. 아멘.

♣ 가족 일부만 믿는 가정(신자) ♣

한 쪽의 믿음으로
♪ 304, 251, 253

■ 본 문 ■ 아내된 자여 네가 남편을 구원할는지 어찌 알 수 있으며 남편된 자여 네가 네 아내를 구원할는지 어찌 알 수 있으리요【고전 7:16】

■ 서 론 ■ 찬송작가 필립 블리스는 "주님은 위대한 등대이시다. 우리 성도들은 작은 등대로 빛을 발하여 빛을 찾는 어두운 세계의 생명들을 하나님께로 인도해야 한다."라고 했다. 한 쪽의 믿음으로 다른 한쪽 곧 가족을 구원받게 할는지 모른다. 그렇기 때문에 매사에 모본이 되어야 한다. 이는?

Ⅰ. 영혼을 귀히 여기자
주님은 사람이 만일 온 천하를 얻고도 제 목숨을 잃으면 무엇이 유익하리요 사람이 무엇을 주고 제 목숨과 바꾸겠느냐고 하셨다. 한 생명을 천하보다 귀하게 여기신 주님의 말씀처럼 우리 성도들은 한 영혼을 천하보다 귀히 여겨서 남편은 아내를 아내는 남편을 구원의 반열에 서게 하자.
  * 참고 성구 * 딤전 2:4, 눅 19:10, 마 16:26, 벧전 3:1,7

Ⅱ. 부르심에 합당히 행하자
주님은 너희 빛을 사람 앞에 비취게 하여 저희로 너희 착한 행실을 보고 하늘에 계신 너희 아버지께 영광을 돌리게 하라고 하셨다. 성도는 주의 부르심에 합당한 마음을 가지고 합당한 행실로 생활 가운데서 나타내야지 그렇지 않을 때는 오히려 상대를 실족케 할 수 있다.
  * 참고 성구 * 고전 1:30, 고후 6:14-18, 엡 4:1, 골 1:10, 마 5:16

Ⅲ. 계명을 잘 지키자
요한은 우리가 하나님을 사랑하고 그의 계명을 지킬 때에 이로써 우리가 하나님의 자녀 사랑하는 줄을 아느니라고 하면서 하나님의 계명은 무거운 것이 아니라고 했다. 시편 기자는 여호와의 계명은 순결하여 눈을 밝게 한다고 했다. 하나님을 사랑하는 자는 그의 계명을 지키는 자이다.
  * 참고 성구 * 요 13:34, 요일 5:2, 마 11:29-30, 출 20:6, 시 19:8

■ 기 도 ■ 하나님 아버지! 한 가정의 한 가족이 주님을 영접치 않을 때에 그를 닥달하지 말고 먼저 그 영혼을 귀히 여기며 부르심에 합당히 행하고 주의 계명을 지켜 바른 삶의 모본을 보이면서 철저히 당신께 매어달려서 기도하게 하시옵소서. 예수 그리스도의 이름으로 기도드립니다. 아멘.

♣ 가족 일부만 믿는 가정(신자) ♣

바른 행실로 감화
♪ 377, 507, 522

■ 본 문 ■ 이같이 너희 빛을 사람 앞에 비취게 하여 저희로 너희 착한 행실을 보고 하늘에 계신 너희 아버지께 영광을 돌리게 하라【마 5:16】

■ 서 론 ■ 영국의 철학자인 존 로크는 "사람의 행동은 그 사람의 생각에 대한 가장 좋은 설명이다."라고 했다. 입으로 백 마디 하는 것보다 행동으로 한 번 보여주는 것이 낫다. 또한 중국 속담에 '백문이 불여일견'이라는 말이 있다. 성도는 불신자인 가족에게 어떤 모습을 보일까?

Ⅰ. 선행을 힘써 행하는 성도

베드로는 너희가 이방인 중에서 행실을 선하게 가져 너희를 악행한다고 비방하는 자들로 하여금 너희 선한 일을 보고 권고하시는 날에 하나님께 영광을 돌리게 하려 함이라고 했다. 바울은 너희를 핍박하는 자를 축복하라 축복하고 저주하지 말라고 그의 편지에 기록했다.

* 참고 성구 * 몬 1:6, 엡 2:12, 벧전 2:12, 마 7:21, 롬 12:14

Ⅱ. 불의에서 떠나는 성도

불의, 곧 '아디키아'는 잘못을 저지르다, 옳지 못하다, 부정, 하나님의 법을 어기다라는 뜻으로 불경건이 종교적인 죄악이라면 불의는 도덕적인 죄악을 가리킨다. 음란한 자, 우상숭배하는 자, 간음하는 자, 탐색하는 자, 남색하는 자들에게는 하나님 나라의 유업이 없음을 알자.

* 참고 성구 * 딤후 2:19, 벧전 4:15, 고전 6:9-10, 눅 19:8

Ⅲ. 그리스도를 본받는 성도

성도는 그리스도의 순종, 그리스도의 희생, 그리스도의 사랑, 그리스도의 겸손을 본받는 자들이 되어야 한다. 바울은 너희는 내게 배우고 받고 듣고 본 바를 행하라 그리하면 평강의 하나님이 너희와 함께 계시리라고 했다. 그리스도의 종 바울은 그리스도를 본받는 삶을 살았다.

* 참고 성구 * 고전 11:1, 빌 4:9, 고전 4:16, 행 20:35, 빌 2:5-11

■ 기 도 ■ 하나님 아버지! 선행을 힘써 행하며, 불의에서 떠나며, 그리스도를 본받는 자가 되어 바른 행실로 믿지 않는 가족을 감화시켜 그들의 마음을 움직이게 하소서. 그러기 위해서는 많은 고난과 수고를 겪을 터인데 이것도 주님께서 은총으로 견디게 하시옵소서. 예수 그리스도의 이름으로 기도드립니다. 아멘.

♣ 가족 일부만 믿는 가정(불신자) ♣

도를 존중하는 자
♪ 313, 204, 210

■ 본 문 ■ 십자가의 도가 멸망하는 자들에게는 미련한 것이요 구원을 얻는 우리에게는 하나님의 능력이라 기록된 바 내가 지혜 있는 자들의 지혜를 멸하고 총명한 자들의 총명을 폐하리라 하였으니【고전 1:18-19】

■ 서 론 ■ "십자가의 신학은 빛의 신학이다." "십자가 없이는 면류관도 없다."고 종교 개혁자 마틴 루터는 말했다. 십자가의 도를 조롱하고 능멸하는 자는 사탄에게 조종당하는 자이다. 복음을 조롱하며 주를 능멸하는 자는?

I. 주의 말씀을 거부한 자
시편 기자는 어리석은 자는 그 마음에 이르기를 하나님이 없다 하도다 저희는 부패하고 소행이 가증하여 선을 행하는 자가 없도다라고 했다. 주님은 누구든지 너희를 영접도 아니하고 너희 말도 듣지도 아니하거든 그 집이나 성에서 나가 발의 먼지를 떨어 버리라고 하셨다,
* 참고 성구 * 시 50:17, 슥 7:12, 렘 6:10, 마 13:57-58, 10:14, 시 14:1

II. 세상 지혜를 의뢰하는 자
지혜 곧 '소피아'는 세상적인 지식을 의미하는 것으로 바울은 누가 철학과 헛된 속임수로 너희를 노략할까 주의하라 이것이 사람의 유전과 세상의 초등 학문을 좇음이요 그리스도를 좇음이 아니니라고 경계했다. 세상의 지혜는 저급한 것으로 이로써 영혼을 구할 수는 없다.
* 참고 성구 * 약 3:15, 사 29:14, 렘 4:22, 고전 3:19-20, 골 2:8

III. 주의 형벌을 피하지 못할 자
베드로는 도를 조롱하며 불의를 행하는 자의 운명을 일러 이 사람들은 물 없는 샘이요 광풍에 밀려 가는 안개니 저희를 위하여 캄캄한 어두움이 예비되어 있다고 했다. 십자가의 도를 능멸하는 자들에게는 구원이 없으며 그들은 각인이 그의 입으로 직고하는 대로 형벌을 받는 것이다.
* 참고 성구 * 갈 6:7-8, 잠 11:22, 겔 18:4, 계 22:19, 빌 2:17

■ 기 도 ■ 하나님 아버지! 십자가의 도를 능멸한 자는 주의 말씀을 거부한 자요, 세상 지혜를 의뢰한 자요, 이런 자는 주의 형벌을 피하지 못할 자입니다. 구원을 전도의 미련한 것으로 하신 당신의 뜻을 깨달아 많은 영혼이 주께 돌아오도록 우리를 사용하시옵소서. 예수 그리스도의 이름으로 기도드립니다. 아멘.

♣ 가족 일부만 믿는 가정(불신자) ♣

잃어버린 자
♪ 315, 262, 265

■ 본 문 ■ 이 내 아들은 죽었다가 다시 살아났으며 내가 잃었다가 다시 얻었노라 하니 저희가 즐거워하더라【눅 15:24】

■ 서 론 ■ 영국의 시인이요 극작가인 세익스피어는 "은혜를 모르는 자식을 두기란 독사에게 물리는 것보다 더 고통스럽다."고 했다. 둘째 아들은 아버지께 자신의 몫을 미리 받아 먼 나라로 떠났고 이에 허랑방탕하여 그 재산을 다 없이 했다. 탕자의 비유로 잘 알려진 둘째 아들은 ?

Ⅰ. 세상을 사랑한 아들이었음
야고보서 기자는 세상과 벗된 것이 하나님의 원수임을 알지 못하느뇨 그런즉 세상과 벗이 되고자 하는 자는 스스로 하나님과 원수 되게 하는 것이라고 했다. 탕자는 세상 속에서 허랑방탕한 삶을 살았다. 세상을 사랑한 삼손, 데마, 가룟 유다, 롯의 생애가 말세에 경계가 된다.
* 참고 성구 * 요일 2:15-17, 약 4:4, 요일 5:19, 골 3:2

Ⅱ. 육체의 소욕을 좇은 아들이었음
바울은 육신에 있는 자들은 하나님을 기쁘시게 할 수 없다고 했다. 육체의 소욕을 좇는 삶은 음란과 부정과 사욕과 악한 정욕과 탐심을 좇는 삶이다. 이런 삶은 구원이 없는 삶으로 성도는 육체와 함께 그 정과 욕심을 십자가에 못박은 자들로서 성도는 성령을 좇아서 살아야 할 것이다.
* 참고 성구 * 롬 8:5-13, 갈 5:24, 잠 6:25-26, 갈 2:20, 골 3:5

Ⅲ. 하나님을 거부한 아들이었음
잠언 기자는 내가 부를지라도 너희가 듣기 싫어 하였고 내가 손을 펼지라도 돌아보는 자가 없었다고 했다. 둘째 아들은 허랑방탕한 삶을 살았으니 바울은 이를 저희 마침은 멸망이요 저희의 신은 배요 그 영광은 저희의 부끄러움에 있고 땅의 일을 생각하는 자라고 했다.
* 참고 성구 * 렘 6:10, 시 50:17, 슥 7:12, 잠 1:24, 빌 3:19

■ 기 도 ■ 하나님 아버지! 당신의 잃어버린 자는 세상을 사랑한 자요, 육체의 소욕을 좇은 자요, 당신을 거부한 자였습니다. 그럼에도 불구하고 혹시 그들이 회개하고 돌아오지 않을까 하여 기다리시는 분이 아버지이심을 알게 하소서. 예수 그리스도의 이름으로 기도드립니다. 아멘.

♣ 가족 일부만 믿는 가정(불신자) ♣

쉬운 멍에
♪ 330, 316, 433

■ 본 문 ■ 수고하고 무거운 짐진 자들아 다 내게로 오라 내가 너희를 쉬게 하리라 나는 마음이 온유하고 겸손하니 나의 멍에를 메고 내게 배우라 그러면 너희 마음이 쉼을 얻으리니 이는 내 멍에는 쉽고 내 짐은 가벼움이라 하시니라【마 11:28-30】

■ 서 론 ■ 스위스의 신학자 라바테르는 "진정으로 지혜와 불안을 동시에 가진 사람은 없다. 지혜는 마음의 평안으로부터 오기 때문이다."라고 했다. 주님은 만인을 초청하셨고 또한 구원을 받기를 원하셨다. 그리고 주님의 멍에를 메고 쉼을 얻으라고 하셨다. 주님은?

Ⅰ. 인애의 하나님이시다
하나님은 모든 사람이 구원을 받으며 진리를 아는 데 이르기를 원하신다고 바울은 말했다. 이사야는 땅끝의 모든 백성아 나를 앙망하라 그리하면 구원을 얻으리라 나는 하나님이라 다른 이가 없음이니라는 말씀을 선포했다. 하나님은 자비하시고 인애가 넘치시는 하나님이심을 믿자.
* 참고 성구 * 딤전 2:4, 출 34:6-7, 겔 18:23,32, 사 45:22

Ⅱ. 인격의 그리스도이시다
주님은 내가 주와 또는 선생이 되어 너희 발을 씻겼으니 너희도 서로 발을 씻기는 것이 옳으니라고 하셨다. 주님은 나는 마음이 온유하고 겸손하니 나의 멍에를 메고 내게 배우라고 하셨다. 바울은 너희 안에 이 마음을 품으라 곧 그리스도 예수의 마음이니라고 했다.
* 참고 성구 * 빌 2:6-11, 마 26:39, 요 10:30, 요 13:12-17

Ⅲ. 인간 구원의 통로이시다
주님만이 인간 구원의 통로가 되신다. 베드로는 다른 이로는 구원을 얻을 수 없나니 천하 인간에게 구원 얻을 다른 이름을 주신 일이 없다고 했다. 주님은 내가 곧 길이요 진리요 생명이니 나로 말미암지 않고는 아버지께로 올 자가 없다고 하셨고 내가 문이니 들어가면 구원을 얻는다고 하셨다.
* 참고 성구 * 요 14:6, 행 4:12, 고전 1:30, 행 16:31, 요 10:9

■ 기 도 ■ 하나님 아버지! 오직 그리스도 예수만이 인간 구원의 통로가 되심을 알아서 오늘 불신자인 가족에게 구원의 주이심을 전하는 성도들이 되게 하소서. 예수 그리스도의 이름으로 기도드립니다. 아멘.

♣ 가족 일부만 믿는 가정(불신자) ♣

죄 중에 망할 자

♪ 327, 329, 501

■ 본 문 ■ 이러므로 내가 너희에게 말하기를 너희가 너희 죄 가운데서 죽으리라 하였노라 너희가 만일 내가 그인줄 믿지 아니하면 너희 죄 가운데서 죽으리라【요 8:24】

■ 서 론 ■ 영국의 수필가요 철학자인 토마스 칼라일은 "가장 치명적인 죄는 죄를 느끼지 못하는 양심을 갖는 것이다."라고 했다. 예수 그리스도를 믿지 않는 것 자체가 죄이다. 죄에는 형벌이 따르고 형벌에는 심판이 초래한다. 그리스도를 도외시하는 죄 중에 망할 자들이란 어떤 자인가?

Ⅰ. 주의 뜻을 행하지 않는 자들

주님은 나더러 주여 주여 하는 자마다 천국에 다 들어갈 것이 아니요 다만 하늘에 계신 내 아버지의 뜻대로 행하는 자라야 들어가리라고 하셨다. 우리를 향하신 주님의 뜻은 우리의 거룩함과 의로움을 사람들에게 나타내는 것이다. 죄 중에 망할 자는 주의 뜻을 좇지 않는 자들이다.

* 참고 성구 * 엡 5:17, 마 7:21-27, 삼상 15:22-23, 벧전 1:15-16

Ⅱ. 이 세상에 속한 자들

야고보서 기자는 하나님 아버지 앞에서 정결하고 더러움이 없는 경건은 곧 고아와 과부를 그 환난 중에 돌아보고 또 자기를 지켜 세속에 물들지 아니하는 이것이라고 했다. 성도는 이 세상의 풍속과 유행과 시류를 좇지 않고 모든 것을 오직 말씀대로 사는 거룩한 자들이다.

* 참고 성구 * 엡 2:1-3, 요일 5:19, 딛 3:3, 약 4:4, 1:27

Ⅲ. 예수를 믿지 아니하는 자들

요한은 진리를 믿는 자는 심판을 받지 아니하는 것이요 믿지 아니하는 자는 하나님의 독생자의 이름을 믿지 아니하므로 벌써 심판을 받은 것이니라고 했다. 바울도 하나님을 모르는 자들과 우리 주 예수의 복음을 복종치 않는 자들에게 형벌을 주신다고 했다. 빛을 믿지 않는 것은 어두움에 속했기 때문이다.

* 참고 성구 * 요 3:36, 18, 행 4:12, 요 14:6, 고후 5:21, 살후 1:8

■ 기 도 ■ 하나님 아버지! 죄 가운데 망할 자는 주의 뜻을 행치 않는 자들이요, 이 세상에 속한 자들이요, 주님을 믿지 않는 자들입니다. 우리의 사랑하는 가족 중에 주를 믿지 않아 죄 중에 망할 자가 없도록 우리를 통해서 그들이 구원의 반열에 드는 축복을 입게 하시옵소서. 예수 그리스도의 이름으로 기도드립니다. 아멘.

♣ 가족 일부만 믿는 가정(불신자) ♣

생각 못할 때에
♪ 475, 161, 299

■ 본 문 ■ 그러나 그 날과 그 때는 아무도 모르나니 하늘의 천사들도 아들도 모르고 오직 아버지만 아시느니라 노아의 때와 같이 인자의 임함도 그러하리라【마 24:36-37】

■ 서 론 ■ 영국의 시인 토마스 캠벨은 "앞으로 닥칠 사건은 그 그림자를 미리 드리운다."고 했다. 말세지말을 살아가는 모든 사람에게 악의 창궐함을 보는 보편적인 시각은 언젠가는 큰 심판이 있음을 느끼게 한다. 성도는 재림을?

Ⅰ. 재림의 그 시기는 아무도 모름

재림, 곧 '파루시아'는 그리스도의 심판과 관계가 있다. 성도의 최대의 희망은 그리스도의 재림을 기다리는 것이 아닌가. 베드로는 주께는 하루가 천년 같고 천년이 하루같다고 했다. 인간의 역사와 시간은 주님께는 한 정점에 불과하다. 재림의 시기는 아무도 모르며 오직 하나님만 알고 계신다.

* 참고 성구 * 마 6:13, 롬 11:33, 엡 1:11, 벧후 3:8-10, 마 24:36

Ⅱ. 우리는 다만 깨어 준비해야 함

누가는 너희는 마치 그 주인이 혼인집에서 돌아와 문을 두드리면 곧 열어 주려고 기다리는 사람과 같이 되라고 하면서 주인이 와서 깨어 있는 것을 보면 그 종들은 복이 있는 것이라고 했다. 재림의 시기를 알지 못하는 우리는 항상 깨어서 준비하여 맞을 자세로 생을 영위하자.

* 참고 성구 * 눅 21:34-36, 롬 13:11-14, 살전 5:48, 눅 12:36-37

Ⅲ. 우리는 복음을 힘써 전해야 함

하나님은 모든 사람이 구원을 받으며 진리를 아는 데 이르기를 원하시는 분이시다. 주께서 심판을 늦추시는 것은 오래 참으사 아무도 멸망치 않고 다 회개하기를 원하시기 때문이다. 그러므로 우리는 하나님의 뜻을 좇아서 지역과 계층과 세대의 차이를 극복하여 복음을 전해야 한다.

* 참고 성구 * 딤전 2:4, 벧후 3:9, 행 20:25, 행 1:7-8, 고전 9:16

■ 기 도 ■ 하나님 아버지! 재림의 그 시기는 아무도 모르며 따라서 우리는 다만 깨어 준비하는 삶을 살고 또한 힘써 당신의 복음을 전하는 삶을 살아서 당신의 뜻에 부합하는 아름다운 생이 될 수 있도록 인도하여 주시옵소서. 당신의 구령사업에 동참하는 유익한 종이 될 수 있도록 권능과 믿음을 더하시옵소서. 예수 그리스도의 이름으로 기도드립니다. 아멘.

♣ 가정 예배를 드리지 않는 가정 ♣

집안에 모여 기도함
♪ 304, 350, 355

■ 본 문 ■ 여자들과 예수의 모친 마리아와 예수의 아우들로 더불어 마음을 같이 하여 전혀 기도에 힘쓰니라【행 1:14】

■ 서 론 ■ 미국의 목사 비쳐는 "아침의 기도는 하나님의 자비와 축복의 보화 창고 문을 여는 열쇠요, 저녁의 기도는 그의 보호와 안전의 날개 아래로 우리를 가두고 잠그는 자물쇠이다."라고 했다. 기도는 만사를 변화시킨다고 했다. 예수의 승천 이후 제자들은 무엇을 했는가?

Ⅰ. 주의 말씀을 순종함

주님은 저희에게 분부하시기를 예루살렘을 떠나지 말고 내게 들은 바 아버지의 약속하신 것을 기다리라고 하셨다. 제자들은 이 말씀에 순종하여 흩어지지 않고 주님의 보내실 성령을 간절히 원했다. 순종은 성도의 최고의 덕목이다. 사무엘은 순종은 제사보다 낫다고 하여 순종을 최고로 여겼다.

 * 참고 성구 * 행 5:29, 수 3:14-17, 삼상 15:22-23, 마 7:24

Ⅱ. 마가의 다락방에 모임

마가복음의 저자인 마가는 예수께서 체포될 당시 벗은 몸으로 도망친 자였다. 그의 어머니 마리아와 마가 요한은 당시 예루살렘의 유력한 자로서 그의 다락방을 제공하며 사도들과 성도들에게 장소를 알선하였다. 이 다락에 예수의 제자들과 여자들과 예수의 모친 마리아와 예수의 아우들이 모였다.

 * 참고 성구 * 히 10:25, 행 2:42-47, 고전 1:10, 막 14:51-52

Ⅲ. 합심하여 기도함

주님은 너희 중에 두 사람이 땅에서 합심하여 무엇이든지 구하면 하늘에 계신 내 아버지께서 저희를 위하여 이루게 하시리라 두세 사람이 내 이름으로 모인 곳에는 나도 그들 중에 있느니라고 하셨다. 다락방에서 모여 전혀 기도에 힘쓸 때 오순절에 성령께서 강림하셨다.

 * 참고 성구 * 마 18:19, 행 4:24-31, 약 5:13, 행 12:12

■ 기 도 ■ 하나님 아버지! 그들은 오순절 날에 성령을 체험하고 성령의 역사를 따라 복음을 선포했습니다. 오늘 우리 믿는 성도들도 가정 예배를 잘 드림으로써 당신의 크신 은혜를 체험하도록 하시옵소서. 예수 그리스도의 이름으로 기도드립니다. 아멘.

♣ 가정 예배를 드리지 않는 가정 ♣

세 가지 권면
♪ 306, 220, 227

■ 본 문 ■ 항상 기뻐하라 쉬지 말고 기도하라 범사에 감사하라 이는 그리스도 예수 안에서 너희를 향하신 하나님의 뜻이니라【살전 5:16-18】

■ 서 론 ■ 미국의 목사 벨로즈는 "예배 시간에 습관적으로 빠지는 사람치고 조만간 자신이나 그의 가족에게 슬픈 일이 생기지 않은 사람을 본 적이 없다."고 했다. 바울은 데살로니가 교회에 보낸 편지에서 다음의 세 가지 권면을 했다. 경건한 성도들이 행해야 할 가정 생활은?

I. 하나님을 기뻐하는 가정 생활

바울은 하나님의 나라는 먹는 것과 마시는 것이 아니요 오직 성령 안에서 의와 평강과 희락이라고 했다. 선지자 하박국은 무화과나무가 무성치 않고 감람나무에 소출이 없고 외양간에 소가 없을지라도 여호와를 인하여 즐거워하며 구원의 하나님을 인하여 기뻐한다고 했다.
* 참고 성구 * 빌 4:4, 느 8:10, 합 3:17-19, 롬 14:17

II. 기도에 힘쓰는 가정 생활

이달리야의 백부장 고넬료는 경건하여 온 집으로 더불어 하나님을 경외하며 백성을 많이 구제하고 하나님께 항상 기도하는 사람이었다. 그의 삶이 어떠했는지 주의 사자가 이르기를 네 기도와 구제가 하나님 앞에 상달하여 기억하신 바가 되었다고 했다. 기도는 만사를 변화시킨다.
* 참고 성구 * 막 1:35, 눅 6:12, 약 5:13, 행 10:2, 계 5:8

III. 감사가 넘치는 가정 생활

시편 기자는 감사함으로 그 문에 들어가며 찬송함으로 그 궁정에 들어가서 그에게 감사하며 그 이름을 송축할지어다라고 노래했다. 믿음은 신앙의 뿌리이며 감사는 그 열매라고 할 수 있다. 성도는 순경일 때에 감사한 것을 역경일 때도 감사하는 마음을 가지고 범사에 감사하라.
* 참고 성구 * 골 3:15-17, 잠 3:5-6, 엡 5:20, 시 100:4, 136:1-26

■ 기 도 ■ 하나님 아버지! 매일의 가정 예배를 통해서 당신을 기뻐하는 생활과 기도에 힘쓰는 생활과 감사가 넘치는 생활로 당신께 영광을 돌리는 삶을 살게 하소서. 그리하여 이웃에 본을 끼치며 복음과 민족과 국가를 위해 헌신하는 성도들이 되게 하시옵소서. 예수 그리스도의 이름으로 기도드립니다. 아멘.

♣ 불효하는 가정 ♣

불순종하는 아들들
♪ 377, 182, 187

■ 본 문 ■ 사람이 사람에게 범죄하면 하나님이 판결하시려니와 사람이 여호와께 범죄하면 누가 위하여 간구하겠느냐 하되 그들이 그 아비의 말을 듣지 아니하였으니 이는 여호와께서 그들을 죽이기로 뜻하셨음이었더라【삼상 2:25】

■ 서 론 ■ "불순종한 자식과는 하나님은 같이 일하시지 못하신다."라고 어느 신학자는 말했다. 제사장 엘리의 아들들, 곧 홉니와 비느하스는 여호와 앞에 갖은 죄악을 범했고 아비 엘리의 말에 불충한 불량자들이었다. 이들은?

I. 정욕을 좇아 간음을 행했음

엘리의 아들들은 성소의 회막문에서 수종을 드는 여인과 동침하는 간음을 행했으니 이는 십계명 중 제 7계명을 범하는 죄를 지었을 뿐만 아니라 성소를 더럽힌 죄악을 범했다. 바울은 음행을 피하라 사람의 죄는 몸 밖에 있거니와 음행은 자기 몸에 죄를 범하는 것이다라고 했다.

* 참고 성구 * 마 5:32, 고전 6:18, 살전 4:3, 행 15:29, 출 20:14

II. 아비의 권고를 받지 아니했음

아비 엘리는 이들에게 내 아들아 그리 말라 내게 들리는 소문이 좋지 아니하니라 너희가 여호와의 백성으로 범과케 한다는 권고를 했음에도 불구하고 이들은 이를 듣지 않았다. 바울은 자녀들아 너희 부모를 주 안에서 순종하라 이것이 옳으니라고 했다. 이들은 부모의 권고를 무시하였다.

* 참고 성구 * 잠 12:15, 삼상 2:24, 골 3:20, 잠 6:23, 10:7, 엡 6:1

III. 주께서 죽이시려 작정하셨음

하나님은 나를 존중히 여기는 자는 내가 존중히 여기고 나를 멸시하는 자를 내가 경멸히 여기리라고 하셨다. 엘리의 아들들은 하나님의 경멸하심을 받아 블레셋과의 싸움에서 둘 다 전사하고 엘리는 의자에 자빠져 목이 부러져 죽는 결과를 초래했다. 한 가문이 멸문지화를 입은 것이다.

* 참고 성구 * 롬 9:14-18, 수 11:20, 사 6:9-10, 삼상 4:11, 2:30

■ 기 도 ■ 하나님 아버지! 불순종의 아들들 홉니와 비느하스는 정욕을 좇아 간음하고 아비 엘리의 권고를 무시하여 결국에는 자기들도 죽고 아비까지 죽이는 무서운 결과를 초래하였습니다. 오늘 우리 성도의 가정에는 불순종하는 아들들이 없도록 하시옵소서. 예수 그리스도의 이름으로 기도드립니다. 아멘.

♣ 불효하는 가정 ♣

거역하는 압살롬
♪ 347, 405, 460

■ 본 문 ■ 다윗이 예루살렘에 함께 있는 모든 신복에게 이르되 일어나 도망하자 그렇지 아니하면 우리 한 사람도 압살롬에게서 피하지 못하리라 빨리 가자 두렵건대 저가 우리를 급히 따라와서 해하고 칼로 성을 칠까 하노라【삼하 15:14】

■ 서 론 ■ "자녀를 올바른 길로 훈육시키고자 하는 부모는 자신도 자녀에게 훈계하는 길로 가야 한다."고 어느 선각자는 말했다. 아비 게가 자녀 게에게 바로 걷는 시범을 보였으나 그들은 끝내 바로 걷지 못하였다. 다윗은?

I. 악한 일의 뿌리를 근절하지 못한 다윗
이복 동생 다말을 강간한 암논을 바로 징계하지 않고 어물쩍 넘긴 다윗의 행위는 그 일에 대해 분노만 했지 장자 암논을 벌하지 않았다. 그리하여 자식 압살롬에 의해 많은 자식들이 죽는 참담한 결과를 초래했다. 성도는 악한 일의 뿌리는 시시비비를 가려서 끝까지 이를 근절해야 한다.
* 참고 성구 * 막 5:4, 시 94:23, 겔 21:3, 삼하 13:21, 32, 레 20:17

II. 많은 자녀를 두었으나 바로 다스리지 못한 다윗
다윗은 여러 명의 부인으로부터 많은 자식을 두었으나 이를 바로 다스리지 않아 이런 불상사를 초래한 것이다. 성경은 아비들아 너희 자녀를 노엽게 하지 말고 오직 주의 교양과 훈계로 양육하라고 했다. 하나님의 선물인 자녀를 낳은 것만으로 만족하지 말고 바르게 지도해야 한다.
* 참고 성구 * 딤전 3:4, 창 4:7, 사 40:10, 엡 6:4, 골 3:21

III. 자신의 범죄의 영향으로 반역당한 다윗
우리아의 아내 밧세바를 취하고 우리아를 전사하게 만든 소위를 하나님은 악하게 보시고 선지자 나단으로 하여금 저주를 하게 하셨으니 곧 칼이 네 집에서 영영히 떠나지 않고 다른 사람이 네 처를 백주에 동침하리라는 것이 그것이다. 다윗은 자신의 범죄로 압살롬에게 반역을 당했다.
* 참고 성구 * 히 2:2, 민 31:16, 대하 12:2, 삼하 12:9-12

■ 기 도 ■ 하나님 아버지! 불량자를 둔 부친이 괴로움을 당하는 것은 하나님께서 부친을 겸손케 하시려는 것과 부친의 죄를 징계함이라 사료됩니다. 성도는 다윗의 전철을 밟지 말고 악한 일의 시비를 가리고 자녀를 바로 다스려서 주를 좇게 하소서. 예수 그리스도의 이름으로 기도드립니다. 아멘.

♣ 불효하는 가정 ♣

요셉의 효도
♪ 302, 85, 295

■ 본 문 ■ 이스라엘이 요셉에게 이르되 네가 지금까지 살아 있고 내가 네 얼굴을 보았으니 지금 죽어도 가하도다【창 46:30】

■ 서 론 ■ 중국의 속담에 "효는 백행의 본이다. 효행을 하지 못하는 자가 선을 행하고 덕을 세울 수 없다."는 말이 있다. 유교의 가르침에는 충효의 사상이 절대적이다. 그러나 효는 만고불변의 진리로서 주님도 십자가에 달리신 중에 그 어머니를 요한에게 맡기셨다. 요셉은?

Ⅰ. 아비 야곱에게 뿌듯한 기쁨을 주었다

야곱의 열한 번째 아들인 요셉은 야곱으로 하여금 족하도다 내 아들 요셉이 지금까지 살았으니 내가 죽기 전에 가서 그를 보리라는 말을 하게 했다. 어려서 짐승에게 물려가 죽은 줄로만 알았던 요셉이 애굽의 총리대신이 되고 많은 사람을 구원한 것에 야곱은 뿌듯한 마음이 되었다.

＊ 참고 성구 ＊ 살전 5:16, 신 12:7, 습 3:14, 창 45:28

Ⅱ. 아비 야곱에게 눈물겨운 감격을 주었다

야곱은 요셉을 애굽 고센 땅에서 만나서 서로 목을 어긋맞기고 안고서 크게 울었다. 진정한 기쁨의 눈물이요 감격의 눈물이었다. 야곱의 일백 삼십 년 동안의 생애 가운데서 이렇게 눈물겨운 감격으로 펑펑 운 적이 몇 번이나 있었을까? 요셉은 아버지에게 기쁨의 눈물을 흘리게 했다.

＊ 참고 성구 ＊ 행 8:8, 사 61:10, 호 2:15, 창 46:29

Ⅲ. 아비 야곱에게 지금 죽어도 소원이 없다는 말을 하게 했다

요셉을 만난 야곱은 네가 지금까지 살아 있고 내가 네 얼굴을 보았으니 지금 죽어도 가하도다라고 말했다. 부모에게 여한이 없도록 효도하는 자는 복된 자이다. 성경은 부모를 공경하는 것이 약속 있는 첫 계명으로 이로써 네가 잘 되고 땅에서 장수한다고 기록하고 있다.

＊ 참고 성구 ＊ 빌 4:11, 딤전 6:6, 잠 15:16, 창 46:30, 엡 6:1-3

■ 기 도 ■ 하나님 아버지! 아버지 야곱에게 지금 죽어도 여한이 없다는 고백을 하게 한 요셉의 효도를 생각케 하여 육신의 부모에게 효를 다하는 우리 성도들이 되게 하시고 나아가 영혼의 부모이신 당신께도 효를 다하는 자들이 되게 하소서. 예수 그리스도의 이름으로 기도드립니다. 아멘.

♣ 불효하는 가정 ♣

효부 룻
♪ 304, 347, 507

■ 본 문 ■ 모압 여인 룻이 나오미에게 이르되 나로 밭에 가게 하소서 내가 뉘게 은혜를 입으면 그를 따라서 이삭을 줍겠나이다 나오미가 그에게 이르되 내 딸아 갈지어다 하매【룻 2:2】

■ 서 론 ■ 일본의 속담에 "효행을 해야 되겠다고 마음 먹었을 때 이미 부모는 세상에 계시지 않는다."는 말이 있다. 모압의 이방 여인 룻은 시어머니 나오미를 좇아 유대에 와서 이삭을 주워서 시어머니를 공양했다. 효부 룻은?

Ⅰ. 근면한 여인 룻
모압의 이방 여인 룻은 시모를 공양하기 위해서 결단을 내리고 나오미에게 나로 밭에 가게 하소서 내가 뉘게 은혜를 입으면 그를 따라가서 이삭을 줍겠나이다 했다. 근면한 사람은 잠시도 쉬지 않고 손발을 놀려서 생계를 유지하며 부모를 공양하고 나아가 재물을 축적한다.
* 참고 성구 * 롬 12:11, 살전 4:11, 살후 3:8-12, 잠 31:13, 룻 2:2

Ⅱ. 성실한 여인 룻
룻은 성실히 일하였다. 사환이 나중에 기업 무를 자가 되는 보아스에게 이르기를 나로 베는 자를 따라 단 사이에서 이삭을 줍게 하소서 하였고 아침부터 와서는 잠시 집에서 쉰 외에 지금까지 계속하는 중이라고 했다. 성실한 자의 삶은 인정받는 삶이요 칭찬을 겸해 받는 삶이다.
* 참고 성구 * 눅 16:10, 마 25:21, 롬 12:8, 왕하 12:15, 룻 2:7

Ⅲ. 효성이 지극한 여인 룻
보아스는 룻의 지극한 효성을 보고 감탄하여 룻에게 네 남편이 죽은 후 네가 시모에게 행한 모든 것과 네 부모와 고국을 떠나 전에 알지 못하던 백성에게로 온 일이 내게 분명히 들렸다고 했다. 룻은 모압 땅에서 그의 시모 나오미를 좇을 때 헌신적인 진술을 했다.
* 참고 성구 * 엡 6:1-3, 신 24:19, 출 20:12, 룻 2:11, 마 1:5

■ 기 도 ■ 하나님 아버지! 오늘 가족이 찢어지며 가정이 파괴되며 인류가 말살되는 이 말세지말에 효부 룻과 같은 여성도들이 많이 나타나서 각박한 현실에 시원한 청량제의 소식을 전하게 하옵소서. 예수 그리스도의 이름으로 기도드립니다. 아멘.

♣ 불효하는 가정 ♣

효도자
♪ 362, 379, 444

■ 본 문 ■ 너 낳은 아비에게 청종하고 네 늙은 어미를 경히 여기지 말지니라 네 부모를 즐겁게 하며 너 낳은 어미를 기쁘게 하라【잠 23:22, 25】

■ 서 론 ■ 중국의 정치가 강태공 여상은 "어버이께 효도하면 자식이 또한 효도하느니라 이 몸이 이미 효도하지 못하였으면 자식이 어찌 효도하리요."라고 했다. 부모에게 효도하는 것을 보고 그 자식도 따라서 효도한다. 선한 모본은 선한 일을 낳는 것이다. 성경이 말하는 효도자는?

Ⅰ. 청종하고 존중함으로써 어버이를 섬김
효를 행한다는 헬라어 '유세베오'는 공경한다, 존경한다, 경건한 생활을 한다, 예배한다는 뜻이 있다. 이삭은 번제로 드릴 어린 양이 없음에도 아버지 아브라함이 아들아 번제할 어린양은 하나님이 자기를 위하여 친히 준비하시리라는 말을 수긍하여 후에 자신이 결박을 당하기까지 했다.
* 참고 성구 * 살전 2:6, 삼상 2:30, 말 3:16, 엡 6:1-2, 창 22:8-10

Ⅱ. 지혜롭고 의롭게 삶으로써 어버이를 섬김
야곱은 하나님으로부터 내가 너와 함께 애굽으로 내려가겠고 정녕 너를 인도하여 다시 올라올 것이며 요셉이 그 손으로 네 눈을 감기리라는 말씀을 들었다. 악을 범하지 않으려는 의연한 자세, 하나님의 신에 감동한 지혜를 가진 요셉은 아버지 야곱을 애굽 고센 땅에 모시고 큰 효를 행했다.
* 참고 성구 * 눅 10:16, 삼상 4:6, 렘 10:7, 창 46:4

Ⅲ. 마음을 드리고 눈으로 즐거워함으로써 어버이를 섬김
솔로몬은 홀로 된 어머니 밧세바가 어전에 오자 일어나서 영접하여 절한 후에 다시 위에 앉고 그 모친을 위하여 자리를 베풀게 하고 그 우편에 앉게 했다. 이는 어머니를 위한 세심한 배려요 어머니를 즐거워하게 한 처사이다. 진정한 효도자는 자신의 마음을 드리는 자이다.
* 참고 성구 * 마 5:8, 레 26:11, 왕상 2:19, 잠 10:1, 요 19:25-27

■ 기 도 ■ 하나님 아버지! 효도는 청종하고 존중함으로 부모를 섬기며 지혜롭고 의롭게 살아 부모를 섬기며 마음을 드리고 눈으로 즐거워함으로 부모를 섬기는 것입니다. 오늘 복된 성도의 가정에 많은 효자, 효녀, 효부가 나와 가정에 화평과 기쁨을 더하게 하소서. 예수 그리스도의 이름으로 기도드립니다. 아멘.

♣ 신혼 가정 ♣

맡기는 생활
♪ 363, 434, 492

■ 본 문 ■ 너는 마음을 다하여 여호와를 의뢰하고 네 명철을 의지하지 말라 너는 범사에 그를 인정하라 그리하면 네 길을 지도하시리라【잠 3:5-6】

■ 서 론 ■ 그리스의 전기 작가 플루타크는 "하나님께서 가장 기뻐 받으시는 예배는 감사하는 마음과 기뻐하는 심령으로 드리는 것이다."라고 했다. 신혼의 가정 생활을 시작하는 젊은 부부에게 하나님의 축복이 가득하시길 빈다. 하나님이 가장이 되시는 이 가정의 삶은 어떤 삶이 되어야 하는가?

I. 주를 의뢰하는 생활
시편 기자는 여호와를 의뢰하는 자는 시온 산이 요동치 아니하고 영원히 있음같도다라고 했고, 너의 길을 여호와께 맡기라 저를 의지하면 저가 이루시고 네 의를 빛같이 나타내신다고 했다. 하나님을 의뢰하는 가정에는 재앙이 침범치 못하고 오직 평안만이 가득할 것이다.
  * 참고 성구 * 빌 4:13, 수 1:7-9, 시 37:3-5, 고후 1:9, 시 125:1

II. 주를 인정하는 생활
잠언 기자는 너는 범사에 그를 인정하라 그리하면 네 길을 지도하시리라고 했다. 다윗은 아들 솔로몬에게 하나님을 알고 온전한 마음과 기쁜 뜻으로 섬기라고 하면서 네가 저를 찾으면 만날 것이요 버리면 저가 영원히 버리시리라고 했다. 성도는 범사에 주를 인정해야 한다.
  * 참고 성구 * 대하 6:26, 잠 3:6, 합 2:14, 딤후 1:8, 대상 28:9

III. 주께서 지도하시는 생활
시편 기자는 내가 너의 갈 길을 가르쳐 보이고 너를 주목하여 훈계하리로다라고 했고, 다윗은 그가 나를 푸른 초장에 누이시며 쉴 만한 물가으로 인도하신다고 했다. 매사에 일마다 때마다 임마누엘의 은총으로 함께하시며 돌보시며 인도하시며 지도하시는 하나님을 찬양하자. 할렐루야!
  * 참고 성구 * 시 23:2, 신 8:2, 사 41:10, 요 16:13, 시 32:8

■ 기 도 ■ 하나님 아버지! 신혼의 단꿈에 젖어서 새로운 삶을 향해 나아가는 이 가정을 당신께서 축복하시고 성도는 주를 의뢰하며 주를 인정하며 주께서 지도하시기를 바라는 생활을 하며 온전히 당신께 모든 것을 맡기는 삶이 되게 하시옵소서. 예수 그리스도의 이름으로 기도드립니다. 아멘.

♣ 신혼 가정 ♣

현숙한 아내
♪ 240, 304, 305

■ 본 문 ■ 덕행 있는 여자가 많으나 그대는 여러 여자보다 뛰어난다 하느니라 고운 것도 거짓되고 아름다운 것도 헛되나 오직 여호와를 경외하는 여자는 칭찬을 받을 것이라【잠 31:29-30】

■ 서 론 ■ 지혜서 탈무드에는 "착한 아내는 그 남편에게는 둘도 없는 값비싼 선물이다. 그러나 악한 아내는 한없이 고약한 부스럼과도 같은 것이다."라는 글이 있다. 현숙한 여인이란 힘, 능력, 유능, 부, 용기가 있는 여인을 말한다. 이런 여인을 아내로 맞은 자는 하나님께 선물을 받은 자이다. 현숙한 아내는?

Ⅰ. 남편을 존귀하게 함
현숙한 아내는 살아 있는 동안에 그 남편에게 선을 행하고 악을 행치 아니하느니라고 잠언 기자는 말했다. 아합이 악한 왕이 된 것은 이세벨에게 충동되었음이다. 어진 여인은 그 지아비의 면류관이나 욕을 끼치는 여인은 그 지아비의 뼈가 썩음 같게 하느니라고 성경은 말하고 있다.
* 참고 성구 * 딤전 1:17, 민 22:17, 스 4:10, 왕상 21:25, 잠 12:4, 31:12

Ⅱ. 부지런하게 집안 일을 함
현숙한 아내는 근면하고 성실한 여인이다. 그는 양털과 삼을 구하여 부지런히 손으로 일하며 자기의 무역하는 것이 이로운 줄 깨닫고 밤에 등불을 끄지 아니하는 여인, 이런 여인을 아내로 맞은 자는 복된 자이다. 사람의 인품 가운데 최고의 것은 바로 근면과 성실함이다.
* 참고 성구 * 히 6:11, 신 6:7, 습 3:7, 잠 10:4, 31:13-19

Ⅲ. 입을 열어 지혜를 베풂
현숙한 아내는 입을 열어 지혜를 베풀며 그 혀로 인애의 법을 말한다고 잠언 기자는 말했다. 요조숙녀요 지혜와 명철이 가득한 여인 아비가일은 집안이 몰살될 뻔한 일을 저지른 남편 나발을 대신해서 다윗을 만나 하나님의 뜻을 전하고 다윗에게 범죄하지 않도록 하였다.
* 참고 성구 * 행 6:3, 왕상 3:28, 단 9:22, 삼상 25:32, 34, 잠 31:26

■ 기 도 ■ 하나님 아버지! 오늘 이 가정에 주신 현숙한 아내를 통하여 이 가정이 나라와 민족을 위해 크게 쓰임받고 하나님 나라의 확장을 위해 큰 일을 하는 가정이 되게 하시옵소서. 예수 그리스도의 이름으로 기도드립니다. 아멘.

♣ 신혼 가정 ♣

부하고 평안함
♪ 466, 188, 223

■ 본 문 ■ 여호와께서 복을 주시므로 사람으로 부하게 하시고 근심을 겸하여 주지 아니하시느니라【잠 10:22】

■ 서 론 ■ "하나님은 위대하시므로 그를 구할 것이요 하나님은 선하시므로 그를 찾게 될 것이다."라고 어느 신학자는 말하였다. 하나님의 전지전능하심을 믿고 그를 의뢰하고 그를 인정하고 그의 지도를 바라는 가정에는 부하고 평안함만이 가득하다. 하나님은 당신을 의뢰하고 의지하는 가정을?

Ⅰ. 주께서 복을 주시는 성도

하나님은 그를 의뢰하는 자에게 큰 복을 주신다. 그랄 땅에 잠시 이주한 이삭에게 하나님은 백 배의 복을 주셨고 그를 창대케 하고 왕성하여 거부가 되게 하셨다. 사람의 노력으로는 갑절 정도의 재산을 모을 수가 있으나 한 해에 백 배의 수확을 거둠은 분명히 하나님의 은혜뿐이다.

* 참고 성구 * 롬 8:17, 막 10:29-30, 출 23:25, 창 26:12-14

Ⅱ. 원하는 것이 성취되는 성도

한나는 아들의 이름을 사무엘이라고 지었으니 이는 내가 여호와께 그를 구하였다 함이더라고 성경 기자는 기록했다. 자식이 없어 고통받던 한나에게 하나님은 그의 간절한 기도를 응답하여 그녀의 원하는 것이 성취되게 하셨으니 바로 사무엘을 주심이 그것이다. 성도는 소원을 하나님께 아뢰자.

* 참고 성구 * 요 15:7, 시 91:15, 사 65:24, 삼상 1:20, 마 7:7-8

Ⅲ. 영원히 안전하게 되는 성도

다윗은 그의 시편에서 나의 평생에 선하심과 인자하심이 정녕 나를 따르리니 내가 여호와의 집에 영원히 거하리로다라고 노래했다. 이사야는 두려워 말라 내가 너와 함께 함이라 내가 너를 굳세게 하리라 너를 도와주리라 나의 의로운 오른손으로 너를 붙들리라고 기록했다.

* 참고 성구 * 고전 3:10-11, 사 41:10, 수 1:7-9, 계 22:5, 시 23:6

■ 기 도 ■ 하나님 아버지! 당신의 은혜를 입어서 이 가정이 당신의 복을 받는 가정, 원하는 것이 성취되는 가정, 영원히 안전하게 되는 가정이 되게 하시옵고 부하고 평안함으로 채워주시옵소서. 그리하여 이 가정을 통하여 당신께서 큰 영광을 받으시옵소서. 예수 그리스도의 이름으로 기도드립니다. 아멘.

♣ 신혼 가정 ♣

길을 형통케 하심

♪ 470, 434, 443

■ 본 문 ■ 오직 너는 마음을 강하게 하고 극히 담대히 하여 나의 종 모세가 네게 명한 율법을 다 지켜 행하고 좌로나 우로나 치우치지 말라 그리하면 어디로 가든지 형통하리니【수 1:7】

■ 서 론 ■ 미국의 목사 제임스 알렉산더는 "하나님의 뜻을 이해하려는 목적으로 그의 말씀을 연구하는 것은 위대한 성격을 형성하는 은밀한 훈련이다."라고 했다. 한 가정을 꾸며서 이제 새로운 인생을 시작하려는 성도의 신앙적인 자세는 어떠해야 하는가. 성도를 향한 하나님의 명령은?

Ⅰ. 마음을 강하게 하고 극히 담대히 할 것

하나님은 여호수아에게 너는 마음을 강하게 하고 극히 담대히 하라고 했다. 이제 가나안 복지를 향해서 진격하려는 지도자는 나약해서는 안 되기 때문이다. 고해와 같은 이 인생의 바다를 건너 무사히 항구에 도착하려면 거센 파도와 바람과 싸워야 한다. 영혼의 가나안에 들어가려는 성도는 담대해야 한다.
* 참고 성구 * 신 5:32, 왕상 2:2, 행 6:10, 사 41:10

Ⅱ. 네게 명한 율법을 다 지켜 행할 것

하나님은 여호수아에게 나의 종 모세가 네게 명한 율법을 다 지켜 행하라고 했다. 시편 기자는 여호와의 율법은 완전하여 영혼을 소성케 한다고 했다. 인생의 거친 바다를 항해하려는 성도는 나침반이 필요하다. 그래야만 방향을 바로 잡아서 무사히 항구에 도착할 수가 있기 때문이다. 성경은 영혼의 나침반이다.
* 참고 성구 * 시 1:2, 왕상 2:3, 대상 22:12, 요 13:34, 시 19:7

Ⅲ. 좌로나 우로나 치우치지 말 것

하나님은 여호수아에게 좌로나 우로 치우치지 말라 그리하면 어디로 가든지 형통하리라고 언약하셨다. 여호수아는 이 말씀을 끝까지 붙잡고 나아가 가나안 복지에 입성하게 되었다. 성도는 인생의 항해 도중에 좌로나 우로 치우치지 말고 하나님의 뜻을 행하여 인생을 승리하는 자들이 되자.
* 참고 성구 * 왕상 18:21, 11:9, 수 23:16, 눅 16:13, 빌 3:14

■ 기 도 ■ 하나님 아버지! 우리는 마음을 강하게 하고 극히 담대히 하며 당신의 율법을 다 지켜 행하며 좌로나 우로 치우침없는 생활을 해야 하겠습니다. 오늘 남남으로 만나 한 가정을 이룬 이 가정을 당신의 말씀 안에 거하여 승리하는 인생을 살도록 축복하시옵소서. 예수 그리스도의 이름으로 기도드립니다. 아멘.

♣ 신혼 가정 ♣

사랑이 없다면
♪ 278, 363, 327

■ 본 문 ■ 내가 내게 있는 모든 것으로 구제하고 또 내 몸을 불사르게 내어 줄지라도 사랑이 없으면 내게 아무 유익이 없느니라【고전 13:3】

■ 서 론 ■ 미국의 부흥사 무디는 "믿음은 최대의 것을 얻으며, 사랑은 최대의 역사를 이루고, 겸손은 가장 많은 것을 보존한다."고 했다. 바울의 유명한 '사랑장'의 서두에 나타나는 본문은 사랑, 곧 하나님의 아가페적인 사랑이 절대우위함을 말해주고 있다. 만약 사랑이 없다면?

I. 천사의 말을 할지라도 소음일 뿐임

바울은 내가 사람의 방언과 천사의 말을 할지라도 사랑이 없으면 소리나는 구리와 울리는 꽹과리가 된다고 했다. 사랑이 없다면 분명하게 의미를 전달하는 외국어와 천사들이 사용하는 천상의 신비한 언어, 곧 최고의 방언 은사를 받아도 아무런 쓸모가 없는 소음일 뿐이라는 말이다.

  * 참고 성구 * 눅 16:22, 창 19:1, 왕상 19:5, 고전 13:1, 행 2:8

II. 믿음이 있을지라도 아무것도 아님

바울은 내가 예언하는 능이 있어 모든 비밀과 모든 지식을 알고 또 산을 옮길 만한 모든 믿음이 있을지라도 사랑이 없으면 내가 아무것도 아니라고 했다. 사랑이 없으면 하나님의 비밀한 계시를 깨닫고 앞일을 예고하는 능력과 큰 믿음이 있더라도 사랑이 없으면 전시에 불과하다는 말이다.

  * 참고 성구 * 갈 3:14, 마 15:28, 합 2:4, 고전 13:2, 12:8-10

III. 구제를 할지라도 유익이 없음

바울은 내가 내게 있는 모든 것으로 구제하고 또 내 몸을 불사르게 내어줄지라도 사랑이 없으면 내게 아무 유익이 없느니라고 했다. 사랑이 없다면 구제와 순교를 아무리 해도 자신의 영광을 위한 것일 뿐 무가치한 것이 된다는 말로서 이는 아무런 유익이 없다는 의미이다.

  * 참고 성구 * 행 6:31, 신 15:10, 에 9:22, 고전 13;3, 마 6:1-2

■ 기 도 ■ 하나님 아버지! 본문은 사랑의 절대 우위성과 필요 불가결성을 말해주는 귀한 당신의 말씀입니다. 오늘 사랑으로 하나된 당신의 가정에 사랑이 결여된 모든 신앙적 행위나 성령의 은사들은 무가치한 것임을 깨닫게 하소서. 예수 그리스도의 이름으로 기도드립니다. 아멘.

♣ 뒤로 미루는 자 ♣

결단하라
♪ 521, 172, 178

■ 본 문 ■ 만일 여호와를 섬기는 것이 너희에게 좋지 않게 보이거든 너희 열조가 강 저편에서 섬기던 신이든지 혹 너희의 거하는 땅 아모리 사람의 신이든지 너희 섬길 자를 오늘날 택하라 오직 나와 내 집은 여호와를 섬기겠노라【수 24:15】

■ 서 론 ■ "우리는 경험을 통해서 결단만이 우리에게 유일한 도움이 된다는 것을 배웠다." 고 영국의 극작가 세익스피어는 말했다. 선지자 엘리야는 갈멜산의 대결에서 바알과 여호와 중 하나를 택하라고 이스라엘 백성에게 말했다. 우리의 섬길 자는?

Ⅰ. 우리를 구원하신 하나님을 섬기자

구원, 곧 '소테리아'는 구출, 안전, (위험과 파멸에서부터)보존, 구원의 뜻이 있다. 구원의 완전한 의미는 미래에 있으며 우리가 무덤에서 부활된 후에 구원은 완성된다. 베드로는 믿음의 결국은 곧 영혼의 구원을 받음이라고 했다. 하나님은 인간의 구원을 위해 독생자를 이 땅에 보내셨다.

* 참고 성구 * 빌 2:6-11, 요 3:16, 렘 32:18, 신 10:12, 벧전 1:9

Ⅱ. 우리를 모든 길에서 보호하신 하나님을 섬기자

신명기 기자는 여호와께서 그를 황무지에서 짐승의 부르짖는 광야에서 만나시고 호위하시며 보호하시며 자기 눈동자같이 지키셨다고 했다. 하나님은 우리 인생들이 환난을 당하거나 편안하거나 일마다 때마다 우리를 보호하시며 인도하신다. 아니 먼저 앞 길을 가셔서 평탄케 하신다.

* 참고 성구 * 유 1:24, 신 32:10, 룻 2:12, 잠 20:28, 출 13:21

Ⅲ. 우리에게 기업을 주신 하나님을 섬기자

베드로는 우리의 기업을 썩지 않고 더럽지 않고 쇠하지 아니하는 기업을 잇게 하시나니 곧 너희를 위하여 하늘에 간직한 것이라고 했다. 하늘 나라는 성도의 영원한 기업이다. 이 소망을 가지므로 우리는 모든 환난을 견디고 참는 것이다. 만약 이 소망이 없다면 모든 자보다 불쌍한 자이다.

* 참고 성구 * 엡 1:14, 출 32:13, 신 12:9, 스 9:12, 벧전 1:4

■ 기 도 ■ 하나님 아버지! 엘리야와 여호수아는 결단하라고 외쳤습니다. 우리의 결단은 바로 당신께 향해야겠습니다. 우리를 구원하시고 우리를 보호하시며 우리에게 기업을 주신 당신을 섬길 때 우리의 삶이 형통케 됨을 믿고 깨닫게 하시옵소서. 예수 그리스도의 이름으로 기도드립니다. 아멘.

♣ 뒤로 미루는 자 ♣

목이 곧은 자
♪ 347, 145, 146

■ 본 문 ■ 목이 곧고 마음과 귀에 할례를 받지 못한 사람들아 너희가 항상 성령을 거스려 너희 조상과 같이 너희도 하는도다【행 7:51】

■ 서 론 ■ 미국의 신학자 트라이언 에드워즈는 "편견에 사로잡힌 사람은 마귀에게 사로잡힌 사람이다. 편견은 진실을 볼 수 없도록 가리는 최악의 마귀이다."라고 했다. 기독교 최초의 순교자인 집사 스데반이 산헤드린에서 유유히 흐르듯 이스라엘 역사를 회고하는 설교를 마치고 난 뒤 꾸짖은 목이 곧은 자들이란?

I. 성령을 훼방하는 자들아

훼방, 곧 '브라스페미아'는 비방, 중상, 모욕, 명예 훼손, 모독이라는 말로서 성령의 역사를 귀신의 일로 비방하는 것을 뜻한다. 주님은 내가 너희에게 이르노니 사람의 모든 죄와 훼방은 사하심을 얻되 성령을 훼방하는 것은 사하심을 얻지 못한다고 하셨다. 이스라엘 사람은 주님의 능력을 귀신의 역사라고 비방했다.

* 참고 성구 * 마 12:31-32, 엡 4:30, 히 6:4-6, 막 3:29

II. 의인을 핍박하는 자들아

주님은 의인 아벨의 피로부터 성전과 제단 사이에서 너희가 죽인 바라갸의 아들 사가랴의 피까지 땅 위에서 흘린 의로운 피가 다 너희에게 돌아가리라고 하셨다. 히브리서 기자는 예수의 고난을 이르며 우리는 그 능욕을 지고 영문 밖으로 그에게 나아가자며 주의 고난에 동참하자고 했다.

* 참고 성구 * 마 5:10-12, 갈 6:7-8, 마 23:34-36, 요 15:20-23

III. 주의 말씀을 무시하는 자들아

주님은 부자와 거지 나사로의 비유에서 아브라함의 입을 빌려 모세와 선지자들에게 듣지 아니하면 비록 죽은 자 가운데서 살아나는 자가 있을지라도 권함을 받지 아니하리라고 하셨다. 스데반은 너희가 천사의 전한 율법을 받고도 지키지 아니하였다고 크게 꾸짖는 말을 했다.

* 참고 성구 * 계 1:3, 딤후 3:15-17, 시 19:10-11, 눅 16:29-31, 행 7:53

■ 기 도 ■ 하나님 아버지! 이스라엘 사람들은 성령을 훼방하는 자요, 의인을 핍박한 자요, 말씀을 무시한 자들이었습니다. 오늘도 이같은 죄악을 범하는 자가 없게 하시고 그리스도 예수를 받아들여 주로 모시고 영혼의 구원을 얻는 자가 되도록 인도하소서. 예수 그리스도의 이름으로 기도드립니다. 아멘.

♣ 뒤로 미루는 자 ♣

슬기로운 기다림
♪ 357, 167, 168

■ 본 문 ■ 저희가 사러 간 동안에 신랑이 오므로 예비하였던 자들은 함께 혼인 잔치에 들어가고 문은 닫힌지라 그 후에 남은 처녀들이 와서 가로되 주여 주여 우리에게 열어주소서【마 25:10-11】

■ 서 론 ■ "슬기는 잔나무 가지요 판단은 재목이니라 잔나무 가지는 가장 큰 불길을 내고 재목은 가장 오래가는 열을 내며 이 둘이 합쳐서 가장 훌륭한 불을 만든다."고 오버렁은 말했다. 슬기롭고 바른 판단을 내리는 자는 ?

I. 미래를 위해 대비한 슬기로운 자들

누가는 허리에 띠를 띠고 등불을 켜고 서 있으라 너희는 마치 그 주인이 혼인집에서 돌아와 문을 두드리면 곧 열어주려고 기다리는 사람과 같이 되라고 했다. 이 말은 주님의 재림을 기다리는 성도의 삶에는 나태와 안일이 있을 수 없다는 말이다. 미래를 대비한 삶을 사는 자는 복되다.
 * 참고 성구 * 눅 21:34-36, 벧후 3:11-12, 살전 5:4-8, 눅 12:35-36

II. 주의 뜻을 깨달아 아는 슬기로운 자들

누가는 주인의 뜻을 알고도 예비치 아니하고 그 뜻대로 행치 아니한 종은 많이 맞을 것이라고 했다. 특권에는 항상 의무가 따른다. 의무를 불이행하고 태만했던 자는 형벌을 받는다. 그러나 주인의 뜻을 깨달아 알고서 이를 대비하는 자는 슬기로운 자요 지혜가 가득한 자이다.
 * 참고 성구 * 롬 12:1-2, 마 7:21, 엡 5:17, 눅 12:47

III. 주의 기업을 귀히 여기는 슬기로운 자들

히브리서 기자는 에서를 빗대어 이르기를 한 그릇 식물을 위하여 장자의 명분을 판 에서와 같이 망령된 자가 있을까 두려워하라고 했다. 장자의 명분은 귀한 기업임에도 세상에 속한 것에는 높은 가치를 두고 하늘의 것을 존중히 여기지 않는 자들이 바로 망령된 자들인 것이다.
 * 참고 성구 * 막 10:29-30, 갈 4:6-7, 롬 8:14-17, 히 12:16-17, 벧전 1:4

■ 기 도 ■ 하나님 아버지! 성도는 미래를 위해 대비하며 주의 뜻을 깨달아 알고 주의 기업을 귀히 여기는 자들이 되게 하옵소서. 그리하여 주 오실 때까지 인내하며 거룩한 삶을 영위해 영육이 성결하게 되도록 인도해 주시옵소서. 예수 그리스도의 이름으로 기도드립니다. 아멘.

♣ 뒤로 미루는 자 ♣

기회는 지나감
♪ 531, 253, 313

■ 본 문 ■ 좁은 문으로 들어가기를 힘쓰라 내가 너희에게 이르노니 들어가기를 구하여도 못하는 자가 많으리라【눅 13:24】

■ 서 론 ■ 미국의 안과 의사 오스틴 오말리는 "그대의 문을 두드리며 비참하게 애걸하는 진리를 친절히 대하라. 그렇지 않으면 언젠가는 진리이신 그리스도께서 누더기를 입고 오실 때 분별하는 데 실패할 수가 있느니라."고 했다. 진리의 좁은 문은 사람들이 찾지 않고 외면하는 들어가기 힘든 문이다. 성경이 말하는 좁은 문에 담긴 뜻은?

Ⅰ. 좁은 문은 성도의 여정의 어려움을 의미함
주님은 의를 위하여 핍박을 받는 자는 복이 있나니 천국이 저희 것임이라고 하셨다. 그리고 나를 인하여 너희를 욕하고 핍박할 때 너희에게 복이 있나니 기뻐하고 즐거워하라 하늘에서 너희 상이 큼이라고 하셨다. 좁은 문은 핍박과 고난과 환난이 기다리는 고통의 십자가가 있는 길이다.
* 참고 성구 * 마 5:10-12, 행 14:22, 딤후 3:12, 고전 9:25

Ⅱ. 좁은 문은 세상과의 타협의 위험성을 의미함
바울은 너희는 믿지 않는 자와 멍에를 같이 하지 말라 의와 불법이 어찌 함께하며 빛과 어두움이 어찌 사귀느냐고 했다. 좁은 문으로 들어가는 자는 세상의 풍속과 시류와 유행을 단절하고 세상의 것에 대하여 탐심을 버린 자이다. 세상과 타협할 때 믿음을 떠나게 된다.
* 참고 성구 * 고후 6:14-18, 요일 5:19, 약 4:4, 히 12:4, 딤후 4:10

Ⅲ. 좁은 문은 기회를 상실하는 비극성을 의미함
주님은 내가 문 밖에 서서 두드리노니 누구든지 내 음성을 듣고 문을 열면 내가 그에게로 들어가 그와 더불어 먹고 그는 나로 더불어 먹으리라고 하셨다. 바울은 보라 지금은 은혜받을 만한 때요 보라 지금은 구원의 날이다라고 했다. 좁은 문을 외면할 때 그 영혼은 영벌에 속할 것이다.
* 참고 성구 * 고후 6:2, 엡 5:16, 전 3:1-8, 히 12:17, 계 3:20

■ 기 도 ■ 하나님 아버지! 오늘 믿지 않는 자들에게도 영생의 좁은 문을 걷도록 복음이 그 중심을 뜨겁게 하시고 우리는 복음을 전하는 아름다운 소식의 복된 발이 되게 하소서. 예수 그리스도의 이름으로 기도드립니다. 아멘.

♣ 뒤로 미루는 자 ♣

기회를 잃음
♪ 164, 377, 434

■ 본 문 ■ 다시 이르노니 내가 가리니 너희가 나를 찾다가 너희 죄 가운데서 죽겠고 나의 가는 곳에는 너희가 오지 못하리라【요 8:21】

■ 서 론 ■ 미국의 신학자 존 위더스푼은 "배우는 것을 저주하는 것은 그리스도의 십자가에 일치하는 것이 아니라 그리스도의 십자가에 모순되는 것이다."라고 했다. 성경을 연구하며 영생의 길을 탐구하던 베뢰아 사람들은 구원의 주 예수를 만났다. 그러나 많은 사람들이 기회를 잃었으니 이들은?

I. 예수를 외모로 판단한 자들
나사렛으로 돌아온 예수를 향해 동네 사람들은 이는 그 목수의 아들이 아니냐 그 모친은 마리아, 그 형제들은 야고보, 요셉, 시몬, 유다라 하지 않았느냐며 예수를 배척하였다. 주님은 이를 보고 선지자가 자기 고향과 자기 집 외에서는 존경받지 않음이 없다고 하시며 능력을 거두셨다.
* 참고 성구 * 약 2:1, 9, 행 10:34-35, 사 53:1-3, 마 13:55-57

II. 하나님의 증거를 받지 아니한 자들
스데반은 완고한 유대인을 향해 목이 곧고 마음과 귀에 할례를 받지 못한 사람들아 너희가 항상 성령을 거스려 너희 조상과 같이 너희도 하는도다 라며 꾸짖었다. 시편 기자는 이를 두고 저희가 입으로 그에게 아첨하고 거짓을 말했으니 이는 하나님께 향하는 저희 마음이 정함이 없었기 때문이었다고 했다.
* 참고 성구 * 행 7:51, 출 32:9, 렘 32:33, 요 3:36, 시 78:32-37

III. 하나님의 뜻에 대해 무지한 자들
바울은 성도를 향한 하나님의 뜻은 성도의 거룩함이라고 했다. 그리고는 어리석은 자가 되지 말고 오직 주의 뜻이 무엇인지 이해하고 술 취하지 말라 이는 방탕한 것이니 오직 성령의 충만을 받으라고 했다. 성도는 오직 마음을 새롭게 함으로써 변화를 받아 하나님의 뜻대로 살아야 한다.
* 참고 성구 * 엡 5:17, 롬 12:1-2, 삼상 15:22-23, 살전 4:3

■ 기 도 ■ 하나님 아버지! 오늘 우리는 예수를 주로 시인하며 당신의 기사 이적을 믿고서 당신을 의뢰하며 당신의 우리를 향하신 뜻이 무엇인지 분별하는 자가 되어 당신이 예비하신 기업을 상속하는 자들이 되게 하시옵소서. 예수 그리스도의 이름으로 기도드립니다. 아멘.

♣ 뒤로 미루는 자 ♣

어둡기 전에 행하라
♪ 370, 355, 410

■ 본 문 ■ 예수께서 가라사대 아직 잠시 동안 빛이 너희 중에 있으니 빛이 있을 동안에 다녀 어두움에 붙잡히지 않게 하라 어두움에 다니는 자는 그 가는 바를 알지 못하느니라【요 12:35】

■ 서 론 ■ 미국의 신문인이요 노예제도 폐지론자인 가말리엘 베일리는 "담대하게 그리고 슬기롭게 빛 속을 걸으라 의지 위에 손이 있어서 그대를 도우며 인도하시리라."고 했다. 성도는 빛되신 예수께 빛을 받아서 그 빛을 발하는 자들이다. 예수께서는 어둡기 전에 행하라고 하셨는데 이는?

Ⅰ. 세상과 연합하지 말라
유다 왕 여호사밧은 믿음의 왕으로 부귀와 영광이 극에 달했으나 이스라엘의 악한 왕 아합과 연혼하고 아하시야와 교제하여 심히 낭패를 당하였다. 바울은 그의 편지에서 너희는 믿지 않는 자와 멍에를 같이 하지 말라고 했다. 세상과 연합할 때 믿음을 떠나게 되기 때문이다.
  * 참고 성구 * 엡 2:1-3, 딤후 4:10, 대하 18:1, 20:35-37, 약 4:4, 고후 6:14

Ⅱ. 죄와 불의를 멀리하라
죄, 곧 '하말티아'는 목표에서 빗나감을 뜻하며, 불의 곧 '아디키아'는 잘못을 저지르다, 하나님의 법을 어기다, 옳지 못하다, 부정의 뜻이다. 성도는 하나님께 목표를 두지 않는 삶을 청산하고, 육체의 정욕에 이끌린 도덕적인 죄악 곧 불의한 삶을 배격해야 한다. 거룩한 삶이 바로 성도의 삶인 것이다.
  * 참고 성구 * 딤후 2:19, 벧전 1:15-16, 살전 5:22, 엡 5:3, 롬 13:11-14

Ⅲ. 성도는 빛의 자녀들임을 알라
바울은 너희가 전에는 어두움이더니 이제는 주 안에서 빛이라 빛의 자녀들처럼 행하라고 하면서 빛의 열매는 모든 착함과 의로움과 진실함에 있다고 했다. 요한은 영접하는 자 곧 그 이름을 믿는 자들에게는 하나님의 자녀가 되는 권세를 주셨다고 했다. 성도는 빛의 자녀들이다.
  * 참고 성구 * 마 5:14-16, 엡 5:8-11, 살전 5:4-8, 요일 1:7, 요 1:12

■ 기 도 ■ 하나님 아버지! 성도는 세상과 짝하지 않으며 죄와 불의를 멀리하는 빛의 자녀들입니다. 우리를 통해 그들의 마음문을 열어 주시옵소서. 예수 그리스도의 이름으로 간절히 기도드립니다. 아멘.

♣ 뒤로 미루는 자 ♣

세상에 있는 인생은
♪ 358, 424, 455

■ 본 문 ■ 나의 날은 베틀의 북보다 빠르니 소망 없이 보내는구나 내 생명이 한 호흡같음을 생각하옵소서 나의 눈이 다시 복된 것을 보지 못하리이다【욥 7:6-7】

■ 서 론 ■ "인생은 의의가 없다. 그러므로 나지 아니한 것이 행복인데 이미 낳았으니 빨리 죽는 것이 가하다." 독일의 염세주의 철학자 쇼펜하우어의 말이다. 우리는 이 말에 찬동할 수가 없다. 인생길은 비록 곤고하나 우리에게는 예수라는 보화가 있기 때문이다. 욥이 말한 세상의 인생에게는?

I. 곤고함이 있는 인생임
바울은 오호라 나는 곤고한 사람이로다 이 사망의 몸에서 누가 나를 건져내랴고 탄식했다. 전도서 기자 솔로몬은 마음을 다하여 지혜를 써서 하늘 아래서 행하는 모든 일을 궁구하며 살핀즉 이는 괴로운 것이니 하나님이 인생들에게 주사 수고하게 하신 것이라고 했다.
  * 참고 성구 * 롬 7:24, 대하 28:22, 전 1:13, 7:14, 욥 1:13-19

II. 수고하고 무거운 짐진 인생임
주님은 수고하고 무거운 짐 진 자들아 다 내게로 오라 내가 너희를 쉬게 하리라 하셨다. 세상에서 수고하고 무거운 짐을 진 인생은 허망한 삶을 살 수밖에 없다. 시편 기자는 저희는 육체뿐이라 가고 다시 오지 못하는 바람임을 하나님은 기억하셨다고 했다. 참으로 인생은 소망이 없다.
  * 참고 성구 * 마 11:28, 창 11:5, 애 3:33, 미 5:7, 시 78:39

III. 오직 주 안에서만이 쉼이 있는 인생임
주님은 나는 마음이 온유하고 겸손하니 나의 멍에를 메고 내게 배우라 그러면 너희 마음이 쉼을 얻으리니라고 하셨다. 당시 수고하고 무거운 짐을 진 땅의 백성들 곧 '암 하렛츠'에게는 이 말씀이 정말 복음이었을 것이다. 오직 주 안에서만이 쉼을 얻을 수 있음이 복음이요 진리이다.
  * 참고 성구 * 마 11:29, 눅 1:45, 민 12:11, 욥 28:28, 계 21:4

■ 기 도 ■ 하나님 아버지! 세상의 인생은 곤고함이 있는 인생이요, 수고하고 무거운 짐진 인생입니다. 오늘 믿지 않는 자들에게도 우리와 함께 쉼을 얻는 자들이 되도록 그들의 영혼을 축복하시옵소서. 예수 그리스도의 이름으로 기도드립니다. 아멘.

♣ 뒤로 미루는 자 ♣

그림자 같은 인생
♪ 163, 363, 483

■ 본 문 ■ 여인에게서 난 사람은 사는 날이 적고 괴로움이 가득하며 그 발생함이 꽃과 같아서 쇠하여지고 그림자 같이 신속하여서 머물지 아니하거늘【욥 14:1-2】

■ 서 론 ■ 미국의 시인이요 수필가인 에머슨은 "인생 그 자체는 허구와 의혹이며 또 꿈 속에서 꿈을 꾸는 것과 같다."고 했다. 또한 중국의 속담에는 '인생은 일장춘몽과 같다' 라는 말이 있다. 둘 다 인생의 허무함과 무상함을 이야기하는 것이리라. 성경이 말하는 인생은?

Ⅰ. 인간의 수명은 매우 짧고 신속함

욥은 나의 날은 베틀의 북보다 빠르니 소망 없이 보내는구나 내 생명이 한 호흡 같음을 생각하소서라고 말했다. 또한 야고보서 기자는 너희 생명이 무엇이뇨 너희는 잠깐 보이다가 없어지는 안개니라고 했다. 천년 만년 살고지고 하는 일락에 취해 사는 인생을 사는 자는 경성하라.

　* 참고 성구 * 요 3:27, 민 11:14, 대하 20:12, 욥 7:6, 약 4:13-14

Ⅱ. 인간은 하나님 앞에 전적으로 부패한 존재임

시편 기자는 어리석은 자는 그 마음에 이르기를 하나님이 없다 하도다 저희는 부패하고 소행이 가증하여 선을 행하는 자가 없다고 했다. 바울은 이 구절을 인용해 의인은 없나니 하나도 없으며 선을 행하는 자는 없나니 하나도 없다고 했다. 인간은 전적으로 부패한 존재이다.

　* 참고 성구 * 딛 3:11, 신 9:12, 시 14:1, 53:1, 롬 3:10-18

Ⅲ. 인간은 청지기같이 하나님을 바라보아야 함

누가는 주인의 뜻을 알고도 예비치 아니하고 그 뜻대로 행치 아니한 종을 많이 맞을 것이라고 했다. 인간은 청지기적 자세로 살아야 할 것이다. 빈 손으로 왔다가 빈 손으로 가는 '공수래 공수거'의 인생을 깨닫는 자는 자신이 주인이 아닌 종이요 청지기임을 겸손히 깨닫자.

　* 참고 성구 * 눅 12:42-48, 벧전 4:10, 딛 1:7, 전 12:13

■ 기 도 ■ 하나님 아버지! 무소불위의 자만과 오만으로 날뛰는 인생은 당신 앞에서 겸허한 삶을 살아야 합니다. 인간의 수명은 짧고 신속하며, 인간은 당신 앞에 전적으로 부패한 존재요, 인간은 청지기의 삶임을 깨닫게 하소서. 예수 그리스도의 이름으로 기도드립니다. 아멘.

♣ 뒤로 미루는 자 ♣

죽음과 심판이 있음
♪ 289, 167, 168

■ 본 문 ■ 한 번 죽는 것은 사람에게 정하신 것이요 그 후에는 심판이 있으리니【히 9:27】

■ 서 론 ■ 영국의 시인 펠리시아 히맨스는 "잎은 질 때가 있고 꽃은 북풍이 불면 시들 때가 있다. 그러나 아, 죽음아! 너는 사시사철이 너의 계절이구나."라고 했다. 인류의 시조가 범죄한 후에 인간에게 찾아온 불청객이 바로 죽음이라는 그림자이다. 죽음은 왕에게도 찾아오고 거지에게도 찾아오는 공평한 것이다. 성도의 삶은?

Ⅰ. 생의 시간들을 잘 활용하자
성도는 달란트의 비유에 나타난 것처럼 "바로 가서" 그것으로 장사하여 이익을 남겨 주인을 기쁘게 하고 그 남은 이익으로 선한 일과 선한 사업에 부한 자가 되어야 한다. 하나님이 맡기신 직무에 충실하며 생을 잘 활용하여 주의 뜻이 이 땅에 임하도록 충성을 다해야 한다.
* 참고 성구 * 눅 21:34-36, 마 7:21, 딤전 6:17-19, 마 25:20-21

Ⅱ. 주의 재림에 대비하자
누가는 주의 재림을 대비하는 자세를 너희는 마치 그 주인이 혼인집에서 돌아와 문을 두드리면 곧 열어주려고 기다리는 사람과 같이 되라고 했다. 재림 곧 '파루시아'를 대비하는 성도가 되어야 한다. 주님은 그런즉 깨어 있으라 너희는 그 날과 그 시를 알지 못한다고 하셨다.
* 참고 성구 * 마 6:19-21, 25:13, 벧후 3:11-12, 벧전 1:15-16, 히 9:28, 눅 12:36

Ⅲ. 하나님은 사람마다 일한 대로 갚으심을 알자
주님은 보라 내가 속히 오리니 내가 줄 상이 있어 각 사람에게 그의 일한 대로 갚아주리라고 하셨다. 하나님의 상과 벌은 행한 대로 갚으시는 공정한 것이다. 공의의 하나님을 바울은 우리가 반드시 그리스도의 심판대 앞에 각각 선악간에 그 몸으로 행한 것을 따라 받는다고 했다.
* 참고 성구 * 갈 6:7-8, 벧전 1:17, 계 22:12, 고후 5:10

■ 기 도 ■ 하나님 아버지! 솔로몬은 지혜자의 마음은 초상집에 있으되 우매자의 마음은 연락하는 집에 있다고 했습니다. 우리에게도 닥칠 죽음의 운명을 생각하는 초상집에서 생의 철리를 깨닫고 생의 시간을 활용하여 주의 재림을 대비하도록 하소서. 예수 그리스도의 이름으로 기도드립니다. 아멘.

♣ 뒤로 미루는 자 ♣

어리석은 부자
♪ 167, 204, 210

■ 본 문 ■ 하나님은 이르시되 어리석은 자여 오늘 밤에 네 영혼을 도로 찾으리니 그러면 네 예비한 것이 뉘 것이 되겠느냐 하셨으니【눅 12:20】

■ 서 론 ■ 미국의 법률가 존 포스터는 "부자로 죽는 자의 긍지는 지옥에서 가장 큰 웃음을 웃는다는 것이다."라고 했다. 주님은 부자가 천국에 들어가는 것보다 약대가 바늘귀로 빠져나옴이 더 쉽다고 했다. 본문에 나타난 어리석은 부자의 비유가 오늘 우리에게 시사하는 것은?

I. 이 땅의 영화만을 사모한 자였음
어리석은 부자는 소출이 풍성하자 내가 곡식을 쌓아둘 곳이 없으니 어찌할꼬 하다가 내 곡간을 헐고 더 크게 짓고 내 모든 곡식과 물건을 거기 쌓아 두리라고 했다. 이 부자는 부귀영화만을 사모하여 진실된 삶이 무엇인지 삶의 진정한 의미는 무엇인지를 간과한 자이다.
  * 참고 성구 * 고전 12:31, 딤전 3:1, 시 73:25, 약 5:1-3, 골 3:2

II. 쾌락 사랑하기를 하나님보다 더 사랑한 자였음
어리석은 부자는 영혼아 여러 해 쓸 물건을 많이 쌓아 두었으니 평안히 쉬고 먹고 마시고 즐거워하자고 했다. 바울은 일락을 좋아하는 이는 살았으나 죽었느니라고 했다. 일락 곧 '스파탈로사'는 호색과 사치라는 뜻인 '스파탈레'에서 유래한 말로 육의 것을 추구하는 방탕한 생활을 의미한다.
  * 참고 성구 * 마 3:17, 시 15:16, 왕상 11:1, 딤후 3:4, 딤전 5:6

III. 영혼에는 아예 무관한 자였음
주님은 어리석은 부자의 영혼을 도로 찾으시며 그러면 네 예비한 것이 뉘 것이 되겠느냐 하시며 자기를 위하여 재물을 쌓아두고 하나님께 대하여 부요치 못한 자가 이와 같으리라고 하셨다. 야고보서 기자는 더러운 것과 넘치는 악을 내어버리고 능히 영혼을 구원할 마음에 심긴 도를 받으라고 했다.
  * 참고 성구 * 약 1:21, 삿 5:21, 시 38:17, 눅 12:21

■ 기 도 ■ 하나님 아버지! 어리석은 부자는 이 땅의 영화만 사모한 자였고, 쾌락 사랑하기를 하나님보다 더 사랑한 자였고 자신의 영혼에는 아예 무관한 자였습니다. 우리에게 복음으로 영혼이 구원을 받을 수 있도록 우리에게 전도의 사명을 감당하게 이끌어 주시옵소서. 예수 그리스도의 이름으로 기도드립니다. 아멘.

♣ 뒤로 미루는 자 ♣

심은 대로 거둠
♪ 260, 234, 238

■ 본 문 ■ 내가 부를지라도 너희가 듣기 싫어하였고 내가 손을 펼지라도 돌아보는 자가 없었고 도리어 나의 모든 교훈을 멸시하여 나의 책망을 받지 아니하였은즉【잠 1:24-25】

■ 서 론 ■ "하나님은 죄인을 용서하시고 구원하시려는 사랑의 하나님이신 동시에 죄인을 징계하고 처벌하시려는 공의의 하나님이실 수밖에 없는 것이다." 종교개혁자 루터의 말이다. 바울은 그의 서신 갈라디아서에서 심은 대로 거둔다고 했다. 악행을 심은 자들이 거두는 것은?

I. 내가 부를지라도 듣지 아니한 너희

하나님은 그의 부르심을 듣지 아니한 자들에게 너희가 손을 펼 때에 내가 눈을 가리우고 너희가 많이 기도할지라도 내가 듣지 아니하리니 너희의 손에 피가 가득함이니라고 이사야는 말했다. 하나님의 초청을 거절한 자들에게는 하나님의 진노가 따를 것인즉 고통의 때에 외면하실 것이다.

* 참고 성구 * 막 11:18, 신 4:14, 잠 21:11, 사 1:15, 마 22:5, 14

II. 내가 손을 펼지라도 돌아보지 아니한 너희

하나님은 그의 손을 펴심에도 돌아보지 아니한 자들에게 내가 너희를 칼에 붙일 것인즉 다 구푸리고 살륙을 당하리니 이는 내가 불러도 너희가 대답지 아니하며 내가 말하여도 듣지 아니하고 나의 눈에 악을 행하였으며 나의 즐겨하지 않는 일을 택했다고 이사야는 말했다.

* 참고 성구 * 딤전 6:1, 시 50:17, 아 8:2, 마 22:7, 사 65:12

III. 너희의 두려움이 광풍같이 임할 때 내가 비웃을 것임

하나님은 너희의 두려움이 광풍같이 임하겠고 너희의 재앙이 폭풍같이 이르겠고 너희의 근심과 슬픔이 임하리니 그때에 너희가 나를 부르리라 그래도 내가 대답하지 아니하겠고 부지런히 나를 찾으리라 그래도 나를 만나지 못하리라고 잠언 기자는 말했다. 가히 인과응보의 결과이다.

* 참고 성구 * 계 2:24, 렘 35:13, 습 3:2, 사 1:20, 잠 1:27-28

■ 기 도 ■ 하나님 아버지! 공의의 하나님이신 당신께서는 당신의 부르심을 외면하시고 당신의 손을 거절한 자들에게 그들의 행위대로 갚아주시는 분이십니다. 오늘 당신의 초청을 뒤로 미루거나 거절한 자에게 다시 한번 초청의 기회를 주소서. 예수 그리스도의 이름으로 기도드립니다. 아멘.

♣ 죄가 많다는 자 ♣

다윗도 죄인이었음
♪ 334, 315, 368

■ 본 문 ■ 하나님이여 주의 인자를 좇아 나를 긍휼히 여기시며 주의 많은 자비를 좇아 내 죄과를 도말하소서 나의 죄악을 말갛게 씻기시며 나의 죄를 깨끗이 제하소서【시 51:1-2】

■ 서 론 ■ 독일의 학자요 성직자인 토마스 아 켐피스는 "죄를 범한 후 지나친 변명을 하는 것보다 진실한 참회의 눈물을 흘리는 것이 낫다."고 했다. 이스라엘의 성군 다윗도 남의 아내를 가로채고 그 남편을 전사케 한 악한 소위를 범하였다. 그러나 그는 회개했다. 다윗의 회개는?

I. 나에게 인자하심을 베푸소서라고 회개한 다윗
다윗은 그의 시편에서 내가 탄식함으로 곤핍하여 밤마다 눈물로 내 침상을 띄우며 내 요를 적시나이다라고 노래하며, 주께 피하는 자를 그 일어나 치는 자에게서 오른손으로 구원하시는 주여 주의 기이한 인자를 나타내소서라고 했다. 범죄한 다윗은 주의 인자하심에만 자신을 의뢰하였다.
   * 참고 성구 * 고후 7:10, 마 12:41, 욥 42:9, 시 17:7, 6:6

II. 나를 긍휼히 여기소서라고 회개한 다윗
눈물의 선지자 예레미야는 여호와의 자비와 긍휼이 무궁하시므로 우리가 진멸되지 아니함이니이다 이것이 아침마다 새로우니 주의 성실이 크도소이다라고 했다. 긍휼, 곧 '엘레오스'는 동정심, 비참한 사람을 구하려는 마음의 뜻으로 죄악으로 고통받는 자를 구하시려는 하나님의 호의를 가리킨다.
   * 참고 성구 * 눅 16:30, 히 12:17, 시 7:12, 애 3:22-23

III. 나의 죄를 도말하소서라고 회개한 다윗
다윗은 나단 선지자에게 내가 여호와께 죄를 범하였노라며 고백하고 회개했다. 시편 51편은 이 와중에 지어진 시이다. 다윗은 주의 자비를 의뢰하여 내 죄과를 도말하소서 나의 죄악을 말갛게 씻기시며 나의 죄를 깨끗이 제하소서라고 기도했다. 자기의 죄를 깨닫고 회개하는 자는 은혜를 입는다.
   * 참고 성구 * 롬 5:20, 계 16:9, 겔 18:30, 삼하 12:13, 시 51:1-2

■ 기 도 ■ 하나님 아버지! 당신께서 내가 다윗을 만나니 내 마음에 합한 자라고 말씀하신 그도 범죄하여 고통 속에서 몸부림쳤습니다. 그러나 그의 훌륭함은 죄악을 고백하고 회개하여 당신을 찾음에 있습니다. 죄가 많은 곳에 은혜도 넘친다는 말씀에 위로를 받게 하소서. 예수 그리스도의 이름으로 기도드립니다. 아멘.

♣ 죄가 많다는 자 ♣

죄가 많더라도
♪ 187, 253, 315

■ 본 문 ■ 너희가 손을 펼 때에 내가 눈을 가리우고 너희가 많이 기도할지라도 내가 듣지 아니하리니 이는 너희의 손에 피가 가득함이라 너희는 스스로 씻으며 스스로 깨끗케 하여 내 목전에서 너희 악업을 버리며 악행을 그치고【사 1:15-16】

■ 서 론 ■ 영국의 성직자 로버트슨은 "악을 통하여 선을 알아야 한다는 것이 인간의 법이다. 큰 실수를 통하여서 위대한 사람이 되고 선한 사람이 되는 경우가 허다하다."고 했다. 죄악된 행동을 버리고 참되게 살려고 하는 자는?

I. 스스로 정결케 할 때 관계가 회복됨

시편 기자 다윗은 우슬초로 나를 정결케 하소서 내가 정하리이다 나를 씻기소서 내가 눈보다 희리이다라고 했다. 죄악이 하나님과 성도의 사이를 막아 높은 담을 쌓고 있을 때 성도는 하나님께 회개하고 스스로 정결케 하여 눈보다 희게될 때 하나님과의 관계가 회복된다.
 * 참고 성구 * 고전 5:7, 요일 3:3, 딤후 2:21, 시 51:7

II. 죄된 행동을 금할 때 관계가 회복됨

하나님은 내 이름으로 일컫는 내 백성이 그 악한 길에서 떠나 스스로 겸비하고 기도하여 내 얼굴을 구하면 내가 하늘에서 듣고 그 죄를 사하고 그 땅을 고칠지라고 하셨다. 죄악된 행동을 금하고 하나님의 얼굴을 구할 때 하나님은 그 죄를 사하시고 관계를 회복시켜 주신다.
 * 참고 성구 * 요 5:14, 고전 15:34, 롬 6:12, 대하 7:14, 호 6:1

III. 선한 일을 행할 때 관계가 회복됨

사도 요한은 저가 빛 가운데 계신 것같이 우리도 빛 가운데 행하면 우리가 서로 사귐이 있고 그 아들 예수의 피가 우리를 모든 죄에서 깨끗하게 하실 것이요라고 했다. 빛 가운데 행한다는 것은 하나님을 순종하고 선행을 하며 사는 것을 의미하는데 순종은 하나님을 경배하는 징표이다.
 * 참고 성구 * 롬 2:6-11, 엡 2:10, 살전 5:21, 요일 1:7

■ 기 도 ■ 하나님 아버지! 이제 그 악에서 돌이켜 스스로 정결케 하고 죄된 행동을 금하고 선한 일을 행할 때 하나님의 돌아보심을 입게 됩니다. 주여, 사탄의 농간에 놀아난 우리를 용서하시고 이제 예수 그리스도를 구주로 믿게 하소서. 예수 그리스도의 이름으로 기도드립니다. 아멘.

♣ 죄가 많다는 자 ♣

찾으시는 예수
♪ 191, 251, 318

■ 본 문 ■ 예수께서 그곳에 이르사 우러러 보시고 이르시되 삭개오야 속히 내려오라 내가 오늘 네 집에 유하여야 하겠다 하시니【눅 19:5】

■ 서 론 ■ 영국의 성직자 스펄젼은 "만일 당신이 예수의 사랑을 안다면 사슴이 시냇물을 사모함 같이 예수의 보다 깊은 사랑에 머무르기를 갈망할 것이다."라고 했다. 여리고의 세리장 삭개오를 향한 주님의 말씀은 삭개오야, 속히 내려오라였다. 이 말씀에 담긴 주님의 그 음성은?

Ⅰ. 자비의 그 음성
주님은 뽕나무 위에 올라가 자기를 보고자 한 삭개오의 그 마음을 보시고 그에게 구원을 받을 만한 믿음이 있음을 아시고 자비의 음성으로 삭개오를 향해서 속히 내려오라고 하셨다. 주님은 오늘도 죄인을 향해서 누구든지 목마르거든 내게로 와서 마시라고 초청하고 계신다.
* 참고 성구 * 시 116:5, 출 34:6, 단 3:4, 요 7:37

Ⅱ. 구원의 그 음성
주님은 삭개오에게 이르시기를 내가 오늘 네 집에 유하여야 하겠다고 하셨다. 이 말씀을 들은 삭개오는 얼마나 놀랐겠으며 얼마나 기뻤겠는가. 그리하여 삭개오는 급히 내려와 즐거워하여 주님을 영접했다. 주님은 문 밖에 서서 문을 열기만 하면 그는 나로 더불어 먹는다고 하셨다.
* 참고 성구 * 마 2:21, 히 5:9, 창 19:19, 계 3:20, 요 6:35

Ⅲ. 환희의 그 음성
당시 로마에 아부하며 세금을 징수하여 자기의 배를 채우던 세리는 죄인 취급을 받았다. 죄인 삭개오는 주님을 모시고는 구원의 환희를 체험했다. 즉 가난한 자에게 재산의 절반을 나눠주고 뉘 것을 토색한 일이 있으면 율법의 명한 것보다 많은 사 배를 갚겠다고 한 것이다.
* 참고 성구 * 빌 2:4, 요일 1:4, 시 29:19, 계 22:17, 눅 19:9

■ 기 도 ■ 하나님 아버지! 오늘 죄인들을 향해서 손짓하시는 주님의 그 손짓을 구원의 손짓으로 받아들여 주 앞에 겸허히 나아가는 자가 되어 삭개오와 같이 환희의 체험을 하는 자가 되도록 인도하여 주시옵소서. 예수 그리스도의 이름으로 기도드립니다. 아멘.

♣ 죄가 많다는 자 ♣

죄인을 위해 죽으심
♪ 405, 50, 399

■ 본 문 ■ 예수는 우리 범죄함을 위하여 내어줌이 되고 또한 우리를 의롭다 하심을 위하여 살아나셨느니라【롬 4:25】

■ 서 론 ■ "아, 희생의 사랑이 없이 어찌 십자가의 섭리가 이루어질 수 있을까." 히포의 감독 성 어거스틴의 말이다. 그리스도의 십자가는 대속의 표징이다. 십자가의 피로 말미암아 사람과 사람이 하나님과 사람이 서로 화목하는 계기가 되었다. 인류의 시조가 범죄하여 원죄가 인간의 피 속에 흐르는 것을 예수의 죽음이 죄를 사하게 하셨다. 이는?

Ⅰ. 하나님의 약속은 신실하심

하나님은 아담과 하와가 범죄하자 여자의 후손을 약속하셔서 구원을 얻게 하실 계획을 세우셨다. 이것이 원시복음이다. 아브라함을 선택하셔서 그의 가계를 통하여 독생자 예수를 이 척박한 땅에 보내셨으니 하나님의 약속은 신실하신 것이다. 주님은 말씀으로 선재하신 하나님이시다.
 * 참고 성구 * 히 6:17-18, 행 7:37, 마 1:1, 창 3:15, 22:18

Ⅱ. 하나님은 구원을 기뻐하심

하나님은 모든 사람이 구원을 받으며 진리를 아는 데 이르기를 원하시느니라고 바울은 말했다. 구원, 곧 '소테리아'는 구출, 안전, (위험과 파멸로부터)보존, 구원이라는 뜻으로 구원의 완전한 의미는 미래에 있으며 우리가 주 재림시 부활된 후에야 구원은 완성이 될 것이다. 이것이 영화이다.
 * 참고 성구 * 딤전 2:4, 벧후 3:9, 겔 18:23, 32, 눅 15:7

Ⅲ. 예수 그리스도는 인류를 위한 대속자이심

하나님은 범죄한 아담과 하와를 위하여 짐승을 잡아 피를 흘려 '가죽옷'을 지어 입히셨다. 이것은 그리스도의 십자가의 대속을 예표하는 것이다. 주님은 '대속물'이 되셨는데 이 말의 헬라어 '루트론'은 속전, 석방금의 뜻으로 그리스도께서 인류의 죄값을 지불하는 지불금이 되셨다는 말이다.
 * 참고 성구 * 요 1:29, 막 10:45, 고후 5:21, 창 3:21, 롬 5:9-10

■ 기 도 ■ 하나님 아버지! 끝내는 독생자 예수를 이 땅에 대속물로 보내시어 죄인을 위하여 죽게 하셨습니다. 이 십자가의 피공로로 우리는 죄사함을 입고 이를 믿어 구원받음을 감사드리오며 예수 그리스도의 이름으로 기도드립니다. 아멘.

♣ 죄가 많다는 자 ♣

죄를 담당한 예수
♪ 363, 150, 182

■ 본 문 ■ 그리스도께서도 한번 죄를 위하여 죽으사 의인으로서 불의한 자를 대신하였으니 이는 우리를 하나님 앞으로 인도하려 하심이라 육체로는 죽임을 당하고 영으로는 살리심을 받으셨으니【벧전 3:18】

■ 서 론 ■ 영국의 저술가 아담스는 "내 자신의 힘으로 죄를 붙잡고 싸우고 있다면 악마는 가서 잠을 자도 됨을 안다."고 했다. 인간의 구원은 예수 그리스도의 십자가에서 흘리신 피의 공로이다. 죄를 담당한 예수는?

I. 그리스도의 죽으심

바울은 그리스도께서 우리를 위하여 죽으심으로 이제 우리가 그 피를 인하여 의롭다 하심을 얻었은즉 더욱 그로 말미암아 진노하심에서 구원을 얻었다고 했다. 베드로도 친히 나무에 달려 그 몸으로 우리 죄를 담당하셨다고 했다. 그리스도의 죽으심은 대속의 죽으심이다.
 * 참고 성구 * 마 20:28, 막 10:45, 벧전 1:18, 롬 5:8-9, 벧전 2:24

II. 그리스도의 선포

골고다의 언덕에서 십자가에 처형된 그리스도 예수는 십자가에 달려서 외친 이른바 '가상칠언' 중 마지막으로 '다 이루었다' 하시고 돌아가셨다. 이것은 그의 공생애의 사역이 완성됨을 의미한다. 이로써 십자가를 믿는 자는 천국으로, 십자가를 부인하는 자는 지옥으로 가게 될 운명을 맞게 되었다.
 * 참고 성구 * 마 25:41-46, 눅 16:26, 계 20:10, 요 19:30

III. 그리스도의 부활

주님은 예언대로 삼일 만에 부활하셨다. 바울은 그리스도께서 만일 다시 살지 못하셨으면 우리의 전파하는 것도 헛 것이요 또 너희 믿음도 헛 것이라며 만일 그리스도 안에서 우리의 바라는 것이 다만 금생뿐이면 모든 사람 가운데 우리가 더욱 불쌍한 자라고 했다.
 * 참고 성구 * 요 10:17-18, 롬 6:4, 고전 15:14, 19, 롬 8:11

■ 기 도 ■ 하나님 아버지! 그리스도의 동정녀 탄생과 그의 십자가에서 죽으심, 그리고 부활과 승천과 재림은 당신의 크신 섭리 안에 있는 것입니다. 오늘 불신자에게 이 복음을 전하여 그들도 함께 구원받는 역사를 함께 이루소서. 예수 그리스도의 이름으로 기도드립니다. 아멘.

♣ 너무 늦었다는 자 ♣

하나님의 약속
♪ 173, 201, 362

■ 본 문 ■ 주의 약속은 어떤 이의 더디다고 생각하는 것같이 더딘 것이 아니라 오직 너희를 대하여 오래 참으사 아무도 멸망치 않고 다 회개하기에…【벧후 3:9】

■ 서 론 ■ "하나님의 약속은 네 개의 기둥으로 세워져 있다. 그것은 거짓이 통하지 않는 하나님의 의 또는 거룩함과, 결코 잊을 수 없는 하나님의 은총 또는 선, 결코 변할 수 없는 그의 진리, 성취하게 하는 그의 권능이다."라고 영국의 신학자 사무엘 샬터는 말했다. 하나님께서 하신 그의 약속은?

Ⅰ. 약속의 확실성
바울은 하나님의 약속은 얼마든지 그리스도 안에서 예가 되니 그런즉 그로 말미암아 우리가 아멘 하여 하나님께 영광을 돌리게 되느니라고 했다. 신실하신 하나님은 그 뜻이 변치 아니함을 충분히 나타내시려고 그 일에 맹세로 보증하셨다고 히브리서 기자는 말하고 있다.
* 참고 성구 * 행 2:33, 39, 롬 4:16, 행 7:17, 고후 1:20, 히 6:17-18

Ⅱ. 약속의 임박성
베드로는 사랑하는 자들아 주께는 하루가 천 년 같고 천 년이 하루같은 이 한 가지를 잊지 말라고 했다. 주님의 시간 관념과 인간의 시간 관념은 서로 다르다. 베드로는 그리스도의 심판이 당시 성도들의 생각보다 더딘 것은 더 많은 사람을 회개시켜 구원받게 하심에 있다고 했다.
* 참고 성구 * 마 20:13, 갈 3:14, 히 6:12, 벧후 3:8

Ⅲ. 약속의 필요성
요한은 그가 우리에게 약속하신 약속이 이것이니 곧 영원한 생명이니라고 했다. 누가는 하나님이 약속하신 대로 이 사람의 씨에서 이스라엘을 위하여 구주를 세우셨으니 곧 예수라고 했다. 예수는 자기 백성을 저희 죄에서 구원할 자이심이라고 주의 사자는 요셉에게 말했다.
* 참고 성구 * 행 13:23, 갈 3:29, 행 26:6, 요일 2:25, 마 1:21

■ 기 도 ■ 하나님 아버지! 회개와 구원을 위한 당신의 약속은 틀림이 없으며, 이제 곧 도래할 것이요, 약속으로 인해 죄사함과 영생을 얻을 것입니다. 주를 믿기에 너무 늦었다고 생각하는 그 마음을 주장하셔서 지금 구원의 주를 찾게 하시옵소서. 예수 그리스도의 이름으로 기도드립니다. 아멘.

♣ 너무 늦었다는 자 ♣

늦더라도 뉘우치라
♪ 166, 204, 384

■ 본 문 ■ 나 주 여호와가 말하노라 내가 어찌 악인의 죽는 것을 조금인들 기뻐하랴 그가 돌이켜 그 길에서 떠나서 사는 것을 어찌 기뻐하지 아니하겠느냐【겔 18:23】

■ 서 론 ■ 독일의 철학자 야코비는 "우리가 우리의 죄와 허물을 깨닫고 심히 마음 아파한다면 회개는 결코 늦지 않다."고 했다. 죄를 짓지 않는 사람도 훌륭하지만 죄를 짓고 이를 통회자복하며 회개하는 자는 더욱 훌륭한 자이다. 늦더라도 뉘우치라고 하시는 그 하나님은?

Ⅰ. 죄인의 회개를 기뻐하시는 하나님
누가는 잃은 양의 비유와 잃어버린 드라크마의 비유에서 잃어버린 양과 드라크마를 찾은 주인의 기쁨을 이야기하면서 하나님의 심정을 이에 대비했다. 둘째 아들 탕자는 내가 하늘과 아버지께 죄를 얻었다고 인식하며 결단하여 회개하는 자세로 고향의 아버지께로 발걸음을 재촉했다.
　＊ 참고 성구 ＊ 고전 1:21, 시 35:26, 암 6:13, 눅 15:7, 18

Ⅱ. 회개하면 그 죄를 기억지 않으시는 하나님
아버지는 많은 돈을 허랑방탕하게 날리고 거지꼴이 되어 오는 아들을 아직도 먼데도 불구하고 단번에 알아 보았으니 이는 아들의 돌아옴을 기다리고 기다리던 아버지의 마음을 대변하는 것이다. 아버지는 아들에게 달려가 저를 보고 측은히 여겨 목을 안고 입을 맞추셨다.
　＊ 참고 성구 ＊ 딤전 1:15, 잠 11:31, 시 25:8, 눅 15:20

Ⅲ. 죄인일지라도 돌아오면 살리라고 하신 하나님
아버지께서 탕자에게 제일 좋은 옷을 입히고 손에 가락지를 끼우게 함은 아들의 권리를 표시함이요, 발에 신을 신기움은 자유인의 신분을 회복시켜 준 것이다. 그리고 기쁨에 겨워서 살진 송아지를 끌어다 잡으라고 했다. 탕자로서는 너무 과분한 대접이었으나 그는 아들이었기 때문이다.
　＊ 참고 성구 ＊ 행 3:19, 수 22:18, 느 9:28, 눅 15:22-24

■ 기 도 ■ 하나님 아버지! 당신은 죄인일지라도 돌아오면 살리라고 하셨습니다. 오늘 탕자의 비유에 나타난 둘째 아들처럼 세상에서 버림받고 냉대받고 실망한 자들에게 속히 아버지의 품으로 돌아와 아들의 지위를 회복케 하소서. 예수 그리스도의 이름으로 기도드립니다. 아멘.

♣ 너무 늦었다는 자 ♣

강도도 구원을 받음
♪ 354, 196, 465

■ 본 문 ■ 가로되 예수여 당신의 나라에 임하실 때에 나를 생각하소서 하니 예수께서 이르시되 내가 진실로 네게 이르노니 오늘 네가 나와 함께 낙원에 있으리라 하시니라【눅 23:42-43】

■ 서 론 ■ 성 어거스틴은 "하나님이 우리를 구원할 수 있기 전에 우리는 자신의 잘못을 깨달아야만 한다."고 했다. 회개한 십자가의 한편 강도는 헤롯의 박해를 피해 애굽으로 피해가던 요셉의 식구가 도중에서 만나 길을 인도받은 강도라고 전설로 전해진다. 어쨌든 구원받은 강도의 그 찰나적인 자세는?

I. 회개함으로써 구원받은 강도
회개, 곧 '메타노이아'는 마음을 바꿈, 변경, 변형, 돌아섬, 사고방식을 변화시킴의 뜻이 있다. 회개는 자기 자신의 행위를 포기하고 그리스도께 완전히 의존하는 상태를 이르는 것으로 회개는 구원의 은혜를 체험하는 첫 관문이다. 강도는 하나님을 두려워하며 자신의 죄를 인정했다.
  * 참고 성구 * 행 2:38, 막 1:15, 요일 1:8-10, 눅 23:40-41

II. 주를 의뢰함으로써 구원받은 강도
한편 강도는 예수께 이르기를 예수여 당신의 나라에 임하실 때에 나를 생각하소서라고 하여 완전히 주를 의뢰하는 자세를 취하고 간절히 그것을 바랐다. 바울은 사람이 마음으로 믿어 의에 이르고 입으로 시인하여 구원에 이르느니라고 했다. 주의 이름을 부르는 자는 구원을 얻는다.
  * 참고 성구 * 행 16:31, 엡 2:8-9, 요 14:6, 눅 23:42, 롬 10:10, 13

III. 기회를 잘 포착함으로써 구원받은 강도
한편 강도의 간절한 염원을 들은 주님은 내가 진실로 네게 이르노니 오늘 네가 나와 함께 낙원에 있으리라고 하셨다. 한편 강도는 예수를 조롱하여 지옥으로 한편 강도는 예수를 의뢰하여 천국으로 가는 명암과 희비가 교차하는 순간이었다. 인생에 있어서 기회는 여러 번 오는 것이 아니다.
  * 참고 성구 * 엡 5:16, 고후 6:2, 사 55:6-7, 눅 23:43

■ 기 도 ■ 하나님 아버지! 늦었다고 구원을 포기하는 자에게 당신께서 그 불쌍한 영혼을 구원하시어 성도의 반열에 들게 하시고 당신의 자녀로 삼아 주시옵소서. 예수 그리스도의 이름으로 기도드립니다. 아멘.

♣ 너무 늦었다는 자 ♣

택함받은 남은 자
♪ 466, 306, 307

■ 본 문 ■ 그런즉 이와 같이 이제도 은혜로 택하심을 따라 남은 자가 있느니라 만일 은혜로 된 것이면 행위로 말미암지 않음이니 그렇지 않으면 은혜가 은혜되지 못하느니라【롬 11:5-6】

■ 서 론 ■ "우리가 구원받은 것은 하나님의 값 없으신 은혜요 사랑이다. 그 사랑과 은혜를 전함으로써 온 세상으로 흐르는 통로가 되는 것이다."라고 어느 성직자가 말했다. 구원은 소명, 중생, 회심, 칭의, 양자, 성화, 견인, 영화의 순서를 거친다. 하나님의 택하신 자를 위한 구원은?

I. 구원은 은혜로 되는 것이다
구원 곧 '소테리아'는 은혜 곧 '카리스'로 되는 것이다. 바울은 에베소 교회에 보낸 그의 편지에서 너희가 그 은혜를 인하여 믿음으로 말미암아 구원을 얻었나니 이것이 너희에게서 난 것이 아니요 하나님의 선물이라고 했다. 구원은 하나님이 주시는 은혜를 통해 이루어지는 것이다.
* 참고 성구 * 롬 3:24, 엡 2:8-9, 딛 3:7, 행 15:11

II. 사람은 그 누구도 의롭지 못하다
바울은 의인은 없나니 하나도 없으며 깨닫는 자도 없고 하나님을 찾는 자도 없고 다 치우쳐 한 가지로 무익하게 되고 선을 행하는 자는 없나니 하나도 없다고 하면서 율법의 행위로 그의 앞에 의롭다 하심을 얻을 육체가 없다고 했다. 사람은 하나님 앞에서 다 죄인이다.
* 참고 성구 * 롬 3:10-20, 막 10:45, 고후 5:21, 시 14:1

III. 하나님의 선택에 감사해야 한다
택함을 입은 자 곧 '에크렉토이'는 뽑힌 자, 불러냄을 받은 자라는 말로서 많은 사람이 그리스도의 구원의 초대를 받고 있으나 그렇지만 특별히 선택된 자만 구원을 받는다. 주님은 청함을 받은 자는 많되 택함을 입은 자는 적으니라고 하였다. 성도는 창세 전에 택함을 입은 자이다.
* 참고 성구 * 요 15:16, 고전 1:26-31, 벧전 2:9, 마 22:14, 엡 1:4

■ 기 도 ■ 하나님 아버지! 창세 전에 예정하시사 택해주신 당신의 은혜를 항상 감사하며 찬송하는 우리들이 되어 영원한 그 나라에서 당신과 함께 왕노릇할 수 있도록 우리를 인도해 주시옵소서. 예수 그리스도의 이름으로 기도드립니다. 아멘.

♣ 너무 늦었다는 자 ♣

눈물의 권면
♪ 313, 383, 539

■ 본 문 ■ 내가 큰 환난과 애통한 마음이 있어 많은 눈물로 너희에게 썼노니 이는 너희로 근심하게 하려 한 것이 아니요 오직 내가 너희를 향하여 넘치는 사랑이 있음을 너희로 알게 하려 함이라【고후 2:4】

■ 서 론 ■ 영국의 신학자 매튜 헨리는 "의인이 뿌린 슬픔의 눈물은 모두 진주가 되어 나온다."고 했다. 바울은 그가 개척한 소아시아의 교회들에게 눈물로써 권면을 아끼지 아니했다. 이방인의 사도 바울이 흘린 눈물은?

Ⅰ. 교회를 향한 사랑을 보여준 바울의 눈물
바울은 우리가 이같이 너희를 사모하여 하나님의 복음으로만 아니라 우리 목숨까지 너희에게 주기를 즐겨함은 너희가 우리의 사랑하는 자 됨이니라고 했다. 여기의 사모한다는 말은 자녀를 향한 어머니의 희생적인 사랑을 표현하는 말로서 바울은 교회를 향한 사랑을 이렇게 표현했다.
* 참고 성구 * 빌 4:1, 골 1:4, 엡 1:15, 살전 2:8

Ⅱ. 영혼들을 위한 염려를 보여준 바울의 눈물
바울은 내가 여러 번 너희에게 말하였거니와 이제도 눈물을 흘리며 말하노니 여러 사람들이 그리스도 십자가의 원수로 행하느니라고 했다. 바울은 빌립보 교회의 성도들이 도덕률 폐기론자가 되거나 육체의 정욕대로 탐닉하는 것을 염려하여 눈물을 흘리며 권면의 편지를 보내었다.
* 참고 성구 * 눅 19:10, 롬 1:14, 겔 18:32,23, 빌 3:18-19

Ⅲ. 성도들에게 따르는 고난을 보여준 바울의 눈물
바울은 무릇 그리스도 예수 안에서 경건하게 살고자 하는 자는 핍박을 받으리라고 했다. 요한은 그의 계시록에서 하나님은 저희와 함께 거하시고 저희는 하나님의 백성이 되어 모든 눈물을 그 눈에서 씻기신다고 했다. 성도로 부름을 입은 자는 고난을 받게 마련인 것이다.
* 참고 성구 * 마 5:10-12, 행 14:22, 딤후 3:12, 고후 1:8, 계 21:4

■ 기 도 ■ 하나님 아버지! 바울은 눈물로써 그가 세운 교회에 권면했습니다. 그는 교회를 향한 사랑과 영혼들을 위한 염려와 성도들에게 따르는 고난의 아픔을 눈물로써 호소하며 오직 당신 앞에 거룩한 삶을 사는 신부로 중매하기를 주저하지 않음을 감사드리며 예수 그리스도의 이름으로 기도드립니다. 아멘.

♣ 믿는 법을 모른다는 자 ♣

구주를 영접하라
♪ 204, 210, 211

■ 본 문 ■ 그 동네에 죄인인 한 여자가 있어 예수께서 바리새인의 집에 앉으셨음을 알고 향유 담은 옥합을 가지고 와서 예수의 뒤로 그 발 곁에 서서 울며 눈물로 그 발을 적시고 자기 머리털로 씻고 그 발에 입맞추고 향유를 부으니【눅 7:37-38】

■ 서 론 ■ "영접에는 사랑이 전제되어야 하고 희생이 뒤따라야 한다. 그의 열매는 기쁨이다."라고 어느 신학자는 말했다. 주님께 죄사함을 받은 이 여인은?

Ⅰ. 주의 은혜를 깨달아 안 여인
예수께서 바리새인의 집에 초빙을 받아 계심을 안 동리의 죄인인 한 여인은 예수의 뒤로 그 발 곁에 서서 울며 눈물로 그 발을 적셨다고 했다. 이는 주님을 믿고 주의 은혜를 감사해서 행한 행동이었다. 바울은 죄가 더한 곳에 은혜가 더욱 넘친다고 로마서에 기록했다.
* 참고 성구 * 엡 2:8-9, 고후 4:7, 고전 15:10, 롬 5:20

Ⅱ. 자기를 낮추는 겸손한 여인
죄인인 이 여인은 눈물로 주님의 발을 적시고 자기 머리털로 씻고 그 발에 입을 맞추었다. 이는 이 여인이 주님 앞에 자신을 얼마나 낮추었나를 단적으로 표현하는 것이다. 베드로는 하나님이 교만한 자를 대적하시되 겸손한 자들에게는 은혜를 주시느니라고 말하였다.
* 참고 성구 * 마 23:11-12, 빌 1:20, 약 4:6,10, 벧전 5:5

Ⅲ. 주를 위해 온전히 헌신한 여인
이 여인은 귀한 향유를 주님의 발에 부었다. 주님은 이를 두고 바리새인에게는 내 머리에 감람유도 붓지 아니하였으되 저는 향유를 내 발에 부었느니라며 그녀의 온전한 헌신을 말하셨다. 이 여인은 주님께 자신이 귀히 여기는 향유를 거룩하게 낭비한 믿음을 보였다.
* 참고 성구 * 고후 11:23-29, 골 1:24, 딤후 4:7-8, 계 2:10, 눅 7:45-46

■ 기 도 ■ 하나님 아버지! 죄인인 한 여인은 주의 은혜를 깨달아 자기를 낮추며 주를 위해 온전히 헌신하여 주님께 죄사함을 받고 구원의 축복을 받았습니다. 오늘 믿는 법을 몰라 당신께 나오지 못하는 자들에게 이 여인의 행한 행동을 본받게 하여 구원을 체득하게 하여 주시옵소서. 예수 그리스도의 이름으로 기도드립니다. 아멘.

♣ 믿는 법을 모른다는 자 ♣

영접하는 자는 자녀로
♪ 319, 355, 389

■ 본 문 ■ 영접하는 자 곧 그 이름을 믿는 자에게는 하나님의 자녀가 되는 권세를 주셨으니【요 1:12】

■ 서 론 ■ 미국의 복음 전도자 무디는 "그리스도의 영접은 늦기 전에 '바로 지금 이 시간에' 결단을 내려야 한다."고 했다. 여리고의 세리장 삭개오는 주님을 영접하고 바로 결단하여 재산을 가난한 자에게 나눠주는 일을 하여 아브라함의 자손임을 회복하였다. 성도는?

Ⅰ. 믿음으로 얻은 성도의 특권
히브리서 기자는 믿음이 없이는 기쁘시게 못하나니 하나님께 나아가는 자는 반드시 그가 계신 것과 또한 그가 자기를 찾는 자들에게 상주시는 이심을 믿어야 할지니라고 했다. 성도는 믿음으로 말미암아 담대히 하나님 앞에 나아갈 수 있는 특권을 가진 자들임을 알자.
* 참고 성구 * 창 15:16, 롬 1:17, 엡 2:8-9, 히 11:6, 7:25

Ⅱ. 거듭난 새 사람인 성도
거듭나다는 헬라어 '겐네데 아노덴'에는 위로부터 난다, 처음부터 난다, 새로 난다, 다시 난다는 네 가지 의미가 있다. 바울은 옛 사람을 벗고 하나님을 따라 의와 진리의 거룩함으로 지으심을 받은 새 사람을 입으라 했고 또한 그리스도 안에서 새로운 피조물이라고 성도의 존재를 부여했다.
* 참고 성구 * 고후 5:17, 엡 4:22-24, 롬 12:1-2, 골 3:9-10

Ⅲ. 성도는 하나님의 자녀들
요한은 영접하는 자 곧 그 이름을 믿는 자들에게는 하나님의 자녀가 되는 권세를 주셨다고 했고 바울은 양자의 영을 받았으니 아바 아버지라 부르짖는다며 성령이 친히 우리 영으로 더불어 우리가 하나님의 자녀인 것을 증거한다고 했다. 성도는 예수와 형제요 같은 하나님의 자녀이다.
* 참고 성구 * 롬 8:14-17, 갈 4:6-7, 벧전 1:3-4, 요 1:12-13

■ 기 도 ■ 하나님 아버지! 성도는 믿음의 특권으로 당신께 담대히 나아가며, 거듭난 새 사람인 동시에 당신의 자녀들입니다. 오늘 주님을 영접하여 당신의 자녀가 된 사랑하는 당신의 성도의 앞날을 축복해 주시옵소서. 예수 그리스도의 이름으로 기도드립니다. 아멘.

♣ 믿는 법을 모른다는 자 ♣

예수를 믿으면 영생함
♪ 322, 182, 251

■ 본 문 ■ 또 증거는 이것이니 하나님이 우리에게 영생을 주신 것과 이 생명이 그의 아들 안에 있는 그것이니라 아들이 있는 자에게는 생명이 있고 하나님의 아들이 없는 자에게는 생명이 없느니라【요일 5:11-12】

■ 서 론 ■ 프랑스의 정치가 마레쉬에르브는 "영생에 대한 생각은 짧은 인생에 위안을 준다."고 했다. 주님은 나를 보내신 이를 믿는 자는 영생을 얻었고 심판에 이르지 아니하나니 사망에서 생명으로 옮겼다고 하셨다. 예수를 이 땅에 보내신 그 하나님은?

I. 우리에게 독생자를 보내신 하나님
요한은 하나님이 세상을 이처럼 사랑하사 독생자를 주셨으니 이는 저를 믿는 자마다 멸망치 않고 영생을 얻게 하려 하심이라고 기록했다. 독생자 예수를 예언한 미가는 베들레헴에서 이스라엘을 다스릴 자가 나오는데 그의 근본은 상고에, 태초에니라고 했다. 주님은 말씀으로 선재하셨다.
* 참고 성구 * 요 3:16, 1:1, 창 22:2, 렘 6:26, 롬 5:8, 미 5:2

II. 우리에게 영생을 주신 하나님
영생, 곧 '조에'는 생명, 생기, (영원한)생명을 뜻하는 말로서 이는 하나님께서는 그가 가지신 생명을 그 아들 예수에게 주셨고 그 아들은 그 생명을 이 세상에 주기 위해 오셨다. 요한은 아들이 있는 자에게는 생명이 있고 하나님의 아들이 없는 자에게는 생명이 없다고 했다.
* 참고 성구 * 요 14:6, 행 4:12, 계 3:10, 롬 6:23

III. 우리에게 충만한 기쁨을 주신 하나님
요한은 내가 이것을 너희에게 이름은 내 기쁨이 너희 안에 있어 너희 기쁨을 충만하게 하려 함이니라고 했다. 또한 지금까지는 너희가 내 이름으로 아무것도 구하지 아니하였으나 구하라 그리하면 받으리니 너희 기쁨이 충만하리라고 했다. 하나님은 주 예수를 통해 충만한 기쁨을 우리에게 주셨다.
* 참고 성구 * 요 15:11, 행 13:52, 롬 8:17-18, 빌 4:4

■ 기 도 ■ 하나님 아버지! 오늘 당신을 영접하려고 하는 당신의 자녀에게 영생을 주시고 충만한 기쁨으로 마음을 위로하고 그 영혼을 사랑하여 주시옵소서. 예수 그리스도의 이름으로 기도드립니다. 아멘.

♣ 믿는 법을 모른다는 자 ♣
믿어서 의와 구원에 이름
♪ 343, 319, 265

■ 본 문 ■ 사람이 마음으로 믿어 의에 이르고 입으로 시인하여 구원에 이르느니라【롬 10:10】

■ 서 론 ■ 영국의 시인 존 밀턴은 "율법이 죄를 드러나게는 할 수 있으나 그 죄를 제거할 수는 없다."고 했다. 바울은 율법이 우리를 그리스도에게로 인도하는 몽학선생이 되어 우리로 하여금 믿음으로 말미암아 의롭다 함을 얻게 하려 함이라고 했다. 마음으로 믿어서 의에 이르고 입으로 시인하여 구원에 이른다는 이신득의는?

I. 성도의 의는 예수 안에 있는 의임
바울은 한 사람의 순종치 아니함으로 많은 사람이 죄인 된 것같이 한 사람의 순종하심으로 많은 사람이 의인이 되리라고 했다. 아담의 죄 때문에 만인에게 사형이 선고되었으나 한 사람 그리스도 예수의 순종으로 이 선고가 완전히 말소가 되었다. 아담은 죄인을 예수는 의인이 되게 했다.
 * 참고 성구 * 고전 1:30, 고후 5:21, 히 9:14, 롬 4:24, 5:19

II. 율법은 아무도 의롭게 하지 못함
바울은 율법의 행위로 그의 앞에 의롭다 하심을 얻을 육체가 없나니 율법으로는 죄를 깨달음이니라고 했다. 율법의 기능은 죄 자체에 관해서 깨닫게 하는 것이지 죄로부터 구원하는 것이 아니다. 안디옥에서 행한 바울의 설교의 요지는 그리스도를 힘입어 의롭다 하심을 입는 것이었다.
 * 참고 성구 * 롬 3:20, 갈 3:19, 24, 딤전 1:9-10, 엡 2:15, 행 13:39

III. 예수를 믿음으로 구원에 이르게 됨
바울은 네가 만일 네 입으로 예수를 주로 시인하며 또 하나님께서 그를 죽은 자 가운데서 살리신 것을 네 마음에 믿으면 구원을 얻으리라고 했다. 성령으로 아니하고는 누구든지 예수를 주시라고 할 수 없다. 예수를 믿는다는 것은 그를 보내신 하나님을 믿는 것이다.
 * 참고 성구 * 요 3:16, 행 16:31, 히 10:19-22, 롬 10:9, 고전 12:3

■ 기 도 ■ 하나님 아버지! 율법은 아무도 의롭게 하지 못하며 오직 예수를 믿음으로써 의롭게 되며 또한 구원에 이르게 됩니다. 당신의 독생자이신 그리스도 예수를 온전히 좇는 자가 되게 하시고 그로 인하여 영생을 얻는 자가 되게 하옵소서. 예수 그리스도의 이름으로 기도드립니다. 아멘.

♣ 돈 벌어서 믿겠다는 자 ♣

가난한 자도 환영함
♪ 257, 252, 255

■ 본 문 ■ 너희 목마른 자들아 물로 나아오라 돈 없는 자도 오라 너희는 와서 사먹되 돈 없이, 값 없이 와서 포도주와 젖을 사라【사 55:1】

■ 서 론 ■ 영국 빅토리아 여왕의 부친으로 공작이었던 컨트는 "내가 구원 얻은 것은 공작인 때문도 아니요 현왕의 부친된 때문도 아니요 오직 죄인인 때문이다."라고 했다. 이사야는 본문에서 돈 없이, 값 없이 와서 포도주와 젖을 사라고 했다. 복음은 거저 받았으니 거저 주는 것이다. 주님의 초청은?

Ⅰ. 목마른 자들아/구원의 초청임
주님은 초막절 행사와 관련하여 서서 외치시기를 누구든지 목마르거든 내게로 와서 마시라고 하셨다. 주님은 영적 생수이시므로 목마른 자는 와서 마시라고 구원의 초청을 하셨다. 바울은 하나님은 모든 사람이 구원을 받으며 진리를 아는 데 이르기를 원하신다고 말하였다.
 * 참고 성구 * 요 7:37, 마 11:28, 롬 10:12, 딤전 2:4

Ⅱ. 물로 나아오라/영혼의 갈증이 해갈됨
주님은 내게로 와서 마실 때 나를 믿는 자는 성경에 이름과 같이 그 배에서 생수의 강의 흘러나리라고 하셨다. 사마리아의 수가성 여인은 다섯 남편을 두었으나 만족이 없는 여인으로 몹시 영혼이 갈하였으나 주님을 만나 뵙고는 물동이를 버려두고 그리스도임을 동네에 알렸다.
 * 참고 성구 * 요 7:38, 시 36:8, 요 4:14, 갈 5:22

Ⅲ. 돈 없이, 값 없이 포도주와 젖을 사라/은혜로 구원됨
요한은 마지막 초청으로 그의 계시록에서 목마른 자도 올 것이요 또 원하는 자는 값없이 생명수를 받으라고 했다. 인간의 구원은 하나님의 은혜로 된다. 베드로는 갓난 아이들 같이 순전하고 신령한 젖을 사모하라 이는 너희로 구원에 이르도록 자라게 하려 함이라고 했다.
 * 참고 성구 * 엡 2:8-9, 롬 3:23-24, 딛 3:5, 계 22:17, 벧전 2:2

■ 기 도 ■ 하나님 아버지! 돈을 번 뒤에 예수를 믿겠다는 사람들이 있습니다. 그러나 주님께서는 와서 무료로 구원의 생수를 마시라고 했습니다. 말세지말을 맞이하여 모든 것이 돈으로 환산되는 이 냉엄한 현실에 복음마저 돈으로 사려는 자들을 용서해 주옵소서. 예수 그리스도의 이름으로 기도드립니다. 아멘.

♣ 돈 벌어서 믿겠다는 자 ♣

말씀으로 산다
♪ 102, 253, 352

■ 본 문 ■ 예수께서 대답하여 가라사대 기록되었으되 사람이 떡으로만 살 것이 아니요 하나님의 입으로 나오는 모든 말씀으로 살 것이라 하였느니라 하시니【마 4:4】

■ 서 론 ■ 미국의 박물학자요 수필가인 헨리 데이빗 도로는 "돈으로 영혼에 필요한 것을 살 것은 아무것도 없다."고 했다. 사람은 영혼과 육체를 가진 존재로서 떡으로는 육체를 살지우고 말씀으로는 영혼을 살지운다. 그러나 떡만으로도 살 수 있다고 하는 자들에게 성경의 말씀은?

Ⅰ. 사람은 떡으로만 살 수 없는 존재임

주님은 마귀의 시험에 대하여 사람이 떡으로만 살 것이 아니요 하나님의 입에서 나오는 모든 말씀으로 살 것이라고 했다. 육신을 입은 사람은 떡도 필요하지만 영혼을 살지우는 데는 떡이 아니라 하나님의 말씀이 필요한 것이다. 이는 사람이 하나님의 형상대로 지음을 받았기 때문이다.

　* 참고 성구 * 눅 12:15, 갈 5:16-21, 신 8:3, 욥 23:12, 창 1:27

Ⅱ. 하나님의 말씀의 떡을 사모할 것임

베드로는 갓난 아이들같이 순전하고 신령한 젖을 사모하라 이는 이로 말미암아 너희로 구원에 이르도록 자라게 하려 함이라고 했다. 하나님의 말씀 곧 성경은 그리스도 예수 안에 있는 믿음으로 구원에 이르게 하는 지혜가 있게 한다. 성도는 하나님의 말씀을 사모하는 자가 되자.

　* 참고 성구 * 딤후 3:15-17, 벧전 2:2, 시 19:10, 렘 15:16

Ⅲ. 생명의 떡은 사모함으로써 주어짐

주님은 내가 곧 생명의 떡이니 내게 오는 자는 결코 주리지 아니할 터이요 나를 믿는 자는 영원히 목마르지 아니하리라고 하시며 누구든지 목마르거든 내게로 와서 마시라고 하셨다. 생명의 떡이신 예수는 '떡집'이라는 의미를 가진 베들레헴에서 나신 하늘로부터 내려오신 산 떡이시다.

　* 참고 성구 * 빌 4:4, 요 6:35, 요 7:37, 요 15:11

■ 기 도 ■ 하나님 아버지! 사람은 떡으로만 살 수 없는 존재이므로 당신의 말씀의 떡을 사모하여 생명의 떡을 얻게 하시옵소서. 주님은 내 살은 참된 양식이요, 내 피는 참된 음료로다라고 말씀하셨습니다. 이 양식과 피를 거저 먹고 마심으로써 영생을 얻게 하옵소서. 예수 그리스도의 이름으로 기도드립니다. 아멘.

♣ 돈 벌어서 믿겠다는 자 ♣

재물은 악의 원인

♪ 332, 333, 335

■ 본 문 ■ 열 둘 중에 하나인 가룟 유다가 예수를 넘겨주려고 대제사장들에게 가매 저희가 듣고 기뻐하여 돈을 주기로 약속하니 유다가 예수를 어떻게 넘겨줄 기회를 찾더라【막 14:10-11】

■ 서 론 ■ "돈은 무저갱 바다와 같아서 그 바다에 명예, 양심, 진리 등이 빠져서 익사를 한다."고 코츠레이는 말했다. 예수의 열두 제자 중 일행의 돈 궤를 맡은 가룟 유다의 경우를 돌아보아 그가 왜 스승을 배신하고 만고의 낙인이 찍힌 자가 되었나를 살피자. 가룟 유다는?

I. 일행의 돈 궤를 맡은 제자

요한은 가룟 유다를 일러 저는 도적이라 돈 궤를 맡고 거기 넣는 것을 훔쳐 감이러라고 했다. 예수와 열두 제자와 많은 무리의 경비를 지출할 재정을 맡은 자가 돈에 현혹이 되었으니 야고보서 기자의 말대로 욕심이 잉태한즉 죄를 낳고 죄가 장성한즉 사망을 낳느니라는 말씀은 지당하다.

* 참고 성구 * 요 12:6, 마 26:14-16, 약 1:15, 마 14:21

II. 돈에 대한 매력과 함정

가룟 유다는 주님의 씨뿌리는 자의 비유에서 가시떨기에 뿌리우는 자이다. 이는 말씀을 듣되 세상의 염려와 재리의 유혹과 기타 욕심이 들어와 말씀을 막아 결실치 못하게 되는 자이다. 바울은 돈을 사랑함이 일만 악의 뿌리가 되어 이것을 사모하는 자는 미혹을 받아 믿음에서 떠난다고 했다.

* 참고 성구 * 마 16:24, 딤전 6:9-10, 막 4:19, 약 5:3

III. 배반자라는 만고의 낙인

가룟 유다는 끝내 은 삼십을 받고 스승이신 주님을 넘겨주면서 주님께 랍비여, 안녕하시옵니까라며 배신의 입맞춤을 하였다. 그러나 주님은 친구여, 네가 무엇을 하려고 왔는지 행하라고 하셨다. 가룟 유다의 결국은 비참했다. 목을 매어 죽었으나 줄이 끊어져 창자가 터져나왔다.

* 참고 성구 * 마 20:18-19, 벧전 5:8-9, 엡 4:27, 막 14:21, 행 1:16-18

■ 기 도 ■ 하나님 아버지! 오늘 돈에 미혹되어 주님을 도외시하는 모든 이들에게 재물에 대한 해악과 폐해를 깨닫는 시간이 되게 하옵소서. 예수 그리스도의 이름으로 기도드립니다. 아멘.

♣ 돈 벌어서 믿겠다는 자 ♣

삶의 기초는 신앙으로
♪ 369, 187, 313

■ 본 문 ■ 저희에게 이르시되 삼가 모든 탐심을 물리치라 사람의 생명이 그 소유의 넉넉한 데 있지 아니하니라 하시고 【눅 12:15】

■ 서 론 ■ "돈이 있으면 십자가는 살 수 있지만 구세주는 불가능하며, 종교의 사원은 지을 수 있지만 하늘 나라는 불가능하다."고 어느 선각자는 말했다. 주님은 부자가 하늘 나라에 들어감이 약대가 바늘 귀로 들어감보다 더 어렵다고 말씀하셨다. 돈이 없으면 조금 불편할 뿐이다. 그러나 돈과 하늘 나라를 맞바꿀 어리석은 자가 있는가. 돈의 부정적 요소는?

I. 세상 지혜의 악함
지혜, 곧 '소피아'는 세상적인 지식을 뜻하는 말이다. 야고보서 기자는 이러한 세상의 지혜를 위로부터 내려온 것이 아니요 세상적이요 정욕적이요 마귀적이니라고 했다. 그러나 하늘의 지혜는 성결하고 화평하고 관용하고 양순하며 긍휼과 선한 열매가 가득하고 편벽과 거짓이 없다.
* 참고 성구 * 고전 3:19-20, 잠 9:10, 사 29:14, 약 3:15-17

II. 쾌락 추구의 헛됨
바울은 일락을 좋아하는 이는 살았으나 죽었느니라고 했다. 일락 곧 '스파탈로사'는 호색과 사치라는 뜻인 '스파탈레'에서 유래한 말로서 이는 육적인 것을 추구하는 사람의 방탕한 생활을 가리키는 말이다. 어리석은 부자는 쉬고 먹고 마시고 즐거워하자고 했으니 영혼을 도외시했다.
* 참고 성구 * 눅 16:19-31, 딤전 5:6, 사 47:8-9, 눅 12:19

III. 물질적 부요의 위험성
부자 청년은 주님께 영생을 얻는 비결을 알았음에도 재물이 많아서 근심하여 떠나갔다. 그것을 보고 주님은 부자는 천국에 들어가기가 어렵다고 하셨다. 돈을 사랑함은 일만 악의 뿌리가 되나니 이것을 사모하는 자들이 미혹을 받아 믿음에서 떠나 많은 근심으로 자기를 찔렀다.
* 참고 성구 * 마 6:19, 딤전 6:9-10, 히 9:27, 눅 12:15, 마 19:23

■ 기 도 ■ 하나님 아버지! 오늘 우리는 삶의 기초를 신앙에 두는 자들이 되어 택함 받은 자답게 하늘엣 것을 바라며 살게 하소서. 예수 그리스도의 이름으로 기도드립니다. 아멘.

♣ 돈 벌어서 믿겠다는 자 ♣

돈을 탐하지 말라
♪ 450, 169, 469

■ 본 문 ■ 돈을 사랑함이 일만 악의 뿌리가 되나니 이것을 사모하는 자들이 미혹을 받아 믿음에서 떠나 많은 근심으로써 자기를 찔렀도다【딤전 6:10】

■ 서 론 ■ 영국의 시인 아브라함 코울리는 "가난은 다소 부족한 것이고 사치는 많이 부족한 것이며 탐심은 모든 것이 부족한 것이다."라고 했다. 수의에는 호주머니가 없음을 잘 알고 있는 인생들이 욕심은 한도 끝도 없음은 어쩐 일인가? 성경이 말하는 만족하는 삶이 성도에게 주는 유익은?

I. 만족하는 삶의 유익
히브리서 기자는 돈을 사랑치 말고 있는 바를 족한 줄로 알라고 했다. 바울은 우리가 세상에 아무것도 가지고 온 것이 없으매 또한 아무것도 가지고 가지 못하리니 우리가 먹을 것과 입을 것이 있은즉 족한 줄로 알 것이니라고 했다. 바울처럼 자족하는 삶을 살 것이다.
  * 참고 성구 * 빌 4:11, 잠 30:9, 느 8:10, 딤전 6:7-8, 히 13:5

II. 만족해야 할 이유
바울은 부하려 하는 자들은 시험과 올무와 여러 가지 어리석고 해로운 정욕에 떨어지나니 곧 사람으로 침륜과 멸망에 빠지게 하는 것이라고 했다. 잠언 기자는 나로 가난하게도 부하게도 마옵시고 오직 필요한 양식으로 내게 먹이시옵소서라고 했다. 만족하는 삶은 감사하는 삶이다.
  * 참고 성구 * 요 4:13, 욥 1:21, 잠 30:8, 딤전 6:9

III. 만족하지 못한 자의 불행
돈을 사랑함이 일만 악의 뿌리가 되나니 이것을 사모하는 자들이 미혹을 받아 믿음에서 떠나 많은 근심으로써 자기를 찔렀다고 바울은 말하고 있다. 탐욕으로 가득찬 사울 왕은 아각과 전리품을 챙김으로써 하나님의 말씀에 불순종하여 끝내는 비참한 죽음으로 생을 마감한다.
  * 참고 성구 * 마 19:23-24, 행 1:18, 벧후 2:15-16, 딤전 6:10, 삼상 15:9

■ 기 도 ■ 하나님 아버지! 공수래 공수거의 인생길에 아옹다옹 싸우며 남을 속이며 돈을 모아서 무엇에 쓰려는지 남의 것까지 자기 것으로 만들려는 탐욕이 가득찬 이 세상을 유유자적하며 살고 혹 물질이 있으면 남을 돕는 선한 사업에 부하게 하소서. 예수 그리스도의 이름으로 기도드립니다. 아멘.

♣ 죄가 없다고 교만한 자 ♣

의롭다 하는 자
♪ 347, 315, 338

■ 본 문 ■ 나단이 자기 집으로 돌아가니라 우리아의 처가 다윗에게 낳은 아이를 여호와께서 치시매 심히 앓는지라 다윗이 그 아이를 위하여 하나님께 간구하되 금식하고 안에 들어가서 밤새도록 땅에 엎드렸으니【삼하 12:15-16】

■ 서 론 ■ 영국의 신학자 토마스 풀러는 "오만함과 우아함은 같은 장소에 살지 않는다."고 했다. 성군으로 칭송받던 다윗도 인간의 정욕에 이끌려 큰 범죄를 저질렀다. 의롭다고 한 그가 하나님께 간구한 것은?

I. 다윗은 하나님의 긍휼을 구하는 기도를 드렸다

다윗이 간구하되 금식하고 밤새도록 땅에 엎드린 것은 하나님의 긍휼을 구하려는 것이었다. 다윗은 그의 시편에서 하나님이여 주의 인자를 좇아 나를 긍휼히 여기시며 주의 많은 자비를 좇아 내 죄과를 도말하소서라고 기도했다. 하나님의 긍휼을 구하는 기도는 죄인이 취할 기도이다.
* 참고 성구 * 엡 2:4, 왕하 13:23, 느 1:5, 갈 6:3, 시 51:1

II. 다윗은 자신의 죄를 인정하는 기도를 드렸다

다윗이 간구하되 금식하고 밤새도록 땅에 엎드린 것은 자신의 범죄를 인정하며 하나님 앞에 겸손히 처분을 맡기는 것이었다. 다윗은 그의 시편에서 나의 죄악을 말갛게 씻기시며 나의 죄를 깨끗이 제하소서 대저 나는 내 죄과를 아오니 내 죄가 항상 내 앞에 있다고 했다.
* 참고 성구 * 고후 5:19, 창 30:33, 렘 14:20, 시 51:2-3, 잠 28:13

III. 다윗은 온 마음을 다해 간절한 기도를 드렸다

다윗이 간구하되 금식하고 밤새도록 땅에 엎드린 것은 온 마음을 다해서 간절한 기도를 드린 것이었다. 다윗은 그의 시편에서 하나님이 구하시는 제사는 상한 심령이라 하나님이여 상하고 통회하는 마음을 주께서 멸시치 아니하시리이다라고 했다. 간절한 기도는 주의 응답이 있다.
* 참고 성구 * 벧전 4:7, 출 8:30, 단 9:3, 시 51:17, 6:6

■ 기 도 ■ 하나님 아버지! 당신은 다윗을 그는 내 마음에 합한 자라고 말씀하셨습니다. 그러나 그도 인간인지라 육체의 정욕에 이끌려 큰 범죄를 저질렀습니다. 그러나 다윗이 드린 기도를 당신은 가납하셔서 여디디야 곧 솔로몬을 주심으로 다윗을 회복시킴을 감사하오며 예수 그리스도의 이름으로 기도드립니다. 아멘.

♣ 죄가 없다고 교만한 자 ♣

죄인임을 고백하라
♪ 210, 169, 469

■ 본 문 ■ 시몬 베드로가 이를 보고 예수의 무릎 아래 엎드려 가로되 주여 나를 떠나소서 나는 죄인이로소이다 하니【눅 5:8】

■ 서 론 ■ 미국의 작가 윌리엄 딘 하웰즈는 "기독교는 마음에 와 닿아 변화를 일으키는데 다른 어떤 종교도 이런 일은 할 수 없다."라고 했다. 어부 베드로는 주님의 놀라우신 능력 앞에 머리를 숙이며 나는 죄인이라고 고백을 했다. 그러나 주님은 네가 사람을 취하리라고 말씀하셨다. 주님은 ?

I. 순종의 사람을 기뻐하시는 주님
주님은 시몬 베드로에게 깊은 데로 가서 그물을 내려 고기를 잡으라고 하셨다. 바닷가에서 잔뼈가 굵은 어부 베드로는 선생이여 우리들이 밤이 맞도록 수고하였으되 얻은 것이 없지만 말씀에 의지하여 내가 그물을 내리리이다라고 대답했다. 주님이 기뻐하시는 것은 우리의 순종이다.
* 참고 성구 * 마 7:21, 행 5:29, 삼상 15:22-23, 눅 5:5

II. 겸손한 사람을 기뻐하시는 주님
베드로는 게네사렛 호수가에서 고기를 잡아 먹고 사는 어부이다. 그는 호수의 모든 곳을 샅샅이 외울 정도로 정보에 빠른 사람이었다. 그런 그가 젊은 선생 예수의 명을 받들어 순종한 것은 그의 큰 겸손을 보이는 것이다. 주님은 이처럼 자신을 낮추는 자를 높여서 크게 쓰신다.
* 참고 성구 * 빌 2:5-11, 마 11:29, 잠 22:4, 미 6:8, 약 4:10

III. 회개하는 사람을 기뻐하시는 주님
주님의 명을 좇아 깊은 데에 그물을 내린 베드로는 수많은 고기가 잡히자 덜컥 겁이 났다. 그는 주여 나를 떠나소서 나는 죄인이로소이다라며 큰 고백을 하였다. 베드로는 이 기적을 통해서 자신에게 죄가 많음과 예수의 신성을 동시에 깨닫게 된 것이다. 회개는 구원의 첫 관문이다.
* 참고 성구 * 행 2:38, 눅 15:7, 10, 시 51:16-17, 렘 7:13, 행 3:19

■ 기 도 ■ 하나님 아버지! 오늘 목이 곧아 자신을 죄가 없다고 오만방자하게 외치는 자들에게 당신의 큰 능력을 행하여 그들이 죄인됨을 깨닫게 하시옵소서. 그리고 그들의 영혼도 구원의 대열에 서도록 인도해 주시옵소서. 예수 그리스도의 이름으로 기도드립니다. 아멘.

♣ 죄가 없다고 교만한 자 ♣

낮추는 자는 높아짐
♪ 347, 228, 450

■ 본 문 ■ 너희 중에 큰 자는 너희를 섬기는 자가 되어야 하리라 누구든지 자기를 높이는 자는 낮아지고 누구든지 자기를 낮추는 자는 높아지리라【마 23:11-12】

■ 서 론 ■ 영국의 시인이요 작가인 존 드라이든은 "가장 향기로운 향수는 가장 작은 병에 담겨 있다."고 했다. 가방을 큰 것 메고 다닌다고 다 공부를 잘하는 것이 아니다. 문제는 속 알맹이가 문제이다. 높아지려는 인간을 향해 낮추는 자가 높아진다는 성경의 역설적 진리는?

I. 높아지려면 이기심을 극복해야 함
세베대의 아들들 곧 요한과 야고보를 데리고 온 어머니 살로메는 예수께 아들들을 주의 나라에서 주의 좌우에 앉게 해달라고 간청하자 나머지 열 제자가 이를 분히 여겼다. 이 모습을 본 주님은 누구든지 으뜸이 되고자 하는 자는 너희 종이 되어야 하리라고 말씀하셨다.
 * 참고 성구 * 막 10:45, 잠 11:26, 사 5:8, 겔 34:18, 마 20:24, 27

II. 높아지려면 세상의 욕심을 버려야 함
바울은 음행과 온갖 더러운 것과 탐욕은 너희 중에서 그 이름이라도 부르지 말라 이는 성도의 마땅한 바니라고 했다. 야고보서 기자도 욕심이 잉태한즉 죄를 낳고 죄가 장성한즉 사망을 낳느니라고 했다. 높임을 받고자 하는 이는 세상적인 모든 욕심을 배제해야만 한다.
 * 참고 성구 * 눅 12:15-21, 엡 5:3, 5, 딤전 6:9-10, 약 1:15, 요삼 1:9-11

III. 높아지려면 어리석은 교만을 버려야 함
잠언 기자는 교만은 패망의 선봉이요 거만한 마음은 넘어짐의 앞잡이니라고 했고 야고보서 기자는 주 앞에서 낮추라 그리하면 주께서 너희를 높이시리라고 했다. 교만은 마귀가 가져다 주는 것이다. 천사장 루시퍼는 교만 때문에 하늘에서 쫓겨나 사단이 된 어리석은 천사였다.
 * 참고 성구 * 약 4:6, 겔 28:13-19, 사 14:12-17, 잠 16:18, 눅 16:15

■ 기 도 ■ 하나님 아버지! 높이는 자는 낮아지고 낮추는 자는 높아진다는 이 역설의 진리를 죄가 없다고 교만에 빠진 자들에게 살아 움직이는 말씀의 검으로 그들의 영과 혼과 몸을 찔러 그들이 죄인임을 깨닫게 하시옵소서. 예수 그리스도의 이름으로 기도드립니다. 아멘.

♣ 죄가 없다고 교만한 자 ♣

죄를 부인하는 죄
♪ 350, 182, 193

■ 본 문 ■ 만일 우리가 죄 없다 하면 스스로 속이고 또 진리가 우리 속에 있지 아니할 것이요 만일 우리가 우리 죄를 자백하면 저는 미쁘시고 의로우사 우리 죄를 사하시며 모든 불의에서 우리를 깨끗케 하실 것이요【요일 1:8-9】

■ 서 론 ■ 영국의 역사가요 철학자인 토마스 칼라일은 "가장 치명적인 죄는 죄를 느끼지 못하는 양심을 갖는 것이다."라고 했다. 우리의 주변에는 양심에 화인을 맞은 자가 많다. 의인은 하나도 없고 하나님 앞에 모든 사람이 죄인이 되었으나 성도는?

I. 오직 예수의 피공로로 우리를 구속하심

바울은 우리가 죄인되었을 때 그리스도께서 우리를 위하여 죽으심으로 이제 우리가 그 피를 인하여 의롭다 하심을 얻었은즉 그로 말미암아 진노하심에서 구원을 얻을 것이다라고 했다. 골고다 산상에서 십자가에 달려 흘리신 예수의 거룩하신 피로 우리는 구속함을 입었다.

* 참고 성구 * 행 16:31, 엡 2:13, 벧전 1:18-19, 롬 5:8-9

II. 오직 예수의 피공로로 우리를 거룩하게 하심

히브리서 기자는 영원하신 성령으로 말미암아 흠없는 자기를 하나님께 드린 그리스도의 피가 어찌 너희 양심으로 좋은 행실에서 깨끗하게 하고 살아 계신 하나님을 섬기게 못하겠느뇨라고 했다. 십자가에서 흘리신 그리스도의 보혈을 믿는 자는 거룩함을 입은 성도가 되는 것이다.

* 참고 성구 * 요 17:17, 엡 5:27, 딛 1:8, 히 9:14

III. 오직 예수의 피공로로 우리를 승리하게 하심

주님은 세상에서는 너희가 환난을 당하나 담대하라 내가 세상을 이기었노라고 하였다. 그리고 십자가 위에서 가상칠언의 마지막으로 다 이루었다 하시고는 운명하셨다. 성도의 승리는 그리스도 예수를 믿고 의지하고 그의 흘리신 피의 공로로 이루어지는 것임을 명심해야 한다.

* 참고 성구 * 요 19:30, 요일 1:7, 출 12:23, 계 12:11, 요 16:33

■ 기 도 ■ 하나님 아버지! 안 믿는 자들은 우리가 깨끗하게 살았으니 죄가 없다고 말합니다마는 성경은 사람 모두가 당신 앞에서 죄인이요 영혼의 구원과 영생을 위해서는 그리스도의 피의 공로를 의지해야만 가능하다고 말함을 깨닫게 하소서. 예수 그리스도의 이름으로 기도드립니다. 아멘.

♣ 죄가 없다고 교만한 자 ♣

의인은 한 명도 없음
♪ 213, 210, 204

■ 본 문 ■ 기록한 바 의인은 없나니 하나도 없으며 깨닫는 자도 없고 하나님을 찾는 자도 없고 다 치우쳐 한 가지로 무익하게 되고 선을 행하는 자는 없나니 하나도 없도다【롬 3:10-12】

■ 서 론 ■ 미국의 수필가 에머슨은 "가장 훌륭한 역사의 교훈은 악이 좋아 보인다는 것이다."라고 했다. 인류의 시조 하와가 선악과를 바라보았을 때 그것이 먹음직도 하고 보암직도 하고 지혜롭게 할 만큼 탐스러웠다고 성경은 말하고 있다. 원죄로 인한 인간의 죄악은?

Ⅰ. 성경은 의인은 없다고 인류의 죄를 증거함
바울은 모든 사람이 죄를 범하였으매 하나님의 영광에 이르지 못하더라고 했다. 인간은 하나님의 형상대로 지음을 받은 거룩한 존재였으나 아담과 하와의 불순종의 죄로 인하여 모든 아담의 형상을 입은 그의 후손들에게는 원죄가 핏속에 흐르게 되어 영광을 상실한 것이다.
  * 참고 성구 * 갈 3:24, 렘 17:5, 갈 2:16, 시 14:1-3, 롬 3:23

Ⅱ. 성경은 깨닫는 자도 없다고 인류의 죄를 증거함
주님은 나는 스스로 온 것이 아니요 아버지께서 나를 보내신 것이니라 어찌하여 내 말을 깨닫지 못하느냐 이는 내 말을 들을 줄 알지 못함이로다며 답답해 하셨다. 예수를 하나님이 아니라고 하는 자나 예수를 주 혹은 그리스도가 아니라 성인의 한 사람으로 보는 것은 잘못된 것이다.
  * 참고 성구 * 전 12:13, 시 14:2-3, 욥 15:16, 마 23:17, 요 8:43

Ⅲ. 성경은 하나님을 찾는 자도 없다고 인류의 죄를 증거함
바울은 저희가 마음에 하나님 두기를 싫어하매 하나님께서는 저희를 그 상실한 마음대로 내어버려 두사 합당치 못한 일을 하게 하셨다고 했다. 마음에 하나님을 두기 싫어한 자들에게는 악이 범람했으니 불의, 추악, 탐욕, 악의가 가득참, 시기, 살인, 분쟁, 사기 등의 것이다.
  * 참고 성구 * 암 5:4, 시 16:4, 잠 28:5, 시 53:1-3, 롬 1:28-32

■ 기 도 ■ 하나님 아버지! 육체로써 당신 앞에 나설 의인은 한 사람도 없으나 예수 그리스도의 보혈로써 우리는 담대히 당신께 나아가오니 우리의 삶을 주장해 주시고 축복해 주시옵소서. 예수 그리스도의 이름으로 기도드립니다. 아멘.

♣ 죄가 없다고 교만한 자 ♣

교만한 자를 거절하심
♪ 330, 327, 363

■ 본 문 ■ 그러나 더욱 큰 은혜를 주시나니 그러므로 일렀으되 하나님이 교만한 자를 물리치시고 겸손한 자에게 은혜를 주신다 하였느니라【약 4:6】

■ 서 론 ■ "자기밖에 없는 듯이 교만하고 방자하여 모든 사람을 업신여기며 제 위에 아무도 없다는 것을 '안하무인'이라고 한다."고 중국의 고사성어는 전하고 있다. 교만은 패망의 선봉이요, 넘어짐의 앞잡이이다. 성도의 삶은?

Ⅰ. 성도는 육체의 정욕을 제어할 것

베드로는 사랑하는 자들아 나그네와 행인 같은 너희를 권하노니 영혼을 거스려 싸우는 육체의 정욕을 제어하라고 했으며, 바울은 내가 이르노니 너희는 성령을 좇아 행하라 그리하면 육체의 욕심을 이루지 아니하리라고 했다. 육신에 있는 자들은 하나님을 기쁘시게 할 수 없다.
* 참고 성구 * 갈 5:16-24, 롬 8:5-13, 벧전 2:11, 엡 5:3, 벧전 4:3

Ⅱ. 성도는 세속적인 것들을 멀리할 것

야고보서 기자는 하나님 아버지 앞에서 정결하고 더러움이 없는 경건은 곧 고아와 과부를 그 환난 중에 돌아보고 또 자기를 지켜 세속에 물들지 아니하는 이것이니라고 했다. 성도는 세상의 풍속과 시류와 유행을 멀리하고 항상 하나님 앞에 경건한 삶을 유지해야 한다.
* 참고 성구 * 요일 5:19, 엡 2:1-3, 롬 13:13, 눅 21:34, 약 1:27

Ⅲ. 성도는 교만한 마음을 버릴 것

교만한 마음은 마귀가 가져다 주는 것이다. 에스겔은 네가 아름다우므로 마음이 교만하였으며 네가 영화로우므로 네 지혜를 더럽혔다고 천사장 루시퍼에 대해 말하고는 그의 하늘에서 쫓겨남을 내가 너를 땅에 던져 열왕 앞에 두어 그들의 구경거리가 되게 하였도다라고 했다.
* 참고 성구 * 마 23:11-12, 잠 15:25, 사 14:12-17, 벧전 5:5, 겔 28:13-19

■ 기 도 ■ 하나님 아버지! 교만은 당신께서 제일 싫어하시는 것임을 모든 사람들이 알게 하시며 깨닫게 하소서. 그리고 교만한 자는 당신이 거절하심을 분명히 보이소서. 성도들에게 육체의 정욕을 제어하고 세속적인 것을 멀리하고 교만한 마음을 버려서 당신의 뜻에 합당한 삶을 살게 하소서. 예수 그리스도의 이름으로 기도드립니다. 아멘.

♣ 무신론자 ♣

하나님만 유일하신 신
♪ 357, 312, 396

■ 본 문 ■ 이것을 네게 나타내심은 여호와는 하나님이심이요 그 외에는 다른 신이 없음을 네게 알게 하려 하심이니라【신 4:35】

■ 서 론 ■ 미국의 시인이요 수필가인 에머슨은 "자연은 너무나 얇은 막과 같다. 편재하신 하나님의 영광이 어디에서나 뚫고 나온다."고 했다. 자연을 보고서 창조주(=조물주)가 있음을 알 수 있다고 어느 시인은 고백했으나 무신론자요 초인주의자인 니체는 하나님은 죽었다고 했다. 성경의 증거는?

I. 하나님은 오직 한 분이심
바울은 하나님은 한 분이시요 또 하나님과 사람 사이에 중보도 한 분이시니 곧 사람이신 그리스도 예수라고 했다. 하나님은 창세기 기자의 기사대로 태초에 천지를 창조하신 오직 한 분뿐이신 하나님이요, 이 하나님은 십계명에 나 외에 다른 신들을 네게 있게 말라고 하셨다.
 * 참고 성구 * 막 13:19, 창 1:1, 히 4:3, 출 20:3, 딤전 2:5

II. 하나님은 전지전능하심
바울은 하나님은 복되시고 홀로 한 분이신 능하신 자이며 만왕의 왕이시며 만주의 주시요, 오직 그에게만 죽지 아니함이 있고 가까이 가지 못할 빛에 거하시고 아무 사람도 보지 못하였고 또 볼 수도 없는 자시니 그에게 존귀와 영원한 능력을 돌릴지어다라고 했다. 아멘.
 * 참고 성구 * 고후 6:18, 창 17:1, 욥 8:3, 출 6:3, 딤전 6:15-16

III. 하나님은 구속주이심
이사야는 이스라엘(=야곱)아, 너를 조성하신 자가 이제 말씀하시느니라 너는 두려워 말라 내가 너를 구속하였고 내가 너를 지명하여 불렀나니 너는 내 것이라고 했다. '구속하다'는 헬라어 '아포뤼트로오'는 값을 받아 놓고 준다, 도로 산다는 의미가 있는 말로 구속은 죄사함이다.
 * 참고 성구 * 엡 1:7, 출 6:6, 히 2:17, 사 41:14, 43:1, 골 1:14

■ 기 도 ■ 하나님 아버지! 오늘날 세계 도처에서 무신론자들이 날뛰는 그들의 행태를 보면서 그들도 불쌍히 여기시며 언젠가는 당신의 섭리 안에서 돌아올 것임을 확신합니다. 모든 영혼이 구원을 받기를 원하시어 참고 계시는 존귀하신 당신께 경배드리오며 예수 그리스도의 이름으로 기도드립니다. 아멘.

♣ 무신론자 ♣

하나님을 안 믿는 자
♪ 328, 141, 178

■ 본 문 ■ 악인은 그 교만한 얼굴로 말하기를 여호와께서 이를 감찰치 아니하신다 하며 그 모든 사상에 하나님이 없다 하나이다【시 10:4】

■ 서 론 ■ 미국의 소설가 스토우는 "신의 존재를 믿지 않는 사람처럼 철저히 미신적인 사람은 없다. 그에게 있어서 삶과 죽음은 모호하고 어두운 공포의 마귀 돌로 가득찬 흉가와 같다."고 했다. 하나님의 존재를 안 믿는 그들은?

I. 그 마음의 소욕을 자랑하는 자
야고보서 기자는 너희 중에 오늘이나 내일이나 우리가 아무 도시에 가서 일 년을 유하며 장사하여 이를 보리라 하는 자들아 너희가 도리어 말하기를 주의 뜻이면 살기도 한다고 하나 이제 너희가 허탄한 자랑을 자랑하니 이러한 자랑은 다 악한 것이다라고 사실과 다른 가장을 경멸했다.
* 참고 성구 * 갈 5:16-21, 벧전 2:11, 시 94:4, 약 4:16

II. 주를 배반하며 멸시하는 자
엘리의 아들들 홉니와 비느하스는 불량자로서 여호와 하나님을 알지 못한 자들이요 여호와의 제사를 멸시한 자들이었다. 하나님은 나를 존중히 여기는 자를 내가 존중히 여기고 나를 멸시하는 자를 내가 경멸히 여기리라고 하였다. 엘리의 아들들은 하나님의 심판을 받았다.
* 참고 성구 * 마 26:14-16, 욥 1:5, 11, 시 10:13, 삼상 2:30, 12, 17

III. 그 중심에 하나님이 없는 자
바울은 저희가 마음에 하나님 두기를 싫어하매 하나님께서 저희를 그 상실한 마음대로 내어버려두사 합당치 못한 일을 하게 하셨다고 했다. 그들은 불의, 추악, 탐욕, 시기, 살인, 분쟁, 사기, 악독이 가득한 자요 하나님의 미워하는 자들인즉 그 중심에 하나님이 없는 자들이다.
* 참고 성구 * 전 12:13-14, 시 14:1, 53:1, 잠 9:10, 롬 1:28

■ 기 도 ■ 하나님 아버지! 당신을 안 믿는 자는 그 마음에 소욕을 자랑하는 자요, 주를 배반하며 멸시하는 자요, 그 중심에 하나님이 없는 자라고 했습니다. 가히 이들에게는 하나님 나라의 유업이 없음을 깨닫게 하여 그들도 회개하고 당신의 전에 나아와 당신의 품에 안기어 영생을 취하는 자들이 되게 하옵소서. 예수 그리스도의 이름으로 기도드립니다. 아멘.

♣ 무신론자 ♣

하나님을 모르는 자
♪ 336, 285, 344

■ 본 문 ■ 어리석은 자는 그 마음에 이르기를 하나님이 없다 하도다 저희는 부패하고 소행이 가증하여 선을 행하는 자가 없도다【시 14:1】

■ 서 론 ■ 미국의 역사가 죠지 반크로프트는 "무신론은 인간 본성에서가 아닌 형이상학자에게서 나온 어리석은 생각이다."라고 했다. 우주와 천지만물의 조화와 그 질서만 보아도 하나님이 계심을 알 것인데 하나님을 모르는 자는 참으로 어리석은 자일 뿐이다. 성경이 말하는 어리석은 자는?

Ⅰ. 무신론을 주장하는 어리석은 자
시편 기자는 악인은 그 교만한 얼굴로 말하기를 여호와께서 이를 감찰치 아니하신다 하며 그 모든 사상에 하나님이 없다 하나이다라고 했다. 창세기 기자는 롯의 두 사위가 하나님의 심판으로 소돔과 고모라가 멸망한다는 롯의 말을 농담으로 여겼다고 진지하게 기록하고 있다.
* 참고 성구 * 삼상 25:25, 시 10:4, 잠 9:10, 전 12:13-14, 시 53:1

Ⅱ. 부패하고 소행이 가증한 어리석은 자
창세기 기자는 여호와께서 사람의 죄악이 세상에 관영함과 그 마음의 생각과 모든 계획이 항상 악할 뿐임을 보시고 땅 위에 사람 지으셨음을 한탄하셨다고 했다. 베드로는 음심이 가득한 눈으로 범죄하기를 쉬지 않고 탐욕에 연단된 마음을 가진 자를 저주의 자식이라고 했다.
* 참고 성구 * 창 6:5, 11-12, 시 1:4-6, 사 3:11, 삼상 2:12, 벧전 2:14

Ⅲ. 선을 행치 아니하는 어리석은 자
바울은 의인은 없나니 하나도 없으며 깨닫는 자도 없고 하나님을 찾는 자도 없고 다 치우쳐 한 가지로 무익하게 되고 선을 행하는 자는 없나니 하나도 없다고 했다. 성도는 악을 미워하고 선에 속하여야 하며 악은 모든 모양이라도 버리는 자가 되고 선을 행치 않는 죄를 버리자.
* 참고 성구 * 롬 3:10-12, 12:9, 엡 2:10, 딤전 6:17-19, 약 4:17, 살전 5:22

■ 기 도 ■ 하나님 아버지! 오늘 택함을 입은 성도들은 복음의 아름다운 발로 사람들을 찾아가 당신의 존재와 사랑과 심판을 전하는 전도의 입들이 되도록 축복하여 주시옵소서. 예수 그리스도의 이름으로 기도드립니다. 아멘.

♣ 무신론자 ♣

주를 찾는 자가 없음
♪ 373, 290, 406

■ 본 문 ■ 하나님이 하늘에서 인생을 굽어 살피사 지각이 있는 자와 하나님을 찾는 자가 있는가 보려 하신즉 각기 물러가 함께 더러운 자가 되고 선을 행하는 자 없으니 하나도 없도다[시 53:2-3]

■ 서 론 ■ 영국의 물리학자요 저술가인 로버트 글린은 "무신론자는 하나님을 그의 보좌에서 끌어내고 천국의 영원한 자리에 허황된 우연을 세워놓은 것이다."라고 했다. 세상 지식으로는 하나님을 알 수 없다. 주를 찾지 않는 자들은?

I. 예수를 부인하는 가증된 자
요한은 아들이 있는 자들에게는 생명이 있고 하나님의 아들이 없는 자에게는 생명이 없느니라고 하면서 거짓말하는 자가 누구뇨 예수께서 그리스도 이심을 부인하는 자가 아니뇨 아버지와 아들을 부인하는 그가 적그리스도니라고 했다. 예수를 그리스도가 아니라고 하는 자는 거짓 교사들이다.
  * 참고 성구 * 마 10:32-33, 요일 5:11-12, 행 4:12, 요 14:6, 요일 2:22

II. 육체의 소욕을 좇는 가증된 자
소돔과 고모라의 모든 사람들이 롯을 부르고 이르기를 저녁에 네게 온 사람이 어디 있느냐 이끌어 내라 우리가 그들을 상관하리라고 했다. 이들의 상관한다는 것은 성행위를 뜻하는 것으로 동성애의 관계를 갖겠다는 것이다. 이런 추행을 행하는 자들은 주님을 찾지 않는다. 바울은 그의 로마서에서 동성애자들은 보응을 받았다고 했다.
  * 참고 성구 * 롬 8:5-13, 갈 5:16-21, 벧전 2:11, 창 19:5-8, 롬 1:27

III. 죄로 인해 타락한 가증된 자
바울은 우리도 전에는 어리석은 자요 순종치 아니한 자요 속은 자요 각색 정욕과 행락에 종노릇한 자요 악독과 투기로 지낸 자요 가증스러운 자요 피차 미워한 자였다고 하면서 그러나 이제는 중생의 씻음과 성령의 새롭게 하심으로 영생의 소망을 따라 후사가 되었다고 했다.
  * 참고 성구 * 요 8:34, 벧후 2:22, 요일 3:8, 딛 3:3-5

■ 기 도 ■ 하나님 아버지! 거의 동물의 영역을 벗어나지 못하는 이들의 삶을 당신께서 주장하셔서 구원의 새롭게 하심으로 저 저주의 자식들을 생명으로 인도하여 주소서. 예수 그리스도의 이름으로 기도드립니다. 아멘.

♣ 신앙을 무시하는 자 ♣

악인에게 평안이 없음
♪ 361, 472, 478

■ 본 문 ■ 오직 악인은 능히 안정치 못하고 그 물이 진흙과 더러운 것을 늘 솟쳐내는 요동하는 바다와 같으니라 내 하나님의 말씀에 악인에게는 평강이 없다 하셨느니라【사 57:20-21】

■ 서 론 ■ 미국의 목사 채핀은 "인간의 인격을 저하시키는 것이 악의 본질이다."라고 했다. 그래서 사도 바울은 악은 모든 모양이라도 버리라고 데살로니가 교회에 보낸 편지에서 말했다. 그러나 선한 사람에게는 주님의 인도하시는 평안 곧 샬롬으로 은혜가 채워지나니 성도는?

I. 탐심을 버리는 평안한 성도
'탐하다'는 헬라어 '플레오넥테스'는 다른 사람의 권리를 침해하면서도 자기의 것으로 소유하려는 욕망이나 탐스러운 행동을 뜻하는 말이다. 바울은 음행과 온갖 더러운 것과 탐욕은 너희 중에서 그 이름이라도 부르지 말라 이는 성도의 마땅한 바니라고 했다. 탐심은 우상 숭배이다.
* 참고 성구 * 눅 12:15, 엡 5:3, 5, 골 3:5, 딤전 6:7-8

II. 주께서 인도하시는 평안한 성도
시편 기자 다윗은 그의 시에서 내 영혼을 소생시키고 자기의 이름을 위하여 의의 길로 인도하시는도다라고 한 뒤에 내가 사망의 음침한 골짜기로 다닐지라도 해를 두려워하지 않을 것은 주께서 나와 함께 하심이라 주의 지팡이와 막대기가 나를 안위하신다고 노래하였다.
* 참고 성구 * 요 16:13, 마 28:20, 신 8:2, 시 23:3-4

III. 주께서 평강을 주시매 평안한 성도
예레미야는 그의 애가에서 여호와의 자비와 긍휼이 무궁하시므로 우리가 진멸되지 아니함이니이다 이것이 아침마다 새로우니 주의 성실이 크도소이다 라고 했다. 주님은 평안을 너희에게 끼치노니 나의 평안을 너희에게 주노라 하시며 내가 너희에게 주는 것은 세상이 주는 것과 같지 않다고 하셨다.
* 참고 성구 * 요 14:27, 빌 4:6-7, 갈 5:22, 애 3:22-23

■ 기 도 ■ 하나님 아버지! 악인에게는 평강이 없다고 하신 주여, 비록 신앙을 무시하며 살아가는 그들에게도 생명의 빛을 비추어 회개의 시간을 주시어서 그들을 구원하시옵소서. 예수 그리스도의 이름으로 기도드립니다. 아멘.

♣ 신앙을 무시하는 자 ♣

진노 아래 있는 자
♪ 417, 81, 84

■ 본 문 ■ 아들을 믿는 자는 영생이 있고 아들을 순종치 아니하는 자는 영생을 보지 못하고 도리어 하나님의 진노가 그 위에 머물러 있느니라【요 3:36】

■ 서 론 ■ 독일의 시인이요 철학자인 괴테는 "가장 행복한 사람은 자신의 인생의 시작과 끝을 어떻게 연결시키는지 아는 사람이다."라고 했다. 주 안에서 생을 영위하는 자는 모든 것을 주님께 의탁하므로 그의 삶은 늘 감사가 넘친다. 그러나 불신자는 주의 진노 아래 있는 자이다. 그리스도는?

I. 그리스도는 영원하신 통치자이심

바울은 예수의 선재와 성육신과 십자가의 죽음을 그의 아름다운 문장으로 서술한 뒤, 이러므로 하나님이 그를 지극히 높여 모든 이름 위에 뛰어난 이름을 주사 하늘에 있는 자들과 땅에 있는 자들과 땅 아래 있는 자들로 예수의 이름에 무릎을 꿇고 입으로 주라 시인하게 하셨다고 했다.
 * 참고 성구 * 마 28:18, 빌 2:9-11, 계 22:5, 사 9:6-7, 벧전 3:22

II. 그리스도는 심판의 유일한 기준이심

요한은 아버지께서 아무도 심판하지 아니하시고 심판을 다 아들에게 맡기셨다고 했고, 바울은 우리가 다 반드시 그리스도의 심판대 앞에 드러나 각각 선악간에 그 몸으로 행한 것을 따라 받으려 함이라고 했다. 계시록에서 주님은 내가 속히 오리니 상을 그의 일한 대로 갚아 주리라고 하셨다.
 * 참고 성구 * 요 5:22, 고전 1:30, 행 4:12, 고후 5:10

III. 그리스도는 순종할 유일한 대상이심

의심이 많은 자 디두모 도마는 부활하신 주님을 뵙고서는 가로되 나의 주시며 나의 하나님이시니이다라는 엄청난 신앙을 고백했다. 히브리서 기자는 그가 아들이라도 받으신 고난으로 순종함을 배워서 온전하게 되었은즉 자기를 순종하는 모든 자에게 영원한 구원의 근원이 되신다고 했다.
 * 참고 성구 * 요 20:28, 고전 9:27, 갈 2:20, 히 5:9

■ 기 도 ■ 하나님 아버지! 그리스도께서는 영원하신 통치자시요, 심판의 유일한 기준이시며, 유일하게 순종할 대상이십니다. 오늘 이 시간에 회개의 영을 주셔서 불신자로 하여금 하나님의 자녀가 되는 은혜를 주시어 성도로 삼아 성도들과 함께 하는 은총을 베풀어 주시옵소서. 예수 그리스도의 이름으로 기도드립니다. 아멘.

♣ 신앙을 무시하는 자 ♣

구원자 예수
♪ 517, 323, 253

■ 본 문 ■ 다른 이로서는 구원을 얻을 수 없나니 천하 인간에 구원을 얻을 만한 다른 이름을 우리에게 주신 일이 없음이니라 하였더라【행 4:12】

■ 서 론 ■ "빚진 자가 남의 빚을 갚아줄 수 없듯이 죄인이 어찌 죄인을 구원하겠는가. 죄인을 구원할 이는 오직 한 분 죄 없으신 그리스도뿐이니라."고 어느 성직자는 말했다. 성육신 하신 구원자 그리스도 예수께서 낮고 천한 이 땅에 오심으로 확연히 드러나는 몇 가지의 증거는 ?

Ⅰ. 이 세상의 악함을 증거함
예수께서 빌라도의 법정에 섰을 때 예수를 어떻게 하려는가 묻자 저희는 한 목소리로 십자가에 못 박아야 하겠나이다 하며 더욱 소리를 질러 말하기를 그 피를 우리와 우리 자손에게 돌릴지어다라고 백성은 소리쳤다. 그리스도의 골고다 언덕 위의 십자가는 극명한 인간의 죄악을 상징한다.
* 참고 성구 * 엡 2:1-3, 약 4:4, 요일 5:19, 요 3:19, 마 27:22-23

Ⅱ. 하나님의 능력을 증거함
베다니의 나사로가 죽자 주님은 이 병은 죽을 병이 아니라고 하시며 무덤 앞에 이르셔서 마르다의 순간적인 의심을 꾸짖으시며 내 말을 네가 믿으면 하나님의 영광을 보리라 하지 아니하였느냐고 하셨다. 그리고 큰 소리로 나사로야 나오라고 부르자 죽었던 나사로가 무덤에서 걸어 나왔다.
* 참고 성구 * 엡 1:11, 창 18:14, 욥 42:2, 요 11:4, 42

Ⅲ. 자신을 통한 구원을 증거함
주님은 내가 문이니 누구든지 나로 말미암아 들어가면 구원을 얻고 또는 들어가며 나오며 꼴을 얻으리라고 하셨고, 도마의 질문에 대답하시어 내가 곧 길이요 진리요 생명이니 나로 말미암지 않고는 아버지께로 올 자가 없느니라고 하셨다. 오직 예수만이 구원의 통로가 되심을 믿자.
* 참고 성구 * 요 3:16, 갈 2:16, 요 14:6, 고후 5:21, 요 10:9

■ 기 도 ■ 하나님 아버지! 구원자이신 예수를 거부하고 신앙을 무시하는 자들을 크나큰 성령의 역사로써 그들을 움직여서 빌립보의 간수가 구원을 받듯이 그들에게도 구원이 임하도록 은혜를 내려 주시옵소서. 예수 그리스도의 이름으로 기도드립니다. 아멘.

♣ 신앙을 무시하는 자 ♣

십자가를 거절하는 자
♪ 199, 167, 168

■ 본 문 ■ 하물며 하나님 아들을 밟고 자기를 거룩하게 한 언약의 피를 부정한 것으로 여기고 은혜의 성령을 욕되게 하는 자의 당연히 받을 형벌이 얼마나 더 중하겠느냐 너희는 생각하라【히 10:29】

■ 서 론 ■ 독일의 성직자요 학자인 토마스 아 켐피스는 "참고 순종하며 십자가를 져라. 그리하면 마지막에는 그 십자가가 너를 져줄 것이다."라고 했다. 골고다 언덕 위에서 주님께서 달리신 십자가는 구원의 징표요 영생의 상징인 것이다. 그러나 불신자와 무신론자는 이 십자가를 거절했는데 그는?

I. 그는 기회를 잃은 자이다
바울은 빌립보 교회에 보낸 그의 편지에서 내가 여러 번 너희에게 말하였거니와 이제도 눈물을 흘리며 말하노니 여러 사람들이 그리스도 십자가의 원수로 행하느니라고 안타까워했다. 후메내오와 알렉산더는 바울이 사단에게 내어준 자가 되어 그들은 영생의 기회를 잃게 되었다.
* 참고 성구 * 마 25:24-30, 엡 5:16, 고후 6:2, 빌 3:18, 딤전 1:20

II. 그는 성령을 훼방한 자이다
주님은 누구든지 성령을 훼방하는 자는 사하심을 영원히 얻지 못하고 영원한 죄에 처하느니라고 하셨다. 훼방, 곧 '브라스페미아'는 비방, 중상, 모욕, 명예 훼손, 모독이라는 말로 성령을 귀신 바알세불에 비교함을 의미한다. 은혜의 성령은 그리스도의 십자가의 은혜와 공로를 믿게 하신다.
* 참고 성구 * 마 12:31-32, 행 7:51, 대하 24:19, 막 3:29

III. 그는 행한 행위대로 보응을 받을 자이다
바울은 오직 당을 지어 진리를 좇지 아니하고 불의를 좇는 자에게는 노와 분으로 하시리라고 했다. 재림주 예수께서는 보라 내가 속히 오리니 내가 줄 상이 내게 있어 각 사람에게 그의 일한 대로 갚아 주리라고 하셨다. 공의의 주님은 선한 자에게는 상을 악한 자에게는 벌을 내리신다.
* 참고 성구 * 갈 6:7-8, 벧전 1:17, 고후 5:10, 계 22:11-12, 롬 2:8

■ 기 도 ■ 하나님 아버지! 재림주로 오시는 예수께서 모든 사람을 심판하실 때에 불신자도 함께 심판하실 줄 믿고 공의로 판결해 주시옵소서. 그리고 십자가의 고난을 짊어지고 자기의 십자가를 진 성도들에게는 칭찬하시고 상급도 내리소서. 예수 그리스도의 이름으로 기도드립니다. 아멘.

♣ 완고한 자 ♣

주의 영광을 구하라
♪ 347, 299, 404

■ 본 문 ■ 너희가 서로 영광을 취하고 유일하신 하나님께로부터 오는 영광은 구하지 아니하니 어찌 나를 믿을 수 있겠느냐【요 5:44】

■ 서 론 ■ 영국의 목사요 찬송작가인 존 뉴턴은 "태양의 장관뿐만 아니라 개똥벌레의 반딧불도 하나님의 영광을 드러낸다."고 했다. 성경 영역본에는 하나님의 영광을 'Glory'로 성도의 영광은 'Honor'로 표현된다. 성경 원어로는 하나님의 '영광'을 헬라어는 '독사' 히브리어는 '카보드'가 사용되었다. 주의 영광을 구하라고 하신 말씀에 담긴 뜻은?

I. 사람의 마음의 악함을 증거하신 주님
주님은 그 날에 많은 사람이 나더러 주여 주여 우리가 주의 이름으로 선지자 노릇도 하며, 귀신을 쫓아내며, 많은 권능을 행했지 않습니까 할 때 내가 너희를 도무지 알지 못하니 불법을 행하는 자들아 내게서 떠나가라 하리라고 하셨다. 주의 이름을 팔고 영광은 자신이 차지한 자들에 대한 교훈이다.
* 참고 성구 * 롬 12:1-2, 엡 4:22-24, 렘 17:9, 마 7:21-23

II. 인간의 탐욕과 교만을 증거하신 주님
주님은 너희 바리새인은 지금 잔과 대접의 겉은 깨끗하나 너희 속인즉 탐욕과 악독이 가득하도다라고 하셨다. 헤롯 아그립바는 백성들의 이것은 신의 소리요 사람의 소리는 아니라는 아첨을 듣고도 영광을 하나님께로 돌리지 아니하여 주의 사자가 곧 치니 충이 먹어 죽었다.
* 참고 성구 * 눅 12:15-21, 딤전 6:9-10, 잠 15:25, 눅 11:39, 행 12:23

III. 불신앙에 대해 경고하신 주님
주님은 인자가 올 때에 세상에서 믿음을 보겠느냐고 하셨다. 이 말씀은 성도의 믿음이 흔들리지 말고 자신을 더욱 의지하라는 것을 이른 것으로 재림이 임박한 말세지말에는 진실된 믿음이 식어진다는 예언이다. 아들을 믿는 자는 영생이, 아들을 순종치 않는 자에게는 하나님의 진노가 있다.
* 참고 성구 * 막 16:14, 히 3:12, 창 15:6, 히 11:6, 요 3:36

■ 기 도 ■ 하나님 아버지! 완고한 그들에게 당신의 뜻을 나타내시고 당신의 능력을 발하시어 그들의 완고한 마음을 눈녹듯 녹여서 인생의 진실한 본분을 알게 하소서. 예수 그리스도의 이름으로 기도드립니다. 아멘.

♣ 완고한 자 ♣

완악한 마음으로
♪ 347, 335, 336

■ 본 문 ■ 이러므로 하나님이 유혹을 저의 가운데 역사하게 하사 거짓 것을 믿게 하심은 진리를 믿지 않고 불의를 좋아하는 모든 자로 심판을 받게 하려 … 【살후 2:11】

■ 서 론 ■ 영국의 목사 윌리엄 랄프 잉은 "진리를 알기 위하여 진리를 탐구한다는 것은 인간의 삶에서 추구할 수 있는 가장 고상한 목적이기도 하다."라고 했다. 완악한 마음을 가진 자는 교만하여 자기가 최고인 줄 알고 있다. 그러나 성경은 완악 완고한 자들에 대해 무엇이라고 하나?

I. 진리를 사랑하지 않는 자들
바울은 믿음과 착한 양심을 가지라 어떤 이들은 이 양심을 버렸고 그 믿음에 관하여서는 파선하였다고 하면서 그 가운데 후메내오와 알렉산더가 그들이라고 하면서 내가 그들을 사탄에게 내어 주었다고 증언했다. 완악한 마음을 가진 자들은 진리를 사랑하지 않는 자들임을 알자.
   * 참고 성구 *   요 1:14, 딤후 2:15, 요 8:32, 딤전 1:19-20

II. 진리를 믿지 않는 자들
하나님은 모든 사람이 구원을 받으며 진리를 아는 데 이르기를 원하시느니라고 바울은 말했다. 그러나 성령이 밝히 말씀하시기를 후일에 어떤 사람들이 믿음에서 떠나 미혹케 하는 영과 귀신의 가르침을 좇으리라고 하셨다. 완악한 마음에는 진리가 깃들 틈이 없는 것이다.
   * 참고 성구 *   롬 1:21-24, 골 1:5, 엡 4:24, 딤전 2:4, 4:1

III. 진리에 순종치 않는 자들
바울은 디모데에게 보낸 편지에서 저희 말은 독한 창질의 썩어져감과 같은데 그 중에 후메내오와 빌레도가 있다고 하면서 진리에 관하여서는 저희가 그릇되었다고 했으니 그들은 부활이 이미 지나갔다 하여 어떤 사람들의 믿음을 무너뜨리느니라고 했다. 완악한 자는 진리를 불순종 하는 자이다.
   * 참고 성구 *   요 17:17, 고후 6:7, 약 3:14, 딤후 2:17-18

■ 기 도 ■ 하나님 아버지! 당신은 말씀을 통하여 일부로 유혹을 저의 가운데 역사하게 하여 모든 자로 심판을 받게 하신다고 하셨습니다. 그러나 주의 재림을 늦추시어 그들에게도 회개할 기회를 주심을 믿사오니 완고한 자들에게도 당신의 진리의 빛을 비추소서. 예수 그리스도의 이름으로 기도드립니다. 아멘.

♣ 완고한 자 ♣

강퍅케 하는 죄
♪ 349, 299, 395

■ 본 문 ■ 오직 오늘이라 일컫는 동안에 매일 피차 권면하여 너희 중에 누구든지 죄의 유혹으로 강퍅케 됨을 면하라【히 3:13】

■ 서 론 ■ 영국의 정치가 에드먼드 버크는 "인간을 하나님으로부터 분리시키는 것은 무엇이든간에 인간을 인간으로부터 분리시킨다."고 했다. 강퍅한 자에게는 진리가 깃들기 힘들고 그들에게는 사랑과 자비와 인애와 긍휼과 같은 인생에 있어서의 귀한 덕목이 함께 하기가 어렵다. 강퍅함을 면할 것은?

Ⅰ. 하나님의 목소리를 들으라는 경고
잠언 기자는 누구든지 내게 들으며 날마다 내 문 곁에서 기다리며 문설주 옆에서 기다리는 자는 복이 있다고 했다. 하나님의 목소리를 청종하는 자, 곧 하나님의 목소리를 듣고 이를 좇아서 행하는 자는 그 마음의 소욕이 사라지며 그 강퍅함이 소금에 절여진 배추처럼 될 것이다.
* 참고 성구 * 민 14:22, 사 66:6, 렘 38:20, 잠 8:34

Ⅱ. 마음을 강퍅케 말라는 경고
출애굽기 기자는 모세와 아론의 말을 들은 애굽의 바로가 여호와가 누구관대 내가 그 말을 듣고 이스라엘을 보내겠느냐 나는 여호와를 알지 못하니 이스라엘로 보내지 아니하리라고 기록하고 있다. 마음이 강퍅해지는 것은 하나님의 역사요 이로써 은혜와 구원의 기회를 놓치게 되는 것이다.
* 참고 성구 * 신 9:6, 행 7:51, 신 10:16, 출 5:2, 7:3

Ⅲ. 내 안식에 들어오지 못하리라는 경고
시편 기자는 내가 사십 년을 그 세대로 인하여 근심하며 이르기를 저희는 마음이 미혹된 백성이라 내 도를 알지 못한다 하였도다 그러므로 내가 노하여 맹세하기를 저희는 내 안식에 들어오지 못하리라 하였도다라고 기록했다. 미혹되어 그 마음이 강퍅한 자에게는 영원한 안식이 없다.
* 참고 성구 * 롬 1:18, 대하 36:14-16, 고전 10:5-11, 시 95:10-11

■ 기 도 ■ 하나님 아버지! 강퍅한 마음을 가진 자는 하나님의 목소리를 듣고 그 마음을 강퍅케 말고 하나님의 안식을 바라는 자가 되어 그의 인생에 새로운 전기가 될 수 있도록 하나님의 은혜에 푹 젖는 자가 되게 하소서. 예수 그리스도의 이름으로 간절히 기도드립니다. 아멘.

♣ 원망하는 자 ♣

원망은 진노를 부름
♪ 368, 332, 184

■ 본 문 ■ 백성이 여호와의 들으시기에 악한 말로 원망하매 여호와께서 들으시고 진노하사 여호와의 불로 그들 중에 붙어서 진 끝을 사르게 하시매【민 11:1】

■ 서 론 ■ "원망을 크게 사는 자는 화도 크게 산다."고 중국의 저술가 회남자는 말했다. 애굽에서 종살이 하던 이스라엘 백성에게 자유를 주시려고 모세를 보내신 하나님의 크신 은혜를 망각하고 출애굽하여 원망한 이들에게는?

I. 악한 말로 하나님을 원망함
시편 기자는 저희는 계속하여 하나님께 범죄하여 황야에서 지존자를 배반하였도다 저희가 저희 탐욕대로 식물을 구하여 그 심중에 하나님을 시험하였다고 했다. 애굽에서 노예가 된 저희에게 자유와 가나안 복지를 주시고 예비하신 하나님의 은혜에 감사는 커녕 원망한 이스라엘 백성들이었다.
* 참고 성구 * 골 3:15-17, 민 16:41, 출 15:24, 시 78:17-18

II. 하나님께서 진노하심
시편 기자는 그러므로 여호와께서 듣고 노하심이여 야곱을 향하여 노가 맹렬하며 이스라엘을 향하여 노가 올랐으니 이는 하나님을 믿지 아니하며 그 구원을 의지하지 아니한 연고로다고 했다. 하나님의 구원을 등한시하고 하나님의 기사와 이적을 체험한 그들에게 하나님은 진노하셨다.
* 참고 성구 * 신 9:22, 시 78:21, 민 12:9, 시 78:21-22

III. 여호와의 불이 내려옴
시편 기자는 저희 청년은 불에 살라지고 저희 처녀에게는 혼인 노래가 없다고 했다. 바울은 저희 중에 어떤 이들이 원망하다가 멸망시키는 자에게 멸망하였나니 너희는 저희와 같이 원망하지 말라 저희에게 당한 이런 일이 말세를 만난 우리의 경계로 기록하였다고 했다.
* 참고 성구 * 민 16:35, 레 10:2, 시 106:18, 시 78:63, 고전 10:10-11

■ 기 도 ■ 하나님 아버지! 당신의 은혜를 감사하기는 커녕 악한 말로 당신을 원망하고 지도자를 거역하는 이스라엘 백성을 향해 당신은 진노하셨으니 이는 그들이 구원을 하찮게 여겼음입니다. 하나님 아버지! 항상 당신께 감사하는 자가 되게 하시고 원망을 입 밖에 내지 않는 자들이 되게 하소서. 예수 그리스도의 이름으로 기도드립니다. 아멘.

♣ 원망하는 자 ♣

원망할 수 없음
♪ 374, 488, 489

■ 본 문 ■ 이 사람아 네가 뉘기에 감히 하나님을 힐문하느뇨 지음을 받은 물건이 지은 자에게 어찌 나를 이같이 만들었느냐 말하겠느뇨【롬 9:20】

■ 서 론 ■ 중국의 사서삼경 중 중용편에는 다음과 같은 글이 있다. "참된 사람은 위로는 하늘을 원망하지 않고 아래로는 남을 허물하지 않는다." 하나님의 은혜를 감사하게 여기는 자는 복받은 자이다. 성도의 감사는?

I. 하나님의 오묘하신 섭리를 감사하라

바울은 우리가 알거니와 하나님을 사랑하는 자 곧 그 뜻대로 부르심을 입은 자들에게는 모든 것이 합력하여 선을 이루느니라고 했다. 야곱의 열한 번째 아들 요셉이 만약 애굽으로 팔려갔음을 불평하고 옥에 갇힘을 원망하였다면 하나님의 섭리가 온전히 이루어졌겠는가?

* 참고 성구 * 롬 11:33, 고전 2:10-16, 신 29:29, 롬 8:28, 창 45:5-7

II. 하나님의 절대적인 주권을 감사하라

바울은 토기장이가 진흙 한 덩이로 하나는 귀히 쓸 그릇을, 하나는 천히 쓸 그릇을 만드는 권이 없느냐고 했고, 선지자 말라기는 에서는 야곱의 형이 아니냐 그러나 내가 야곱을 사랑하였고 에서는 미워하였다는 하나님의 말씀을 대언했다. 하나님의 절대적인 주권에 이의를 달 인간은 없다.

* 참고 성구 * 마 6:13, 왕하 19:28, 욥 12:19, 롬 9:21, 말 1:2-3

III. 하나님의 선택하신 은혜를 감사하라

바울은 창세 전에 그리스도 안에서 우리를 택하사 우리로 사랑 안에서 그 앞에 거룩하고 흠이 없게 하시려고 그 기쁘신 뜻대로 우리를 예정하셨다고 했다. 하나님의 택하심을 입은 다윗은 그의 시에서 내 형질이 이루기 전에 주의 눈이 보셨다고 기록하고 감사하고 찬양했다.

* 참고 성구 * 요 15:16, 고전 1:26-31, 벧전 2:9, 시 139:13-16, 엡 1:4-5

■ 기 도 ■ 하나님 아버지! 우리를 원망하는 자가 아니라 당신의 오묘하신 섭리를 발견하고 깨달아 당신께 감사하는 자가 되게 하시고, 당신의 주권을 인정하고 당신의 뜻에 순종하는 자가 되게 하시고, 당신의 택함받은 은혜를 늘 감사하며 찬양하는 자가 되게 하소서. 그리하여 원망이 감사로 바뀌는 귀한 당신의 은혜를 입게 하옵소서. 예수 그리스도의 이름으로 기도드립니다. 아멘.

♣ 원망하는 자 ♣

하나님을 찬양
♪ 79, 28, 198

■ 본 문 ■ 깊도다 하나님의 지혜와 지식의 부요함이여, 그의 판단은 측량치 못할 것이며 그의 길은 찾지 못할 것이로다【롬 11:33】

■ 서 론 ■ 영국의 의사 토마스 브라운은 "이 세계는 하나의 성물함이며 당신이 보는 모든 것은 하나님의 지혜와 능력, 선하심을 나타내는 것이다."라고 했다. 하나님은 천지만물을 지으신 창조주이시다. 그러므로 모든 만물에게 찬양과 경배를 받음이 마땅하신 분이다. 성도들이 찬양하는 것은?

Ⅰ. 하나님의 놀라우신 신비를 찬양함
욥의 친구 데만 사람 엘리바스는 하나님은 크고 측량할 수 없는 일을 행하시며 기이한 일을 셀 수 없이 행하신다고 했다. 하나님은 인간의 지혜로는 알 수 없는 분이시나 그가 지으신 자연을 통하여 그의 말씀이 담긴 성경을 통하여 그의 놀라우신 신비를 향해 한 걸음씩 다가가는 것이다.
* 참고 성구 * 요 1:18, 딤전 1:17, 출 33:20, 욥 5:9

Ⅱ. 하나님의 오묘하신 지혜를 찬양함
바울은 하나님의 미련한 것이 사람보다 지혜있고 하나님의 약한 것이 사람보다 강하니라고 했고, 깊도다 하나님의 지혜와 지식의 부요함이여 그의 판단은 측량치 못할 것이며 그의 길은 찾지 못할 것이로다라고 했다. 성도는 하나님의 오묘하신 지혜를 찬양하는 자가 되어야 한다.
* 참고 성구 * 욥 9:10, 시 139:13-14, 사 55:8, 고전 1:25, 롬 11:33

Ⅲ. 하나님의 거대하신 주권을 찬양함
하나님은 이스라엘 백성에게 세계가 다 내게 속하였나니 너희가 내 말을 잘 듣고 내 언약을 지키면 너희는 열국 중에서 내 소유가 되겠고 너희가 내게 대하여 제사장 나라가 되며 거룩한 백성이 되리라고 이스라엘 백성에게 고하라고 모세에게 이르셨다. 하나님의 주권은 영원하시다.
* 참고 성구 * 출 19:5, 학 2:8, 대상 29:14, 삼상 16:23

■ 기 도 ■ 하나님 아버지! 당신께 드리는 이 찬양을 받아 주시고 큰 은혜로 더하여 주시옵소서. 당신은 오직 찬양을 받으실 유일한 하나님이십니다. 당신께 머리를 조아리는 당신의 백성에게 큰 자비로 함께 하소서. 예수 그리스도의 이름으로 기도드립니다. 아멘.

♣ 원망하는 자 ♣

원망은 심판의 대상
♪ 321, 299, 395

■ 본 문 ■ 이 사람들은 원망하는 자며 불만을 토하는 자며 그 정욕대로 행하는 자라 그 입으로 자랑하는 말을 내며 이를 위하여 아첨하느니라【유 1:16】

■ 서 론 ■ 페르샤의 시인 사디는 "나는 하나님을 두려워하며 그 다음으로 그를 두려워하지 않는 자를 두려워한다."고 했다. 이스라엘 백성은 광야에서 하나님을 원망하다가 큰 진노를 입었었다. 원망하는 자를 향한 하나님의 뜻은?

Ⅰ. 하나님은 마음을 감찰하심
하나님은 사무엘에게 그 용모와 신장을 보지 말라 내가 이미 그를 버렸노라 나의 보는 것은 사람과 같지 아니하니 사람은 외모를 보거니와 나 여호와는 중심을 보느니라고 하셨다. 이렇듯 하나님은 사람의 마음을 관찰하시는 분이시다. 하나님을 향한 원망은 곧 하나님을 무시하는 행위이다.
 * 참고 성구 * 살전 2:4, 욥 28:24, 잠 16:2, 렘 17:10, 삼상 16:7

Ⅱ. 하나님은 행위대로 갚으심
하나님은 당신을 순종치 않고 범죄한 사울 왕에게서 당신의 신을 거두어 버리셨다. 그리고는 당신이 부리시는 악신을 보내어 그를 번뇌케 하였다. 이는 사울의 행위의 가증함을 보시고 당신의 성령을 거두시고 사울에게 자신의 욕망에 따라 악신에게 사로 잡히게 방치하심이다.
 * 참고 성구 * 벧전 1:17, 갈 6:7-8, 계 22:12, 겔 33:20, 삼상 16:14

Ⅲ. 하나님 앞에 모든 죄와 불의가 드러남
히브리서 기자는 지으신 것이 하나라도 그 앞에 나타나지 않음이 없고 오직 만물이 우리를 상관하시는 자의 눈앞에 벌거벗은 것같이 드러나느니라고 했다. 거룩하시고 의로우신 하나님 앞에 모든 사람의 죄악들, 곧 죄와 불의와 불법이 샅샅이 드러나서 자신의 입으로 직고한다.
 * 참고 성구 * 민 32:23, 욥 20:27, 눅 12:2, 히 4:13, 고후 5:10

■ 기 도 ■ 하나님 아버지! 출애굽 하여 당신을 원망했던 이스라엘 백성들은 사십 년 광야생활 동안 거의 다 죽었고, 사울 왕도 끝내 자결함으로써 한많은 생을 마감했습니다. 우리로 원망하지 않는 마음을 주시고 범사에 감사의 열매를 당신께 드리는 신실한 성도가 되게 하소서. 예수 그리스도의 이름으로 기도드립니다. 아멘.

♣ 성경을 부인하는 자 ♣

여호와의 율법
♪ 235, 238, 234

■ 본 문 ■ 여호와의 율법은 완전하여 영혼을 소성케 하고 여호와의 증거는 확실하여 우둔한 자로 지혜롭게 하며 여호와의 교훈은 정직하여 마음을 기쁘게 하고【시 19:7-8】

■ 서 론 ■ 미국의 16대 대통령 링컨은 "성경은 하나님이 우리 인간에게 주신 제일 귀한 선물이다. 세상에 모든 좋은 것이 이 성경책을 통하여 주어졌다."고 했다. 여호와의 율법이란 통칭 구약성경과 신약성경을 통틀어 말하는 것으로 하나님의 말씀을 가리킨다. 주의 율법은?

Ⅰ. 주의 율법은 완전함/영혼을 소성케 함
영역본에서는 '율법'을 'law'로 번역했는데 이는 하나님의 완전하심 같이 그 말씀도 완전함을 명백히 하는 말이다. 이 말씀이 인간에게 적용될 때 비록 불완전한 인간이나 영혼의 소성함을 체험케 된다. 영혼을 지으신 하나님이시므로 상한 영혼을 치료하실 수 있는 유일한 분이시다.
* 참고 성구 * 롬 7:12, 약 4:12 사 34:16, 시 12:5, 마 5:17

Ⅱ. 주의 증거는 확실함/우둔한 자를 지혜롭게 함
영역본에서는 '증거'를 'testimony'로 번역했는데 이는 하나님을 알도록 하는 진리를 의미한다. 인간은 하나님을 알도록 하는 진리가 임할 때 그의 마음을 개방해야 한다. 주의 증거는 말씀에 대해 마음을 열어 놓은 자 곧 히브리어로 '페티'-우둔한 자-를 지혜롭게 하는 역할을 한다.
* 참고 성구 * 벧후 1:20-21, 출 25:16, 시 111:7-8, 약 1:5, 잠 1:4-5

Ⅲ. 주의 교훈은 정직함/마음을 기쁘게 함
영역본에서는 '교훈'을 'statutes'로 번역했는데 이는 하나님이 내리신 법규나 법칙을 의미하는 것으로 주의 교훈은 바르고 정직하므로 이를 좇는 자들로 하여금 그 마음에 기쁨을 느끼게 하는 것이다. 주의 교훈을 받은 자는 인격이 성숙해지며 그 영혼이 만족함을 얻는다.
* 참고 성구 * 딤후 3:16-17, 시 103:18, 잠 1:3, 렘 15:16

■ 기 도 ■ 하나님 아버지! 신구약 성경은 영혼을 소성케 하며, 우둔한 자를 지혜롭게 하며, 마음을 기쁘게 하는 생명의 양식입니다. 오늘 이토록 귀한 당신의 말씀을 부인하는 자들에게 송이꿀보다 더 단 당신의 율법으로 그 영혼을 소성케 하소서. 예수 그리스도의 이름으로 기도드립니다. 아멘.

♣ 성경을 부인하는 자 ♣

성경에 무지한 자
♪ 234, 237, 238

■ 본 문 ■ 예수께서 대답하여 가라사대 너희가 성경도, 하나님의 능력도 알지 못하는 고로 오해하였도다【마 22:29】

■ 서 론 ■ 미국의 작가 부루스 버튼은 "볼테르(주, 프랑스의 불가지론자, 무신론자)는 성경이 수명이 다 됐다고 말하며 백 년 이내 사람들이 사용치 않을 것이라고 했으나 후에 그의 집은 성경협회 창고가 되어 산더미 같은 성경이 쌓였다."고 했다. 하나님에 대해 무지한 자가 성경에 대해 무지할 수밖에 없음은 당연한 것이다. 그들의 무지는?

Ⅰ. 하나님의 능력에 대해 무지함

주님의 부자가 천국에 들어가기가 어렵다는 말씀을 듣고 제자들은 심히 놀라 누가 구원을 얻을 수 있겠냐며 반문하였다. 그 때 주님은 저희를 보시며 사람으로서는 할 수 없으되 하나님으로서는 다 할 수 있느니라고 하셨다. 하나님은 전지전능 하신 분으로 무한한 능력을 가지신 분이다.
* 참고 성구 * 롬 15:1-2, 갈 6:2, 고전 8:13, 마 19:26, 눅 1:37

Ⅱ. 하나님의 말씀에 대해 무지함

바울은 고린도 교회에 보낸 편지에서 오늘까지 모세의 글을 읽을 때 수건이 오히려 그 마음을 덮었도다 그러나 언제든지 주께로 돌아가면 그 수건이 벗어지리라고 했다. 이스라엘 백성이 율법을 영원한 것이라고 간주하고 그리스도께 돌아오지 않는 한 수건에 덮인 것처럼 불신자도 그러하다.
* 참고 성구 * 딤후 3:15-17, 사 34:16, 시 19:7-11, 고후 3:15

Ⅲ. 영적인 식견에 있어서 무지함

바울은 육에 속한 사람은 하나님의 성령의 일을 받지 아니하나니 저에게는 미련하게 보임이요 또 깨닫지도 못하나니 이런 일은 영적으로라야 분변함이라고 했다. 부자요 산헤드린 의원인 니고데모도 예수의 거듭나야 하겠다는 말에 실소하며 두번째로 모태에 들어갔다 날 수 있냐고 했다.
* 참고 성구 * 요 16:13, 엡 5:18, 고전 2:10-16, 요 3:10

■ 기 도 ■ 하나님 아버지! 무지한 그들에게 영안이 열리어서 당신의 능력을 체험하도록 긍휼을 베푸시어 그들에게도 구원의 꿀을 먹게 하옵소서. 예수 그리스도의 이름으로 기도드립니다. 아멘.

♣ 성경을 부인하는 자 ♣

주의 말씀은 영원함
♪ 237, 162, 164

■ 본 문 ■ 천지는 없어지겠으나 내 말은 없어지지 아니하리라【마 24:35】

■ 서 론 ■ 미국의 전도자 무디는 "성경의 사실, 그 약속은 옛날이나 오늘이나 변함 없이 내게 신실하다. 그 언약 중에는 하나도 낡아버린 것이라곤 없다. 어느 것에든 새롭고 신성한 것뿐이다."라고 했다. 히브리서 기자는 예수 그리스도는 어제나 오늘이나 영원토록 동일하시니라고 했다. 주의 말씀은?

I. 주의 말씀은 반드시 성취된다
주님은 율법과 선지자는 요한의 때까지요 그 후부터는 하나님 나라의 복음이 전파되어 사람마다 그리로 침입하느니라. 그러나 율법의 한 획이 떨어짐보다 천지의 없어짐이 쉬우리라고 하셨다. 하나님의 말씀과 언약은 시공을 초월하여 예언하신 대로 이루어짐은 성경이 가리키고 있는 진리이다.
  * 참고 성구 * 고전 1:9, 민 23:19, 히 6:17-18, 눅 16:17

II. 때를 분별하는 지혜가 필요하다
바울은 또한 너희가 이 시기를 알거니와 자다가 깰 때가 벌써 되었으니 이는 우리의 구원이 처음 믿을 때보다 가까왔음이니라고 했다. 죄에 대해 무감각하게 있어 죄에 물든 자는 자신의 상태를 모른다. 주님의 재림 때에 일어날 미래적 구원의 정점이 점점 가까워지고 있다.
  * 참고 성구 * 고후 6:2, 엡 5:16, 사 55:6-7, 롬 13:11

III. 순종하는 자는 약속에 참예한다
주님은 계시록에서 보라 내가 속히 오리니 이 책의 예언의 말씀을 지키는 자가 복이 있으리라고 하셨다. 속히 오리니의 헬라어 원형은 미래형이 아니라 현재형으로 써어져 있으므로 주님은 지금 오시고 있는 것이다. 주님의 말씀을 순종하는 자들에게는 큰 상급이 있을 것이다.
  * 참고 성구 * 행 5:29, 마 7:21, 딤후 2:19, 계 22:7, 히 5:8-9

■ 기 도 ■ 하나님 아버지! 영원한 당신의 말씀은 반드시 성취되며, 그 성취되는 때를 분별하는 지혜가 필요하며, 성취될 것을 믿고 순종한 자들은 당신의 약속에 참예하는 자들입니다. 오늘 말씀을 부인하고 말씀을 경히 여기는 자들에게 당신의 말씀의 능력을 전하여 우리들에게 당신의 구령사업에 큰 일익을 담당케 하시옵소서. 예수 그리스도의 이름으로 기도드립니다. 아멘.

♣ 성경을 부인하는 자 ♣

성경이 성취됨
♪ 240, 234, 238

■ 본 문 ■ 또 이르시되 내가 너희와 함께 있을 때에 너희에게 말한 바 곧 모세의 율법과 선지자의 글과 시편에 나를 가리켜 기록된 모든 것이 이루어져야 하리라 한 말이 이것이라 하시고 【눅 24:44】

■ 서 론 ■ 일본의 우찌무라 간조는 "신약은 꽃이요 열매이기 때문에 보기 아름답고 먹기 좋다고 하나 그러나 이것을 맺게 한 것은 구약의 뿌리와 줄기이다."라고 했다. 그리스도 예수께서 오심으로써 구약의 예언들이 성취를 보게 되었다. 따라서 재림도 미래적 일로서 성취가 곧 될 것이다. 예수께서 오심으로?

I. 하나님의 말씀이 온전히 성취됨
범죄한 인류의 시조 아담과 하와에게 여자의 후손을 약속하신 하나님은 이제 때가 되어 약속하신 아브라함의 가계를 통해서 예수 그리스도께서 나게 하심으로써 당신의 말씀을 성취시키셨고, 주님도 십자가에서 다 이루었다 하심으로써 하나님의 예언을 자신이 완성하심을 입증했다.
* 참고 성구 * 마 24:35, 갈 4:4, 히 6:17-18, 요 19:30, 창 3:15

II. 예수의 이름으로 죄 사함을 얻게 됨
아담과 하와에게 가죽옷을 지어 입히신 하나님은 이것을 그리스도의 예표로 주셨다. 이 땅에 오신 주님은 인간의 죄악을 대속하실 대속주로, 구원주로 오신 것이다. 베드로는 회개하여 예수 그리스도의 이름으로 세례를 받고 죄 사함을 얻으라 그리하면 성령을 선물로 받는다고 하였다.
* 참고 성구 * 롬 1:16-17, 고후 5:21, 벧전 1:18-19, 행 2:38, 창 3:21

III. 교회는 전도사역에 주력해야 됨
주님이 승천하시기 전에 간곡히 제자들과 성도들에게 당부한 것은 너희는 가서 모든 족속으로 제자를 삼아 아버지와 아들과 성령의 이름으로 세례를 주고 내가 너희에게 분부한 모든 것을 가르쳐 지키게 하라는 것이었다. 교회는 열린 문으로 주님의 분부를 기억하여 전도사역에 주력해야 한다.
* 참고 성구 * 마 28:19-20, 막 16:15-16, 행 1:8, 계 3:8

■ 기 도 ■ 하나님 아버지! 당신의 언약대로 당신의 말씀이 온전히 성취되었고, 주님의 이름으로 죄사함을 얻으며, 교회는 전도사역에 주력하여 마지막 재림 때까지 우리의 영육을 지켜 주소서. 예수 그리스도의 이름으로 기도드립니다. 아멘.

♣ 지옥을 부인하는 자 ♣

약속에서 제외됨
♪ 332, 322, 328

■ 본 문 ■ 또 왼편에 있는 자들에게 이르시되 저주를 받은 자들아 나를 떠나 마귀와 그 사자들을 위하여 예비된 영영한 불에 들어가라【마 25:41】

■ 서 론 ■ 미국의 신학자 트라이언 에드워즈는 "지옥은 너무 늦게 본 진실이다. 제 때에 할 일을 경홀히 여기고 후회하는 곳이다."라고 했다. 성도들의 궁극적인 희망과 소망은 하나님 나라에 있다. 그러나 성경은 이 약속에서 제외되는 사람이 있음을 알리는데 그들은 어떤 자인가?

Ⅰ. 가난한 자들을 학대한 사람들
출애굽기 기자는 너는 이방 나그네를 압제하지 말고 과부나 고아를 해롭게 하지 말며 가난한 자에게 돈을 꾸이거든 변리를 받지 말라고 했다. 잠언 기자는 가난한 자의 부르짖는 소리를 듣지 아니하면 자기가 부르짖을 때 들을 자가 없다고 했다. 주님은 지극히 작은 자를 자신과 동등시 하셨다.
 * 참고 성구 * 신 24:14, 시 82:3, 잠 21:13, 전 5:8, 출 22:21-27

Ⅱ. 이기심에 지배된 사람들
베드로는 저희가 탐심을 인하여 지은 말을 가지고 너희로 이를 삼으니 저희 심판은 예로부터 지체하지 아니하며 저희 멸망은 자지 아니한다고 했다. 부자와 거지 나사로의 비유에서 부자가 음부에 떨어짐은 문 앞의 거지 나사로를 외면하고 자신만 돌아보았기 때문이다.
 * 참고 성구 * 눅 16:19-31, 잠 11:26, 겔 34:18, 벧후 2:3

Ⅲ. 의무를 소홀히 한 사람들
야고보서 기자는 사람이 선을 행할 줄 알고도 행치 아니하면 죄라고 했다. 바울은 우리가 선을 행하되 낙심하지 말지니 때가 이르매 거두리라고 하면서 우리가 기회 있는 대로 모든 이에게 착한 일을 하되 더욱 믿음의 가정들에게 할지니라고 했다. 성도는 의무를 소홀히 하지 말자.
 * 참고 성구 * 마 25:30, 눅 12:47, 마 10:8, 약 4:17, 갈 6:10

■ 기 도 ■ 하나님 아버지! 우리의 소망은 하늘 나라에 있는데 이 약속에서 제외되는 자가 되지 않게 하시고 오늘, 지옥이 없다고 부인하는 자들에게 지옥의 실체를 성경을 통하여 낱낱이 밝히는 자들이 되게 하소서. 예수 그리스도의 이름으로 기도드립니다. 아멘.

♣ 지옥을 부인하는 자 ♣

사망을 두려워할 것
♪ 334, 161, 162

■ 본 문 ■ 이 첫째 부활에 참예하는 자들은 복이 있고 거룩하도다 둘째 사망이 그들을 다스리는 권세가 없고 도리어 그들이 하나님과 그리스도의 제사장이 되어 천년 동안 그리스도로 더불어 왕노릇 하리라【계 20:6】

■ 서 론 ■ 영국의 시인 제임스 베일리는 "지옥이란 하나님의 억노, 즉 죄악에 대한 하나님의 증악이다."라고 했다. 주님은 오직 몸과 영혼을 능히 지옥에 멸하시는 자를 두려워하라고 하셨다. 영원한 둘째 사망에 참예함을 두려워하지 않는 이들은?

I. 믿지 아니하는 자들이 둘째 사망에 참예함
주님은 저를 믿는 자는 심판을 받지 아니하는 것이요 믿지 아니하는 자는 독생자의 이름을 믿지 아니하므로 벌써 심판을 받은 것이라고 했다. 이처럼 주를 믿지 아니하는 자들은 최후의 심판, 곧 백보좌 심판 이후에 불과 유황으로 타는 못에 참예하리니 이것이 둘째 사망이다.
  * 참고 성구 * 막 16:16, 롬 11:20, 계 20:11-14, 요 3:18, 계 21:8

II. 행음자들이 둘째 사망에 참예함
바울은 육체의 일은 현저하니 곧 음행과 더러운 것과 호색 등으로 이런 일을 하는 자들은 하나님 나라를 유업으로 받지 못한다고 했다. 여기서 음행이란 '포르네이아'로서 이는 간음, 음행, 음란, 매음, 부정의 뜻으로 몸을 팔듯이 습관적으로 난잡하게 하는 비합법적 성행위를 가리킨다.
  * 참고 성구 * 엡 5:5, 고전 6:9, 겔 23:8, 갈 5:19-21, 계 21:8

III. 우상 숭배자들이 둘째 사망에 참예함
바울은 너희도 이것을 정녕 알거니와 음행하는 자나 더러운 자나 탐하는 자 곧 우상 숭배자는 다 그리스도와 하나님 나라에서 기업을 얻지 못한다고 했다. 구약에서는 새긴 우상에게 경배함을 우상 숭배라고 했으나 신약에서는 이것이 확대되어 탐하거나 하나님의 자리를 대신하는 모든 것이 우상 숭배이다.
  * 참고 성구 * 고전 6:9-10, 갈 5:21, 엡 5:5, 계 21:8

■ 기 도 ■ 하나님 아버지! 둘째 사망에 참예하는 믿지 아니하는 불신자들과 행음자들과 우상 숭배자들의 영혼을 위해서 다시 한번 기도하는 우리들이 되도록 인도하여 주시옵소서. 예수 그리스도의 이름으로 기도드립니다. 아멘.

♣ 지옥을 부인하는 자 ♣

악인은 지옥에
♪ 377, 167, 168

■ 본 문 ■ 또 내가 보니 죽은 자들이 무론대소하고 그 보좌 앞에 섰는데 책들이 펴 있고 또 다른 책이 펴졌으니 곧 생명책이라 죽은 자들이 자기 행위를 따라 책들에 기록된 대로 심판을 받으니【계 20:12】

■ 서 론 ■ 영국의 시인 존 밀턴은 "지옥은 평화와 안식이 결코 살 수 없는 슬프고 우울한 그늘의 땅, 모든 것에는 다 있는 희망도 그곳에는 없다."고 그의 책 '실낙원'에서 말했다. 악인은 영벌에 처해짐은 진리의 이치이다. 하나님의 백보좌 심판은 어떤 경로로 이뤄지나?

Ⅰ. 각자의 청지기직에 충실해야 한다
맡은 자들에게 구할 것은 충성이라고 바울은 말했다. 성도는 하나님으로부터 받은 달란트, 곧 재능을 발휘하여 각기 처한 처소에서 하나님 나라와 복음을 위해 최선을 다하는 삶을 살아야 한다. 선한 청지기는 주인이 맡기신 달란트를 가지고 '바로 가서' 장사하여 이익을 남기는 자이다.
* 참고 성구 * 마 25:14-30, 눅 12:42-48, 고전 4:2

Ⅱ. 하나님의 심판은 공의대로 된다
공의의 하나님은 그의 심판도 공의롭게 하신다. 양과 염소의 비유에서 나타난 임금(=주님)의 심판의 특색은 예비된 나라를 상속받을 자나 영벌에 처해질 자나 자신들이 행한 일들을 전혀 모름에 있다. 오직 그 가치관은 주님의 정하신 대로 되는 것으로 주님의 심판은 공의롭다.
* 참고 성구 * 고전 6:9-10, 시 103:6, 습 3:5, 마 25:46, 계 20:12

Ⅲ. 하나님은 행위대로 갚아 주신다
아브라함은 부자에게 애, 너는 살았을 때 네 좋은 것을 받았고 나사로는 고난을 받았으니 이것을 기억하라 이제 저는 여기서 위로를 받고 너는 고민을 받느니라고 말하였다. 하나님은 불의와 더러움과 의를 행하는 그들을 그대로 두시고 그의 일한 대로 갚아 주시는 분이시다.
* 참고 성구 * 갈 6:7-8, 벧전 1:17, 계 22:12, 눅 16:25, 고후 5:10

■ 기 도 ■ 하나님 아버지! 우리 성도들은 각자의 청지기직에 충실하여 받은 바 달란트대로 열심히 일하여 당신께 칭찬받는 자들이 되도록 축복하시고 그 길을 인도하여 주시옵소서. 예수 그리스도의 이름으로 감사하며 기도드립니다. 아멘.

♣ 지옥을 부인하는 자 ♣

악인은 보응을 받음
♪ 163, 161, 167

■ 본 문 ■ 불의를 하는 자는 그대로 불의를 하고 더러운 자는 그대로 더럽고 의로운 자는 그대로 의를 행하고 거룩한 자는 그대로 거룩되게 하라 보라 내가 속히 오리니【계 22:11-12】

■ 서 론 ■ 영국의 신학자 죠지 허버트는 "지옥은 훌륭한 변명과 핑계와 소원으로 가득한 곳이다."라고 했다. 만약에 지옥이 없다면 악인들의 행패는 얼마나 더 심했을까. 주님은 불의를 행하거나 의를 행하거나 더러운 자나 거룩한 자나 그대로 두시고 속히 와서 심판하시겠다고 하셨다. 이는?

I. 의를 행하도록 힘써야 함
의에 해당하는 히브리어는 '체다카'이며 헬라어는 '디카이오쉬네'이다. 그 뜻은 곧은, 똑똑한, 단단한, 기준에 맞는, 옳음, 올바름, 정의, 의 등 다양하다. 거룩과 함께 하나님의 본질을 단적으로 가리키는 말로서 하나님 자신을 의미한다. 성도는 의를 행하기를 힘써야 함은 하나님께서 의로우시기 때문이다.
* 참고 성구 * 고전 6:9-10, 딤전 2:19, 고전 15:34, 호 10:12

II. 하나님은 행위대로 갚아 주심
바울은 우리가 다 반드시 그리스도의 심판대 앞에 드러나 각각 선악간에 그 몸으로 행한 것을 따라 받으려 함이라고 했고, 요한은 백보좌 심판 때에 생명책에 녹명된 사람을 자기 행위를 따라 책들에 기록된 대로 심판을 받는 장면을 묘사하고 있다. 하나님은 공의롭게 각각 행위에 따라서 갚아 주신다.
* 참고 성구 * 벧전 1:17, 갈 6:7-8, 딤전 6:17-19, 눅 16:25

III. 죄에는 형벌이 따르게 됨
죄에는 형벌이 따름은 만고불변의 진리이다. 이것은 인류의 시조 아담과 하와가 불순종의 죄를 범하여 아담에게는 노동과 죽음의 형벌을, 하와에게는 잉태와 남편에게 다스림을 받는 형벌을, 뱀에게는 배로 다니며 흙을 먹는 형벌이 내려졌다. 어떤 죄든지 꼭 형벌이 있음을 기억하자.
* 참고 성구 * 살전 5:22, 잠 11:22, 겔 18:4, 눅 16:22

■ 기 도 ■ 하나님 아버지! 당신은 행위대로 갚아 주시며, 죄에는 형벌이 따르게 하셨습니다. 택함받은 성도는 항상 의로운 생활과 거룩한 생활을 하여 생활 가운데서 이를 나타내어 당신께 영광을 돌리는 삶을 살게 하여 주시옵소서. 예수 그리스도의 이름으로 기도드립니다. 아멘.

♣ 지옥을 부인하는 자 ♣

지옥은 고통
♪ 168, 167, 161

■ 본 문 ■ 하나님이 범죄한 천사들을 용서치 아니하시고 지옥에 던져 어두운 구덩이에 두어 심판 때까지 지키게 하셨으며【벧후 2:4】

■ 서 론 ■ 영국의 극작가 셰익스피어는 "성직자와 죽어가는 사람이 지옥에 관하여 말하겠지만 내 가슴에는 지옥의 여러 가지 고통이 살아남아 있다."라고 했다. 성경은 불과 유황으로 타는 불못에 죄인들이 참예하니 이것이 둘째 사망이라고 했다. 지옥의 고통에 대한 성경의 증거는?

I. 주는 공의를 따라서 심판하심

바울은 우리가 다 반드시 그리스도의 심판대 앞에 드러나 각각 선악간에 그 몸으로 행한 것을 따라 받는다고 했고, 요한도 그의 계시록에서 자기의 행위에 따른 심판 곧 백보좌 심판을 받는다고 했다. 주님은 공의의 주님이시므로 그의 심판에는 조그마한 차질도 없다.
  * 참고 성구 * 고전 6:9-10, 시 103:6, 습 3:5, 고후 5:10, 계 20:12

II. 기회를 잃지 않도록 주의해야 함

누가는 주님의 부자와 거지 나사로의 비유에서 아브라함의 입을 빌려 모세와 선지자들에게 듣지 아니하면 비록 죽은 자 가운데서 살아나는 자가 있을지라도 권함을 받지 않는다고 했다. 성경은 진리를 추구하는 자에게 충분한 안내와 증거가 된다. 복음에 접할 기회를 놓치지 말라.
  * 참고 성구 * 엡 5:16, 고후 6:2, 사 55:6-7, 눅 16:30-31

III. 악한 자들은 형벌을 피하지 못함

구약성경의 '스올'이 음부 혹은 지옥으로 번역되었고, 신약성경에는 '게헨나'가 지옥으로 번역되었다. 주님은 지옥의 실체에 대해서 거기는 구더기도 죽지 않고 불도 꺼지지 아니하느니라 사람마다 불로써 소금치듯 함을 받으리라고 하셨다. 악한 자들은 음부의 형벌을 피하지 못한다.
  * 참고 성구 * 살전 5:3, 잠 22:8, 암 5:18-19, 막 9:48-49

■ 기 도 ■ 하나님 아버지! 지옥의 고통을 맛보지 않기 위해서 아브라함이 말한 것처럼 성경 속에서 복음을 접하여 예수 그리스도를 구주로 받아들여 그의 나라를 상속받는 자들이 되게 하시옵소서. 예수 그리스도의 이름으로 기도드립니다. 아멘.

♣ 지옥을 부인하는 자 ♣

마지막 둘째 사망
♪ 339, 395, 299

■ 본 문 ■ 그러나 두려워하는 자들과 믿지 아니하는 자들과 흉악한 자들과 살인자들과 행음자들과 술객들과 우상 숭배자들과 모든 거짓말 하는 자들은 불과 유황으로 타는 못에 참예하리니 이것이 둘째 사망이라【계 21:8】

■ 서 론 ■ "지옥에는 문이 셋이 있다. 육욕과 분노와 탐욕의 문이 그것들이다." 인도의 지혜서 '바가바드기타'에 있는 말이다. 둘째 사망은 악한 자들이 영원히 영과 육의 멸망을 받는 백보좌 심판의 결과를 말하는 것이다. 무천년설에 따른 둘째 사망을 피할 길은?

I. 하나님을 경외하여 형벌을 피하라

하나님을 경외하고 그 명령을 지킬 것은 사람의 본분이다. 그러나 주님은 나더러 주여 주여 하는 자마다 천국에 들어갈 것이 아니요 다만 하늘에 계신 내 아버지의 뜻대로 행하는 자라야 들어가리라고 하셨다. 하나님의 우리를 향하신 뜻은 우리의 거룩이라고 성경은 말한다.

* 참고 성구 * 신 10:12, 잠 9:10, 전 12:13-14, 마 7:21, 벧전 1:9, 15-16

II. 모든 불의에서 떠나 형벌을 피하라

불의한 자에게는 하나님 나라의 유업이 없다. 곧 음란하는 자, 우상 숭배하는 자, 간음하는 자, 탐색하는 자, 남색하는 자, 도적이나 탐람하는 자, 술 취하는 자, 후욕하는 자, 토색하는 자들은 하나님의 나라를 유업으로 받지 못하리라고 바울은 그의 고린도전서에서 말하고 있다.

* 참고 성구 * 딤후 2:19, 고전 6:9-10, 호 10:12, 고전 15:34

III. 우상 숭배를 멀리하여 형벌을 피하라

구약성경에서는 우상 숭배를 형상을 만들어 경배하는 십계명에 나타난 것을 이르지만, 신약성경은 이것에 더욱 포괄적인 의미를 담고 있으니 곧 탐하는 자를 우상 숭배자로 규정하고 있는 것이다. 바울은 이들은 그리스도와 하나님 나라에서 기업을 얻지 못한다고 못박고 있다.

* 참고 성구 * 요일 5:21, 골 3:5, 출 20:4-6, 갈 5:19-21, 엡 5:5

■ 기 도 ■ 하나님 아버지! 오늘 당신을 예배하는 모든 성도들은 추호라도 이와 같은 죄를 범하여 당신의 유업을 잃지 않는 자들이 되게 그 마음을 주장하여 주시옵소서. 예수 그리스도의 이름으로 기도드립니다. 아멘.

♣ 의심이 많은 자 ♣

큰 믿음
♪ 343, 285, 539

■ 본 문 ■ 예수께서 대답하여 가라사대 내가 진실로 너희에게 이르노니 만일 너희가 믿음이 있고 의심치 아니하면 이 무화과 나무에게 된 이런 일만 할 뿐 아니라 이 산더러 들려 바다에 던지우라 하여도 될 것이요【마 21:21】

■ 서 론 ■ 영국의 신학자 윌리엄 로버트슨은 "믿는다는 것은 강하게 되는 것이다. 의심은 힘을 속박한다. 믿음은 곧 힘이다."라고 했다. 신앙의 뿌리는 믿음이요 그 열매는 감사라고들 말한다. 믿음은?

Ⅰ. 믿음은 영적 능력의 원천임
요한은 대저 하나님께로서 난 자마다 세상을 이기느니라 세상을 이긴 이김은 이것이니 우리의 믿음이라고 했다. 주님은 할 수 있거든이 무슨 말이냐 믿는 자에게는 능치 못할 일이 없다고 하셨고, 바울은 내게 능력 주시는 자 안에서 내가 모든 것을 할 수 있다고 했다.
* 참고 성구 * 막 9:23, 빌 4:13, 수 3:14-17, 요일 5:4, 엡 6:16

Ⅱ. 믿음이 있어야 하나님을 기쁘시게 함
히브리서 기자는 믿음은 바라는 것들의 실상이요 보지 못하는 것들의 증거라고 하면서 믿음이 없이는 기쁘시게 못하나니 하나님께 나아가는 자는 반드시 그가 계신 것과 또한 그가 자기를 찾는 자들에게 상 주시는 이심을 믿어야 한다고 했다. 육신에 있는 자는 하나님을 기쁘시게 못한다.
* 참고 성구 * 히 11:6, 창 15:6, 대하 20:20, 롬 8:8, 히 11:1

Ⅲ. 믿음의 기도는 역사하는 힘이 많음
믿음의 기도는 만사를 변화시킨다고 했다. 야고보서 기자는 믿음의 기도는 병든 자를 구원하니 죄를 서로 고하여 병 낫기를 위해 기도하라고 하면서 의인의 간구는 역사하는 힘이 많다고 했다. 믿음의 기도는 죽은 자도 살림을 사도행전의 베드로와 바울은 이를 실증했다.
* 참고 성구 * 약 5:16-18, 막 11:24, 약 1:5-8, 막 9:23,29, 행 9:40, 20:9

■ 기 도 ■ 하나님 아버지! 주님께서 백부장의 큰 믿음을 보시고 기이히 여겨서 이스라엘 중에 이런 믿음은 처음 보았다는 말을 하신 것처럼 우리에게 의심하지 않고 오직 큰 믿음으로 신앙 여정을 걸어서 당신께 큰 칭찬을 듣는 자가 되게 하옵소서. 예수 그리스도의 이름으로 기도드립니다. 아멘.

♣ 의심이 많은 자 ♣

믿음대로 행하면
♪ 344, 340, 462

■ 본 문 ■ 내가 진실로 너희에게 이르노니 누구든지 이 산더러 들리어 바다에 던지우라 하며 그 말하는 것이 이룰줄 믿고 마음에 의심치 아니하면 그대로 되리라
【막 11:23】

■ 서 론 ■ 영국의 시인 토마스 버브리지는 "믿음은 하늘의 것들의 그림을 그리는 영혼의 붓이다."라고 했다. 베드로는 믿음의 결국은 영혼의 구원을 받음이라고 말했다. 하나님을 기쁘시게 하는 믿음은?

I. 하나님의 능력을 신뢰하는 믿음
앞에는 홍해가 넘실대고 있고 뒤에서는 애굽 바로의 군대가 치러오자 모든 이스라엘 백성이 두려움에 떨고 있을 때 모세는 너희는 두려워 말고 가만히 서서 여호와께서 오늘날 너희를 위하여 행하시는 구원을 보라 너희가 본 애굽 사람을 또다시는 영원히 보지 못하리라고 했다.
* 참고 성구 * 마 9:28-29, 빌 4:13, 욥 42:2, 출 14:13

II. 하나님의 도움을 의뢰하는 믿음
벙어리 귀신들린 아이의 아버지가 주님께 무엇을 하실 수 있거든 우리를 불쌍히 여기사 도와 주옵소서라는 말에 주님은 믿는 자에게는 능치 못할 일이 없느니라고 말했다. 그러자 그 아비는 내가 믿나이다 나의 믿음 없음을 도와 주소서라고 간절히 말하며 주님께 도움을 청했다.
* 참고 성구 * 히 13:6, 마 9:27, 시 28:7, 사 41:10, 막 9:23-24

III. 하나님의 말씀에 순종하는 믿음
하나님의 천사로부터 수태고지를 들은 마리아는 내가 사내를 알지 못하니 어찌 이 일이 있으리이까고 반문하자 천사는 대저 하나님의 모든 말씀은 능치 못하심이 없느니라고 했다. 이 때 마리아는 주의 계집종이오니 말씀대로 내게 이루어지이다라고 순종하는 믿음을 보였다.
* 참고 성구 * 마 7:21, 약 2:21-26, 수 3:14-17, 눅 1:38

■ 기 도 ■ 하나님 아버지! 우리에게 도마처럼 의심하는 믿음이 아니라 모세와 마리아와 벙어리 귀신들린 아비처럼 당신의 능력을 신뢰하며 당신의 도움을 신뢰하며 당신의 말씀에 순종하는 믿음을 주셔서 영원한 그 나라를 기업으로 받을 때까지 변치 않게 하옵소서. 예수 그리스도의 이름으로 기도드립니다. 아멘.

♣ 의심이 많은 자 ♣

의심하지 말라
♪ 208, 300, 85

■ 본 문 ■ 저희가 놀라고 무서워하여 그 보는 것을 영으로 생각하는지라 예수께서 가라사대 어찌하여 두려워하며 어찌하여 마음에 의심이 일어나느냐【눅 24:37-38】

■ 서 론 ■ 아일랜드의 언론인이자 민족주의자인 존 보일 오라일리는 "의심은 절망의 형제 악마이다."라고 했다. 의심하는 자는 매사를 소극적으로 생각하며 그 행동은 피동적이며 따라서 그의 심령은 불안과 초조에 휩싸이는 것이 일반적인 현상이다. 그러나 믿는 우리에게 주님은?

Ⅰ. 예수 그리스도는 평강의 근원이심

주님은 이것을 너희에게 이름은 너희로 내 안에서 평안을 누리게 하려 함이라 세상에서는 너희가 환난을 당하나 담대하라 내가 세상을 이기었노라고 하셨다. 평안에 해당하는 구약 히브리어는 '샬롬'이며 신약 헬라어는 '에이레네'이다. 예수 그리스도는 평강의 근원이 되시는 분이시다.

* 참고 성구 * 요 14:27, 갈 5:22, 사 9:6, 요 16:33, 빌 4:7

Ⅱ. 예수 그리스도는 위로의 근원이심

주님은 너희는 마음에 근심하지 말라 하나님을 믿으니 또 나를 믿으라고 하셨다. 또한 나인 성 과부가 아들을 잃자 그녀에게 울지 말라 하시고 그 과부를 불쌍히 여겨 죽은 청년을 살아나게 하심으로써 그 과부를 위로했다. 성도는 세상 그 어떤 위로보다도 주님의 위로를 받자.

* 참고 성구 * 요 14:1-6, 눅 7:13, 고후 1:3-7, 마 14:13

Ⅲ. 예수 그리스도는 기쁨의 근원이심

주님은 내가 이것을 너희에게 이름은 내 기쁨이 너희 안에 있어 너희 기쁨을 충만하게 하려 함이라고 하셨다. 주님이 주시는 기쁨은 세상이 주는 기쁨과 다른 것이다. 성도가 누리는 축복의 기쁨, 구원의 기쁨, 영생의 기쁨은 오직 예수 그리스도로부터 나오는 것이다.

* 참고 성구 * 요 15:11, 빌 4:4, 합 3:17-19, 살전 5:16

■ 기 도 ■ 하나님 아버지! 당신의 독생자 예수 그리스도는 평강의 근원이시요, 위로의 근원이시요, 기쁨의 근원이 되십니다. 이 예수를 우리의 가정에 모시어 매일 주께서 주시는 평강과 위로와 기쁨을 만끽하게 하시옵소서. 예수 그리스도의 이름으로 기도드립니다. 아멘.

♣ 의심이 많은 자 ♣

주의 명령을 신뢰함
♪ 399, 167, 168

■ 본 문 ■ 베드로가 그 환상에 대하여 생각할 때에 성령께서 저더러 말씀하시되 두 사람이 너를 찾으니 일어나 내려가 의심치 말고 함께 가라 내가 저희를 보내었느니라 하시니 베드로가 내려가 그 사람들을 보고 가로되 내가 곧 너희의 찾는 사람이니 너희가 무슨 일로 왔느냐【행 10:19-21】

■ 서 론 ■ 독일의 해학가 리히터는 "이 세상을 붙들고 계시는 하나님의 손에 얼마나 조용히 우리 자신들을 맡기고 있는가?"라고 했다. 우리의 주님은?

Ⅰ. 성령의 도우심으로 주의 뜻을 깨닫게 됨

바울은 오직 하나님이 성령으로 이것을 우리에게 보이셨으니 성령은 모든 것 곧 하나님의 깊은 것이라도 통달하시느니라고 하면서, 사람의 사정을 사람의 속에 있는 영 외에는 누가 알리요 이와 같이 하나님의 사정도 하나님의 영 외에는 아무도 알지 못하느니라고 했다.
  * 참고 성구 * 요 16:13, 고전 2:10-16, 엡 5:18, 행 16:6-10

Ⅱ. 순종하는 자가 주를 기쁘시게 함

주님은 나더러 주여 주여 하는 자마다 천국에 다 들어갈 것이 아니요 다만 하늘에 계신 내 아버지의 뜻대로 행하는 자라야 들어가리라고 하셨다. 주의 뜻대로 행하는 자는 거룩함과 의로움으로 행하는 자요 이런 자는 주께 순종하는 믿음을 가져서 주를 기쁘시게 한다.
  * 참고 성구 * 마 7:21, 삼상 15:22-23, 행 5:29, 롬 8:8

Ⅲ. 주는 각 사람의 행위대로 갚으심

베드로는 외모로 보시지 않고 각 사람의 행위대로 판단하시는 자를 너희가 아버지라 부른즉 너희의 나그네로 있을 때를 두려움으로 지내라고 했다. 하나님은 공의의 하나님이시므로 선을 행한 자는 영생으로 악을 행한 자는 영벌로 심판하실 것인즉 선악간 몸의 행위로 나타난다.
  * 참고 성구 * 벧전 1:17, 갈 6:7-8, 마 25:46, 계 22:12

■ 기 도 ■ 하나님 아버지! 당신의 영으로 당신의 뜻을 깨달아서 당신께 순종하여 당신을 기쁘시게 하는 성도들이 되도록 인도하여 주시옵소서. 당신의 심판은 공의롭게 각 사람의 행위대로 갚으시니 우리는 항상 선을 행하고 악을 버리게 우리의 마음을 주장해 주시옵소서. 예수 그리스도의 이름으로 기도드립니다. 아멘.

♣ 의심이 많은 자 ♣

아브라함의 믿음
♪ 27, 201, 362

■ 본 문 ■ 아브라함이 바랄 수 없는 중에 바라고 믿었으니 이는 네 후손이 이같으리라 하신 말씀대로 많은 민족의 조상이 되게 하려 하심을 인함이라【롬 4:18】

■ 서 론 ■ 스코틀랜드의 목사 존 맥더프는 "하나님의 흔적을 찾아낼 수 없는 곳에서도 그를 신뢰하라. 드리운 구름을 꿰뚫어 보려 시도하지 말고 그 구름 위에 무지개가 있는가 살펴보라. 신비는 하나님의 것이요 약속은 그대의 것이니라."고 했다. 믿음의 조상 아브라함이 있게 된 세 가지 요소는?

I. 약속의 신실함
여호와의 사자는 모리아 산에서 아브라함에게 큰 복을 허락하고 그의 씨가 하늘의 별같이 바닷가의 모래같이 번성하고 그의 씨로 말미암아 천하만민이 복을 얻을 것이라고 그리스도를 예언하셨다. 하나님의 약속은 신실하여 히브리서 기자는 하나님의 불변하심을 맹세로 보증하셨다고 했다.
* 참고 성구 * 신 7:9, 히 6:16-17, 민 23:19, 롬 4:18, 창 22:17

II. 믿음의 위대함
바울은 아브라함의 믿음을 바랄 수 없는 중에 바라고 믿었으니 그가 백 세나 되어 자기 몸의 죽은 것 같음과 사라의 태의 죽은 것 같음을 알고도 믿음이 약하여 지지 않고 약속하신 그것을 또한 능히 이루실 줄 확신하였으니 그러므로 이것을 의로 여기셨다고 했다.
* 참고 성구 * 히 11:8-9, 창 15:6, 빌 4:13, 롬 4:21, 행 7:2-5

III. 소망의 견고함
아브라함은 믿음이 없어 하나님의 약속을 의심치 않고 믿음에 견고하여져서 하나님께 영광을 돌렸다. 바울은 우리가 소망으로 구원을 얻었으매 보이는 것을 누가 바라리요라고 했다. 아브라함은 견고한 소망으로 말미암아 믿는 자의 영원한 조상이 되었다.
* 참고 성구 * 롬 8:24, 고전 13:13, 요일 3:3, 롬 4:20, 히 11:10

■ 기 도 ■ 하나님 아버지! 당신의 약속을 믿고 의뢰한 아브라함을 모든 믿는 자의 조상이 되게 하셨고 그 소망의 견고함으로 모든 성도의 소망을 대변해 주셨습니다. 오늘 성도로 택함받은 모든 자들도 이처럼 아브라함의 믿음을 본받게 하소서. 예수 그리스도의 이름으로 기도드립니다. 아멘.

♣ 의심이 많은 자 ♣

의심자를 용납하라
♪ 208, 390, 394

■ 본 문 ■ 믿음이 연약한 자를 너희가 받되 그의 의심하는 바를 비판하지 말라 어떤 사람은 모든 것을 먹을 만한 믿음이 있고 연약한 자는 채소를 먹느니라【롬 14:1-2】

■ 서 론 ■ 미국의 신문인 가말리엘 베일리는 "의심은 진리 탐구의 자극제요 끈질긴 추구는 진리로 다다르는 길을 인도한다."고 했다. 성 어거스틴은 "도마가 부활하신 주님을 의심함으로써 모든 사람의 의심을 가시게 했다."고 말했다. 성경은 의심자를 용납하라고 했는데 그 이유의 배경은?

Ⅰ. 약자를 위한 의무에 충실하라
바울은 우리 강한 자가 마땅히 연약한 자의 약점을 담당하고 자기를 기쁘게 하지 아니할 것이라고 했다. 또한 약한 자들에게 내가 약한 자와 같이 된 것은 약한 자들을 얻고자 함이요 내가 여러 모양이 된 것은 몇몇 사람을 구원코자 함이라고 했다. 성도는 약자를 비방하지 말자.
* 참고 성구 * 마 25:31-46, 롬 15:1, 고전 9:22, 갈 6:2

Ⅱ. 긍휼을 행하는 자가 되도록 힘쓰라
바울은 먹는 자는 먹지 않는 자를 업신여기지 말고 먹지 못하는 자는 먹는 자를 판단하지 말라 이는 하나님이 저를 받으셨음이니라고 했다. 성도는 매사에 긍휼로써 서로를 아끼며 서로 화평의 일과 덕을 세우는 일을 힘써야 한다. 긍휼을 의미하는 '엘레오스'는 동정심을 말한다.
* 참고 성구 * 마 5:7, 약 2:13, 엡 2:4, 약 4:7, 롬 14:3, 19

Ⅲ. 주 앞에서 겸손하라
야고보서 기자는 주 앞에서 낮추라 그리하면 주께서 너희를 높이시리라고 했다. 주님은 바리새인들에게 너희는 스스로 사람 앞에서 옳다 하는 자이나 너희 마음을 하나님께서 아시나니 사람 중에 높임을 받는 그것은 하나님 앞에서 미움을 받는 것이니라고 하셨다. 성도는 겸손한 마음을 가져야 한다.
* 참고 성구 * 고전 4:7, 약 4:6, 10, 고후 4:7, 벧전 5:5

■ 기 도 ■ 하나님 아버지! 믿음의 연륜이 있는 자는 믿음이 약한 자에게 의무를 다하여 충실하고 긍휼을 행하는 자가 되어 우리가 좀더 의심자를 용납하고 그를 사랑하는 마음을 주셔서 그를 바른 복음의 진리로 이끌게 인도하여 주시옵소서. 예수 그리스도의 이름으로 기도드립니다. 아멘.

♣ 그리스도를 부인하는 자 ♣

태초부터 계신 주님
♪ 32, 85, 352

■ 본 문 ■ 태초에 말씀이 계시니라 이 말씀이 하나님과 함께 계셨으니 이 말씀은 곧 하나님이시니라 그가 태초에 하나님과 함께 만물이 그로 말미암아…【요 1:1-3】

■ 서 론 ■ 밀라노의 주교 성 암브로스는 "밀랍에 압인한 흔적이 그 압인의 형상을 그대로 표현한 것처럼 그리스도의 형상은 하나님의 형상을 그대로 표현한 완전한 모습이다."라고 했다. 그리스도 예수는 태초에 말씀으로 선재하신 하나님이시요 삼위일체 하나님 가운데 제 2위격인 성자이시다. 그는?

I. 그리스도의 신성
선지자 미가는 그리스도의 탄생을 예언하길 베들레헴 에브라다야 너는 유다 족속 중에서 작을지라도 이스라엘을 다스릴 자가 네게서 내게로 나올 것이라 그의 근본은 상고에 태초에니라고 했다. 바울은 예수를 그는 근본 하나님의 본체시나 하나님과 동등됨을 취하지 않고 사람으로 나타내셨다고 했다.
* 참고 성구 * 요 14:9, 빌 2:6, 계 3:14, 잠 8:22, 미 5:2

II. 그리스도의 영원성
잠언 기자는 지혜로 나타나신 그리스도를 내가 그 곁에 있어서 창조자가 되어 날마다 그 기뻐하신 바가 되었다고 했다. 이사야는 그리스도를 예언하여 그 이름은 기묘자라, 모사라, 전능하신 하나님이라, 영존하신 아버지라, 평강의 왕이라 할 것임이라고 했다. 예수는 언제나 동일하신 분이시다.
* 참고 성구 * 요 8:59:8, 사 9:6-7, 계 22:5, 잠 8:23-29, 히 13:8

III. 그리스도 안의 생명
요한은 그의 서신에서 또 증거는 이것이니 하나님이 우리에게 영생을 주신 것과 이 생명이 그의 아들 안에 있는 그것이니라 아들이 있는 자에게는 생명이 있고 하나님의 아들이 없는 자에게는 생명이 없느니라고 했다. 주님은 수가 성 여인에게 내가 그로라고 하심으로 자신을 나타내셨다.
* 참고 성구 * 요 3:16, 행 16:31, 요일 5:11-12, 갈 2:20, 요 4:14, 25

■ 기 도 ■ 하나님 아버지! 당신의 독생자 예수 그리스도는 인간의 모습으로 오셔서 십자가에 달리시기까지 우리들을 사랑하셨습니다. 그리고 부활 승천하시고 이제 재림주로 오실 것임을 우리는 확실히 믿습니다. 오늘 예수를 그리스도가 아니라고 부인하는 자들에게 이 진리를 선포할 수 있도록 우리에게 큰 은사를 주옵소서. 예수 그리스도의 이름으로 기도드립니다. 아멘.

♣ 그리스도를 부인하는 자 ♣

주 예수
♪ 193, 325, 205

■ 본 문 ■ 예수께서 외쳐 가라사대 나를 믿는 자는 나를 믿는 것이 아니요 나를 보내신 이를 믿는 것이며 나를 보는 자는 나를 보내신 이를 보는 것이니라【요 12:44-45】

■ 서 론 ■ 프랑스의 철학자 파스칼은 "우리는 예수 그리스도로 말미암지 않고는 하나님을 알 수 없을 뿐만 아니라 우리 자신도 알 수 없다. 우리는 오직 예수 그리스도를 통하여 생과 사를 안다."고 했다. 태초부터 선재하신 예수를 우리의 주와 그리스도로 삼으신 하나님의 크신 섭리는?

Ⅰ. 이 세상의 구주로 오심

요한은 하나님이 세상을 이처럼 사랑하사 독생자를 주셨으니 이는 저를 믿는 자마다 멸망치 않고 영생을 얻게 하심이라고 했고, 누가는 다른 이로서는 구원을 얻을 수 없나니 천하 인간에 구원을 얻을 만한 다른 이름을 우리에게 주신 일 없음이니라고 말했다.

＊ 참고 성구 ＊ 요 3:16, 행 4:12, 고전 2:1-2, 행 16:31

Ⅱ. 하늘 아버지의 뜻에 복종하심

히브리서 기자는 그가 아들이시라도 받으신 고난으로 순종함을 배워서 온전하게 되었은즉 자기를 순종하는 모든 자에게 영원한 구원의 근원이 되셨다고 했다. 주님은 겟세마네 동산에서 십자가를 앞에 두고 간절히 기도하시되 내 뜻대로가 아닌 아버지의 뜻대로 되기를 바라신 기도의 최고봉을 몸소 실천하셨다.

＊ 참고 성구 ＊ 마 26:39, 빌 2:6-11, 히 5:8-9, 마 26:42

Ⅲ. 인류 심판의 유일한 기준이 되심

주님은 내가 아무것도 스스로 할 수 없노라 듣는 대로 심판하노니 나는 나의 원대로 하려 하지 않고 나를 보내신 이의 원대로 하려는 고로 내 심판은 의로우니라고 했다. 바울은 우리가 다 반드시 그리스도의 심판대 앞에 각각 선악간 그 몸으로 행한 것을 받는다고 했다.

＊ 참고 성구 ＊ 요 14:6, 고전 1:30, 고후 5:10, 요 5:30

■ 기 도 ■ 하나님 아버지! 아직 예수 그리스도를 부인하는 자들이 있사오니 그들을 긍휼히 여기셔서 또 다른 그리스도를 기다리지 않도록 그들의 심령의 눈을 열게 하시고 진리를 깨닫게 하소서. 예수 그리스도의 이름으로 기도드립니다. 아멘.

♣ 그리스도를 부인하는 자 ♣

도마의 신앙고백
♪ 208, 360, 497

■ 본 문 ■ 도마가 대답하여 가로되 나의 주시며 나의 하나님이시니이다 예수께서 가라사대 너는 나를 본 고로 믿느냐 보지 못하고 믿는 자들은 복되도다 하시니라【요 20:28-29】

■ 서 론 ■ 미국의 성직자요 찬송작가인 필립스 부룩스는 "우리가 하나님의 자녀임을 인식하는 유일한 길은 예수 그리스도로 하여금 우리를 그의 아버지께로 인도하시게 하는 것이다."라고 했다. 디두모 도마는 의심자였으나 부활하신 주님을 뵙고는 큰 신앙을 고백하였다. 그의 고백은?

I. 도마의 고백은 체험적인 신앙고백이었음

도마는 예수께 나의 주시며 나의 하나님이시니이다라고 고백했다. 이는 그가 다른 제자들에게 내가 그 손의 못자국을 보며 내 손가락을 그 못자국에 넣으며 내 손을 그 옆구리에 넣어보지 않고는 믿지 아니하겠노라고 말했다. 그러나 그는 부활하신 주님을 뵙는 체험을 하고서 놀라운 고백을 했다.
* 참고 성구 * 눅 8:25, 요 11:16, 골 1:4, 합 2:4, 요 4:29, 20:25

II. 도마의 고백은 확신에 이른 신앙고백이었음

도마는 예수께 나의 주시며 나의 하나님이시니이다라고 고백했다. 이는 여드레 후에 주님이 오셔서 네 손가락을 이리 내밀어 내 손을 보고 네 손을 내밀어 내 옆구리에 넣어 보라는 말씀과 믿음 없는 자가 되지 말고 믿는 자가 되라는 말씀에 도마는 이처럼 확신에 이른 고백을 하였다.
* 참고 성구 * 막 3:16, 창 12:2, 대상 16:8, 마 16, 16

III. 도마의 고백은 올바른 신앙고백이었음

도마는 예수께 나의 주시며 나의 하나님이시니이다라고 고백했다. 이는 단 한 번 부활의 주님을 바라봄으로써 모든 의심에서 벗어난 자의 고백이다. 도마는 '이가 곧 예수이시며 하나님이시다' 라는 당시의 유일신적 전통에 뿌리박힌 유대인으로서는 놀랄 만한 고백을 한 것으로 그의 고백은 올바른 것이었다.
* 참고 성구 * 행 10:14, 출 4:10, 수 7:8, 요 1:49

■ 기 도 ■ 하나님 아버지! 도마의 신앙고백을 통하여 그리스도 예수의 신성은 절정에 달했습니다. 우리도 도마처럼 훌륭한 신앙을 고백할 수 있도록 믿음을 더하여 주시고 당신을 부인하는 자들에게 그리스도가 하나님이라는 복음을 전파하게 하옵소서. 예수 그리스도의 이름으로 기도드립니다. 아멘.

♣ 그리스도를 부인하는 자 ♣

존귀하신 그리스도
♪ 81, 84, 352

■ 본 문 ■ 이는 하나님의 영광의 광채시요 그 본체의 형상이시라 그의 능력의 말씀으로 만물을 붙드시며 죄를 정결케 하는 일을 하시고 높은 곳에 계신 위엄의 우편에 앉으셨느니라【히 1:3】

■ 서 론 ■ 프랑스의 수학자 파스칼은 "예수 그리스도는 우리가 아무런 긍지없이 접근할 수 있는 하나님이요, 우리는 그 앞에서 절망 없이 우리들 자신을 낮출 수 있다."라고 했다. 거룩하시고 존귀하시며 찬양받으실 그리스도는?

Ⅰ. 그리스도의 영광
바울은 빌립보 교회에 보낸 편지에서 이러므로 하나님이 그를 지극히 높여 모든 이름 위에 뛰어난 이름을 주사 하늘에 있는 자들과 땅에 있는 자들과 땅 아래 있는 자들로 무릎을 꿇게 하시고 주라고 시인하여 하나님께 영광을 돌리게 했다고 썼다. 스데반은 보좌 우편에 서신 그리스도를 뵈었다.
 * 참고 성구 * 요 5:22, 마 28:18, 빌 2:9-11, 행 7:55-56

Ⅱ. 그리스도의 능력
바울은 그는 보이지 아니하시는 하나님의 형상이요 모든 창조물보다 먼저 나신 자니 만물이 그에게 창조되되 하늘과 땅에서 보이는 것들과 보이지 않는 것들과 보좌들이나 주관들이나 정사들이나 권세들이나 만물이 다 그로 말미암고 그를 위하여 창조되었다고 그리스도를 표현했다.
 * 참고 성구 * 요 10:30, 사 9:6, 요 14:9, 계 3:14, 골 1:15-17

Ⅲ. 그리스도의 사역
바울은 우리가 아직 죄인되었을 때에 그리스도께서 우리를 위하여 죽으심으로 하나님께서 우리에게 대한 자기의 사랑을 확증하셨느니라고 했다. 대속물 곧 '루트론'은 속전, 석방금의 뜻으로 주님께서 인류의 죄값을 지불하는 지불금이 되셨다는 뜻으로 예수는 우리의 대속주이시다.
 * 참고 성구 * 롬 5:6-8, 요 8:32, 36, 고후 5:21, 히 10:19-22, 마 20:28

■ 기 도 ■ 하나님 아버지! 그리스도의 영광은 당신의 우편에 앉으신 영광이요, 그리스도의 능력은 만물을 지으신 능력이요, 그리스도의 사역은 인류를 위해 죽으신 대속주로서의 사역입니다. 이 예수를 구주로 삼게 하신 하나님께 감사드리오며 예수 그리스도의 이름으로 기도드립니다. 아멘.

♣ 우상 숭배자 ♣

우상을 경배치 말라
♪ 17, 85, 88

■ 본 문 ■ 너를 위하여 새긴 우상을 만들지 말고 또 위로 하늘에 있는 것이나 아래로 땅에 있는 것이나 땅 아래 물 속에 있는 것의 아무 형상이든지 만들지 말며【출 20:4-5】

■ 서 론 ■ "하나님께서 가장 싫어하시는 죄가 음란이요, 우상 숭배는 신앙적으로 음란한 행위를 하는 것이다."라고 어느 신학자는 말했다. 하나님은 모세에게 주신 십계명에서 분명히 우상을 숭배하지 말라고 명령하셨다. 이는?

I. 하나님이 가증히 여기심
신명기 기자는 너는 그들이 조각한 신상들을 불사르고 그것에 입힌 은이나 금을 탐내지 말며 취하지 말라 두렵건대 네가 그것으로 인하여 올무에 들까 하노니 이는 네 하나님 여호와의 가증히 여기시는 것임이니라고 했다. 하나님은 질투하시는 하나님이시므로 그 죄를 삼사대까지 이르게 하신다.
* 참고 성구 * 딛 1:16, 레 7:18, 잠 26:25, 신 7:25, 출 20:4-6

II. 피조물을 경배하지 말 것임
바울은 스스로 지혜 있다 하나 우준하게 되어 썩어지지 아니하는 하나님의 영광을 썩어질 사람과 금수와 버러지의 형상인 우상으로 바꾸었느니라고 했다. 그리고 저희를 서로 욕되게 함은 피조물을 조물주보다 더 경배하고 섬김이라고 했다. 아덴 사람들은 종교성이 많아 알지 못하는 신에게도 경배를 하였다.
* 참고 성구 * 계 20:4, 창 24:26, 삼상 15:25, 롬 1:22-25, 행 17:22-31

III. 하나님 위치에 두는 것이 우상임
바울은 그러므로 땅에 있는 지체를 죽이라 곧 음란과 부정과 사욕과 악한 정욕과 탐심이니 탐심은 우상 숭배라고 하면서 이것들을 인하여 하나님의 진노가 임한다고 하였다. 하나님의 위치에 두는 모든 것이 우상 숭배가 될 수 있으니 자식, 재물, 지식, 권력, 학문, 쾌락 등이다.
* 참고 성구 * 고전 15:10, 출 20:3, 골 3:5, 요일 5:21, 딤후 3:4

■ 기 도 ■ 하나님 아버지! 우상숭배를 금지하는 것은 당신이 이를 가증히 여기심이요, 또한 피조물을 경배하지 말게 하심이요, 그리고 당신의 위치에 두는 모든 것이 우상이기 때문입니다. 오늘 성도의 주위에 우상을 숭배하는 자들에게 바울처럼 복음을 전파하여 그들로 당신의 곁으로 돌아오게 하옵소서. 예수 그리스도의 이름으로 기도드립니다. 아멘.

♣ 우상 숭배자 ♣

주님을 떠난 자
♪ 416, 385, 386

■ 본 문 ■ 이스라엘 족속이 그릇하여 나를 떠날 때에 레위 사람도 그릇하여 그 우상을 좇아 나를 멀리 떠났으니 그 죄악을 담당하리라【겔 44:10】

■ 서 론 ■ "하나님의 은혜를 받고도 배도한 자의 말로는 죽음이다. 두려울진저 회개하라."고 부흥사 이성봉 목사는 말했다. 히브리서 기자는 하나님의 선한 말씀과 내세의 능력을 맛보고 타락한 자들은 다시 새롭게 하여 회개케 할 수 없나니 이는 하나님의 아들을 다시 십자가에 못박는 것이라고 했다. 믿음을 지키려면?

Ⅰ. 우상 숭배를 멀리하라
구약에서는 형상을 만들어 그것에 예배를 드리는 것을 우상 숭배로 규정했으나 신약에 와서는 하나님의 위치에 두는 모든 것을 우상이라고 본다. 특히 사도 바울은 탐하는 자를 우상 숭배자로 규정하여 이들에게는 그리스도와 하나님 나라에서 기업을 얻지 못한다고 못박고 있다.
  * 참고 성구 * 출 20:4-6, 골 3:5, 계 21:8, 요일 5:21, 엡 5:5

Ⅱ. 죄에는 반드시 형벌이 따름을 알라
죄에는 반드시 형벌이 따른다. 범죄한 인류의 시조 아담과 하와와 및 뱀은 하나님의 저주를 받아 영원한 형벌을 받게 되었다. 하나님은 십계명에서 분명히 언급하시기를 나를 미워하는 자의 죄를 갚되 아비로부터 아들에게로 삼사대까지 이르게 하신다고 말씀하셨다.
  * 참고 성구 * 창 3:14-19, 잠 11:22, 겔 18:4, 출 20:5

Ⅲ. 직무에 충실하라
바울은 믿는 자에게 구할 것은 충성이라고 말했으며 그 자신은 이를 충실히 이행하였다. 그가 순교를 당할 즈음에 디모데에게 보낸 편지에서 관제와 같이 벌써 내가 부음이 되고 나의 떠날 기약이 가까웠다며 내가 선한 싸움을 싸우고 나의 달려갈 길을 마치고 믿음을 지켰다고 했다.
  * 참고 성구 * 마 25:21, 고전 4:2, 딤후 4:7-8, 행 20:24, 딤전 1:12

■ 기 도 ■ 하나님 아버지! 믿음이 약해져서 예전의 그 악습으로 돌아간 자들을 용서하여 주시고 오늘 당신께서 말씀하신 우상숭배를 멀리하라, 죄에는 형벌이 따름을 알라, 직무에 충실하라는 말씀을 마음판에 새기게 하소서. 예수 그리스도의 이름으로 기도드립니다. 아멘.

♣ 우상 숭배자 ♣

미워할 대상
♪ 388, 314, 320

■ 본 문 ■ 오직 너희가 그들에게 행할 것은 이러하니 그들의 단을 헐며 주상을 깨뜨리며 아세라 목상을 찍으며 조각한 우상들을 불사를 것이니라【신 7:5】

■ 서 론 ■ 영국의 성직자 토마스 모울은 "선한 일을 하기 위해 굳은 결단이 필요하다면 악을 행치 않기 위해서는 더욱 굳은 결단이 필요하다."라고 했다. 하나님의 부르심을 입어 성도가 된 이들에게는 큰 결단이 필요하며 하나님은 이를 요구하시고 계신다. 우상 숭배의 옛 사람을 벗을 새 사람인 성도는?

I. 과거의 악을 청산하라

바울은 아레오바고에서 행한 설교의 마지막 부분에서 아덴 사람들에게 알지 못하던 시대에는 하나님이 허물치 아니하셨거니와 이제는 어디든지 사람을 다 명하사 회개하라 하셨으니 천하를 공의로 심판할 날을 작정하셨다고 했다. 성도는 이제 선한 데 지혜롭고 악한 데 미련할 것이다.
  * 참고 성구 * 롬 16:19, 렘 9:3, 전 5:1, 행 17:30-31

II. 구세대의 생활방식을 탈피하라

바울은 너희가 이 시기를 알거니와 자다가 깰 때가 벌써 되었으니 이는 이제 우리의 구원이 처음 믿을 때보다 가까왔음이라고 하면서 우리가 어두움의 일을 벗고 빛의 갑옷을 입자고 권면했다. 이제 성도는 지나간 세상의 풍습과 시류와 유행을 좇지 말고 진리 안에 거하는 자가 되어야 한다.
  * 참고 성구 * 벧후 2:9, 딤전 3:16, 신 33:8, 롬 13:11-12

III. 믿음의 세대들과 혼인하라

바울은 너희는 믿지 않는 자와 멍에를 같이 하지 말라 의와 불법이 어찌 함께 하며 빛과 어두움이 어찌 사귀냐고 했다. 유다의 왕 여호사밧은 돈독한 믿음을 가졌으나 이스라엘의 악한 왕 아합의 딸을 며느리로 맞아서 그의 아들 여호람이 여호와의 보시기에 악을 행하였다.
  * 참고 성구 * 왕하 8:18, 대하 21:6, 렘 2:2, 고후 6:14, 말 2:11

■ 기 도 ■ 하나님 아버지! 당신은 과거의 악을 청산하고 구세대의 생활방식을 탈피하고 믿음의 세대들과 혼인하라고 하셨습니다. 이는 영육간의 정결함을 원하시는 당신의 뜻임을 믿고 당신의 명령에 아멘으로 화답할 수 있는 믿음을 주시옵소서. 예수 그리스도의 이름으로 기도드립니다. 아멘.

♣ 우상 숭배자 ♣

사귀지 말아야 할 자
♪ 29, 384, 387

■ 본 문 ■ 이제 내가 너희에게 쓴 것은 만일 어떤 형제라 일컫는 자가 음행하거나 탐람하거나 우상 숭배를 하거나 후욕하거나 술 취하거나 토색하거든 사귀지도 말고 그런 자와는 함께 먹지도 말라 함이라【고전 5:11】

■ 서 론 ■ 스페인의 수녀로 노벨 평화상을 수상한 성 테레사는 "내 영혼은 하나님의 영광을 반사하는 거울과 같다. 그런데 그것은 아무리 시시한 것이라도 죄가 있으면 온통 뿌옇게 되고 만다."고 했다. 죄악은 전염성이 강해서 조금만 방심하면 죄성에 물들게 된다. 성도는?

Ⅰ. 성도는 이 세상에 속하지 않았음
요한은 하나님께로서 난 자마다 죄를 짓지 아니하나니 이는 하나님의 씨가 그의 속에 거함이요 저도 범죄치 못하는 것은 하나님께로서 났음이라 이러므로 하나님의 자녀들과 마귀의 자녀들이 나타나나니라고 했다. 성도는 비록 이 세상에 살지만 결코 이 세상에 속한 자가 아니다.
* 참고 성구 * 마 13:22, 요 8:23, 고전 6:1-4, 요일 3:9-10

Ⅱ. 성도는 이 세상과 짝해서는 안 됨
야고보서 기자는 간음하는 여자들이여 세상과 벗된 것이 하나님의 원수임을 알지 못하느뇨 그런즉 누구든지 세상과 벗이 되고자 하는 자는 스스로 하나님과 원수되게 하는 것이니라고 했다. 이 세상과 짝한 삼손, 가룟 유다, 롯, 데마 등이 믿음에서 떠나 스스로를 찔렀다.
* 참고 성구 * 마 12:32, 고후 4:4, 엡 1:21, 약 4:4, 출 32:21-24

Ⅲ. 성도는 이 세상을 변화시켜야 함
바울은 성도를 그리스도의 향기라고 하면서 이 사람에게는 사망으로 좇아 사망에 이르는 냄새요 저 사람에게는 생명으로 좇아 생명에 이르는 냄새라 누가 이것을 감당하리요라고 했다. 성도에게는 양초와 같이 자기를 태워서 세상을 밝게 하고 비누와 같이 자기를 깎아서 세상을 깨끗케 할 사명이 있다.
* 참고 성구 * 눅 9:29, 요 15:19, 고전 15:52, 마 5:13-16, 고후 2:16

■ 기 도 ■ 하나님 아버지! 오늘 성도로 부름을 입은 자들은 십자가 군병과 같이 복음을 위하여 영적 전쟁을 치루어 모두 승리하는 자가 되게 하소서. 예수 그리스도의 이름으로 기도드립니다. 아멘.

♣ 우상 숭배자 ♣

우상 숭배는 탐심
♪ 24, 210, 211

■ 본 문 ■ 그러므로 땅에 있는 지체를 죽이라 곧 음란과 부정과 사욕과 악한 정욕과 탐심이니 탐심은 우상 숭배니라【골 3:5】

■ 서 론 ■ "집이나 명예나 권세나 돈이나 심지어는 가족에 이르기까지 하나님보다 더 사랑하는 것은 우상 숭배가 된다."고 어느 신학자는 말했다. 우상 숭배의 개념이 구약에서는 형상을 만들어 그것을 경배하는 것을 가리켰는데 신약에 와서는 더욱 포괄적으로 탐하는 마음까지 포함된다. 새 생활은?

Ⅰ. 새로운 생활은 불의를 멀리하는 것임

불의, 곧 '아디키아'는 잘못을 저지르다, 어기다(하나님의 법을), 옳지 못하다, 부정의 뜻으로 불경건이 종교적인 죄악이라면 불의는 도덕적인 죄악을 의미한다. 불의한 자 곧 음란하는 자, 우상 숭배하는 자, 간음하는 자, 탐색하는 자, 남색하는 자 등은 하나님 나라의 유업이 없다.
* 참고 성구 * 고전 6:9-10, 딤전 2:19, 호 10:12, 골 3:2

Ⅱ. 새로운 생활은 탐하는 마음을 버리는 것임

탐하다의 헬라어 '플레오넥테스'는 다른 사람의 권리를 침해하면서까지 자기 것으로 소유하려는 욕망이나 탐욕스러운 행동을 뜻하는 말이다. 바울은 너희도 이것을 정녕 알거니와 음행하는 자나 더러운 자나 탐하는 자 곧 우상 숭배자는 다 그리스도와 하나님 나라에서 기업을 얻지 못한다고 했다.
* 참고 성구 * 딤전 6:9-10, 엡 5:3,5, 눅 12:15-21, 갈 5:22-24, 계 21:8

Ⅲ. 새로운 생활은 그리스도를 좇는 것임

바울은 옛 사람과 그 행위를 벗어 버리고 새 사람을 입었으니 이는 자기를 창조하신 자의 형상을 좇아 지식에까지 새롭게 하심을 받는 자니라고 했다. 성도는 이제 옛 생활을 청산한 자요, 그리스도 안에서 새롭게 피조된 존재로서 진리의 말씀이신 그리스도를 좇는 자가 되어야 한다.
* 참고 성구 * 갈 2:20, 고전 9:27, 마 16:24, 골 3:10

■ 기 도 ■ 하나님 아버지! 성도가 된 자는 불의를 멀리하는 자요, 탐하는 마음을 버리는 자요, 그리스도를 좇는 자입니다. 이제 그리스도 안에서 형제된 사랑하는 당신의 백성을 돌보사 영적 음란인 우상 숭배를 범하는 죄를 다시금 짓지 않도록 당신께서 지켜 주시옵소서. 예수 그리스도의 이름으로 기도드립니다. 아멘.

♣ 우상 숭배자 ♣

우상에서 떠나라
♪ 22, 212, 483

■ 본 문 ■ 그런즉 내가 무엇을 말하느뇨 우상의 제물은 무엇이며 우상은 무엇이라 하느뇨 대저 이방인의 제사하는 것은 귀신에게 하는 것이요 하나님께 제사하는 것이 아니니 나는 너희가 귀신과 교제하는 자 되기를 원치 아니하노라【고전 10:19-20】

■ 서 론 ■ "사람이 하나님을 알지 못하는 것은 나쁜 일이지만 보다 나쁜 것은 하나님 아닌 것을 하나님으로 아는 일이다."라고 락탄티우스는 말했다. 유교 문화권에서 살아온 우리에게 제사의 문제는 시급히 해결할 과제이다. 성경이 말하는 제사는?

I. 제사는 세상을 좇는 행위이다

바울은 저희가 하나님의 진리를 거짓 것으로 바꾸어 피조물을 조물주보다 더 경배하고 섬김이라고 했다. 이것은 참된 예배를 우상 숭배로 대신함이요, 진리를 거짓으로 대신함으로 창조주보다 피조물을 더 숭배함을 의미한다. 섬기다는 특별한 의식이나 제물을 통한 예배를 가리킨다.
* 참고 성구 * 요 15:19, 요일 5:19, 약 4:4, 롬 1:22-25

II. 제사는 마귀를 숭배하는 행위이다

신명기 기자는 그들은 하나님께 제사하지 아니하고 마귀에게 하였으니 곧 그들의 알지 못하던 신, 근대에 일어난 새 신, 너희 열조의 두려워 않던 것들이로다고 했다. 바울은 대저 이방인의 제사하는 것은 귀신에게 하는 것이요 하나님께 제사하는 것이 아니라고 하였다.
* 참고 성구 * 약 4:7, 신 32:17, 시 106:37, 계 9:20-21, 고전 10:20

III. 제사는 악과 연합하는 행위이다

레위기 기자는 너는 결단코 자녀를 몰렉에게 주어 불로 통과케 말아서 네 하나님의 이름을 욕되게 하지 말라 나는 여호와니라고 기록했다. 몰렉은 암몬 족속의 신으로 어린이 희생 제사로 유명하다. 바울은 너희가 귀신과 교제하는 자 되기를 원치 않는다고 했다. 제사는 악과 연합하는 행위이다.
* 참고 성구 * 고후 6:14-18, 출 23:2, 시 1:1, 사 42:8, 레 18:21

■ 기 도 ■ 하나님 아버지! 성경은 제사를 세상을 좇는 행위요, 마귀를 숭배하는 행위요, 악과 연합하는 행위라고 규정하고 있습니다. 그러므로 성도는 우상의 제물에 참여하는 일이 없도록 하시고 자신을 다스리는 분별력을 더하여 주옵소서. 예수 그리스도의 이름으로 기도드립니다. 아멘.

♣ 미신에 빠진 자 ♣

계시를 모르는 자
♪ 425, 209, 296

■ 본 문 ■ 그 때에 사람의 손가락이 나타나서 왕궁 촛대 맞은 편 분벽에 글자를 쓰는데 왕이 그 글자 쓰는 손가락을 본지라【단 5:5】

■ 서 론 ■ 프랑스의 철학자 파스칼은 "두려움에는 두 가지가 있다. 그 하나는 믿음의 결과인 고결한 두려움이요, 다른 하나는 의심과 불신과 죄악의 산물인 사악한 두려움이다."라고 했다. 바벨론 왕 벨사살은 사람의 손가락이 나타나서 글자를 씀을 보고 크게 놀랐다. 그는?

I. 죄를 범하는 자이다
벨사살은 술을 마실 때 그 부친 느부갓네살이 예루살렘 전에서 취하여 온 금, 은 기명을 가져오게 하여서 왕과 귀인들과 왕후들과 빈궁들이 다 그것으로 마시려고 했었다. 하나님의 전에서 제사를 드릴 때 사용하던 기명으로 술을 마시려 한 그의 죄는 죽어 마땅한 것이다.
* 참고 성구 * 요 8:34, 살전 5:3, 겔 18:4, 단 5:2

II. 세상을 좇아 행하는 자이다
예루살렘 하나님의 전 성소에서 취하여 온 금 기명에 왕과 귀인들과 왕후들과 빈궁들은 술을 가득 담아 마시고는 금, 은, 동, 철, 목, 석으로 만든 신들을 찬양했다. 그들의 우상 찬양은 세상을 좇아서 행한 것으로 그들은 하나님의 전 기명을 욕되게 하고 하나님을 능멸한 것이다.
* 참고 성구 * 약 4:4, 요일 5:19, 요 15:19, 단 5:4, 잠 29:18

III. 주의 뜻에 무지한 자이다
사람의 손가락이 쓴 글씨 곧 '메네 메네 데겔 우바르신'의 의미를 몰라 벨사살은 크게 소리쳐 술객과 갈대아 술사와 점장이를 불러 이 글자를 읽고 그 해석을 내게 보이면 셋째 치리자로 삼는다고 했으나 아무도 그 글자를 알지 못하여 왕은 번민하고 낯빛이 변하여 두려워했다.
* 참고 성구 * 마 7:21, 롬 12:1-2, 엡 5:17, 단 5:7-9

■ 기 도 ■ 하나님 아버지! 계시를 모르는 자는 죄를 범한 자요, 세상을 좇아 행한 자요, 당신의 뜻에 무지한 자입니다. 오늘 미신에 빠진 많은 사람들이 당신의 계시를 모르는 자로서 두려워 떨고 있사오니 그들의 영혼을 긍휼히 여기소서. 예수 그리스도의 이름으로 기도드립니다. 아멘.

♣ 미신에 빠진 자 ♣

택한 자라도 유혹함
♪ 395, 393, 397

■ 본 문 ■ 거짓 그리스도들과 거짓 선지자들이 일어나 큰 표적과 기사를 보이어 할 수만 있으면 택하신 자들도 미혹하게 하리라【마 24:24】

■ 서 론 ■ "유혹에 굴하지 말라. 굴하는 것은 마귀의 꾀에 지는 것이요 그대의 손에 사슬을 채우라고 내미는 것이다."라며 카우맨 목사는 말했다. 성도들은 참과 거짓을 구별하는 분별력의 은사를 받아야겠다. 성도는?

I. 거짓 것들을 잘 분별해야 함
바울은 저런 사람들은 거짓 사도요 궤휼의 역군이니 자기를 그리스도의 사도로 가장하는 자들이라고 하면서 이것이 이상한 일이 아니라 사탄도 자기를 광명의 천사로 가장한다고 했다. 그리스도의 재림이 가까워질수록 거짓 것들이 각처에서 창궐하여 택한 자도 유혹하여 실족케 한다.
 * 참고 성구 * 롬 16:17-18, 고후 11:13-15, 요일 4:1-6, 벧후 2:1, 살후 2:4, 11

II. 오직 주의 말씀만을 의뢰해야 함
사도 요한은 밧모 섬에 유배되어 받은 계시록에서 이 예언의 말씀을 읽는 자와 듣는 자들과 그 가운데 기록한 것을 지키는 자들이 복이 있나니 때가 가까움이라고 했다. 시편 기자는 주의 말씀은 내 발에 등이요 내 길에 빛이니이다라고 했다. 오직 주의 말씀만 의뢰할 때 시험을 이길 수 있다.
 * 참고 성구 * 계 1:3, 시 19:7-11, 사 34:16, 시 119:105

III. 매사에 행동을 삼가하도록 해야 함
베드로는 그러므로 사랑하는 자들아 너희가 이것을 미리 알았은즉 무법한 자들의 미혹에 이끌려 너희 굳센 데서 떨어질까 삼가라고 했다. 성도는 각종 이단이 횡행하는 이때에 진리에 바로 서서 성경을 기준으로 하여 매사에 말씀을 비추어 보아 행동을 삼가는 것이 좋다.
 * 참고 성구 * 눅 21:34-36, 롬 13:11-14, 살전 5:4-8, 벧후 3:17

■ 기 도 ■ 하나님 아버지! 당신의 택한 성도는 거짓 것을 잘 분별하고 오직 당신의 말씀만 의뢰하며 매사에 행동을 삼가는 것이 좋다고 성경은 권면하고 있습니다. 당신이 유혹을 역사하게 하심은 불의를 좇는 자들을 심판받게 하시려는 뜻인줄 믿사오니 오늘 미신에 빠진 자들을 당신의 뜻대로 심판하소서. 예수 그리스도의 이름으로 기도드립니다. 아멘.

♣ 미신에 빠진 자 ♣

마술을 행하는 시몬
♪ 330, 384, 392

■ 본 문 ■ 그 성에 시몬이라 하는 사람이 전부터 있어 마술을 행하여 사마리아 백성을 놀라게 하며 자칭 큰 자라 하니 낮은 사람부터 높은 사람까지 다 청종하여 가로되 이 사람은 크다 일컫는 하나님의 능력이라 하더라【행 8:9-10】

■ 서 론 ■ 영국의 퀘이커교도요 미국 펜실베니아주를 건설한 윌리엄 펜은 "신은 형식을 취한 많은 기도보다 악의 유혹을 배척하는 것을 가상히 여기신다."고 했다. 사마리아의 마술사 시몬은 사탄의 능력으로 백성들을 기만했다. 이런 자들은?

Ⅰ. 사탄 숭배자들은 사람들을 기만한다

누가는 그 성에 시몬이라는 사람이 전부터 있어 마술을 행하여 사마리아 백성을 놀라게 하며 자칭 큰 자라 했다고 기록했다. 마술은 미신이며 우상숭배로서 모세는 일찍이 가나안의 우상 숭배를 강력히 경고한 적이 있다. 마술을 행하는 자의 뒤에는 사탄이 도사리고 있다.

　* 참고 성구 *　요 8:44, 엡 4:25, 계 21:8, 행 8:9, 신 18:9-14

Ⅱ. 사탄 숭배자들은 자기를 높여 교만히 행한다

누가는 낮은 사람부터 높은 사람까지 다 청종하여 가로되 이 사람은 크다 일컫는 하나님의 능력이라 하더라고 기록했다. 사탄의 능력을 받아 마술을 행하는 시몬은 사람들이 영적 분별력이 없어 그의 능력을 오해하여 하나님의 능력으로 치부하자 끝없이 교만에 빠지게 되었다.

　* 참고 성구 *　마 23:11-12, 사 14:12-17, 행 8:10, 출 7:11-13

Ⅲ. 사탄 숭배자들을 성도는 담대히 대적해야 한다

시몬이 성령의 능력을 돈을 주고 사려 하자 베드로는 크게 꾸짖어 내가 보니 너는 악독이 가득하며 불의에 매인 바 되었도다라고 했다. 사탄 숭배자인 마술사나 점장이들은 악마의 능력으로 이적을 행하므로 성경은 사탄을 대적하라 그리하면 너희를 피하리라고 권면하고 있다.

　* 참고 성구 *　약 4:7, 벧전 5:8-9, 요일 3:8, 행 8:20, 딤후 3:8

■ 기 도 ■ 하나님 아버지! 자기의 영혼을 사탄에게 팔고서 능력을 얻은 사탄 숭배자들을 한편으로 불쌍히 여기셔서 그들도 당신께 돌아오기를 기도하는 성도들이 되게 하옵소서. 예수 그리스도의 이름으로 기도드립니다. 아멘.

♣ 미신에 빠진 자 ♣

점하는 귀신들린 여종
♪ 344, 390, 391

■ 본 문 ■ 우리가 기도하는 곳에 가다가 점하는 귀신들린 여종 하나를 만나니 점으로 그 주인들을 크게 이하게 하는 자라【행 16:16】

■ 서 론 ■ 영국의 목사요 중국 선교의 아버지라 불린 허드슨 테일러는 "하나님의 일꾼이 되도록 하라. 하나님께서 주시는 장소에서 하나님의 뜻에 따라 하나님의 일을 하는 일꾼이 되도록 하라."고 했다. 복음의 빛이 사방으로 퍼지자 어두움 속에서 활약하던 거짓 것들이 그 실체를 드러내었다. 바울은?

I. 기도에 힘쓴 바울

누가는 바울과 실라가 기도하는 곳에 가다가 점하는 귀신들린 여종 하나를 만나니 점으로 그 주인들을 크게 이하게 하는 자라고 했다. 기도는 하나님과 성도들 사이에 놓인 신비한 능력의 통로이다. 바울은 하나님의 능력을 덧입고 성령의 충만한 역사로 이방인에게 복음을 전파했다.

* 참고 성구 * 막 1:35, 왕상 22:25, 시 46:5, 행 16:16

II. 사탄을 대적한 바울

바울은 점하는 귀신들린 여종이 자기들을 좇아와서 여러 날을 괴롭히자 그 귀신에게 예수 그리스도의 이름으로 내가 네게 명하노니 그에게서 나오라 하니 귀신이 즉시 나왔다. 귀신들도 예수를 알고 있으며 구원의 길이 무엇인지 잘 안다. 그들은 불신자의 영혼만을 족쇄를 채우고 있다.

* 참고 성구 * 요 10:10, 약 4:7, 벧전 5:8-9, 행 16:18, 행 19:11-16

III. 영혼을 귀히 여긴 바울

이 일로 인하여 바울과 실라는 점하는 귀신들린 여종의 주인들에게 잡혀서 관원들에게 끌려가 모진 매를 맞고서 빌립보 감옥에 갇히게 되었다. 바울이 점하는 귀신들린 여종을 구원하고자 귀신을 쫓아냄은 귀신에게 사로잡혀 비참한 노예생활을 하는 그녀의 영혼을 긍휼히 생각했기 때문이다.

* 참고 성구 * 마 16:26, 눅 19:10, 겔 18:23, 행 16:16-18

■ 기 도 ■ 하나님 아버지! 오늘 각처에서 사탄의 악한 역사를 돕고 있는 각종 무당, 점장이들과 사탄의 능력에 의지하려는 불쌍한 영혼들에게 당신의 구원의 역사를 일으키는 성도들이 되도록 능력을 주옵소서. 예수 그리스도의 이름으로 기도드립니다. 아멘.

♣ 미신에 빠진 자 ♣

그 길에서 돌아서라
♪ 315, 424, 517

■ 본 문 ■ 내 형제들아 너희 중에 미혹하여 진리를 떠난 자를 누가 돌아서게 하면 너희가 알 것은 죄인을 미혹한 길에서 돌아서게 하는 자가 그 영혼을 사망에서 구원하며 허다한 죄를 덮을 것이니라【약 5:19-20】

■ 서. 론 ■ 미국의 부흥사 빌리 그래엄 목사는 "우리는 누구인가? 세상이 읽어보는 성경, 우리는 누구인가? 세상이 필요한 신경, 우리는 누구인가? 세상이 눈여기는 설교."라고 했다. 성도는 미혹을 경계하고 미혹에 빠진 자를 구원해야 할 책임이 있는 자이다. 성도는?

I. 거짓 것들의 미혹을 경계해야 함
주님은 거짓 그리스도들과 거짓 선지자들이 일어나 큰 표적과 기사를 보이어 할 수만 있으면 택하신 자들도 미혹하게 하리라고 경고하셨다. 바울도 사탄도 자기를 광명의 천사로 가장한다면서 사탄의 위장을 경고하였다. 성도는 항상 영적으로 깨어서 거짓 것의 미혹을 경계해야 한다.
* 참고 성구 * 마 24:23-24, 고후 11:13-15, 요일 4:1-6, 행 8:9

II. 영혼들을 바르게 인도하도록 힘써야 함
하나님은 모든 사람이 구원을 받으며 진리를 아는 데 이르기를 원하시는 분이시다. 그러나 얀네와 얌브레가 모세를 대적한 것같이 진리를 대적하는 자는 항상 배우나 마침내 진리의 지식에 이를 수 없다고 바울은 말했다. 비록 그럴지라도 하나님께 그들의 영혼을 위해 기도하는 자가 되자.
* 참고 성구 * 딤전 2:4, 겔 18:32, 23 단 12:3, 행 8:22, 딤후 3:7-8

III. 일한 대로 하나님께서 갚아 주심
베드로는 시들지 아니하는 영광의 면류관을 바랐으며, 바울은 자기를 위하여 의의 면류관이 예비되었음을 믿어 의심치 않았다. 의의 면류관, 곧 '호테스 디카이오쉬네스 스테파노스'는 의로운 사람에게 주는 면류관이 아니라 사명을 다한 사람에게 주어지는 공로의 면류관이다.
* 참고 성구 * 히 10:24, 갈 6:7-8, 계 22:12, 벧전 5:4, 딤후 4:8

■ 기 도 ■ 하나님 아버지! 당신의 진리를 전파하며 고난을 축복으로 여기며 목숨이 붙어 있는 그날까지 복음과 함께 하는 자들이 될 수 있도록 축복하소서. 예수 그리스도의 이름으로 기도드립니다. 아멘.

♣ 미신에 빠진 자 ♣

미신을 삼가하라
♪ 21, 379, 374

■ 본 문 ■ 그러므로 사랑하는 자들아 너희가 이것을 미리 알았은즉 무법한 자들의 미혹에 이끌려 너희 굳센 데서 떨어질까 삼가라【벧후 3:17】

■ 서 론 ■ 그리스의 전기작가인 플루타크는 "종교상의 불신앙과 신을 경멸하는 것은 큰 악이지만 미신은 더욱 큰 악이다."라고 했다. 오늘 각종 미신이 횡행하여 영혼에게 큰 해악을 끼치는 현실에서 성도의 바른 삶과 신앙은?

I. 성도는 주 앞에서 흠이 없어야 함

베드로는 그러므로 사랑하는 자들아 너희가 이것을 바라보나니 주 앞에서 점도 없고 흠도 없이 평강 가운데서 나타나기를 힘쓰라고 했다. 히브리서 기자는 흠없는 그리스도의 피가 양심으로 죽은 행실에서 깨끗케 하며 살아계신 하나님을 섬기게 한다고 말하고 있다.
  * 참고 성구 * 빌 3:6, 히 9:14, 욥 11:15, 벧후 3:14

II. 성도는 굳센 데서 떨어질까 조심해야 함

베드로는 무법한 자들의 미혹에 이끌려 너희 굳센 데서 떨어질까 삼가라고 했다. 바울은 형제들아 견고하며 흔들리지 말며 항상 주의 일에 더욱 힘쓰는 자들이 되라 이는 너희 수고가 주 안에서 헛되지 않은 줄 앎이라고 했다. 성도는 영적 분별력으로 거짓 것을 가려내야 한다.
  * 참고 성구 * 요 21:17, 사 63:10, 단 6:14, 고전 15:58, 마 7:15-16

III. 성도는 주를 아는 지식에서 자라가야 함

베드로는 오직 우리 주 곧 구주 예수 그리스도의 은혜와 저를 아는 지식에서 자라가라고 했다. 성도는 하나님의 아들을 믿는 것과 아는 일에 하나가 되어 온전한 사람을 이루어 그리스도의 장성한 분량이 충만한 데까지 이르러야 한다. 이것이 곧 그리스도를 닮음이다.
  * 참고 성구 * 고후 8:7, 잠 10:14, 사 33:6, 벧후 3:18, 엡 4:13

■ 기 도 ■ 하나님 아버지! 성도는 주 앞에서 흠이 없어야 하며, 굳센 데서 떨어질까 조심하며, 주를 아는 지식에서 자라가야 한다고 사도 베드로는 말세지말을 맞은 우리에게 권면하고 있습니다. 그러므로 행여라도 욕심에 이끌려 미혹되는 자가 없게 하시고 자기 절제의 성령의 열매를 맺는 성도가 되게 하소서. 예수 그리스도의 이름으로 기도드립니다. 아멘.

♣ 미신에 빠진 자 ♣

점괘는 허탄한 것
♪ 24, 317, 331

■ 본 문 ■ 그 선지자들이 허탄한 묵시를 보며 거짓 것을 점쳤으니 내 손이 그들을 쳐서 내 백성의 공회에 들어오지 못하게 하며 이스라엘 족속의 호적에도 기록되지 못하게 하리니 너희가 나를 여호와인줄 알리라【겔 13:9】

■ 서 론 ■ 영국의 설교가 스펄젼은 "하나님의 걸작인 인간은 고난 중에 미혹되지 않고 의연히 서는 사람들이다."라고 했다. 안 믿는 사람들은 고난이 닥치면 무당과 점장이를 찾는다. 하지만 성도는 고난 속에 감추인 하나님의 뜻을 읽는다. 미혹된 자는?

Ⅰ. 미혹된 자를 주께서 분노하심
에스겔은 그 선지자들이 허탄한 묵시를 보며 거짓 것을 점쳤으니 내 손이 그들을 친다고 하나님의 말씀을 대언했다. 잠언 기자는 묵시가 없으면 백성이 방자히 행하거니와 율법을 지키는 자는 복이 있다고 했다. 하나님은 마귀의 뜻을 좇는 자들에게 분노하셔 큰 재앙을 내리실 것이다.
* 참고 성구 * 요 3:36, 롬 1:18, 왕하 22:13, 시 2:12, 잠 29:18

Ⅱ. 미혹된 자는 기업을 잇지 못함
에스겔은 내 백성의 공회에 들어오지 못하게 하며 이스라엘 족속의 호적에도 기록되지 못하게 한다고 하나님의 말씀을 대언했다. 미혹된 이방인에게 어두움에서 빛으로, 사탄의 권세에서 하나님께로 돌아가게 하고 죄사함과 주를 믿어 거룩케 된 자에게 기업을 얻게 하심이 주님의 뜻이다.
* 참고 성구 * 고전 6:9-10, 갈 4:6-7, 벧전 1:3-4, 행 26:18

Ⅲ. 미혹된 자는 평안을 얻지 못함
에스겔은 이스라엘 땅에도 들어가지 못하게 하리니 너희가 나를 여호와인 줄 알리라고 하였다. 베드로는 미혹된 발람의 예를 가지고 이 사람들은 물 없는 샘이요 광풍에 밀려가는 안개니 저희를 위하여 캄캄한 어두움이 예비되어 있다고 했다. 미혹된 자의 미래는 평안이 없다.
* 참고 성구 * 요 14:27, 갈 5:22, 사 48:22, 벧후 2:14-19

■ 기 도 ■ 하나님 아버지! 우상을 섬기거나 점술로 인생의 미래를 알고자 하는 모든 이들에게 회개의 기회를 주시어 그들의 영혼이 마귀의 속박에서 벗어나게 하옵소서. 예수 그리스도의 이름으로 기도드립니다. 아멘.

♣ 악습을 버리지 못하는 자 ♣

악인의 고집은 죽음
♪ 330, 317, 323

■ 본 문 ■ 주 여호와의 말씀에 나의 삶을 두고 맹세하노니 나는 악인의 죽는 것을 기뻐하지 아니하고 악인이 그 길에서 돌이켜 떠나서 사는 것을 기뻐하노라 이스라엘 족속아 돌이키고 돌이키라 너희 악한 길에서 떠나라 어찌 죽고자 하느냐 하셨다 하라【겔 33:11】

■ 서 론 ■ 영국의 신학자 스미스는 "고집은 악인들의 마음과 삶을 지배하는 악의 날카로운 정신, 지나친 욕망 및 육욕의 근원이요 샘이다."라고 했다. 악인의 악한 고집과 습관은 오직 죽음만을 초래할 뿐이다. 이를 돌이키라고 하시는 주님은?

Ⅰ. 돌이키라/주는 긍휼이 많으시다
긍휼에 해당하는 히브리어는 '헤세드'이며 헬라어는 '엘레오스'로서 이는 동정, 긍휼, 자비, 은총, 인애의 뜻이 있다. 베드로는 악독이 가득하며 불의에 매인 바 된 사마리아의 마술사 시몬에게 너의 악함을 회개하고 주께 기도하라 혹 마음에 품은 것을 사하여 주시리라고 했다.
 * 참고 성구 * 엡 2:4, 출 34:6-7, 느 9:17, 행 8:22

Ⅱ. 돌이키라/주는 회개를 기뻐하신다
회개, 곧 '메타노이아'는 마음을 바꿈, 변경, 사고방식을 변화시킴, 돌아섬, 변형의 뜻으로 주님은 죄인 하나가 회개하면 하늘에서는 회개할 것 없는 의인 아흔 아홉을 인하여 기뻐하는 것보다 더하리라고 하셨다. 회개는 하나님과의 교제를 시작하는 첫 관문이요 구원의 문을 두드리는 첫 행위이다.
 * 참고 성구 * 딤전 2:4, 벧후 3:9, 시 51:16-17, 눅 15:7

Ⅲ. 돌이키라/돌이키는 자는 살게 된다
역대하 기자는 내 이름으로 일컫는 내 백성이 그 악한 길에서 떠나 스스로 겸비하고 기도하여 내 얼굴을 구하면 내가 하늘에서 듣고 그 죄를 사하고 그 땅을 고칠지라고 하나님의 말씀을 기록했다. 죄에서 돌이켜 하나님의 얼굴을 구하는 자는 영육이 살게 되는 축복을 입는다.
 * 참고 성구 * 행 2:38, 요일 1:8-10, 겔 18:21, 대하 7:14

■ 기 도 ■ 하나님 아버지! 당신께서는 긍휼이 많으셔서 회개하는 자를 기뻐하시고 돌이키는 자를 살게 하신다고 하셨습니다. 당신의 크신 긍휼을 깨닫고 악인들이 구원의 대열에 서도록 그들을 인도하는 우리가 되게 하옵소서. 예수 그리스도의 이름으로 기도드립니다. 아멘.

♣ 악습을 버리지 못하는 자 ♣

어둠을 좋아함
♪ 336, 212, 213

■ 본 문 ■ 만일 우리가 하나님과 사귐이 있다 하고 어두운 가운데 행하면 거짓말을 하고 진리를 행치 아니함이거니와【요일 1:6】

■ 서 론 ■ 영국의 신학자 윌리엄 로버트슨은 "그리스도인의 삶은 알고 들음에 있을 뿐만 아니라 그리스도의 뜻을 준행하는 데 있다."라고 했다. 그러나 악인은 어둠을 좋아하여 베드로는 그의 서신에서 그들을 저주의 자식이라고까지 말하였다. 성도의 삶은 거룩하고 의로워야 한다. 성도의 삶은?

I. 성도는 모든 불의에서 떠나야 함

불의, 곧 '아디키아'는 옳지 못하다, 부정, 어기다(하나님의 법을), 잘못을 저지르다는 뜻으로 불경건이 종교적인 죄악을 가리키는 반면에 불의는 도덕적인 죄악을 의미한다. 바울은 음행과 온갖 더러운 것과 탐욕은 너희 중에서 그 이름이라도 부르지 말라 이는 성도의 마땅한 바니라고 했다.
  * 참고 성구 * 고전 6:9-10, 딤후 2:19, 고전 15:34, 엡 5:3

II. 성도는 세속을 좇지 말아야 함

바울은 낮에와 같이 단정히 행하고 방탕과 술 취하지 말며 음란과 호색하지 말며 쟁투와 시기하지 말고 오직 주 예수 그리스도로 옷입고 정욕을 위하여 육신의 일을 도모하지 말라고 했다. 젊은 시절 타락했던 어거스틴이 이 말씀으로 회심하여 기독교 최고의 교부가 되었다.
  * 참고 성구 * 갈 6:14, 요일 5:19, 약 4:4, 롬 13:13, 약 1:27

III. 성도는 예수 중심의 생활을 지향해야 함

바울은 에베소 교회에 보낸 편지에서 너희가 전에는 어두움이더니 이제는 주 안에서 빛이라 빛의 자녀들처럼 행하라고 하면서 빛의 열매는 모든 착함과 의로움과 진실함에 있느니라고 했다. 성도는 사나 죽으나 주 안에서 주님을 중심에 모시는 삶을 영위해야 할 것이다.
  * 참고 성구 * 고전 9:27, 요 20:28, 갈 2:20, 엡 5:8-11

■ 기 도 ■ 하나님 아버지! 택함받은 성도는 모든 불의에서 떠나고 세속을 좇지 말고 오직 예수 중심의 삶을 지향하는 자들입니다. 말세지말, 주님 오실 날이 가까운 지금 더욱 신앙생활에 매진하는 모든 성도들이 될 수 있도록 주께서 지켜 주시옵소서. 예수 그리스도의 이름으로 기도드립니다. 아멘.

♣ 악습을 버리지 못하는 자 ♣

악에서 떠나라
♪ 187, 339, 317

■ 본 문 ■ 너희도 이것을 정녕히 알거니와 음행하는 자나 더러운 자나 탐하는 자 곧 우상 숭배자는 다 그리스도와 하나님 나라에서 기업을 얻지 못하리니【엡 5:5】

■ 서 론 ■ 미국의 물리학자 데이빗 도로는 "악을 제거하려는 사람은 악의 작은 가지를 치지 말고 그 뿌리를 쳐야 할 것이다."라고 했다. 하늘에 있는 악의 영들에게 놓여서 진정한 영혼의 해방을 맛보려면 ?

I. 탐욕을 버려야 함
탐하다 곧 '플레오넥테스'는 다른 사람의 권리를 침해해가면서까지 자기의 것으로 소유하려는 욕망이나 탐욕스런 행동을 의미하는 말이다. 바울은 골로새 교회에 보낸 편지에서 땅에 있는 지체를 죽이라 곧 음란과 부정과 사욕과 악한 정욕과 탐심이니 탐심은 우상 숭배라고 했다.
 * 참고 성구 * 눅 12:15-21, 골 3:5, 딤전 6:9-10, 엡 5:3

II. 불의를 멀리해야 함
불의 곧 '아디키아'는 부정, 옳지 못하다, 어기다(하나님의 법을), 잘못을 저지르다는 뜻으로 불의는 도덕적인 죄악을 의미한다. 성도는 음란과 부정과 호색과 음행의 죄악을 멀리하고 빛의 열매를 맺어야 하는데 이는 모든 착함과 의로움과 신실함이 그것이다. 불의한 자에게는 하늘의 기업이 없다.
 * 참고 성구 * 고전 15:34, 딤후 2:19, 호 10:12, 엡 5:8-9

III. 타협을 배제해야 함
바울은 너희는 믿지 않는 자와 멍에를 같이 하지 말라며 의와 불법이 어찌 함께 하며 빛과 어둠이 어찌 사귀냐고 했다. 여호사밧은 유다의 왕으로 큰 믿음을 가진 자였는데 이스라엘의 악한 왕 아하시야와 교제하여 상업동맹을 맺었으나 하나님께서 이를 파하시는 결국을 당하였다.
 * 참고 성구 * 고후 6:14-18, 벧전 2:9, 행 24:25-26, 대하 20:35-37

■ 기 도 ■ 하나님 아버지! 성경은 악에서 떠나라고 하였습니다. 이는 곧 탐욕을 버리는 것이요, 불의를 멀리하는 것이요, 세상과의 타협을 배제하는 것인줄 믿습니다. 모든 성도는 자신을 지켜 악에서 떠나 오직 당신께 영광돌리는 삶을 살게 하옵소서. 존귀하신 예수 그리스도의 이름으로 기도드립니다. 아멘.

♣ 악습을 버리지 못하는 자 ♣

마귀의 자식
♪ 93, 379, 381

■ 본 문 ■ 바울이라고 하는 사울이 성령이 충만하여 그를 주목하고 가로되 모든 궤계와 악행이 가득한 자요 마귀의 자식이요 모든 의의 원수여 주의 바른 길을 굽게 하기를 그치지 아니하겠느냐【행 13:9-10】

■ 서 론 ■ 미국의 신학자 트라이언 에드워즈는 "마귀에게는 적어도 한 가지 좋은 면이 있는데 그것은 우리가 그에게 대항하면 도망가 버린다는 것이다. 그가 비겁하다는 것이 우리에게는 안전하다."라고 했다. 박수 엘루마를 향한 바울의 꾸짖음을 보면서 성도는 어떤 자세로 신앙생활을 하여야 하는가?

Ⅰ. 성도는 철저한 소명의식을 갖자
바울은 자신을 헬라인이나 야만이나 지혜 있는 자나 어리석은 자에게 다 내가 빚진 자라고 하면서 할 수 있는 대로 로마에 있는 너희에게도 복음 전하기를 원한다고 했다. 성도는 부족한 가운데서도 이사야와 같이 내가 여기 있나이다 나를 보내소서라고 주께 응답하는 자가 되어야 한다.
* 참고 성구 * 고전 1:26-31, 벧전 2:9, 사 6:8, 롬 1:14

Ⅱ. 성도는 힘써 복음을 전파하자
복음의 전파는 부활 승천하신 주님의 지상명령이다. 주님은 너희는 가서 모든 족속으로 제자를 삼아 아버지와 아들과 성령의 이름으로 세례를 주고 분부한 모든 것을 가르쳐 지키게 하라고 하셨다. 사도 바울은 복음 전함을 부득불 할 일로 알아서 신실한 자세로 복음을 전파했다.
* 참고 성구 * 마 28:19-20, 딤후 4:1-5, 행 1:8, 고전 9:16, 막 16:15

Ⅲ. 성도는 철저히 마귀를 대적하자
야고보서 기자는 마귀를 대적하라 그리하면 너희를 피하리라고 했다. 바울은 우리의 씨름은 혈과 육에 대한 것이 아니요 정사와 권세와 이 어두움의 세상 주관자들과 하늘에 있는 악의 영들에게 대함이라고 했다. 성도는 믿음의 방패를 가지고 성령의 검 곧 하나님의 말씀으로 마귀를 대적해야 한다.
* 참고 성구 * 요 10:10, 약 4:7, 벧전 5:8-9, 엡 6:12-13, 17

■ 기 도 ■ 하나님 아버지! 성도는 철저한 소명의식을 가지고 힘써 복음을 전파하며 철저히 마귀를 대적하는 자들이 되어 당신의 구령사업에 큰 일조를 담당하는 자들이 되게 하옵소서. 예수 그리스도의 이름으로 기도드립니다. 아멘.

♣ 악습을 버리지 못하는 자 ♣

심은 대로 거둠
♪ 271, 184, 334

■ 본 문 ■ 대저 너희가 지식을 미워하며 여호와 경외하기를 즐거워하지 아니하며 나의 교훈을 받지 아니하고 나의 모든 책망을 업신여겼음이라 그러므로 자기 행위의 열매를 먹으며 자기 꾀에 배부르리라【잠 1:29-31】

■ 서 론 ■ 독일의 신학자 토마스 아 켐피스는 "그대 자신에 대한 겸허한 지식이 배움에 대한 깊은 탐구보다 하나님에게로 갈 수 있는 더 확실한 길이다."라고 했다. 신앙인의 자신에 대한 깊은 성찰은 스스로를 바른 길로 이끄는 원동력이 되나 멸망받을 자들은?

I. 여호와를 아는 지식을 미워하는 멸망받을 자들
지식, 곧 '그노시스'는 성도의 신앙성장에 있어서 일반적으로 필요한 지혜와 지식을 가리키는데 이것은 믿음에 반드시 수반되어야 하는 하나님의 뜻에 대한 바른 인식을 의미한다. 호세아는 내 백성이 지식이 없으므로 망하는도다 네가 지식을 버렸으니 나도 너를 버린다는 말씀을 기록했다.
* 참고 성구 * 갈 5:15, 민 16:26, 사 37:19, 호 4:6

II. 여호와를 경외함을 즐거워 아니하는 멸망받을 자들
잠언 기자는 여호와를 경외하는 것은 사람으로 생명에 이르게 하는 것이라 경외하는 자는 족하게 지내고 재앙을 만나지 아니하느니라고 했다. 그러나 엘리의 아들들 곧 홉니와 비느하스는 여호와를 경외하기는커녕 불량자요 여호와의 제사를 멸시한 자로서 하나님의 크신 진노를 초래했다.
* 참고 성구 * 빌 3:19, 왕하 9:8, 겔 26:17, 잠 19:23, 삼상 2:12,17

III. 자기 행위의 열매를 먹을 멸망받을 자들
주님은 좋은 나무마다 아름다운 열매를 맺고 못된 나무가 나쁜 열매를 맺나니 아름다운 열매를 맺지 아니하는 나무마다 찍혀 불에 던지우니라고 하셨다. 성도들이 맺을 빛의 열매는 모든 착함과 의로움과 신실함에 있다고 바울은 말했다. 심판은 행위의 열매로 판단됨을 알자.
* 참고 성구 * 유 1:10, 미 2:10, 마 7:17-19, 계 22:11, 엡 5:9

■ 기 도 ■ 하나님 아버지! 심은 대로 거두시는 당신의 창조의 법칙과 질서를 기억하는 성도들이 되어 항상 선을 심는 자들이 되게 하소서. 예수 그리스도의 이름으로 기도드립니다. 아멘.

♣ 악습을 버리지 못하는 자 ♣

죄에서 벗어나라
♪ 507, 483, 496

■ 본 문 ■ 예수께서 대답하시되 진실로 진실로 너희에게 이르노니 죄를 범하는 자마다 죄의 종이라 종은 영원히 집에 거하지 못하되 아들은 영원히 거하나니 그러므로 아들이 너희를 자유케 하면 너희가 참으로 자유하리라【요 8:34-36】

■ 서 론 ■ 미국의 정치가 다니엘 웹스터는 "하나님은 자유를 사랑하고 그것을 항상 보호하고 방어할 준비가 되어 있는 사람에게만 자유를 허락하신다."라고 했다. 죄에서 해방되어 누리는 이 자유는?

Ⅰ. 참된 자유는 예수 안에 있는 자유임

사도 바울은 갈라디아 교회에 보낸 그의 편지에서 그리스도께서 우리로 자유케 하려고 자유를 주셨으니 그러므로 굳세게 서서 다시는 종의 멍에를 메지 말라고 했다. 성도들이 누리는 참된 자유는 그리스도 안에 있는 자유로서 주님은 진리를 알지니 진리가 너희를 자유케 하리라고 하셨다.
* 참고 성구 * 갈 5:1, 요 14:6, 마 20:28, 갈 5:13, 요 8:32

Ⅱ. 참된 자유는 죄로부터의 자유임

바울은 그의 로마서에서 죄가 너희를 주관치 못하리니 이는 너희가 법 아래 있지 아니하고 은혜 아래 있음이니라고 말하면서 죄에서 해방되어 의에게 종이 되었다고 했다. 성도는 율법의 정죄에서 해방되었으므로 죄가 주관치 못한다. 그러나 하나님의 은혜를 감사히 여겨서 의에 힘써야 한다.
* 참고 성구 * 롬 5:6-8, 고전 1:30, 고후 5:21, 롬 6:12-14, 18

Ⅲ. 참된 자유는 하나님의 자녀로서의 자유임

바울은 너희는 다시 무서워하는 종의 영을 받지 아니하였고 양자의 영을 받았으므로 아바 아버지라 부르짖느니라고 하면서 성령이 친히 우리 영으로 더불어 우리가 하나님의 자녀인 것을 증거하신다고 했다. 성도는 양자로서 그 지위는 특권에 가득차 있은즉 은혜 안에서 성장해야 한다.
* 참고 성구 * 요 1:12-13, 롬 8:14-17, 갈 4:6-7, 요일 3:1

■ 기 도 ■ 하나님 아버지! 해방의 참된 자유는 예수 안에 있는 자유요, 죄로부터의 자유요, 하나님의 자녀로서의 자유임을 알아 오직 당신께 나아와 당신이 주시는 참 자유를 누리는 자들이 되도록 은혜를 베푸시옵소서. 예수 그리스도의 이름으로 기도드립니다. 아멘.

♣ 헛된 소망을 품은 자 ♣

헛된 것을 버릴 자
♪ 357, 13, 34

■ 본 문 ■ 돌이켜 유익하게도 못하며 구원하지도 못하는 헛된 것들을 좇지 말라 그들은 헛되니라【삼상 12:21】

■ 서 론 ■ 스코틀랜드의 성서 발행인 알렉산더 크러든은 "하나님은 영원하시고 무한하시며 이해할 수 없는 존재시요, 그의 전능하신 능력과 지혜로 모든 것을 보호하시고 다스리시는 만물의 창조주시며, 우리가 경배해야 할 유일한 대상을 일컫는 이름이다."라고 했다. 하나님의 거룩한 백성인 성도는?

Ⅰ. 여호와를 좇는 데서 돌이키면 안 됨
신명기 기자는 너희는 스스로 삼가라 두렵건대 마음에 미혹하여 돌이켜 다른 신들을 섬기며 그것에 절하므로 여호와의 진노를 사서 멸망할까 한다고 했다. 성도들은 여호수아와 같이 오늘날 택하라 오직 나와 내 집은 여호와를 섬기겠노라고 한 것처럼 단호히 결단하여야 한다.
* 참고 성구 * 신 11:16, 왕상 16:13, 렘 10:3, 애 2:14, 수 24:15

Ⅱ. 헛되고 무익한 것들을 좇으면 안 됨
사도 바울은 그러므로 우상의 제물 먹는 일에 대하여는 우리가 우상은 세상에 아무것도 아니며 또한 하나님은 한 분밖에 없는 줄 아노라고 했다. 성도는 시편 기자의 고백처럼 여호와의 산에 오를 자, 그 거룩한 곳에 설 자가 되어 여호와께 복을 받고 의를 얻는 자가 되어야 한다.
* 참고 성구 * 고전 8:4, 시 24:3-6, 렘 10:5, 합 2:18, 행 17:29

Ⅲ. 마음을 다하여 여호와를 진실히 섬길 것임
신명기 기자는 이스라엘아 네 하나님 여호와께서 네게 요구하시는 것이 무엇이냐 곧 네 하나님 여호와를 경외하여 그 모든 도를 행하고 그를 사랑하며 마음을 다하고 성품을 다하여 네 하나님 여호와를 섬기고 네 행복을 위하여 여호와의 명령과 규례를 지킬 것이라고 했다.
* 참고 성구 * 롬 12:11, 신 6:5, 시 119:2, 잠 3:5, 신 10:12

■ 기 도 ■ 하나님 아버지! 행여라도 헛된 소망을 품고서 헛된 것을 좇는 자가 없게 하시고 미혹의 영에게 사로잡히지 않게 항상 성령과 동거하는 삶을 살게 하소서. 예수 그리스도의 이름으로 기도드립니다. 아멘.

♣ 헛된 소망을 품은 자 ♣

중심을 보시는 주
♪ 369, 30, 50

■ 본 문 ■ 베드로가 입을 열어 가로되 내가 참으로 하나님은 사람의 외모를 취하지 아니하시고 각 나라 중 하나님을 경외하며 의를 행하는 사람은 하나님이 받으시는 줄 깨달았도다【행 10:34-35】

■ 서 론 ■ 스코틀랜드의 목사요 최고의 설교가였던 알렉산더 맥클라렌은 "모든 일 중에서 구세주이신 그리스도가 보시기에 합당치 않은 것은 야비한 방탕이나 격렬한 범죄가 아니라 자기 도취 및 자칭 의롭다 함과 거만함이다."라고 했다. 사람은 외모를 보나 하나님은 중심을 감찰하신다. 이 하나님은?

Ⅰ. 하나님은 독선을 정죄하심
예레미야는 만물보다 거짓 되고 심히 부패한 것은 마음이라 누가 능히 이를 알리요마는 나 여호와는 심장을 살피며 폐부를 시험하고 각각 그 행위와 그 행실대로 보응하신다고 기록했다. 주님은 너희의 비판하는 그 비판으로 너희가 비판을 받을 것이라고 말씀하셨다.
* 참고 성구 * 마 3:11, 창 49:18, 사 33:6, 마 7:2-5, 렘 17:9-10

Ⅱ. 하나님은 세상 만민의 하나님이심
요한은 하나님이 세상을 이처럼 사랑하사 독생자를 주셨으니 이는 저를 믿는 자마다 멸망치 않고 영생을 얻게 하려 하심이라고 했다. 하나님은 온 인류의 하나님이시요 세상 만민의 하나님이시다. 그러므로 주님은 너희는 온 천하에 다니며 만민에게 복음을 전파하라고 하셨다.
* 참고 성구 * 행 5:31, 신 32:15, 합 3:13, 요 3:16, 막 16:15

Ⅲ. 하나님께 중심으로 회개하는 자는 구원을 얻음
주님과 함께 좌우편에 못박힌 강도 중 한 사람은 우리는 우리의 행한 일에 상당한 보응을 받는 것이니 이에 당연하지만 이 사람은 옳지 않는 것이 없다며 회개하여 예수여 당신의 나라에 임하실 때에 나를 생각하소서라고 했다. 그러자 주님은 오늘 네가 나와 함께 낙원에 있으리라 하셨다.
* 참고 성구 * 히 6:6, 시 74:12, 욘 2:9, 눅 23:39-43

■ 기 도 ■ 하나님 아버지! 오늘 헛된 사고와 사상에 사로잡혀 바리새적인 신앙을 가진 자들에게 당신의 긍휼하심을 나타내어 그들로 하여금 크게 경성하는 시간이 되게 하옵소서. 예수 그리스도의 이름으로 기도드립니다. 아멘.

♣ 헛된 소망을 품은 자 ♣

가장 큰 죄
♪ 195, 377, 434

■ 본 문 ■ 그가 와서 죄에 대하여, 의에 대하여, 심판에 대하여 세상을 책망하시리라 죄에 대하여라 함은 저희가 나를 믿지 아니함이요【요 16:8-9】

■ 서 론 ■ 종교개혁자 루터는 "양심을 거스리는 죄는 성령을 쫓아 버린다."고 했다. 즉 큰 죄를 범하는 사람안에 성령이 거하지 못하기 때문이다. 죄는 원죄와 자범죄(=고범죄) 두 가지로 구분되는데 원죄는 인류의 시조가 범죄함으로써 인성에 박힌 것이요 자범죄는 알고, 모르고 지은 죄이다. 성령은?

I. 성령은 죄의 보편성을 증거하심

바울은 의인은 없나니 하나도 없으며 깨닫는 자도 없고 하나님을 찾는 자도 없고 다 치우쳐 한가지로 무익하게 되고 선을 행하는 자는 없나니 하나도 없도다라고 했다. 사람은 원죄로 인하여 죄 아래서 신음하고 있다. 성령께서 오심은 가장 큰 죄 곧 불신앙을 증거하려 하심이다.

* 참고 성구 * 롬 3:10-20, 왕상 8:46, 렘 17:9, 요일 1:8

II. 성령은 그리스도를 통한 구원을 증거하심

성령이 충만한 베드로는 산헤드린 앞에서 다른이로서는 구원을 얻을 수 없나니 천하 인간에 구원을 얻을 만한 다른 이름을 우리에게 주신 일이 없음이니라고 담대히 그리스도 예수를 통하지 않으면 구원이 없음을 증거했다. 성령은 베드로를 통하여 예수의 구원을 증거하셨다.

* 참고 성구 * 요 3:16, 행 4:12, 요 14:6, 행 16:31, 고전 1:30

III. 성령은 피할 수 없는 심판을 증거하심

바울은 자기의 육체를 위하여 심는 자는 육체로부터 썩어진 것을 거두고 성령을 위하여 심는 자는 성령으로부터 영생을 거두리라고 했다. 바울이 벨릭스 총독에게 의와 절제와 장차 오는 심판을 강론하니 벨릭스는 두려워하여 시방은 가라 내가 틈이 있으면 너를 부르리라고 했다.

* 참고 성구 * 갈 6:7-8, 요 3:16-21, 계 20:11-15, 행 24:25

■ 기 도 ■ 하나님 아버지! 주님은 승천하시기 전 보혜사 성령의 사역을 말씀하시며 그가 너희를 모든 진리 가운데로 인도하신다고 하셨습니다. 오늘 우리 성도들에게 성령과 함께 동행하는 삶으로 진리 안에 거하게 인도하여 주옵소서. 예수 그리스도의 이름으로 기도드립니다. 아멘.

♣ 헛된 소망을 품은 자 ♣

의롭게 못하는 율법

♪ 377, 235, 237

■ 본 문 ■ 그러므로 율법의 행위로 그의 앞에 의롭다 하심을 얻을 육체가 없나니 율법으로는 죄를 깨달음이니라【롬 3:20】

■ 서 론 ■ 영국의 시인 존 밀턴은 "율법이 죄를 드러나게는 할 수 있으나 그 죄를 제거할 수는 없다."고 했다. 율법에 해당하는 구약성경의 단어는 '토라'이며 신약성경에서는 '노모스'로 번역되었다. 율법은 넓은 의미에서 하나님께로부터 나온 모든 훈계나 하나님의 모든 계시된 뜻을 말한다. 율법은?

Ⅰ. 율법은 인간을 정죄하는 근거임

바울은 죄가 율법이 있기 전에도 세상에 있었으나 율법이 없을 때에는 죄를 죄로 여기지 아니하였다고 했다. 법은 옳은 사람을 위하여 세운 것이 아니요 오직 불법한 자와 복종치 아니하는 자며 경건치 아니한 자와 죄인이며 거룩하지 아니한 자 등 바른 교훈을 거스리는 자를 위함이다.

* 참고 성구 * 롬 5:16-18, 창 6:5, 약 4:12, 롬 5:13, 딤전 1:9

Ⅱ. 율법은 사람으로 죄를 깨닫게 함

바울은 그런즉 우리가 무슨 말 하리요 율법이 죄냐 그럴 수 없느니라 율법으로 말미암지 않고는 내가 죄를 알지 못하였으니 곧 율법이 탐내지 말라 하지 아니하였더면 내가 탐심을 알지 못하였으리라고 했다. 율법을 행함으로 인간이 구원을 받는 것이 아니라 율법은 죄를 깨닫게 한다.

* 참고 성구 * 롬 5:20, 갈 3:19, 딤전 1:9, 롬 7:7, 3:20

Ⅲ. 율법으로 의롭게 되는 것이 아니라 오직 믿음으로 됨

선지자 하박국은 의인은 그 믿음으로 말미암아 살리라고 했는데 이를 바울이 그의 로마서에 인용하여 복음에는 하나님의 의가 나타나서 믿음으로 믿음에 이르게 하나니 기록된 바 오직 의인은 믿음으로 말미암아 살리라 함과 같다고 했다. 이 이신득의 구절은 후에 루터의 종교개혁의 기치가 되었다.

* 참고 성구 * 롬 1:17, 갈 2:16, 고전 1:30, 히 10:38, 합 2:4

■ 기 도 ■ 하나님 아버지! 당신이 제정하신 율법은 인간을 정죄하는 근거이자 사람으로 죄를 깨닫게 하는 것입니다. 율법도 거룩하며 계명도 거룩하며 의로우며 선한 것이나 율법을 지킴으로 의롭게 되는 것이 아니라 오직 그리스도를 믿음으로 의롭게 됨을 깨닫게 하소서. 예수 그리스도의 이름으로 기도드립니다. 아멘.

♣ 헛된 소망을 품은 자 ♣

헛된 영광을 버리라
♪ 357, 302, 506

■ 본 문 ■ 아무 일에든지 다툼이나 허영으로 하지 말고 오직 겸손한 마음으로 각각 자기보다 남을 낫게 여기고【빌 2:3】

■ 서 론 ■ "그리스도인들과 낙타들은 무릎을 꿇고 그들의 짐을 받는다."고 암브로스 비어스는 말했다. 성도는 교회의 일치를 위하여 노력하고 힘써야 함에도 디오드레베와 같은 자는 으뜸되기를 좋아하여 교회에서 분쟁을 일으켰다고 사도 요한은 이를 몹시 꾸짖었다. 성도의 신앙적 자세는?

Ⅰ. 성도는 일치를 위해서 힘쓸 것임
바울은 말하기를 너희는 유대인이나 헬라인이나 종이나 자주자나 남자나 여자 없이 다 그리스도 예수 안에서 하나이니라고 했다. 분열은 마귀가 가져다 주는 시험에 빠지는 것이므로 성도는 가정생활에서나 교회생활에서나 사회생활에서 다툼이나 허영을 버리고 온전히 일치하는 자세를 견지해야 한다.
 * 참고 성구 * 요 17:21, 엡 4:3, 고전 12:27, 갈 3:28, 빌 2:2

Ⅱ. 성도는 겸손한 마음을 가질 것임
잠언 기자는 여호와를 경외하는 것은 지혜의 훈계라 겸손은 존귀의 앞잡이니라고 했고, 야고보서 기자는 하나님은 교만한 자를 물리치시고 겸손한 자에게 은혜를 주신다고 하였다. 솔로몬은 하나님께 좋은 작은 아이라 출입을 할 줄을 알지 못한다고 겸손히 말하여 큰 지혜를 얻었다.
 * 참고 성구 * 마 11:29, 잠 15:33, 약 4:6,10, 왕상 3:7

Ⅲ. 성도는 자기를 희생할 줄 알아야 할 것임
바울은 누구든지 자기의 유익을 구치 말고 남의 유익을 구하라고 했다. 주님께서는 인자가 온 것은 섬김을 받으려 함이 아니라 도리어 섬기려 하고 자기 목숨을 많은 사람의 대속물로 주려 함이니라고 하셨다. 주께서 자신을 희생의 제단인 십자가에 드렸을 때 인류에게는 구원이 도래하였다.
 * 참고 성구 * 마 20:28, 행 20:24, 요 12:24, 고전 10:24

■ 기 도 ■ 하나님 아버지! 헛된 영광을 구하던 디오드레베가 아니라 데메드리오와 같은 증거를 받는 믿음을 허락하시옵소서. 성도는 일치를 위해 힘쓰며 겸손한 마음을 가지고 자기를 희생하여 세상을 밝게 비추는 촛불과 같은 사명으로 살게 하옵소서. 예수 그리스도의 이름으로 기도드립니다. 아멘.

♣ 핍박과 갈등으로 고민하는 자 ♣

순교자의 구원
♪ 521, 330, 331

■ 본 문 ■ 누구든지 제 목숨을 구원코자 하면 잃을 것이요 누구든지 나와 복음을 위하여 제 목숨을 잃으면 구원하리라【막 8:35】

■ 서 론 ■ "순교자의 피는 교회의 씨앗이다."라고 라틴 학자 성 제롬은 말했다. 순교자를 의미하는 헬라어 '마르투스'는 증인, 증언자, 목격자, 순교자의 뜻이 담겨 있다. 순교자의 피가 뿌려진 곳에 하나님의 영광이 드러났다. 제자는?

I. 주의 제자는 세상을 좇아서는 안 됨
야고보서 기자는 세상과 벗된 것이 하나님의 원수임을 알지 못하느냐고 했다. 세상과 짝하는 자는 그 믿음까지도 버리게 된다. 디모데를 향해 바울은 너는 어서 속히 내게로 오라 데마는 이 세상을 사랑하여 나를 버리고 데살로니가로 갔다고 전한다. 성경 각 곳에 그 이름을 남긴 데마는 끝내 복음을 버렸다.
* 참고 성구 * 엡 2:1-3, 약 4:4, 요일 5:19, 딤후 4:10

II. 주의 제자는 사탄의 간계를 물리쳐야 함
바울은 고린도 교회에 보낸 편지에서 저런 사람은 거짓 사도요 궤휼의 역군이니 자기를 그리스도의 사도로 가장하는 자들이라고 하면서 이것이 이상한 일이 아닌 것은 사탄도 자기를 광명의 천사로 가장한다고 했다. 성경은 마귀를 대적하라 그리하면 너희를 피하리라고 했다.
* 참고 성구 * 약 4:7, 벧전 5:8-9, 딛 3:10, 요 10:10, 고후 11:14

III. 주의 제자는 이기적인 욕망을 극복해야 함
바울은 이기기를 다투는 자마다 모든 일에 절제하나니 저희는 썩을 면류관을 얻고자 하되 우리는 썩지 아니할 것을 얻고자 하노라고 했다. 주의 제자는 하늘의 상급을 바라는 자이지 이기적인 욕망으로 썩을 면류관을 취하는 자가 아니다. 바울은 주 예수를 위해 모든 것을 포기했다.
* 참고 성구 * 빌 3:7-8, 고후 11:23-29, 골 1:24, 고후 12:15, 고전 9:25

■ 기 도 ■ 하나님 아버지! 하늘 나라에서 영광의 면류관을 받을 자는 복음을 위하여 자기 목숨을 버린 순교자일 것으로 믿습니다. 현재의 고난이 장차 올 영광과는 족히 비교가 되지 않음을 믿게 하옵소서. 예수 그리스도의 이름으로 기도드립니다. 아멘.

♣ 핍박과 갈등으로 고민하는 자 ♣

전도자의 위로
♪ 79, 29, 36

■ 본 문 ■ 세상이 너희를 미워하면 너희보다 먼저 나를 미워한 줄을 알라 너희가 세상에 속하였으면 세상이 자기의 것을 사랑할 터이나 너희는 세상에 속한 자가 아니요 도리어 세상에서 나의 택함을 입은 자인고로 세상이 너희를 미워하느니라【요 15:18-19】

■ 서 론 ■ "그리스도인이 망하는 것은 세상에 살아서가 아니라 그 안에 세상이 살고 있기 때문이다."라고 어느 성직자는 말했다. 세상은 악함으로 가득차 있다. 악한 세상에서 의롭게 살려는 성도에게는 늘 핍박이 따른다. 성도의 길은?

Ⅰ. 성도는 세상과의 연합을 거부해야 함
바울은 너희는 믿지 않는 자와 멍에를 같이 하지 말라 의와 불법이 어찌 함께 하며 빛과 어두움이 어찌 사귀느냐고 했다. 악한 세상의 악한 불신자들과 혼인을 한다든지 사업을 같이 하는 것은 하나님 보시기에 좋지 않은 것이다. 유다의 왕 여호사밧의 실례가 이를 잘 말해 준다.
 * 참고 성구 * 고후 6:14-18, 약 4:4, 요일 5:19, 대하 20:35-37

Ⅱ. 성도의 의로운 길에는 핍박이 따르는 법임
주님은 나를 인하여 너희를 욕하고 핍박하고 거짓으로 너희를 거스려 모든 악한 말을 할 때에는 너희에게 복이 있나니 기뻐하고 즐거워하라 하늘에서 너희 상이 큼이라고 하였다. 주님께 택함을 입은 성도를 세상은 미워하여 핍박한다. 의로운 길을 걷고자 하는 자에게는 당연히 핍박이 따른다.
 * 참고 성구 * 마 5:10-12, 행 14:22, 딤후 3:12, 고후 11:23-27

Ⅲ. 성도는 철저한 소명의식을 가져야 함
주께서 내가 누구를 보내며 누가 우리를 위하여 갈꼬 하시자 이사야는 내가 여기 있나이다 나를 보내소서라고 했다. 호렙산에서 모세처럼 보낼 만한 사람을 보내소서가 아니라 성도는 철저한 사명감을 가지고 주의 복음을 위하여 순교할 각오를 할 만큼 소명의식이 있어야 할 것이다.
 * 참고 성구 * 벧전 2:9, 사 6:8, 렘 20:9, 눅 5:27-28, 출 4:13

■ 기 도 ■ 하나님 아버지! 성도는 세상과 짝하지 않고 주의 길을 바르게 걸으므로 세상은 이를 미워하여 핍박을 가합니다. 그러나 철저한 소명의식으로 무장하여 어디든지 복음을 위해서 순교의 각오까지 하여 선교의 사명을 완수하게 하옵소서. 예수 그리스도의 이름으로 기도드립니다. 아멘.

♣ 핍박과 갈등으로 고민하는 자 ♣

핍박을 받는 것
♪ 355, 144, 281

■ 본 문 ■ 사도들은 그 이름을 위하여 능욕 받는 일에 합당한 자로 여기심을 기뻐하면서 공회 앞을 떠나니라【행 5:4】

■ 서 론 ■ "하나님은 영혼의 타작마당에서 환난의 바람으로 알곡과 쭉정이를 나누신다."고 어느 간증자는 말했다. 어려움을 당하고 환난이 올 때 비로소 그 사람의 진가가 나타나는 것은 욥의 경우를 통해서 우리는 여실히 알고 있다. 산헤드린에서 목숨을 잃을지도 모르는 상황에서 복음을 선포한 제자들은?

Ⅰ. 주를 의뢰함으로 흔들리지 않았던 제자들

제자들은 산헤드린 공회에서 대답하기를 사람보다 하나님을 순종하는 것이 마땅하니라고 하면서 주를 의뢰함으로써 담대히 예수를 구주로 선포하였다. 바울은 심한 고생에 살 소망까지 끊어져 마음에 사형선고를 받은 줄 알았으나 오직 죽은 자를 다시 살리시는 하나님만 의뢰했다.

* 참고 성구 * 빌 4:13, 사 41:10, 시 37:3-7, 고후 1:9, 행 5:29

Ⅱ. 주를 위한 고난을 오히려 즐거워한 제자들

제자들은 복음을 위하여 능욕받는 일을 당연히 여기며 오히려 기뻐했다. 바울은 무릇 그리스도 예수 안에서 경건하게 살고자 하는 자는 핍박을 받으리라고 했다. 제자들은 우리가 하나님 나라에 들어가려면 많은 환난을 겪어야 할 것이라고 생각하며 마음을 굳게 하고 믿음에 거했다.

* 참고 성구 * 마 5:10-12, 행 14:22, 벧전 4:12-16, 롬 8:18, 딤후 3:12

Ⅲ. 주가 주신 직무에 최선을 다한 제자들

제자들은 날마다 성전에 있든지 집에 있든지 예수는 그리스도라 가르치기와 전도하기를 쉬지 아니했다. 맡은 자들에게 구할 것은 오직 충성뿐이다. 성도는 주님께서 주신 직무에 최선을 다하여 충성하는 자들이 되어야 한다. 바울은 이 직무를 감당하다가 목숨을 향기로운 제물로 주님께 바쳤다.

* 참고 성구 * 마 28:19-20, 고전 4:2, 행 1:8, 딤후 1:16, 4:5-6

■ 기 도 ■ 하나님 아버지! 예수를 그리스도라고 전하다가 핍박을 받은 제자들은 산헤드린에서도 담대히 이를 증거하였습니다. 오늘 복음으로 인해 핍박을 받는 성도들에게도 제자들의 믿음과 용기를 주셔서 핍박을 능히 이겨 나갈 수 있도록 하옵소서. 예수 그리스도의 이름으로 기도드립니다. 아멘.

♣ 핍박과 갈등으로 고민하는 자 ♣

환난은 구원받을 자의 복
♪ 489, 212, 381

■ 본 문 ■ 제자들의 마음을 굳게 하여 이 믿음에 거하라 권하고 또 우리가 하나님 나라에 들어가려면 많은 환난을 겪어야 할 것이라 하고【행 14:22】

■ 서 론 ■ "가장 많이 고난을 당한 사람이 가장 많은 영화를 받을 것이며 가장 위험한 곳을 지나온 사람이 큰 승리와 성공을 볼 것이다."라고 영국의 시인 존 밀턴은 말했다. 주 예수 안에서 경건하게 살려는 자에게 핍박은 당연한 것이다. 이는 세상이 택함받음을 미워하기 때문이다. 주의 제자는?

Ⅰ. 주의 제자는 핍박을 각오함
바울은 모든 일에 하나님의 일꾼으로 자처하여 많이 견디는 것과 환난과 궁핍과 고난과 매맞음과 갇힘과 요란한 것과 수고로움과 자지 못함과 먹지 못함을 감수하였다. 주님은 나를 인하여 너희를 욕하고 핍박할 때 너희는 기뻐하라 너희에게 복이 있으니 하늘의 상이 크다고 하셨다.
* 참고 성구 * 행 5:40-41, 시 119;84, 애 1:3, 고후 6:4-5, 마 5:11-12

Ⅱ. 주의 제자는 굶주림을 각오함
복음을 위한 바울의 수난은 극에 달했으니 옥에 갇히고 매도 수없이 맞고 여러 위험과 또한 수고하며 애쓰고 여러 번 자지 못하고 주리며 목마르고 여러 번 굶고 춥고 헐벗었다고 했다. 베드로는 죄가 있어 매를 맞으면 무슨 칭찬이 있겠는가며 선을 행함으로 고난을 참으면 하나님 앞에 아름답다고 했다.
* 참고 성구 * 마 15:32, 막 8:3, 고후 11:27, 벧전 2:20

Ⅲ. 주의 제자는 죽음을 각오함
바울은 관제와 같이 벌써 내가 부음이 되고 나의 떠날 기약이 가까왔도다 내가 선한 싸움을 싸우고 나의 달려갈 길을 마치고 믿음을 지켰으니 이제 후로는 나를 위하여 의의 면류관이 예비되었다고 했다. 의의 면류관은 자기의 사명을 다한 사람에게 주어지는 공로의 면류관이다.
* 참고 성구 * 마 8:6, 히 2:9, 요 21:18-19, 행 20:24, 딤후 4:6-8

■ 기 도 ■ 하나님 아버지! 기독교는 역설의 종교라고들 말합니다마는 오늘 주를 인하여 많은 환난과 핍박을 받는 사랑하는 당신의 백성들에게 당신의 위로와 당신의 크신 상급을 내리셔서 그들에게 영광의 면류관을 씌우소서. 예수 그리스도의 이름으로 기도드립니다. 아멘.

♣ 핍박과 갈등으로 고민하는 자 ♣

주를 믿으면
♪ 390, 149, 468

■ 본 문 ■ 미쁘다 이 말이여, 우리가 주와 함께 죽었으면 또한 함께 살 것이요 참으면 또한 함께 왕노릇 할 것이요 우리가 주를 부인하면 주도 우리를 부인하실 것이라
【딤후 2:11-12】

■ 서 론 ■ 영국의 목사요 감리교 창시자인 존 웨슬리는 그의 임종의 순간에 "무엇보다도 가장 좋은 것은 하나님이 우리와 함께 하심이라."고 했다. 임마누엘의 은혜를 입고 주와 동거하는 삶을 영위한 자는 복된 자이다. 주께서 우리를 위해서 예비한 영광으로 가려면?

I. 영광으로 가려면 주의 법대로 경주를 해야 함

바울은 빌립보 교회에게 보낸 편지에서 푯대를 향하여 그리스도 예수 안에서 하나님이 위에서 부르신 부름의 상을 위하여 좇아 가노라고 했다. 경주자는 좌우에 눈을 돌리는 자가 아니라 오직 앞만 바라보고 푯대를 향하여 질주하는 자이다. 손에 쟁기를 쥔 자는 앞만 향하여 갈 것이다.
　* 참고 성구 * 마 7:21, 딤후 3:16-17, 고전 9:24, 빌 3:14, 눅 9:62

II. 영광으로 가려면 고난을 참고 인내해야 함

인내, 곧 '휘포모네'는 위에서 바윗덩이로 짓누름에도 불구하고 밑에서 이를 버티는 상태를 뜻하는 말이다. 히브리서 기자는 너희에게 인내가 필요함은 너희가 하나님의 뜻을 행한 후에 약속을 받기 위함이라고 했다. 성도는 그리스도와 함께 한 후사로서 영광을 받기 위해 고난도 함께 받아야 한다.
　* 참고 성구 * 눅 8:15, 약 5:10-11, 히 10:36, 롬 8:17, 히 12:1

III. 영광으로 가려면 주의 미쁘심을 의뢰해야 함

바울은 디도에게 보낸 편지에서 우리로 저의 은혜를 힘입어 의롭다 하심을 얻어 영생의 소망을 따라 후사가 되게 하려 하심이라고 하면서 이 말이 미쁘도다라고 했다. 성도들이 주의 영광에 참예하려면 주께서 우리를 미쁘게 여기시는 그 은혜와 사랑을 의뢰해야 한다
　* 참고 성구 * 히 6:17-18, 신 7:9, 왕상 8:56, 딛 3:7-8, 딤전 1:16

■ 기 도 ■ 하나님 아버지! 오늘 주를 믿음으로 인해 핍박과 갈등 속에 있는 성도들에게 이 말씀이 큰 은혜가 되어 고난을 참고 극기하여 당신의 상급을 바라는 자들이 되게 하옵소서. 예수 그리스도의 이름으로 기도드립니다. 아멘.

♣ 핍박과 갈등으로 고민하는 자 ♣

열매 맺는 인내
♪ 406, 289, 292

■ 본 문 ■ 너희가 피곤하여 낙심치 않기 위하여 죄인들의 이같이 자기에게 거역한 일을 참으신 자를 생각하라【히 12:3】

■ 서 론 ■ 미국의 작가 윌리엄 길모어 심스는 "성공의 조건은 언제나 쉬운 것이다. 우리는 잠시 수고하고 잠시 인내하고 항상 믿고 결코 돌아서지 않으면 된다."라고 했다. 주님은 쟁기를 잡고 뒤돌아 보는 자는 하나님 나라에 합당치 않다고 하셨다. 성도는 앞을 향하여 푯대를 바로 보고 신앙의 경주를 인내로써 해야 한다. 이는?

I. 신앙의 경주를 해야 할 이유
바울은 운동장에서 달음질하는 자들이 다 달아날지라도 오직 상 얻는 자는 하나인 줄을 너희가 알지 못하느냐 너희도 얻도록 이와 같이 달음질하라고 했다. 성도들이 신앙의 경주를 하는 것은 하늘의 상급을 바라보고 하는 것이다. 바울은 의의 면류관을, 베드로는 영광의 면류관을 바랐다.
  * 참고 성구 * 행 20:24, 고전 9:24-25, 빌 3:12-14, 딤후 4:8, 벧전 5:4

II. 신앙의 경주를 하는 방법
히브리서 기자는 모든 무거운 것과 얽매이기 쉬운 죄를 벗어 버리고 인내로써 우리 앞에 당한 경주를 경주하며 믿음의 주요 또 온전케 하시는 이인 예수를 바라보자고 했다. 성도의 신앙여정은 환난과 고난의 연속이지만 이를 인내로써 참고 견디며 버틸 때 무사히 종착역에 이를 것이다.
  * 참고 성구 * 빌 2:16, 갈 5:7, 시 38:4, 히 12:1

III. 신앙의 경주자의 모범
바울은 관제와 같이 벌써 내가 부음이 되고 나의 떠날 기약이 가까왔도다 내가 선한 싸움을 싸우고 나의 달려갈 길을 마치고 믿음을 지켰으니라고 했다. 바울은 자신의 순교를 암시하면서 믿음을 지킴으로써 이 성역의 승리자가 되었음을 자랑스럽게 말했으니 가히 신앙인의 모범이 된다
  * 참고 성구 * 고후 5:1, 엡 1:11, 계 7:15, 딤후 4:6-7

■ 기 도 ■ 하나님 아버지! 신앙인의 모범이 된 바울과 같이 당당하게 자신의 승리를 외치는 자가 되게 우리를 믿음 가운데서 큰 은혜로 지켜 주옵소서. 은혜가 풍성하신 예수 그리스도의 이름으로 기도드립니다. 아멘

♣ 핍박과 갈등으로 고민하는 자 ♣

오늘 충성하라
♪ 394, 297, 401

■ 본 문 ■ 그러므로 내일 일을 위하여 염려하지 말라 내일 일은 내일 염려할 것이요 한 날 괴로움은 그 날에 족하니라【마 6:34】

■ 서 론 ■ 미국의 시인이요 수필가인 에머슨은 "지나가 버리는 순간은 전지전능 하신 하나님도 다시 세울 수 없다."고 했다. 세월은 우리를 조금도 기다려 주지 않고 흐르는 물처럼 흘러가 버리니 오늘의 일을 내일로 미루는 자는 인생에서나 신앙생활에서나 승리자가 될 수 없다. 이는?

I. 인간은 아무도 내일의 일을 모름
잠언 기자는 너는 내일 일을 자랑하지 말라 하루 동안에 무슨 일이 날는지 네가 알 수 없음이니라고 했다. 또한 야고보서 기자도 내일 일을 너희가 알지 못하는도다 너희 생명이 무엇이뇨 너희는 잠깐 보이다 없어지는 안개니라고 했다. 한계성 있는 인간은 내일을 모른다.
* 참고 성구 * 눅 12:20, 벧전 2:11, 약 4:13-14, 잠 27:1, 전 9:12

II. 언제나 중요한 시간은 오늘임
여리고의 세리장 삭개오를 향하여 주님은 오늘 구원이 이 집에 이르렀으니 이 사람도 아브라함의 자손이라고 하셨고, 십자가상의 한편 강도에게도 오늘 네가 나와 함께 낙원에 있으리라고 하셨다. 구원의 때도 충성의 때도 믿음의 때도 재림의 때도 오늘 일어나는 것임을 믿는 자 되자.
* 참고 성구 * 고후 6:2, 사 55:6, 계 2:10, 마 24:42-43

III. 오늘의 한 시간은 내일의 두 시간임
주님은 달란트의 비유를 말씀하시면서 다섯 달란트 받은 자와 두 달란트 받은 자들이 '바로 가서' 그것으로 장사하여 각각 다섯 달란트와 두 달란트를 남겼다고 하셨다. 주께 충성하는 자는 오늘 할 일을 내일로 미루지 않고 즉시에 순종하는 자이다. 구령사업에 내일은 없다.
* 참고 성구 * 빌 4:6-7, 벧전 5:7, 시 23:1-6, 마 25:16-17

■ 기 도 ■ 하나님 아버지! 한계성 있는 인간은 내일의 일을 모르므로 언제나 중요한 시간은 오늘임을 깨닫게 하옵소서. 하늘 나라의 확장과 영혼의 구원을 위한 당신의 사업을 위임받은 우리 성도들은 부지런하여 오늘 이 시간에 충성하는 자들이 되게 하옵소서. 예수 그리스도의 이름으로 기도드립니다. 아멘.

♣ 핍박과 갈등으로 고민하는 자 ♣

올바른 제자도
♪ 520, 518, 522

■ 본 문 ■ 누구든지 제 목숨을 구원코자 하면 잃을 것이요 누구든지 나를 위하여 제 목숨을 잃으면 찾으리라【마 16:25】

■ 서 론 ■ 독일의 고고학자 호프너는 "믿음은 그리스도인을 만들고, 삶은 그리스도인임을 입증하며, 시련은 그리스도인임을 확증시키고, 죽음은 그에게 면류관을 씌운다."고 했다. 그리스도의 제자인 성도들은 역설의 진리인 주님의 말씀을 그대로 좇는 자들이다. 올바른 제자가 되기 위한 제자의 길은?

Ⅰ. 제자는 자기를 부인해야 함
바울은 나의 형제 곧 골육의 친척을 위하여 내 자신이 저주를 받아 그리스도에게서 끊어질지라도 원하는 바로라고 했다. 모세도 그들의 죄를 사하시옵소서 그렇지 않사오면 주의 기록하신 책에서 내 이름을 지워버려 주옵소서라고 했다. 자기를 부인하는 사랑은 고귀한 것이다.
  * 참고 성구 * 갈 2:20, 고전 9:27, 롬 15:1, 9:3, 출 32:32

Ⅱ. 제자는 주의 모본을 좇아야 함
주님은 내가 너희에게 행한 것같이 너희도 행하게 하려 하여 본을 보였노라고 하셨다. 주의 종 사도 바울은 주님의 본을 따라서 빌립보 교회에게 너희는 내게 배우고 받고 듣고 본 바를 행하라 그리하면 평강의 하나님이 너희와 함께 계시리라고 했다. 성도의 모본은 오직 예수뿐이다.
  * 참고 성구 * 고전 4:16, 요 13:12-17, 빌 4:9, 고전 11:1, 행 20:35

Ⅲ. 제자는 주님만을 생각해야 함
바울은 무엇이든 내게 유익하던 것을 내가 그리스도를 위하여 다 해로 여길 뿐더러 또한 모든 것을 해로 여김은 예수를 아는 지식이 가장 고상함을 인함이라고 하면서 내가 그를 위하여 모든 것을 잃어버리고 배설물로 여긴다고 했다. 주의 제자는 오직 주님만 사랑할 것이다.
  * 참고 성구 * 갈 6:7-8, 계 22:12, 렘 17:10, 빌 3:7-8

■ 기 도 ■ 하나님 아버지! 주의 제자로 자칭하는 우리들은 자기를 부인하고, 주의 모본을 좇고, 오직 주님만을 생각하는 자들입니다. 이러한 제자의 길을 바로 걸을 수 있도록 당신께서 능력과 지혜와 믿음을 더하여 주옵소서. 예수 그리스도의 이름으로 기도드립니다. 아멘.

♣ 핍박과 갈등으로 고민하는 자 ♣

떡을 위하는 자
♪ 392, 514, 519

■ 본 문 ■ 음행하는 자와 혹 한 그릇 식물을 위하여 장자의 명분을 판 에서와 같이 망령된 자가 있을까 두려워하라【히 12:16】

■ 서 론 ■ 영국의 극작가 벤 존슨은 "내가 아는 정신병은 무지뿐이다. 이것은 치명적인 악이며 인생을 어둡게 하고 이성을 어지럽게 하며 진실을 혼란시킨다."고 했다. 하늘의 시민권을 행사할 성도는 매사에 신중을 기해야 한다. 성도는?

Ⅰ. 성도는 기회를 잃지 않도록 주의해야 함
창세기 기자는 에서가 그 아비의 말을 듣고 방성대곡하며 아비에게 이르되 내 아버지여 내게 축복하소서 내게도 그리 하소서라고 기록했다. 귀한 장자의 상속권을 한 그릇 팥죽과 떡을 받고 맞바꾼 그는 이제 축복권마저 빼았겼다. 성도는 영적인 것을 귀히 여기고 기회를 잃지 않도록 하자.
 * 참고 성구 * 마 25:24-30, 엡 5:16, 고후 6:2, 창 27:34-36

Ⅱ. 성도는 거룩하고 경건한 생활을 힘써야 함
창세기 기자는 에서가 나이 사십에 헷 족속 브에리의 딸 유딧과 헷 족속 엘론의 딸 바스맛을 아내로 취했는데 그들이 이삭과 리브가의 마음의 근심이 되었더라고 기록했다. 이방 여인과 결혼한 에서의 영적 무지가 이에서 나타난다. 이방 여인은 우상을 섬기니 에서의 타락은 당연한 것이다.
 * 참고 성구 * 고전 6:18-20, 고후 6:14-18, 벧후 3:11-12, 창 26:34-35

Ⅲ. 성도는 약속하신 기업을 귀히 여겨야 함
창세기 기자는 에서가 가로되 내가 죽게 되었으니 이 장자의 명분이 내게 무엇이 유익하리요 하고는 장자의 명분을 경홀히 여겼다고 했다. 성도는 썩지 않고 더럽지 않고 쇠하지 아니하는 기업 곧 하늘에 간직된 것을 경홀히 여기는 자가 되어서는 안 된다. 성도의 소망은 하늘 나라에 있다.
 * 참고 성구 * 롬 8:17, 갈 4:6-7, 벧전 1:3-4, 창 25:32-34

■ 기 도 ■ 하나님 아버지! 성경은 에서를 망령된 자라고 하였습니다. 이는 그가 축복의 기회를 여러 번 놓쳤고, 이방 아내를 둘 씩이나 맞아서 영적으로 타락했기 때문이요, 당신께서 주신 장자권을 경홀히 여겨 영적기업을 한 그릇 식물과 맞바꾼 그 어리석음 때문이었습니다. 오늘 행여라도 에서와 같은 무지한 성도가 없기를 바라오며 예수 그리스도의 이름으로 기도드립니다. 아멘.

♣ 핍박과 갈등으로 고민하는 자 ♣

근심은 주께 맡김
♪ 363, 212, 215

■ 본 문 ■ 그러므로 하나님의 능하신 손 아래서 겸손하라 때가 되면 너희를 높이시리라 너희 염려를 다 주께 맡겨 버리라 이는 저가 너희를 권고하심이니라【벧전 5:6-7】

■ 서 론 ■ 스코틀랜드의 신학자요 강해설교의 대가인 알렉산더 맥클라렌은 "염려는 세속적이고 이교도적인 마음의 표현이며 하나님의 본성에 대한 오해의 근거가 된다."고 했다. 하나님을 의뢰하는 자에게 염려와 근심과 걱정이 있음은 실은 저가 자신을 의뢰하고 있음이다. 성도의 신앙생활은?

Ⅰ. 교회의 어른들께 순복해야 한다

바울은 잘 다스리는 장로들을 배나 존경할 자로 알되 말씀과 가르침에 수고하는 이들을 더할 것이니라고 했다. 야고보서 기자는 너희 중에 병든 자가 있느냐 저는 교회의 장로들을 청할 것이요 그들은 주의 이름으로 기름을 바르며 위하여 기도할지라고 했다. 교회의 어른들께 순종하는 자는 은혜받은 자이다.
　* 참고 성구 * 눅 1:51, 히 13:17, 시 18:27, 딤전 5:17, 약 5:14

Ⅱ. 은혜를 받기 위해 겸손해야 한다

야고보서 기자는 하나님이 교만한 자를 물리치시고 겸손한 자에게 은혜를 주신다고 하면서 주 앞에서 낮추라 그리하면 주께서 너희를 높이시리라고 했다. 은혜를 체험하기 위해서는 매사에 겸손한 자세를 견지해야 할 것이다. 하나님은 겸손한 자를 사랑하시고 그에게 큰 은혜를 내리신다.
　* 참고 성구 * 요 13:1-11, 약 4:6, 10, 단 4:37, 삼상 10:22, 마 3:14

Ⅲ. 주께 염려를 다 맡겨야 한다

바울은 아무것도 염려하지 말고 오직 모든 일에 기도와 간구로 너희 구할 것을 감사함으로 하나님께 아뢰라고 했다. 본문의 염려는 헬라어 '메림나'로서 근심, 걱정, 염려를 뜻하는 말이다. 성도는 이를 무조건 단순히 맡기는 자세를 취해야 한다. 주님은 생활의 염려는 이방인의 자세라고 하셨다.
　* 참고 성구 * 빌 4:6-7, 시 55:22, 잠 16:3, 마 6:31-34, 13:22

■ 기 도 ■ 하나님 아버지! 오늘 각종 갈등으로 고민하는 자가 있습니다. 주를 의뢰하여 주께서 주의 뜻대로 해결해 주시는 것을 감사히 받도록 인도하여 주옵소서. 예수 그리스도의 이름으로 기도드립니다. 아멘.

♣ 핍박과 갈등으로 고민하는 자 ♣

귀한 것을 모르는 자
♪ 302, 383, 411

■ 본 문 ■ 미련한 자에게는 영예가 적당치 아니하니 마치 여름에 눈오는 것과 추수 때에 비오는 것 같으니라【잠 26:1】

■ 서 론 ■ 프랑스의 수필가 부뤼엘은 "지각은 이성의 완성이요 인생의 모든 의무에 대한 안내자이다. 그것은 오직 건전한 감각과 좋은 이해력을 가진 사람들에게서만 발견된다."고 했다. 영적인 것을 귀히 여기는 자는?

Ⅰ. 성도는 신령한 지식을 추구하라

신령한 곧 '토 로기콘'은 말씀적인, 말씀에 속한의 뜻이며, 지식 곧 '그노시스'는 성도의 신앙성장에 있어서 일반적으로 필요한 지혜와 지식을 가리킨다. 하나님의 말씀인 성경은 성도에게 여러 가지 영적 지식을 공급한다. 바울은 성도들에게 신령한 것을 알기를 원했다.

* 참고 성구 * 고후 6:6, 민 24:16, 사 11:2, 고전 12:1, 롬 1:11

Ⅱ. 성도는 미련한 자와 동행치 말라

잠언 기자는 여호와를 경외하는 것이 지식의 근본이어늘 미련한 자는 지혜와 훈계를 멸시하느니라고 했다. 또한 명철한 자의 마음은 지식을 요구하고 미련한 자의 일은 미련한 것을 즐기느니라고 했다. 성도는 미련한 이웃과 함께 하거나 동행치 말 것은 해를 받을까 함 때문이다.

* 참고 성구 * 고후 8:19, 암 3:3, 창 22:6, 잠 1:7, 15:14

Ⅲ. 성도는 항상 지혜를 구하라

야고보서 기자는 너희 중에 누구든지 지혜가 부족하거든 모든 사람에게 후히 주시고 꾸짖지 아니하시는 하나님께 구하라 그리하면 주시리라고 했다. 이 지혜는 '소피아' 곧 세상적인 지식이 아니라 하나님의 크신 섭리를 깨닫는 지혜요 하나님의 놀라우신 뜻을 감찰하는 지혜이다.

* 참고 성구 * 골 1:28, 삼상 18:30, 창 41:38-39, 잠 10:13, 약 1:5

■ 기 도 ■ 하나님 아버지! 성도는 신령한 지식을 추구하고 미련한 자와는 동행치 말며 항상 지혜를 구하라고 성경은 말하고 있습니다. 이러한 삶을 살아갈 때 주 안에서 사는 삶이요 주님과 동행하는 삶이요 주님으로 인해 승리하는 삶임을 믿습니다. 영적인 것을 귀히 여겨 주님 오실 그날까지 흔들리지 않도록 붙들어 주시옵소서. 예수 그리스도의 이름으로 기도드립니다. 아멘.

♣ 핍박과 갈등으로 고민하는 자 ♣

주 안에서 가능한 것
♪ 476, 350, 355

■ 본 문 ■ 내게 능력 주시는 자 안에서 내가 모든 것을 할 수 있느니라【빌 4:13】

■ 서 론 ■ 영국의 간호사로 박애주의자였던 플로렌스 나이팅게일은 "내 생활은 하나님께서 한 평범한 여자를 봉사의 길로 인도하신 것이다. 오직 하나님이 다 하신 것이다."라고 했다. 바울 사도는 나의 나 된 것은 하나님의 은혜라고 고백했다. 주 안에서 모든 것이 가능하다고 말한 바울의 모본을 배워야 할 성도는?

Ⅰ. 바울처럼 자족하기를 배워야 함

바울은 누구에게서든지 양식을 값없이 먹지 않고 오직 수고하고 애써 주야로 일함은 너희 아무에게도 누를 끼치지 아니하려 함이니라고 했다. 바울은 그 험난한 세 차례의 선교여행을 다니면서 장막을 제조하여 자급 자족하는 생활을 했다. 당시 랍비들은 자활할 수 있는 기술을 한 가지씩 배웠다.
* 참고 성구 * 딤전 6:6-10, 살전 5:16, 합 3:17-19, 살후 3:8, 행 18:2-3

Ⅱ. 바울처럼 영적 능력을 소유해야 함

바울은 환상과 계시를 무익하나마 부득불 자랑한다면서 삼층천에 이끌려 간 사실과 낙원에서 말할 수 없는 말을 들었으니 사람이 가히 이르지 못할 말이라고 했다. 성도는 바람직한 신앙생활을 위해서 성령의 은혜를 체험하고 다양한 은사를 받아서 주의 교회를 위해서 더욱 봉사해야 한다.
* 참고 성구 * 눅 24:49, 막 9:23, 롬 12:7-8, 고후 12:4, 고전 12:4-11

Ⅲ. 바울처럼 자기 직무에 충실해야 함

바울은 나를 능하게 하신 그리스도 예수 우리 주께 내가 감사함은 나를 충성되이 여겨 내게 직분을 맡기심이니라고 했다. 맡은 자들에게 구할 것은 충성뿐이다. 충성, 곧 '피스토스'는 하나님이 무엇이든 안심하고 맡길 수 있는 자를 뜻한다. 바울은 순교로써 자신의 직무를 마감했다.
* 참고 성구 * 마 25:14-30, 눅 12:42-48, 고전 4:2, 계 2:10, 딤전 1:12

■ 기 도 ■ 하나님 아버지! 당신의 훌륭한 종 바울은 당신 안에서 모든 것을 할 수 있다고 고백하였습니다. 오늘 성도로 부름을 입어 당신의 백성이 된 모든 이들에게 바울처럼 자족하는 자세, 영적 능력을 소유하는 권능, 자기 직무에 충실한 삶을 배워서 당신의 구령사업에 큰 일익을 담당하는 자들이 되게 하소서. 예수 그리스도의 이름으로 기도드립니다. 아멘.

♣ 신앙생활이 어렵다는 자 ♣

우리를 위한 주의 명령
♪ 398, 450, 476

■ 본 문 ■ 내가 오늘날 네게 명한 이 명령은 네게 어려운 것도 아니요 먼 것도 아니라
【신 30:11】

■ 서 론 ■ 영국의 시인 알렉산더 포프는 그의 '인간론'에서 "명령은 하나님의 최초의 법이다."라고 했다. 사도 요한은 하나님을 사랑하는 것은 이것이니 우리가 그의 계명을 지키는 것이라 그의 계명들은 무거운 것이 아니라고 했다. 하나님의 명령은 그가 주신 계명 속에 들어 있다. 하나님의 명령은?

I. 주의 명령은 우리로 바른 길로 가게 함
주님은 그러므로 누구든지 나의 이 말을 듣고 행하는 자는 그 집을 반석 위에 지은 지혜로운 사람 같으리니 비가 내리고 창수가 나고 바람이 불어 그 집에 부딪히되 무너지지 아니하니라 하셨다. 주의 명령을 청종하여 그대로 준행하는 자들에게는 재앙이 침범치 못한다.
* 참고 성구 * 벧후 2:15, 창 24:48, 시 107:7, 마 7:24

II. 주의 명령은 우리로 생명을 얻게 함
주님은 명절 끝 날 곧 장막절에 서서 외쳐 가라사대 누구든지 목마르거든 내게로 와서 마시라 나를 믿는 자는 성경에 이름과 같이 그 배에서 생수의 강이 흘러나리라고 하셨다. 주님의 초청의 명령을 듣고 행하는 자들에게는 영생의 것으로 채우시며 하나님의 자녀로 삼아 주신다.
* 참고 성구 * 행 2:28, 창 45:5, 수 2:13, 마 4:19-20, 요 7:37-38

III. 주의 명령은 우리로 축복을 받게 함
주님은 사도와 같이 모이사 저희에게 분부하시기를 예루살렘을 떠나지 말고 내게 들은 바 아버지의 약속하신 것을 기다리라고 하셨다. 이는 보혜사 성령께서 우리에게 오심을 뜻하는 것이다. 주님은 진리의 성령이 오시면 그가 너희를 모든 진리 가운데로 인도하며 장래 일을 알리신다고 하셨다.
* 참고 성구 * 롬 15:29, 창 27:19, 왕상 8:55, 행 1:4, 요 16:7-13

■ 기 도 ■ 하나님 아버지! 당신의 명령은 성도들로 하여금 바른 길로 가게 하며 생명을 얻게 하며 축복을 받게 하시는 명령이십니다. 그런데 오늘 신앙생활이 어렵다고 불평과 회의를 가진 자들이 많이 있사온즉 그들에게 당신의 은혜를 체험케 하소서. 예수 그리스도의 이름으로 기도드립니다. 아멘.

♣ 신앙생활이 어렵다는 자 ♣

성숙한 신앙
♪ 344, 340, 539

■ 본 문 ■ 내가 이르노니 너희는 성령을 좇아 행하라 그리하면 육체의 욕심을 이루지 아니하리라【갈 5:16】

■ 서 론 ■ 영국의 성직자요 대설교가인 스펄전은 "작은 신앙은 모퉁이에서 빛나나 큰 신앙은 불 속에서도 찬송한다."라고 했다. 다니엘의 세 친구 사드락과 메삭과 아벳느고는 느부갓네살의 신상에 절하지 않았다는 이유로 풀무불에 던져지게 되었으나 그들은 하나님의 도우심을 굳게 의뢰하였다. 그리 아니하실지라도 절하지 않겠다는 그들의 신앙은?

I. 성령의 충만을 받아야 함

성령 곧 '프뉴마'가 충만함을 받은 자는 성숙한 신앙을 소유한 자이다. 오순절 마가 다락방에서 성령 충만을 받은 베드로는 예수를 부인하고 세 번이나 모른다고 한 겁쟁이에서 이제는 담대히 복음을 전하며 하루에 삼천 명씩 세례를 주어 많은 사람을 구원하는 역사를 일으켰다.

* 참고 성구 * 눅 24:49, 요 16:13, 엡 5:18, 행 2:4, 41, 4:20

II. 육체의 소욕을 버려야 함

성숙한 신앙을 소유하려면 육체의 소욕을 버려야 한다. 바울은 너희는 유혹의 욕심을 따라 썩어져 가는 구습을 좇는 옛 사람을 벗어 버리고 오직 심령으로 새롭게 되어 하나님을 따라 의와 진리의 거룩함으로 지으심을 받은 새 사람을 입으라고 했다. 육신에 있는 자는 하나님을 기쁘시게 할 수 없다.

* 참고 성구 * 롬 8:5-13, 고후 5:17, 엡 4:22-24, 골 3:5

III. 영혼의 결실이 있어야 함

바울은 내가 내 몸을 쳐 복종하게 함은 내가 남에게 전파한 후에 자기가 도리어 버림이 될까 두려워함이로라고 했다. 성숙한 신앙은 영혼의 결실이 있어야 하는데 바울은 나를 위하여 의의 면류관이 예비되었으므로 주 곧 의로우신 재판장이 그날에 내게 주심을 확신하고 있었다.

* 참고 성구 * 눅 8:15, 엡 5:8-11, 시 92:13-14, 고전 9:27, 딤후 4:8

■ 기 도 ■ 하나님 아버지! 우리에게 젖을 먹는 유아의 신앙에서 모든 것을 먹고 소화할 수 있는 어른의 성숙한 신앙을 허락하시옵소서. 예수 그리스도의 이름으로 기도드립니다. 아멘.

♣ 신앙생활이 어렵다는 자 ♣

성령의 문제 해결
♪ 173, 489, 535

■ 본 문 ■ 박수장 벨드사살아 네 안에는 거룩한 신들의 영이 있은즉 아무 은밀한 것이라도 네게는 어려울 것이 없는 줄을 내가 아노니 내 꿈에 본 이상의 해석을 내게 고하라【단 4:9】

■ 서 론 ■ "성령은 우리들의 심령에 거하시는 동반자이시다."라고 카우멘은 말했다. 성령은 삼위일체 하나님 가운데 제 3위격이신 하나님으로 전지전능 하신 하나님의 뜻을 알 수 있는 분은 성령뿐이시다. 이는?

Ⅰ. 인간의 지혜로는 불가능함
요셉은 바로의 꿈을 해석하기에 앞서 바로에게 전한 이야기는 이는 내게 있는 것이 아니라 하나님이 바로에게 평안한 대답을 하시리이다고 했다. 바로는 자신의 꿈을 해석하기 위해 애굽의 술객과 박사를 모두 불러 그들에게 꿈을 고했으나 그것을 바로에게 해석하는 자가 없었다.
* 참고 성구 * 롬 11:33, 욥 8:9, 전 9:12, 창 41:16

Ⅱ. 성령의 충만함을 받아야 함
요셉은 하나님의 주신 지혜로 성령의 감동하심을 입고 바로의 꿈을 일사천리로 풀었다. 그러자 바로는 신하들에게 이르되 이와 같이 하나님의 신에 감동한 사람을 우리가 어찌 얻을 수 있으리요 했다. 성령의 충만함을 입은 자들은 계시를 풀 수 있는 능력이 있는 자이다.
* 참고 성구 * 요 14:26, 고전 2:10, 요 16:13, 엡 5:18, 창 41:38

Ⅲ. 주의 뜻을 좇아야 상급이 있음
주님은 나더러 주여 주여 하는 자마다 천국에 다 들어갈 것이 아니요 다만 하늘에 계신 내 아버지의 뜻대로 행하는 자라야 들어가리라고 하셨다. 하나님의 섭리를 읽고서 바르게 해석한 요셉을 하나님은 애굽의 총리대신이 되는 현세의 상급을 주셨고 또한 하늘나라를 상속하는 미래의 상급도 주셨을 것이다.
* 참고 성구 * 마 7:21, 행 5:29, 신 5:29, 마 19:27-29, 창 45:8

■ 기 도 ■ 하나님 아버지! 우리는 성령의 충만함을 받아서 당신의 뜻과 섭리를 감지할 수 있사오니 항상 성령 충만한 삶으로 성령의 도우심을 의지하여 당신의 뜻을 좇아서 현세적 축복과 미래적 축복을 함께 소유하는 성도들이 되게 하옵소서. 예수 그리스도의 이름으로 기도드립니다. 아멘.

♣ 신앙생활이 어렵다는 자 ♣

찾는 자가 적은 길
♪ 253, 174, 376

■ 본 문 ■ 좁은 문으로 들어가라 멸망으로 인도하는 문은 크고 그 길이 넓어 그리로 들어가는 자가 많고 생명으로 인도하는 문은 좁고 길이 협착하여 찾는 이가 적음이니라【마 7:13-14】

■ 서 론 ■ 로마의 스토아 철학자요 정치가였던 세네카는 "진리는 깊은 곳에 쌓여져서 숨겨져 있다."라고 했다. 진리의 길은 험난한 가시밭길이요 고난과 환난의 연속이므로 찾는 자가 적고 외면하지만 그 종착점에는 이루 헤아릴 수 없는 영광으로 가득차 있다. 주께서 말씀하신 좁은 문은?

I. 찾는 이가 적은 좁은 문
주님은 제자들에게 아무든지 나를 따라 오려거든 자기를 부인하고 자기 십자가를 지고 나를 좇을 것이니라고 하셨다. 자기를 부인하고 자기 십자가를 지고서 좇아야 할 진리의 길, 주님의 길은 아무도 가고 싶지 않은 길이요 피하고 싶은 길이다. 그러나 좁은 문에 생명이 있다.
  * 참고 성구 * 마 16:24, 눅 13:23-30, 요 6:66, 고전 9:25

II. 길이 좁고 협착한 좁은 문
바울과 바나바는 안디옥으로 돌아가서 제자들의 마음을 굳게 하여 이 믿음에 거하라 권하고 또 우리가 하나님 나라에 들어가려면 많은 환난을 겪어야 할 것이라고 했다. 진리의 길, 주님의 길은 좁고 협착하여 찾는 이가 적다. 바울은 예수 안에서 경건하게 살고자 하는 자는 핍박을 받는다고 했다.
  * 참고 성구 * 요 16:33, 딤후 3:12, 행 14:22, 히 12:4

III. 생명으로 인도하는 좁은 문
주님은 내가 문이니 누구든지 나로 말미암아 들어가면 구원을 얻고 또는 들어가며 나오며 꼴을 얻으리라고 하셨고, 내가 곧 길이요 진리요 생명이니 나로 말미암지 않고는 아버지께로 올 자가 없다고 하셨다. 진리의 길, 주님의 길에만 생명으로 인도하는 구원이 제시되어 있다.
  * 참고 성구 * 요 10:1-6,9, 시 16:11, 요 14:6, 눅 18:28-30

■ 기 도 ■ 하나님 아버지! 진리의 좁은 문으로 향하는 길은 찾는 이가 적고 길이 좁고 협착하지만 이 길만이 생명으로 인도하는 좁은 문으로 들어가는 길임을 알게 하소서. 예수 그리스도의 이름으로 기도드립니다. 아멘.

♣ 신앙생활이 어렵다는 자 ♣
환난 당하는 자를 위로하심
♪ 432, 83, 170

■ 본 문 ■ 우리의 모든 환난 중에서 우리를 위로하사 우리로 하여금 하나님께 받는 위로로써 모든 환난 중에 있는 자들을 능히 위로하게 하시는 이시로다【고후 1:4】

■ 서 론 ■ 러시아의 소설가 토스트예프스키는 "많은 고통이 부여되어 있는 사람은 많은 고통을 견딜 수 있는 힘이 있기 때문이다."라고 했다. 큰 은사를 받은 사람일수록 그 환난의 경도도 심한 것이 사실이다. 그러나 하나님의 위로가 없이 어찌 환난을 견딜 수 있겠는가. 이 하나님은?

I. 하나님은 인애가 풍성하신 분이심

신명기 기자는 하나님을 청종하면 네게 인애를 베푸시고 너를 사랑하시고 복을 주시며 네 복 받음이 만민보다 우승하며 모든 질병을 네게서 멀리하신다고 했다. 인애가 풍성하신 하나님은 여인이 젖 먹는 자식을 잊고 자기 태에서 난 아이를 잊더라도 나는 너를 잊지 않겠다고 하셨다.
 * 참고 성구 * 엡 2:4, 출 34:6-7, 느 9:17, 신 7:12-15, 사 49:15

II. 하나님은 위로의 근원이 되시는 분이심

시편 기자는 은총의 표징을 내게 보이소서 그러면 나를 미워하는 저희가 보고 부끄러워하오리니 여호와여 주는 나를 돕고 위로하심이니이다라고 노래했다. 바울은 찬송하리로다 그는 우리 주 예수 그리스도의 하나님이시요 자비의 아버지시요 모든 위로의 하나님이시라고 했다.
 * 참고 성구 * 롬 15:5, 시 86:17, 사 51:3, 고후 7:6, 1:3, 5

III. 하나님은 핍박 가운데서 이끌어내시는 분이심

바울과 실라가 빌립보 감옥에 갇혀서 밤중이 되어 기도하고 하나님을 찬미하매 이에 홀연히 큰 지진이 나서 옥터가 움직이고 문이 다 열리며 모든 사람의 매인 것이 다 벗어지는 역사가 일어났다. 하나님은 성도들이 핍박받는 것을 보시고 그 핍박에서 이끌어 내신다.
 * 참고 성구 * 마 5:10-12, 요 15:18-20, 딤후 3:12, 행 16:26, 출 2:23-25

■ 기 도 ■ 하나님 아버지! 오늘 주 예수를 인하여 핍박을 받고 환난을 겪는 성도들을 당신께서 지켜보시어서 권념하시고 그들을 환난 가운데서 이끌어내사 당신의 안식으로 채우소서. 예수 그리스도의 이름으로 기도드립니다. 아멘.

♣ 신앙생활이 어렵다는 자 ♣

계명은 짐이 아님
♪ 377, 212, 483

■ 본 문 ■ 하나님을 사랑하는 것은 이것이니 우리가 그의 계명들을 지키는 것이라 그의 계명들은 무거운 것이 아니로다【요일 5:3】

■ 서 론 ■ 토트 티하메르는 그의 책 '종교심'에서 "계명은 여러분이 훌륭한 생활을 할 수 있도록 마련해 주신 법칙이다. 그것을 실행하는 자는 좋은 결과가 오며 그로써 영원한 행복에 이를 수 있다."라고 했다. 시편 기자는 여호와의 계명은 순결하여 눈을 밝게 한다고 했다. 성도의 삶은?

Ⅰ. 하나님의 자녀는 예수 그리스도를 사랑함
주님은 나의 계명을 가지고 지키는 자라야 나를 사랑하는 자니 나를 사랑하는 자는 내 아버지께 사랑을 받을 것이요 나도 그를 사랑하여 그에게 나를 나타내리라고 하셨다. 성도는 예수의 계명 곧 내가 너희를 사랑한 것같이 너희도 서로 사랑하라는 것을 지키는 자이다.
* 참고 성구 * 요 14:21-23, 고전 16:22, 행 20:24, 요 21:15-17, 요 15:12

Ⅱ. 하나님의 자녀는 계명을 지켜서 행함
주님은 새 계명을 너희에게 주노니 서로 사랑하라 내가 너희를 사랑한 것같이 너희도 서로 사랑하라 너희가 서로 사랑하면 이로써 모든 사람이 너희가 내 제자인줄 알리라고 하셨다. 성도는 주님이 명하신 새 계명을 지켜서 행하여 하나님께 모든 영광을 돌리는 자들이 되어야 한다.
* 참고 성구 * 행 5:29, 요 13:34-35, 요일 2:3-4, 마 11:28-30

Ⅲ. 하나님의 자녀는 세상 행위를 본받지 않음
우리도 전에는 어리석은 자요 순종치 아니한 자요 속은 자요 각색 정욕과 행락에 종노릇한 자요 악독과 투기로 지낸 자요 가증스러운 자요 피차 미워한 자였으나 이제는 하나님을 따라 의와 진리의 거룩함으로 지으심을 받은 새 사람을 입었으므로 세상의 풍속을 좇지 않는다.
* 참고 성구 * 갈 6:14, 딛 3:3, 엡 2:1-3, 약 4:4, 엡 4:22-24

■ 기 도 ■ 하나님 아버지! 당신의 거룩한 자녀인 성도들은 예수 그리스도를 사랑하고 새 계명을 지켜서 행하며 세상의 행위를 본받지 않는 자들입니다. 그러므로 계명을 짐으로 여기지 않고 즐거운 마음으로 계명에 순종하는 삶을 계속토록 하옵소서. 예수 그리스도의 이름으로 기도드립니다. 아멘.

♣ 신앙생활이 어렵다는 자 ♣

주님의 짐은 가벼움
♪ 330, 333, 335

■ 본 문 ■ 수고하고 무거운 짐진 자들아 다 내게로 오라 내가 너희를 쉬게 하리라 나는 마음이 온유하고 겸손하니 나의 멍에를 메고 내게 배우라 그러면 너희 마음이 쉼을 얻으리니 이는 내 멍에는 쉽고 내 짐은 가벼움이라 하시니라【마 11:28-30】

■ 서 론 ■ 영국의 극작가 셰익스피어는 "인간은 휴식이 주는 젖을 먹고 자란다."는 말을 했다. 예수 그리스도는 우리를 초청하시어 우리에게 마음의 쉼을 얻으라고 하셨다. 오직 예수 안에서만이 영육간의 쉼을 얻을 수 있다. 주님의 초청은?

I. 모든 사람에게 주신 말씀임

주님은 수고하고 무거운 짐진 자들아 다 내게로 오라고 하셨다. 이는 모든 인류를 향하신 주님의 말씀이다. 사도 요한은 마지막 초청으로 성령과 신부가 말씀하시기를 오라 하시는도다 듣는 자도 목마른 자도 원하는 자는 값없이 생명수를 받으라고 했다. 복음의 문은 모든 자에게 열려 있다.
　* 참고 성구 *　요 8:37, 사 55:1, 잠 9:5, 계 22:17

Ⅱ. 고통 당하는 사람들에게 주신 말씀임

주님은 나의 멍에를 메고 내게 배우라 내 멍에는 쉽고 내 짐은 가벼움이라고 하셨다. 당시 율법을 지키지 못한 땅의 백성들, 곧 '암하렛츠'에게는 진정 이것이야말로 복음이었다. 주님은 모든 고통을 당하는 사람들을 초청하시어 그들을 긍휼히 여기시고 그들에게 소망을 심어 주셨다.
　* 참고 성구 *　마 9:22, 막 9:19, 마 5:4, 고후 1:7

Ⅲ. 마음에 쉼을 주시겠다는 말씀임

주님은 너희 마음이 쉼을 얻으리니라고 말씀하셨다. 영육간의 영원한 안식은 오직 주님밖에 없다. 사도 요한은 그의 서신에서 그가 우리에게 약속하신 약속이 이것이니 곧 영원한 생명이니라고 했다. 시편 기자 다윗은 그가 나를 푸른 초장에 누이시며 쉴 만한 물가로 인도하신다고 했다.
　* 참고 성구 *　시 23:2, 눅 11:46, 요 10:9, 요일 3:22-23, 2:25

■ 기 도 ■ 하나님 아버지! 주님의 초청은 모든 사람들에게 주신 말씀이요 고통당하는 사람들에게 주신 말씀이요 그들의 마음에 쉼을 주시겠다는 말씀입니다. 오늘 여러 가지 사정으로 신앙생활이 어렵다는 자들에게 당신의 초청을 보내셔서 그들의 피곤한 영혼에 쉼을 주소서. 예수 그리스도의 이름으로 기도드립니다. 아멘.

핵심요약 심방설교 1

초판 1쇄 발행　1995. 02. 15.
　　22쇄 발행　2020. 07. 20.

엮은이　편집부
펴낸이　박성숙
펴낸곳　도서출판 예루살렘
주　소　10252 경기도 고양시 일산동구 고봉로 776-92
전　화　031-976-8970
팩　스　031-976-8971
이메일　jerusalem80@naver.com
출판등록 1980년 5월 24일(제16-75호)

ISBN　978-89-7210-164-2 03230
책값은 뒤표지에 있습니다.

ⓒ 이 출판물은 저작권법에 의해 보호를 받는 저작물이므로
무단 전재와 무단복제를 할 수 없습니다.

도서출판 예루살렘은 말씀과 성령 안에서 기도로 시작하며
영혼이 풍요로워지는 책을 만드는 데 힘쓰고 있으며,
문서선교 사역의 현장에서 세계화의 비전을 넓혀가겠습니다.

나의 힘이신 여호와여 내가 주를 사랑하나이다(시 18:1)

• 설교사전 시리즈 •

설교사전시리즈 ❶
4차원 영해설교사전
편집부 엮음

성경에 숨겨진 444의 비밀

444편의 설교가 가나다라 순으로 정리되어 필요한 내용을 뽑아 쓸 수가 있으며, 책을 펼친 한 면에 설교가 한 편씩 들어가도록 편집하였다. 신구약 성경에서 네 가지와 연관된 것만 뽑았으며, 각각 다른 4개의 대지가 관계 성경 구절과 함께 명시되어 있다.

설교사전시리즈 ❷ ❸
새설교사전 상/하
윤도중 편저

각종 설교자료의 노하우를 총망라한 대작

각 주제별 가나다라 순으로 총 500여편의 설교가 들어있다. 한 편의 설교마다 각종 십계명, 예화, 해설, 명상 등의 자료들이 풍성하게 들어있다.

설교사전시리즈 ❹ ❺
주제별용어설교사전 상/하
편집부 엮음

주제별로 분류된 신개념 설교사전!

이 책은 성경에 나타난 용어를 풀이하여 설교에 도움이 되도록 기획된 설교사전이다. 주제별로 나누어진 설교 제목과 본문을 기본 틀로 하여 다양하게 설교에 활용할 수 있도록 많은 자료와 용어 해설이 들어 있다.